21世纪法学系列教材

诉讼法系列

民事诉讼法学

（第三版）

汤维建 主编

图书在版编目(CIP)数据

民事诉讼法学/汤维建主编.—3版.—北京:北京大学出版社,2023.8
21世纪法学系列教材.诉讼法系列
ISBN 978-7-301-34225-1

Ⅰ.①民…　Ⅱ.①汤…　Ⅲ.①民事诉讼法—法的理论—中国—高等学校—教材
Ⅳ.①D925.101

中国国家版本馆CIP数据核字(2023)第130096号

书　　名	民事诉讼法学(第三版) MINSHI SUSONG FAXUE(DI-SAN BAN)
著作责任者	汤维建　主编
责任编辑	周　菲
标准书号	ISBN 978-7-301-34225-1
出版发行	北京大学出版社
地　　址	北京市海淀区成府路205号　100871
网　　址	http://www.pup.cn
新浪微博	@北京大学出版社　@北大出版社法律图书
电子信箱	编辑部:law@pup.cn　总编室:zpup@pup.cn
电　　话	邮购部010-62752015　发行部010-62750672　编辑部010-62752027
印 刷 者	北京鑫海金澳胶印有限公司
经 销 者	新华书店
	730毫米×980毫米　16开本　32.75印张　641千字
	2008年5月第1版　2014年4月第2版
	2023年8月第3版　2023年8月第1次印刷
定　　价	86.00元

作 者 简 介

（按撰写章节先后排序）

汤维建 中国人民大学法学院教授、博士生导师、法学博士。
苏志强 山西大学法学院副教授、法学博士。
王国征 湘潭大学法学院教授、博士生导师、法学博士。
段厚省 复旦大学法学院教授、博士生导师、法学博士。
黄旭东 华南理工大学法学院副教授、法学博士。
柯阳友 河北大学法学院教授、博士生导师、法学博士。
吴英姿 南京师范大学法学院教授、博士生导师、法学博士。
陈爱武 南京师范大学法学院教授、博士生导师、法学博士。
叶永禄 上海交通大学凯原法学院教授、法学博士。
刘加良 山东大学法学院教授、博士生导师、法学博士。
赵旭东 西北政法大学教授、法学博士。

第三版说明

从2014年本教材第二版出版以后，中国民事诉讼法发生了很多变化。2015年《最高人民法院关于适用〈中华人民共和国民事诉讼法〉的解释》通过并施行，计552条，该司法解释又在2020年、2022年进行了修正，现为550条。2017年6月《民事诉讼法》进行了第三次修改，将检察机关提起公益诉讼和支持公益诉讼写入立法之中，揭开了中国特色公益诉讼制度的新篇章。2021年12月，基于繁简分流司法改革的实践成果，《民事诉讼法》再一次进行修改，扩大了简易程序的适用范围，革新了小额诉讼程序的适用标准和运作机制，对调解协议的司法确认程序进行了制度性扩容，二审程序的审判组织也有限地导入了独任制审判，等等。诸如此类的改革和发展，均需在本教材中进行与时俱进式的回应。2022年10月党的二十大报告“高举中国特色社会主义伟大旗帜，为全面建设社会主义现代化国家而团结奋斗”用专章描绘了“坚持全面依法治国，推进法治中国建设”的宏伟蓝图，并部署了重点任务。其中在“严格公正司法”中提出的“加快建设公正高效权威的社会主义司法制度，努力让人民群众在每一个司法案件中感受到公平正义”等论述对本教材的修改和完善具有重要的指导意义。本教材的第三版修订反映了我国民事诉讼法的最新内容，体现了民事诉讼法学理论研究的最新成果以及司法实践新动向。感谢责任编辑的精准校阅，感谢读者朋友们对本教材的厚爱和长期关注，欢迎大家提出宝贵的批评和修改意见。

撰写分工如下：

汤维建：第一章，第二章，第三章，第四章，第五章，第八章，第九章；

苏志强：第六章，第七章；

王国征：第十章，第十七章，第十八章；

段厚省：第十一章，第十二章，第十三章，第十四章；

黄旭东：第十五章，第十六章；

柯阳友：第十九章，第二十一章，第三十二章；

吴英姿：第二十章，第二十二章，第二十三章，第二十四章；

陈爱武：第二十五章，第二十七章，第二十八章；

叶永禄：第二十六章，第二十九章，第三十章，第三十一章；

刘加良：第三十三章，第三十四章，第三十五章；

赵旭东：第三十六章，第三十七章，第三十八章。

主编　汤维建

2023年4月30日

本书法源全简称对照表

全称	缩略语
《中华人民共和国民事诉讼法》(2022)	《民诉法》
《中华人民共和国民事诉讼法(试行)》(1982)	《民诉法(试行)》
《中华人民共和国海事诉讼特别程序法》(2000)	《海诉法》
《中华人民共和国仲裁法》(2018)	《仲裁法》
《中华人民共和国劳动争议调解仲裁法》(2007)	《劳动争议调解仲裁法》
《中华人民共和国公证法》(2017)	《公证法》
《中华人民共和国人民法院组织法》(2018)	《法院组织法》
《中华人民共和国人民检察院组织法》(2018)	《检察院组织法》
《中华人民共和国法官法》(2019)	《法官法》
《中华人民共和国检察官法》(2019)	《检察官法》
《中华人民共和国民法典》(2021)	《民法典》
《中华人民共和国著作权法》(2021)	《著作权法》
《中华人民共和国专利法》(2021)	《专利法》
《中华人民共和国商标法》(2019)	《商标法》
《中华人民共和国公司法》(2018)	《公司法》
《中华人民共和国证券法》(2020)	《证券法》
《中华人民共和国企业破产法》(2007)	《破产法》
《中华人民共和国保险法》(2015)	《保险法》
《中华人民共和国海商法》(1993)	《海商法》
《中华人民共和国票据法》(2004)	《票据法》
《中华人民共和国劳动法》(1995)	《劳动法》
《中华人民共和国劳动合同法》(2013)	《劳动合同法》
《中华人民共和国澳门特别行政区民事诉讼法典》(2004)	《澳门民诉法》
《诉讼费用交纳办法》(2007)	《交纳办法》
《中华人民共和国法律援助法》(2022)	《法律援助法》
《中华人民共和国人民陪审员法》(2018)	《人民陪审员法》
《全国人民代表大会常务委员会关于司法鉴定管理问题的决定》(2015)	《鉴定决定》
《最高人民法院关于适用〈中华人民共和国民事诉讼法〉的解释》(2022)	《民诉法解释》

《最高人民法院关于适用〈中华人民共和国仲裁法〉若干问题的解释》(2006)	《仲裁法解释》
《最高人民法院关于适用〈中华人民共和国海事诉讼特别程序法〉若干问题的解释》(2008)	《海诉法解释》
《最高人民法院关于民事经济审判方式改革问题的若干规定》(1998)	《审判规定》
《最高人民法院、司法部关于进一步加强新时期人民调解工作的意见》(2002)	《人民调解意见》
《最高人民法院关于审理涉及人民调解协议的民事案件的若干规定》(2002)	《人民调解协议规定》
《最高人民法院关于严格执行公开审判制度的若干规定》(1999)	《公开审判规定》
《最高人民法院关于人民法院进一步加强合议庭职责的若干规定》(2010)	《合议庭规定》
《最高人民法院关于切实践行司法为民大力加强公正司法不断提高司法公信力的若干意见》(2013)	《提高司法公信力意见》
《最高人民法院关于民事诉讼证据的若干规定》(2020)	《证据规定》
《最高人民法院关于人民法院民事调解工作若干问题的规定》(2021)	《调解规定》
《最高人民法院关于适用简易程序审理民事案件的若干规定》(2021)	《简易程序规定》
《最高人民法院关于适用督促程序若干问题的规定》(2008)	《督促程序规定》
《最高人民法院关于适用〈中华人民共和国民事诉讼法〉审判监督程序若干问题的解释》(2021)	《审判监督程序解释》
《最高人民法院关于规范人民法院再审立案的若干意见(试行)》(2002)	《再审立案意见》
《最高人民法院关于适用〈中华人民共和国民事诉讼法〉执行程序若干问题的解释》(2021)	《执行程序解释》
《最高人民法院关于人民法院执行工作若干问题的规定(试行)》(2021修正)	《执行规定》
《最高人民法院关于正确适用暂缓执行措施若干问题的规定》(2002)	《暂缓执行规定》
《最高人民法院关于人民法院民事执行中查封、扣押、冻结财产的规定》(2021)	《查封扣押冻结规定》
《最高人民法院关于人民法院民事执行中拍卖、变卖财产的规定》(2021)	《拍卖变卖规定》

目　　录

第一编　民事诉讼基本理论

第二编 总 则

第三编　通常诉讼程序

第四编 特殊诉讼程序

第五编　非讼程序

第六编 民 事 执 行

第七编 港澳台民事诉讼程序

第一编　民事诉讼基本理论

第一章　民事纠纷解决机制

本章目次

第一节　民事纠纷及其解决机制

一、民事纠纷

民事纠纷是平等的民事主体之间所发生的关于民事权利义务的争议和冲突。据此,可以得知民事纠纷的以下特点:

(1) 民事纠纷的主体之间在法律地位上是平等的。民事纠纷的主体之间之所以具有平等的法律地位,其根本的原因在于民法中的平等原则。根据平等原则所形成的民事法律关系是平等的主体之间的关系,即使平等主体之间的关系发生了争议,当事人之间的地位仍是平等的。民事纠纷中的平等地位是民事关系中的平等地位的反映和体现。

(2) 民事纠纷的内容是争议中的民事权利义务关系。民事权利义务关系是由当事人依照民法的规定实施民事法律行为或民事行为而形成的,在这种关系中,一方享有权利,另一方负有义务。当权利者的权利得不到实现,或者义务者的义务不予履行时,就必然使正常的民事法律关系发生冲突,从而构成了纠纷。

纠纷的内容便是享有权利者要恢复其应有的权利,从而使义务的负担者履行其义务。唯其如此,曾一度失衡的法律关系才能恢复至正常状态,民事纠纷才告化解。

(3) 民事纠纷的主体可以对民事纠纷的内容进行自由处置。根据民事实体法的规定,民事纠纷的主体可以互相协商处分其纠纷,也可以单方面地处分其纠纷。当然,民事纠纷的主体也可以拒绝处分其纠纷,而坚持将纠纷交由人民法院处理,这也是民事纠纷主体对民事纠纷的内容进行自由处置的表现形式。

(4) 解决民事纠纷的方法是多元的。这一点与刑事纠纷、行政纠纷有所区别。对于刑事纠纷,除自诉案件外,受害人与刑事违法者不得就纠纷的内容进行私了或和解,也不得交由仲裁机构进行仲裁解决或者人民调解委员会等社会性调解机构加以解决,而必须由公诉机关提起公诉,交由人民法院强制性地解决。行政纠纷虽然实行"不告不理"原则,但在诉讼中,纠纷主体原则上也不得通过调解的方法解决其纠纷,仲裁机构、调解机构也无权加以解决。但民事纠纷可以通过合法的私力救济、调解、仲裁等社会救济以及民事诉讼公力救济等各种力量和渠道来解决,究竟通过何种方式来解决其纠纷,由纠纷主体视需要自由选择。

可见,民事纠纷在主体、内容、处分权以及化解的方法上都有其不同于刑事纠纷、行政纠纷的特点。民事纠纷的特点和类型发生了变化,解决民事纠纷的方法、机制也要相应地发生变化,民事诉讼程序也随之发生转变。

二、私力救济

民事纠纷的私力救济,亦称民事纠纷的自我解决,是指纠纷主体在纠纷发生后,利用自己的力量,在法律规定的范围内寻求纠纷的解决。在此解决过程中,一般没有第三人的介入。

民事纠纷的私力救济有许多好处:其一,保密性强。纠纷发生后,纠纷主体首先寻求自我解决,便可以将纠纷的影响或波及效应限定在原来的纠纷主体之间,而不致越此范围,造成不必要的损害或负面影响。其二,自愿性强。在自我解决纠纷的过程中,由于纠纷主体没有受到任何外在因素的影响,其解决完全是在自我意志的作用下进行的,因而纠纷的解决结果容易兑现,而通常不会发生反悔的现象,致使纠纷复发。其三,具有彻底性。由于纠纷是在当事人自愿选择的前提下加以解决的,解决的结果必定完全符合纠纷主体内在的意愿,因而纠纷的化解比较彻底。其四,成本低。由于纠纷主体自我解决纠纷,涉及面窄,牵涉的人少,花费的精力、财力和时间都相对较少,这样就节省了成本,避免了解决纠纷反而得不偿失的现象。

当然,纠纷的自我解决欲获得成功,必须具备一定的条件。在这些成功利用自我解纷机制的各种条件中,最为重要的条件是双方力量均衡,或者寻求解决的主动方具有更强的实力。纠纷的自我化解，一定意义上是双方力量对比的产物。同时，由于自我解决纠纷完全依赖于纠纷主体的自觉，缺乏外在力量的制约，这很容易产生弱肉强食的局面。因而，纠纷的自我解决机制也有不可克服的容易激化矛盾的内在缺陷。因此，在纠纷主体采用自我解决纠纷的机制之前，应当客观地衡量一下双方实力，评估一下采用这种方法能否获得成功，并由此决定采用何种自我解决纠纷的方法。

纠纷的自我解决，通常采用的方法有：

(1) 提醒。真正意义上的纠纷是双方当事人对纠纷的存在都有自觉的意识，但有的时候，纠纷的相对方虽然违反了法定义务又负有法律上的责任，但实际上因为各种原因相对方可能忽略了其所负有的法律上的责任。此时，纠纷虽然在客观上已经存在，但在主观上尚缺乏对立主体之间的明显对抗，因而实际上并不是真正的民事纠纷。对于此种类型的民事纠纷，享有法律上权利的一方当事人仅需要向对方提醒一下法律上的责任存在，往往就可以化解所谓的纠纷。

(2) 唤醒。在纠纷发生后，双方当事人便处在意志的对抗之中，解决纠纷就是要消除这种对立的意志分歧。这种意志分歧，既有可能缘于纠纷主体认识上的分歧，也有可能产生于纠纷主体道德上的瑕疵。法院采用调解的方式来解决纠纷，也是基于纠纷成因上的道义性。法院做调解工作，目的就是为了唤醒纠纷主体的道德本能。纠纷主体在尝试唤醒对方良知的努力中，同时也是在做自我检讨与反省，如此便可以在化解纠纷的过程中，形成一个良性的道德观念上的互动，这样便会极大地推动纠纷的彻底、尽快解决。通常处在弱势一方的纠纷主体可采用这种自我解决纠纷的方法。

(3) 压服。在原始社会的私力救济中，纠纷主体中的强者往往在解决纠纷的过程中将自己的意志强加给相对方，使对方接受他所提出的解决纠纷的方案或条件。显而易见，用这种方法来解决纠纷，不仅未能恢复应有的正义性，反而强化了本来就存在的非正义性，且仅仅使纠纷得到了暂时的抑制或搁置。为了防止这种私力救济在现代社会中重演，公力救济便成为解决纠纷的替代形式。但是，即使在公力救济的社会条件下，纠纷主体依然会自觉或不自觉地使用压服的手段迫使相对方就范，从而使纠纷在有利于强者的背景下获得解决。当然，这种压服性手段的使用是有限度的，其限度在于不得使用强制性的暴力，否则便构成对自我解决纠纷的方法的滥用，即会产生相应的法律上的制裁。

(4) 对话。对话是理性的表现。理性对话是讨价还价、相互磋商、求同存异的过程，目的是在纠纷双方主体面对面的交涉和交锋中，达成对解决纠纷的一致意见，从而做到互谅互让，协商解决其纠纷。在理性对话这种自我解决纠纷的机制中，纠纷主体对于解决纠纷首先要有基本的共识和诚意。在和解谈判的过程中，纠纷主体应当首先明确双方争议的事实；在事实清楚的基础上，提出解决纠纷的方案。纠纷解决的方案可以由任何一方主体首先提出,然后双方商谈沟通、对方案进行修改,最后在双方自愿接受的前提下达成协议。该协议便是和解的成果,称为"和解协议"。该协议不具有强制拘束力,任何一方事后反悔,该协议便失去效力。可见,理性对话所达成的协议,是依赖于纠纷主体依据诚信原则自觉履行的。理性对话通常是纠纷主体双方在秘密的状态下进行的,但有时经双方同意,也可以有第三人甚至更多的纠纷外的主体在场,以起到监督和鼓励的作用。但是,这第三方虽然在场,并不主持调和。否则,和解便转化为调解。

三、调解解决

调解,是指纠纷主体双方在中立的第三者的主持下,互谅互让,和平协商,自愿解决其纠纷的活动。调解与和解极为相似:它们都是通过双方协商的方法解决其纠纷的,都以自愿原则为基础,没有任何人强迫纠纷主体接受解决纠纷的方案。但和解与调解也有所区别:和解属于私力救济的范畴,调解则属于社会救济的范畴,二者的性质有所不同。调解是当事人在无法和解的情况下所寻找的一种解决纠纷的方式。民事纠纷到了需要利用调解的方式来解决之时,便意味着纠纷主体面对发生在他们面前的纠纷已无能为力了,这可以看作是"纠纷的异化"或"纠纷的激化"。纠纷异化的结果便是第三人介入纠纷解决的过程,通过其对纠纷主体的说和工作,缩小存在于二者之间的差距,进而致使纠纷主体对纠纷解决的自愿性有了限制或缩减,自主性有了弱化,同时纠纷的保密性也受到了限制。纠纷主体之所以选择调解,原因主要有:其一,双方在纠纷解决这个问题上,还有一定的共同语言,还有和平解决的希望。其二,双方还存在继续维持关系的愿望。其三,力图节省解决纠纷的成本。其四,对相对方已失去了绝对的信任,希望借助社会上的其他力量参与纠纷的解决过程中,确保纠纷能够尽量获得公平的解决,并借助社会力量监督纠纷解决结果的兑现。

调解是天然的社会救济方法和机制,也是社会救济的主要形式,反映了社会自治和社会发达的程度。调解可以从广义和狭义两个方面加以理解。广义的调解包括社会调解、法院调解和仲裁调解等;狭义的调解是指诉讼外和仲裁外的调解,包括公民调解、人民调解、社会调解和行政调解。这里是从广义上来理解调解的,对此可以进行分类理解。

首先,从主持调解的主体上看,可以将调解分为公民调解、人民调解、社会调解、行政调解、仲裁调解和法院调解等。公民调解也可称为个人调解,指的是任意的第三人所主持进行的调解。任何人都可以接受纠纷主体的委托从事对特定纠纷的调解工作,也可以主动介入纠纷主体之间实施调解活动。这种以个人名义所进行的调解是一个临时性的调解,调解者所具有的调解身份不隶属于任何组织或机构。个人所从事的调解,虽然在性质上属于广义社会调解的组成部分,但严格意义上的社会调解更侧重于社会组织所进行的调解,如消费者协会所从事的调解、妇女协会所从事的调解、任何企事业单位对其职工之间的纠纷所进行的调解等。行政调解则是指由行政机构所从事的调解,如公安派出机关、环境保护机关、专利管理机关、商标管理机关以及任何其他行政机关所进行的调解。行政机关依照法律法规对特定种类的民事纠纷有裁处权限的,也可以通过调解的形式行使该权限,由此所达成的调解协议具有法律上的约束力,否则即不具有法律上的拘束力。街道办事处、村民委员会所进行的调解属于社会调解的范畴。商贸组织所进行的调解也划归为社会调解。人民调解也属于广义的社会调解,但严格意义上的人民调解是指人民调解委员会这一专门的基层群众性自治组织所进行的调解,它是独立存在的,不属于其他任何形式的调解,受《人民调解法》调整。仲裁调解和法院的诉讼调解都是有法律效力的调解,其所达成的调解协议具有强制执行的效力。

再从调解的效力上看,可以将调解分为无拘束力的调解、有合同效力的调解和有拘束力的调解。公民调解、社会调解与绝大多数行政调解属于无拘束力的调解,诉讼调解和仲裁调解属于有拘束力的调解,而人民调解则可分为无拘束力的调解和有合同效力的调解。2010 年 8 月通过的《人民调解法》明确规定了人民调解协议的司法确认制度,使人民调解协议的司法确认有了明确的法律依据。2011 年最高人民法院《关于人民调解协议司法确认程序的若干规定》(以下简称《司法确认规定》)进一步明确了司法确认程序的申请主体、管辖法院、受案范围、审查程序、审查内容和法律后果等具体内容,增强了司法确认的可操作性。2012 年《民事诉讼法》修改,增加了确认调解协议程序,据此规定,调解协议通过法院确认后具有了强制执行的效力,克服了调解协议效力的局限性,延伸了法院的审判职能,开创了诉讼和非诉讼调解有机衔接的新模式。2021 年 12 月修改的《民事诉讼法》将司法确认的范围不再仅仅限于人民调解协议,而是扩展到所有依法设立的调解组织主持达成的调解协议。上述调解协议只要经过司法确认,便有了拘束力。

从调解所存在的领域来看,可将调解分为一般案件的调解和特殊案件的调解。一般案件的调解是广泛意义上的调解,调解主体原则上可以受理所有的可以调解的案件,比如法院调解、仲裁调解、社会调解等均属此种类型的调解。但有的调解则专属于某一特定的机构,其他机构无权对之行使调解权。比如我国的专利机构对专利纠纷的调解及土地管理部门对土地纠纷的调解、农村承包纠纷的调解等,均属于特殊案件的调解,或者称专门化的调解。

此外,调解还可以从调解活动的规范或制度方面分为制度化的调解、准制度化的调解和制度外的调解等。

四、仲裁解决

仲裁是指纠纷主体达成进行仲裁的合意(仲裁协议)或者根据法律的规定,将纠纷交由民间的第三方进行裁决的纠纷解决机制或制度。

我国于1994年颁布了《仲裁法》,使我国的仲裁制度与国际接轨。与我国其他纠纷解决机制相较,仲裁制度的特点在于:

(1)仲裁者具有民间性。仲裁中的第三方是民间组织或社团法人,而不是国家机关。根据我国《仲裁法》的规定,全国设立社团法人中国仲裁协会,各地设立仲裁委员会作为其会员,中国仲裁协会是仲裁委员会的自律性组织,仲裁委员会独立于行政机关。

(2)仲裁所能解决的民事纠纷有限。在我国,自然人、法人和非法人组织之间发生的合同纠纷和其他财产权益纠纷,可以仲裁;婚姻、收养、监护、扶养、继承纠纷,依法应当由行政机关处理的行政争议不能仲裁。

(3)仲裁具有较高的自治性。首先,采用仲裁必须以当事人之间达成的仲裁协议为前提。仲裁协议应当是纠纷主体在纠纷发生前或者纠纷发生后、申请仲裁前达成的。其次,当事人可以合意选择仲裁机构、仲裁员,约定审理方式,可自愿进行和解,在一定条件下还可选择仲裁所依据的实体法或程序法,这都体现了仲裁极高的自治性。值得注意的是,在某些情况下,仲裁的进行是法定的。例如,我国的劳动争议仲裁,就是进行诉讼的必经前置程序。但这类仲裁的数量是很有限的。由于缺少当事人的合意,这类仲裁往往也相应地缺少终局性的拘束力,因而与严格意义上的仲裁有一定的区别,更接近于一种特别司法程序。

(4)仲裁的规范性较强。在程序上,仲裁一般要先后经过订立仲裁协议、仲裁的申请和受理、选任仲裁员、开庭审理、裁决等几个环节,而各个仲裁机构也都相应制定了自己的仲裁规则来规范仲裁程序。同时,仲裁的进行和裁决也要遵循实体法的规定。

(5)仲裁裁决具有终局的拘束力。当事人一旦同意通过仲裁解决纠纷,就不得拒绝接受仲裁裁决。仲裁实行一裁终局,仲裁裁决与法院作出的生效判决具有同等效力,可以向法院申请强制执行。

以上所述,为机构仲裁;除机构仲裁外,还有非机构仲裁。非机构仲裁也称临时仲裁,仲裁组织或仲裁者是由当事人任意选择的,仲裁结束后,该组织便告解散,它并不长期、固定存在。我国《仲裁法》没有规定临时仲裁,将来在立法上要不要加以规定,是需要深入研究的。

五、诉讼解决

通过诉讼来解决民事纠纷的活动和过程,被称为民事诉讼。民事诉讼是指由法院在当事人的申请和参与下，行使国家审判权对民事纠纷加以强制性解决的法律机制。

诉讼解决与其他纠纷解决方法的共同点在于：其一，其目的都包含有纠纷化解的含义。其二，在任何一种解决民事纠纷的活动或过程中，当事人的自主性都占有优势，人民法院遵循"不告不理"的原则。其三，它们都具有一定程度上的规范性和程序性。

另一方面，与其他解纷机制相比，民事诉讼具有许多自身的特征：

其一，民事诉讼具有特定的空间性。从空间或场所来看，民事诉讼是在法院所进行的解决民事纠纷的活动。人民法院是国家设立的专门用以解决各类纠纷或争议的特殊场所，是专司国家审判权的特殊机构。民事诉讼就是在法院所进行的特殊活动，其他解纷机制则均是在法院外对民事纠纷加以解决的，也可据此将纠纷解决分为诉讼的方法与诉讼外的方法。

其二，民事诉讼具有严格的规范性。由于民事诉讼是法院代表国家出面来解决民事纠纷的，因而它进行的每一步都要有相应的法律规范加以调节，法院正是通过严格依循各种规范行使其审判权，来获得其化解民事纠纷的合法性和正当性。规范性包括实体规范性和程序规范性两个方面的内容：实体规范性是指法院解决民事纠纷必须遵照相应的实体法律规范，实体法律规范是法院裁判案件的标准；程序规范性是指法院在行使审判权的过程中，应当严格按照《民事诉讼法》的规定进行，程序法律规范是法院行使审判权的导向和准绳。实体的规范性和程序的规范性具有同等程度的重要性，对解决民事纠纷而言乃是缺一不可的。

其三，民事诉讼具有鲜明的强制性。纠纷主体之所以选择民事诉讼，是因为他们在纠纷的结构和内容中，已经处在激烈的对抗之中，在这种情况下，为了化解矛盾，法院唯有使用强制性的方法。这就是诉讼的强制性在解决纠纷的环节中的体现。法院通过强制的方法解决纠纷，也是诉讼效率的要求，因为诉讼不可能无限制地拖延下去，而必须尽快了结，这也体现了诉讼的强制性。我国《民事诉讼法》虽然规定法院在作出裁判之前应当视需要进行调解，调解的目的是在诉讼结果中尽量弱化其强制性色彩，以使纠纷主体双方皆满意于诉讼的最终结果。但如果调解最终达不到效果，法院便应当及时作出裁判。在审判和调解的这种关系中，也体现出了诉讼的强制性。诉讼的结果一旦产生，便因为程序的效力而不得轻易改变，这同样体现了诉讼的强制性特征。不仅如此，只要是法院依正当程序得出的诉讼结果，当事人必须无条件地接受，否则，享有权利的主体便可以向法院申请对义务主体实施强制性的措施，在不顾及其意愿的情形下强制实现裁判的结果。可见，通过诉讼解决纠纷具有鲜明的、直接的强制性。

其四，民事诉讼具有目的上的多元性。进入到民事诉讼阶段的民事纠纷，往往并不是纠纷主体对纠纷事实的认识分歧所导致的,而总是与他们各自对同一事实的法律评价或价值衡量存在差异有关。这种分歧的价值评估需要由法院作出最终的决断和选择,为了正当地作出价值选择,法院必须同时兼顾各种诉讼目的:既要考虑到纠纷解决的彻底性,又要考虑到如此作出的裁判对将来的导向意义,同时还要确保权利者的权利获得实现,义务者的义务得到履行。民事诉讼价值目标上的这种复合性,与其他单一价值取向的解纷机制相比,是一个极大的区别。此外,民事诉讼具有高度的程序保障,纠纷主体不仅本人有权参加诉讼,而且也可以聘请、委托具有专门法律知识的律师代理诉讼;同时,有的案件中,还会有代表社会观念的陪审员参加审判。其他的诉讼参与人,如证人、鉴定人等,他们参加诉讼也会给诉讼带来不同程度的社会价值信息。这些多元化主体共同参与民事诉讼,就使原本简单的民事纠纷,在解决的过程中,带上了复杂的价值色彩,它们最终表现为民事诉讼在目的上的多元化。

第二节 各种解纷机制之间的关系

解决民事纠纷的方法或机制是多元的,用多种合法的途径来寻求对民事纠纷的化解是民事纠纷不同于刑事纠纷、行政纠纷的一大区别。民事纠纷之所以存在多种解决的方法方式,其原因主要有两个:一是民事纠纷本身是关于民事权利义务关系的纠纷,纠纷主体可以对它作出自由的处置,即纠纷主体可以任意选择和设定解决纠纷的机制。二是民事纠纷是多种多样的,其性质、冲突的程度、涉及的当事人、与公益相关的程度、证据收集的难易等,都不完全一致,纠纷主体对于纠纷解决所寄托的希望和价值追求也不尽一致,因此,应当提供多种机制供纠纷主体自由选择,以满足纠纷主体不同的愿望和需求。

各种解纷机制之间的关系是:

其一,它们具有相对的独立性。各种解纷机制是独立存在的,其功能各存,优劣各存,相互之间不能替代。每一种解纷机制之所以被认可其具有独立存在的价值,同时在实践中也长期相沿,久盛不衰,原因就在于各种机制都有各自的优势,这些优势是其他解纷机制所不能取代的。比如在具有合作关系的企业之间、相邻人之间、家庭内部、单位内部等发生了纠纷,通过自我解决是最佳选择。诸如此类的纠纷由纠纷主体首先选择自我解决的机制加以化解,如果这种机制行不通,则选择次佳的机制,如调解解决。如果调解解决不了,那么只有将纠纷交付仲裁或诉讼作出准强制性的或强制性的裁断。可见,各种解纷机制都具有相对的独立性,它们之间虽然有密切的联系,但是,从机能上说,它们是不能互相代替的。

其二,它们具有可选择性。各种解纷机制首先是并存的关系,它们之间不分高低、优劣，供当事人自由选择。一定程度上可以认为，纠纷主体选择了某一种解纷机制，该种机制便可以满足其最终解决该纠纷的愿望。所以，纠纷主体对解纷机制的选择并不是、也不能是盲目的。作为选择的前提，纠纷主体所应考虑的因素主要有：案件本身的性质和复杂程度、双方对抗程度、涉及的利害关系人的多少、将来合作关系的维持愿望等。唯有将这些因素综合考虑，才能恰当地判断选择合适的解纷机制。对解纷机制的恰当选择，不仅有利于纠纷的及时化解，而且可以节省许多成本，少走或免走曲折之路。

其三，它们之间可以互相转化。一般而言，不同的纠纷应当选择不同的机制加以化解，纠纷的解决机制与纠纷的内在特性应当相契合。但是，纠纷主体作出选择之时，面临着诸多的局限：一是纠纷主体在选择时一般不可能与对方协商，因而具有单方面的局限性。二是纠纷主体因为缺乏对纠纷的专业性认识，对纠纷所涉及的问题判断不会很准，因而作出的解纷机制的选择难免失之盲目，缺乏针对性。三是纠纷主体对立情绪较强，难以理智地对纠纷的利害关系作出恰当的分析和判断，因此也难以选择适当的解纷机制。比如说，对于矛盾还不是过分激化的民事纠纷，纠纷主体主观上认为此种民事纠纷难以通过诉讼外的机制加以解决，因而直接向法院提起诉讼。在诉讼过程中，纠纷主体发现他们在解决该特定纠纷中存在着许多共同语言，因而无须通过法院泾渭分明的裁判加以解决，于是选择了接受调解或者撤回诉讼的方法终止正在进行中的诉讼程序，改而选择诉讼外的解纷机制来解决其纠纷。可见，一方面，解纷机制的多元性以及纠纷主体在选择上的偏差，会导致解纷机制的转换。另一方面，民事纠纷的动态性也会导致解纷机制的转换。民事纠纷会随着社会环境和主体意识的变化而发生变化，动态性和变易性是民事纠纷的基本特性。由于解纷机制与民事纠纷相适应，民事纠纷自身发生了变化，解纷机制自然也应发生变化。民事纠纷的变化不外呈现出两种相异的方向：一种方向是原本缓和的民事纠纷变得激化了，另一种方向是原本激化的民事纠纷变得缓和了。前一种变化将使诉讼外的解纷机制向诉讼中的解纷机制转化，后一种变化将使诉讼中的解纷机制向诉讼外的解纷机制转化。这种解纷机制相互之间的转换，主观上是纠纷主体意志作用的结果，客观上则是民事纠纷自身的特性和需求使然。

其四，它们形成了解决民事纠纷完整的、有机的系统。一个国家法治水平的高低，有一个极其重要的指标就是看它化解纠纷的能力如何。对民事纠纷而言，化解纠纷的能力不仅表现在各种解纷机制自身的合理建构和有效运作方面，还表现在各种解纷机制之间能否合理地形成一个具有内在联系的有机体方面。任何一个国家，如果其解纷机制偏废于任何一个方面，例如过于仰赖诉讼解决或者过于排斥诉讼解决，都是不健康的。这就是解决民事纠纷的系统工程和法治体系问题。我国传统上比较偏重于诉讼外的解纷机制的建设，现在又较为侧重于诉讼机制的建设,其实这两个方面应当有机地联系起来。唯其如此,才能从法治上建立健全解决民事纠纷的各种机制,并将各种解纷机制的功能最大化发挥出来。

拓展阅读

1. 潘剑锋:《论民事纠纷解决方式与民事纠纷的适应性》,载《现代法学》2000年第6期。

2. 徐昕:《为什么私力救济》,载《中国法学》2003年第6期。

3. 〔美〕斯蒂芬·B.戈尔德堡等:《纠纷解决——谈判、调解和其他机制》,蔡彦敏等译,中国政法大学出版社2004年版。

4. 顾培东:《试论我国社会中非常规性纠纷的解决机制》,载《中国法学》2007年第3期。

5. 范愉:《纠纷解决的理论与实践》,清华大学出版社2007年版。

6. 王亚新:《非诉讼纠纷解决机制与民事审判的交织——以"涉法信访"的处理为中心》,载《法律适用》2005年第2期。

7. 廖永安、王聪:《我国多元化纠纷解决机制立法论纲——基于地方立法的观察与思考》,载《法治现代化研究》2021年第4期。

第二章　民事诉讼目的

本章目次

第一节　民事诉讼目的论概述

民事诉讼的目的与民事诉讼法的目的既有联系也有区别,民事诉讼的目的是由民事诉讼法的目的所决定或影响的,离开民事诉讼法的目的,民事诉讼的目的就成为无源之水,无本之木。但是,民事诉讼法的目的首先是一个立法上的概念,因此,它反映了立法者的意志,也可以说是国家意志的体现,当然要用强制力保证其实现,因而民事诉讼法的目的带有强制力的属性。而民事诉讼的目的则是立法外的概念,是民事司法过程中所体现出来的总体倾向和利益驱动,反映了诉讼参与者采取诉讼行动背后的行为动机,这种行为动机依民事诉讼法律关系主体的不同也不完全一致。作为诉讼主体的当事人进行民事诉讼,其目的无非在于获得有利的诉讼结果。至于其他诉讼参与者,诸如证人、鉴定人、翻译人员等,他们参加诉讼的目的都是为了协助法院准确地行使审判权,不具有自身的与案件有关的利益或目的,因而民事诉讼目的这种说法对他们不具有最终的意义。人民法院行使审判权,其目的是非常明确、肯定的:或者保障纠纷主体的合法权益;或者维护国家所希望维护的并由实体法律规范加以预设的实体法律秩序;或者保障纠纷主体在诉讼过程中的各种程序权利,使之能够有充分的诉讼权利发表自己的观点和意见;或者代表国家形成具有务实性和前瞻性的各种政策;等等。由于对民事诉讼目的观察的视角不同,民事诉讼目的的理论观点也有很大的分歧。

第二节 民事诉讼目的诸学说

一、学说介绍

任何一个国家的民事诉讼法学都自觉或不自觉地在研究民事诉讼的目的观，并在民事诉讼法学发展历史上，形成了多种关于民事诉讼目的观的学说。这些学说都有一定的合理性，但都不具有绝对的科学性，它们是历史的产物，都不可避免地带有历史的局限性。从诉讼目的论产生的时序上看，其学说主要有：

1. 私权保护说

在早期自由主义思想盛行的社会，私法至上，人们认为既然国家禁止当事人通过自力救济来实现民事实体权利，就当利用民事诉讼制度来对其进行保护，因此强调民事诉讼的目的在于保护民事实体权利。

2. 私法秩序维持说

该说认为，民事诉讼制度是国家司法制度的一部分，国家设立该制度的目的主要不在于保护个别人的私权，而在于调整和维持国家设立的私法秩序。

3. 纠纷解决说

该说认为，民事诉讼的目的在于解决当事人之间存在的纠纷。因为，解决纠纷的民事诉讼制度早于民事实体法而存在，后者不过是经过多年民事审判积累的判例及总结的经验。因此，民事诉讼制度就不是为保护私权或维持私法秩序而存在的，而应该是以解决纠纷为目的的。

4. 程序保障说

该说认为，国家设立民事诉讼制度，是为了确保当事人双方在诉讼中的法律地位平等，并在诉讼中平等地进行进攻和防御。该说进一步认为，法院不应该把诉讼过程作为只是达到判决或和解而必经的准备阶段，而应当把这一过程本身作为诉讼应有的目的来把握，只有正当的程序才是使判决或和解获得正当性的源泉。因此，法院应从“以判决为中心”转向“以诉讼过程本身为中心”。

5. 法寻求说

该说认为，民事诉讼的目的在于由法院和当事人经过诉讼程序共同寻求法的所在，法是由诉讼程序来发现的。

6. 多元说

该说认为，民事诉讼的目的具有多元性而非限定于一元目的。从民事诉讼制度设立者的角度看，基于法律解决纠纷是其目的；而从该制度的利用人（主要是当事人）的角度看，获得权利保护又是他们的目的。所以不能统一成单一的目的，应当以多元的目的来表达更为恰当。因此，纠纷的解决、私法秩序的维持以及私法权利的保护，都应当被视为民事诉讼制度的目的。

二、对各学说的评论

在以上的各种学说中，影响最大的是私权保护说、私法秩序维持说和纠纷解决说。前两种学说是有联系的：保护实体权利虽然着眼点在于维护个人的私权，但究其客观效果而言，国家通过实体法律所型构的私法秩序也必将得到维护。但是这两说也有差异：维护私法秩序含有"生成"功能，是指为了形成和维护适应需要的私法秩序，有可能会牺牲实体权利；在实体权利的保障和私法秩序的维护之间，若发生冲突，则牺牲私权而保全秩序。但是，无论是私权保护说还是私法秩序维持说，它们都认为民事诉讼是保护民事权利或维护私法秩序的手段和中介，民事诉讼的目的是从既有的实体权利出发，通过确认当事人之间原先存在的权利关系来保护实体权利或维护私法秩序。

应当认为，私权保护说和私法秩序维持说代表了民事诉讼的基本目的，但这两种学说都过分强调了实体法对程序的决定作用，轻视了程序法对实体法的形成功能和能动的推动作用，忽视了程序法自身的独立价值，因此这两种学说到了第二次世界大战后，首先在日本遭到了质疑。在日本新宪法和战后民主思想的影响下，日本学者兼子一提出了民事诉讼和民事审判的目的是以国家权力解决和调整私人之间纠纷和利害冲突的所谓纠纷解决说。他认为，民事诉讼的出发点和目的并不是从现有的实体权利出发，仅仅确定当事人之间原有的权利义务关系，而是要解决当事人之间的活生生的纠纷。这就是纠纷解决说的基本含义。

纠纷解决说的成立理由主要有：首先，民事诉讼也如仲裁、调解一样是解决民事纠纷的一种方式，法院审判民事案件的目的也是解决当事人之间的民事纠纷，这是以类比法立论。其次，发现客观真实并不是民事诉讼的目的，尤其是，即使发现了客观真实，也不见得能够解决民事纠纷。再次，民事诉讼与当事人自主解决纠纷之间的区别，在于法院以国家权力来最终解决当事人之间不能自愿解决的纠纷，并且法院作出的判决不论对当事人还是对法院都有既判力，不得对同一事项再次作出与此相矛盾的判决。

可见，纠纷解决说与前二说在考察民事诉讼目的视角上有所不同。前二说首先认可实体法的规制意义，诉讼法仅仅是为了实现实体法的内容和体系；先有实体法，后有程序法；实体法是目的，程序法是手段。而纠纷解决说则认为，法院首先面临的不是实体法，而是活生生的纠纷，如何解决纠纷是法院考虑的核心问题，只要能够解决纠纷，无论何种实体法规范皆无关紧要；实体法并不是先于程序法而存在的，而是程序法发挥作用的结果。可见，纠纷解决说是从民事诉讼自身的历史逻辑和实践逻辑的视角来考察民事诉讼的目的，其理论价值在于重视诉讼程序自身的科学化、正当化建设,仅仅依靠实体法规范是不能有效地解决纠纷,达到民事诉讼的根本目的的。

对纠纷解决说,日本学界一般都认为,以纠纷解决作为考察民事诉讼目的的出发点是正确的。笔者认为,纠纷解决说最大的贡献在于为考察民事诉讼的目的提供了一个崭新的视角,从程序角度考察法院行使审判权的目的,这就使法院从机械地执行实体法的桎梏中解放了出来。同时纠纷解决说重视诉讼过程自身的作用,重视纠纷主体对纠纷化解的能动作用和支配作用,重视程序对实体的反作用,有利于发挥当事人在诉讼过程中的主体机能。但是,纠纷解决说也有理论上的缺陷:其一,该学说在理论上不够彻底。解决民事纠纷是任何一个诉讼制度都不可或缺的功能和目的,也是基本功能和目的,不能反映特定民事诉讼制度的特殊性。其二,该学说有将诉讼目的简单化之嫌。民事诉讼从不同的视角看有不同的目的,保护实体权利和维护实体秩序也不失为民事诉讼的目的。其三,该学说在理论上也不可靠,因为它将民事诉讼与仲裁、调解等其他纠纷机制相类比,最终得出了民事诉讼和仲裁、调解等一样的功能和目的的结论,这就完全忽视了民事诉讼的国家权力性质,国家权力介入民事纠纷的解决,自然要有与仲裁、调解等其他解纷机制不同的更高层次的目的。其四,该学说以历史上关于民事诉讼和民事实体法的关系为论据得出民事诉讼的进行不以民事实体法为转移的结论,这种描述不符合现代民事诉讼制度的基本运行逻辑,尤其与大陆法系国家实行成文法的传统不相吻合,而且它所得出的实体法虚无化的结论也是轻视实体法基本作用和价值的表现。

至于程序保障说,其过分强调了诉讼程序的作用,否定了实体法的基本作用,因而也是不适当的。法寻求说是新兴学说,其特点是强调程序利益和实体利益并重,强调纠纷当事人的主体作用,同时强调诉讼程序对实体结果的合成作用,应当说,此说有相当的说服力和启发意义。

笔者认为,多元说具有一定的合理性,因为在现代社会,各国的诉讼制度都要受多重的目的之规制,法院行使审判权,不仅仅是为了解决纠纷,此外还有保护实体权利、维护私法秩序等实体性作用。同时还要注重诉讼程序的保障性,注意发挥纠纷主体在诉讼过程中的能动性和决定性的推动力。此外,现代意义上的法院还肩负着立法者力所不能及的机能,它要结合具体的个案,以此为契机,通过行使裁判权,形成符合社会发展规律的各种政策,并由此对立法机关和行政机关产生制约作用和引导作用。可见,现代意义上的民事诉讼制度,在诉讼目的构成上,较之传统的民事诉讼制度,要复杂得多。正是在这个意义上,我们赞同多元说。

但我们赞同多元说,并不意味着全盘接受该种学说的内容,而是有所保留的。我们接受它的思维方式,并接受其部分的合理内核。我们所倡导或赞同的多元说具有两层含义：

其一，通常情况下，法院行使审判权解决民事纠纷，能够而且也应当兼顾各种目的的同时实现。这就要求法院面对任何案件的处理，既要在直接的目的上求得个案的妥适解决，同时也要在最终的目的上有助于良好的实体法律秩序的形成和发展，推动法治社会的建设；个案的化解在通常情况下都是以保障实体权利的享有者实现其权利而完成的，权利人实现了自己的实体权利，义务人必然也被规定了自己的实体义务，权利义务的同时实现，便维护了实体法秩序，对社会一般民事主体产生了实体意义上的导向和疏导作用。这里存在着一个直接目的和最终目的的关系问题。这个内容也是前述多元说的合理内核。

其二，民事诉讼的主要目的是因案而异的。现代社会，各种民事纠纷纷繁复杂，而每一种民事纠纷所负载的社会意义或社会功能是不尽一致的，有的完全属于个人之间的私权纷争，有的与第三人乃至与不特定的多数人相关，有的则与国家利益或社会公益有密切的联系。民事诉讼法对解决不同类型的案件所设定的目的是不能统一化的，否则就会出现国家干预过分或者私权过于自治的病理现象。举例言之，《民事诉讼法》第 58 条第 1 款规定："对污染环境、侵害众多消费者合法权益等损害社会公共利益的行为，法律规定的机关和有关组织可以向人民法院提起诉讼。"为什么这类纠纷就可以由与案件的结果没有直接联系的法定机关和组织来行使诉权呢？其原因就在于该类诉讼的目的观有所不同，对于这类诉讼，法院行使审判权的目的不仅仅在于化解纠纷，更重要的在于维护社会公益，形成适当的社会政策。

第三节　我国民事诉讼法的目的

一、立法规定

《民事诉讼法》第 2 条规定："中华人民共和国民事诉讼法的任务，是保护当事人行使诉讼权利，保证人民法院查明事实，分清是非，正确适用法律，及时审理民事案件，确认民事权利义务关系，制裁民事违法行为，保护当事人的合法权益，教育公民自觉遵守法律，维护社会秩序、经济秩序，保障社会主义建设事业顺利进行。"这被认为是我国民事诉讼法目的的立法根据。

需要指出的是，"民事诉讼法的目的"这个名称并没有在立法上得到明确的使用，使用的是"民事诉讼法的任务"这种说法。但二者的含义基本相近，都是立法者对民事诉讼立法本身以及司法者的司法提出的具有指导意义的根本理念。目前，随着审判机制的改革，理论界和实务界一般都不再提"民事诉讼法的任务"，而用"民事诉讼法的目的"这样的说法取而代之。

二、具体含义

根据《民事诉讼法》的规定，我国民事诉讼法的目的主要表现在以下五个方面：

（一）保护当事人行使诉讼权利

保护当事人行使诉讼权利作为民事诉讼法的目的之一被明确规定在诸目的观之前，这说明立法者对当事人诉讼权利的充分重视，也体现了立法者对过去长期存在的“重实体、轻程序”思维观念的矫正，维护了民事诉讼法的程序价值。

《民事诉讼法》第1条便规定：“中华人民共和国民事诉讼法以宪法为根据……”这说明，《民事诉讼法》中关于当事人诉讼权利以及其他诉讼权利的规定，都是宪法性权利的具体化表现，宪法是民事诉讼权利的根本保障。诉讼权利也是人权的一个体现，因此，保护各种诉讼权利，就是保障民事诉讼中的人权，其充分体现在民事诉讼的各个阶段；缺少了诉讼权利，民事诉讼程序就缺少了灵魂。民事诉讼权利也是可以选择行使的，是否行使某种诉讼权利，概由诉讼权利的享有者自由决定，任何人不得干涉。诉讼权利的基本功能是确保当事人实体权利的实现，当然，它自身也有独立的价值。现代民事诉讼就是以诉讼权利为本位而建构的，法院行使审判权要以尊重当事人行使诉讼权利为前提，同时，对于当事人所享有的诉讼权利，法院也要提供机会和条件使之能够得到充分行使。

（二）保证人民法院查明事实，分清是非，正确适用法律，及时审理民事案件

《民事诉讼法》第7条规定：“人民法院审理民事案件，必须以事实为根据，以法律为准绳。”这里的“以事实为根据”，实质上就是以证据以及对证据的判断为根据。只有查明了事实，案件中体现的是非曲直才能见分晓。

只有正确地认定了事实，才能准确地适用法律。适用法律以事实认定为前提，事实认定以法律适用为归宿。适用法律的过程，是将法律的一般规定具体落实到特定案件的解决中去的过程，是一个由一般性到特殊性的转化过程。所以，司法者在适用法律时，首先应当解释法律，然后再将法律规范运用到具体案件的解决结果之中。

及时审理民事案件，是对司法效率的要求。所谓“迟来的正义乃非正义”，就是要求司法者尽快解决民事案件，唯其如此，才能节省当事人的诉讼成本，同时也节省司法成本。为此，《民事诉讼法》第七章第一节专门规定了“期间”制度，要求当事人及其他诉讼参与人在法定的或法院指定的期间内实施诉讼活动，否则就可能不会产生其所预期的法律效果。同时，《民事诉讼法》还对法院行使审判权规定了“审限制度”，要求法院原则上必须在法定的审限之内完成对特定案件的审判。

（三）确认民事权利义务关系，制裁民事违法行为，保护当事人的合法权益

民事诉讼法所要达到的目的之一就是确认民事权利义务关系。任何民事纠纷的发生都源于纠纷主体对权利或权益的主张在认识上不一致或存有分歧。因此，法院要解决纠纷，就必须要使这种发生动摇的民事权利义务关系再次得到稳定，从而实现恢复正义的目的。对于这种权利义务加以确认的结果表现在相辅相成的两个方面：权利的享有者被判定为权利的存在，义务的负担者被判定为义务的存在。一般来说，在法律权利义务关系有立法上的依据时，这种判定是比较容易的，这是民事司法的常态；但在特殊情形下，纠纷主体所争执的利益关系在法律上找不到直接的根据，而根据法律的原则和精神，这种利益必须加以维护。在这种情形下，民事诉讼法的此一目的就表现为对民事利益关系的确认，这反映了民事诉讼法所具有的生成实体权利的功能。同时也说明，法院行使审判权不以实体法有明文规定为前提；即使在实体法没有明文规定的情形下，法院也要对特定的纠纷作出裁判，而不得以此为理由拒绝司法。

民事权利义务关系被确定，就意味着权利者享有了权利，义务者负担了义务。义务者所负担的这种义务，在一定意义上说，就意味着其民事违法行为受到了制裁。所谓制裁民事违法行为，也是贯彻落实实体法的表现，而不是指法院依据民事诉讼法的规定实施此种对民事违法行为的制裁。法院依据民事诉讼法实施制裁的行为，是针对妨碍民事诉讼程序的违法行为实施惩罚，表现为各种形式的强制措施。《民法典》所规定的惩罚性赔偿以及《民事诉讼法》所规定的双倍迟延履行金，都是制裁民事违法行为的表现。

至于保护当事人的合法权益，则是法院行使审判权，对民事权利义务关系加以确认的必然结果。确认民事权利义务关系，其结果在权利的享有者乃是保护了其合法权益，在义务的负担者便是制裁了其民事违法行为。

（四）教育公民自觉遵守法律

法律本身就是一部极好的教科书，通过法律，人们可以了解、明确其享有什么权利，负有什么义务，法律倡导什么、鼓励什么，而又禁止什么、劝阻什么。《民事诉讼法》中的许多规定都是有助于此一目的之实现的，比如在合议庭的组成上实行人民陪审员制度，使普通的公民可以参加实际的审判，在这种活生生的审判实践中，公民所受到的法制教育效果是非常明显的。可以说，开庭审判就是一堂生动的法制宣传教育课，其中，当事人、旁听者、采访者以及其他诉讼参与者，都可以受到不同程度的法制教育。对当事人而言，是一种特殊的法制教育；对社会上的一般群众而言，则是一般的法制教育。此外，庭审视频直播、裁判文书的公开化、制裁妨碍诉讼或执行的行为、法院对生效法律文书的强制执行等，也有法制宣传教育之功效。

(五)维护社会秩序、经济秩序,保障社会主义建设事业的顺利进行

法律属于上层建筑的组成部分,它对于经济关系自然有保障功能。通过法律的实施,社会秩序和经济秩序等都得到了维护,在这其中,民事实体法和民事诉讼法具有同等的重要性。民事诉讼法得以贯彻落实的过程,就是民事纠纷得到公正解决的过程;民事纠纷得到公正解决的过程,也就是社会秩序和经济秩序得到捍卫、正义得到实现的过程;社会秩序和经济秩序得到捍卫,社会主义建设事业便可以顺利进行。

拓展阅读

1. 章武生、吴泽勇:《论民事诉讼的目的》,载《中国法学》1998年第6期。

2. 李祖军:《民事诉讼目的论评述》,载《现代法学》1999年第1期。

3. 陈刚:《日本中村民事诉讼理论之研究——以民事诉讼制度目的论为主线》,载《西南政法大学学报》2000年第2期。

4. 段厚省:《民事诉讼目的:理论、立法和实践的背离与统一》,载《上海交通大学学报(哲学社会科学版)》2007年第4期。

5. 任重:《民法典的实施与民事诉讼目的之重塑》,载《河北法学》2021年第10期。

第三章　民事诉讼价值

本章目次

第一节　民事诉讼价值概述

研究民事诉讼程序的价值，首先要了解“价值”的含义。“价值”作为哲学上和一般社会学上的概念，说明的是主客体之间的关系，是客体能够满足主体生存和发展需要的一种性能。一种对象、客体，能够满足主体的需要和利益，对主体即是有用的、有价值的。因此，可将价值理解为客体对主体的有用性或功用性，或者是客体对满足主体需要的积极意义。根据价值的定义，可将民事诉讼程序的价值界定为民事诉讼程序对于行使诉权的当事人以及行使审判权的法院的功用意义。

研究民事诉讼程序的价值论，有利于通过对价值论的比较研究，揭示我国民事诉讼法中的主流价值追求是什么，以此指导民事司法和民事诉讼的顺利进行，同时对司法改革和民事审判方式改革中出现的各种举措及改革方案，从价值论的高度进行审视和检讨，由此保留其优良的成分和因素，摒弃其不符合程序价值论以及民事诉讼发展规律的内容，在此基础上，为民事诉讼法的完善提供指针和依据。

第二节　民事诉讼的价值及其相互关系

一、从一元论到多元论

在我国民事诉讼法学的理论研究中，可以很明显地看出，我国民事诉讼程序价值观曾发生过并正在发生着从一元论到多元论的转变。长期以来,我国民事诉讼程序的主流价值观一直认为,民事诉讼程序的价值就是为实体法服务,是从实体法中派生出来的实现实体法的工具,它们之间是形式和内容的关系。这种价值观有两个特点:一是认为程序法的价值就是保障实体法的实现,二是认为程序法自身不存在独立的价值。这种价值观被称为"程序工具主义的价值观"。"程序工具主义的价值观"的注视点在诉讼程序的结果,因而也可以称之为"结果公正的价值观"。

显而易见,程序工具主义的价值观虽然揭示了诉讼程序的基本功能,但它忽视了诉讼程序的自身独立的价值,同时还忽视了诉讼程序对实体法的能动性价值,因而这种价值观是有局限的,需要与时俱进地加以扬弃。

取代程序工具主义价值观的乃是多元论的价值观。多元论的价值观认为,民事诉讼程序的价值至少包括三个方面:一是程序的公正性,二是结果的正确性,三是诉讼的效率性。第一种价值可以称为程序公正价值,第二种价值可以称为实体公正价值,第三种价值则可以称为诉讼效率价值。程序公正价值与实体公正价值可以合称为公正价值。因此,民事诉讼程序价值主要有两个:公正与效率。

二、公正价值

(一) 实体公正

实体公正是指民事诉讼的处理结果符合民事实体法的规定和要求,亦称为结果公正。实体公正的价值是民事诉讼程序的工具性价值,也是民事诉讼程序的外在价值,它主要包括两个方面的具体内容:其一,实现实体法的内容和精神。为了实现实体法的内容和精神,就要做到对案件事实的准确认定和法律规范的正确适用,并在此基础上,将事实认定与规范认定结合起来,形成正确的裁判。其二,通过实体法的实现和改进,达到型构良好的实体法律秩序的目的。可见,实体公正的本质在于对照实体法的现实规定,特定的裁判结果完全符合实体法的要求和标准。如果裁判的结果偏离了实体法的内容和精神,则实体公正的价值便不能谓已然获得了实现。实体公正价值是民事诉讼程序的基本价值。

(二) 程序公正

程序公正是指诉讼程序本身应当符合公正的标准和要求。程序公正是民事诉讼程序的内在价值或目的性价值,也即是民事诉讼程序自身的固有价值。由于程序公正是独立于诉讼结果的公正,也是诉讼程序自身过程中体现出来的公正,因而也被称为"过程的公正"。诉讼程序的公正性并无永恒的、唯一的、绝对的标准,但主要而言,程序公正与否取决于它是否具备以下诸要素:

1. 法官的中立性

法官的中立性就是要求法官在审理案件过程中，始终在当事人两造之间保持客观的、不偏不倚的中立立场，不对任何一方当事人具有偏见或者特别的偏好，同时其与案件的实际裁判结果也无利害关系。这是程序公正的前提条件。

2. 当事人的平等性

当事人诉讼地位的平等性表现在无论是主动提起诉讼的原告还是被动应诉的被告，其所享有的诉讼权利都应当是一致或者是对应的，而不应有所偏重或失衡；同时，原告和被告也都负有同样的或同等的诉讼义务。当事人诉讼地位的平等性，与法官的中立性是有联系的：只有法官保持了中立，当事人之间的平等地位才能得到体现和保障；当事人的平等性也有助于法官保持中立，并且意味着当事人的任何一方与法官之间的距离是等同的。当事人的平等性同时也意味着法官适用法律上的平等性。

3. 程序的参与性

程序的参与性是指当事人对诉讼程序应当能够有充分的机会参与其中，发挥其应有的影响力乃至决定性作用。当事人诉讼地位的平等性是其能够积极参与诉讼程序的必要条件，但是，仅有平等性尚不够，其所享有的诉讼权利应当同时是充分的，只有具备了充分的诉讼权利，当事人实施诉讼活动才能对诉讼的结果产生富有意义的影响，诉讼的结果才能被视为是在当事人充分的参与下形成的，当事人才能服判息诉。

4. 过程的公开性

所谓“公开、公平、公正”，是互有联系的三个方面：公开是对公正、公平的保证；公平、公正是公开的结果。程序的公开性是指诉讼程序的全部过程，除依法保密的内容外，应当一律向当事人以及社会一般群众公开，并且允许新闻报道。在公开的场合下进行公开的司法，有利于保证当事人平等地行使诉讼权利，也有利于引进社会的力量对诉讼过程实施有效的监督。

5. 诉讼的安定性

民事诉讼程序的安定性具有三层含义：其一，民事诉讼程序本身要具有可预测性。当事人依照民事诉讼法的规定实施诉讼行为，追求其所期望的诉讼效果，这意味着诉讼程序应当事先加以明文规定，法官对诉讼程序的释明也要具有合理性。其二，诉讼行为实施后，便会产生相应的诉讼效力，这个效力不能任意地予以否认。其三，诉讼程序结束后，法院由此作出的裁判，对当事人以及法院自身都有拘束力，不能任意推翻。程序的安定性是程序公正的保障性要素，缺少程序的安定性，不仅程序的公正难以实现，同时也无法体现出程序的权威性。

三、效率价值

如果说公正是诉讼程序的最高价值的话,那么,效率或许应被视为诉讼程序的第二位价值。诉讼效率与诉讼效益是两个经常被同时提起的概念,它们之间实际上是包含与被包含的关系:诉讼效益是一个偏重于经济成本与经济收益的概念,而诉讼效率则不仅仅考虑经济成本与经济收益的关系,还考虑诸如时间、精力等与经济无直接关系的因素,同时,诉讼效率还考虑诉讼程序的有效性或实效性。因此,诉讼效益是诉讼效率的构成要素。诉讼效率包括:经济成本与经济效益的关系、时间成本与时间效益的关系以及其他的投入与产出的关系。这些成本概称为"诉讼成本"。要提高诉讼效率,必须降低诉讼成本;降低诉讼成本,提高诉讼速率,是诉讼效率价值的主要意涵。提出诉讼效率的程序价值,主旨在于实现诉讼程序的高效率。

四、各种诉讼价值之间的关系

(一) 公正与效率的关系

一般情况下,公正与效率是能够协调的,它们虽然是两个相对独立的价值,但它们始终是互为依存的:离开公正谈效率,这个效率是毫无意义的,因为仅仅追求解决案件的速度和节省解决案件的成本,并不是民事诉讼的目的所在,民事诉讼的目的是能够准确地、正当地化解纠纷主体之间的纷争,使民事纠纷得到彻底解决。反过来也一样,如果没有效率,公正也无从说起。因此,严格而言,效率是公正的一个构成要素,缺乏效率的公正是不能成立的。

(二) 程序公正与实体公正的关系

程序公正和实体公正在不同的程序模式下,它们之间的关系解说是不一样的。美国哲学家罗尔斯在《正义论》中提出程序正义有三种模式:纯粹的程序正义、完善的程序正义和不完善的程序正义。在第一种模式中,公正或正义就是指程序公正或程序正义,在公正或正义的概念中,实体公正或实体正义没有存在的余地。在第二种模式中,程序正义和实体正义能够并存,程序正义决定实体正义,实体正义对程序正义具有目标定向的意义。在第三种模式中,实体正义和程序正义都是独立存在的,但程序正义永远都是有缺陷的,都不可能绝对地保证实体正义的实现。

笔者认为,对程序公正和实体公正的关系可以在三个层面上理解:

第一个层面:在理论上,程序正义和实体正义是能够并存的,它们分别具有各自独立的公正的判断标准。因而,只要诉讼结果满足了实体法的要求,就可以说该诉讼程序实现了实体公正;同时,只要诉讼过程满足了程序法的要求,也可以说该诉讼程序实现了程序公正。据此,我们可以得出这样两个结论:其一,公正就是严格依法办案;其二,程序公正和实体公正应当同时实现。

第二个层面:从运作的逻辑上说,程序公正对实体公正具有决定意义。因为实体公正对个案来说,乃是被司法者把握住的一般公正的具体化,这个被把握住的具体公正,是否是真正的公正,不经过公正的程序是无法得出结论的。在这个意义上,程序公正决定实体公正这个命题是能够成立的。在这个层面上理解程序公正与实体公正的关系,给我们带来两个启示:其一,实体公正是抽象的、难以捕捉的,程序公正是具体的、可以衡量的,因而立法者应当着重于程序公正的法治建设,程序公正是法治社会的基石。其二,程序公正不仅仅是过程的公正,更重要的它还是司法者的公正,因此,程序公正与司法公正在内涵上是同构的、等值的。

第三个层面:在人们日常的生活观念上,人们更加重视实体公正,认为实体公正优越于程序公正。这一点在我国表现得尤为明显。这说明,程序公正的重要意义还没有被人们充分地认识到,程序公正的法治建设及其在司法中的实现,还需要一个漫长的过程。在这个层面上理解程序公正与实体公正的关系,需要我们在程序法治的建设过程中,尽量减少对实体公正有明显或直观的消极影响的程序规则。

拓展阅读

1. 季卫东:《程序比较论》,载《比较法研究》1993 年第 1 期。
2. 陈瑞华:《程序正义的理论基础——评马修的“尊严价值理论”》,载《中国法学》2000 年第 3 期。
3. 汤维建:《关于程序正义的若干思考》,载《法学家》2000 年第 6 期。
4. 李祖军:《论程序公正》,载《现代法学》2001 年第 3 期。
5. 姚莉:《司法公正要素分析》,载《法学研究》2003 年第 5 期。
6. 孙洪坤:《程序正义的中国语境》,载《政法论坛》2006 年第 5 期。
7. 张卫平:《论民事诉讼制度的价值追求》,载《法治现代化研究》2021 年第 3 期。

第四章　民 事 诉 权

本章目次

第一节　民事诉权概述

一、诉权的理论模式

诉权理论是民事诉讼法学理论体系的逻辑起点,对诉权概念的不同界定,直接关系到民事诉讼法学理论体系的建构,各国民事诉讼法所体现出的模式之所以不同,在相当大的程度上乃是与诉权的概念内涵的不同设定有关的。

在英美法系国家,虽然没有“诉权”这个简洁的概念,然而也有类似的一个重要术语,这就是:接近正义(access to court)。接近正义也是一种诉权性质的基本程序权利。接近正义的运动最初源于1971年在意大利佛罗伦萨召开的关于民事诉讼核心价值的国际会议。会议成果体现为《民事诉讼中当事人基本权利的保障》一书。以此为契机,西方诸主要国家开始了民事诉讼制度改革的现代化步伐。

诉权的概念在不同的诉权理论下有不同的界定。大陆法系学者对诉权的研究形成了灿烂多姿的诉权学说。对大陆法系国家诸诉权学说的介绍和评论,以苏联学者顾尔维奇的《诉权》一书最为经典。该著作不仅评介了流行于或曾流行于大陆法系国家民事诉讼法学舞台上的各著名学说,而且还提出了影响深远的"二元诉权说"。

然而诉权理论还在发展,目前最为流行的乃是"宪法诉权说"。笔者认为,以往的各种诉权学说可以概括为"传统诉权理论",而宪法诉权说则具有完全不同的时代特征,因此不妨称之为"现代诉权理论"。

二、传统诉权理论

通常认为,传统诉权理论首先并主要是指"近代三大诉权学说",包括:诉权私权说、抽象诉权说以及具体诉权说。我国有学者将这三种学说又分为两大派别:实体权益根据说和公法行为根据说。前者从主体所享有的实体权益中为诉讼行为寻求根据,后者则主张主体的诉讼行为纯粹产生于行为的公法性质。笔者基本赞成这种分类:诉权私权说属于实体权益根据说的范畴,抽象诉权说属于公法行为根据说的领域,而具体诉权说则横跨实体权益根据说和公法行为根据说两大领域。

1. 诉权私权说

诉权私权说也被称为实体诉权说,认为诉权是基于私法而产生的一种私权。德国法学家萨维尼认为,诉权并不是实体权利以外的其他权利,而是实体权利在诉讼中的特定表现。在提起诉讼前,诉权已经作为某种潜在的能力而内含于实体权利之中,作为债的法律关系的胚胎;在提起诉讼后,这种潜能即成为真正的债。对于萨维尼的这种观点,我国有学者将之概括为"发展阶段说",意指这种意义上的诉权是由实体权利整体地发展演变过来的,诉权就是实体权利的一种特殊阶段的表现。

另一种相类似的学说被称为"组成部分说"。这个学说是由德国学者温德雪德在其著作《从现代法的观点看罗马诉权》中提出来的。该学说认为:"诉权对于我们来说充其量只是权利的影子——一种完全溶化在权利之中的东西",也就是说,诉权是实体权利的一个组成部分。在此基础上,民事权利的"三要素"随之产生,民事权利是由基础权、请求权和诉权组成的。诉权乃是权利主体在诉讼中强制不履行义务的债务人或侵权人履行义务或停止侵权行为的权利。

可见,诉权私权说的基本含义乃是,诉权是与实体权利紧密关联的一种权利,其本身不具有独立的渊源,而是来源于实体权利。

2. 抽象诉权说

抽象诉权说也被称为抽象的公权说,认为诉权是当事人所拥有的提起诉讼并请求法院作出裁判的权利。该学说之所以被称为抽象诉权说,原因就在于:当事人只要提起诉讼,就实现了诉权;至于法院如何对待其诉讼,当事人一概不予过问,而均被认为业已实现了诉权。这种意义上的诉权是空洞的,完全没有任何实体性质的内涵在其中。不难看出,这种抽象的诉权理论,强调的实际上是起诉的自由权。该学说在历史上提出来具有重大的理论价值,这就是它宣布了诉权具有不依赖于实体权利的根本属性。

3. 具体诉权说

具体诉权说也被称为具体的公权说,认为诉权是当事人要求获得胜诉裁判的权利。可见,具体诉权说之所以被认为是"具体的",就是因为此一学说为诉权的概念赋予了实质性的内涵即要求获得胜诉裁判的权利。这一方面使之与诉权私权说区别开来,因为它强调诉权是一种公法上的权利,是一种面向法院的请求权,而不是直接面向对方当事人的实体请求权;另一方面具体诉权说又与抽象诉权说有所区别,如果当事人所提出的诉讼被裁定驳回或者被判决败诉,则该当事人均被认为不享有诉权。因此,诉权不是诉讼程序开始的前提条件,而是诉讼程序结束后在当事人取得胜诉裁判的情形下方产生的某种有利的法律状态。该学说在方法论上具有综合诉权私权说和抽象诉权说两大学说优势的特点,因而颇具理论魅力,以致长期成为大陆法系国家的通说。迄今为止,大陆法系国家的民事诉讼法学理论体系基本上是以具体的诉权说为基础而构筑起来的。

4. 本案判决请求权说

有鉴于具体诉权说中固存的显而易见的片面性和逻辑上的难以自洽性,日本学者提出了一种修正性的学说,被称为"本案判决请求权说"。根据此说,所谓诉权,就是当事人提起诉讼并获得法院作出本案判决或实体判决的一种权利。该说的特点在于,强调诉权未必如同具体诉权说所主张的那样,一定要获得胜诉裁判方能享有或实现,当然也不是按照抽象诉权说所声明的那样,只要当事人提起诉讼就实现了诉权,而是两者之间的某种折中:当事人提起诉讼,并且法院作出了实体性的裁判,当事人便享有或实现了诉权。因此,本案判决请求权说中的诉权,其实现的时点既不在诉讼程序的起端,也不在诉讼程序的终端,而在诉讼程序的中间。

5. 二元诉权说

该说认为诉权具有程序诉权和实体诉权双重含义。具体而言,所谓程序意义上的诉权,是指当事人所享有的提起诉讼的权利;所谓实体意义上的诉权,是指当事人所享有的要求获得有利诉讼结果的权利。前者被简称为起诉权,后者被概称为胜诉权。诉权的实现分为两个方面的要件:起诉权的实现要具备诉讼成立要件,胜诉权的实现要具备权利保护要件。

6. 综合诉权说

"综合诉权说"是我国学者在通说之外提出的一种新观点,该观点认为,实体权益根据说与公法行为根据说的共同缺陷在于各自狭隘地固守于某一本位。事实上,冲突主体实施诉讼行为的根据是多方面的,它体现着国家、冲突主体的共同意志以及实现这种意志的技术性要求。该学说对通行的二元诉权说提出质疑,并提出统一的诉权概念,这是有启发意义的。但是该学说实际上还是偏重于实体法上的根据理论,而对诉权的独立依据以及它的程序含义则重视不够。

上述可以看作是传统的诉权理论。传统的诉权理论所具有的显著特征是:其一,将诉权置于实体法或程序法的单一视角进行观察和界定,缺乏综合性,尤其是更多的传统诉权理论是将诉权与实体法或者实体权利紧紧联系在一起,缺乏彻底的程序法特征的理论品格。其二,均未能将诉权置于宪法乃至法治秩序形成的高度加以审视,因而其理论的研究视野较狭窄,思维的层次偏低。其三,在概念的理论逻辑上往往与诉讼程序的运行逻辑相脱离。可以说,传统诉权理论已经不能满足现代诉讼实践的需要,现代的诉讼实践呼唤一个更加辩证、内涵更加丰富的诉权理论的诞生。这就是所谓的"宪法诉权说"。

第二节 宪法诉权说:现代诉权理论

一、宪法诉权说的基本特征

所谓宪法诉权说,指诉权是一项由宪法所直接确认和保障的基本程序权,诉权来源于作为民事实体法和民事诉讼法的共同上位法的宪法。宪法诉权说的基本要义就在于将诉权的概念界定与作为根本大法的宪法联结起来,使诉权成为一种由宪法重点关照和守护的基本人权。将诉权上升到宪法高度加以审视的观点和理论,是与传统诉权理论有着截然不同的区别的。因此,我们称宪法诉权说为现代诉权理论。

与传统诉权理论相比较,作为现代诉权理论的宪法诉权说具有这样几个特征:

(1) 宪法诉权说的理论基础是人权学说,规范基础是宪法化文件。

人权是现代法治国家赖以构建和运转的关键概念和核心价值。诉权是人权的一种,是人权中的保障性、救济性含义。如果我们将人权分为实体性人权和程序性人权的话,那么,诉权就是其中的程序性人权。在此意义上,我们完全可以认为,现代诉权的理论基础乃是人权学说,现代诉权的规范基础是作为根本法的宪法。将诉权放置到宪法的高度加以认知和规范,乃是现代诉权理论的伦理特征。

(2) 宪法诉权说所指的诉权具有独立的程序指向性。

诉权虽然是用来保护实体性权利的权利,但它是程序性权利。诉权作为程序性权利相对于实体权利而言,它是工具性权利;但就其自身而言,它又是独立存在的权利。诉权是请求司法救济的权利,是面向法院的权利,这种权利,首先要求获得法院的尊重。正是在诉权的行使下,法院开始启动正式的法律程序对特定的纠纷加以解决。摆脱了实体法的思维羁绊,而以独立化的程序性对其内涵深加发掘,并以之带动实体权利及其体系的生成和完善,乃是现代诉权理论的功能特征。

(3) 宪法诉权说所形成的是一种统一的程序权利体系。

诉权按照其所存在的法律领域可分为三种:刑事诉权、民事诉权和行政诉权。这样的分类在传统诉权理论体系中是有效的,但是诉权的这种传统分类在现代已经不可避免地遭到了挑战,这种挑战集中表现在两个层面:一方面,三大诉讼机制逐渐趋同化,使诉权的不同内涵也逐渐地消除了差异。另一方面,三大诉权理论中不断增多的共性因素,都以程序基本权的名义上升到宪法高度。因此,三大诉权理论分而治之的割据状态逐渐消失,出现在我们面前的乃是三大诉权理论的统一化面貌。这种统一化的诉权理论体系,正是现代诉权理论的制度性特征。

(4) 宪法诉权说所展现的是一种国际化的基础性权利。

诉权的国际化是民事诉讼国际化的重要标志,因而对诉权保护的法律规范出现了国际化的迹象。这种迹象集中表现在:诉权被大量地规定在国际性文件中。比如 1948 年《世界人权宣言》以及《公民权利和政治权利国际公约》的相关规定。所谓最低限度的程序公正标准,也大量出现在国际文件中。对诉权进行有效的保障业已成为国际社会的共识,并日益成为国际立法和国内立法的重点所在。

二、现代诉权的基本功能

现代诉权与传统诉权有一定的共性功能。比如,诉权具有否定私力救济、弘扬公力救济的纠纷解决方式选择的指导功能,诉权具有启动并参与诉讼程序的宣示功能等。现代诉权的特殊功能有两个方面的表现:一是对传统诉权功能的现代化诠释,二是对传统诉权功能的现代化超越。

(1) 现代诉权具有特殊的理念功能。

现代诉权内含并传播着至少这样的三个理念:一是反绝对主义的理念。现代诉权不认为诉讼的结果可以达到绝对的客观真实和绝对的公平正义。二是反实体本位主义的理念。在实体法与程序法的关系上,现代诉权认为程序本位更具有合理的存在依据,应当弘扬程序本位主义的理念,确立诉权本位的观念。三是诉权保障具有决定性的理念。民事诉讼立法应当切实加强对诉权的有效保障;不仅如此,对诉权的充分保障应当成为整个法治建设的中心任务。

(2) 现代诉权具有崭新的理论功能。

诉权是民事诉讼法学理论体系中的一个指标性范畴,对诉权概念及其本质的界定和认识是构建民事诉讼法学理论体系的原始出发点。因此,对诉权概念可以作出相异的解说,但是绝不可以采取简单的回避态度,而选择所谓的“诉权不要说”。如前所述,现代诉权在核心的内涵方面已经迥异于传统或往昔,因此,现代民事诉讼法学理论体系的更新和发展也要以现代诉权理论为指导和灵魂而进行。

(3) 现代诉权具有重要的立法功能。

这有两层含义:一是现代诉权具有立法准据功能。诉权是来源于宪法的公权利,民事诉讼法是对诉权的保障的立法体现。二是现代诉权具有立法指引功能。民事诉讼法的各项具体内容,必须反映宪法中诉权的规定和原则要求。当然,民事诉讼实践中提出的现代诉权要求,也要及时地反映到宪法规范中去,这对宪法规范的完善也起反向推动作用。不同的诉权观有不同的诉讼模式观。如果说诉权私权说是古典的当事人主义诉讼模式的概念基础,公法诉权说是近代的职权主义诉讼模式的概念基础,那么现代诉权理论,即宪法诉权说,则可以视为协同化的诉讼模式的概念基础。

(4) 现代诉权具有独特的司法功能。

首先,现代诉权具有交涉对话功能。现代诉权理论是从程序本身的独立价值出发的,它依托于公正的诉讼程序本身。诉讼程序的公正性不仅体现在当事人作为诉讼主体的自治性上,同时还体现在诉讼行为方式的交互性和理性沟通性上,程序参与权和诉讼对话权是现代诉权的基本诉求。其次,现代诉权具有权力制衡功能。现代诉权所配置的诉权与审判权的关系模式是一种双向式的相互制衡、相互配合协作的平面模式。现代诉权的基本取向是诉权和审判权的有机配套,各司其职,相互协调,共同服务于诉讼纠纷的妥适化解。再次,现代诉权还具有民主监督的功能。因为现代诉权特别强调诉讼当事人对诉讼程序的实质参与,而这种参与对法院行使审判权可以发挥较为有效和充分的监督功能。

第三节 诉权的“五化”趋势

一、诉权的人权化

将诉权与人权联结起来考虑,是现代诉权理论的一个显著特征。同时,从诉权的角度来看待人权,也丰富了人权的内涵,使人权概念实现了现代化的转向。

诉权人权化的具体含义主要包括:(1)诉权是一种根本性的权利,具有神圣不可侵犯的特性;(2)诉权是一种平等性的权利,无论何人,都平等地享有诉权;(3)诉权是一种基础性的权利,它是公民、法人、其他组织所享有的全部程序性权利的最高抽象和终极渊源;(4)诉权是一种不可动摇的权利,任何侵犯诉权的行为都要受到法律的制裁。

提出诉权的人权化命题具有重要的意义。首先,在人权的理论研究中,要将诉权研究作为一个应有之义的内容加以研究,并注意从诉权的视角拓展传统人权理论的研究视野和领域,从而使人权理论带上鲜明的现代特征。其次,在有关人权的立法中,应特别注意诉权内涵的实定化和具体化。在对人权的有关立法中,尤其在宪法规范中,应细化诉权的内涵,拓展诉权的外延,使诉权成为人权制度化的主要途径。再次,在人权制度的司法实践中,应加强对诉权的保障,要将诉权保障提升到人权保障的高度加以认识。

二、诉权的宪法化

诉权宪法化的理论形态集中表现为宪法诉权说,然而二者的侧重点有所不同。宪法诉权说重在强调诉权的宪法来源和宪法依据,而诉权的宪法化除此层含义外,还有两层含义:其一,宪法可以成为诉权行使的终极根据;其二,诉权救济手段的宪法化。虽然如此,诉权宪法化的主要含义也是首要的含义依然是将诉权具体地规定在宪法规范上,使诉权成为宪法规范文本中的有机内容。

前已述及,宪法规定的权利体系,分为实体性权利和程序性权利两种类型,诉权属于程序性权利。宪法中程序性权利的总和,就是诉权概念的全部内涵。同时,宪法性权利是抽象的、概括的,而诉权则除此属性外,还具有实定化或具体化的内在倾向,民事诉讼法与宪法之间的联结点便是诉权。同时,只有在具体纠纷及其解决中,诉权才具有最终的实际价值,实体性的宪法权利才有所保障。可见,诉权不仅是程序性宪法权利的落脚点,也是实体性宪法权利的实现工具。

三、诉权的国际化

诉权的国际化有两层含义:(1)诉权内容的国际化。即通过国际公约、国际条约等国际性文件对诉权的主要含义及其表现形态加以确认。缔约国以及参约国应当遵守国际文件中的有关诉权的规定,并通过内国法将这些内容具体化和国内化。(2)诉权保障的国际化。如果某个国内立法或司法机构没有按照国际文件的规定和要求,对诉权作出有效的规定和保障,则有关的诉权受损者可以通过特定机构提出诉权保障的诉愿。如1950年的《欧洲公约》第13条规定:“当公约所规定的权利和自由遭受侵犯时,人们有权从国家机构获得有效的救济,即使该损害系由执行公务的人所为。”绝大多数成员国皆赋予该公约以国内法的地位,可直接在国内法院适用。并且该公约还建立了一种全新的司法审查机制,在成员国个人利益受影响时,可对成员国行为与公约是否保持一致性进行超国家的司法审查。另外,《欧洲公约》还允许个人直接向欧洲人权理事会提起诉讼。当然,诉权的国际化目前还具有相当程度上的理想色彩,具有局部性和倡导性。

四、诉权的实效化

诉权理论是抽象的,然而诉权制度又是具体的,诉权制度的具体化过程就是诉权的实效化过程。所谓诉权的实效化,具体而言,至少包含这样几层含义:(1)诉权要有可能性。对诉权的内涵设定,并不是越高尚越好,而是越务实越好,要做到务实性和高尚性的统一。(2)诉权要有具体性。也就是说,诉权虽然是抽象的,但对诉权的内容则要具体化。(3)诉权要有现实性。指实现诉权的具体途径和方法要有现实性。立法上应当加强对实现诉权的程序保障,司法机关对当事人行使诉权应当起保障作用,各种保障诉权得以实现的制度和机制应当力求完备。(4)诉权要有可救济性。诉权的可救济性是诉权实效化的最终表达,其基本要义是立法应消除妨碍诉权行使的各种负面因素,并对损害诉权的行为予以有效的救济。再审程序应当不断加以完善,检察机关对民事诉讼的法律监督应当强化。国家赔偿制度应当发挥更加充分的作用。

五、诉权的保障化

诉权的保障化是诉权的实效化之延伸,诉权保障是诉权制度构建中的根本问题,缺乏保障的诉权并非真正意义上的诉权,诉权要从纸面走向现实必须重视诉权的制度保障和机制保障。具体而言,诉权保障主要应表现在以下方面:(1)诉权的宪法保障。诉权的宪法保障目前在我国基本上处在缺位状态。诉权的宪法保障首先应表现在宪法文本上,宪法文本应有充分的诉权条款,“诉权入宪”具有必要性。(2)诉权的程序保障。对诉权的程序保障分为两个环节:一是对当事人接近法院的程序保障,也就是对起诉权的保障。改立案审查制为立案登记制就是对诉权的最初保障。二是对各种具体诉讼权利的保障。(3)诉权的实体保障。诉权的保障也需要落实在实体法之中,实体法完善与否的一个重要标尺乃是诉权的实体保障是否到位。《民法典》的制定将诉权的法律保障推向了新的高度,诉权保障的实体法基础得以逐步夯实。(4)诉权的社会保障。应当完善诉权的社会保障机制,提供充分的法律援助,积极采行诉讼费用保险制度,诉讼费用减缓免制度应当便利当事人采用,诉讼成本应当降低,从而使诉权的享有者得以实现诉权。(5)诉权的司法保障。即指在具体司法实践过程中,人民法院及其审判人员,应当改善司法环境和司法条件,采取可行措施,便民诉讼,确保诉权的最终兑现。同时,应当完善宪法诉讼、违宪审查等宪法诉权救济制度。(6)诉权的国际保障。诉权的保障不仅仅是某个国内法所能全部涵盖的,从国际合作的视角进行诉权保障也是不可或缺的组成部分。

诉权的人权化、宪法化、国际化、实效化和保障化是现代诉权从理想到现实的五大环节,其中诉权的人权化是其时代内涵和本质规定,诉权的宪法化和国际化是诉权人权化的必然体现和自然归属,而诉权的实效化和保障化则是诉权赖以实现的基本作业和现实途径。

第四节　诉权与相邻概念的辨析

一、诉权与民事实体权利

作为程序性权利的诉权,是与实体权利相对而言的概念。诉权与实体权利既有区别,也有联系。其区别在于:

(1)内容不同。实体权利的内容具有实质性,表现为具体的实体权利义务关系;诉权的内容具有形式性,表现为一定的行为方式和过程。

(2)所针对的主体不同。实体权利针对实体义务相对人,或者针对不特定的任何人;诉权则针对国家设立的专门以解决纠纷为己任的人民法院。

(3)性质不同。实体权利属于私权,是否行使该项权利以及如何行使该项权利,由权利主体自由决定,实行私权自治原则。诉权则属于公权,其行使具有一定的程式和规矩,纠纷主体一般也不能抛弃这种权利。

(4)功能不同。实体权利能够满足人们日常生活需要,是与生存权和发展权直接关联的。诉权的内容与人们的日常生活没有直接关联,它只是在非正常的情形下,才成为一种现实化的需求。实体权利的功能是自我满足的,或者说是内在的;诉权的功能主要在于实现实体权利,具有外在性。

当然,诉权和实体权利也是有密切的联系的,主要表现在:(1)诉权与实体权利是宪法性权利的两大支柱,也是人权的两个分支系列,它们功能不同,互为依赖。(2)对解决特定的民事纠纷而言,诉权和实体权利均不可缺少。诉讼程序是依赖诉权来推动的,纠纷主体行使诉权的基础是实体权利,行使诉权的目的在于实现实体权利。(3)实体权利是诉权由抽象转化为具体的中介和基础。抽象的诉权能否成功地转化为具体的诉权,关键取决于实体权利是否发生了争议及其存否状态。

二、诉权与诉讼权利

诉权是宪法性权利,根据诉权这个宪法性权利,立法者制定了民事诉讼法,民事诉讼法规定了各种诉讼权利。可见,诉讼权利归根到底是从诉权中来的。但诉权和诉讼权利是两个相对独立的概念。具体而言,它们之间的区别可以这样理解:(1) 二者的存在根据不同。诉权存在于宪法之中,也是人权的内涵之一;诉讼权利依存于民事诉讼法的规定。诉权是民事诉讼制度的依据,诉讼权利则是民事诉讼制度的产物。(2) 诉权是抽象的,它需要向具体化方向转化;诉讼权利则是具体的,它需要借助于具体的诉讼行为转化为现实。(3) 诉权是纠纷主体拥有的权利,诉讼权利则除纠纷主体外,还可以为其他的参加诉讼程序的主体所享有,例如证人享有作证权、鉴定人享有鉴定权。(4) 诉权是集合性权利,诉讼权利则属于特定性权利;诉权是本原的,而诉讼权利则是派生的。

诉权与诉讼权利是有非常紧密的联系的:(1) 诉权决定着诉讼权利。诉权从本质上决定了诉讼权利的性质、内容以及功能,然后以民事诉讼法的形式将它们表达出来。(2) 诉权需要借助于诉讼权利获得具体的内容和实现的途径。诉权要获得实现,首先需要借助于民事诉讼制度或法律这个工具或中介,然后再由民事诉讼制度或法律将诉权的内容来具体化或实定化,其结果便为各种具体的诉讼权利。诉权不是独立于诉讼权利之外的又一种权利,任何诉讼行为,其根据只要不存在于审判权中,就是存在于诉权中。在此意义上,可以认为,诉权包含了诉讼权利,任何诉讼权利,除依赖于审判权而产生者外,都可以直接或间接还原为诉权。诉权是诉讼权利的根本源泉。但诉权又不仅仅限于实定的诉讼权利,它还根据实际需要生成着诉讼权利。尤其是,诉权是联结宪法和民事诉讼法的概念,它具有诉讼权利所不具有的立法上的功能。诉讼权利的行使,将导致诉权的实现;诉权的实现,将导致实体性权利的实现。可见,诉权又是联结实体性权利和诉讼权利的桥梁或中间环节。

拓展阅读

1. 刘敏:《论裁判请求权——民事诉讼的宪法理念》,载《中国法学》2002 年第 6 期。
2. 李龙:《民事诉权论纲》,载《现代法学》2003 年第 2 期。
3. 周永坤:《诉权法理研究论纲》,载《中国法学》2004 年第 5 期。
4. 严仁群:《回到抽象的诉权说》,载《法学研究》2011 年第 1 期。
5. 吴英姿:《论诉权的人权属性——以历史演进为视角》,载《中国社会科学》2015 年第 6 期。
6. 巢志雄:《民事诉权合同研究——兼论我国司法裁判经验对法学理论发展的影响》,载《法学家》2017 年第 1 期。

第五章　民事诉讼模式

本章目次

第一节　民事诉讼模式概述

民事诉讼模式是当事人和法院在诉讼程序中的关系结构。它要回答的基本问题是，在民事诉讼中，究竟是当事人还是法院占有主导地位？对这个问题的不同回答，便形成了职权主义、当事人主义、协同主义、混合主义等不同类型的诉讼模式。研究民事诉讼程序的模式，有利于我们把握民事诉讼程序的发展规律和内在本质，有助于我们比较研究各国民事诉讼法，从中得到有益的启发，从而有利于我国民事诉讼制度的完善和发展。

民事诉讼程序中有两个基本的要素：当事人和法院。当事人和法院在民事诉讼程序中具有各自的角色和作用，它们的诉讼行为推动着民事诉讼程序的进行。但它们之间的作用分担是呈此消彼长的关系的，这样的作用大小的不同配置，就构成了民事诉讼的不同模式。民事诉讼模式具有抽象性、概括性、定位性和调控性的特点。

考察现代各国民事诉讼制度，不同法系的国家有不同的诉讼模式，关键的因素就在于其法律制度的实践形态不同。在当代西方比较法学的著作中，对世界各国法律制度的划分最为流行的形式，就是法国学者勒内—达维德提出来的划分方式，他将世界各国的法律制度划分为大陆法系、普通法系、社会主义法系和其他法系。套用这个通行的划分方式，我们可以认为，民事诉讼程序的模式也可以相应地划分为大陆法系国家的民事诉讼模式、普通法系国家的民事诉讼模式、社会主义国家的民事诉讼模式以及其他国家的民事诉讼模式。应当说,这种划分在外延上是周密的,但是在划分的标准上是有交叉的。美国学者米尔伊安·R.达玛什卡教授在其著作《司法和国家权力的多种面孔——比较视野中的法律程序》中则对世界各地的法律制度如何管理司法以及政治与司法的关系作了深入的比较性分析,并从理论上将诉讼模式分为纠纷解决型模式和政策实施型模式两大类型。结合各种理论观点,我们不妨在两大层面上划分民事诉讼程序的模式:第一个层面,以社会制度的性质为标准,可将民事诉讼模式划分为资本主义国家的民事诉讼模式和社会主义国家的民事诉讼模式。第二个层面,在资本主义国家内部,又可以按照其诉讼制度发展的历史文化传统及操作技术上的不同,将其划分为英美法系国家的民事诉讼模式和大陆法系国家的民事诉讼模式。当然,在社会主义国家内部,我们同样可以对其民事诉讼模式再加细分。

第二节　民事诉讼模式的比较

一、两大法系国家的民事诉讼模式

首先介绍英美法系国家的民事诉讼模式。英美法系国家普遍实行对抗制诉讼模式,也即当事人主义诉讼模式。依据英美法系国家民事诉讼制度的立法规定以及实践运作惯例,其民事诉讼模式有以下主要特征:

(1) 民事诉讼程序的启动、继续与终结,取决于当事人的意志。值得注意的是,随着各种具有社会意义的现代型诉讼的不断出现,有的民事纠纷属于公益诉讼的范畴,对于这类诉讼的提出,可以由任何第三人或检察机关作为主体。但是这在数量上是少数,并非决定事物性质的方面。

(2) 由当事人负责事实的主张和争点的确定。事实主张是当事人的责任,法院只能在当事人所主张的事实范围内行使裁判权。当事人之间没有争议的事实,法院必须以之为裁判的根据,而不得作出与之相反的认定。

(3) 证据的收集和提供由当事人负责,一般的情况下,法院不依职权调查收集证据。英美法系国家为此还专门设定了“发现程序”,在发现程序中,当事人有充分的程序保障和方法方式收集提供证据。

(4) 证据规则和程序规则的适用,取决于当事人的申请或动议。在英美国家,法官并不主动适用证据规则和程序规则,只有在当事人的申请或动议下,法官才被动地适用证据规则或程序规则加以解决。

(5) 在庭审过程中,由当事人负责对证人、鉴定人的询问,法官一般不主动询问证人或鉴定人。在英美法系国家,证人或鉴定人都是由当事人指定或聘任的,具有当事人化的倾向。传唤该证人或鉴定人的当事人对之首先进行主询问,然后由相对方当事人实施反询问。法官只有在特殊情况下,才对他们实施补充性的询问。当事人本人也可证人化,接受对方当事人和法院的询问。

由上可见,在英美法系国家,其民事诉讼程序是以当事人为能动的主体的,法官处在消极的仲裁者的位置。有人称之为“法官的顺应性或回应性”(reactive),这是“消极性”(passive)的又一种说法。英美法系国家的法理称之为“对抗制”,大陆法系的学理则将对抗制转译为“当事人主义”。这种诉讼模式便为“当事人主义的诉讼模式”,也可以称之为“以当事人为中心的诉讼模式”或“当事人控制型的诉讼模式”,有时也称为“弹劾式诉讼模式”。

大陆法系国家的民事诉讼程序模式一般被称为“职权主义的诉讼模式”或“以法官为中心的诉讼模式”“法官主导型的诉讼模式”,有时也被称为“纠问主义的诉讼模式”。相较于当事人主义诉讼模式,职权主义诉讼模式中的“职权化因素”主要表现在两个方面:其一,在诉讼资料和证据资料的收集上,法官起着积极的作用。其二,在诉讼程序的进行中,法官起着主导和控制的作用。前一点在学理上被称为职权探知主义,与辩论主义相对应,后一点在学理上被称为职权进行主义,与当事人进行主义相对应。

二、两大法系国家诉讼模式的优劣比较及发展趋势

当事人主义和职权主义两种类型的诉讼模式究竟孰优孰劣?对于这个问题的答案,两大法系的学者有不尽一致乃至完全相反的评论。

诉讼模式是否有优劣之别?对此有两种观点:一种观点认为,各自诉讼模式有其生成的必然性,它们各自适用于各自的土壤,在其本土化的背景下,它们都是具有独特的优势的。另一种观点认为,诉讼模式的优劣是可以比较的。其标准主要有这样几个:(1)该程序是否能够减少裁决者原有的个人偏见,是否能让裁决者获得更多的与案件有关的证据材料,以便综合分析,全面审查判断,作出正确的裁决。(2)是否有助于最大限度地保证裁决者得到的证据材料不致受到歪曲,而是真实可靠的。(3)是否可以让争议各方和社会公众觉得审判是公正的,并且乐意接受。

笔者认为上述两种观点各有道理。从诉讼模式的发生学意义和本土资源而言,前一种观点是正确的,盲目的法律移植会导致南橘北枳甚至南辕北辙的后果;但从反思自身、改革发展完善的视角上看,后一种观点是妥当的,因为不然的话各国的诉讼模式便不会在借鉴和批评的过程中不断地趋于完善了。

对于两大法系诉讼模式的优劣问题,大致上有三种评价意见:一种意见认为,英美法系的当事人主义诉讼模式优于大陆法系的职权主义诉讼模式。另一种意见则认为,大陆法系的职权主义诉讼模式比英美法系的当事人主义诉讼模式更好。第三种意见则显得更加辩证,多数学者认为,民事诉讼的两大模式各有

利弊,当事人主义诉讼模式有利于减少法官偏见,更好地发挥当事人的参与作用,从而达到程序公正的目标;职权主义诉讼模式则有助于防止虚假证据的提出,法官也更加积极主动,易于发现客观真实。

我们同意第三种意见,事实上,从两大法系民事诉讼模式的演变历史来说,也可以明显地看出,它们的确各有优劣,而且这种优劣还处在动态的变化之中。

三、两种类型诉讼模式的交错发展

两种类型民事诉讼模式的交错发展指的是当事人主义诉讼模式和职权主义诉讼模式在历史发展过程中有一种此消彼长、你中有我、我中有你并最终逐步趋同的发展演变规律。这种交错主要表现在两个阶段上。

第一个阶段:当事人主义占主导位置的时代。英美法系国家的民事诉讼自然不必多言,它一直实行当事人主义的诉讼模式。大陆法系国家最初确立的民事诉讼模式也是当事人主义式的。1806 年的《法国民事诉讼法典》率先在大陆法系国家树起了当事人主义诉讼模式的旗帜。之后,1877 年的《德国民事诉讼法》和 1891 年的《日本民事诉讼法》等,都相继确立了当事人主义的诉讼制度。可见,从历史上看,当事人主义诉讼模式是早于职权主义诉讼模式而形成的。

第二个阶段:在大陆法系国家,1895 年的《奥地利民事诉讼法典》率先推出了职权主义的诉讼模式,强调法官在诉讼过程中的作用,限制了当事人的能动作用。受此影响,法国从 1935 年开始,逐步引进职权主义的因素,修改其民事诉讼法。德国 1976 年制定《民事诉讼简易化法》,也开始了职权主义化的改革。甚至英美法系国家也是如此,它们都在不同程度上限制了当事人主义的因素,强化了职权主义的作用。如果说在第一个阶段,是大陆法系国家采用了英美法系国家的当事人主义诉讼模式的话,那么,在第二个阶段,则是英美法系国家向大陆法系国家的职权主义诉讼模式靠拢。这种诉讼模式交互影响的现象,也可以称为"民事诉讼模式的融合趋势"。

作为民事诉讼模式发展的最新取向,应当认为是两种模式的融合。为此,理论界对这种趋势作了预测,并就民事诉讼模式的结构形式作出新的探索,提出了各种理论见解,主要有四种观点:

第一种观点主张,突破统一的传统模式的做法,根据民事纠纷的性质适用不同的诉讼模式。具体而言,就是将民事纠纷分为认识型冲突和利益型冲突,对于认识型冲突,应当适用职权主义诉讼模式;对于利益型冲突,应当适用当事人主义诉讼模式。如果某一纠纷具有两种类型的混合性质,则将诉讼过程分为两个阶段加以处理:先适用职权主义诉讼模式,解决当事人之间的认识冲突,再适用当事人主义诉讼模式,解决当事人之间的利益冲突;或者相反。

第二种观点认为,可以将民事诉讼模式分为冲突解决模式和行为矫正模式。

冲突解决模式的目的是为了和平地解决私人之间的争端,只要当事人对诉讼结果乐意接受,社会的主流价值观点便会认为解决冲突所依赖的法律规则是公平的,至于法院所作出的裁判是否符合法律规则的精确内容,则不受关注。与之有所区别,行为矫正模式则将民事诉讼程序看作是使人承担责任并改变其行为的方式。适用此一模式的要义在于对他人将来的行为产生影响,而不是纠纷的当即解决。它强调适用法律的准确性、诉讼结果的协调一致性以及法院裁判的可预见性。前一个诉讼模式一般适用于那些诉讼后果不严重、不涉及他人利益或不需要施加民事制裁的案件,后一个诉讼模式则适用于公害、环境污染、消费者纠纷等现代型诉讼。

第三种观点认为,当事人主义和法院职权主义应当结合起来,形成一种被称为"协同主义"的诉讼模式。在这个模式中,法院和当事人双方构成一个共同体来协调运作解决纠纷,在法院和当事人之间设立对话的桥梁,通过对话促进诉讼的尽快解决。这种观点是由德国学者瓦塞曼(Rudolf Wassermann)于 1978 年在其《社会民事诉讼》一书中提出来的。我国台湾学者邱联恭也提出所谓"信赖真实协同确定说",这也是协同主义诉讼模式的构想。

第四种观点认为,应当从程序保障的观点出发,恢复当事人在诉讼中的主导地位,并重视当事人在纠纷解决过程中的自律性。这种超越传统当事人主义和职权主义范畴的新思想,被称为"新当事人主义"。

可见,当事人主义和职权主义是在资本主义国家内部所形成的两种程序类型,它们之间存在着许多的差异。当然,大陆法系国家所实行的职权主义,与苏联所代表的社会主义国家的民事诉讼模式是有性质上的分别的,不可混为一谈。现在我国学者有一种说法,认为苏联的诉讼模式才是真正的职权主义,而大陆法系国家的诉讼模式则与英美法系国家一样,也属于当事人主义的类型。我们认为这种观点是值得商榷的。当事人主义和职权主义只有在两大法系国家的比较中才有其存在的必要,如果将两大法系的诉讼模式都说成是当事人主义,这实际上便抹杀了它们之间所存在的种种差异,而我们除了要研究得出它们之间所存在的共性外,就是要研究其间的差异。共性的研究对我们有启发意义,个性的研究对我们也有借鉴价值。

第三节 我国民事诉讼模式及其改造

一、我国民事诉讼模式

我国民事诉讼模式从历史上看,它是从承继苏联的集权主义诉讼模式而来的,虽然它也有一些关于当事人作用方面的规定,但其性质仍然不会因此而改变。我国民事诉讼模式从其发展而言并不是完全静止不变的，但在性质上基本未变。那么，我国民事诉讼模式应当如何来加以表述？笔者认为可以称它为“干预主义的民事诉讼模式”。其理由具体申述如下：

其一，当事人对诉讼程序的启动、终结、变化和审理对象的确定，并不享有绝对的处分权。我国《民事诉讼法》第13条第2款对处分原则明文规定：“当事人有权在法律规定的范围内处分自己的民事权利和诉讼权利。”这里的“法律规定的范围内”，是从原则上表明了国家干预主义的立场。同时，这个立场也体现于具体的诉讼过程和诉讼规则中。与英美法系和大陆法系完全的处分权主义不同，我国民事诉讼模式在处分权主义方面受到极大的限制。处分权主义是与国家干预主义相对而言的，而这是决定事物性质的方面，因而，我们将我国的民事诉讼模式称为干预主义的模式。

其二，在事实主张和证据的收集问题上，我国并没有实行真正的辩论主义。辩论主义有三层含义：一是，当事人没有主张的事实不能作为法院裁判的基础。二是，法院对于当事人之间没有争议的事实，必须将它作为裁判的基础。三是，法院必须利用当事人提供或申明的证据作为认定案件事实的根据，一般不得依职权调查证据。在这三个方面，我国《民事诉讼法》均没有加以充分的体现：当事人对案件事实的自认，依《民事诉讼法》的规定，是作为当事人陈述的组成部分，而当事人陈述仅仅是普通的证据，对法院认定案件事实没有拘束力。同时法院在认为审理案件有必要或者在当事人收集证据有实际困难时，可以依职权收集证据。因而有的学者称我国的辩论原则属于“非约束性辩论原则”。所谓非约束性辩论原则，实际上就是职权探知主义。

其三，在诉讼程序的选择和控制上，我国民事诉讼法基本上实行职权进行主义，当事人原则上不享有程序的选择权和控制权。比如说，要不要实行陪审，是由法院决定的，当事人对此不能提出具有实际影响的建议。

由上可见，我国的民事诉讼模式不仅与英美法系国家的当事人主义有根本的区别，而且与大陆法系国家的职权主义也是有区别的，我国法院的职权干预性比大陆法系国家更加广泛、更加深入。因而，笔者认为将我国民事诉讼模式称为“干预主义的诉讼模式”是比较适当的。

二、我国民事诉讼模式的改造与完善

我国民事诉讼模式是处在变化中的，但每一次变化，都是朝着一个总的方向，即：淡化干预主义，越过职权主义，迈向当事人主义。我们可以将我国民事诉讼程序的模式所历经的变化分为三个主要阶段：第一阶段，以1982年的《民事诉讼法（试行）》为代表或载体，形成了高度的干预主义；第二阶段，以1991年《民事诉讼法》为代表或载体，形成了中度的干预主义；第三阶段，以最高人民法院

《证据规定》为代表或载体,形成了低度的干预主义。低度的干预主义仍然没有达到高度的职权主义,因此,我国的民事诉讼模式较之大陆法系国家的职权主义诉讼模式,仍然具有较强的职权干预色彩。

由上可见,我国民事诉讼模式的改造之路还很漫长,但方向是明确的,现在要做的工作一方面是强化当事人的主体地位,使之享有充分的程序权利来追求有利的诉讼结果,并对法官行使审判权加以足够的制约;另一方面是对当事人所享有的充分的诉讼权利给予切实的保障,使之落到实处。

拓展阅读

1. 田平安:《我国民事诉讼模式构筑初探》,载《中外法学》1994 年第 5 期。

2. 张卫平:《民事诉讼基本模式:转换与选择之根据》,载《现代法学》1996 年第 6 期。

3. 李浩:《法官素质与民事诉讼模式的选择》,载《法学研究》1998 年第 3 期。

4. 江伟、刘荣军:《民事诉讼中当事人与法院的作用分担——兼论民事诉讼模式》,载《法学家》1999 年第 3 期。

5. 〔日〕谷口安平:《程序的正义与诉讼》,王亚新、刘荣军译,中国政法大学出版社 1996 年版。

6. 田平安、刘春梅:《试论协同型民事诉讼模式的建立》,载《现代法学》2003 年第 1 期。

7. 〔美〕米尔伊安·R.达玛什卡:《司法和国家权力的多种面孔——比较视野中的法律程序》,郑戈译,中国政法大学出版社 2004 年版。

8. 〔意〕莫诺·卡佩莱蒂:《比较法视野中的司法程序》,徐昕、王奕译,清华大学出版社 2005 年版。

9. 〔德〕鲁道夫·瓦塞尔曼:《从辩论主义到合作主义》,载米夏埃尔·施蒂尔纳编:《德国民事诉讼法学文萃》,赵秀举译,中国政法大学出版社 2005 年版。

10. 唐力:《对话与沟通:民事诉讼构造之法理分析》,载《法学研究》2005 年第 1 期。

11. 肖建华:《构建协同主义的民事诉讼模式》,载《政法论坛》2006 年第 5 期。

12. 王福华:《民事诉讼的社会化》,载《中国法学》2018 年第 1 期。

第六章　诉

本章目次

第一节　诉

一、诉的含义

诉是指当事人向法院提出的要求就特定的纠纷进行裁判的请求和行为。一般认为,诉是当事人向法院提出的请求,虽然当事人的具体诉讼请求涉及的民事权利义务争议可能是直接指向对方当事人,但当事人提出的这种请求是要求法院对其民事争议进行裁判,因而请求的对象是法院。

二、诉的要素

诉的要素,也称为诉的构成要素,是指构成一个诉所具备的基本要素。通说认为,诉的要素包括三个:诉讼当事人、诉讼标的和诉的理由。

1. 诉讼当事人。在奉行不告不理的民事诉讼中,当事人是诉讼活动的发起者和提出者,没有当事人就没有诉讼。诉讼当事人这一要素明确了诉的主体范围,是构成一个完整的诉不可缺少的因素。

2. 诉讼标的。诉讼标的是指当事人要求法院进行裁判的民事权利义务关系。诉讼标的被认为是诉的客体,是法院进行裁判的对象。诉讼标的以当事人之间存在权利义务关系为基础,但当事人之间权利义务关系的争议在未提交法院要求审判时,并不是诉讼标的,只有要求法院审判的民事权利义务关系才属于诉讼标的。

3. 诉的理由。诉的理由是指当事人提出的支持其诉讼请求成立的事实依据。事实依据是指当事人之间权利义务关系发生、变更或者消灭的事实,以及权利义务关系争议的事实。

三、诉的要素的意义

诉的要素的意义在于解决诉的标准化问题,实现抽象的诉的具体化和特定化。诉的要素对于民事诉讼的实践意义在于:

1. 诉的要素是法院受理案件并进行实质审判的前提和基础。法律规定的起诉条件一般都是根据诉的要素来设定的,因此,对照诉的要素可以确定一个起诉是否被受理并进入实质审判。

2. 诉的要素决定着审判的对象和范围。在辩论原则和处分原则约束下的民事诉讼模式中,诉讼标的中的诉讼请求部分表明了当事人要求法院进行裁判的民事权利义务关系,也决定了法院的审判对象和范围。

3. 诉的要素是判断当事人的起诉是否属于重复起诉的标准。诉的要素使诉特定化,是诉与诉之间进行区分的重要标准,法院据此来判断是否重复起诉的问题。

4. 诉的要素是诉的合并和诉的变更的依据。为了实现诉讼经济和节约司法资源,对于符合一定条件的诉要进行合并或者变更,而诉的要素是正确适用诉的合并和变更的依据。

5. 诉的要素决定着既判力的范围。诉的主体决定了既判力的主观范围,诉讼标的决定了既判力的客观范围。

四、诉的类型

民事诉讼理论上通常根据诉讼标的的性质和内容,将诉分为给付之诉、确认之诉和形成之诉。在实体法上分别对应于请求权、支配权和形成权,在法院判决层面分别对应于给付判决、确认判决和形成判决。生效的给付判决具有强制执行力,判决生效以后能够申请法院强制执行,而确认判决和形成判决不需要执行。此外,还有根据起诉的形式或时间,将诉分为单一之诉和合并之诉、独立之诉和诉讼中之诉的分类。[1]

---

① 〔日〕兼子一、竹下守夫:《民事诉讼法》(新版),白绿铉译,法律出版社 1995 年版,第 49 页。

（一）给付之诉

给付之诉是指原告请求法院判令被告履行一定给付义务的诉。在三种诉讼类型中，给付之诉是最早被认可的诉的类型，自古罗马就已经出现。原告对被告享有的民事实体法上的给付请求权被认为是给付之诉成立的基础。在给付之诉中，根据诉讼请求中给付内容的不同分为财产和行为两大类，其中行为又包括作为和不作为。根据给付请求权的履行期间是否到期，又可以将给付之诉分为现在给付之诉和将来给付之诉，履行期间已经到期的给付之诉称为现在给付之诉，履行期间将来某一时间才到期的称为将来给付之诉。

（二）确认之诉

确认之诉是指原告提起的请求法院确认其与被告之间的民事法律关系存在与否的请求。从请求的角度又可以分为积极的确认之诉和消极的确认之诉。积极的确认之诉，又称为肯定的确认之诉，是指原告请求法院确认其与被告的民事法律关系存在的请求；消极的确认之诉，又称为否定的确认之诉，是指原告请求法院确认其与被告的法律关系不存在的请求。

（三）形成之诉

形成之诉，也称为变更之诉，是指原告请求法院依法变更或者消灭某种民事法律关系的诉。形成之诉是三种诉中最后形成的一种独立的诉的类型，是在1877年《德国民事诉讼法》制定后，随着民法学领域形成权理论的发展，才开始被学说和判例所认可的。形成之诉包括实体法上的形成之诉和程序法上的形成之诉，实体法上的形成之诉如婚姻的无效或撤销、股东会议决议的撤销等，程序法上的形成之诉如再审之诉、第三人撤销之诉等。① 形成之诉具有法定性，即为了维护民事法律关系的稳定，形成之诉的提起应当限于法律明确规定的情形，实体法上的形成之诉一般应当基于实体法上的形成权，程序法上的形成之诉也由民事诉讼法加以明确的规定。

形成之诉不同于确认之诉在于，原告提起形成之诉的目的，并不在于维系现有的法律关系，而在于改变甚至消灭现有的法律关系。

五、诉的利益

（一）诉的利益的含义

诉的利益，是指法院对于当事人提起的诉讼请求进行裁判的必要性和实效性。其中必要性是指法院有无必要通过诉讼来解决当事人之间的纠纷。当事人之间虽然存在争议，但是若该争议并不属于民事权利义务争议，基于该争议提起

① 杨建华：《民事诉讼法要论》，郑杰夫增订，北京大学出版社2013年版，第191页。

的诉就没有必要通过法院的民事裁判来解决。实效性是指通过法院诉讼能否实质性地解决该纠纷。即尽管当事人之间存在争议,且该争议属于民事实体权利义务争议,但是法院作出的裁判并不能使该争议得到实质性的解决,此种争议提起的诉就不具有诉的利益。

关于诉的利益的问题在民事诉讼理论上一直存在争议,主要集中在诉的利益属于诉权行使的要件还是属于诉讼要件的问题。诉的利益的不同定性对于民事诉讼制度的影响在于:如果将诉的利益定性为诉权行使的要件,那么如果提起的诉缺乏诉的利益,法院就应不予受理或裁定驳回起诉;如果将诉的利益定性为诉讼要件,那么即使缺乏诉的利益也不影响立案,只不过在审判阶段会被判决驳回起诉。

(二)不同诉讼类型诉的利益

(1)给付之诉中诉的利益。对于现在给付之诉,一般情况下,给付之诉以现存法律关系为基础,一旦发生给付请求争议,则具有诉的利益。但是在给付之诉请求的是特定物和作为时,如果特定物已经毁损灭失不具有给付的可能或者作为行为无法作出时,仍要求给付特定物或履行作为义务时,该诉因缺乏诉的实效性而不具有诉的利益,在此情况下如若原告提起的诉是要求损害赔偿时,该诉仍具有诉的利益。对于将来给付之诉,在被告对将来要履行的到期义务存在争议时,原告起诉要求被告履行未到期的将来给付义务时是具有诉的利益的。

(2)确认之诉中诉的利益。对于确认之诉,当事人提起的确认之诉必须存在民事权利义务争议,即属于民事法律关系的范畴,才具有诉的利益。而且,确认之诉针对的是现存的法律关系,对于过去的法律关系和将来可能发生的法律关系,一般认为不具有诉的利益。

(3)形成之诉中诉的利益。形成之诉因其具有法定性,只有符合法定条件才可以提起,因此,因法定条件具备而提起的形成之诉即具有诉的利益。

(三)诉的利益的功能

在传统上,诉的利益一直扮演着排除不当诉讼的功能,即所谓诉的利益的消极功能。主要体现在通过诉的利益的必要性和实效性一方面限制原告的滥诉,另一方面缩小审判权的范围,进而实现抑制当事人滥诉和节约司法资源的目的。诉的利益的消极功能的典型类型包括:一事不再理和重复起诉的案件、法律规定在一定时期内不得起诉的案件、约定仲裁等排斥诉讼的案件。

随着诉权保障的强化以及对诉的利益的认知的不断深化,对于诉的利益的功能也逐渐由诉的利益的消极功能向积极功能转变,进而强调诉的利益在保障当事人正当权益和扩大司法保护范围方面所具有的能动作用。

第二节　诉 讼 标 的

诉讼标的的概念、诉讼标的的识别、诉讼标的与实体请求的相关关系、诉讼标的与既判力的关系、诉讼标的与诉的合并和变更的相关关系,共同构成了诉讼标的理论。诉讼标的理论对于民事诉讼的作用非常广泛,民事诉讼自管辖、起诉、裁判以及既判力等问题均涉及诉讼标的理论问题。尤其是诉讼标的在区分一诉和多诉、此诉与彼诉的问题上具有重要意义。诉讼标的理论中最为基础、核心和复杂的问题就是识别诉讼标的的标准问题,解决了诉讼标的的识别问题,就解决了一诉与多诉、此诉与彼诉的问题,但是由于诉讼标的识别问题的复杂性,发展出了不同的学说。

一、诉讼标的学说

传统上对于诉讼标的的争议,主要是关于旧实体法说和诉讼法说孰优孰劣的分歧,其区别在于旧实体法说将诉讼标的与实体法上的请求权相关联来确定诉讼标的,而诉讼法说摒弃实体法,从诉讼法的角度独立确定诉讼标的。

(一) 旧实体法说(旧诉讼标的理论)

该说认为,识别诉讼标的的标准应该以实体法上的请求权为标准,存在多少个实体法上的请求权,在诉讼上就有多少个诉讼标的。该学说的优点是与实体法相关联,便于依据实体请求权来判断诉讼标的,但该学说受到了请求权竞合情况的冲击,依照该学说可能导致在实践中增加法院负担以及在一个案件上同时出现或者先后出现不同甚至相矛盾判决的情况。

(二) 诉讼法说(新诉讼标的理论)

诉讼法说是在旧实体法说的基础上发展起来。该学说使诉讼标的脱离实体法请求权的关联,独立确定诉讼上的请求。诉讼法说确定诉讼标的的标准,又有所谓二分肢说和一分肢说之分。

1. 二分肢说。该学说认为诉讼标的不能以实体请求权为识别标准,而应当通过诉的事实、理由和诉的声明的结合来作为诉讼标的的识别标准,诉的事实、理由和诉的声明中,任何一个要素为多数,则构成的诉讼标的也为多数。二分肢说解决了旧实体法说中请求权竞合情况下导致的一事多诉的问题,但无法摆脱原告在同一诉讼中就同一诉求同时提出多个事实和理由时法官应当如何作出判决的困境。

2. 一分肢说。在对二分肢说修正的情况下,又形成了一分肢说。该学说抛弃了二分肢说中采用的诉的事实、理由和诉的声明相结合的判断标准,仅仅以诉的声明作为诉讼标的的识别标准。如果诉的声明只有一个,即使存在不同的事实和理由,也只有一个诉讼标的。但该学说无法解决诉讼标的的识别与既判力客观范围的一致性的问题。

(三) 新实体法说

鉴于诉讼法说在诉讼标的的识别上仍有无法解释的问题,重新回到实体法中,通过修正实体法请求权竞合理论来解决诉讼标的的识别问题,便形成了诉讼标的的新实体法说。该学说认为,凡是基于同一事实关系发生的,以同一给付为目的的数个请求权存在时,实际上只存在一个请求权,因为发生请求权的事实关系是单一的,并非真正的竞合,不过是请求权基础的竞合。但由于请求权竞合和请求权基础竞合在实体法理论上的模糊性,该学说仍有不足。

二、不同类型诉的诉讼标的的识别

1. 给付之诉。给付之诉的诉讼标的是当事人关于要求对方履行给付义务的诉讼请求,识别的标准是发生给付请求的具体事件或行为。据此,在请求权竞合的给付之诉中,由于引致给付请求的具体事件或者行为的单一性,所有诉讼标的也是单一的。在此处,当事人之间争议的实体法律关系仅仅是请求的依据,并非诉讼标的和诉讼标的的识别标准。

2. 确认之诉。确认之诉的诉讼标的是请求法院确认法律关系存在与否的主张,识别的标准应当是有争议的实体法律关系。

3. 形成之诉。形成之诉的诉讼标的是请求法律变更或者消灭某种法律关系的主张,识别的标准应当是有争议的实体法律关系。

三、诉的合并与变更

为了扩大诉讼解决纠纷的功能,实现纠纷的一次性解决和诉讼经济,在充分保障当事人合法权益的情况下,民事诉讼中有关于诉的合并和变更的规定。

(一) 诉的合并

1. 诉的合并的含义

诉的合并,是指将两个或者两个以上相互之间存在一定关联的诉合并在一个诉讼程序中进行审理的行为。诉的合并的意义在于通过将有关联的诉并入在一个诉讼中审理,一方面可以实现诉讼经济,另一方面可以避免分案处理可能产生的矛盾判决的问题。

2. 诉的合并的条件

对于当事人而言,诉的合并可以节约诉讼成本,如我国《诉讼费用交纳办法》第18条规定了被告提起反诉、有独立请求权的第三人提出与本案有关的诉讼请求,人民法院决定审理的,分别减半交纳案件受理费。而对于审判机关而言,诉的合并也可以节约司法资源,因此,为了防止当事人和法院滥用诉的合并,对于诉的合并一般应当具备以下条件:

(1) 各个诉在构成要素上存在一定的关联。该关联包括诉的主体相同、纠纷因同一法律关系产生,或者基于同一案件事实产生。

(2) 受诉法院至少对其中的一个诉具有管辖权。但不得违反级别管辖和专属管辖的规定。

(3) 合并的各诉在审判上适用同一种诉讼程序。

(4) 合并的时间,一审程序中一般应在言词辩论终结前,二审程序中,如果原告增加诉讼请求或者被告提出反诉,除非被告放弃审级利益实施调解解决,一般不允许合并而必须另行起诉。

(5) 不得违反法律禁止性规定。

我国《民事诉讼法》中对于可以合并的诉的情形进行了规定,第 55 条第 1 款规定,当事人一方或者双方为二人以上,其诉讼标的是共同的,或者诉讼标的是同一种类、人民法院认为可以合并审理并经当事人同意的,为共同诉讼;第 143 条规定,原告增加诉讼请求,被告提出反诉,第三人提出与本案有关的诉讼请求,可以合并审理。

(二) 诉的变更

诉的变更包括诉的主观变更和客观变更,大陆法系国家通常理论下的诉的变更一般仅指诉的客观变更,诉的主观变更在当事人的范畴下探讨。诉的客观变更是指在同一诉讼中,在不损害诉讼关系同一性的前提下对诉讼请求和诉讼理由的变更,即原告用新的诉讼请求或诉讼理由代替原诉讼请求或诉讼理由,但前后两个诉具有同一性。

诉的客观变更包括两种情形:一种是诉讼请求在量上的变化,即诉讼请求数额的增加或减少;另一种是诉讼请求在质上的变更,即诉讼请求性质上的改变。在民事诉讼中涉及的诉的变更中,对于诉讼请求在量上的变更基本上没有太大的争议,一般都是被许可的。而对于诉讼请求质的变更,由于涉及程序正义的问题,因此存在一定的争议。以下两种情况下诉讼请求的质的变更应当是允许的:一是诉的变更得到对方当事人的认可;二是基于同一事实,只是原告对诉讼请求所依据的法律关系认识有所不同,诉讼请求的变更实质上不过是法律理由的变更。

《证据规定》第 53 条第 1 款规定,诉讼过程中,当事人主张的法律关系性质或者民事行为效力与人民法院根据案件事实作出的认定不一致的,人民法院应当将法律关系性质或者民事行为效力作为焦点问题进行审理。但法律关系性质对裁判理由及结果没有影响,或者有关问题已经当事人充分辩论的除外。据此可见,我国司法实践中原则上不允许当事人进行诉的客观变更,但出于纠纷的一次性解决和诉讼经济的考量,在特殊情形下,也可允许当事人进行诉的客观变更。

(三) 诉的合并和变更的具体情形的处理

诉的合并和变更可能发生在提起诉讼之时,也可能发生在一审、二审和再审过程中,如果诉的合并和变更发生在提起诉讼或者一审过程中,那么情况比较简单;如果诉的合并和变更发生在二审和再审过程中,由于涉及当事人的上诉利益和审级利益,在处理过程中特别强调保障当事人的上诉利益和审级利益。

我国《民事诉讼法》和《民诉法解释》对于不同程序和不同诉讼阶段中诉的合并和变更的情形作出了安排。

1. 小额诉讼程序中诉的合并和变更。根据《民诉法解释》第 278 条的规定,因当事人申请增加或者变更诉讼请求、提出反诉、追加当事人等,致使案件不符合小额诉讼案件条件,但仍符合简易程序条件的,应当适用简易程序的其他规定审理;应当适用普通程序审理的,裁定转为普通程序。

2. 二审程序中诉的合并和变更。根据《民诉法解释》第 326 条的规定,原审原告增加独立的诉讼请求或者原审被告提出反诉的,第二审人民法院可以根据当事人自愿的原则就新增加的诉讼请求或者反诉进行调解;调解不成的,告知当事人另行起诉。双方当事人同意由第二审人民法院一并审理的,第二审人民法院可以一并裁判。根据《民诉法解释》第 251 条的规定,二审裁定撤销一审判决发回重审的案件,当事人申请变更、增加诉讼请求或者提出反诉,第三人提出与本案有关的诉讼请求的,可以合并审理。

3. 再审中诉的合并和变更。根据《民诉法解释》第 252 条的规定,再审裁定撤销原判决、裁定发回重审的案件,当事人申请变更、增加诉讼请求或者提出反诉,符合下列情形之一的,人民法院应当准许:(1) 原审未合法传唤缺席判决,影响当事人行使诉讼权利的;(2) 追加新的诉讼当事人的;(3) 诉讼标的物灭失或者发生变化致使原诉讼请求无法实现的;(4) 当事人申请变更、增加的诉讼请求或者提出的反诉,无法通过另诉解决的。根据《民诉法解释》第 300 条的规定,第三人诉讼请求并入再审程序审理的,按照下列情形分别处理:(1) 按照第一审程序审理的,人民法院应当对第三人的诉讼请求一并审理,所作的判决可以上诉;(2) 按照第二审程序审理的,人民法院可以调解,调解达不成协议的,应当裁定撤销原判决、裁定、调解书,发回一审法院重审,重审时应当列明第三人。

拓展阅读

1. 张晋红:《民事之诉研究》,法律出版社 1996 年版。

2. 何文燕:《诉与诉的标的若干问题探析》,载《湘潭大学学报(哲学社会科学版)》1999 年第 1 期。

3. 常怡、黄娟:《司法裁判供给中的利益衡量:一种诉的利益观》,载《中国法学》2003 年第 4 期。

4. 刘田玉:《诉之预备合并的比较与借鉴》,载《环球法律评论》2004 年第 2 期。

5. 赵秀举:《论确认之诉的程序价值》,载《法学家》2017 年第 6 期。

6. 刘哲玮:《确认之诉的限缩及其路径》,载《法学研究》2018 年第 1 期。

第七章　既　判　力

本章目次

既判力是民事诉讼法中的基础理论，尤其是在大陆法系国家民事诉讼中，既判力已经发展成一套专门的理论体系，其内容涵盖既判力的含义、既判力与诉讼标的的关系、既判力与一事不再理的关系、既判力与再审的关系、既判力的功能、既判力的本质、既判力的范围等。其中，既判力的本质理论与诉讼标的理论、诉权理论并称为民事诉讼三大基本理论，而既判力的含义、既判力的本质与包括既判力的时间范围、客观范围和主观范围在内的既判力的范围问题又是既判力制度的基础内容。

第一节　既判力概述

一、既判力的概念

法院判决确定生效以后，无论该判决结果如何，当事人及法院均受此判决内容的拘束，当事人不得主张相反的内容，法院亦不得作出内容矛盾的判断，这种判决上的拘束力，被称为既判力。

法院判决处于不得通过上诉等通常救济程序来变更或者撤销的状态时，称为判决的确定。[①] 确定的判决在大陆法系国家民事诉讼中被称为确定判决，具

① 此处所谓通常救济程序，并不包括再审程序和第三人撤销之诉等特殊救济程序。

有确定力。[1] 确定判决的确定力又区分为形式确定力和实质确定力,形式确定力是指判决所具有的不得以上诉来变更或撤销的效力;实质确定力是指确定判决对诉讼标的的判断对法院和当事人所产生的拘束力。形式确定力是确定判决产生其他拘束力的前提,实质确定力亦被称为既判力。

二、既判力的作用方式

既判力的作用是指前诉所判决的权利义务关系,于后诉再行被提起而发生问题时的作用。其主要针对的情形有三种:一是前后两诉均以相同的诉讼标的为客体的情形,即诉讼标的之相同关系;二是前诉的诉讼标的成为后诉诉讼标的的先决问题的情形,即诉讼标的之先决关系;三是后诉请求的诉讼标的与前诉判决成为矛盾关系的情形,即诉讼标的之矛盾关系。

对于既判力的作用方式,大陆法系民事诉讼理论上基本已经形成通说,日本学者新堂幸司的观点较为具有代表性。其对于既判力的作用进行了程序性的分解,区分为既判力的消极作用和积极作用。消极作用表现为:不允许当事人提出旨在对已经产生既判力之判断进行争议的主张及举证,法院也不能受理该主张及证据申请(不进入有关其妥当与否之审理);积极作用表现为:具有既判力之判断应当成为后诉审判之基础,因而后诉必须以该判断为前提。[2] 在民事诉讼中,一事不再理之观念,通常也被理解为既判力的消极作用的表现。既判力的作用方式从主体层面分解即为判决既判力在当事人层面禁止双方当事人再就既判力所生之判断内容为争执,在法院层面要求后诉法院于审判时应以既判力所生内容为前提而受拘束。

应当注意的是,既判力不仅对于前诉判决胜诉当事人具有利益作用,同时对于其不利益结果亦有既判力的作用,既判力的这种作用现象,被称为既判力的双面性。既判力对于诉讼法上的意义在于,既判力主要作用于后诉,当事人之间达成的不受前诉判决既判力约束的合意是无效的。但是,当事人在实体上变更前诉判决所确定的权利义务关系的合意却是有效的。

对于既判力事项应当由谁提出的问题,并无定论,而是根据不同国家和地区的司法政策而确定的。在德国、日本和我国台湾地区,既判力被认为是具有诉讼法上的拘束力,对于既判力的审查属于法院职权审查的事项,法院应当依职权就判决有无既判力存在进行审查;而在美国和大陆法系的法国,既判力则又属于当事人抗辩事项,由当事人自行举证。

---

① “确定判决”是大陆法系国家既判力制度中的核心概念,既判力制度基本围绕确定判决展开。我国现行民事诉讼制度中并没有“确定判决”的概念,与之相近的是“生效判决”这一概念。

② 参见〔日〕新堂幸司:《新民事诉讼法》,林剑锋译,法律出版社 2008 年版,第 491 页。

三、既判力的本质理论

判决确定以后，无论该判决是否正确，当事人及法院均受判决的拘束，不得就该判决再行争执。对于确定判决如何产生上述拘束力问题的探讨，就涉及既判力本质问题的探讨。关于既判力本质问题的探讨，已经由最初的一事不再理说，相继发展出实体法说、诉讼法说、权利实在说、新诉讼法说、新实体法说等不同学术理论，晚近学界又转向既判力正当化根据的探讨。

1. 一事不再理说

民事诉讼法学上对于判决既判力依据的解释，最早是依据罗马法上一事不再理原则与诉权(actio)消耗理论予以解释的。在实体法和程序法不作区分的古罗马，当事人欲通过诉讼途径维护权益，先得符合 actio 要件并从法务官那里取得 actio。而原告获得的 actio 在诉讼上一经行使并经审判，actio 因消耗而发生消灭的结果。发生消灭结果的 actio，当事人已无法重新行使，判决既判力之发生系 actio 行使并消灭的结果，在此情形下，既判力的本质乃是单纯的一事不再理。一事不再理理论的缺陷在于，由于一事不再理理论仅能解释判决既判力的消极结果，而无法解释判决能够拘束当事人提相反主张和法院作相反判断这一积极作用，因此很快被替代。

2. 实体法说

实体法说系继一事不再理说发展而来。实体法说认为，既判力的本质在于确定判决具有创设实体法的效果，能够使真正既存的权利归于消灭，也能够使不存在的权利发生存在的效果。该学说对民事诉讼法上的判决制度赋予实体法上的法律效果，即判决能创设实体权利的效果，所以称为实体法上的既判力学说，即实体法说。但实体法说对于既判力相对性原则、国家权力分配原理中法院的权能问题、当事人合意排除既判力问题以及对于法院因程序性问题所作的诉讼判决的既判力问题等无法解释。

3. 诉讼法说

德国学者在否定实体法说的基础上，又提出诉讼法说。诉讼法说认为，判决既判力为纯粹诉讼法上的效力，与实体法上既存法律关系没有任何必然关系。既判力的本质在于，既判力的存在是为了维持国家审判的统一，法院确定判决在诉讼法上产生一定的效力，要求后诉法院不得为与前诉判决相异的判决。该学说因排斥实体法说权利创设原理，强调前诉法院判决对后诉判决的拘束，因此，又被称为拘束说。诉讼法说的缺陷在于：一是将既判力视为与实体法完全无关的效力，无法合理解释实体法与程序法交错的既判力制度；二是诉讼法说与实体法说对于既判力本质解释所依据的权利既存法律状态作为解释论的基础本身遭到质疑。

4. 权利实在说

日本学者兼子一在否定诉讼法说的基础上,以实体法为基础提出权利实在说。权利实在说认为,未经法院判决之前,并无真正实在的既存权利与法律可言,经法院判决加以实在化之真正权利,才开始成为规范当事人的法律准则,判决既判力之所以对当事人及法院有拘束力,在于判决能赋予真正实在之权利,当事人及法院对于真正实在的权利不能不遵从,因为无法作出相异的主张与判断。

5. 新诉讼法说

新诉讼法说又称新一事不再理说,系由旧诉讼法说分离发展而来。新诉讼法说认为一事不再理是法院判决的最高理念,既判力的作用在于禁止既判事项的重复审理,前诉判决内容之所以拘束当事人及法院,是因为后诉法院有拒绝重复审判的权力。此说与旧诉讼法说的区别在于强调后诉法院对于再行审判的绝对禁止,但对于能够重新进行审判的问题则缺乏解释力。

6. 新实体法说

新实体法说认为,既判力本质一方面是确定当事人之间的实体权利义务与法律关系,另一方面在法院与当事人之间发生一事不再理之程序作用,既判力同时兼具实体法与诉讼法之双面作用而存在。此学说乃同时兼容了实体法说与新诉讼法说之产物。

7. 实质根据论

由于对于确定判决如何产生拘束力这一既判力本质问题缺乏完美的理论予以解释,使其无法成为有关既判力范围、作用方式以及立法上关于既判力相关问题的理论基础。学者开始由既判力本质问题的探讨转向既判力的正当化根据来寻求理论解释。既判力实质根据论又包括制度上效力说(法的安定说)、正当化根据说和提出责任效说。其核心观点为:一是判决效力尤其是既判力的基础首先是法的安定性的要求;二是诉讼程序中程序权益已受到充分的保障是既判力正当化的根据,当事人和法院都应当遵守。

第二节 既判力的范围

既判力的范围主要涵盖三个层面的问题,即何时作出的判断具有既判力(时间范围)、判决中哪些判断具有既判力(客观范围)、既判力对于哪些主体产生拘束力(主观范围)。

一、既判力的时间范围

既判力的时间范围,又被称为既判力的时间界限、既判力的基准时或既判力的标准时,是指依据确定判决产生既判力作用的时间点。

既判力时间范围的意义在于从时间的维度,以时间节点的形式,明确既判力在前后诉之间作用的范围。社会生活中,权利义务关系往往是处在不断变化当中的,法院的判决所确认的只能是某一个时间点上的权利义务关系。既判力具有使当事人无法在后诉中再提出基准时之前存在的事实主张的后果,即在既判力基准时之前已经存在的事实,当事人在后诉中不能加以主张。这种法律上的效力也被称为"失权效",因为既判力有阻断当事人在后诉中提出该事实的权利之效力,因而又被称为"阻断效"或"遮断效"。

大陆法系国家民事诉讼制度在理论和制度上普遍将事实审言词辩论终结时作为判决既判力的标准时。一般认为,既判力的时间界限为事实审言词辩论终结时,也即确定判决仅对事实审言词辩论终结时所存在或不存在的权利义务关系产生既判力,而对此基准时之后所发生的事实或权利义务关系的变动则无既判力。之所以将判决既判力的标准时确定于事实审,是因为大陆法系国家民事诉讼审理上区分为事实审和法律审两种不同的审理程序和方式,法律审一般是事实审的上级审,在法律审中仅对案件适用法律问题进行裁判而不涉及案件事实问题,案件事实问题由事实审予以认定,因此,大陆法系国家将既判力基准时确定为当事人能够充分进行主张和防御的事实审中。另之所以将判决既判力标准时确定于言词辩论终结时,是基于辩论主义原则作为大陆法系民事诉讼的基本原则,当事人的主张和防御都是以言词辩论的形式进行的,法官的裁判也是依据言词辩论作出并受言词辩论的约束,没有经过言词辩论的主张和事实不能作为裁判的依据,因此,大陆法系国家民事诉讼制度中普遍将事实审言词辩论终结时作为既判力的基准时。

在既判力时间范围项下,判决对于基准时之前的事实具有既判力,对于基准时之后发生的事实便不具有既判力,基准时之后出现的事实亦被称为"新事由"。

二、既判力的客观范围

1. 既判力的客观范围

既判力的客观(客体)范围,是指确定判决对哪些事项产生既判力。既判力的客观范围是既判力制度理论和实践中最为核心的问题。

法院作判决时,仅在判决书主文中表示其对原告诉讼请求的判断,所以仅对于判决主文所记述的请求判断产生既判力。《德国民事诉讼法》第 322 条(实质的确定力)第 1 款规定:判决中,只有对于以诉或者反诉而提起的请求所为的裁判,有确定力。《日本民事诉讼法》第 114 条(既判力的范围)第 1 款规定,确定判决限于主文内容具有既判力。

由于大陆法系国家民事诉讼理论和判例中,普遍将既判力之客观范围界定为法院于判决主文中所判断之诉讼标的,因此既判力的客观范围也被等同于诉讼标的。确定判决之所以原则上仅对判决主文所作的判断产生既判力,而将判决理由排除在既判力的客观范围之外,是因为:一是判决理由只是法院对于诉讼标的进行裁判的前提和手段,并非判决的对象,未经当事人作为争点在诉讼中认真且充分加以辩论。为了避免对未经当事人认真且充分对待的请求作出判断造成突袭性裁判,不能认可判决理由具有既判力。二是如果允许法院对当事人没有认真且充分争执的争点作出的裁判具有既判力,当事人就丧失了在此后其他诉讼中就未争执的争点展开争执的可能,而且不能提出与被作出判断的争点相矛盾的主张。三是判决理由不具有既判力,减少对后诉法院的拘束,法院就可以在后诉中迅速且有效地进行诉讼指挥或管理。四是判决理由如果具有既判力的话,既判力客观范围将可能没有界限或限制。

2. 既判力的客观范围的例外情形

大陆法系国家民事诉讼理论和立法上普遍以诉讼标的作为确定既判力客观范围的基准,但是,在将判决主文作为既判力客观范围的同时,普遍规定了例外情形,即判决理由中对抵销抗辩的判断具有既判力。《德国民事诉讼法》第 322 条第 2 款规定,被告主张反对债权的抵销,而裁判反对债权不存在时,在主张抵销的数额内,判决有确定力。《日本民事诉讼法》第 114 条(既判力的范围)第 2 款规定,对于抵销抗辩是否成立的判断,在抵销的额度内有既判力。

抵销抗辩,是被告为了抵销原告主张而提出的请求,是被告提出的作为抵销抗辩内容的反对债权。被告的抗辩原则上并不牵涉裁判的既判力,对抵销抗辩的判断赋予既判力,是既判力客观范围一般规则的例外情形。作为抵销请求基础的债务关系并非原告请求的债务关系,在被告未依此提出反诉的情况下并非本案的诉讼标的。对于抵销请求法院一般是在判决理由中作出判断,所以法院对抵销请求的判断按照既判力客观范围的一般规则是不具有既判力的。

但对判决理由中抵销抗辩的判断若没有既判力可能引致下列情况的发生:一是法院在审理后作出判断认为抵销抗辩不成立的情况下,被告仍然可以以抵销抗辩债权作为独立诉讼标的另行提起诉讼。法院再次对此进行审理,一方面会造成重复审理,另一方面也可能作出与先前判决理由不一致的判断。二是法院在审理后作出判断认为抵销抗辩成立的情况下,法院依此抵销了原告的诉讼请求,但是若抵销抗辩的判断没有既判力,被告仍然可以以抵销抗辩主张的债权另行提起诉讼,如果胜诉可能导致重复获益的情况,如果败诉可能导致前后判决又不一致。所以,大陆法系国家民事诉讼中普遍将判决理由中抵销抗辩的判断作为既判力客观范围原则的例外赋予既判力。判决理由中抵销抗辩判断具有既判力应当具备以下要求或者条件:一是法院必须在原告请求的债权被判断存在后,才能对是否存在反对债权进行判断;二是法院必须对是否存在反对债权进行实质性的判断;三是产生既判力的反对债权额度以抵销对抗的金额为限,反对债权超出原告请求债权部分不产生既判力,仍可以另行起诉。

3. 既判力的客观范围与争点效理论

由于前诉判决理由中的判断没有既判力,当事人可以就该判断事项另行提起诉讼,所以就可能发生后诉法院判决的结果与前诉判决理由矛盾的情形。

造成上述矛盾的根源在于既判力客观范围的限定过于狭窄,为了解决上述问题,以德国为代表的大陆法系国家民事诉讼法学界先是提出了既判力范围扩张的思路。德国学者认为应当将既判力的客观范围予以扩张,当判决理由中所涉法律关系是作为诉讼标的判决前提的法律关系时,该判决的既判力扩张至作为前提的法律关系。既判力客观范围的有条件扩张,在解决前诉判决与后诉判决矛盾的同时,也能够使纠纷得到一次性解决和有效节约司法资源。但是既判力客观范围的扩张的最大问题是:实际上将原被告之间的诉讼标的也强制性进行了扩张,使当事人没有纳入诉讼标的加以裁判的事项也受到了既判力的约束。

为了达到纠纷一次性解决的目的,并防止前后诉矛盾的产生,日本学者新堂幸司在吸收美国法中既判力理论、德国法中既判力扩张思想和日本参加诉讼效力既判力扩张理论的基础上,根据诚实信用原则和公平原则,提出了在既判力之外创设一种新的效力的思路,即争点效理论的提出。该理论认为,前诉判决理由中的各争点在前诉中当事人已经进行了争辩,法院也对这些争点问题进行了实质审理并作出判断,如果再行争议既违反了诚实信用原则,也违反了公平原则,因此,不允许后诉当事人在诉讼中再行争议。创设判决理由中各争点的判断在后诉中不得再行争议的效力,这种效力被称为"争点效力"或"争点效"。这样前诉判决对后诉的拘束力就包括了既判力和争点效两种。争点效理论的意义在于在保持既判力客观范围的情况下,能够避免前后诉之间的重复裁判和矛盾判断,进而达到一次性解决纠纷和节约司法资源的目的。

争点效与既判力的相同点在于都属于判决中判断所产生的对于后诉的通用力或拘束力,主要不同点在于争点效属于判决理由中的判断所产生的效力,而既判力则是判决主文判断所产生的效力。

由于争点效理论将判决中对于后诉拘束力的范围扩张至判决理由当中,为了防止判决理由中争点效的无限制扩张,对于判决理由中判断产生的争点效的条件进行了限制。判决理由中的判断产生拘束力的条件,即争点效的适用条件一般包括:一是应当产生关于争点效的判断,判决中的理由在前诉当事人之间成为主要争点,即争点效的客观范围问题;二是当事人在前诉中就该争点穷尽了主张及举证;三是法院对于该争点业已作出实质性的判断;四是前诉系争利益几乎等同或大于后诉的系争利益。

4. 既判力客观范围与部分请求的问题

部分请求问题，亦称为一部请求问题，是指对于金钱或其他替代物等在数量上可分开给付的特定债权，原告可否在诉讼上将其任意分割而仅就部分债权先为请求，剩余部分再行请求的问题。在司法实践中，原告作为债权人并没有在诉讼中主张全部债权，而是仅仅主张了部分债权，且部分债权并非不同债权，而是对同一债权的拆分。这种情况下，将产生以下问题：一是原告仅就一个债权中的部分债权进行诉讼，在此诉讼外，原告能否对剩余债权进行起诉，即重复诉讼问题；二是对原告一个债权中部分债权的判决，对于剩余债权是否发生既判力的问题，即既判力的客观范围问题。

对于部分请求的既判力问题，大陆法系民事诉讼理论通说认为，对于诉讼标的权利内容在数量上可分的情形，原告仅就其中一部分请求起诉时，法院判决的既判力范围仅及于起诉部分，对其余未起诉部分诉讼标的的权利无既判力。

三、既判力的主观范围

（一）既判力的主观范围

既判力的主观（主体）范围，是指确定判决对哪些主体产生既判力。原则上，既判力仅在诉讼中对立当事人之间发生作用，而不及于第三人，即所谓既判力相对性原则。大陆法系民事诉讼理论认为，成为确定判决既判力对象的诉讼标的，其范围系由原告依处分权主义提出，判决裁判基础又依双方当事人依辩论主义提出，在此审判过程中，被赋予程序保障机会者为当事人，因此，既判力原则上仅及于当事人。对于未参与诉讼程序的第三人而言，原则上不应使其受既判力的拘束，否则将剥夺第三人实质上程序保障的权利，也会对第三人实体上的权利造成不当的影响。

（二）既判力主观范围的例外

在社会生活中，为了确保纠纷解决的实效性、调和实体法秩序以及使与诉讼标的有一定利害关系的第三人的纠纷得以全面解决，有将既判力主观范围扩张至一定范围的第三人的必要。

因此，既判力的相对性并非绝对的，在一定条件下，判决的既判力可以透过当事人扩张至第三人。《德国民事诉讼法》第 325 条（既判力与承继人）第 1 款规定，确定判决的效力，其利与不利，及于当事人、在诉讼系属发生后当事人的承继人，以及作为当事人或承继人的间接占有系争物的人。《日本民事诉讼法》第 115 条（确定判决等效力的主观范围）第 1 款规定了确定判决效力波及的人的范围：（1）当事人；（2）当事人为他人利益而成为原告或被告情形中的该他人；（3）在口头辩论终结后本款前两项所列入的继承人；（4）为本款前三项所列的人的利益而持有诉讼标的物的人。

既判力主观范围例外的具体情形包括：

其一，具有对世效力的判决，其既判力不仅及于当事人双方，而且及于第三人。一般认为，形成判决的既判力及于一般第三人。

其二，既判力扩张至当事人以外的第三人：(1) 法定的当事人变更中，退出诉讼的原当事人。(2) 本案最后辩论终结后，当事人的承继人。承继人包括两种：一种是一般承继人，即作为当事人的自然人死亡、法人或其他组织消灭或者合并后，承担当事人实体权利义务的民事主体；二是特定承继人，即因特定法律行为而承担当事人实体权利义务的民事主体。(3) 法律规定的对他人实体权利义务或者财产拥有管理权或者处分权的民事主体。(4) 诉讼担当发生时实体权利义务的归属民事主体。

在争点效的主观范围上，争点效应及于当事人和一定范围内的第三人，包括口头辩论终结后的承继人和实质上被视同为当事人之人。[①]

第三节 我国既判力制度的现状

目前为止，我国民事诉讼立法中并没有关于既判力的相关概念和规范。既判力制度在我国仍处于学理探讨阶段。虽然民事诉讼法及司法解释的部分规定中有关于既判力方面的内容，如《民事诉讼法》第 158 条和第 182 条关于判决和裁定效力的规定，《民诉法解释》第 248 条关于裁判生效后的新事实如何处理的规定，也有学者认为上诉规定就是我国民事诉讼既判力制度的证据[②]，但是，我国民事诉讼法及司法解释中涉及的关于判决既判力方面的碎片化规定，是出于民事诉讼规定的完整性以及适用的必要性而予以规定的，只是相关规定的内容正好涉及既判力制度的相关规定，严格意义上来讲，我国民事诉讼立法中并没有建立基本的既判力制度的安排。

随着民事诉讼制度改革的不断深入和司法案例的不断涌现，民事诉讼中缺乏既判力制度带来的弊病也在不断出现并挑战着现行民事诉讼制度。随着比较法尤其是大陆法系国家民事诉讼制度研究的深化和我国民事诉讼理论研究的不断加深，我国民事诉讼法学界已经认识到了既判力制度对于民事诉讼制度的重

---

① 参见〔日〕新堂幸司：《新民事诉讼法》，林剑锋译，法律出版社 2008 年版，第 499—502 页。

② 我国《民事诉讼法》第 158 条规定，最高人民法院的判决、裁定，以及依法不准上诉或超过上诉期没有上诉的判决、裁定，是发生法律效力的判决、裁定。第 182 条规定，第二审人民法院的判决、裁定，是终审的判决，裁定。这两条规定被认为是我国民事判决的既判力的根据。参见齐树洁主编：《民事诉讼法》(第 4 版)，中国人民大学出版社 2015 年版，第 222 页。《民诉法解释》第 248 条规定，裁判发生法律效力后，发生新的事实，当事人再次提起诉讼的，人民法院应当依法受理。这是我国民事诉讼法相关司法解释中，首次在制度上确立了所谓"裁判生效后的新事实"的概念，进而确立了"既判力的时间范围"。参见张卫平：《民事诉讼法》(第 4 版)，中国人民大学出版社 2019 年版，第 330 页。

要意义,并开始尝试运用既判力理论来分析和解决我国民事诉讼中暴露出来的因既判力制度缺失引发的诉讼问题。

作为确认确定判决效力范围的既判力制度被认为是民事诉讼制度的当然之事,民事诉讼制度的完善需要建立完整和合理的既判力制度。但是,在我国现行民事诉讼制度下建立既判力制度并非易事,至少在民事诉讼制度的内部规定上还存在着诸多相互矛盾和不协调的地方。鉴于我国现行民事诉讼制度的立法现状和既判力制度的丰富内涵,我国民事诉讼既判力制度的建构应当在对既判力制度原理的充分认知、域外经验的充分吸收和我国民事诉讼制度中建立既判力的障碍予以排除的基础上逐步推进。

拓展阅读

1. 叶自强:《论既判力的本质》,载《法学研究》1995 年第 5 期。

2. 吴明童:《既判力的界限研究》,载《中国法学》2001 年第 6 期。

3. 翁晓斌:《我国民事判决既判力的范围研究》,载《现代法学》2004 年第 6 期。

4. 许少波:《论民事裁定的既判力》,载《法律科学》2006 年第 6 期。

5. 林剑锋:《既判力相对性原则在我国制度化的现状与障碍》,载《现代法学》2016 年第 1 期。

6. 丁宝同:《论争点效之比较法源流与本土归化》,载《比较法研究》2016 年第 3 期。

7. 史长青:《支付令既判力之研判》,载《法学杂志》2016 年第 9 期。

8. 陈晓彤:《我国生效民事裁判既判力主观范围的解释学分析》,载《当代法学》2018 年第 3 期。

9. 骆永家:《既判力之研究》,台湾三民书局 1999 年版。

10. 刘颖:《既判力标准时后的形成权行使的规制路径》,载《现代法学》2022 年第 2 期。

第八章　民事诉讼中的检察监督

本章目次

第一节　我国民事诉讼检察监督制度概述

一、民事检察监督的立法规定简介

（一）民事检察监督的立法依据及其意义

我国《宪法》第 134 条规定："中华人民共和国人民检察院是国家的法律监督机关。"这就明确了检察机关在我国国家权力结构中的地位和基本功能。不仅如此，《宪法》第 136 条还规定了检察机关履行职能的基本路径和原则："人民检察院依照法律规定独立行使检察权，不受行政机关、社会团体和个人的干涉。"《检察院组织法》第 1 条对《宪法》第 134 条的规定予以了重申。为了落实作为根本大法的宪法所确立的基本性规范，包括刑事诉讼、民事诉讼和行政诉讼在内的三大诉讼法对检察机关在诉讼中的监督作用均作出了原则性和具体性相结合的规定，从而体现了检察机关在诉讼过程中的监督作用和法律地位。《刑事诉讼法》第 8 条规定："人民检察院依法对刑事诉讼实行法律监督。"《民事诉讼法》第 14 条规定："人民检察院有权对民事诉讼实行法律监督。"《行政诉讼法》第 11 条规定："人民检察院有权对行政诉讼实行法律监督。"

可见，检察监督原则是我国三大诉讼法都必须遵循的基本原则。当然，由于三大诉讼法在性质和目的上存在差别,检察监督原则的具体内容也不尽相同。民事诉讼中的检察监督原则是指人民检察院代表国家对法院的民事诉讼活动进行监督的原则。人民检察院对民事诉讼活动实施监督,是我国民事诉讼法的显著特征,也是由我国国情所决定的。在民事诉讼中确立检察监督原则具有重要的意义。首先,实行检察监督原则有利于法院公正地行使审判权。其次,由检察机关对民事审判活动实行监督,有利于当事人诉讼地位的平等,从而有助于实现程序公正的价值目标。最后,检察机关介入民事诉讼,也有利于维护社会公益,保障案外人的合法权益。总之,在我国实行检察监督,不仅具有理论基础,而且具有现实的必要性。

(二) 检察监督原则的适用对象和内容

根据我国《民事诉讼法》的规定,检察监督的对象主要是人民法院的民事审判活动、调解活动以及执行活动。具体说来,检察监督主要包括以下几方面的内容:

(1) 对审判人员在民事诉讼中的违法犯罪行为进行监督。检察机关在行使监督权的过程中,如果发现办案法官有贪污受贿、徇私枉法等违法犯罪行为或者其他的严重违法行为,可以按照法定程序进行监督,追究其法律责任。

(2) 对法院审理民事案件的过程和审判结果进行监督。法院行使审判权解决民事纠纷,既要达到程序公正的要求,也要达到实体公正的要求。如果法院行使审判权在法定程序的遵循上或者在实体法的适用上存在明显错误,检察机关就有权提出监督意见,促使法院按照法定程序予以纠正。

(3) 对民事诉讼中的其他违法犯罪行为实行监督。主要是对当事人的虚假诉讼、恶意诉讼行为实施法律监督,同时对诉讼当事人及其他诉讼参与人妨害诉讼情节严重的行为进行监督,督促法院予以处罚。构成犯罪的,检察机关可以代表国家提起公诉。

检察监督的原则贯彻民事诉讼的全过程。在不同的过程或阶段中,检察机关的监督方式是不尽一致的。我国《民事诉讼法》第 215—220 条规定了检察机关对民事诉讼活动的监督方式,并在原有的抗诉方式的基础上,规定了检察建议,丰富了检察监督的手段,拓展了监督领域,从而使得检察监督方式不局限于事后监督,形成了多元化的监督格局。

检察机关有权通过行使抗诉权引起再审程序,从而纠正法院作出的已发生法律效力的裁判中的错误。检察机关通过抗诉引起再审程序的具体内容如下:一是最高人民检察院对各级人民法院已经发生法律效力的判决、裁定,上级人民检察院对下级人民法院已经发生法律效力的判决、裁定,发现有《民事诉讼法》第 207 条规定情形之一的,或者发现调解书损害国家利益、社会公共利益的,应当提出抗诉。二是地方各级人民检察院对同级人民法院已经发生法律效力的判决、裁定,发现有《民事诉讼法》第 207 条规定情形之一的,或者发现调解书损害国家利益、社会公共利益的,可以提请上级人民检察院向同级人民法院提出抗诉。三是人民检察院提出抗诉的案件,人民法院应当自收到抗诉书之日起 30 日内作出再审的裁定。抗诉必然引起再审程序的发生。四是人民检察院提出抗诉的案件,人民法院再审时,应当通知人民检察院派员出席法庭。

检察机关也有权通过发出检察建议的方式,纠正法院作出的已发生法律效力的裁判中的错误或者诉讼程序中审判人员的违法行为以及执行程序中执行人员的违法行为。因此,民事诉讼中的检察建议分为两类,一类是再审检察建议,另一类是程序违法检察建议。再审检察建议是检察机关向审判机关提出的建议其进行再审的监督方式。具体内容为:地方各级人民检察院对同级人民法院已经发生法律效力的判决、裁定,发现有《民事诉讼法》第 207 条规定情形之一的,或者发现调解书损害国家利益、社会公共利益的,可以向同级人民法院提出检察建议,并报上级人民检察院备案。人民法院对人民检察院的再审检察建议逾期不予回应、不予采纳且不说明理由或理由不成立的,同级人民检察院有权向上级人民检察院提请抗诉。程序违法检察建议也通常简称检察建议,或称一般的检察建议,是指对于人民法院在包括立案、审判、调解、执行在内的民事诉讼中所存在的程序违法行为,人民检察院向人民法院提出,敦促其纠正的监督方式。具体内容为:各级人民检察院对审判监督程序以外的其他审判程序中审判人员的违法行为,有权向同级人民法院提出检察建议。

二、我国民事检察监督制度的特征

(一) 在监督的目标上,以确保法治统一为己任

人民检察院是国家的法律监督机关,对法律的执行和实施进行监督,是检察机关的宪法使命。议行合一的人民代表大会制度决定了检察机关法律监督权的合理性、必然性和规律性。我国目前司法改革以及依法治国方略的提出,在一定程度上调整了检察机关传统的监督模式,维护法治的统一和确保依法司法成为检察监督的目标所在。

(二) 在监督的内容上,实体监督和程序监督并重

2007 年以前,我国的民事检察监督一直偏重于实体性质的监督, 2007 年修订的《民事诉讼法》在再审事由上作出了诸多程序方面的改造。其新增加的再审事由比如:合议庭的组成不合法、剥夺当事人的辩论权等,都属于程序违法监督事由。2012 年修订的《民事诉讼法》增加的检察建议监督方式也强调了对审判过程中违法行为的监督。这些变化意味着我国民事检察监督在监督的内容上开始了程序化的转向,兼顾了实体监督和程序监督两个方面。

（三）在监督的时点上，兼顾事后监督与事先监督

检察监督作为一项基本原则被确立了下来，就其具体规定而言，检察机关对民事诉讼的介入点并不限于在法院裁判生效之后，在生效裁判作出之前，检察机关对任何程序性错误以及司法的廉洁性均有权监督。事后监督重在通过再审程序纠正生效裁判的错误，事先监督重在对法院的审判过程实施监督；事后监督重在实体监督，包括事实认定错误的监督和法律适用错误的监督，事先监督重在程序监督，尤其对重要的程序节点和程序事项，如立案、法院调查取证、法院对当事人诉讼权利的保障、回避制度的落实、司法公开、上诉权和申请再审权的保障、执行程序的依法进行等，实施法律监督。

第二节　我国民事检察监督制度的未来走向

从实践运行上看，民事检察监督纠正了许多错案，有效维护了民事诉讼当事人的合法权益与国家法制的统一，但仍存在力度不够、内容空泛、权能模糊、结构失衡等制度弊端，导致检察监督在目前的实际运行中困难重重、争议颇多。欲使民事检察监督制度发挥实效，必须切实实现检察监督的转向。民事检察监督应当实现三大“转向”：

（一）从有限监督到全面监督

在检察机关所担负的民事监督职能上，有全面监督和有限监督两种不同的原则主张。有限监督的原则主张认为，检察院对民事诉讼所实施的法律监督，应当坚持有限主义，而不是无所限制。其表现在两个方面：一是监督的程序阶段是有限的，检察院仅能进行事后的再审监督。二是即便是再审监督，也仅仅只能就重要类型的案件实施监督。所谓全面监督的原则，就是检察院对民事诉讼应当从立案到执行实施全部领域内的监督。其基本内涵在于：检察监督的触角应当分布于民事诉讼的全过程；哪里有审判权和执行权的运行，哪里就应有检察院的法律监督。具体包括四大领域的监督：诉前监督，包括对诉前保全的监督、提起公益诉讼的监督等；诉中监督，即对诉讼全过程所实施的监督；诉后监督，即对生效裁判实施的再审监督；执行监督，即对法院执行活动所实施的监督。检察监督不仅包括对诉讼程序的监督，也包括对非讼程序的监督。2012 年修改的《民事诉讼法》扩大了检察监督的范围，修改了民事检察监督的基本原则，增加了检察监督方式，体现了全面监督的转向。

（二）从实体监督到程序监督

传统上的法律监督强调和偏重实体监督，也即结果监督，但实体监督遭遇了多方面困境，比如监督时点滞后，监督客体单一，监督效能不佳，监督陷于被动等，因而单纯进行实体监督无法达到检察监督的全部目的，需要同时兼顾程序监

督。2007年修改《民事诉讼法》后，再审事由增加了诸多程序性事由；2012年修改《民事诉讼法》后，程序监督贯彻了民事诉讼的全过程。程序监督是基于其与实体监督的辩证关系而形成的新型监督领域。程序监督的制度性导入，引起了多方面的制度变迁，主要表现在：

一是使诉中监督成为可能和必要。诉中监督的基本逻辑是：在诉讼过程中，当程序性再审事由出现之后，没有理由要求检察院等到生效裁判既成事实后，再实施再审性法律监督，而应当许可其实施即时的同步监督。这样便可以大大节省监督成本，并最大化地维护司法的权威性和裁判的稳定性。

二是有利于塑构平和理性的监督理念。程序性监督就其实质而言乃是将集约化的实体性监督分散化，使检察监督的力量消融于整个诉讼过程中，将点滴的审判错误或程序瑕疵消除在诉讼结果最终定型之前。这样，接受监督的审判机关也容易接受监督意见，及时纠正错误的审判行为，从而有利于缓和监督者与被监督者之间的紧张关系，构建协同性监督机制和监督模式。

三是有利于发掘、拓展新型监督功能。检察院通过对诉讼程序的参与，不仅对法院公正司法起监督作用，对其独立行使审判权也起保障作用，而且也保障当事人双方平等、诚信地行使诉权，同时还积极发表对于纠纷解决的各种意见，以收取司法裁判的法律效果、社会效果和政治效果的综合统一之效。不仅如此，检察机关通过程序性监督，也往往可以发现单纯进行实体监督所不能或难以发现的制度性宏观问题，从而提出有助于司法体制和机制进一步趋于完善的检察建议，实现超出个案监督的一般性监督价值。

四是使检察监督由外在模式转变成了内在模式。如果检察监督仅仅局限于事后的再审监督，那么，在司法审判的监督体制和体系中，检察监督便只能划分在外在监督的模式范畴中；如果实行了以诉中监督为主要场域的程序监督，则这种监督便成为一种服务于生效裁判生成的内在监督，它成了生效裁判最终形成的推动力和合成力之一，从而使生效裁判内化了检察监督的因素。

（三）从诉讼监督到社会监督

宪法确立的检察机关作为国家法律监督机关的地位，并没有仅仅限定于诉讼监督层面，而是要求通过诉讼监督，走向社会监督，实现最广义的全面监督。表现在这里的基本演进逻辑乃是：第一阶段，实行再审监督，确证检察监督之效果。第二阶段，在再审监督取得经验的基础上，达成诉讼领域内的全面监督。第三阶段，从诉讼监督迈向社会监督。社会监督是完善社会治理的监督，包括对依法行政的监督，也包括其他领域的社会监督。检察监督权呈现出了由点到面的蔓延特性，其价值范畴首先表现为抽象的宪制价值，继而落实为诉讼价值，最终表述为具体的宪制价值。检察建议所担负的职能就是社会性的，只不过这种社会性职能是通过诉讼监督职能来实现的而已。督促起诉、支持起诉也体现了检察监督的社会功能。检察院提起公益诉讼所展现的社会功能更加凸显。检察机关所肩负的社会监督功能还表现在其服务于社会管理制度完善以及多元化纠纷解决机制的构建与运行的格局中。

第三节　民事抗诉检察监督的基本原则

目前民事诉讼法规定的监督具体表现方式有抗诉和检察建议两种。检察机关在进行监督时应当遵循下列原则：

一、法定原则

法定原则要求检察机关对民事诉讼的参与和监督必须基于法律的明文规定，立法上应当对检察机关的检察监督作出尽可能具体详尽的规定。其具体含义包括：一是权力法定，即检察机关所享有的民事检察权不仅应当被包含在概括性和授权性的基本原则当中，还应当有具体的立法规范加以明确规定。二是客体法定，即检察机关对可以监督的裁判形式应当有明确的规定。三是事由法定，即检察机关进行法律监督的具体事由应当有法律的明文规定，具有可操作性。四是手段法定，即检察监督可以采用哪些手段或方式，应当在立法上明确加以规定。五是程序法定，即各种不同的监督方式应当设定相应的程序规则，严格按照法定程序进行监督。六是责任法定，即检察机关在行使检察权上显有过失甚至有故意滥用职权的情形存在的，应承担相关法律责任。

二、客观原则

检察机关对生效裁判实施监督，并不是任何一方当事人的诉讼代理人或代言人，不是基于私权利益的目的，而是以法律监督者的身份进行的，其目的在于通过检察权的行使确保法律的统一实施和解释，并进而通过对法律适用过程的参与，推动法治的进步和发展。因此，检察机关在监督程序中，乃是以中立者的身份介入其中的，它具有相对独立的诉讼地位，它承载着确保法律得到正确或正当实施的任务。检察机关的此一角色和地位，不仅体现在对生效裁判抗诉的诉讼环节，还体现在检察机关提起民事诉讼以及参与民事诉讼的环节和阶段。即便检察机关是以国家利益或社会公益代表人的身份提出和参与诉讼，或者对相关的裁判提出抗诉监督，此一客观原则也同样适用。

三、谦抑原则

检察权是一项单独的、典型的国家公权力，检察权在行使过程中，应当体现出谦抑原则。据此原则，检察机关对民事诉讼的介入和监督应当有所节制，确保其监督权在法定范围内并以法定的方式行使。不仅如此,检察机关对民事诉讼活动实施监督,还受到民事诉讼自身性质的制约。民事诉讼主要是关涉私权利益的纷争,如果不涉及国家利益、社会公共利益以及法律的正确适用等问题,作为公权力的检察权通常不宜主动介入和干涉。此外,检察机关对民事诉讼的介入和监督,尚应受到时代主流意识和价值观念的制约。检察机关对生效裁判的抗诉或者以其他形式对民事诉讼活动的介入和参与,应当遵循与时俱进的现时代的诉讼价值理念,以适当的方式和谦抑的姿态,积极融入诉讼过程之中,履行法律监督职能。

四、检察一体化原则

检察一体化原则,又称"检察一体制"原则,是指检察机关在民事诉讼中行使法律监督权时,应当恪守检察官上命下从的领导和被领导的关系,同时检察机关各个职能部门应当相互协同行使职权。经过司法改革,检察官的独立性有所增强,检察责任制度成为检察官行使法律监督权的重要保障和约束,但检察机关上下左右总体上是作为一个整体进行活动的。在上下级检察机关之间以及同一检察机关的内部,存在着一定的上命下从的领导和被领导的关系,上级检察首长就下级检察官处理的检察事务,不但有指挥监督权,也有职务收取权和职务转移权,下级检察官则有相应的服从义务和报告义务。在我国,检察一体制具体表现为检察长负责制、请示、报告、指令纠正、备案和报批等制度形式。广义上的检察一体化原则还包括检察机关内部各个职能部门互相移转案件线索等工作协作关系。

五、终局监督原则

终局监督原则是针对生效裁判的错误进行监督而言的。终局监督原则,是指检察机关只能对法院作出的足以结束诉讼程序的裁判实施再审监督,而不得对诉讼过程中所出现的不具有终局性的裁判实施再审监督。以此而论,所有的实体判决都符合终局性的要求,因而均可以进行再审监督;而裁定则要分别情形而论。因为有的裁定是终局性的,有的裁定是中间性的,对前者可以进行再审监督,对后者则不宜进行再审监督。民事诉讼法所规定的可以上诉的裁定有不予受理的裁定、驳回起诉的裁定以及管辖权异议的裁定,这些裁定均有上诉纠错的机会,因而应属于可以再审监督的范围。对于不允许通过再审程序进行监督的裁定事项,检察机关可以提出检察建议,来提示法院纠正相应的程序性错误;法院对此应当依法定程序审核复议,若法院接受该项检察建议,检察院的监督就达到了目的;若法院对此项建议不予采纳,则检察机关可以作出意见保留的决定,此项保留性决定,便可成为再审监督的事实依据。

拓展阅读

1. 蔡彦敏:《从规范到运作——论民事诉讼中的检察监督》,载《法学研究》2000年第3期。

2. 张晋红、郑斌峰:《论民事检察监督权的完善及检察机关民事诉权之理论基础》,载《国家检察官学院学报》2001年第3期。

3. 田平安、李浩等:《中国民事检察监督制度的改革与完善》,载《现代法学》2004年第1期。

4. 江伟:《略论检察监督权在民事诉讼中的行使》,载《人民检察》2005年第18期。

5. 陈桂明:《民事检察监督之存废、定位与方式》,载《法学家》2006年第4期。

6. 汤维建:《论民事检察监督制度的现代化改造》,载《法学家》2006年第4期。

7. 汤维建:《挑战与应对:民行检察监督制度的新发展》,载《法学家》2010年第3期。

8. 汤维建:《论中国民事行政检察监督制度的发展规律》,载《政治与法律》2010年第4期。

9. 宋朝武:《当代中国民事检察监督的变革方向与路径考量》,载《河南社会科学》2011年第1期。

10. 熊跃敏:《承继与超越:新民事诉讼法检察监督制度解读》,载《国家检察官学院学报》2013年第2期。

11. 汤维建:《民事检察监督制度的定位》,载《国家检察官学院学报》2013年第2期。

12. 韩静茹:《民事检察制度的体系化革新》,载《国家检察官学院学报》2013年第3期。

13. 金石:《新修改民事检察监督制度实施现状、问题及完善》,载《甘肃社会科学》2018年第3期。

第二编　总　　则

第九章　民事诉讼法的基本原则

本章目次

第一节 民事诉讼法基本原则概述

一、民事诉讼法基本原则的概念与特征

我国《民事诉讼法》第一章规定了“任务、适用范围和基本原则”。“基本原则”是我国民事诉讼法的有机组成部分,也是其不可或缺的内容之一。了解民事诉讼法的基本原则不仅具有理论意义,而且具有重要的实践意义。

查《新华词典》,"原则"为"观察和处理问题的准则",其中的"原",含有"最初的""本来""未加工""宽广平坦的地方"等义。《辞海》解释:"原",乃"源"的古字,有根本、推求、察究、原来、起初之意。在拉丁文中,"原则"(principium)有"开始、起源、基础、原理、要素"等含义。[①] 可见,作为法律原则,也应有以下基本含义:其一,法律原则是法律所规定的根本行为准则,具有重要性;其二,法律原则是其他行为规则的基础和来源,具有本原性;其三,法律原则体现了法律的基本原理,是基本法律原理在法律中的直接反映,具有真理性和相对的稳定性;其四,法律原则表达了法律的基本内容,具有整体性和综合性。要而言之,法律原则是立法所规定或体现的、反映该特定法律基本内容和性质的、具有相对稳定性的根本行为准则和基础行为准则。

任何法律都有其赖以建构的基本原则,缺乏基本原则的法律仅仅是规则的简单累加,而非真正意义上的法典。民事诉讼法也不例外,各国民事诉讼法一般均通过这样或那样的方式确立或设定其基本原则,民事诉讼法的基本原则是民事诉讼法的应有内容之一,也是其有机联系的组成部分。依据上述法律原则的定义,可以将民事诉讼法的基本原则界定为:民事诉讼法所确立或体现的,反映特定国家、特定时期民事诉讼法的本质和基本内容的根本行为准则。据此定义,可以得出民事诉讼法基本原则的特点:

(1) 规范性。民事诉讼法的基本原则是民事诉讼法中能够直接发挥作用的规范性条款,具有行为规范的基本要素,法院可据此行使审判权,当事人及其他诉讼参与者可据此行使程序性权利。这一点使民事诉讼法的基本原则与民事诉讼法的目的、任务、价值等纯抽象性和纯理念性内容区别开来。后者不具有规范性。但民事诉讼法基本原则所具有的规范性与具体程序规则的规范性还不完全相同,前者是概括的规范性,是诸多规范性的总和;后者是具体的规范性,是各个规范性的特定化表现。

(2) 本原性。民事诉讼法的基本原则不仅自身是行为规范,还是其他具体行为规范的源泉,其他具体行为规范是从基本原则中派生出来的,是基本原则的具体化表现。这说明民事诉讼法基本原则具有双重功能:作为行为准则的功能和生成行为准则的功能。对前一个功能,可以看作基本原则的根本准则性;对后一个功能,可以看作基本原则的基础性。这两个方面合在一起,则为民事诉讼法基本原则的本原性。

(3) 始终性。由于民事诉讼法基本原则具有基础性和根本性,因而它便获得了效力上的全面渗透性和贯彻始终性。民事诉讼法基本原则是其他具体规则的源泉性规则,在它派生其他规则的过程中,其效力便随之而伸展、蔓延、渗透,

---

① 彭泰尧主编:《拉汉词典》,贵州人民出版社 1986 年版,"pricipium"条。

依据某项特定的基本原则所派生的具体规则扩展到哪里,基本原则的效力便延伸到哪里。由于诉讼程序是依赖于具体规则而型构的,具体规则是连接诉讼程序的纽结,因而诉讼程序便因具体规则的密布而使得基本原则的效力覆盖了其全部范围。当然,对于基本原则的始终性或效力的扩张性不能作机械的理解,认为基本原则的效力必定完整地贯穿始终而绝对不能有所中断。事实上,基本原则在效力上的始终性一方面表明它是诸多具体规则的本源,另一方面又表征着它的分量性或重要性。重要的程序规则必然表现为它的规则集合性,而规则的集合性就是基本原则始终性的全部含义。就基本原则与具体规则的关系而言,有的基本原则从诉讼程序的一开始便发挥作用,直到诉讼程序终结为止;有的基本原则等到诉讼程序的中间阶段方起而发挥作用,该作用力一直持续到诉讼程序的终结;有的基本原则则起始于诉讼程序的开端而在诉讼程序的中间便丧失其调整力;还有的基本原则其作用力产生于诉讼程序的中间,也消失于程序的终结之前;等等,不一而足。发挥作用的时间或阶段的长短无关紧要,要紧的是基本原则必须是规则的规则,而且具有重要性。

(4) 指导性。民事诉讼法基本原则是具体规则的源泉,对具体规则而言,基本原则为指导性规则;同时,在具体规则未被设定的领域或地带,基本原则起着调整行为者行为的作用,这对行为者而言,便为基本原则的指导性。

(5) 概括性。民事诉讼法基本原则是诸多具体规则之源,其必定是抽象的、概括的。正因为基本原则具有概括性,它才有较为广泛的覆盖性,它能够在诉讼程序的全部阶段或重要阶段发挥实际的作用。同时,因为基本原则是概括的,因而它也是相对模糊的,其内容具有较大的弹性和伸缩性。基本原则的这个属性或特点,不仅为它继续生成具体规则提供了余地和可能,还为法院灵活司法提供了契机和依据。

(6) 稳定性。基本原则是民事诉讼法基本性质和实质内容的负载者,只要民事诉讼法的基本性质和实质内容不变,基本原则也不会发生变化。基本原则发生变化了,就说明民事诉讼法的构架和本质发生了变化;民事诉讼法的构架和本质欲发生变化,必然要体现在其基本原则的变化上。

二、民事诉讼法基本原则的功能

从民事诉讼法基本原则的特征可以看出,民事诉讼法基本原则具有以下功能:

(1) 立法准则的功能。民事诉讼法基本原则确立了民事诉讼法的基本性质、基本内容和基本框架,民事诉讼法的具体内容就是依据民事诉讼法的基本原则而展开的。立法者在立法时应首先确立其基本原则,然后在科学设定基本原则体系的基础上,逐渐展开其内容,形成民事诉讼法的各项制度和程序。任何一个国家其民事诉讼法律体系的构建都是在一定的指导思想、基本任务和价值理念统率之下所形成的规范系统,其基本的立法思维逻辑是:首先确定“原则”,然后将原则具体化为“制度”和“规则”,最终将其连续化为“程序”。这说明,在民事诉讼立法中,基本原则必须率先得到确立,然后再由此演绎出制度、规则和程序等。可见,民事诉讼法基本原则对立法者而言具有指导意义。

(2) 行为准则的功能。如前所述,民事诉讼法基本原则具有规范性的特点,它是诉讼法律规范体系的一个有机组成部分,因而它具有行为准则的功能,当事人、法院和其他诉讼参与人依据基本原则可以实施相应的诉讼行为,这种相应的诉讼行为不会因为缺乏具体规则的调整而变得无效。

(3) 表征民事诉讼基本模式的功能。众所周知,各国民事诉讼模式不尽一致。民事诉讼模式不尽一致,根本的原因在于其所赖以存在的政治、经济、文化等背景和基础的不同,但直接的原因在于各国民事诉讼法所确立的基本原则相异。基本原则及其所构成的体系不同,民事诉讼程序的结构模式便有所区别;民事诉讼模式不同,必然落实和体现在基本原则的区别之上。民事诉讼基本原则发生了变化,而且这种变化达到了一定的程度,民事诉讼程序的基本模式便也相应地发生了变化。基本原则和基本模式是互为决定、相互影响的,从立法逻辑上说,是基本原则决定了诉讼模式,正是在基本原则既定的前提下,民事诉讼模式才成为特定的样式;但民事诉讼模式作为一种观念形态的预设,也为民事诉讼法基本原则的确立提供了框架。虽然不是每一项基本原则都直接与民事诉讼模式相关,但真正意义上的基本原则应当能够在一定程度上有助于民事诉讼模式的建构。

(4) 创造性司法的功能。就民事诉讼法的立法模式而言,在“规则模式论”中,基本原则并无一席之地,法官必须严格依规则而司法。但在“原则—规则模式论”中,基本原则发挥着重要的作用,其中突出的一点便是它为司法者能动地司法或创造性司法提供了广阔的领域和空间。成文法具有天然的局限性,实体法是这样,程序法也是如此,各国民事诉讼法繁简程度的不同以及篇幅大小的不一状况,本身就说明民事诉讼法必然有程度不同的漏洞存在。在民事诉讼具体规则未能为特定的民事诉讼行为提供合法与否的依据时,唯一能补充该程序体系漏洞的便是其基本原则。具体程序规则发生冲突或出现盲点的地方,正是基本原则发挥作用的场所。有了基本原则的指导,法院方能在具体规则发生冲突时作出正确的、适当的选择;也正是有了基本原则的指导,法院才能在缺乏具体规则调整的情形下仰赖基本原则以济其穷。同时,任何程序规则相对于个案而言都是一般性的规范,将这种一般性的规范适用于个案当中从而形成最为适当的个案规则,法院也要依赖于基本原则的指引。

(5) 监督司法的功能。法院行使审判权,当事人行使诉权,其过程及其结果是否与民事诉讼法相符合,除依赖具体的程序规则加以监督与审核外,就是按照基本原则实施审判的监督权。上级法院和最高人民法院实施审判监督是如此,人民检察院对民事诉讼实施法律监督也是如此。尤其是,作为监督司法的民事诉讼法基本原则不仅包括该法所确立的基本原则,而且还指宪法性基本诉讼原则。有时,国际法上的基本诉讼原则也成为实施司法监督的根据。司法水准的高低,在相当大的程度上是由司法者对基本原则的把握和运用来决定的。

(6) 弘扬司法理念的功能。司法理念是司法文化的积淀,它具有主流性、前瞻性和开拓性的特征,这些理念是依赖民事诉讼法的基本原则来表现和弘扬的。每一个基本原则,都体现或负载着一个或若干特定的司法理念与司法价值。由这些基本原则,不仅诉讼法律关系的主体,而且社会中的一般公众均可不同程度地理解和评价特定民事诉讼法的内容和性质。

第二节 民事诉讼法基本原则的体系与分类

一、民事诉讼法基本原则的体系

民事诉讼法基本原则在数量上往往是由多数构成的,这些多数基本原则便构成某一个特定国家民事诉讼法的原则体系。民事诉讼法各项基本原则虽然视角、功能和调整的主体与事项不完全一致,但由于它们组织在一起共同反映和体现了民事诉讼法的性质和基本内容,因而它们在内容上和本质上是一致的,它们从不同的侧面作用于民事诉讼法的整体功能,形成了具有内在联系的原则系统。

我国《民事诉讼法》也设定了其基本原则的体系,具体包括第 5 条(同等原则和对等原则)、第 6 条(法院独立审判原则)、第 7 条(法院依法审判原则)、第 8 条(当事人平等原则)、第 9 条(法院调解原则)、第 11 条(使用本民族语言、文字进行诉讼原则)、12 条(辩论原则)、第 13 条(诚信原则和处分原则)、第 14 条(检察监督原则)、第 15 条(支持起诉原则)、第 16 条(在线诉讼原则)、第 17 条(变通规定原则)。以上即为我国民事诉讼法立法者所确立的基本原则体系。就数量而言,该基本原则体系至少包含了 14 项原则。

二、民事诉讼法基本原则的分类

对民事诉讼法基本原则进行分类研究,具有多方面的意义:其一,可以较为清楚地明确各项基本原则的来源,从而明确其在法律规范中的地位和作用。其二,有利于准确认识各项基本原则的特点和功能,从而做到正确运用。其三,通过分类研究,可以扩展学术研究的视野,更加辩证而全面地对待我国现行法所确立的基本原则之内容,推动民事诉讼法基本原则的发展。

对于民事诉讼法基本原则可以从不同的视角进行各种形式的分类，主要的分类有：

（1）共有原则和特有原则

我国学界通说认为可以以由什么样的法律加以规定为标准对基本原则进行分类。以此为标准，民事诉讼法基本原则可以分为两大类型：

一是共有原则。即由《宪法》和《人民法院组织法》《人民检察院组织法》所确立的适用于民事诉讼法的基本原则，包括：其一，民事案件的审判权由人民法院行使的原则；其二，人民法院依照法律规定对民事案件独立进行审判的原则；其三，以事实为根据、以法律为准绳的原则；其四，对于诉讼当事人在适用法律上一律平等的原则；其五，检察机关对诉讼活动实施法律监督的原则；其六，使用本民族语言文字进行诉讼的原则；其七，民族自治地方制定补充或变通规定的原则。以上原则由于是由《宪法》和《人民法院组织法》《人民检察院组织法》加以规定的，因而适用于人民法院行使审判权所审理的所有案件及其程序，包括刑事诉讼程序、行政诉讼程序和民事诉讼程序。正因如此，理论上将它称为“诉讼法上的共有原则”。对于这些共有原则，三大诉讼法分别根据各自的特点又予以了具体的规定和表述，形成了各有特色的共有原则。《民事诉讼法》对于以上原则均加以了重申和再述。

二是特有原则。由民事诉讼法所规定的仅适用于民事诉讼的基本原则被称为民事诉讼法的特有原则。民事诉讼法的特有原则包括：其一，诉讼权利平等原则；其二，法院调解原则；其三，辩论原则；其四，处分原则；其五，诚信原则；其六，支持起诉原则。但是事实上，严格地说，以上所谓民事诉讼法的特有原则仅仅是与刑事诉讼法相比较而体现出来的，对于民事诉讼法和行政诉讼法而言，其中诉讼权利平等原则、辩论原则等原则又属于它们之间的共有原则。显而易见，以法律规定的层次和异同为标准来划分基本原则的类型，是有重大意义的：《宪法》和《人民法院组织法》《人民检察院组织法》所规定的基本原则一般是从法院行使审判权和人民检察院行使法律监督权的角度加以规定的，因此多为审判活动和检察监督活动的调整原则；而且，由于《宪法》和《人民法院组织法》《人民检察院组织法》均为法律效力位阶最高或较高之法，因而它们所确立的基本原则对三大诉讼法而言更具有立法准则的功能，任何诉讼法均要当然地接受这些基本原则的调整，而无论其是否在本法中有明文规定。同时这些共有原则还往往成为最高人民法院对地方各级法院、上级法院对下级法院行使审判监督权以及检察机关对审判机关行使法律监督权的最终依据。

（2）立法明定的基本原则和学理概括的原则

这是依基本原则是否具有法律的明文规定性为标准而进行的分类。关于民事诉讼法基本原则的立法模式，各国或地区所作的选择不完全一致。英美法系国家偏重于在民事诉讼法中规定其价值目标,而对其基本原则则通常不作规定。例如《美国联邦民事诉讼规则》第1条仅规定:“对本规则的解释和执行,应当以确保公正、迅速并经济地处理诉讼为目的”,后面就是关于民事诉讼程序规则的具体规定,故其立法对民事诉讼法的基本原则未作规定。不仅如此,其学理也通常不提“民事诉讼法的基本原则”这种说法。《英国民事诉讼规则》第1条的规定也是类似的。不过与美国有所不同的是,英国除了明确规定法院审理案件的基本目标外,还进一步规定了实现这些基本目标的具体措施,如法院具有管理案件的职责、当事人具有协助法院实现立法目标的义务等。就这些具体措施而言,其中含有基本原则之意是显而易见的。大陆法系国家或地区的做法不尽一致。《德意志联邦共和国民事诉讼法》开篇就规定法院的管辖,没有“基本原则”之类的规定。但是它在诉讼程序等具体规定中,也会提及若干基本原则,如其第128条便规定了言词主义的原则、第138条规定了当事人的真实义务等。这些内容显然有基本原则的意蕴。《日本新民事诉讼法》与德国稍有不同,它专辟一章规定了“通则”,“通则”中的第2条规定了诉讼的价值目标以及调整当事人诉讼行为的诚信原则。《法国民事诉讼法典》则有别,其第一编“序则”第一章“诉讼的指导原则”专门规定了各项用以调整诉讼程序的基本原则,共分“诉讼”“系争标的”“事实”“证据”“法律”“两造审理”“辩护”“调解”“辩论”“克制态度”等方面。《俄罗斯联邦共和国民事诉讼法典》第一章专门规定“基本原则”。我国《澳门民事诉讼法典》第一编“基本规定”部分共12条,其中多数条款皆为基本原则的内容。我国民事诉讼法自也不例外,规定了诸多基本原则。虽然德国、日本等国并没有明确规定较多的基本原则,但其学理并不认为民事诉讼法就因此而不存在基本原则。依其学理解释,诸如当事人进行主义与职权进行主义、辩论主义与干涉主义、言词审理主义与书面审理主义、公开审理主义与秘密审理主义、直接审理主义与间接审理主义、法定顺序主义与自由顺序主义、本人诉讼主义与律师诉讼主义以及自由心证主义与法定证据主义等诉讼原则,均被界说为“指导诉讼过程之诸原则”[①]。这些解说虽然有一定局限,但它们乃是大陆法系学理长期积淀的产物,对某一个特定侧面而言,它们无疑具有“基本原则”的作用。我国学界也有学者提出,民事诉讼法所规定的基本原则和学理上所概括的基本原则是有所区别的[②],有的法律明文规定的所谓“基本原则”并非真正的“基本原则”,而真正的“基本原则”立法却未必予以明定。典型的例子比如公正原则和效益原则,它们就是学理概括的原则而非立法规定的原则。在理论上提出学理上的基本原则是有意义的。这实际上是立法主义和概括主义的结合,意在强调

---

① 陈计男:《民事诉讼法论》,台湾三民书局1994年版,第243页及以下;〔日〕中村英朗:《新民事诉讼法讲义》,陈刚、林剑锋、郭美松译,法律出版社2001年版,第170页及以下。

② 柴发邦主编:《中国民事诉讼法学》,中国人民公安大学出版社1992年版,第77页。

突破现行法的明确条款对基本原则进行创造性解释，无疑，这对推动现行法的发展具有积极效应。当然，依该观点所概括的学理原则是否确当，其本身能否成为一项基本原则，以及这些原则的内容是否真正在现行民事诉讼法中获得了映现，这却是存在讨论的余地的。

有的学者认为，法律原则的确立有两种方式，一种是通过显性的方式将原则明文载入法典之中，另一种是通过隐形的手段将原则内涵分配到具体的规则中去；立法者究竟以哪种方式确立基本原则，并非是习惯问题，而是反映出立法技术的优劣程度和法律体系的完善程度。[①] 基此分析，该观点将诉讼法的基本原则分为实然性原则与应然性原则。[②] 这种理解与前述分类是一脉相承的。

(3) 公理性诉讼原则和政策性诉讼原则

公理，指的是经过人类长期反复实践的考验，不需要再加证明的命题。依此定义，公理性诉讼原则应当是反映现代民事诉讼基本规律和本质的、为各国所普遍遵循的基本原则。正是由公理性诉讼原则决定了各国民事诉讼制度所具有的共同特点和内在要素。应当说，对于特定时期、特定历史阶段的民事诉讼法而言，其公理性原则乃是一个定性的原则，应为诉讼原则的主流或主体内容。比如，诉讼权利平等原则、处分原则、辩论原则等，皆应属公理性诉讼原则。政策性原则是对立法机关一定时期内在各种可能方针中所作选择的反映。[③] 政策性诉讼原则反映了特定国家于特定时期的民事诉讼法的特殊要求，是该国民事诉讼法特殊性的集中性体现。如支持起诉原则、调解优先原则、职权干预原则等，便可以看作我国民事诉讼中的政策性原则。与公理性诉讼原则具有本质性和稳定性有异，政策性诉讼原则往往并不反映民事诉讼法的内在本质和规律性要素，而是对民事诉讼法某些外部特征的反映和强调，虽然其意义对特定的国家而言并不一定逊于公理性原则，但毕竟不具有如同公理性诉讼原则那样的稳定性和生命力。对于我国民事诉讼法而言，长期以来以政策性诉讼原则为主流的基本原则体系应逐渐增强公理性诉讼原则的比重。

(4) 决定民事诉讼模式的基本原则和不决定民事诉讼模式的基本原则

民事诉讼法的基本原则与其基本模式往往有一定的关联，但并不是所有的基本原则都直接地与民事诉讼的基本模式有关。诉讼权利平等原则、辩论原则、处分原则、检察监督原则、诚信原则等便与诉讼模式相联系，而诸如法院依法独立行使审判权原则，以事实为根据、以法律为准绳原则，使用本民族语言、文字原则，支持起诉原则等，便与基本模式不直接相关联。因此，就原则的功能而言，可

---

① 李文健：《刑事诉讼原则论》，载《法学研究》1996 年第 1 期。

② 同上。

③ 徐国栋：《民法基本原则解释——成文法局限性之克服》，中国政法大学出版社 1992 年版，第 15 页。

以将民事诉讼法的基本原则分为决定民事诉讼模式和不决定民事诉讼模式两大类型。这两类基本原则同时并存,各具机能,并不互相排斥;相反,它们是相得益彰的。

(5) 实体真实主义原则与正当程序主义原则

实体的真实性保障和程序的公正性保障是民事诉讼程序的两大价值目标,基本原则作为民事诉讼法的基础性内容,在对其价值目标的实现上会有不同的侧重。我国完善民事诉讼法基本原则的基本方面就是辩证地看待实体真实主义原则,同时强化正当程序主义原则。

(6) 核心原则、基本原则和具体原则

能够直接体现程序价值要求的标准构成了诉讼法中的核心原则,该核心原则又决定了基本原则,基本原则又派生出了具体原则,具体原则又成为诉讼程序或诉讼规则的基础和前提。

第三节 人民法院依法独立行使审判权原则

一、独立审判的含义

我国《宪法》第131条规定:"人民法院依照法律规定独立行使审判权,不受行政机关、社会团体和个人的干涉。"这是我国根本大法对审判独立原则的明确认可;法院依法独立行使审判权,在行使审判权时应当以法律和事实为基本依据。不仅如此,我国《人民法院组织法》和三大诉讼法对法院独立行使审判权原则也作出了重申,使法院独立行使审判权原则有了具体的落实措施,三大诉讼法对该原则的重申是极其有必要的,这说明,我国全部的法律体系都尊重和贯彻宪法所确立的法院独立行使审判权原则,我国法律对它的规定和体现是一以贯之的。《民事诉讼法》第6条规定:"民事案件的审判权由人民法院行使。人民法院依照法律规定对民事案件独立进行审判,不受行政机关、社会团体和个人的干涉。"

法院独立行使审判权原则不仅受到我国宪法和诉讼法的保障,在国际性文件中,这一原则也得到了切实的体现。比如说,1982年国际律师协会《司法独立最低标准》、1983年第一次世界司法独立大会《司法机关独立基本原则的声明》、1985年联合国《关于司法机关独立的基本原则》、1994年国际法学家委员会《关于新闻媒体与司法独立关系的基本原则》以及1995年亚太地区首席大法官会议《司法机关独立基本原则的声明》等国际文件,都关注审判独立基本原则的倡导,将它视为保障人权的重要法律制度。

一般认为,在我国民事诉讼中,人民法院独立行使审判权原则,包含以下三项内容：

（1）民事诉讼审判权由人民法院统一行使。在我国只有人民法院对于民事案件具有审判权，除此之外，任何其他机关、团体、组织和个人均无权行使审判权，对民事案件进行审判。另外，外国的法院及外国的其他组织也无权对我国的民事案件进行审判。根据我国《宪法》的规定，我国国家权力存在着分工，例如各级人民代表大会是权力机关，主要行使立法权；各级人民政府行使行政权；监察委员会行使监察权；各级人民法院行使审判权；各级检察机关行使法律监督权。对民事案件的审判权由人民法院行使而且只能由人民法院统一行使。

（2）审判权由人民法院独立行使。人民法院依照宪法和法律的有关规定，独立行使审判权，而不受任何行政机关、社会团体和个人的干涉。在民事诉讼进行过程中，任何行政机关、社会团体和个人都不能对人民法院施加压力进行非法干涉，以影响最后的裁决。法律虽然仅仅规定法院独立行使审判权，不受行政机关、社会团体和个人的干涉，但这并不意味着未被立法涵盖在其中的任何主体有权对法院行使审判权进行非法干涉。《人民法院组织法》第52条规定："任何单位或者个人不得要求法官从事超出法定职责范围的事务。对于领导干部等干预司法活动、插手具体案件处理，或者人民法院内部人员过问案件情况的，办案人员应当全面如实记录并报告；有违法违纪情形的，由有关机关根据情节轻重追究行为人的责任。"法院行使审判权也有职责捍卫其独立性，法院应采取一切合法措施排除外界干涉；法院行使审判权，只服从宪法、法律以及职业道德和良知；法院独立行使审判权体现在审判的每一步骤、每一环节和每一领域之中。

（3）人民法院依法独立行使审判权。人民法院独立行使审判权并不是赋予人民法院任意进行审判的权利，人民法院审判民事案件必须依照法律的相关规定进行。人民法院审判各类民事案件必须严格遵循国家的法律。程序法、实体法、司法解释是审判活动的法律依据，司法解释不得与上位法相冲突。

二、我国审判独立的特点

1. 法院独立与法官独立并重

在法院独立和法官独立的关系中，我国法律比较强调法院独立，而法官独立所受到的强调则尚不充分。由前所引用的法律条文可以看出，我国宪法、法院组织法以及三大诉讼法都仅仅规定法院作为一个整体对外独立行使审判权，而没有明确地、深入地规定作为法院组成人员的法官在行使审判权时是否也具有独立的地位。一般认为，我国的审判独立不是法官个人独立，而是人民法院作为一个整体所表现出来的独立。在我国，人民法院实行民主集中制，设立审判委员会，讨论决定审判工作中的重大问题以及对重大、疑难案件作出处理决定；审判委员会的决定，独任法官或合议庭必须遵照执行。

然而,除法院独立外,法官独立也日益受到立法的重视和强调。《人民法院组织法》第8条规定:“人民法院实行司法责任制,建立健全权责统一的司法权力运行机制。”该规定暗含着法官独立的要求。从2019年修改后的《法官法》的规定来看,法官独立行使审判权是有着较为充分的体现和保障的。例如《法官法》第7条规定:“法官依法履行职责,受法律保护,不受行政机关、社会团体和个人的干涉。”从审判方式改革初期提出的“还权给合议庭”到“审判长负责制”再到目前司法改革中所实行的“司法责任制”,从审判委员会职能的不断弱化到请示汇报制的逐渐取消,都可以看出法官独立原则在我国现时代的孕育和发展。

2. 我国的审判独立具有相对性

我国宪法和相关法律在规定审判独立原则时,都规定“人民法院依照法律规定独立行使审判权,不受行政机关、社会团体和个人的干涉”。在我国宪法的发展史中,对审判权独立原则的表述确实发生过较大的变化。新中国第一部宪法,也就是1954年9月20日由第一届全国人民代表大会第一次会议通过的《宪法》对法院独立原则是这样表述的:“人民法院独立进行审判,只服从法律”(第78条),到1978年《宪法》以及现行《宪法》就发生了上述的转变。但任何人、任何组织和机关团体,都必须在宪法和法律范围内活动,其行为都不能凌驾于宪法和法律之上,法律面前人人平等。同时,法院独立与法官独立无论从何种意义上说,都不可能是绝对的,而只能是相对的,其相对性的一个重要表现,就在它们必须受到权力机关和国家检察机关的监督,同时也要受到各项诉讼原则和诉讼制度的规范和制约。

3. 我国审判独立的司法实践

从司法实践中看,我国审判独立原则的贯彻并非十分理想,审判的独立性会受到法院内外各种因素的影响。例如法院审判有时会受到行政机关的非法干涉,尤其是在地方保护主义的作用下,受地方政府机关干涉的问题比较突出;上下级法院之间的请示汇报制度影响了法院的独立性;由于司法责任制落实尚不到位等因素,即便在实行员额制后,法官的个体独立仍没有完全实现;等等。

未来应当从强化法官独立的制度保障、建立独立于地方行政权力支配的地方法院体制、严格法官的任职资格和选用程序、理顺审判监督制度与审判独立之间的关系等方面对这一原则进行进一步的完善。

第四节 以事实为根据,以法律为准绳原则

以事实为根据,以法律为准绳原则是我国实事求是的思想路线和司法法治原则在诉讼中的具体体现。这也是我国三大诉讼法都确立的诉讼的基本原则。

《民事诉讼法》第7条规定:"人民法院审理民事案件,必须以事实为根据,以法律为准绳。"这就明确将"以事实为根据,以法律为准绳"规定为我国民事诉讼法的基本原则之一。

一、"以事实为根据,以法律为准绳"原则的基本含义

(1)以事实为根据。在民事诉讼中,以事实为根据,要求人民法院在审理案件时,只能以法院认定的客观事实为根据、基础,而不能以与案件无关的事实作为审判根据,更不能以主观想象、主观臆断的事实为依据进行审判。认定事实是审理案件的前提和基础,如果不能够正确地认定事实,就不可能做到对案件的正确处理。案件事实的准确认定,是法院正确地审判民事案件从而实现全社会公平正义的基石。正确地认定事实,最主要的就是正确地认定证据,因此人民法院应当对当事人收集的和法院依职权收集的证据进行分析研究,只有经过双方当事人充分论证并经人民法院查证属实的证据才能作为认定案件事实的根据。

(2)以法律为准绳。要求人民法院在审理民事案件中必须依照民事实体法和民事程序法的有关规定作出裁决。符合民事程序法,主要是指人民法院要严格依据诉讼法规定的程序、期间和权限审理民事案件,不能越权违法办案。符合民事实体法,主要是指人民法院在适用法律以确定当事人的民事权利义务关系时必须严格按照实体法的相关规定办事。当然,由于民事案件千差万别,新型案件层出不穷,法律未必对所有案件所涉及的情况都作出了事无巨细的调整,法律的欠缺或盲点在所难免,因而,法院有时需要创造性司法,同时需要发挥主观能动性,权衡各种利益关系,作出适合具体案件解决需要的自由裁量。在这种情况下,法院更加需要严格按照民事诉讼法所确定的正当法律程序,恰当地行使审判权。

(3)二者的关系。"以事实为根据、以法律为准绳"二者之间是相辅相成的辩证关系。对于解决任何一个案件来说,法院都要在事实的基础上,恰当地运用法律规范作出正确的裁判。因此,对法院公正司法而言,它们二者都是缺一不可的。以事实为根据是以法律为准绳的前提,以法律为准绳是以事实为根据的落实。查明案件事实的真相离不开以法律为准绳,尤其离不开以民事诉讼法为准绳;严格按照民事诉讼法处理案件,是法院查明案件事实的程序保障。法院在查明案件事实后,如果不严格适用法律,也不能得出正确的裁判结论,公正司法的目标也不能实现。但相对而言,查明事实较之适用法律更加重要。

二、"以法律为准绳"与法官的自由裁量权

法律包括实体法和程序法两大类型,"以法律为准绳"要求人民法院在审理民事案件中必须依照民事实体法和民事程序法的有关规定作出裁决。但法律具

有概括性和模糊性的局限,同时也具有不周延性的局限,因此,有时法院会面临无法可依的状况,同时也可能面临对概括性的法律内容作出具体解释并赋予其特定含义的任务。这就是法院在民事诉讼中的自由裁量权的问题。

在我国民事诉讼活动中,法官应当享有自由裁量权,司法实践中法官也确实在运用自由裁量权。但是,正如美国学者德沃金所言,一个官员享有自由裁量权,并不意味着他可以不诉诸情理和公平的准则随心所欲。法官有权行使自由裁量权,也绝不意味着他们可以任性与恣意地对案件进行审理和裁判。相反,诉讼中法官行使自由裁量权必须受各种诉讼原则和诉讼制度以及相关程序的规制,只有这样才能保证自由裁量权的良性行使并防止其被滥用,从而符合对公平正义的价值追求。

以法律为准绳原则要求法官在法律规定不完备或存在漏洞时以法律的基本原则和价值追求为基本标准,尽与立法者同样的注意义务,以探求法律实质上的公平与正义为目标,实现个体利益和社会利益之间的最佳平衡,从而能动地进行司法补充并由此推动法律的健康发展。另外,以“法律为准绳”原则还对法官能动地进行诉讼程序和诉讼活动有指导和规范作用。法官的具体审判行为必须依照法定的诉讼程序要求来实施。在民事诉讼中法官对于民事实体法律的发展与补充主要通过对具体的审判程序来实现,因此具体的诉讼程序也要遵循“以法律为准绳”原则,才符合法治的要求。[①]

因此,在我国法官享有自由裁量权同“以法律为准绳”原则并不矛盾,法官行使自由裁量权也要遵循“以法律为准绳”原则。

第五节 使用本民族语言文字进行诉讼原则

一、该原则的法律根据

使用本民族语言文字进行诉讼原则是我国诉讼制度中一项重要的原则,体现了我国一贯的民族政策,在宪法与民事诉讼法中都有体现。它是少数民族在政治上、经济上、文化上以及社会生活各个方面一律平等在民事诉讼中的重要体现。

《宪法》第 4 条第 4 款规定:“各民族都有使用和发展自己的语言文字的自由,都有保持或者改革自己的风俗习惯的自由。”第 139 条规定:“各民族公民都有用本民族语言文字进行诉讼的权利。人民法院和人民检察院对于不通晓当地通用的语言文字的诉讼参与人,应当为他们翻译。在少数民族聚居或者多民族

① 蔡彦敏:《对“以事实为根据、以法律为准绳”原则的重新释读》,载《中国法学》2001 年第 2 期。

共同居住的地区,应当用当地通用的语言进行审理;起诉书、判决书、布告和其他文书应当根据实际需要使用当地通用的一种或者几种文字。"作为对这种宪法性原则和权利的进一步具体的规定,《民事诉讼法》第 11 条规定:"各民族公民都有用本民族语言、文字进行民事诉讼的权利。在少数民族聚居或者多民族共同居住的地区,人民法院应当用当地民族通用的语言、文字进行审理和发布法律文书。人民法院应当对不通晓当地民族通用的语言、文字的诉讼参与人提供翻译。"这就是使用本民族语言文字进行诉讼原则的法律依据。使用本民族语言文字进行诉讼原则也体现了我国民事诉讼法的一个重要特征。

二、确立该原则的意义

我国是多民族的社会主义国家,一贯奉行民族平等、民族团结、民族区域自治的原则,各民族在经济生活、政治生活中一律平等。在民事诉讼中享有使用本民族语言文字的权利体现了各民族的平等地位,对于实现民族团结,推动民事诉讼活动的顺利进行有着十分重要的意义。具体如下:

(1) 贯彻实施这一原则,有利于切实维护和实现各民族诉讼参与人的合法权利与合法利益。

(2) 贯彻实施这一原则,有利于人民法院查清事实,适用法律,作出公正的审判。

(3) 贯彻实施这一原则,有利于对各民族群众进行法制教育,提高他们的法律意识,实现依法治国的最终目标。

(4) 贯彻实施这一原则,同我国已经加入的联合国《公民权利和政治权利国际公约》相一致,有利于保护人权。联合国《公民权利和政治权利国际公约》第 27 条规定:"在那些存在着人种的、宗教的或语言的少数人的国家中,不得否认这种少数人同他们的集团中的其他成员共同享有自己的文化、信奉和实行自己的宗教或使用自己的语言的权利。"

三、该原则的含义和具体要求

根据以上法律的规定,各个民族的公民参加民事诉讼都有权使用本民族的语言文字。使用本民族语言文字进行诉讼原则包含以下内容:

(1) 各民族公民都有用本民族语言文字进行诉讼的权利,不论他是民事诉讼的当事人还是作为其他的诉讼参与人。

(2) 各民族公民都有权使用本民族的语言回答法官的询问,在法庭上进行辩论,发表意见,使用本民族语言文字书写证人证言、鉴定意见、上诉书、申诉书及其他诉讼文书等。

(3) 如果诉讼参与人不通晓当地通用的语言文字,人民法院有义务免费指定或者聘请翻译人员为他们翻译,以保证各民族诉讼参与人在诉讼中消除语言文字障碍,平等地行使诉讼权利,维护自己的合法权益。

(4) 在少数民族聚居区或者多民族共同居住的地区,对案件的审理,应当用当地通用的语言进行,起诉书、判决书、布告及其他诉讼文书,应当使用当地通用的一种或几种文字,对于不通晓当地通用文字的诉讼参与人,在条件允许的情况下,向他们送达的诉讼文书应当用他们所通晓的文字或者聘请翻译人员,向他们翻译诉讼文书的内容。

(5) 人民法院有保障各民族使用本民族语言文字进行民事诉讼的义务。用本民族语言文字进行诉讼,是各民族公民依法享有的诉讼权利,司法机关不仅不能随便予以剥夺,而且有义务为各民族公民享有此项权利创造条件和提供保障。最重要的是,在少数民族聚居区或多民族共同居住区,人民法院应当培养或者吸收足够的通晓当地通用语言文字的少数民族司法干部(双语法官)或专职的翻译人员,以保证本原则的切实实现。违背该项原则所实施的诉讼活动,应当视为程序严重违法的行为,相应的审判活动应当被宣布为无效。

第六节 诉讼权利平等原则

一、诉讼权利平等原则的理论来源

《民事诉讼法》第 8 条规定:“民事诉讼当事人有平等的诉讼权利。人民法院审理民事案件,应当保障和便利当事人行使诉讼权利,对当事人在适用法律上一律平等。”该条款被认为是当事人诉讼权利平等原则的法律依据。当事人诉讼权利平等原则,是指民事诉讼中当事人具有相同的诉讼地位,并具有相同或相等诉讼权利和诉讼义务的诉讼原则。

该原则体现了民事诉讼法与其他诉讼法所不同的鲜明特征,其法理来源在于以下三个方面:

(1) 民事诉讼法上的平等原则是宪法上平等原则的具体体现。我国《宪法》第 33 条规定:“凡具有中华人民共和国国籍的人都是中华人民共和国公民。中华人民共和国公民在法律面前一律平等。国家尊重和保障人权。任何公民享有宪法和法律规定的权利,同时必须履行宪法和法律规定的义务。”宪法是我国的根本大法,民事诉讼法作为宪法在具体法律制度上的具体化对平等原则进行了程序方面的规定。可见,宪法上的平等原则是民事诉讼法上的平等原则之根本依据。

(2) 民事实体法上的私权平等和主体地位平等。平等原则是各国民法的基本原则,我国《民法典》第 4 条规定:“民事主体在民事活动中的法律地位一律平等。”任何自然人、法人或非法人组织在民事法律关系中都平等地享有权利，其权利受到平等的保护。作为程序法的民事诉讼法应当反映和体现民事实体法的内在精神和基本要求。因此，民事诉讼法中的诉讼权利平等原则是民法上平等原则的自然延伸。

(3) 民事诉讼法上的当事人平等原则是程序公正的基本要求。程序公正是司法公正的重要指标。要实现程序公正，必须要满足能够确保程序公正实现的要素。当事人在诉讼中保持地位上的平等性，是程序公正的基本要素之一；缺少了当事人之间地位上的平等性，程序公正就无从谈起。可见，当事人诉讼地位平等原则是实现程序公正的前提条件和基本保障。

二、诉讼权利平等原则的含义

(一) 民事诉讼当事人具有平等的诉讼地位

民事诉讼当事人的地位平等首先体现为一种平等理念，即无论是原告、被告还是第三人，无论是实体权利的享有者还是实体义务的承担者，也无论是外国人还是本国人及无国籍人，不管其民族、性别、职业、社会出身、政治背景、宗教信仰、文化程度、经济状况的差异，在民事诉讼中一律平等。民事诉讼中的原告和被告是诉讼中相互对立的双方，二者只是称谓上的不同，根据谁先起诉加以确定，在诉讼地位上没有高低之分，双方都可能最后胜诉。因此，在民事诉讼法中，双方当事人应当享有平等的诉讼地位。

(二) 诉讼当事人双方所享有的权利和所承担的义务是同等的或对等的

这包括两方面含义：其一，诉讼中双方当事人享有相同的诉讼权利。比如双方当事人都享有辩论权、委托代理权、提供证据权、查阅案件材料权、进行和解权、请求调解权、上诉权和申请执行权等。其二，当事人双方享有相对等的权利。由于原告和被告在诉讼中具有身份上的差异，他们之间的诉讼地位虽然是平等的，但其诉讼权利和诉讼义务在表现上可能不完全一致，比如起诉权由原告享有，而被告则不享有，但被告人享有答辩权和提出反诉的权利，而这种权利原告又不享有。

(三) 对当事人双方在适用法律上一律平等

在民事诉讼活动中，不管当事人有何社会地位，属于何种民族、种族，在适用法律、作出裁决时，都只能依据法律的规定，而不能考虑任何其他因素。只有这样，才能保证最后的结果符合实体公正的要求，真正保证当事人平等地位的实现。适用法律上的平等性包括适用诉讼法上的平等和适用实体法上的平等。

(四) 人民法院应当保障诉讼当事人双方平等权利的实现

民事诉讼法上的双方当事人诉讼地位、诉讼权利义务的平等只是书面上的规定,为双方当事人的平等提供了法律前提。但是现实中双方的平等必须要有制度的现实保障。首先,法院要为当事人双方能够拥有平等行使诉讼权利的环境,提供充分的制度保障。其次,法官在审判案件过程中,必须保持中立,对双方当事人的主张给予同等重视,才能实现诉讼当事人的平等。法院的保障是当事人地位平等原则的内涵之一。

三、诉讼权利平等原则的完善

我国民事诉讼法虽然规定了诉讼当事人权利平等原则,但现实中的确存在同这一基本原则相背离之处。在平等原则的具体制度建构和贯彻落实上应主要在以下几个方面多加注意:

(1) 完善法律的相关规定,使当事人双方切实享有平等的地位与权利。比如在民事诉讼立法中,应当规定被告有及时答辩的义务,逾期答辩应当产生失权效果,以保证原告有针对性地行使诉讼权利,防止来自被告的诉讼突袭。再如,在民事诉讼立法中,应当规定原告撤诉应当取得被告的同意,从而确保被告能够充分地行使诉讼防御权,要求法院驳回原告提出的轻率之诉或无理之诉。而且基于撤诉视同自始未起诉这一诉讼原则的规制,原告在撤诉后就同一争议再次向法院起诉的,法院仍须受理从而开始新的一轮诉讼。显而易见,这对被告来讲又意味着要支出一笔新的诉讼成本,自然于其极为不公。

(2) 完善民事诉讼法上的各项保障性制度,确保平等原则得到真正落实。我国虽然在法律的规定上确立了平等原则,但是现实中,他们的权利与地位存在着很大的不平等状况。比如有的当事人经济状况十分困难,可能就会负担不起律师代理费用,而不能获得律师的帮助,这样他们很可能在诉讼当中处于不利地位。因此,必须加强配套制度建设及其贯彻落实,例如法律援助制度和诉讼费用缓、减、免制度等。另外法官在审判案件当中,要合理地行使指挥权与阐明权,以提示当事人注意某些事实问题与法律问题。法院适度行使阐明权不会导致平等原则的丧失,恰恰相反,这是为了使平等原则获得切实的贯彻和实现。

第七节 同等与对等原则

一、同等原则

《民事诉讼法》第5条第1款规定:“外国人、无国籍人、外国企业和组织在人民法院起诉、应诉,同中华人民共和国公民、法人和其他组织有同等的诉讼权利义务。”该条款确立了同等原则在我国涉外民事诉讼中的原则性地位,体现了立法对外国当事人诉讼地位的充分尊重,对贯彻我国改革开放政策、改善营商环境和司法生态具有重要意义。

同等原则是保障人权的重要措施之一,《公民权利和政治权利国际公约》第14条规定了相应的保障措施,即在法庭和法院面前,一切人是平等的。任何人有权由一个依法设置的有管辖权、独立和公正的法庭,衡平和公开地审理其案件。《民事诉讼法》为体现外国人、无国籍人、外国企业和组织的同等原则,规定了:(1) 在语言文字方面提供方便。该法第269条规定:人民法院审理涉外民事案件,应当使用中华人民共和国通用的语言、文字。当事人要求提供翻译的,可以提供,费用由当事人承担。(2) 在律师代理方面提供保障。该法第270条规定:外国人、无国籍人、外国企业和组织在人民法院起诉、应诉,需要委托律师代理诉讼的,必须委托中华人民共和国的律师。(3) 诉讼期间较为宽缓。该法第275条规定:被告在中华人民共和国领域内没有住所的,人民法院应当将起诉状副本送达被告,并通知被告在收到起诉状副本后30日内提出答辩状。被告申请延期的,是否准许,由人民法院决定。第276条规定:在中华人民共和国领域内没有住所的当事人,不服第一审人民法院判决、裁定的,有权在判决书、裁定书送达之日起30日内提起上诉。被上诉人在收到上诉状副本后,应当在30日内提出答辩状。当事人不能在法定期间提起上诉或者提出答辩状,申请延期的,是否准许,由人民法院决定。

二、对等原则

《民事诉讼法》第5条第2款规定:"外国法院对中华人民共和国公民、法人和其他组织的民事诉讼权利加以限制的,中华人民共和国人民法院对该国公民、企业和组织的民事诉讼权利,实行对等原则。"对等原则,是指外国法院在民事诉讼中对中国公民、组织的诉讼权利加以限制的,我国法院对该国公民、组织的民事诉讼权利也加以同样限制的原则。

如果说平等原则是一项积极的诉讼原则,那么,对等原则便是一项消极的诉讼原则。对等原则是国际法中平等互利原则在涉外民事诉讼中的体现,是为了维护国家主权和尊严的一种自我保护方法。国际关系十分复杂,国与国之间的关系处在不断变化之中,因此一国对他国公民、组织的民事诉讼权利作出限制性的可能性始终存在。例如,一国法院对另一国当事人签发禁诉令就可能会出现此类问题。当这种情形出现时,他国为了维护国家主权和尊严,为促使取消限制性规定以保护本国公民、组织的利益,需要对该外国的公民、组织的民事诉讼权利给予同样限制。对等原则既可能表现在单方面的诉讼领域,更可能表现在相互之间的司法协助领域。

第八节 法院调解原则

一、调解原则在我国的变迁

《民事诉讼法》第9条规定:“人民法院审理民事案件,应当根据自愿和合法的原则进行调解;调解不成的,应当及时判决。”该条款确立了我国民事诉讼法中所贯彻的调解原则。

自古以来,中国就重视道德教化的作用,强调“和为贵”,调解在我国古代的诉讼中拥有重要地位。我国现行法中调解原则的直接渊源是新民主主义革命时期的诉讼调解制度,陕甘宁边区“马锡五审判方式”将调解作为审理民事案件的一种主要方式并提出“调解为主、审判为辅”的方针。新中国成立后,1963年第一次全国民事审判工作会议提出了“调查研究、调解为主、就地解决”的民事审判方针,1964年又将其发展为“依靠群众、调查研究、调解为主、就地解决”的十六字方针。1979年我国开始起草《民事诉讼法(试行)》,立法中对“调解为主”理念进行了分析和反思,1982年颁布的《民事诉讼法(试行)》中取而代之以“着重调解”理念。但是,“着重调解”仍有调解为主的潜在含义,容易导致实践中仍过分追求调解结案率。因此,1991年《民事诉讼法》又再次变更理念,表述为“根据当事人自愿的原则,在事实清楚的基础上,分清是非,进行调解”,摆正了调解与审判的关系。2012年修订的《民事诉讼法》对该原则进行了重申,并同时规定了调解优先原则。

二、调解原则的内容

一般说来,我国的调解原则包括以下几方面内容:

第一,人民法院审理民事案件,应当坚持“能调则调,当判则判”的理念。对于能够调解的案件,可以进行调解,但是调解并非解决民事纠纷的必经程序,也不应成为某一类案件的必然结案方式。实践中,片面地强调案件审理中的高调解结案率,甚至硬性苛求“零判决”都是不科学的。

第二,人民法院应当根据自愿和合法的原则进行调解。自愿是指能否进行调解和调解能否达成协议,均需征得当事人双方同意。合法是指人民法院进行调解必须遵守民事诉讼法规定的程序,达成协议的内容必须不违反民法等实体法的强制性规定和公序良俗,不得损害国家利益、社会公共利益和第三人的合法权益。

第三,调解贯穿于审判程序的各个阶段。不论是第一审程序,还是第二审程序、再审程序,也不论是按普通程序,还是按简易程序、小额诉讼程序审理的案件,只要是能够调解的案件,人民法院都可以也应当进行调解。

第四,调解和判决都是人民法院解决民事纠纷的方式,不应偏废。调解一般应当先行,调解不成的,应当及时判决。2010 年 6 月,最高人民法院出台《关于进一步贯彻"调解优先、调判结合"工作原则的若干意见》,对此进行了进一步的规范和完善。

第五,特定案件由于其本身性质而不适宜采用调解的方式解决。比如,适用特别程序、督促程序和公示催告程序的案件;须采取罚款、追缴制裁措施的确认合同无效的案件;需要给予经济制裁的有严重违法活动的经济纠纷案件;等等。

第六,法院调解应当在事实清楚的基础上进行。《民事诉讼法》第 96 条规定:"人民法院审理民事案件,根据当事人自愿的原则,在事实清楚的基础上,分清是非,进行调解。"

三、调解原则的完善

法院调解是我国民事诉讼法中一项颇具特色的制度和原则,在我国坚持和完善调解原则很有必要。其一,调解原则在我国有丰富的社会基础和深厚的文化底蕴,是与我国主流文化相适应的。其二,从实践中看,调解原则只要注意其自愿性的贯彻,就能够发挥其积极机能,而自愿性问题是可以通过诉讼程序的科学设置加以解决的。其三,程序公正的理念与调解原则的实行具有天然的契合性,而程序公正是我国民事诉讼机制变革要坚持的指导理念之一。其四,从各国民事诉讼法发展的大趋势看,法院参加和主持调解的做法方兴未艾,也可以说是一个最新的、全球化的趋势。

未来完善调解制度应注意把握以下几个方面:(1) 调解必须建立在当事人自愿的基础之上。为此要从机制上改变"以判压调"的现象。(2) 调解必须遵循合法的原则进行。采用调解的方式处理民事纠纷,对案件事实和法律适用的要求虽然不像判决那样严格,但是这不意味着就可以不管案件事实和实体法上的规定而随意处理。(3) 必须正确处理和把握调解与判决之间的关系。法院在审理案件时,不能过于偏重调解,而应当根据当事人的意愿和案件的具体情况,选择恰当的方式。

第九节　辩 论 原 则

一、辩论原则的含义

《民事诉讼法》第 12 条规定:"人民法院审理民事案件时,当事人有权进行辩论。”辩论原则,是指民事诉讼中当事人就争议的事实问题和法律问题有权在法院主持下进行辩驳和争论,说明和论证本方主张的真实性、合法性,并反驳对方当事人的意见与主张,以维护其合法权益的原则。

我国民事诉讼中的辩论原则包含以下几项内容:

(1) 辩论原则存在的前提是当事人辩论权的享有。辩论权是指当事人为维护自己的权益,就案件争议的事实和法律问题,各自提出自己的主张和依据,互相进行反驳论辩的一项诉讼权利。在现代民事诉讼制度当中,一般都保证当事人享有辩论权。

(2) 辩论原则贯穿于民事诉讼的各个阶段,包括一审程序、二审程序和再审程序。民事诉讼中除了特别程序之外,都适用辩论原则。辩论原则最集中地体现在法庭辩论阶段,但是当事人之间的辩论并不局限于此阶段。在诉讼的各个阶段,当事人都可以进行辩论。

(3) 当事人辩论的内容包括实体和程序两个方面。实体事项主要是指当事人之间民事法律关系本身的事实问题以及相关的法律适用问题。程序性事项是辩论内容中的另一重要事项,例如当事人是否具有诉讼行为能力、代理人的授权委托书是否存在瑕疵、审理案件的法官或陪审员以及其他相关人员是否需要回避、法院对本案是否享有主管权或管辖权等。

(4) 辩论权可以是由本人行使也可以由代理人行使,辩论既可以通过言辞的方式也可以通过书面的方式进行。无论是当事人本人还是法定代理人或诉讼代理人,都可以按照法律的规定行使辩论权。在法庭辩论阶段,当事人主要是通过言辞的方式来行使辩论权。而在其他阶段,当事人行使辩论权可以通过口头的形式也可以通过书面的形式。

(5) 人民法院必须保障当事人双方充分进行辩论。一方面,法院应当保持中立,让当事人在平等的基础上,充分表述他们的观点及见解;另一方面,法院应当为当事人辩论权的行使提供客观的物质条件与机会。对辩论权的保障是法院的一项重要审判职责,如果法院违背了此项保障义务,使当事人难以行使辩论权,则应被认定为严重的程序违法行为,当事人可以以此为理由提出上诉或申请再审。

二、我国辩论原则与大陆法系辩论主义的区别

辩论原则在古罗马帝国时期就已经出现,它要求法院审理民事案件时,应容许当事人相互辩论,法官根据辩论情况作出判决。随着资本主义革命的爆发,对人权保护的重视,西方国家逐渐以辩论式诉讼替代了先前的纠问式诉讼,辩论也被确立为民事诉讼的一项基本原则。大陆法系将此原则称为“辩论主义”。辩论主义主要包括以下三项内容:(1) 直接决定法律效果发生或消灭的事实必须

由当事人主张,法院不得代替当事人主张案件事实。(2) 当事人一方所主张的事实,如果为另一方当事人所承认,法院必须予以认定并作为裁判的依据。(3) 法院只能对当事人在辩论过程中提出的证据进行调查,以确认当事人之间所争议的事实。法院不得依职权调查收集证据。

我国民事诉讼的辩论原则秉承的是苏联和东欧各国民事诉讼法的规定。其同大陆法系的辩论主义有很大的区别,主要体现在:

(1) 二者所依附的诉讼模式不同。大陆法系的辩论原则依附于当事人主义的诉讼模式,是当事人的主导作用在审理对象问题上的反映。我国的辩论原则最初规定在 1982 年颁布的《民事诉讼法(试行)》中,是职权主义诉讼模式下的辩论原则,现行《民事诉讼法》虽然弱化了职权因素,但是离当事人主义仍有相当大的距离。

(2) 大陆法系的辩论主义是约束性的辩论主义,而我国的辩论原则是非约束性的辩论原则。大陆法系的辩论主义要求法官作出的裁判必须以当事人在辩论中提出的诉讼资料为基础,不得在当事人所主张的证据与事实之外,主动收集证据提出事实。我国的辩论原则则是一种非约束性的原则,它没有规定当事人的辩论对法官作出裁判的效果,也没有规定法官审理的对象只能以当事人在辩论中提出的事实和证据为限。当事人的辩论对法院的裁判不具有约束力是我国辩论原则所存在的最主要问题,这是同我国民事诉讼所属的职权主义诉讼模式相一致的。

三、我国辩论原则的完善途径

完善我国的民事诉讼辩论原则就是要吸收大陆法系辩论主义的合理内核,并根据诉讼制度的现代发展来改进我国的立法规定。

(1) 明确规定法院的裁决只能根据双方当事人辩论的请求和事实作出,不能超越当事人辩论的内容,即规定当事人辩论内容对法院裁决的约束性。只有这样,才能体现当事人对于民事诉讼的主导地位,而不仅仅是法院了解案件情况的一个信息渠道。

(2) 诉讼中的证据只能由当事人自行收集,法院不得主动依职权收集。法院只能对当事人提出的证据进行调查和认定。对于当事人无法收集到的证据,可以申请由法院收集,但是这种情况要受到严格控制,不得随意使用。

(3) 民事诉讼中要承认自认的效力,建立自认规则。所谓自认规则是指当事人认可了对自己不利的事实,那么这一事实便可作为裁判的根据。而我国现行的民事诉讼法没有规定自认对当事人和法院的约束力。建立自认规则,既尊重了当事人的诉讼主体地位,又符合诉讼效益原则。

(4) 对辩论原则的完善不能局限于传统的辩论主义,应当吸取西方当事人主义的先进成果。传统的辩论主义完全强调当事人的主导作用,法院是完全消极的。现代的辩论主义补充了新鲜的内容,强调当事人的诚信义务与法官的阐明权。诚信义务要求当事人进行诉讼,不得滥用法律赋予的诉讼权利,不允许其基于恶意目的,故意作虚伪陈述,以迟延诉讼,或以投机心理获取胜诉结果,违背诚信的要求。而法官的阐明权则是指在当事人主张的事实不明确时,法院可以令当事人作适当的解释或补充陈述,或者令当事人举证。

第十节 诚信原则

一、诚信原则的缘起和发展

诚信原则源于罗马法中的"诚信契约"和"诚信诉讼"。诚信契约,要求当事人除需依契约之文字内容承担义务外,还需承担该契约中未加明订的补充性义务,而补充性义务正是仰赖当事人按诚实和善意的要求履行的。与之对应,在由此所发生的诉讼中,也即诚信诉讼中,法官可以根据公平原则对当事人所约定的权利和义务予以职权化的调整,使之符合公平正义的抽象理念。诚信原则发展到现代社会,其内涵不断地扩大和丰富。

那么,民法中的诚信原则能否延伸适用于民事诉讼领域并成为一项基本原则呢?诉讼立法中明文确立诚信原则的实践为这种争论画上了句号。1895 年颁布的《奥地利民事诉讼法》第 178 条规定:"当事人据以声明所必要的一切情事,必须完全真实且正确地陈述之";1911 年的《匈牙利民事诉讼法》也规定:"当事人或代理人以恶意陈述显然虚伪之事实,或对他造陈述之事实为显然无理由之争执或提出显然不必要之证据者,法院应科以定额以下之罚款";德国于 1933 年修改其民事诉讼法,在该法第 138 条中规定了当事人的真实义务:"当事人应就事实状况为完全而真实的陈述";意大利 1942 年新《民事诉讼法》第 88 条规定:"当事人关于事实上之状况,应完全且真实陈述之";日本 1996 年新《民事诉讼法》第 2 条则明确将诚信原则规定为统帅一切的基本原则:"法院应为民事诉讼公正并迅速地进行而努力;当事人进行民事诉讼,应以诚实信用为之"。

在我国,"诚信"是中国传统文化的一个有机组成部分。立法层面上,中华民国时期的 1922 年《民事诉讼条例》有关于诚信原则的明确规定:"当事人故意陈述虚伪之事实,或对他造提出之事实或证据故意妄为争执者,法院得科以 300 元以下之罚款"。我国台湾地区"民事诉讼法"也采用德国立法例,于其第 195 条规定:"当事人就其提出之事实应为真实及完全之陈述"。澳门地区《民事诉讼法》别具一格地在其第 8—10 条将诚信原则分解规定。2012 年我国修改《民事诉讼法》时在其第13条第1款规定："民事诉讼应当遵循诚信原则"。

二、诚信原则的含义

民事诉讼中的诚信原则，是指法院、当事人以及其他诉讼参与人在审理民事案件和进行民事诉讼时必须公正和诚实、善意。

诚信原则原本是民法的一项基本原则，该原则能够最终在民事诉讼法中得以确立，主要有以下两方面原因：(1) 民事诉讼法和民法之间存在着内在精神上的关联或一脉相承性。这是由民事诉讼法所具有的工具性价值决定的。(2) 在民事诉讼法中确立诚实信用原则是为了适应新型诉讼模式的需要。诚信原则乃是在当事人主义诉讼模式的基础上发展而来的，在当事人主义诉讼模式下，当事人是诉讼程序的主导者并有最大范围的诉讼权利。凡属权利，均易致滥用。如前所述，为了克服此种诉讼流弊，现代国家的民事诉讼法大多不约而同地引进了本属私法领域的诚信原则。

三、诚信原则具体适用的形式

根据诚信原则适用主体的不同，可以将其适用分为三种情况：

(一) 诚信原则对当事人的规制

诚信原则对当事人的规制主要表现在：

(1) 禁止诉权滥用，恶意制造某种诉讼状态。诉权是当事人享有的将民事纠纷诉至法院要求公力救济的宪法性权利，禁止当事人滥用。比如，禁止当事人滥用起诉权制造诈欺性诉讼、骚扰性诉讼、盲目性诉讼、多余性诉讼、重复性诉讼和琐碎性诉讼。

(2) 禁止对真实义务的违反。即禁止当事人在诉讼过程中违背诚信原则故意对案件事实作出虚伪陈述。《民事诉讼法》第78条第1款规定："人民法院对当事人的陈述，应当结合本案的其他证据，审查确定能否作为认定事实的根据。当事人拒绝陈述的，不影响人民法院根据证据认定案件事实"。

(3) 禁止举证突袭。举证突袭指的是当事人有证据却故意不在该举证的诉讼阶段举证，而等到另一个诉讼阶段或另一种诉讼程序再提供，以致使对方当事人猝不及防，难以举证应对，法院为此需要进行多次审判。

(4) 禁止举证妨碍。举证妨碍是指通过故意毁损关键性证据的方法，阻止对方完成举证行为或给对方的举证活动设置障碍的行为。举证妨碍的行为包括两种类型：一是伪造、毁灭重要证据，妨碍人民法院审理案件的行为；另一是以暴力、威胁、贿买方法阻止证人作证或者指使、贿买、胁迫他人作伪证。

(5) 禁止滥用诉讼权利的行为。民事诉讼法为了保护当事人的合法权益，赋予了他们大量的诉讼权利，但是这些诉讼权利都有可能背离其本来目的而被滥用,如滥用申请回避权、滥用管辖异议权、滥用申请财产保全权、滥用鉴定申请权、滥用上诉权、滥用申请再审权等。

(6) 禁反言。禁反言又称“禁止反悔及矛盾举动”,或称“不得否认”,意指一方当事人实施某种行为后使对方当事人有理由相信该行为,并基于此而实施了其他相应的行为,但该当事人又否认了以往行为的合法基础,从而试图否认对方当事人行为的有效性。例如做出自认后又想撤回自认,就有可能被法院认定为属于违反禁反言的规则。

(7) 禁止扰乱诉讼秩序的行为。如果司法秩序本身混乱不堪,不仅当事人之间的纠纷难以解决,而且会严重影响司法的权威性和法院的尊严。有鉴于此,我国《民事诉讼法》第十章专门规定了“对妨碍民事诉讼的强制措施”,这也是诚信原则在民事诉讼中的具体体现和保障机制。

(二) 诚信原则对法院的规制

法院如果实施了以下违反诚信原则的不当审判行为,当事人可在上诉审和再审时要求予以纠正。

(1) 滥用自由裁量权。法官在对实体问题和程序问题自由裁量时,应当忠实地行使裁量权,即不得滥用司法裁量权。

(2) 违反证据规则形成心证。在判断证据有无证明力及证明力大小时,应当实事求是并遵守证据规则,不得任意加以取舍和否定。

(3) 审判突袭。法官在审理案件时,应充分地尊重当事人的程序权利,为当事人提供陈述主张和事实的机会,不得实施突袭性裁判。

(三) 诉讼诚信原则对其他诉讼参与人、案外人的规制

这主要体现在:

(1) 诉讼代理人不得在诉讼中滥用和超越代理权;在代理权限内进行诉讼代理行为,对委托人和法院要诚实守信。

(2) 证人不得作伪证。尤其在我国目前当事人自带证人到庭的情况下,有必要建立证人宣誓制度,强调证人的真实义务和协助义务。

(3) 鉴定人不得故意作与事实不符的鉴定意见。

(4) 翻译人员不得故意作同原陈述或原文意义不符的翻译。

(5) 协助执行人不得故意违反依法协助的义务。

第十一节 处分原则

一、处分原则的含义

《民事诉讼法》第 13 条第 2 款规定:“当事人有权在法律规定的范围内处分

自己的民事权利和诉讼权利。”处分原则，是指民事诉讼当事人有权在法律规定的范围内自由处置自己的民事权利和民事诉讼权利。

二、处分原则的内容

（1）处分的对象包括民事权利和民事诉讼权利。

对民事权利的处分主要体现在以下方面：第一，原告在提起诉讼时可以自由地确定请求司法保护的范围，并有权选择保护的方法。第二，对于诉讼请求，原告一方可以作出放弃、变更，也可以扩大或缩小诉讼请求的范围；被告一方可以全部或部分承认对方的诉讼请求，也可以决定是否就此提起反诉。第三，在诉讼进行当中，双方当事人可以在和解或调解协议中对各自的诉讼主张作出让步。

对民事诉讼权利的处分主要体现在以下方面：第一，诉讼启动选择权。这是指实体争议发生之后，是否选择诉讼程序解决纠纷，完全由当事人来决定。第二，攻防手段选择权。这是指民事诉讼过程中，采取什么样的诉讼策略、手段，由当事人自主决定。第三，程序终结选择权。在诉讼进行过程中，当事人可以通过撤诉、进行和解、申请法院调解等方式终结诉讼程序。第四，后续程序的选择权。这是指在一定诉讼程序结束之后，当事人可以决定是否提起上诉、是否申请再审、是否申请强制执行等。

在民事诉讼中，处分实体权利都是通过处分诉讼权利实现的，但是诉讼权利的处分却并不一定会导致实体权利的处分。

（2）当事人处分权的行使必须是其真实意思的表示。

任何违背当事人真实意思作出的处分行为，都不能产生行使处分权的效力。这些情形包括：当事人被强迫、受欺诈或者重大误解等。

（3）民事诉讼中当事人行使处分权并不是绝对的。

如果当事人处分权的行使违反国家利益、社会公共利益或者案外第三人的合法权益，则不得行使。

三、处分权与审判权的关系

在民事诉讼中，与当事人处分权相对应的是法院的审判权，民事诉讼活动就是诉权和审判权这两种权利或权力相互作用、交错运行的过程。我国民事诉讼中，处分权与审判权的关系主要体现在以下几方面：

（1）当事人处分权是对法院审判权的制约。

诉讼程序的开始、法院审判权的行使取决于当事人的起诉行为，法院审判权行使的具体范围仅限于当事人提出的请求事项和争议的事实，而且法院的审判权也会因当事人的撤诉行为而终止。这都体现了处分权对审判权的制约。处分权对审判权的制约并不是都具有同样的效果，而是存在着程度上的差异。某些处分行为对于审判权的制约具有绝对性，比如当事人是否起诉。而另一些处分权的行使则不具有绝对性，虽然在通常的情况下能够决定审判权的运作。比如，当事人选择撤诉，要经过法院的准许才能产生终止诉讼的效果，如果法院不同意当事人撤诉，撤诉效果则不能产生。

(2) 审判权对处分权的行使具有指导、监督的作用。

人民法院在行使审判权时，对当事人处分权的行使也具有指导和监督的作用：一是为了保障当事人的合法权益，二是为了保证诉讼活动的顺利进行。处分权的不当行使，可能会损害到对方当事人的合法利益，最主要的是当事人行使处分权有时会损害社会公共利益和国家利益，这时法院就不能坐视不管，要通过行使审判权来指导和监督处分权的行使，保证诉讼公正和社会公正的实现。

(3) 审判权应当保障处分权的实现。

由于在我国的民事诉讼中，法院的审判权仍居于主导地位，而且当事人权益最终也要通过法院行使审判权作出判决得以实现，那么审判权对处分权的保障作用就十分的重要。审判权的不当行使会侵犯到当事人的处分权。审判机关应当保障处分权的实现，而不能干涉处分权的行使。同时，审判机关应当为当事人行使处分权排除程序上的障碍。

四、我国民事诉讼处分原则的缺陷与完善

我国民事诉讼法虽然规定了当事人“有权”处分自己的民事权利和诉讼权利，但却没有规定相应的法律后果，因而其处分行为对人民法院往往并没有约束力。完善我国的处分原则可从以下方面着力考虑：(1) 强化诉讼请求对司法裁判的拘束力。对于法院作出裁决的范围，应当规定只能局限于当事人提出的诉讼请求范围之内，而不能超越之。(2) 对于当事人针对诉讼请求作出的放弃或承认，人民法院应当将其作为裁判的基础，判令该当事人败诉。(3) 在确定当事人时，防止滥用当事人追加权。(4) 在再审的启动上，原则上应当限制乃至取消法院依职权进行再审的权力。

第十二节 支持起诉原则

一、支持起诉原则的意义

《民事诉讼法》第 15 条规定：“机关、社会团体、企业事业单位对损害国家、集体或者个人民事权益的行为，可以支持受损害的单位或者个人向人民法院起诉。”支持起诉原则是我国民事诉讼法所独有的基本原则。

民事纠纷是民事主体之间的私权纠纷，因此，民事诉讼通常只能由具有利害

关系的诉讼当事人提起,属于民事处分权的范畴。但是,民事权利的私权性质不是绝对的,当事人的私权有时候会涉及社会公共利益甚至国家利益。随着社会的发展,出现了大量的现代性诉讼,以环境污染与消费者权益保护诉讼和规模型侵权诉讼为代表。现代性诉讼的被告大多是实力雄厚的企业或从事社会公共事业的团体,原被告双方的力量悬殊。因此,利益受害者很可能不向人民法院起诉,不仅放弃了他们自身的权利,而且放纵了侵害人的违法行为,损害了社会公共利益。此外,当前我国公民和法人的法律素质普遍较低,掌握的法律知识很少,对自己拥有怎样的合法权益以及怎样保护合法权益缺乏正确的认识,有必要由有关的机关、社会团体和企业事业单位支持他们提起民事诉讼,保护其合法权益。正是基于以上原因,我国建立了支持起诉原则。

立法规定支持起诉原则的意义在于:一是有利于维护国家、集体和个人的合法权益,鼓励各种社会力量同侵犯民事权益的违法行为作斗争,使他们不能逃脱法律的制裁,维护社会主义法制的尊严;二是有利于发扬社会主义道德风尚,建设社会主义精神文明,扶助弱小,扶持正义,使合法的民事权益能够受到法律的保护,体现了我国社会主义社会人与人之间的新型关系。

二、支持起诉的条件和方式

(一) 支持起诉的条件

支持起诉原则的适用需要具备特定的条件:(1) 支持起诉的案件必须是侵权行为引起的民事案件;(2) 有权支持起诉的主体只限于机关、团体、企事业单位,不包括个人;(3) 支持起诉的前提条件是利害关系人没有提起诉讼。

(二) 支持起诉的方式

我国的民事诉讼法并没有规定支持起诉的具体方式,可以说支持起诉原则在具体规定上并没有体现。实践中,支持受害者起诉的方式主要是启发和鼓励受损害的单位或个人向法院起诉。同时,当被支持者决定起诉后在正式起诉前,支持的单位可以从道义上、物质上和法律上给予帮助。例如,可以指引受害者到有关部门和人民法院反映情况,选派有法律知识的人充当被支持者的诉讼代理人,为其提供法律帮助。

三、支持起诉原则与法律援助

法律援助制度,是国家为了保证法律赋予公民的各项权利在现实生活中切实得以实现,对需要采用法律救济手段捍卫自己的法定权利不受侵害,但又因经济困难无力支付诉讼费和法律服务费用的当事人(如残疾人、妇女、儿童、老人、智力低下者等)以及某些特殊案件的当事人提供免费、减费法律服务或者减免诉讼费用以保障其司法救济权得以实现的一项法律制度。

我国民事法律援助的内容主要规定在《律师法》和有关的司法解释上。《律师法》第42条规定:“律师、律师事务所应当按照国家规定履行法律援助义务,为受援人提供符合标准的法律服务,维护受援人的合法权益。”

综上,法律援助制度同支持起诉原则在范围上有着交叉的关系。具体说来:一方面,民事法律援助制度主要针对的是涉及赡养费、扶养费、抚育费、劳动报酬以及工伤的案件,有一定的特定性,范围小于支持起诉原则所包括的范围;另一方面,法律援助制度当然不局限于支持起诉,还包括起诉之后诉讼的各个阶段的援助活动。完善民事法律援助制度,有利于完善支持起诉原则。最主要的就是加大律师事务所对民事权利受害人在物质和法律上的帮助。总之,完善民事法律援助制度对于支持起诉原则有着十分重要的意义。

四、检察机关支持起诉

根据《民事诉讼法》第15条的规定,“机关”可以支持起诉,其中必然包含检察机关。检察机关作为宪法规定的专门法律监督机关,对于损害国家利益和社会公共利益及弱势群体利益的行为,理应享有支持受损害单位或个人向人民法院起诉并参与诉讼的权力。

检察机关支持起诉的案件范围主要是:其一,污染、破坏环境案件,造成国有资产流失等侵害国家利益、社会公共利益的案件。其二,保护弱势群体的案件。例如农民工讨薪、未成年人被侵权、老年人或妇女权益受侵等,这些人往往因经济困难、文化水平低、诉讼能力缺乏等原因导致其不能、不敢、不会、无力提起诉讼。其三,检察机关认为需要支持起诉的其他案件。

检察机关支持起诉的主要方式是:一是协调支持。主要包括与相关部门进行沟通协调,畅通其维权通道;为被支持起诉的当事人提供法律帮助,帮助其撰写诉状,提供法律咨询等。二是证据支持。检察机关可以行使调查核实权向有关单位和个人调查收集相关证据,供当事人诉讼之用。三是出庭支持。检察机关通过向法院提交《支持起诉意见书》的形式出席法庭,帮助受支持的当事人提供证据、对相对方提供的证据进行质证、代为进行法庭辩论以及协助当事人行使其他诉讼权利。

五、支持起诉原则的理论争议与立法完善

支持起诉原则是我国民事诉讼中一项饱受争议的原则。许多学者对这一原则提出质疑。有的学者认为,首先,民事诉讼法关于支持起诉的规定对民事诉讼全过程并无指导作用。既然立法把“支持”限定于“起诉”,那么最多也只是在起诉和受理阶段有一定的意义。其次,我国民事诉讼法关于支持起诉的规定不具体。对于支持起诉的条件、方式、程序及支持人的诉讼地位等都未作任何规定,

其可行性、操作性不强。所以支持起诉原则不能成为我国民事诉讼的基本原则。[1] 应当认为,对支持起诉原则的质疑观点是有着一定道理的,我国在民事诉讼法中对支持起诉原则进行规定之时主要是考虑到民事诉讼现实的需要,为了保障当事人能够依靠法律实现自己的权益,而缺少理论上的论证。而且,在民事诉讼的分则中也没有作出具体规定以保障这一原则得到切实的贯彻,所以在实践中所起的作用不太显著。民事诉讼的理论学者和立法者必须要加强理论研究,为支持起诉原则提供理论支持并完善具体的规定,保障这一原则能够在实践中切实起到作用,否则这一原则就会受到更大的争议。完善的基本方向是:其一,明确支持起诉的适用范围,列举性规定支持起诉主要针对哪些诉讼案件。其二,确定支持起诉的具体程序和规则,使之具有可操作性。

第十三节　在线诉讼原则

一、在线诉讼原则的立法规定及其含义

根据《全国人民代表大会常务委员会关于修改〈中华人民共和国民事诉讼法〉的决定(2021)》第 1 条,《民事诉讼法》增加一条,作为第 16 条,规定了在线诉讼原则:“经当事人同意,民事诉讼活动可以通过信息网络平台在线进行……民事诉讼活动通过信息网络平台在线进行的,与线下诉讼活动具有同等法律效力。”该条规定,便在以线下诉讼为基本立法背景的基础上,新增了在线诉讼这种新兴的诉讼方式及其调整规则,赋予了我国民事诉讼法与时俱进的新的时代特征。

2021 年 5 月 18 日由最高人民法院审判委员会第 1838 次会议通过,自 2021 年 8 月 1 日起开始施行的《人民法院在线诉讼规则》(以下简称《在线诉讼规则》)共 39 条,内容涵盖了在线诉讼法律效力、基本原则、适用条件、适用范围,以及从立案到执行等主要诉讼环节的在线程序规则,首次构建了在线诉讼规则体系。上述民事诉讼法的修改便是立基于该在线诉讼规则所致。《民事诉讼法》第 16 条新修增的在线诉讼规则,主要涉及在线规则适用的自愿性原则和相同效力原则两个方面的内容。

在线诉讼是司法与现代技术相结合的产物,也是司法领域顺应第四次工业革命发展潮流的结果。在线诉讼,也称电子诉讼、网上诉讼等,是指依托于互联网技术和信息化、智能化技术,通过互联网进行局部或全部诉讼活动的一种诉讼形态。广义的在线诉讼还包括在线执行。作为一项基本原则,其所指的是在线

---

[1] 何文燕:《调解和支持起诉两项民诉法基本原则应否定》,载《法学》1997 年第 4 期;王琦:《民事诉讼法基本原则若干问题的思考》,载《海南大学学报(人文社会科学版)》2003 年第 2 期。

诉讼和线下诉讼具有同等的法律效力,因而全面地表述,应当称该原则为在线诉讼与线下诉讼效力等同原则。

二、在线诉讼的案件范围

根据《在线诉讼规则》第3条的规定,人民法院综合考虑案件情况、当事人意愿和技术条件等因素,可以对以下案件适用在线诉讼:(1)民事、行政诉讼案件;(2)刑事速裁程序案件,减刑、假释案件,以及因其他特殊原因不宜线下审理的刑事案件;(3)民事特别程序、督促程序、破产程序和非诉执行审查案件;(4)民事、行政执行案件和刑事附带民事诉讼执行案件;(5)其他适宜采取在线方式审理的案件。

《在线诉讼规则》第1条规定,人民法院、当事人及其他诉讼参与人等可以依托电子诉讼平台,通过互联网或者专用网络在线完成立案、调解、证据交换、询问、庭审、送达等全部或者部分诉讼环节。

三、在线诉讼与线下诉讼的法律效力等同

根据《在线诉讼规则》第2条的规定,人民法院开展在线诉讼应当遵循公正高效、合法自愿、权利保障、便民利民、安全可靠等原则。

《在线诉讼规则》第1条第2款规定:"在线诉讼活动与线下诉讼活动具有同等法律效力。"之所以要确立在线诉讼活动与线下诉讼活动具有相同的法律效力,原因主要在于:

(1)基础性。在线诉讼活动与线下诉讼活动相比较,二者仅仅在诉讼场域和诉讼方式上存在差异性,它们作为民事诉讼活动本身并无差别。线上诉讼同样要遵守《民事诉讼法》的各项规定,包括平等原则、处分原则、辩论原则、诚信原则、检察监督原则等民事诉讼基本原则,合议制、回避制、公开审判制和二审终审制等基本诉讼制度,管辖、当事人、证据、诉讼保障等诉讼制度,第一审程序、二审程序、再审程序等基本诉讼程序,等等。因此,基于线上诉讼程序这种程序保障的基础性,线上诉讼活动的法律效力与线下诉讼活动应当不具有区别对待的实质性理由。

(2)自愿性。是否同意在线上进行诉讼,是当事人的程序选择权之表现,当事人只要不同意在线上实施诉讼活动,法院便不得强制其在线上进行诉讼。《线上诉讼规则》第4条第1款规定:"人民法院开展在线诉讼,应当征得当事人同意,并告知适用在线诉讼的具体环节、主要形式、权利义务、法律后果和操作方法等。"第10条第1款前段规定:"案件适用在线诉讼的,人民法院应当通知被告、被上诉人或者其他诉讼参与人,询问其是否同意以在线方式参与诉讼。"这种自愿性必须贯彻始终,在诉讼进行中,如果当事人改变意愿,不同意继续进行

线上诉讼,则法院应当将线上诉讼改为线下诉讼。线上诉讼的活动继续有效。如果一方当事人同意进行线上诉讼,而另一方当事人不同意进行线上诉讼,则同意的一方可以在线上实施诉讼活动,不同意的一方可以在线下实施诉讼活动,二者的诉讼效力相同。

(3) 保障性。线上诉讼活动具有一套完整的技术性规范和技术性标准对诉讼活动的真实性加以保障,使其与线下诉讼活动在产生法律效力的本质规定上完全或基本一致。如《线上诉讼规则》第 7 条第 1 款第 1 句规定:“参与在线诉讼的诉讼主体应当先行在诉讼平台完成实名注册。”第 15 条规定:“当事人作为证据提交的电子化材料和电子数据,人民法院应当按照法律和司法解释的相关规定,经当事人举证质证后,依法认定其真实性、合法性和关联性。未经人民法院查证属实的证据,不得作为认定案件事实的根据。”可见,无论当事人实施的诉讼活动是事实性、证据性活动,抑或是程序性、法律性活动,其法律上、技术上的保障性均是可靠的,其产生的法律效力也具有可靠性和保障性。

基于上述三方面的理由,立法上认可线上诉讼活动与线下诉讼活动具有法律效力上的等同性和等值性,应当被认为是具有正当性依据的。

拓展阅读

1. 占善刚:《对民事诉讼法基本原则之初步检讨》,载《法学评论》2000 年第 3 期。

2. 张卫平:《民事诉讼处分原则重述》,载《现代法学》2001 年第 6 期。

3. 廖中洪:《民事诉讼基本原则立法体例之比较研究》,载《法学评论》2002 年第 6 期。

4. 汤维建:《论民事诉讼中的诚信原则》,载《法学家》2003 年第 3 期。

5. 刘学在:《辩论主义的根据》,载《法学研究》2005 年第 4 期。

6. 翁晓斌:《职权探知主义转向辩论主义的思考》,载《法学研究》2005 年第 4 期。

7. 熊跃敏:《辩论主义:溯源与变迁——民事诉讼中当事人与法院作用分担的再思考》,载《现代法学》2007 年第 2 期。

8. 吴杰:《辩论主义与协同主义的思辩——以德、日民事诉讼为中心》,载《法律科学》2008 年第 1 期。

9. 黄娟:《原理·传统·政策——民事诉讼法基本原则体系的一种类型化研究进路》,载《湘潭大学学报(哲学社会科学版)》2009 年第 6 期。

10. 陈文曲:《我国民事诉讼基本原则的内在沟通逻辑》,载《法律科学》2022 年第 4 期。

第十章 民事审判的基本制度

本章目次

第一节 民事审判基本制度概述

一、民事审判基本制度的概念

民事审判基本制度,是指法律所规定的人民法院进行民事审判活动应当遵循的基本操作规程。[①]

民事审判基本制度是民事诉讼程序制度体系中的基础性制度,体现了审判

① 参见蔡虹:《民事诉讼法学》(第4版),北京大学出版社2016年版,第124页。

活动不同于其他活动的本质特征。民事审判基本制度是贯通民事诉讼法基本原则和民事审判具体制度的桥梁,对于保证基本原则和具体制度的贯彻执行具有重要作用。[①] 对民事审判基本制度的遵守,有利于维护民事审判的公正性和民主性,有利于基本原则和具体制度的执行,有利于促进民事审判的科学化和文明程度的提高。[②]

民事审判基本制度与民事审判具体制度、民事诉讼法基本原则既有联系又有区别。

二、我国民事审判基本制度的种类

(一) 关于我国民事审判基本制度种类的争议

由于我国民事诉讼法立法的变化以及学者们的认识不同,对我国民事审判基本制度种类的理解也就不同。

1982 年《民事诉讼法(试行)》第 7 条规定:"人民法院审理民事案件,应当根据需要和可能,派出法庭巡回审理,就地办案。"第 8 条规定:"人民法院审判民事案件,依照法律规定实行两审终审、公开审判、合议和回避制度。"据此,我国民事审判基本制度包括巡回就审、两审终审、公开审判、合议和回避制度(也有学者将这些列入基本原则)。1991 年《民事诉讼法》第 10 条规定:"人民法院审理民事案件,依照法律规定实行合议、回避、公开审判和两审终审制度。"而有关巡回就审的内容规定于第 121 条(属于第一审普通程序)和第 152 条第 2 款(属于第二审程序)。第 121 条规定:"人民法院审理民事案件,根据需要进行巡回审理,就地办案。"第 152 条第 2 款规定:"第二审人民法院审理上诉案件,可以在本院进行,也可以到案件发生地或者原审人民法院所在地进行。"此后,权威的教科书不再把巡回就审制度列入我国民事审判基本制度。[③] 但同时也有权威的教科书认为巡回就审制度仍是我国民事审判基本制度,而且是我国的独创。[④]

有教科书将陪审制度也作为我国民事审判基本制度。[⑤]

由此可见,争议的焦点在于我国民事审判基本制度是否包括巡回就审制度和陪审制度。本书认为,依我国现行《民事诉讼法》,民事审判基本制度应当包括巡回就审制度和陪审制度。但考虑到《民事诉讼法》总则中没有列明这两个基本制度,故本书仅在我国民事审判基本制度种类标题下对这两个基本制度作

---

① 参见谭兵主编:《民事诉讼法学》,法律出版社 1997 年版,第 108 页。

② 参见江伟主编:《民事诉讼法学》,复旦大学出版社 2005 年版,第 118 页。

③ 参见柴发邦主编:《民事诉讼法学新编》,法律出版社 1992 年版,第七章。

④ 参见柴发邦主编:《中国民事诉讼法学》,中国人民公安大学出版社 1992 年版,第 121 页。

⑤ 参见江伟主编:《民事诉讼法学》,复旦大学出版社 2005 年版,第 123 页;齐树洁主编:《民事诉讼法》,厦门大学出版社 2016 年版,第 97—99 页。

一介绍。

（二）巡回就审制度

巡回就审是巡回审理、就地办案的简称。

巡回审理、就地办案，是我国民事审判工作的优良传统和作风，初创于抗日根据地时期，马锡五审判方式就是巡回审理、就地办案的审判方式。[①] 巡回就审是我国具有一定独创性的审判制度，它是便民利民的审判精神的具体体现。

在民事审判中，实行巡回就审制度具有重要意义。[②]

2021年《民事诉讼法》第138条和第176条第2款分别规定了第一审普通程序和第二审程序中适用巡回就审。巡回就审有两种形式：一种是基层人民法院派出的人民法庭，另一种是第一审人民法院和第二审人民法院派出的审判人员组成的法庭。[③] 即人民法庭和临时法庭。

对于临时法庭，有学者指出："要加大高级法院和最高法院对下级法院和全国法院的监督力度，探索设立巡回法庭，充分运用再审之诉，统一法律的适用标准，维护国家法制的尊严和权威。"[④]

对于人民法庭，《最高人民法院关于切实践行司法为民大力加强公正司法不断提高司法公信力的若干意见》（法发〔2013〕9号）第34条规定："深化人民法庭改革。合理调整人民法庭的区域布局，强化人民法庭基本职能，加强人民法庭人员配置，适度扩大人民法庭案件管辖范围。在综合考虑案件情况、人口数量、区域特点和其他相关因素的基础上，按照就地解决纠纷和工作重心下移的思路，统筹考虑、合理布设人民法庭。"

（三）陪审制度

所谓陪审制度，是指国家审判机关吸收普通公民代表民众参加案件审判活动的制度。

从理论上讲，陪审制有两种基本类型——陪审团制和参审制。在英美法中，陪审团制即指陪审团制度或陪审团审判，陪审团是指一个通过一定的法律程序挑选出的、被赋予对参与案件的事实问题作出认定和裁判权力的群体。在大陆法系国家，通过一定的法律程序挑选出的陪审员，与法官组成混合法庭，共同行使认定案件事实和适用法律的权力。[⑤]

我国古代的"三刺之法"是否属于陪审制，存在争议。我国在清末制定的《大清刑事民事诉讼法草案》中，第一次规定了陪审制度。

---

① 参见常怡主编：《民事诉讼法教程》，重庆出版社1982年版，第46页。

② 参见柴发邦主编：《中国民事诉讼法学》，中国人民公安大学出版社1992年版，第121页。

③ 参见柴发邦主编：《民事诉讼法学》，法律出版社1987年版，第87页。

④ 贺小荣：《掀开司法改革的历史新篇章》，载《法制资讯》2013年第11期。

⑤ 参见刘晴辉：《中国陪审制度研究》，四川大学出版社2009年版，第12页。

1951 年《人民法院暂行组织条例》第 6 条规定:“为便于人民参与审判,人民法院应视案件性质,实行人民陪审制。陪审员对于陪审的案件,有协助调查、参与审理和提出意见之权。”1954 年《宪法》第 75 条规定:“人民法院审判案件依照法律实行人民陪审员制度。”该规定以基本法的形式确定了人民陪审员制度。1954 年《人民法院组织法》具体规定了适用人民陪审员的案件范围、人民陪审员的条件、职权和物质保障。

1975 年《宪法》也没有规定人民陪审员制度。

1978 年《宪法》第 41 条第 2 款规定:“人民法院审判案件,依照法律的规定实行群众代表陪审的制度。对于重大的反革命案件和刑事案件,要发动群众讨论和提出处理意见。”即重新确立了陪审制度。1979 年《人民法院组织法》第 9 条规定:“人民法院审判第一审案件实行人民陪审员陪审的制度,但是简单的民事案件、轻微的刑事案件和法律另有规定的案件除外。”第 10 条第 2 款规定:“人民法院审判第一审案件,由审判员和人民陪审员组成合议庭进行,但是简单的民事案件、轻微的刑事案件和法律另有规定的案件除外。”1979 年《刑事诉讼法》第 9 条规定:“人民法院审判案件,依照本法实行人民陪审员陪审的制度。”第 105 条规定:“基层人民法院、中级人民法院审判第一审案件,除自诉案件和其他轻微的刑事案件可以由审判员一人独任审判以外,应当由审判员一人、人民陪审员二人组成合议庭进行。高级人民法院、最高人民法院审判第一审案件,应当由审判员一人至三人、人民陪审员二人至四人组成合议庭进行。人民陪审员在人民法院执行职务,同审判员有同等的权利。人民法院审判上诉和抗诉案件,由审判员三人至五人组成合议庭进行。合议庭由院长或者庭长指定审判员一人担任审判长。院长或者庭长参加审判案件的时候,自己担任审判长。”《人民法院组织法》规定了适用人民陪审员制度的案件范围,《刑事诉讼法》不仅将人民陪审员制度作为刑事诉讼法的一项基本制度,而且规定了一审合议庭中人民陪审员的人数和人民陪审员的职权。

1982 年《民事诉讼法(试行)》没有将人民陪审员制度作为一项基本制度,而仅在第 35 条中规定:“人民法院审判第一审民事案件,由审判员、陪审员共同组成合议庭或者由审判员组成合议庭。合议庭的成员,必须是单数。简单的民事案件,由审判员一人独任审判。陪审员在人民法院执行职务时,和审判员有同等权利。”即一审合议庭由审判员或者审判员和人民陪审员组成。对此,有学者指出,“一个‘或者’,就使得人民陪审制度成了可有可无。这种法律规定上的弹性导致了实质上的形同虚设,执行上的人民陪审员大量缺位,其制度设计本身的司法民主和监督审判两大职能荡然无存,人民陪审制度在走向衰落。”[①]1982 年

① 王公义:《论建立中国特色的人民陪审制度》,载《中国司法》2004 年第 4 期。

《宪法》没有规定人民陪审员制度。《全国人民代表大会常务委员会关于修改〈中华人民共和国人民法院组织法〉的决定(1983)》删去第9条,将第10条第2款修改为:"人民法院审判第一审案件,由审判员组成合议庭或者由审判员和人民陪审员组成合议庭进行;简单的民事案件、轻微的刑事案件和法律另有规定的案件,可以由审判员一人独任审判。"1983年《人民法院组织法》修改后的第10条第2款,与《民事诉讼法(试行)》第35条的有关内容是一致的,即一审合议庭是否适用人民陪审员,由法院自由裁量。实践中,由于人民法院运用人民陪审员制度的随意性很大,致使有些法院中人民陪审员制度名存实亡。①

2004年《全国人民代表大会常务委员会关于完善人民陪审员制度的决定》主要从以下七个方面完善了人民陪审员制度:人民陪审员的职责定位;人民陪审员的产生;人民陪审员参与审判案件的范围;人民陪审员的任职条件;人民陪审员参与陪审具体案件的确定形式;人民陪审员的日常管理;人民陪审员履行职责的经费保障。

2014年党的十八届四中全会通过的《中共中央关于全面推进依法治国若干重大问题的决定》中指出:"完善人民陪审员制度,保障公民陪审权利,扩大参审范围,完善随机抽选方式,提高人民陪审制度公信度。逐步实行人民陪审员不再审理法律适用问题,只参与审理事实认定问题。"

2018年4月27日第十三届全国人民代表大会常务委员会第二次会议通过了《中华人民共和国人民陪审员法》(简称《人民陪审员法》),共计32条。

关于适用人民陪审员的案件范围,《人民陪审员法》第15条第1款规定:"人民法院审判第一审刑事、民事、行政案件,有下列情形之一的,由人民陪审员和法官组成合议庭进行:(一)涉及群体利益、公共利益的;(二)人民群众广泛关注或者其他社会影响较大的;(三)案情复杂或者有其他情形,需要由人民陪审员参加审判的。"第2款规定:"人民法院审判前款规定的案件,法律规定由法官独任审理或者由法官组成合议庭审理的,从其规定。"第16条规定:"人民法院审判下列第一审案件,由人民陪审员和法官组成七人合议庭进行:(一)可能判处十年以上有期徒刑、无期徒刑、死刑,社会影响重大的刑事案件;(二)根据民事诉讼法、行政诉讼法提起的公益诉讼案件;(三)涉及征地拆迁、生态环境保护、食品药品安全,社会影响重大的案件;(四)其他社会影响重大的案件。"第17条规定:"第一审刑事案件被告人、民事案件原告或者被告、行政案件原告申请由人民陪审员参加合议庭审判的,人民法院可以决定由人民陪审员和法官组成合议庭审判。"第15条和第16条规定了由法院依职权适用人民陪审员的案件

① 参见曾浩荣:《关于我国人民陪审制度改革的新构想》,载《法学家》2000年第6期。

范围，第 17 条规定了当事人申请适用人民陪审员的案件范围。

关于人民陪审员的职权，《人民陪审员法》第 14 条规定："人民陪审员和法官组成合议庭审判案件，由法官担任审判长，可以组成三人合议庭，也可以由法官三人与人民陪审员四人组成七人合议庭。"第 21 条规定："人民陪审员参加三人合议庭审判案件，对事实认定、法律适用，独立发表意见，行使表决权。"第 22 条规定："人民陪审员参加七人合议庭审判案件，对事实认定，独立发表意见，并与法官共同表决；对法律适用，可以发表意见，但不参加表决。"这些规定，确立了中国特色人民陪审员参审制，即在参审制的框架下借鉴陪审团制的一些做法。①

第二节　合议制度

一、合议制度的概念

合议制度，是指由 3 名以上单数审判人员组成合议庭代表人民法院对民事案件行使审判权的制度。

合议制度是相对于独任制度而言的。独任制度，是指由一名审判人员独立地对案件进行审理和裁判的制度。合议庭和独任庭是合议制度和独任制度在审判组织上的具体表现形式。审判组织是人民法院内部代表人民法院对民事案件行使审判职能的专业组织。我国民事诉讼法规定的审判组织形式有两种：合议庭和独任庭。

合议庭是我国主要审判组织形式。根据我国民事诉讼法的规定，除适用简易程序审理的民事案件以及按照特别程序审理的一般非讼案件采用独任制外，其余民事案件均应适用合议制。

合议制度是民主集中制在人民法院审理案件时的具体体现②，与独任制相比具有可以发挥集体智慧、体现司法民主、加强内部监督等优势。③

2002 年通过的《最高人民法院关于人民法院合议庭工作的若干规定》，其主要内容有：合议庭的组成、合议庭的职责、审判长的职责、合议庭评议案件的规则以及合议庭与审判委员会、院长、庭长的关系等。

---

① 参见最高人民法院研究室编著：《〈中华人民共和国人民法院组织法〉条文理解与适用》，人民法院出版社 2019 年版，第 231 页。

② 参见王胜明主编：《中华人民共和国民事诉讼法释义：最新修正版》，法律出版社 2012 年版，第 15 页。

③ 参见最高人民法院研究室编著：《〈中华人民共和国人民法院组织法〉条文理解与适用》，人民法院出版社 2019 年版，第 209 页。

二、合议庭的组成

(一) 合议庭的人数

合议制的组织形式是合议庭,合议庭的成员人数必须是3人以上单数。

《民事诉讼法》第40条第1款后段规定:“合议庭的成员人数,必须是单数。”《人民法院组织法》第30条第1款规定,合议庭成员为3人以上单数。

合议庭评议案件的规则是少数服从多数,按照多数人的意见对案件作出决定,因此合议庭成员必须为3人以上的单数。

(二) 合议庭成员的身份

由于审级及适用程序不同,合议庭组成人员的身份也不同。

《民事诉讼法》第40条第1款前段规定:“人民法院审理第一审民事案件,由审判员、陪审员共同组成合议庭或者由审判员组成合议庭。”第41条第1款规定:“人民法院审理第二审民事案件,由审判员组成合议庭。合议庭的成员人数,必须是单数。”第3款规定:“发回重审的案件,原审人民法院应当按照第一审程序另行组成合议庭。”第4款规定:“审理再审案件,原来是第一审的,按照第一审程序另行组成合议庭;原来是第二审的或者是上级人民法院提审的,按照第二审程序另行组成合议庭。”《人民法院组织法》第30条第1款规定:“合议庭由法官组成,或者由法官和人民陪审员组成,成员为三人以上单数。”

根据上述规定,第一审合议庭可以由审判员、陪审员共同组成,也可由审判员组成。至于哪些案件的合议庭由审判员、陪审员共同组成,应当依照《人民陪审员法》的有关规定。

第二审由审判员组成合议庭。第二审合议庭组成人员,只能是审判员,不能有陪审员参加。这是与第一审合议庭组成的最大不同点,这种不同是由第二审程序的任务、特点所决定的。①

发回重审案件的合议庭,属于第一审合议庭,同样既可以由审判员、陪审员共同组成,也可由审判员组成,但需要另行组成合议庭,不得再由原来的合议庭进行审理。

审理再审案件,原来是第一审的,按照第一审程序另行组成合议庭;原来是第二审或者是上级人民法院提审的,按照第二审程序另行组成合议庭。

(三) 审判长

审判长是合议庭中负责组织审判活动的审判人员。②

---

① 参见王胜明主编:《中华人民共和国民事诉讼法释义:最新修正版》,法律出版社2012年版,第70页。

② 参见最高人民法院研究室编著:《〈中华人民共和国人民法院组织法〉条文理解与适用》,人民法院出版社2019年版,第206页。

关于担任审判长的条件、选任程序和职责,《民事诉讼法》第 44 条规定:“合议庭的审判长由院长或者庭长指定审判员一人担任;院长或者庭长参加审判的,由院长或者庭长担任。”《人民法院组织法》第 30 条第 2 款规定:“合议庭由一名法官担任审判长。院长或者庭长参加审理案件时,由自己担任审判长。”第 3 款规定:“审判长主持庭审、组织评议案件,评议案件时与合议庭其他成员权利平等。”

需要注意的是,在由审判员、陪审员共同组成合议庭的情况下,不能指定由陪审员担任审判长。《人民陪审员法》第 14 条规定:“人民陪审员和法官组成合议庭审判案件,由法官担任审判长,可以组成三人合议庭,也可以由法官三人与人民陪审员四人组成七人合议庭。”

三、合议庭的活动原则

《人民法院组织法》第 31 条规定:“合议庭评议案件应当按照多数人的意见作出决定,少数人的意见应当记入笔录。评议案件笔录由合议庭全体组成人员签名。”《民事诉讼法》第 45 条规定:“合议庭评议案件,实行少数服从多数的原则。评议应当制作笔录,由合议庭成员签名。评议中的不同意见,必须如实记入笔录。”根据上述规定,合议庭的活动原则包括:

第一,合议庭评议案件应当按照多数人的意见作出决定。这里的“多数”一般指简单多数,即超过合议庭成员半数的意见。

第二,少数人的意见应当记入笔录。这是合议庭成员意见分歧时的异议保留规则。

第三,评议案件笔录由合议庭全体组成人员签名。这是落实司法责任制的要求。[①]

四、合议庭与审判委员会的关系

审判委员会是依据《人民法院组织法》规定在各级人民法院设置的集体领导审判工作的法院内部组织。《人民法院组织法》第 36 条规定:“各级人民法院设审判委员会。审判委员会由院长、副院长和若干资深法官组成,成员应当为单数。审判委员会会议分为全体会议和专业委员会会议。中级以上人民法院根据审判工作需要,可以按照审判委员会委员专业和工作分工,召开刑事审判、民事行政审判等专业委员会会议。”第 37 条规定:“审判委员会履行下列职能:(一)总结审判工作经验;(二)讨论决定重大、疑难、复杂案件的法律适用;

① 参见最高人民法院研究室编著:《〈中华人民共和国人民法院组织法〉条文理解与适用》,人民法院出版社 2019 年版,第 210—212 页。

（三）讨论决定本院已经发生法律效力的判决、裁定、调解书是否应当再审；（四）讨论决定其他有关审判工作的重大问题。最高人民法院对属于审判工作中具体应用法律的问题进行解释，应当由审判委员会全体会议讨论通过；发布指导性案例，可以由审判委员会专业委员会会议讨论通过。”

关于合议庭与审判委员会之间的关系，《人民法院组织法》第 39 条规定：“合议庭认为案件需要提交审判委员会讨论决定的，由审判长提出申请，院长批准。审判委员会讨论案件，合议庭对其汇报的事实负责，审判委员会委员对本人发表的意见和表决负责。审判委员会的决定，合议庭应当执行。审判委员会讨论案件的决定及其理由应当在裁判文书中公开，法律规定不公开的除外。”

2019 年 8 月《最高人民法院关于健全完善人民法院审判委员会工作机制的意见》（法发〔2009〕20 号）规定，合议庭认为需要提交审判委员会讨论决定的案件，应当形成书面报告，由其提出申请，层报院长批准；未提出申请，院长认为有必要的，可以提请审判委员会讨论决定。

第三节 回避制度

一、回避的概念

回避制度，是指审判人员以及其他有关人员与其审理的案件有特定关系，在符合法律规定的条件时，应当退出或者避开该案件的审理。①

设立回避制度是为了确保审判的公正性，保证正确实现人民法院的审判职能。

二、回避的条件和适用对象

（一）回避的条件

根据《民事诉讼法》第 47 条第 1 款、第 2 款以及《民诉法解释》第 43 条的规定，有关人员有下列情形之一的，应当回避，当事人有权用口头或者书面方式申请他们回避：(1) 是本案当事人或者当事人近亲属的；(2) 本人或者其近亲属与本案有利害关系的；(3) 担任过本案的证人、鉴定人、辩护人、诉讼代理人、翻译人员的；(4) 是本案诉讼代理人近亲属的；(5) 本人或者其近亲属持有本案非上市公司当事人的股份或者股权的；(6) 与本案当事人或者诉讼代理人有其他利害关系，可能影响公正审理的；(7) 接受本案当事人及其受托人宴请，或者参加

① 参见王胜明主编：《中华人民共和国民事诉讼法释义：最新修正版》，法律出版社 2012 年版，第 15 页。

由其支付费用的活动的;(8) 索取、接受本案当事人及其受托人财物或者其他利益的;(9) 违反规定会见本案当事人、诉讼代理人的;(10) 为本案当事人推荐、介绍诉讼代理人,或者为律师、其他人员介绍代理本案的;(11) 向本案当事人及其受托人借用款物的;(12) 有其他不正当行为,可能影响公正审理的。

此外,《最高人民法院关于审判人员在诉讼活动中执行回避制度若干问题的规定》(法释〔2011〕12号)第1条第2款规定,回避情形中的"近亲属",包括与审判人员有夫妻、直系血亲、三代以内旁系血亲及近姻亲关系的亲属。第8条规定:"审判人员及法院其他工作人员从人民法院离任后二年内,不得以律师身份担任诉讼代理人或者辩护人。审判人员及法院其他工作人员从人民法院离任后,不得担任原任职法院所审理案件的诉讼代理人或者辩护人,但是作为当事人的监护人或者近亲属代理诉讼或者进行辩护的除外。本条所规定的离任,包括退休、调离、解聘、辞职、辞退、开除等离开法院工作岗位的情形。本条所规定的原任职法院,包括审判人员及法院其他工作人员曾任职的所有法院。"第9条规定:"审判人员及法院其他工作人员的配偶、子女或者父母不得担任其所任职法院审理案件的诉讼代理人或者辩护人。"

(二) 回避的适用对象

从理论上说,适用回避的人员是在审判活动中具有一定职能或代行某种职能的人,凡是可能影响案件公正处理的,均应属于回避的对象。

根据《民事诉讼法》第47条第3款、第4款,回避的对象有:审判人员和书记员、翻译人员、鉴定人、勘验人。

《民诉法解释》第48条规定:"民事诉讼法第四十七条所称的审判人员,包括参与本案审理的人民法院院长、副院长、审判委员会委员、庭长、副庭长、审判员和人民陪审员。"

三、回避的程序

(一) 回避的开始

回避有自行回避和申请回避两种。

自行回避是指审判人员和其他人员发现自己有法律规定的回避事由,主动向审判长、院长或审判委员会提出,请求自行回避;或者审判长、院长、审判委员会发现审判人员和其他人员有回避事由,依职权决定有关人员回避。申请回避,是指在诉讼进行中,当事人发现审判人员和其他人员有回避事由,向审判组织提出申请,要求有关人员回避。

申请回避是当事人的一项重要诉讼权利。《民诉法解释》第47条规定,人民法院应当依法告知当事人对合议庭组成人员、独任审判员和书记员等人员有申请回避的权利。当事人的申请回避权利必须在法律规定的期间内行使。《民事诉讼法》第 48 条第 1 款规定:“当事人提出回避申请,应当说明理由,在案件开始审理时提出;回避事由在案件开始审理后知道的,也可以在法庭辩论终结前提出。”

(二)对回避的审查和决定

关于回避的审查,《民事诉讼法》第 50 条规定:“人民法院对当事人提出的回避申请,应当在申请提出的三日内,以口头或者书面形式作出决定。申请人对决定不服的,可以在接到决定时申请复议一次。复议期间,被申请回避的人员,不停止参与本案的工作。人民法院对复议申请,应当在三日内作出复议决定,并通知复议申请人。”

关于回避的决定,《民事诉讼法》第 49 条规定:“院长担任审判长或者独任审判员时的回避,由审判委员会决定;审判人员的回避,由院长决定;其他人员的回避,由审判长或者独任审判员决定。”《民诉法解释》第 46 条规定:“审判人员有应当回避的情形,没有自行回避,当事人也没有申请其回避的,由院长或者审判委员会决定其回避。”

(三)回避的法律效力

回避的法律效力分为三个阶段:一是申请阶段的法律效力,二是复议阶段的法律效力,三是决定同意回避后的法律效力。

申请回避的法律效力体现在被申请回避的人员在人民法院作出是否回避的决定前,应当暂停参与本案的工作,但案件需要采取紧急措施的除外(《民事诉讼法》第 48 条第 2 款)。复议阶段的法律效力体现为复议期间,被申请回避的人员,不停止参与本案的工作。决定同意回避后的法律效力体现为回避决定一经作出即产生法律效力。

第四节 公开审判制度

一、公开审判制度的概念

民事诉讼中的公开审判制度,是指人民法院审判民事案件,除法律规定的情况外,审判过程及结果应当向群众、社会公开。

公开审判制度在我国得以确立是近一个世纪的事。公开审判是相对于秘密审判而言的,是诉讼制度文明和进步的标志,是现代法治国家普遍遵循的一项重要制度。20 世纪以来,公开审判不仅被世界大多数国家的制定法所吸收,同时,也成为国际法的一项基本准则。[1]

[1] 参见崔英楠、刘凤景:《公开审判制度的理论与实践》,载《中国社会科学院研究生院学报》2003 年第 3 期。

公开审判制度，是诉讼民主化的表现。在诉讼中实行公开审判制度有重大意义：公开审判有助于诉讼公正的实现；公开审判有助于保障当事人的权利，以及增强当事人对诉讼的确认感。[①] 作为司法公开重要内容的审判公开，是树立司法权威、提高司法公信、制约司法专断的有效方法，也是提升法官业务素质、提高裁判质量、防止外部干扰的有效途径。[②]

二、公开审判制度的内容

从理论上讲，公开审判制度的内容应包括：立案公开、庭审公开、裁判文书公开。

为落实公开审判制度的内容，《民事诉讼法》第159条规定："公众可以查阅发生法律效力的判决书、裁定书，但涉及国家秘密、商业秘密和个人隐私的内容除外。"

此外，最高人民法院若干司法解释也对公开审判的相关问题进行明确，主要有：《最高人民法院关于人民法院在互联网公布裁判文书的规定》（法释〔2016〕19号）第2条规定："中国裁判文书网是全国法院公布裁判文书的统一平台。各级人民法院在本院政务网站及司法公开平台设置中国裁判文书网的链接。"《最高人民法院关于人民法院庭审录音录像的若干规定》（法释〔2017〕5号）第1条规定："人民法院开庭审判案件，应当对庭审活动进行全程录音录像。"《最高人民法院关于人民法院通过互联网公开审判流程信息的规定》（法释〔2018〕7号）第1条规定："人民法院审判刑事、民事、行政、国家赔偿案件的流程信息，应当通过互联网向参加诉讼的当事人及其法定代理人、诉讼代理人、辩护人公开。人民法院审判具有重大社会影响案件的流程信息，可以通过互联网或者其他方式向公众公开。"

三、公开审判制度的例外

根据《民事诉讼法》的有关规定，民事审判活动以公开审判为原则，但在某些特定情况下，也可以例外不公开审理。

《民事诉讼法》第137条规定："人民法院审理民事案件，除涉及国家秘密、个人隐私或者法律另有规定的以外，应当公开进行。离婚案件，涉及商业秘密的案件，当事人申请不公开审理的，可以不公开审理。"第151条第1款规定："人民法院对公开审理或者不公开审理的案件，一律公开宣告判决。"

---

① 参见常怡主编：《比较民事诉讼法》，中国政法大学出版社2002年版，第322页。

② 参见贺小荣：《掀开司法改革的历史新篇章》，载《法制资讯》2013年第11期。

第五节 两审终审制度

一、两审终审制度的概念

民事诉讼中的审级制度是指按照法律的规定,一个民事案件需要经过几个不同级别的法院审理,裁判才产生既判力的制度。[①]

我国的审级制度是两审终审制度。两审终审制度,是指一个案件只要经过两级法院的审理,第二审便是发生法律效力的终审,即案件初审后可以上诉的法院层级数仅有一级。

我国的法院设置分为四级,即基层人民法院、中级人民法院、高级人民法院和最高人民法院。在我国,除最高人民法院直接受理的第一审民事案件和依照小额诉讼程序、特别程序、督促程序以及公示催告程序审理的案件实行一审终审外,其余民事案件的审判均实行两审终审。

二、我国民事诉讼审级制度的立法

关于审级制度的规定,各国立法不尽相同。从西方国家来看,主要有两种类型:一种是四级三审制,另一种是三级三审制。[②]

1951 年《人民法院暂行组织条例》第 5 条第 1 款规定:"人民法院基本上实行三级两审制,以县级人民法院为基本的第一审法院,省级人民法院为基本的第二审法院;一般的以二审为终审,但在特殊情况下,得以三审或一审为终审。"1954 年《人民法院组织法》确立了我国现行的四级两审制。

对于 1954 年确立我国两审终审制的理由,通说认为:第一,可以减少当事人的讼累,方便当事人进行诉讼。我国地域辽阔,在一些地方交通又不方便,实行三审终审,审级过多,会使民事关系长期处于不稳定状态,给双方当事人造成人力、物力、时间上的浪费。第二,可以使高级人民法院和最高人民法院摆脱审理具体案件的工作负担,集中精力搞好审判业务的指导监督。第三,我国的审判监督程序可弥补审级少的不足。第四,第三审的作用极为有限。[③] 不过,另有学者认为,我国确立四级两审制的历史原因在于:以刑事审判为主的司法制度和从重从快的司法政策;以强大的、高度集权的行政权力为保障的单一制政体;简单的民事法律关系和复杂的地区差异;百废待兴的司法基础与法律移植的制度变异;

---

① 参见杨荣新、乔欣:《重构我国民事诉讼审级制度的探讨》,载《中国法学》2001 年第 5 期。

② 参见章武生:《民事司法现代化的探索》,中国人民公安大学出版社 2005 年版,第 446 页。

③ 参见常怡主编:《民事诉讼法学》,中国政法大学出版社 2002 年版,第 84 页,转引自江伟主编:《民事诉讼法学原理》,中国人民大学出版社 1999 年版,第 333 页。

依赖于一审程序与保障最高人民法院司法监督和指导职能的思路落空。[①]

2012年修订的《民事诉讼法》增加了小额诉讼程序，实行一审终审。

拓展阅读

1. 黄双全：《论公开审判制度的完善》，载《中国法学》1999年第1期。

2. 杨荣新、乔欣：《重构我国民事诉讼审级制度的探讨》，载《中国法学》2001年第5期。

3. 张晋红：《审判长制度与合议制度之冲突及协调——兼论合议制度的立法完善》，载《法学评论》2003年第6期。

4. 韩波：《论回避制度的根基：信息披露》，载《法律科学》2011年第1期。

5. 廖永安、刘方勇：《回归价值本源：巡回审判制度的考证与思索》，载《湘潭大学学报（哲学社会科学版）》2013年第2期。

6. 王晨光：《借助司法公开深化司法改革》，载《法律适用》2014年第3期。

7. 赵泽君：《咨询陪审制：人民陪审员制度改革的可能路径》，载《国家检察官学院学报》2018年第2期。

8. 丁相顺：《比较法视野下的人民陪审员制度改革》，载《浙江大学学报（人文社会科学版）》2018年第3期。

9. 陈学权：《人民陪审员制度改革中事实审与法律审分离的再思考》，载《法律适用》2018年第9期。

10. 唐应茂：《司法公开及其决定因素：基于中国裁判文书网的数据分析》，载《清华法学》2018年第4期。

① 参见江伟主编：《民事诉讼法专论》，中国人民大学出版社2005年版，第341—344页。

第十一章 管　　辖

本章目次

第一节　管辖概述

一、管辖的概念

民事诉讼管辖,是指在人民法院系统内,各级人民法院之间以及同级的各个人民法院之间受理第一审民事案件的分工和权限。在民事诉讼程序中,主管是与管辖相类似的概念,两者之间的区别在于:主管是人民法院与其他国家机关、社会团体在处理民事纠纷方面的分工,人民法院对其主管的案件有审判权;管辖则是人民法院内部审理第一审民事案件的分工。

二、管辖的分类

我国民事诉讼立法所规定的管辖主要包括级别管辖、地域管辖、移送管辖和指定管辖。此外,在民事诉讼理论上,按不同标准,还可以对民事案件管辖作其他分类。一般来说,可以有下述几类划分:

(1) 以法律规定和法院裁定为标准,可以分为法定管辖和裁定管辖。法定管辖,是指由民事诉讼法明文规定第一审民事案件的管辖法院,级别管辖和地域管辖即属于法定管辖。裁定管辖,是指不依法律直接规定,而是由人民法院用裁定、决定等方式来确定第一审民事案件的管辖法院。移送管辖、指定管辖和管辖权的转移均属裁定管辖。

(2) 以法律强制规定和任意规定为标准,可以分为专属管辖和协议管辖。专属管辖,是指依照法律规定某类案件只能由某一个或某几个人民法院管辖,其他法院没有管辖权,也不允许当事人协议变更。协议管辖,是指依照法律规定,允许当事人以协议的方式约定管辖法院。

(3) 以诉讼关系为标准,可以分为共同管辖和牵连管辖。共同管辖,是指两个以上人民法院对于同一案件都具有管辖权。牵连管辖,指对某一案件有管辖权的法院,可以一并管辖虽无管辖权但与此案有牵连的其他案件。

第二节 级别管辖

一、级别管辖概述

级别管辖,是指按照一定的标准,划分上下级人民法院之间受理第一审民事案件的分工和权限。

二、级别管辖的划分标准

《民事诉讼法》第18—21条和最高人民法院的司法解释确立了我国各级人民法院管辖的第一审民事案件具体分工:

(1) 第一审民事案件原则上由基层人民法院管辖,但法律另有规定的除外。

(2) 中级人民法院管辖下列第一审民事案件:

① 重大涉外案件。即指争议标的额大,或者案件复杂,或者居住在国外的

当事人人数众多的涉外案件。

② 在本辖区有重大影响的案件。

③ 最高人民法院确定由中级人民法院管辖的案件。目前,最高人民法院确定由中级人民法院管辖的民事案件主要有:第一,海事、海商案件。第二,除专利行政案件外的其他专利纠纷案件。第三,诉讼标的金额大或者诉讼单位属省、自治区、直辖市以上的经济纠纷案件;第四,跨区域的环境民事公益诉讼案件。

(3) 高级人民法院管辖在本辖区有重大影响的第一审民事案件。以标的额计算,争议标的金额应在50亿元以上。

(4) 最高人民法院管辖的第一审民事案件为在全国有重大影响的案件和认为应当由其审理的案件。此外最高人民法院国际商事法庭管辖以下第一审案件:第一,当事人依照《民事诉讼法》第35条的规定协议选择最高人民法院管辖且标的额为人民币3亿元以上的第一审国际商事案件;第二,高级人民法院对其所管辖的第一审国际商事案件,认为需要由最高人民法院审理并获准许的;第三,在全国有重大影响的第一审国际商事案件;第四,在国际商事仲裁中申请仲裁保全、申请撤销或者执行国际商事仲裁裁决的;第五,最高人民法院认为应当由国际商事法庭审理的其他国际商事案件。

第三节 地域管辖

一、地域管辖概述

地域管辖,是指按照人民法院的辖区和民事案件的隶属关系所划分的管辖,即确定同级人民法院之间在各自的区域内受理第一审民事案件的分工和权限。我国民事诉讼法确定地域管辖的依据,主要是法院的辖区和当事人以及诉讼标的的关系。某一人民法院的辖区是该法院行使审判权的范围,案件当事人、诉讼标的在这个法院辖区以内的,该法院才可能对案件行使审判权。[①] 我国民事诉讼法规定的地域管辖有三种,即普通地域管辖、特别地域管辖、专属管辖。

二、普通地域管辖

普通地域管辖,又称一般地域管辖,是指按照当事人所在地与法院辖区的隶属关系所确定的管辖。普通地域管辖常适用的原则是"原告就被告",即原告向被告所在地的人民法院起诉。"原告就被告"是普通地域管辖的一般原则,也是世界各国民事诉讼立法的通例。案件由被告所在地人民法院管辖,既有利于被

① 章武生主编:《民事诉讼法新论》,法律出版社2002年版,第124页。

告参加诉讼,便于人民法院在双方当事人到庭的情况下正确、及时地行使审判权,又有利于人民法院采取财产保全和执行措施,同时也可以在一定程度上防止原告滥用诉权,使被告遭受不应有的损失。此外,法律从全面保护当事人的利益出发,又确定了由原告所在地法院管辖的例外规定,根据《民事诉讼法》第 23 条的规定,下列四种情况由原告所在地人民法院管辖:

(1) 对不在中华人民共和国领域内居住的人提起的有关身份关系的诉讼。

(2) 对下落不明或者宣告失踪的人提起的有关身份关系的诉讼。

(3) 对被采取强制性教育措施的人提起的诉讼。

(4) 对被监禁的人提起的诉讼。

此外,最高人民法院《民诉法解释》对于审判实践中出现的几种情况也分别作了规定:

(1) 被告被注销户籍的,由原告住所地人民法院管辖。

(2) 追索赡养费、扶养费、抚养费案件的几个被告住所地不在同一辖区的,可以由原告住所地人民法院管辖。

(3) 夫妻一方离开住所地超过 1 年,另一方起诉离婚的案件,可以由原告住所地人民法院管辖。

三、特别地域管辖

特别地域管辖,又称特殊地域管辖,是指以诉讼标的所在地,引起民事法律关系发生、变更、消灭的法律事实所在地及被告住所地为标准确定的管辖。《民事诉讼法》第 24 条至第 33 条以及最高人民法院的司法解释规定了 10 种特别地域管辖的案件:

(1) 因合同纠纷提起的诉讼,由被告住所地或者合同履行地人民法院管辖。

(2) 因保险合同纠纷提起的诉讼,由被告住所地或者保险标的物所在地人民法院管辖。

(3) 因票据纠纷提起的诉讼,由票据支付地或者被告住所地人民法院管辖。

(4) 因公司设立、确认股东资格、分配利润、解散等纠纷提起的诉讼,由公司住所地人民法院管辖。

(5) 因铁路、公路、水上、航空运输和联合运输合同纠纷提起的诉讼,由运输始发地、目的地或者被告住所地人民法院管辖。

(6) 因侵权行为提起的诉讼,由侵权行为地或者被告住所地人民法院管辖。

(7) 因铁路、公路、水上和航空事故请求损害赔偿提起的诉讼,由事故发生地或者车辆、船舶最先到达地、航空器最先降落地或者被告住所地人民法院管辖。

(8) 因船舶碰撞或者其他海事损害事故请求损害赔偿提起的诉讼,由碰撞发生地、碰撞船舶最先到达地、加害船舶被扣留地或者被告住所地人民法院管辖。

(9) 因海难救助费用提起的诉讼,由救助地或者被救助船舶最先到达地人民法院管辖。

(10) 因共同海损提起的诉讼,由船舶最先到达地、共同海损理算地或者航程终止地人民法院管辖。

四、专属管辖

专属管辖,是指法律规定某些案件必须由特定的人民法院管辖,其他人民法院无权管辖,也不准许当事人协议变更管辖。我国《民事诉讼法》第 34 条规定,专属管辖包括以下三种:

(1) 因不动产纠纷提起的诉讼,由不动产所在地人民法院管辖。

(2) 因港口作业发生纠纷提起的诉讼,由港口所在地人民法院管辖。

(3) 因继承遗产纠纷提起的诉讼,由被继承人死亡时住所地或者主要遗产所在地人民法院管辖。

从上述规定可以看出,专属管辖在其适用上明显不同于普通管辖和特别管辖。专属管辖具有下列特性:

(1) 专属管辖案件排斥一般地域管辖的适用。与特别管辖不同的是,特别管辖在选择适用的顺序上与一般管辖没有先后之分,然而专属管辖却排斥一般管辖之适用。

(2) 专属管辖案件阻却协议管辖的适用。根据《民事诉讼法》第 35 条的规定,合同的双方当事人在协议选择管辖法院时,不得违反级别管辖和专属管辖的规定。

五、共同管辖和选择管辖

共同管辖,是指两个或者两个以上的人民法院对同一诉讼都有管辖权。共同管辖可以分为两种情况:一是因诉讼主体的牵连关系发生的共同管辖。如同一诉讼的几个被告住所地、经常居住地在两个以上人民法院辖区内,各该人民法院都有管辖权。二是因诉讼客体的牵连关系发生的共同管辖。如同一案件的标的物分散在两个以上法院辖区或者侵权行为地跨越两个以上法院辖区的,各该人民法院都有管辖权。《民事诉讼法》规定的特殊地域管辖,以及第 34 条第 3 项关于继承遗产诉讼的专属管辖规定,都可能产生共同管辖。这种情况既可以因诉讼主体或诉讼客体的原因发生,也可以因法律的直接规定而发生。

在几个人民法院对同一案件都有管辖权的情况下,就形成了管辖权的积极冲突。根据《民事诉讼法》第 36 条的规定,在出现管辖权积极冲突时,将赋予原告选择权,也就是原告可以向其中任一人民法院起诉。如果原告向两个以上有管辖权的人民法院起诉,则由最先立案的人民法院管辖。

共同管辖和选择管辖是一个问题的两个方面。共同管辖是选择管辖的前提和基础,没有共同管辖就没有选择管辖;选择管辖则是对共同管辖的落实,共同管辖通过选择管辖确定法院。二者的主要区别在于:共同管辖是对法院而言的,选择管辖则是对当事人而言的。

第四节 裁定管辖

一、裁定管辖概述

人民法院以裁定方式确定案件的管辖,称为裁定管辖。裁定管辖是对法定管辖的补充和变通,它既可以弥补法定管辖的不足,又可以解决因管辖问题发生的争议,以适应司法实践中复杂多变的情况。民事诉讼法规定的移送管辖、指定管辖、管辖权的转移,都是通过裁定方式来确定管辖法院的,都属于裁定管辖的范畴。

二、移送管辖

移送管辖,是指已经受理案件的人民法院,因发现本法院对该案件没有管辖权,而将案件移送给有管辖权的人民法院审理。移送管辖是案件从无管辖权的法院向有管辖权法院的移送。它是无管辖权的人民法院在受理了不属于其管辖的案件后所采取的一种补救性措施。《民事诉讼法》第 37 条规定:“人民法院发现受理的案件不属于本院管辖的,应当移送有管辖权的人民法院,受移送的人民法院应当受理。受移送的人民法院认为受移送的案件依照规定不属于本院管辖的,应当报请上级法院指定管辖,不得再自行移送。”由此可见,移送管辖必须符合以下条件:第一,移送的人民法院已经受理了案件;第二,移送的人民法院经审查,发现对该案件确无管辖权;第三,受移送的人民法院依法对该案件具有管辖权。人民法院对移送管辖所作的裁定,对受移送的人民法院具有法律约束力,受移送的人民法院不得将案件再移送给其他有管辖权的人民法院,也不得将案件退回原移送的人民法院。如果认为移送的案件依照法律规定确实不属于自己管辖,只能报请上级人民法院指定管辖,以避免案件往返移送,延误诉讼时间,给当事人造成不必要的损失。

此外,根据最高人民法院的有关规定,下列两种情况不得移送:

(1) 两个以上人民法院都有管辖权的诉讼,先立案的人民法院不得将案件移送给另一个有管辖权的人民法院。人民法院在立案前发现其他有管辖权的人民法院已先立案的，不得重复立案；立案后发现其他有管辖权的人民法院已先立案的，裁定将案件移送给先立案的人民法院。

（2）依法对案件有管辖权的人民法院受理案件后，不得以行政区域变更或当事人住所地与经常居住地的变更等为由，移送给变更后有管辖权的人民法院。

三、指定管辖

指定管辖，是指上级人民法院依照法律规定指定其辖区的下级人民法院对某一具体案件行使管辖权。根据《民事诉讼法》第 37 条、第 38 条的规定，需要上级人民法院指定管辖的案件有以下三种情况：

（1）受移送的人民法院认为移送的案件依照法律规定不属于本院管辖的，依法报请上级人民法院指定管辖。

（2）有管辖权的人民法院由于特殊原因不能行使管辖权的，由上级人民法院指定管辖。

（3）人民法院之间因管辖权发生争议，协商解决不了的，报请它们共同的上级人民法院指定管辖。

上级人民法院指定管辖时，应书面通知报送的人民法院和被指定行使管辖权的人民法院，报送的人民法院接到通知后，应及时告知当事人。

四、管辖权的移转

管辖权的移转，是指由上级人民法院决定或者同意，把某个案件的管辖权由下级人民法院移转给上级人民法院，或者由上级人民法院移转给下级人民法院审理。管辖权的移转本是民事诉讼法为了便于或者有利于对案件进行审判而对级别管辖所规定的一种变通措施，增加了级别管辖的灵活性。根据《民事诉讼法》第 39 条的规定，上下级法院之间管辖权的移转有三种情况：

（1）上级人民法院有权审理下级人民法院管辖的第一审民事案件。

（2）上级人民法院认为确有必要将本院管辖的第一审民事案件交下级人民法院审理的，应当报请其上级人民法院批准。

（3）下级人民法院对自己管辖的第一审民事案件，认为需要由上级人民法院审理的，可以报请上级人民法院审理。

五、管辖权异议

管辖权异议是指当事人认为受诉或者受移送的人民法院对案件无管辖权，而向受诉人民法院提出的不服该法院管辖的意见或主张。民事诉讼法确立管辖权异议制度的立法本旨，在于克服民事、经济审判工作中的地方保护主义，保证案件的公正审判和人民法院管辖权的正确行使,保护当事人的合法权益。根据《民事诉讼法》第130条第1款的规定,人民法院受理案件后,当事人对管辖权有异议的,应当在提交答辩状期间提出。人民法院对当事人提出的异议,应当审查。异议成立的,裁定将案件移送有管辖权的人民法院;异议不成立的,裁定驳回。根据《民事诉讼法》第157条和第171条第2款的规定,当事人对人民法院关于管辖权异议的裁定不服的,有权在裁定书送达之日起10日内提起上诉。

根据《民事诉讼法》第130条第2款的规定,人民法院受理案件后,当事人未提出管辖异议,并应诉答辩的,视为受诉人民法院有管辖权,但违反级别管辖和专属管辖规定的除外。换言之,即使受理案件的人民法院没有管辖权,若是当事人没有提出异议,该人民法院也就具有了管辖权。对人民法院因此具有的管辖权,学理上称之为应诉管辖权或默示协议管辖。

此外,2020年12月修改的《最高人民法院关于审理民事级别管辖异议案件若干问题的规定》对于当事人提出的级别管辖异议的审理程序问题,作了较为详细的规定。其程序安排与审理地域管辖异议相似。但增加规定:对于将案件移送上级人民法院管辖的裁定,当事人未提出上诉,但受移送的上级人民法院认为确有错误的,可以依职权裁定撤销。

第五节　协 议 管 辖

一、协议管辖概述

协议管辖又称约定管辖或合意管辖,是指当事人就第一审民事案件在纠纷发生前或纠纷发生后,达成协议确定管辖的法院。协议管辖是尊重当事人的意思表示,方便当事人进行诉讼的管辖制度,为当事人依法行使诉权,保护其合法权益提供了便利条件。根据《民事诉讼法》第35条的规定,合同或者其他财产权益纠纷的当事人可以书面协议选择被告住所地、合同履行地、合同签订地、原告住所地、标的物所在地等与争议有实际联系的地点的人民法院管辖,但不得违反该法对级别管辖和专属管辖的规定。广义上的协议管辖分为明示的协议管辖和默示的协议管辖两种。

二、明示的协议管辖

明示的协议管辖,是指当事人通过书面管辖协议的形式所确定的管辖。严格意义上的协议管辖指的就是明示的协议管辖。协议管辖在我国并非无原则地随意约定,当事人要协议管辖,需满足以下条件:

（1）在审级上，协议管辖只适用于第一审民事案件。在纠纷发生前或发生后，达成协议约定管辖法院。对第二审民事案件及重审、再审、提审案件，行使管辖权的法院只能由人民法院依法决定，当事人无权选择，更无权协议。

（2）协议管辖不能违反民事诉讼法关于级别管辖和专属管辖的规定。如因港口作业发生纠纷提起的诉讼，因不动产纠纷提起的诉讼，遗产继承诉讼等，应适用民事诉讼法关于专属管辖的规定，当事人不能协议选择没有专属管辖权的人民法院管辖。在级别管辖上，当事人亦不能自由约定管辖法院的级别。

（3）案件类型必须是因合同或其他财产权益纠纷提起的诉讼。对因其他关系提起的民事诉讼，不适用协议管辖的规定。

（4）协议管辖约定的法院，必须与争议有实际联系。对当事人选择法院范围适当限制，有利于人民法院调查案件事实和对生效裁判的执行。

（5）在管辖的约定上，双方当事人必须自愿，并以书面合同的形式约定，用口头形式约定管辖，其约定无效。

三、默示的协议管辖

根据《民事诉讼法》第130条第2款的规定，人民法院受理案件后，当事人未提出管辖异议，并应诉答辩的，视为受诉人民法院有管辖权，但违反级别管辖和专属管辖规定的除外。换言之，即使受理案件的人民法院没有管辖权，若是当事人没有提出异议，该人民法院也就具有了管辖权。该条规定即为默示的协议管辖。默示的协议管辖也被称为应诉管辖。默示的协议管辖之所以被称作应诉管辖，是法律根据被告应诉的实际行动，就案件的管辖问题拟制双方当事人达成了一致意思。这一制度的确立，可以增加民事诉讼程序的安定性，以免因为人民法院欠缺管辖权，而使已经进行过的诉讼程序的效力受到动摇。因为应诉管辖制度的存在，将使未及时提出管辖权异议的当事人以后不得以存在管辖错误为由，提起上诉或者申请再审。

根据《民事诉讼法》第130条第2款的规定，并参酌《民诉法解释》第223条的规定，除应当具备不违反级别管辖和专属管辖这一协议管辖的共同性要件外，默示的协议管辖或应诉管辖的成立还应当具备两个特殊要件：一是作为被告的当事人在管辖权异议期间，没有对管辖权问题提出异议。二是对原告的起诉，被告进行了应诉和实体性答辩。

必须说明的是，应诉管辖对于当事人之间有关管辖的意思只是一种拟制，目的在于排除因管辖错误而可能给民事诉讼程序带来的不安定的风险，这一制度并不能架空民事诉讼法规定的其他的管辖规则。应诉管辖制度的存在，不影响人民法院在立案时对本院是否有管辖权依职权进行审查，也不影响人民法院立案后发现本院没有管辖权时将案件移送有管辖权的人民法院。

拓展阅读

1. 李浩:《民事诉讼级别管辖存在的问题及其改进》,载《现代法学》1996年第4期。

2. 毛玲:《民事管辖制度若干问题研究》,载《北京科技大学学报(社会科学版)》2002年第4期。

3. 廖永安:《我国民事诉讼地域管辖制度之反思》,载《法商研究》2006年第2期。

4. 姜启波:《民事诉讼管辖制度改革论略》,载《法律适用》2007年第6期。

5. 王次宝:《我国民事专属管辖制度之反思与重构——以大陆法系国家和地区的一般规定为参照》,载《现代法学》2011年第5期。

6. 谢小剑:《法定法官原则:我国管辖制度改革的新视角》,载《法律科学》2011年第6期。

7. 王福华:《协议管辖制度的进步与局限》,载《法律科学》2012年第6期。

8. 胡晓霞:《民事诉讼管辖制度新变革——以法解释论为视角》,载《社会科学研究》2014年第2期。

9. 孙洪坤:《论建立与行政区划适当分离的司法管辖制度》,载《东方法学》2014年第6期。

10. 黄忠顺:《论应诉管辖制度的司法嬗变及其规则构建》,载《中国法学》2016年第5期。

第十二章　当事人与诉讼代理人

本章目次

第一节　当事人概述

一、当事人的概念

民事诉讼当事人是指，以自己的名义就特定的民事争议要求人民法院行使民事裁判权保护其民事权利或解决其民事纠纷的人及相对人。要求法院行使民事裁判权的人也就是提起诉讼的人即原告，其被诉的相对人即被告。

民事诉讼是因当事人的起诉和应诉而开始的，诉讼的整个过程也主要是由法院和当事人的诉讼行为所构成的，因此，可以说，没有当事人就没有民事诉讼。当事人作为诉讼主体在诉讼中具有十分重要的地位。

当事人在民事诉讼的不同阶段被冠以不同的称谓。在一审阶段被称为原告和被告，在二审阶段被称为上诉人和被上诉人，在申诉阶段被称为申诉人和被申诉人，在申请执行阶段被称为申请执行人和被申请执行人，等等。

在历史上，基于实体正义观念，对于当事人，主要从实体意义上来理解。进入近代以后，由于实体权利义务关系与程序权利义务关系的分离，司法实践和立法开始倾向于从程序意义上理解当事人的概念。程序意义上的当事人又被称为诉讼法上的当事人。所谓诉讼法上的当事人，是指确定当事人不是依据该当事人是否是实体权利义务关系的主体，而是以在形式上是否向法院提起诉讼请求和请求人在主观上以谁为相对人。也就是说，只要向法院提起诉讼主张请求权，主张人就是原告当事人，对方就是被告当事人，至于该原告在客观上是否确实具有实体上的请求权，与当事人的诉讼地位没有关系，这种当事人即所谓形式上的当事人。

二、当事人的特征

当事人具有以下特征：

(1) 以自己的名义参加民事诉讼。在民事诉讼中，凡是以自己的名义起诉、应诉，并能够引起民事诉讼程序发生、变更和消灭的人，均为当事人。这是当事人区别于诉讼代理人的一个重要特征。

(2) 以保护民事权益为目的。在因民事权益遭受侵害或者发生争议而引发的民事诉讼中，无论原告还是被告，都是为了保护一定的民事权益而进行诉讼的。当事人可以为保护自己的民事权益而进行诉讼，也可以为保护他人的民事权益而进行诉讼；前者是案件的直接利害关系人，后者是对争议的民事权利享有管理权和支配权的人，如遗产管理人、破产管理人、失踪人的财产代管人等，他们并非案件的直接利害关系人。

(3) 能引起民事诉讼程序的发生、变更或者消灭。当事人的诉讼行为能够引起民事诉讼程序的发生、变更和消灭。当事人之外的诉讼参与人，如证人、鉴定人、勘验人等，不能使民事诉讼程序发生、变更和消灭。

三、当事人民事诉讼权利能力与民事诉讼行为能力

(一) 当事人民事诉讼权利能力

当事人民事诉讼权利能力，又称当事人能力，是指能够成为一般民事诉讼当事人，享有民事诉讼权利和履行民事诉讼义务所必须具备的诉讼法上的资格。只有具有民事诉讼权利能力的人，才能成为当事人，享有当事人诉讼权利和履行当事人诉讼义务。民事权利能力与民事诉讼权利能力是密切相连的，一般来说，前者是后者的基础，有民事权利能力的人，在其民事权益受到侵害或者发生争议时，就有资格以自己的名义起诉、应诉，从而成为民事诉讼的当事人。但在有的时候，民事诉讼权利能力和民事权利能力是分离的，没有民事权利能力的人也可以享有民事诉讼权利能力，成为当事人，如被宣告失踪的人的财产代管人即是

如此。

《民事诉讼法》第51条规定:"公民、法人和其他组织可以作为民事诉讼的当事人。法人由其法定代表人进行诉讼。其他组织由其主要负责人进行诉讼。"因此,在我国的民事诉讼中,公民、法人和其他组织均具有民事诉讼权利能力,均可以成为民事诉讼的当事人。

民事诉讼权利能力的产生和终止与民事权利能力的产生和终止在时间上是一样的。公民的民事诉讼权利能力始于出生,终于死亡;法人的民事诉讼权利能力始于法人成立,终于法人消灭;其他组织的民事诉讼权利能力始于其成立,终于其消灭。根据《民诉法解释》第52条的规定,其他组织是指合法成立、有一定的组织机构和财产,但又不具备法人资格的组织。该条同时还列举了若干其他组织的形态。

(二)当事人民事诉讼行为能力

民事诉讼行为能力,又称诉讼能力,是指当事人通过自己的行为行使民事诉讼权利和履行民事诉讼义务所必须具备的诉讼法上的资格。只有具备民事诉讼行为能力的人,才可以由自己亲自实施民事诉讼行为,行使民事诉讼权利,履行民事诉讼义务。如果没有民事诉讼行为能力,就不能亲自实施诉讼行为,只能由其法定代理人代为进行诉讼。没有民事诉讼行为能力的人所实施的诉讼行为或者对无民事诉讼行为能力的人所实施的诉讼行为均为无效的诉讼行为。

民事诉讼行为能力与民事行为能力有着密切的联系。对公民而言,只有具备完全民事行为能力的人才具有民事诉讼行为能力,限制民事行为能力人和无民事行为能力人则无民事诉讼行为能力。因此,对于精神状况正常的公民来说,其民事诉讼行为能力始于成年,终于死亡。在我国,16周岁以上不满18周岁的公民,以自己的劳动收入为主要生活来源的,被视为完全民事行为能力人,也应当视为有民事诉讼行为能力的人。对法人和其他组织而言,其民事诉讼行为能力始于依法成立,终于依法消灭。

四、当事人的诉讼权利和诉讼义务

(一)当事人的诉讼权利

在民事诉讼中,当事人享有广泛的诉讼权利。根据我国民事诉讼法的规定,当事人的诉讼权利主要如下:

(1)保障当事人进行诉讼的权利。该类诉讼权利包括原告有起诉的权利、被告有反诉的权利、双方当事人均有使用本民族的语言文字进行诉讼的权利、双方当事人均有委托代理人进行诉讼的权利以及申请回避的权利等。

(2)维护当事人实体权利的诉讼权利。该类诉讼权利包括收集提供证据的权利、进行辩论的权利、申请保全的权利、查阅和复制本案有关材料的权利等。

（3）处分自己实体权利的诉讼权利。该类诉讼权利包括承认、放弃、变更诉讼请求，进行反驳、请求调解、进行和解、提起上诉、申请再审的权利等。

（4）实现实体权利的诉讼权利。该类诉讼权利包括申请执行的权利、申请先予执行的权利等。

（二）当事人的诉讼义务

当事人的诉讼义务是维护诉讼秩序、保证诉讼活动顺序进行的条件。根据我国民事诉讼法的规定，当事人的诉讼义务主要如下：

（1）必须依法行使诉讼权利。当事人必须依照民事诉讼法的规定行使诉讼权利，不得滥用法律赋予的诉讼权利，损害他人的合法权益。

（2）当事人应严格遵守法庭纪律和诉讼秩序，服从法庭的统一指挥，尊重对方当事人和其他诉讼参与人的诉讼权利，不得实施妨害民事诉讼秩序的行为。

（3）自觉地履行生效的判决、裁定或调解书。人民法院的判决书、裁定书、调解书生效后，负有义务的一方当事人必须履行。义务人不履行的，人民法院可根据权利人的申请或依职权依法强制执行。

五、当事人诉讼权利义务的承担

当事人诉讼权利义务的承担，是指在诉讼过程中，由于某种特定的原因，当事人的诉讼权利和义务转移给诉讼之外的其他人，并由其作为同样诉讼地位的当事人，继续进行诉讼。

民事权利义务在诉讼中的可转移性，决定了当事人诉讼权利义务的可承担性。当事人之间争议的民事权利或民事义务因故转移给其他人后，原当事人即不能再为该诉讼的当事人，应由承受其民事权利或民事义务的人作为本诉讼新的当事人。当事人无论是公民、法人还是其他组织，都可能发生诉讼权利义务的承担。

根据《民诉法解释》第55条、第63条和第64条的规定，发生当事人诉讼权利义务承担的情况有以下几种：

（1）在诉讼过程中，一方当事人死亡，需要等待继承人表明是否参加诉讼的，人民法院应当裁定中止诉讼，及时通知继承人作为当事人承担诉讼。发生诉讼权利义务的承担后，已死亡的公民不再是诉讼当事人。

（2）企业法人或其他组织合并的，因合并前的民事纠纷发生的诉讼，由合并后新设的企业或其他组织充当相应的当事人，因合并已终止的原法人或其他组织不再作为诉讼当事人。

（3）企业法人或其他组织分立的，因分立前的民事纠纷发生的诉讼，如果分立时已将争议的民事权利或民事义务明确划归由分立后某一新企业或其他组织承受的，即应由该新企业或其他组织作为诉讼当事人；如果争议的民事权利或民事义务依分立协议由分立后的几个新企业或其他组织共同承受,或者分立时未作明确处理的,应当以分立后的企业或其他组织为共同诉讼人。

(4) 企业法人解散的,依法清算并注销前,以该企业法人为当事人;未依法清算即被注销的,以该企业法人的股东、发起人或者出资人为当事人。

当事人诉讼权利义务的承担既可以发生在第一审,也可以发生在第二审,还可以发生于再审之中。诉讼权利义务承担的发生,可能导致当事人数量的改变,可能使单一原、被告之间的诉讼变为一方当事人为二人以上的共同诉讼,也可能使一方当事人为二人以上的诉讼变为单一原、被告之间的诉讼。诉讼权利义务的承担发生后,诉讼程序继续进行,原当事人已进行的诉讼行为继续有效,对承担诉讼的新当事人具有约束力。

第二节 当事人适格

一、当事人适格的概念

当事人适格,又称正当当事人,是指在具体的诉讼中,对于作为诉讼标的的民事权利或法律关系有实施诉讼的权能,也即能够以自己的名义起诉或应诉的资格,这种资格,又称诉讼实施权。① 民事诉讼权利能力只是针对抽象诉讼而言的一种资格,不会因具体案件不同而不同。当事人适格与之不同,当事人适格是就具体案件而言的,当事人适格表明该当事人是正当当事人。因此,有民事诉讼权利能力或曰有当事人能力的人未必是正当当事人。广义的当事人包括形式上的当事人和适格当事人即正当当事人。在起诉状上所记载的当事人是形式上的当事人,他们并不一定是正当当事人。但只有正当当事人,其权利才能获得法院的司法保护,法院才会判决他(指正当被告)承担义务。

二、当事人适格的判断

适格当事人是满足一定实体要件的民事诉讼概念,是沟通实体实施权与诉讼程序权的一个桥梁。对于如何判断程序当事人是否属于适格当事人,诉讼法的适格理论发展过程中存在两种衡量标准。

(一) 以管理权为基础的诉讼实施权标准

传统的诉讼实施权理论起源于德国,其以管理权为基础,确立了适格当事人的一般标准。该理论将作为适格当事人所需要具备的一般实体要件抽象出来,称为诉讼实施权。到了德国普通法末期,诉讼实施权概念就专门用于第三人对

---

① 参见李龙:《民事诉讼当事人适格刍论》,载《现代法学》2000 年第 4 期。

于他人实体法上的权利或法律关系有权进行诉讼的场合,并用它作为确定法律关系外的第三人能够成为适格当事人的标准。

在民事诉讼中,只要系争权利或法律关系的主体具有诉讼实施权,则属于当事人适格,包括与具体案件有实体法律上的利害关系、具有"实体的诉讼权能"的人以及为保护他人利益而具有"程序的诉讼权能"的人。后者是对实体法上的利害关系人的范围予以扩大解释的结果,包括失踪人的财产代管人、破产管理人、遗嘱执行人等。

具体到各种诉讼,在给付之诉,原告只要主张自己有给付请求权,就是适格的原告,而被原告主张有给付义务的人,即为适格的被告。至于是否确实享有给付请求权或负担给付义务,是在审理过程中要查明的事实,是诉讼请求能否得到支持的理由,而不是当事人适格的要件。

确认之诉是当事人要求确认民事法律关系是否存在的诉讼,因此在确认之诉中,就该法律关系有争执的当事人为适格的原被告。由于确认之诉可以对他人之间的法律关系起诉,因此与有无管理权、处分权无关。只要实体法律关系在当事人之间不明确而有保护的必要,就可提起确认之诉。一般情况下,当事人若能够通过其他诉讼得到救济,则不能提起确认之诉。原告要求确认的必须是法律关系,纯粹事实不得提起确认之诉。但现代各国为发挥确认之诉解决纠纷与预防纠纷的功能,规定对于法律关系的基础事实是否存在也可以提起确认之诉。

形成之诉,是指原告请求法院依法变更或消灭某种法律关系的诉讼,亦称变更之诉。在变更之诉,依照法律规定可成为当事人的就是适格的当事人。变更之诉,只有在依照法律的特别规定提起时方为当事人适格,而不能根据管理权、处分权的有无作为当事人适格的唯一基础。如我国《民法典》第 538 条、第 539 条规定债权人可以请求法院撤销债务人侵害债权的行为。①

随着时代的发展,以管理权为基础的诉讼实施权标准显示出局限性。因为在这种标准下,那些对他人之间的法律关系没有权利和义务,但又提起确认诉讼或代表受害的群体中的一员提起代表人诉讼的第三人被排除在适格当事人的范围之外。于是,诉讼法适格理论体系在诉讼实施权标准的基础上发展出了诉的利益标准。

(二) 诉的利益标准

诉的利益,乃原告谋求判决时的利益,即诉讼追行利益。这种诉讼追行利益与成为诉讼对象的权利或者作为法律内容的实体性利益以及原告的胜诉利益是有区别的,它是原告所主张的利益面临危险和不安时,为了祛除这种危险和不安而诉之于法的手段即诉讼,从而谋求判决的利益及必要,这种利益由于原告主张

① 参见江伟、孙邦清:《当事人适格的识别》,载《人民法院报》2003 年 10 月 28 日。

的实体利益现实地陷入危险和不安才得以产生。[①]

诉的利益学说与管理权学说的不同之处在于,即使当事人对请求法院承认和保护的权利没有管理权或处分权,但只要有诉的利益,仍然可被认为是适格当事人,可以进行实体权利生成的事实举证和抗辩。这是因为随着民事、经济纠纷,尤其是确认之诉和形成之诉的数量的增加以及未到期的给付之诉越来越多地得到承认,纠纷类型也越来越复杂。当新的诉讼类型出现时,由于其体现的利益往往超越了个人可以处分的财产利益的范围,法律对这些应予以保护的权利类型并没有预先设定,如果固守传统诉讼形态下诉权专属于"直接利害关系人"的思维定式,那些依公平原则本应获得救济的事件就得不到救济。

所以,当诉的利益成为司法救济的对象时,为保护和救济因违法行为受到侵害或威胁性损害的普遍公众利益,法律有必要在一些特殊的领域赋予较为广泛的市场主体以"诉的利益"以及为维护公益而享有的独立诉权,允许国家代表机关、社会团体或者无利害关系的其他公民依法向法院提出公益诉讼。这是从诉讼角度对实体适格当事人的适格要件所作的补充,是对实体法上的利害关系人的范围予以扩大解释的结果。

通过诉的利益,使该适格当事人利益的正当性在诉讼一开始就获得了法院的认可,法院形成了独特的司法救济权利的体系;而该适格利益能否得到法院裁判的承认并获得判决的效力,有赖于法院审理过程中双方的事实举证和抗辩,有赖于法院对双方所代表的社会群体利益的冲突和再分配问题进行权衡。[②]

三、非正当当事人及其变更

非正当当事人,是正当当事人的否定,即当事人适格有欠缺,没有诉讼实施权的人。这种欠缺是指当事人与特定诉讼标的没有事实上或法律上的关系,即不是该诉讼标的权利或法律关系的主体,也没有诉讼担当人的资格,对该诉讼根本没有诉讼实施权。它与正当当事人是一个相互矛盾的概念,二者的外延相加即是学者所谓的纯粹诉讼上的当事人。所以非正当当事人依然是当事人,只不过这里的当事人仅仅是形式上的当事人。在诉讼实务中,经常发生当事人并非正当当事人的情形。

当事人的变更又称当事人更换,是指在诉讼中,因法律的规定或基于当事人的意思,原诉讼的当事人被更换或变动为新的当事人的一种诉讼现象。一般认为,当事人变更的实质,是将实体不适格的当事人更换为实体适格的当事人的

---

① 〔日〕谷口安平:《程序的正义与诉讼》,王亚新、刘荣军译,中国政法大学出版社 1996 年版,第 188 页。

② 齐树洁、苏婷婷:《公益诉讼与当事人适格之扩张》,载《现代法学》2005 年第 5 期。

制度。

当事人变更分为法定的当事人变更和任意的当事人变更。法定的当事人变更,是指在诉讼中出现某种情况,根据法律规定所发生的当事人变动。包括:(1)在诉讼中,当事人死亡,发生诉讼继承的场合;(2)因法人或非法人团体分立或合并所发生的当事人变更。任意的当事人变更是相对于法定的当事人变更而言的。任意的当事人变更不是因某种情况的出现而根据法律规定所发生的当事人变更,而是在诉讼中,因原诉讼当事人不适格发生的当事人更换。

第三节 诉讼代理人

一、诉讼代理人的概念和特征

诉讼代理人,是指以当事人一方的名义,在法律规定的或当事人授予的权限范围内代理当事人进行民事诉讼活动的人。在民事诉讼中,有的当事人由于没有诉讼行为能力,不能亲自进行诉讼;有的当事人因缺乏法律知识,不善于行使自己的权利,需要有人协助代为实施诉讼行为;有的当事人因有某种事情不能出庭,或者由于其他原因不愿出庭。所有这些情形,都将妨碍民事诉讼的进行和纠纷的解决。[①] 通过诉讼代理制度可以对无诉讼行为能力的当事人提供救济,对其合法权益进行保护;对有诉讼行为能力的当事人,提供诉讼上的帮助。同时,实施诉讼代理制度,也有利于人民法院查明事实,分清是非,正确、合法、及时地审理案件。

诉讼代理人具有以下几个特征:

(1)诉讼代理人必须以被代理人的名义进行诉讼活动。诉讼代理人不是当事人争议的民事法律关系主体,代理人只是代理当事人进行民事诉讼,其目的是维护被代理人的合法权益。因此,诉讼代理人在诉讼活动中始终是以被代理人的名义参加诉讼,而不能以自己的名义参加诉讼。

(2)诉讼代理人必须具有诉讼行为能力。诉讼代理人具有诉讼行为能力是其充当代理人的首要条件,只有具备这一条件,他才能代替那些没有诉讼行为能力的当事人参加诉讼。在诉讼中如果诉讼代理人丧失诉讼行为能力,也就丧失了诉讼代理人资格。

(3)诉讼代理人必须在诉讼代理权限范围内进行活动,其法律后果由被代理人承担。诉讼代理人进行代理活动,是依据诉讼代理权进行的。根据《民事诉讼法》第60条、第61条的规定,诉讼代理权由法律规定产生或由当事人授权

① 参见章武生主编:《民事诉讼法新论》(修订版),法律出版社2002年版,第190页。

产生。因此,法定诉讼代理人须根据法律规定行使诉讼代理权,委托诉讼代理人须根据委托人的授权行使诉讼代理权。诉讼代理人在代理权限范围内为被代理人的利益实施诉讼行为,以实现和履行被代理人的诉讼权利和诉讼义务,诉讼代理所产生的法律后果由被代理人承担。超越代理权限范围所为的诉讼行为,对被代理人不发生效力。

(4) 诉讼代理人在同一案件中只能代理一方当事人,而不能同时代理双方当事人。诉讼代理人参加诉讼的目的是为了维护被代理人的合法权益,而双方当事人在诉讼上的利益是互相对立的,因此,诉讼代理人在同一案件中只能代理一方当事人进行诉讼活动。

二、法定诉讼代理人

(一) 法定诉讼代理人的概念和特征

法定诉讼代理人,是指因法律规定的原因或者说基于法律的授权而以当事人的名义,代理无民事诉讼行为能力的当事人参与诉讼的诉讼参加人。法定诉讼代理人具有以下几个方面的特征:(1) 法定诉讼代理人的诉讼代理权直接来源于立法的规定,而无须授权委托;(2) 法定诉讼代理人一般由监护人担任;(3) 法定诉讼代理人的代理权限与本人的诉讼权限基本等同;(4) 法定诉讼代理权的消灭也是根据法律规定的事由直接发生的。

(二) 法定诉讼代理权的取得和消灭

法定诉讼代理权的产生以监护权的取得为基础,即没有监护权,就没有法定诉讼代理权。

法定诉讼代理权的消灭主要有以下几种情形:(1) 被代理的当事人取得或恢复诉讼行为能力;(2) 法定诉讼代理人丧失诉讼行为能力;(3) 基于婚姻关系或收养关系而产生的监护权,因婚姻关系或收养关系被解除,导致法定诉讼代理权消灭;(4) 法定诉讼代理人或被代理人死亡。

(三) 法定诉讼代理人的代理权限

法定诉讼代理人是代理无民事行为能力或限制民事行为能力的当事人进行诉讼,这样的当事人因年龄或精神方面的原因通常不出庭参加诉讼,即使出庭也因为诉讼能力欠缺而不能实施诉讼行为。从监护人角度说,根据《民法典》的有关规定,监护人不仅负有保护被监护人的人身、财产及其他合法权益的责任,而且在被监护人造成他人损害时还须负侵权赔偿责任。

因此,为了有效地保护被监护人的合法权益和充分发挥诉讼代理人的作用,同时也为了使诉讼能够顺利地进行,让法定诉讼代理人处于与当事人类似的地位,使他们享有包括处分被代理人的实体权利在内的广泛的诉讼权利是必要的。但同时,法定诉讼代理人毕竟不是当事人,担任法定诉讼代理人的情况又比较复杂,因此,也可能出现法定诉讼代理人在处分当事人的实体权利时侵害当事人权益的情况,如反常地承认对方当事人的诉讼请求,与对方当事人达成对被代理人明显不利的调解协议等。为防止被监护人的利益受到损害,人民法院应当对法定诉讼代理人的行为进行必要的监督。

三、委托诉讼代理人

(一)委托诉讼代理人的概念和特征

委托诉讼代理人,是指受当事人、法定代理人委托并以他们的名义在授权范围内进行民事诉讼活动的人。与法定诉讼代理人相比,委托诉讼代理人具有下列特点:(1)代理诉讼的权限、范围和事项不由法律直接规定,而由被代理人委托和授予;(2)委托诉讼代理人与被代理人之间不存在监护与被监护关系;(3)委托诉讼代理人进行诉讼须向人民法院提交被代理人的授权委托书,而法定诉讼代理人进行诉讼只需提交存在监护关系的证明文件。

(二)委托诉讼代理人的范围

根据《民事诉讼法》第61条的规定,律师、基层法律服务工作者,当事人的近亲属或者工作人员,当事人所在社区、单位以及有关社会团体推荐的公民,都可以被委托为诉讼代理人。但是无民事行为能力人、限制民事行为能力人或者可能损害被代理人利益的人以及人民法院认为不适宜做诉讼代理人的人,不能作为诉讼代理人。当事人、法定代理人等可以委托一至二人作为诉讼代理人。

(三)委托诉讼代理权的取得和消灭

委托诉讼代理权基于当事人、法定代理人的授权委托而产生。换言之,没有当事人、法定代理人的授权,委托诉讼代理人无权进入诉讼。

委托代理权限因下列情况而消灭:(1)诉讼代理任务完成,诉讼结束;(2)委托诉讼代理人辞去代理职务;(3)委托人解除委托;(4)委托诉讼代理人在诉讼中丧失诉讼行为能力或死亡。

(四)委托诉讼代理人的权限

委托诉讼代理人代理权的取得必须有委托人的授权委托书。委托诉讼代理权的范围一般由委托人在授权委托书中明确规定,可以全权委托,也可以部分委托,只是在特殊情况下法律才予以限制。诉讼代理人代为承认、放弃、变更诉讼请求,进行和解,提起反诉或者上诉等,必须有委托人的特别授权。授权委托书仅写“全权代理”而无具体授权的,诉讼代理人无权处分涉及被代理人重大权益的实体事项和程序事项,比如提起反诉或者上诉等。在诉讼中,被代理人可以变更或者解除诉讼代理人的权限,但是被代理人应当书面告知法院,并由法院通知对方当事人。代理诉讼的律师和其他诉讼代理人有权调查收集证据,查阅案件有关材料。

拓展阅读

1. 王锡三:《略论当事人的更换》,载《现代法学》1989 年第 3 期。

2. 王强义:《非正当当事人及其更换》,载《法学研究》1991 年第 6 期。

3. 王甲乙:《当事人适格之扩张与界限》,载《民事诉讼法之研讨(六)》,台湾三民书局 1997 年版。

4. 齐树洁、谢岚:《中美民事诉讼当事人制度比较研究》,载《诉讼法论丛》2000 年第 2 期。

5. 肖建华:《正当当事人理论的现代阐释》,载《比较法研究》2000 年第 4 期。

6. 李龙:《民事诉讼当事人适格刍论》,载《现代法学》2000 年第 4 期。

7. 单锋:《现代型民事诉讼中的原告资格和当事人适格》,载《南京社会科学》2005 年第 11 期。

8. 王典:《公正与效益的抉择:论民事诉讼中的强制律师代理制度》,载《法治研究》2010 年第 1 期。

9. 张洪新:《当事人适格的概念重构——美国联邦法院的经验与启示》,载《甘肃政法学院学报》2018 年第 3 期。

10. 汤维建:《当事人适格的判断机制》,载《法律适用》2021 年第 7 期。

第十三章　共同诉讼和第三人诉讼

本章目次

第一节　共 同 诉 讼

一、共同诉讼概述

共同诉讼,是指当事人一方或双方为两人以上的诉讼,也称为主观的诉的合并。共同诉讼是复合诉讼形态的一种。复合诉讼形态是与单一诉讼形态相对应的概念,是指诉讼的主体或者客体为复数的诉讼形态。[①] 复合诉讼形态根据诉讼主体和诉讼客体上的区别,可分为诉的主体合并(主观合并)、诉的客体合并(客观合并)以及混合的诉的合并(诉的主体合并与诉的客体合并两者混合)。共同诉讼便是诉的主体的合并或称主观的诉的合并。

在早期的罗马法中,只承认一对一的单独诉讼,不承认共同诉讼的当事人结构。但后来为了诉讼经济,裁判者把有关联的两个诉讼合并审理,就出现了主观的诉的合并的最初形式——普通共同诉讼形式;再后来,审判者对当事人一并提起的、有相互牵连的两个或两个以上的诉讼必须合一裁判,从而出现了类似的必要共同诉讼形式。更进一步,要求某些诉讼必须由全体利害关系人共同提起或

① 参见陈刚:《民事诉讼法制的现代化》,中国检察出版社 2003 年版,第 342 页。

必须针对全体利害关系人提起，才出现了固有的必要共同诉讼的形态。而早期的日耳曼法中，团体的观念特别发达，甚至影响了诉讼的方式。例如，某些诉讼并不是单个人能够进行的，对于团体的权利，必须由该权利的总有人或合有人一起提起，诉讼才能进行，否则当事人就不适格。[①] 德国从普通法时代中期开始，逐渐形成了必要共同诉讼和普通共同诉讼两种基本共同诉讼形态；但在其普通法初期，曾禁止实行诉的主观或主体的合并，但允许共同的团体诉讼，即承认多数人诉讼中团体有单一的诉讼主体地位，不允许团体的各成员有各自独立的诉讼地位。这对于当事人很不方便，因为团体中只要有人不愿意参加诉讼或下落不明，诉讼就无法进行。以后，随着诉讼制度的发展和完善，这种团体型的共同诉讼便不再限于团体，只要权利义务的主体之间的诉讼标的是共同的，即具有共同的权利义务，允许将多数权利义务关系主体在诉讼上加以合并，始形成现在的必要共同诉讼。

《民事诉讼法》第55条第1款对共同诉讼作了规定："当事人一方或者双方为二人以上，其诉讼标的是共同的，或者诉讼标的是同一种类、人民法院认为可以合并审理并经当事人同意的，为共同诉讼。"

共同诉讼具有以下特征：

（1）相对于单独诉讼而言，共同诉讼是多数人诉讼的一种模式。民事之诉的基本形态是单独诉讼（又称为单一型之诉），即一个原告和一个被告、加上单一的诉讼标的构成。为了解决多数的人与人之间的纠纷，就必须承认一方或双方当事人为多数人的诉讼模式，进而在立法上承认多数一方当事人中各个参与者都具有诉讼主体地位。承认与单独诉讼相对应的共同诉讼模式，不仅是为了满足实体法对法律关系一方当事人为多数时所作的权利与义务的安排，也是基于诉讼技术合理性的客观需要。[②]

（2）共同诉讼强调诉的主体的合并，而不考虑诉的客体（诉讼标的）是否合并。

共同诉讼制度无论是在理论上还是在实践中都具有重要的意义。共同诉讼制度立法意图中隐含的价值取向即是其意义所在，也是其功能所在。共同诉讼制度存在的意义在于：它总体上符合诉讼经济的原则，有利于简化诉讼程序，节省诉讼时间和费用；它对于防止产生相互矛盾的裁判有积极作用，保障了法院裁判的统一；它适应了解决实体法上权利义务关系复杂性的客观需要，有利于实现民事程序法与民事实体法的协调配套，进而保护当事人的合法权益。

---

① 参见肖建华：《民事诉讼当事人研究》，中国政法大学出版社2002年版，第195页；李祖军主编：《民事诉讼法·诉讼主体篇》，厦门大学出版社2005年版，第134页。

② 参见肖建华：《民事诉讼当事人研究》，中国政法大学出版社2002年版，第197—200页。

二、共同诉讼的构成要件

理论界对于共同诉讼的构成要件的认识不尽相同。日本有学者把共同诉讼的构成要件分为主观要件和客观要件：主观要件是指合并不同的当事人，具体包括：(1) 诉讼标的的权利是共同的；(2) 诉讼标的的权利义务是基于同一事实上或法律上的原因；(3) 诉讼标的的权利义务是同种类的，而且是基于事实上和法律上的同类原因；(4) 其他法律规定可以共同进行诉讼的情况。客观要件则是指提出合并的请求。①

通说认为共同诉讼的构成应当同时具备实体要件和程序要件。就实体要件而言，共同诉讼的产生取决于立法的规定，如大陆法系的德国、奥地利、瑞士以及日本和我国台湾地区的民事诉讼法都认为在下列三种情况下构成共同诉讼：(1) 共同享有权利或共同承担责任；(2) 享有的权利和承担的责任基于同一事实根据；(3) 权利请求和责任所形成的诉讼标的具有同种特征或基本类似的法律和事实根据。② 英美法系对共同诉讼实体方面的根据规定得较为宽松，也存在类似规定：如《美国联邦地区法院民事诉讼规则》第 42 条、第 18 条即规定，如果当事人将含有共同的法律或事实问题的诉讼诉诸法院，法院可以命令对该诉讼争点的部分或全部的事实进行合并审理或合并法庭审判。法国虽然属大陆法系，但其民事诉讼法与英美法系有很大的相似性。意大利民事诉讼法也认为如果存在相同的请求或相同的请求根据，或者判决将全部或部分基于相同的事实或法律问题，就允许共同诉讼。③

在程序要件方面，共同诉讼的产生取决于当事人的诉权和法官的自由裁量权。④ 具体而言，除了一般的诉讼成立所需要的基本要件以外，共同诉讼的成立还需要以下条件：法院对共同诉讼中的各个单独之诉均有管辖权；各个诉讼能够按照同一种诉讼程序进行。⑤

三、共同诉讼的形态

我国学理根据共同诉讼人与诉讼标的的关系，将其分为普通共同诉讼与必要共同诉讼两类。共同诉讼的多数人对于诉讼标的不必合一确定，各人分别独

---

① 参见〔日〕兼子一、竹下守夫：《民事诉讼法》，白绿铉译，法律出版社 1995 年版，第 192—193 页。

② Ernst J. Cohn: International Encyclopedia of Comparative Law, Vol. XVI: parties, Ch. 5, p. 38. 转引自肖建华：《民事诉讼当事人研究》，中国政法大学出版社 2002 年版，第 201 页。李祖军先生在其主编的《民事诉讼法 · 诉讼主体篇》(厦门大学出版社 2005 年版) 第 140—141 页对此亦有提及。

③ 转引自肖建华，同上书，第 202 页。

④ 参见肖建华，同上书，第 205—215 页；李祖军主编：《民事诉讼法 · 诉讼主体篇》，厦门大学出版社 2005 年版，第 141—142 页。

⑤ 参见李祖军主编：《民事诉讼法 · 诉讼主体篇》，厦门大学出版社 2005 年版，第 141—142 页。

立的,为普通共同诉讼。诉讼标的对于共同诉讼人全体必须合一确定的共同诉讼,为必要共同诉讼。也就是说,复数的当事人一方各人所主张的诉讼标的相互独立的,为普通的共同诉讼,复数的当事人一方所主张的诉讼标的共同并且唯一的,为必要的共同诉讼。

国外有关共同诉讼的分类,与我国有所不同。德国将必要共同诉讼分为固有必要共同诉讼或真正必要共同诉讼和非固有必要共同诉讼或非真正必要共同诉讼。德国学者近年来又大都依 Fritz Baur 的提法,将固有必要共同诉讼改称为“因实体法原因的必要共同诉讼”(实体法上的必要共同诉讼),而将非固有必要共同诉讼称为“因诉讼法原因的必要共同诉讼”(诉讼法上的必要共同诉讼)。日本则将前述两种共同诉讼分别称为固有必要共同诉讼和类似必要共同诉讼。英美法系的共同诉讼体现为当事人的合并。以美国联邦民事诉讼规则为例,其有关当事人的合并,有强制合并和任意合并两种。当事人的强制合并(compulsory joinder of parties)是指基于法律的规定,当事人必须一并起诉或被诉,如果有所欠缺,法院必须依职权予以追加;如果被追加的当事人不参加诉讼,法院就要作出驳回起诉的裁定。根据被合并的当事人与本案的密切程度,当事人的强制性合并又分为必要的当事人的合并(joinder of necessary parties)与必不可缺的当事人的合并(joinder of indispensable parties)。[①] 当事人的任意合并,是指基于法律所规定的情形,原告可以选择是否将其他人合并作为当事人进行诉讼——亦即,在某些情况下,允许原告合并其他人与自己一起作为多数原告进行诉讼,或将数人作为自己的共同被告进行诉讼。在符合有关条件的情况下,原告享有很大的选择权利来决定是否运用当事人任意合并这种诉讼机制。[②]

四、必要共同诉讼人的内部关系

根据立法和学理的一般观点,共同诉讼人之间的内部关系应作如下安排[③]:

(1) 共同诉讼人中一人的行为对于共同诉讼人有利益的,其效力及于全体;不利益的,对于全体不发生效力。比如,若共同原告一人所为有利于全体的诉讼请求、陈述有利的事实或提出有利的证据,虽然其他共同原告未为此种行为,这些行为也对全体发生效力。若共同被告一人对原告的请求及其主张的事实持异议并提出抗辩或反证的,即便其他共同被告没有作出这些行为,该抗辩或反证行为也对其他被告发生效力。如果共同诉讼中一人所陈述的有利事实或证据,与

① 参见汤维建:《美国民事诉讼规则》,中国检察出版社 2003 年版,第 96—98 页。

② 同上书,第 101—102 页。

③ 参见肖建华:《必要共同诉讼行为相互独立性和牵连性分析》,载《平原大学学报》2000 年第 3 期;李祖军主编:《民事诉讼法 · 诉讼主体篇》,厦门大学出版社 2005 年版,第 146 页—147 页;肖建华:《民事诉讼当事人研究》,中国政法大学出版社 2002 年版,第 235—239 页。

其他共同诉讼人中一人所提出的有利事实或证据不相容时，则由法官依照自由心证的原则进行判断。相反，如果其中一人的行为显然有可能使共同诉讼人遭受败诉判决，则可认为该行为不利于全体。比如其中一人进行诉讼上的自认、对对方当事人所主张的事实不争执、放弃诉讼请求或者撤回上诉时，应认为该行为对共同诉讼人全体（包括行为人本人）不发生效力。当然，如果全体共同诉讼人一致进行对己方不利益的行为时，该不利益的行为应发生效力。

（2）对方当事人对于共同诉讼人中的一人或部分人所作出的行为，无论其行为的内容如何，无论是否对共同诉讼人有利，其效力及于全体。即使对方当事人对于各个共同诉讼人作不同表述，也不妨碍法院作出统一的判决。也就是说，在原告和被告对立的结构中，共同诉讼人实质上是被视为一个整体与对方当事人之间产生权利、义务关系。例如，对方当事人对于共同诉讼人中一人提起上诉、撤回上诉、放弃诉讼请求或自认，即应认为系对全体共同诉讼人所为。但如果在本案言词辩论后撤回起诉，应当征得被告的同意；在被告为复数时，则必须经全体被告同意：被告中个别人同意撤回，不发生同意撤回的效力，因为被告有多数人时，同意撤回起诉可能被认为是对共同被告不利益的行为，故必须经全体被告一致同意。[①]

（3）共同诉讼中的一人遵守诉讼期间的行为（他人的不作为），发生一定诉讼上的效果。遵守诉讼期间的行为是法治社会对公民法治道德最基本的要求之一，也是公民的权利受到法律保护的前提。对于当事人遵守诉讼期间，一方面法律予以鼓励和保护，另一方面推定对未到场的共同诉讼人有利。据此，必要共同诉讼中的一人遵守诉讼期间，则对于必要共同诉讼人全体发生效力。如上诉期间的起算，虽然对各个共同诉讼人而言，是自判决送达之次日起各自计算，但其中一人在上诉期间内上诉，视为全体在上诉期间内上诉，其他共同诉讼人无论是否已逾上诉期，都不必再提起上诉。因此，从实际效果上言，上诉期间以最后一位共同诉讼人收到判决书之日为起算日。

（4）必要共同诉讼人中一人，有中断或中止诉讼的原因发生时，其中断或中止对全体发生效力。必要共同诉讼中为达到裁判能够对共同人全体合一确定的目的，法院不得对部分共同诉讼人进行判决，所以共同诉讼人中如果有一人有诉讼当然停止或裁定停止（诉讼中止或中断）的原因时，法院在该停止诉讼的当事人续行诉讼以前，为了达到合一确定的审理和判决的目的，避免诉讼程序的浪费，一人停止诉讼的原因发生全部诉讼停止的效果。[②]

---

① 参见李祖军主编：《民事诉讼法·诉讼主体篇》，厦门大学出版社 2005 年版，第 146 页—147 页；肖建华：《必要共同诉讼行为相互独立性和牵连性分析》，载《平原大学学报》2000 年第 3 期；肖建华：《民事诉讼当事人研究》，中国政法大学出版社 2002 年版，第 235—239 页。

② 参见李祖军主编：《民事诉讼法·诉讼主体篇》，厦门大学出版社 2005 年版，第 146—147 页。

五、我国必要共同诉讼制度的完善

关于如何确立我国必要共同诉讼的形态,我国学理存在分歧。我们认为,可以借鉴大陆法系其他国家的必要共同诉讼制度,来完善我国的必要共同诉讼形态。根据我国司法实务的需要,以及未来有关实体法例如《公司法》等立法中相关制度的发展,可以将我国的必要共同诉讼确定为以下几种形态:

(1) 因某些共同关系,例如法定的共有财产关系,而使得复数的当事人共同拥有一个单独的请求权(给付之诉)或者诉的声明(确认之诉和形成之诉)而形成的必要共同诉讼。此时,因为诉讼标的只有一个,所以诉也只有一个,因而复数的当事人必须共同参加诉讼,通过一个程序解决纠纷或者保护私权。例如,因婚姻家庭关系、合伙关系、继承等关系所形成的共有财产涉讼而产生的必要共同诉讼等。在此类诉讼中,因为共有财产尚未分割,因共有财产而产生的请求权或者确权声明以及对共有财产所提出的请求,是一个诉讼标的,所以复数的当事人必须共同参加诉讼。

(2) 对于一个单独的诉讼标的,例如,给付之诉中的请求权或者确认之诉和形成之诉中的诉的声明,复数的当事人在相互之间存在事实上或者法律上的牵连关系。

事实上的牵连关系,例如因共同侵权而必须共同参加诉讼的情形。此种情况下,原告所主张的请求权只有一个,所以诉讼标的也只有一个,但是侵权人或者可能的侵权人有复数,或者在复数的当事人之间无法确定谁是具体的侵权行为人,因此应构成必要的共同诉讼。共同侵权的情形,在主观过错上包括有意思联络和无意思联络的情形;在发生时间上有同时为共同侵权行为和先后为共同侵权的情形。此种情形下,不管侵权人的行为与损害后果关系的远近,作为受害人的原告的请求权也只有一个,是统一不可分的,因此诉讼标的只有一个,共同侵权人应当作为共同被告参加诉讼。此类案件具有以下特征:第一,作为复数的当事人的侵权人不一定在主观上有共同的意思联络;第二,因为真实的具体的因果关系暂时未能查明或者不可能查明,复数的当事人中可能包括了根本未实施侵权行为的人;第三,作为被告的复数的当事人之间没有共同的利益关系或者存在利益的冲突关系,他们在诉讼中可能会为了减轻自己的责任而为对其他共同诉讼人不利的行为,此一行为对全体不发生效力,但可作为法院判断的资料;第四,在复数被告的情况下,允许法院在裁判时确定各人的责任份额。

法律上的牵连关系,是因法律的规定应当承担连带责任而产生的牵连关系。此种情形下,由于作为诉讼标的的请求权(给付之诉)或者诉的声明(确认之诉和形成之诉)只有一个,所以诉讼标的也只有一个,因此诉也只有一个,复数的当事人必须通过一个诉讼程序解决纠纷或者保护私权。这一类必要共同诉讼的复数当事人之间,也可能存在利益的冲突关系,因此复数当事人之间也可能为对其他共同诉讼人不利的行为。同理,此类行为对于全体无效,但是可以作为法院判断的资料。

第二节　第三人诉讼

一、第三人概述

(一) 第三人的概念和种类

第三人,是对他人之间的诉讼标的认为有独立请求权,或者虽然没有独立请求权,但案件处理结果与其有法律上的利害关系,而参加到正在进行的诉讼中去的人。他人之间正在进行的诉讼,称为本诉。第三人提起或参加的诉讼,称为参加之诉。以对本诉的诉讼标的是否有独立请求权为标准,可将第三人分为有独立请求权的第三人和无独立请求权的第三人。《民事诉讼法》第 59 条对第三人制度作出了规定。

(二) 第三人的特征

(1) 第三人与本诉有利害关系。第三人之所以能参加诉讼,是因为第三人对本诉有某种利害关系。利害关系包括两种情形:一是认为本诉中原告、被告与本诉有关的行为侵犯了其合法权益。二是虽然本诉中原告、被告与本诉有关的行为没有侵犯其合法权益,但是本诉的审理结果与其有法律上的利害关系。

(2) 第三人是本诉的案外人。他人之间已存在着诉讼,这是第三人参加诉讼的前提。第三人既不是本诉原告,亦不是本诉被告,不属于本诉的当事人。

(3) 第三人是为了自己的利益而参加诉讼。有独立请求权的第三人,向法院提出自己的诉讼请求,参加诉讼当然是为了维护自己的利益。无独立请求权的第三人,虽然未提出诉讼请求,表面看来是在维护被参加方当事人的利益,实质上是通过维护被参加方当事人的利益,从而维护自己的利益。

(三) 第三人诉讼的价值

第三人诉讼制度的价值在于诉讼经济,即通过本诉与参加之诉的诉讼标的合并审理,简化诉讼程序,节约诉讼资源,提高诉讼效率,防止裁决冲突,树立法院权威。

(四) 第三人诉讼的历史发展

一般认为,第三人诉讼制度起源于罗马法。“罗马法承认对他人的诉讼有利益关系的第三人,可以独立申请参加诉讼以及上诉或声明不服”①。在大陆法

① 江伟、单国军:《论民事诉讼中无独立请求权第三人的确定》,载《中国人民大学学报》1997 年第 2 期。

系国家,如德国、法国,第三人诉讼制度规定层次清晰、分类明确、结构严谨,通常称为"诉讼参加",包括主参加和从参加。在某种程度上,主参加诉讼相当于我国有独立请求权的第三人诉讼,从参加诉讼相当于无独立请求权的第三人诉讼。在英美法系国家,第三人诉讼制度一般称为"追告参加"。

新中国建立初期,最高人民法院颁布了《各级人民法院民事案件审判程序总结》(1956年),含有第三人诉讼的内容,标志着我国第三人诉讼制度的萌芽。在1982年《民事诉讼法(试行)》颁布前,理论界普遍使用"诉讼关系人"称呼参加诉讼的第三人。[①]《民事诉讼法(试行)》的颁布和此后的一系列司法解释,确立了我国现行的第三人诉讼制度。

二、有独立请求权的第三人

有独立请求权的第三人是指认为本诉原告、被告与诉讼有关的行为直接侵犯了自己的实体权益,以自己的名义向法院提出诉讼请求,加入正在进行的诉讼中来的人。

(一)有独立请求权的第三人参加诉讼的条件

(1)所参加的他人之间的诉讼正在进行。有独立请求权的第三人所参加的诉讼,是指正在进行的诉讼,即诉讼已经开始但尚未审理终结。有独立请求权的第三人参加诉讼的时间,法律没有具体规定。本书认为,有独立请求权的第三人参加诉讼应该限制在第一审程序。如果有独立请求权的第三人在第二审程序要求参加诉讼的,法院可以调解结案;调解不成的,按照我国《民事诉讼法》的相关规定,裁定撤销原判决,将本诉发回第一审法院重新审理,并告知有独立请求权的第三人。

(2)提出诉讼请求。认为本诉原告、被告与本诉有关的行为直接侵犯了自己的实体权益,这是有独立请求权的第三人参加诉讼的依据。只要有独立请求权的第三人提出了诉讼请求,认为本诉原告、被告与本诉有关的行为侵犯了其权益,法院就不能拒绝其参加诉讼。第三人提出的诉讼请求内容,既可以与本诉的诉讼请求的性质相同,亦可以与本诉的诉讼请求性质不同。对性质相同的,又可以分为全部否定本诉的诉讼请求和部分否定本诉的诉讼请求。全部否定本诉的诉讼请求指诉讼请求的内容全部否定原告、被告的实体权利;部分否定本诉的诉讼请求,指部分否定原告、被告的实体权利。[②]

(3)以起诉的方式参加。根据《民事诉讼法》第59条第1款的规定,有独立请求权的第三人以起诉方式参加诉讼。有独立请求权的第三人参加诉讼的依据

---

① 参见柴发邦、刘家兴、江伟、范明辛:《民事诉讼法通论》,法律出版社1982年版,第171页;谭兵主编:《民事诉讼法学》,法律出版社1997年版,第179页。

② 参见王丽萍主编:《民事诉讼法学》,山东大学出版社2005年版,第117页。

是认为本诉原告、被告与本诉有关的行为直接侵犯了自己的实体权益。根据民事诉讼权利处分自由原则,第三人可以以起诉的方式参加;当然,第三人也可以不起诉参加到他人正在进行的诉讼中来,而另行向有管辖权的法院起诉。在法院审理过程中,如果法院发现可能存在有独立请求权的第三人,可以将该情况通知第三人;如果第三人没有以起诉方式参加诉讼,法院不能强制第三人参加。

（二）有独立请求权的第三人的诉讼地位

有独立请求权的第三人以起诉方式参加诉讼,其诉讼请求针对的是本诉的原告、被告。因本诉的原告和被告彼此存在着利益冲突,他们是有独立请求权的第三人的被告,但不属于共同诉讼中的共同被告。这样,在第三人参加的诉讼中就存在着两个诉讼请求,一是本诉原告对被告的诉讼请求,二是第三人向本诉原告、被告的诉讼请求。这样,有独立请求权的第三人参加的诉讼中就形成了两种不同的对立面。据此,第三人参加的诉讼是本诉的诉讼标的与参加之诉的诉讼标的的合并,属于典型的诉讼标的的合并审理。

本诉和参加之诉既互相牵连,又相互独立。互相牵连指,本诉是参加之诉的前提,参加之诉是本诉的发展结果。互相独立指,本诉和参加之诉不因对方的撤诉而受影响。第三人参加诉讼后,原告申请撤诉,法院准许撤诉后,第三人为另案原告,本诉原告、被告为另案被告,诉讼另行进行;第三人撤诉的,本诉继续进行。

有独立请求权的第三人是当事人,在诉讼中的地位相当于原告,其拥有原告的权利和义务。有权变更诉讼请求,有权撤诉、上诉、请求和解、申请调解,有权申请回避,有权委托代理人进行诉讼,有权提出证据、开展辩论,经法庭许可,可以向证人、鉴定人、勘验人发问等。但由于第三人是以起诉方式参加到他人正在进行的诉讼中来,故其权利受到一定限制,无权提出管辖权异议。

（三）有独立请求权的第三人与必要共同诉讼人的区别

必要共同诉讼是一种不可分之诉,必要共同诉讼人一方当事人属于利益共同体,享有共同的权利,承担共同的义务。有独立请求权的第三人与本诉原、被告任一当事人之间,都没有共同的权利义务关系,其是以独立实体权利人的资格出现的,这是有独立请求权的第三人不同于必要共同诉讼人的实质区别。此外,在争议的主体对象、诉讼地位、参加诉讼的方式等方面也存在不同。

三、无独立请求权的第三人

无独立请求权的第三人是相对于有独立请求权的第三人而言的,指本诉原告、被告与本诉有关的行为虽然没有侵犯其实体权益(因而无权向法院提出诉讼请求),但案件审理结果与其有法律上的利害关系,为了自己的利益加入正在进行的诉讼中来的人。

（一）无独立请求权的第三人参加诉讼的条件

（1）所参加的他人之间的诉讼正在进行。无独立请求权的第三人参加诉讼的时间与有独立请求权的第三人参加诉讼的时间相同，即他们都只能在他人之间的诉讼开始以后，法院审理终结前参加诉讼。无独立请求权的第三人参加诉讼的时间，法律没有具体规定。本书认为，无独立请求权的第三人参加诉讼应该限制在第一审程序。对于一审程序没有判决无独立请求权的第三人承担责任的，第二审法院不得判决无独立请求权的第三人承担责任。

（2）案件的处理结果与其有法律上的利害关系。第三人参加诉讼，不是基于自己的权益被本诉中原告、被告与本诉有关的行为所侵犯（因而无权向法院提出诉讼请求），而是基于案件处理的结果与其有法律上的利害关系。案件的处理结果与其有法律上的利害关系，包括三个方面：一是法律上的利害关系。法律上的利害关系，指民事实体法律上的直接的利害关系，不包括事实上、道德上、情感上的利害关系和间接利害关系。具体是：第三人和本诉原告（或被告）的法律关系与本诉原告、被告的法律关系在民事实体法上具有法律上的牵连，第三人与本诉原告（或被告）的法律关系直接影响了本诉原告、被告的法律关系，也就是第三人对于被参加方当事人之间的义务不履行或不适当履行，直接影响了本诉当事人之间义务的履行或不履行；如果被参加方当事人败诉，无独立请求权的第三人就要对被参加方当事人承担责任或赔偿损失。二是利害关系属于义务性关系。虽然利害关系可以分为权利性关系、义务性关系、权利义务性关系三个类型，但是，若该利害关系包括权利关系，那么，无独立请求权的第三人对当事人一方享有实体权利，他就能以原告的身份提出诉讼请求，就没有加入本诉中的必要。故此处的利害关系解释为义务性关系。三是与案件处理结果有利害关系。无独立请求权的第三人是否承担责任要和本诉的具体处理结果相联系。第三人参加诉讼时，其是否承担责任或赔偿损失具有不确定性。

（3）以申请或法院通知的方式参加诉讼。根据《民事诉讼法》第 59 条第 2 款的规定，第三人参加诉讼的方式有两种：第三人申请参加或法院通知参加。所谓申请参加，是指案外人向法院提出参加诉讼的申请，从而以无独立请求权的第三人的身份参加诉讼。所谓通知参加，是指法院依职权发出通知书，要求案外人以无独立请求权的第三人的身份参加诉讼。

（二）无独立请求权的第三人的诉讼地位

《民事诉讼法》把无独立请求权的第三人诉讼制度规定在“当事人”一节，表明无独立请求权的第三人属于当事人范畴；但同时规定“人民法院判决承担民事责任的第三人，有当事人的诉讼权利和义务”，试图把无独立请求权的第三人与当事人区别开来。这实际上是矛盾表述，因此也导致理论界对无独立请求权的第三人的地位分歧较大。

我们认为无独立请求权的第三人属于诉权受限当事人。无独立请求权的第三人既不是原告,也不是被告,不属于本诉的当事人。无独立请求权的第三人之所以参加诉讼,是因为案件的处理结果与其有法律上的利害关系。在诉讼过程中,无独立请求权的第三人享有一般当事人的权利,但由于其对被参加方当事人的依附性,其主张只能以被告的主张为转移,也不得与被告的诉讼行为相抵触。具体是:

无独立请求权的第三人的一般权利:站在被参加方当事人的立场,有权了解原告起诉、被告答辩的事实和理由,有权委托代理人进行诉讼,有权提出证据、开展辩论,经法庭许可,可以向证人、鉴定人、勘验人发问,有权申请补正法庭笔录等。

无独立请求权的第三人受限制的权利:无权对案件的管辖提出异议,无权单独放弃、变更诉讼请求或者申请撤诉,无权单独承认对方的诉讼请求,不得在被参加方当事人反对的情况下申请调解。

无独立请求权的第三人可能的权利:被判决承担实体责任的第三人,有权提起上诉;没有被判决承担实体责任的第三人,无权提出上诉。

四、第三人撤销之诉

我国2012年修订的《民事诉讼法》在第59条增加了第3款,规定有独立请求权的第三人和无独立请求权的第三人,如果因不能归责于本人的事由未参加诉讼,但有证据证明发生法律效力的判决、裁定、调解书的部分或者全部内容错误,损害其民事权益的,可以自知道或者应当知道其民事权益受到损害之日起6个月内,向作出该判决、裁定、调解书的人民法院提起诉讼。人民法院经审理,诉讼请求成立的,应当改变或者撤销原判决、裁定、调解书;诉讼请求不成立的,驳回诉讼请求。这一条规定加强了对第三人程序权利与实体权利的保障。但是,对于第三人撤销之诉的具体程序,还应该有更加具体的规定。例如,人民法院对第三人提起的撤销之诉,是使用判决还是裁定,第三人或者本诉的当事人能否上诉等,应当规定得更加具体,以尽量避免司法实践中可能产生的分歧。

拓展阅读

1. 肖建华:《民事诉讼当事人研究》,中国政法大学出版社2002年版。

2. 赵信会、李祖军:《无独立请求权的第三人制度的内部冲突与制衡》,载《现代法学》2003年第6期。

3. 李祖军主编:《民事诉讼法·诉讼主体篇》,厦门大学出版社2005年版。

4. 李为民:《民事诉讼第三人新论》,载《法学评论》2005年第3期。

5. 章武生、段厚省:《必要共同诉讼的理论误区与制度重构》,载《法律科学》2007年第1期。

6. 卢正敏、齐树洁:《连带债务共同诉讼关系之探讨》,载《现代法学》2008年第1期。

7. 胡震远:《美国共同诉讼制度及其启示》,载《东方法学》2008年第4期。

8. 张永泉:《必要共同诉讼类型化及其理论基础》,载《中国法学》2014年第1期。

9. 罗恬漩:《涉及共有财产权的共同诉讼形态——从〈民诉法解释〉第72条出发的类型化分析》,载《华东政法大学学报》2015年第6期。

10. 段文波:《德日必要共同诉讼"合一确定"概念的嬗变与启示》,载《现代法学》2016年第2期

11. 卢佩:《多数人侵权纠纷之共同诉讼类型研究——兼论诉讼标的之"案件事实"范围的确定》,载《中外法学》2017年第5期。

12. 胡学军:《论共同诉讼与第三人参加诉讼制度的界分》,载《环球法律评论》2018年第1期。

13. 蒲一苇:《诉讼法与实体法交互视域下的必要共同诉讼》,载《环球法律评论》2018年第1期。

14. 汤维建:《类似必要共同诉讼适用机制研究》,载《中国法学》2020年第4期。

15. 汤维建:《类似必要共同诉讼的制度性导入》,载《中国政法大学学报》2022年第1期。

第十四章　群体诉讼和公益诉讼

本章目次

第一节　群体诉讼

一、群体诉讼的概念

随着社会经济尤其是社会生产工业化的发展,民事纠纷的类型和特点也在不断变化,不再仅限于传统的一对一纠纷或若干人的简单纠纷,而是不断地涌现出涉及人数众多、规模浩大的群体纠纷。当此类纠纷激化到一定程度,人们将其付诸司法的时候就产生了群体诉讼。群体诉讼是为了解决多数人纠纷所设计的一种当事人诉讼制度。诉讼当事人一方或双方人数众多时,即使当事人在法律和事实上有牵连关系,这个诉讼群体也不构成一个固定的组织,所以无法将其视为一个法人实体来进行诉讼。又由于一个诉讼空间无法容纳这么多的诉讼主体,为了一并解决众多当事人与另一方当事人之间的利益冲突,达到诉讼经济的目的,民事诉讼就有必要建立群体性纠纷解决机制。①

二、群体诉讼与共同诉讼的联系和区别

目前人们在使用“群体诉讼”这一概念时经常和“共同诉讼”混为一谈。至于我国现行《民事诉讼法》第 56 条和第 57 条确定的代表人诉讼是属于群体诉

① 参见肖建华:《群体诉讼与我国代表人诉讼制度的比较研究》,载《比较法研究》1999 年第 2 期。

讼还是共同诉讼仍然众说纷纭。之所以会产生这样的混乱,其中一个重要原因就是没有理清群体诉讼与共同诉讼的联系和区别。群体诉讼是在共同诉讼的基础上发展起来的,两者的目的和功能有许多共通之处,但二者的区别也是明显的:

(1) 群体诉讼人数众多,群体成员不可能全部参加诉讼,故由群体代表人提起并完成诉讼。共同诉讼的人数虽多,但有可能是全部共同诉讼人参加诉讼,在普通的共同诉讼中部分当事人如果不参加诉讼可以另行起诉,在必要的共同诉讼中,在部分当事人没有参加诉讼的情况下,法院必须依靠职权追加共同当事人,如果该当事人不愿意参加诉讼,但又没有明确表示放弃实体权利,那么仍然赋予其共同原告或被告的资格。在群体诉讼制度中,就不存在追加共同当事人的问题。此外,群体诉讼经常存在人数不确定的情况,而共同诉讼不存在人数不确定的问题。

(2) 群体诉讼多属于小额多数权利主张,起诉的当事人既保护自身的利益,同时客观上也是保护其他群体成员的利益,共同诉讼的目的是为了保护共同诉讼人自身的利益。同时群体诉讼的判决效力对全体集团成员均有约束力,不仅约束参加诉讼的集团成员,还约束那些没有参加诉讼的群体成员,而共同诉讼判决只对共同参加诉讼的当事人有效。

(3) 群体诉讼中群体资格具有虚拟性。该诉讼群体既不具有某个固定组织资格,更不是法人实体。该群体资格是因为人数众多的当事人基于诉讼利益的一致性而由法律所赋予的一种资格。

三、我国与世界主要国家群体诉讼制度概述

随着世界各国社会经济的发展,群体诉讼在各国基本上呈上升趋势。各国尤其是主要的发达国家在解决群体诉讼案件时都有自己独特的制度。比较典型的是美国的集团诉讼、德国的团体诉讼以及日本的选定当事人。这些群体诉讼机制尽管各有利弊,但是在多年前,我国就是在参考了日本的选定当事人制度和英美的集团诉讼制度的基础上制定了现行的代表人诉讼制度的,如今这些国家的群体诉讼制度也在不断地发展和变化,对于群体诉讼制度还不够成熟完善的我国来说,考察研究它们的特点和运作状况仍然意义十分重大。

美国的集团诉讼制度在世界上是备受关注的。按照《布莱克法律词典》的定义:“集团诉讼也称代表人诉讼,是指当一个大规模的群体与一事实有利害关系,一人或数人可以作为代表而不必联合集团中的每个成员起诉或应诉的一种诉讼方式。”最初的集团诉讼制度采用的是“选择加入”(Opt-in)的方式,只有当事人明确表示加入集团才能够成为集团的成员。在1996年,美国集团诉讼的规则发生重大变化,加入集团的方式改成“选择退出”(Opt-out),该修改使得集团

诉讼为经济上的弱势当事人提供司法争议的功能得到了最大限度的发挥。然而接踵而来的是该方式所带来的一系列问题，比如高额的胜诉酬金诱使律师滥用集团诉讼制度，高额律师费使当事人获利甚微等。因此美国集团诉讼规则也是备受争议。

以德国为代表的团体诉讼（Verbandsklage）制度，是一种赋予某些团体诉讼主体资格和团体诉权（当事人适格），使其可以代表团体成员提起、参加诉讼，独立享有诉讼权利和承担诉讼义务，并可以独立作出实体处分的制度。团体诉讼是群体诉讼中的一种特殊类型，它与集团诉讼都属于为救济小额多数权利受侵害而设置的诉讼制度，并具有相似的公益色彩和功能。但二者又属于完全不同的群体诉讼模式，具有较大的差别。这主要表现在：(1) 提起团体诉讼的原告限于有权利能力的公益团体，而集团诉讼则是由权利受侵害的多数人中的一人或数人代表当事人提起诉讼；(2) 团体诉讼适用的范围仅限于各种法律的特别规定，而集团诉讼适用的领域要广泛得多；(3) 多数国家团体诉讼的原告仅限于提起请求法院判决被告终止一定行为或撤回一定行为的诉讼，而集团诉讼的请求以损害赔偿为主，亦可为禁止一定行为的请求。[①]

日本的选定当事人诉讼制度是针对涉及多数人共同利益的诉讼而确立的一项制度，即多数有共同利益之人，得由其中选定一人或数人为全体起诉或被诉，其他当事人脱离诉讼。该诉讼制度最初用于共同诉讼制度中，20 世纪 60 年代末以来，大规模的损害性事件纷纷涌现，选定当事人诉讼制度也被用于群体诉讼当中，成为解决群体性纠纷的重要机制。

我国目前的群体诉讼制度称为代表人诉讼制度。根据《民事诉讼法》第 56 条和第 57 条的规定，当事人一方人数众多的共同诉讼，可以由当事人推选代表人进行诉讼。代表人的诉讼行为对其所代表的当事人发生效力，但代表人变更、放弃诉讼或者承认对方当事人的诉讼请求，进行和解，必须经被代表的当事人同意。诉讼标的是同一种类，当事人一方人数众多在起诉时人数尚未确定的，人民法院可以发出公告，说明案件情况和诉讼请求，通知权利人在一定期间内向人民法院登记。向人民法院登记的权利人可以推选出代表人进行诉讼；推选不出代表人的，人民法院可以与参加登记的权利人商定代表人。代表人的诉讼行为对其所代表的当事人发生效力，但代表人变更、放弃诉讼请求或者承认对方当事人的诉讼请求，进行和解，必须经被代表的当事人同意。人民法院作出的判决、裁定，对参加登记的全体权利人发生效力。未参加登记的权利人在诉讼时效期间提起诉讼的，适用该判决或裁定。

代表人制度确实在一定程度上为日益增多的群体性纠纷提供了新型高效的

① 参见章武生、杨严炎：《群体诉讼的价值与功能》，载《法学评论》2007 年第 5 期。

解决方式。但该制度在司法实践中存在着以下几个主要的问题和争议。

（1）《民事诉讼法》第56条和第57条确定的代表人诉讼制度的性质是共同诉讼还是群体诉讼在立法上没有明确界定。有的学者认为该规定确定的是共同诉讼制度。因为第56条明确规定："当事人一方人数众多的共同诉讼，可以由当事人推选代表人进行诉讼……"这一表述很容易让人认为该条规定的是共同诉讼制度。而司法实践中也曾有将代表人诉讼作为共同诉讼处理的倾向。

（2）司法机关对于代表人诉讼制度的实施多采消极态度。在解决群体性纠纷时，尽管立法上明确规定代表人制度，但法院通常弃而不用，对于人数确定的群体性案件通常采用共同诉讼方式或者分别立案、共同审理的系列案件的审理方式。其中的原因除了有上述立法因素以外，还与法院审理群体案件带来的压力和承担的政治功能等复杂因素有关。

（3）就立法上设立的代表人诉讼制度本身也会带来难以避免的问题。我国代表人诉讼制度中关于法院裁判的扩张性是这样规定的："未参加登记的权利人在诉讼时效期间内提起诉讼的，适用该判决、裁定。"这就极易产生"搭便车"现象。也就是说当事人都等着别人起诉而不愿意自己起诉，当别的当事人胜诉后就在诉讼期间内起诉使自己的损失得到补偿。这样既不用承担败诉风险又不用付出诉讼成本。带来的后果是所有的群体纠纷的受害人都消极起诉。此外，这一规定也还有其他值得探讨的地方，例如，对在后提起的诉讼，裁定直接适用在先的判决、裁定，固然维护了裁判统一，降低了诉讼成本，也提高了诉讼效率，但忽视了对在后起诉之当事人的程序保障，剥夺了其表达不同意见的机会。还有就是，这一规定与我国对诉讼时效的当下立场存在冲突。我国立法和司法实务现在均已承认诉讼时效属于抗辩事项，当事人主张的实体请求权即使罹于时效，只要对方没有提出时效抗辩，法院也不得依职权驳回其诉讼请求。因此，当事人在诉讼时效届满后的起诉，法院亦不得径行裁定不予受理。若要受理，则应给原告主张权利和被告提出时效抗辩的机会，而不能径行裁定适用在先的判决、裁定。

虽然存在以上问题，我国还是在谨慎推进群体诉讼的制度建设与实践探索。2019年修订的《证券法》在第95条就证券民事纠纷代表人诉讼制度进行了规定，在普通的代表人诉讼之外，又确立了特别代表人诉讼制度，就是由中小投资者保护机构代表人数众多的投资者作为原告参加诉讼。与此相应，最高人民法院也专门就证券民事纠纷中的普通代表人诉讼和特别代表人诉讼的具体程序进行了规定。

四、我国群体诉讼制度的完善

对于我国是否要建立或者说如何完善群体诉讼制度问题，学界分歧颇大。

有主张引进集团诉讼或者团体诉讼的,也有主张进一步完善代表人诉讼制度的。因为分歧很大,立法机关在2012年修订《民事诉讼法》的时候,没有在群体诉讼方面有所着笔。我们认为,现行的代表人制度在解决群体纠纷方面仍然是可以大有作为的,比起全面引进国外的群体诉讼制度,完善我国的代表人制度应该风险更小,见效更快。要使我国的代表人制度充分发挥其应有的功能,在立法和司法方面仍然有许多工作要做。此外基于我国现在已经存在消费者协会、工会等社会团体,可以借鉴德国团体诉讼制度,赋予这些团体在专门的领域内起诉的资格,将团体诉讼作为我国群体诉讼制度的其中一个组成部分。

第二节　公益诉讼

一、公益诉讼的概念和渊源

公益诉讼是和传统诉讼相区别的一类新型诉讼,是在公共利益被侵犯的情况下,有关的主体向法院提起诉讼,寻求司法救济以保护公共利益的诉讼。公共利益应当有两层含义:第一层含义为社会公共利益即为社会全部或部分成员所享有的利益,第二层含义是指国家的利益。[①] 公共利益是与私人利益相对而言,但是两者并不绝对分离,因为某些个人利益和公共利益是统一的。公共利益不能仅限于国家利益,尽管国家利益有时候和公共利益是重合的。可见公共利益具有含义不明确的特点。

公共利益的保护关系到整个国家、社会中的每一个体的利益。但是,公共利益又具有易受侵犯的特点。正如“公地悲剧”[②]告诉我们的那样:由于每个人都有将自己的生存空间和资源向外拓展的天性,在公共利益处于无人管理的状态下,每个人都会自觉或不自觉地榨取公共资源为己所用。因此,处于无保护状态下的公共利益是最易受到侵害的。如果对公共利益的保护仅仅依赖于社会每个个体的道德和良知,往往难以实现。因此将侵犯公益的行为诉诸司法,提起公益诉讼,是保护公益的最后手段也是最为有力的手段。

二、两大法系主要国家公益诉讼概述

公益诉讼早在罗马法时代就已产生,对大陆法系国家的影响很大。在大陆法系国家中,团体诉讼是处理公益诉讼的一种特别的救济方式。其中德国的团

---

① 参见颜运秋:《公益诉讼理念研究》,中国检察出版社2002年版,第21页。

② “公地悲剧”是经济学界所熟知的一个现象。有人曾经做过一个实验:取一块草地,草地被划分成几块分给牧羊人,但在中间留下了一块作为公共用地,每一个牧羊人都可以自由使用。结果,一年下来,被划分给个人的草地被有计划和有节制地使用,而作为公共用地的草地却因为过度放牧而寸草不生。

体诉讼最为成熟和普遍。在德国,将具有共同利益的众多法律主体提起诉讼的权利“信托”给具有公益性质的社会团体,由该社会团体提起符合其章程、设立目的的诉讼。判决是针对该团体及被告作出的,有利判决的效力间接地及于团体的成员产生事实上的既判力。德国的团体诉讼是依据明确的实体法规定而提起的,但是并不是规定于德国的民事诉讼法中,而是通过特别的经济立法赋予某些特殊团体对于涉及公共利益的纠纷提起诉讼的权利。例如1908年《防止不正当竞争法》将制止不正当竞争的行为起诉权赋予业主,1965年该法作了修正,将不作为的诉讼之起诉权赋予行业外的消费者团体,1976年的《普通交易约款法》,也把针对使用违法约款行为的禁止令状请求权(不作为请求权)赋予消费者团体。[①] 团体诉讼也是法国处理公益群体纠纷的重要方式,尤其在环保和消费者权益保护方面。在保护消费者权益方面,法国1973年12月27日的《罗艾依埃法律》第46条作出如下规定:“在条例中明确提出保护消费者利益这一目的的团体和被认为的确具有这一性质的团体,对直接或间接损害消费者整体利益的行为,可以向所有法院附带提起私人诉讼。”[②]大陆法系中的团体诉讼是群体诉讼的一种形式,但是该类诉讼涉及公共利益,因而也是公益诉讼的重要形式。

英国的公益诉讼制度可以称为检举人起诉制度。在英国,只有法务长官(Attorney General)能够代表公众提起诉讼以倡导公众权利,阻止公共性不正当行为。私人没有提起公益诉讼的权力。只有在不正当行为已直接使自己的利益受损或很有可能受损的情况下,私人才可寻求救助。但是,如果该问题能够引起司法长官的注意而他又拒绝行使其职权,个人就可以请求司法长官让他自己去督促诉讼。如果司法长官允许,就可以由他提起诉讼,但目的不是为其自身,而是为一般公众的利益。于是,其诉讼就是基于其个人的“检举”(relation),或说得更明确一点,是基于个人的通报并通过司法长官提起的。严格说来,司法长官就是该案诉讼中名义上的原告,理论上享有督促施行的支配权。但实际上“检举者”还是被全面委以督促诉讼的责任,如果“检举诉讼”(relator action)败诉,其费用就会由该个人负担。[③]

美国是现代公益诉讼制度建立的最早也是较完善的国家。如果从1863年《反欺骗政府法》规定“公私共分罚款之诉”(qui tam action)开始算起,至今已经有160年左右的时间。美国公益诉讼制度一个突出的特点就是广泛赋予个人以公益执法权。为了鼓励个人参与公益诉讼,美国国会在颁布的涉及公法问题

① 参见颜运秋:《公益诉讼理念研究》,中国检察出版社2002年版,第118页。

② Statute NO73-1193 [1973] J. O. 14139. 转引自颜运秋:《公益诉讼理念研究》,中国检察出版社2002年版,第125页。

③ 龚祥瑞:《西方国家司法制度》,法律出版社1993年版,第120页。

的制定法中赋予个人执法权，1863 年颁布的《反欺骗政府法》规定个人可以提起“公私共分罚款之诉”，对与联邦政府有和约关系的企业欺骗联邦政府资金的行为提起民事诉讼。1914 年制定的《克莱顿法》第 15 条规定，对违反反托拉斯法造成的威胁性损失或损害，任何人、商号、公司、联合会都可向对当事人有管辖权的法院起诉和获得禁止性救济。20 世纪 60 年代以来颁布的联邦有关环境保护的法律，大多规定了“公民诉讼”(citizen suit)条款，授权个人对污染企业和负责环境保护的行政机构的环境违法和行政不作为等提起诉讼。[①] 美国公益诉讼的典型特征就是将提起公益诉讼的权利赋予个人。公民被视为“私人检察官”，在保护公益中扮演重要角色。

三、我国的民事公益诉讼制度

近年来，在民事领域，与公共利益有关的诉讼纷纷涌现。然而公共利益的主体是不确定的公众。这就带来了什么样的主体可以提起公益诉讼的问题，也带来了公益诉讼主体理论与中国传统诉讼中当事人适格冲突的问题。我国民事诉讼法在过去一直坚持认为，提起诉讼的原告必须与该案件有直接的利害关系。但是公益受损害的案件中，往往没有直接的利害关系人，即使有少数利害关系人，其起诉的目的也主要是为了维护自身利益而不是侧重于对社会公共利益的保护，其他的个人和单位由于与案件无直接利害关系又无权起诉，从而出现国家利益、社会公共利益虽然受损但是却得不到法律救济的状况。2012 年，我国在修订《民事诉讼法》时终于有所突破，在第 55 条规定，对污染环境、侵害众多消费者合法权益等损害社会公共利益的行为，法律规定的机关和有关组织可以向人民法院提起诉讼。2017 年，我国又再次修订《民事诉讼法》，在第 55 条第 2 款规定(2021 年修订后为第 58 条第 2 款)，人民检察院在履行职责中发现破坏生态环境和资源保护、食品药品安全领域侵害众多消费者合法权益等损害社会公共利益的行为，在没有前款规定的机关和组织或者前款规定的机关和组织不提起诉讼的情况下，可以向人民法院提起诉讼。前款规定的机关或者组织提起诉讼的，人民检察院可以支持起诉。在此过程中，我国又对《消费者权益保护法》和《环境保护法》进行了修改，从法律层面进一步完善民事公益诉讼制度。同时，最高人民法院和最高人民检察院也分别或者联合出台相关的司法解释，在程序上进行了更加具体的展开，以指导民事公益诉讼的实践。目前，各地检察机关对于民事公益诉讼的实践探索，在案件范围上已经突破了民事诉讼的最初规定，多数是结合地方具体情况，有重点地进行一些公益诉讼的探索。与之相比，环保

---

① 参见蔡薇：《美国个人提起公益诉讼的程序和制度保障》，载《当代法学》2007 年 7 月第 21 卷第 4 期。

组织和消费者权益保护组织所提起的民事公益诉讼,数量较少。

目前来看,我国的民事公益诉讼虽然已经基本完成了程序建构,但尚有进一步完善的余地。第一,我国迄今不允许公民个人提起民事公益诉讼。对公民个人提起民事公益诉讼的限制,并无充分法理依据,也无实践理由。关于这一点,有待未来的制度完善。第二,关于《海洋环境保护法》中所规定的诉讼形态,在性质上是公益诉讼还是私益诉讼,目前理论上还有争议,需要进一步研究,形成共识。第三,民事公益诉讼在诉讼目的上与通常私益诉讼并不相同,因此在程序构造上也应有所不同。但是《民事诉讼法》第58条的立法模式,乃是借道私益诉讼程序,来对公益进行保护,在实践中已经遇到一些问题,例如公益诉讼与私益诉讼的竞合问题。第四,我国公益诉讼在诉讼目的、诉权、诉讼构造、诉讼标的以及裁判既判力等基本理论方面,尚未完成体系化建构。这些都是未来我国公益诉讼需要进一步解决的问题。

拓展阅读

1. 顾培东、王莹文:《论集团诉讼》,载《江海学刊》1986年第1期。

2. 韩象乾:《论群体诉讼》,载《政法论坛》1988年第2期。

3. 王红岩、王福华:《环境公害群体诉讼的障碍与对策——从环境公害诉讼看我国代表人诉讼制度的完善》,载《中国法学》1999年第5期。

4. 郭云忠:《从“东芝”、“三菱”事件看中美群体诉讼》,载《当代法学》2001年第3期。

5. 颜运秋:《公益诉讼理念研究》,中国检察出版社2002年版。

6. 范愉编著:《集团诉讼问题研究》,北京大学出版社2005年版。

7. 杨严炎:《共同诉讼抑或群体诉讼——评我国代表人诉讼的性质》,载《现代法学》2007年第2期。

8. 章武生:《论群体性纠纷的解决机制 ——美国集团诉讼的分析和借鉴》,载《中国法学》2007年第3期。

9. 肖建国:《民事公益诉讼的基本模式研究——以中、美、德三国为中心的比较法考察》,载《中国法学》2007年第5期。

10. 汤维建等:《群体性纠纷诉讼解决机制论》,北京大学出版社2008年版。

11. 陈巍:《欧洲群体诉讼机制介评》,载《比较法研究》2008年第3期。

12. 吴泽勇:《建构中国的群体诉讼程序:评论与展望》,载《当代法学》2012年第3期。

13. 张旭东:《环境民事公益诉讼特别程序研究》,法律出版社2018年版。

14. 段厚省、高鹏:《环境民事公益诉讼基本理论研究》,复旦大学出版社2020年版。

第十五章　民事诉讼证据

本章目次

第一节　民事诉讼证据概述

一、民事诉讼证据的概念

证据在日常生活中应用得非常广泛,也是诉讼中确认待证事实的基础。但各国民事司法制度因历史、文化、价值观念、社会背景等的不同而有所区别,对于证据的认识也形成了不同的看法,学界对于证据的概念可归纳为事实说、方法说、结果说、根据说、双重含义说、统一说等观点。通说认为,民事诉讼证据是指能够证明民事案件真实情况的各种事实材料。

通说对于证据的理解,既与我国的立法保持统一,又能较为全面地体现诉讼证据的基本特征,得到了广泛的认可。不过,由于我国《民事诉讼法》中"证据"一词在不同的条文中含义有所区别,有时指证据材料,有时指定案证据,因此有人主张应区分"证据材料"和"证据",认为"证据材料"未经法庭审核,是否符合证据的条件,能否用来认定待证事实都尚未确定,不宜称为"证据"。[①] 这种区分是有道理的,提示在不同语境下应注意证据的不同含义。

二、民事诉讼证据的特征

民事诉讼证据有三个最基本的特征,即客观性、关联性和合法性。"三性说"是学界的通说,而只承认证据的客观性和关联性,将合法性剔除出证据本质属性的"二性说",并非有力说。[②] 从证据的功能和价值来看,其不仅是一种事实的存在状态,还包括证据资料取得的合法性,如此认识才能使得证据充分发挥公正裁判的作用,本书持"三性说"。

(1) 客观性。客观性是指民事诉讼证据必须是客观存在的真实情况,而非猜测、虚构之物。客观事实发生时,必然会在一定的范围和场合留下痕迹,法院只有通过这些客观存在的证据,才能切实发现案件的真相,作出正确的裁判。也就是说,要使法院认定的案件事实可靠,证据就必须具有客观性,这就要求当事人收集和提供证据不能弄虚作假,法院也须客观、公正地调取和审核证据。

(2) 关联性。关联性是指民事诉讼证据必须与待证事实有一定的联系,并具有证明作用。这就要求民事诉讼证据应该是能够用来证明案件的有关事实是存在还是不存在。美国学者柴尔曾指出,关联性是理性的证据制度的前提,并就此提出了两条规则:第一,禁止接受一切无关联性的、不是逻辑上能作证明用的东西;第二,一切属于逻辑上能作证明用的东西,除非某项法律原则或规则予以排除,一律应该采纳。[③] 这是关于证据关联性的经典表述。

(3) 合法性。合法性是指民事诉讼证据必须按照法律的要求和法定程序而取得。这包含三层含义:一是证据形式必须合法。当法律有要求时,必须用符合法律规定的证据形式来证明待证事实。例如我国《民法典》第685条要求保证合同必须以书面形式订立,即保证合同为要式合同,那么,有关保证合同的争议

---

① 参见江伟主编:《民事诉讼法学原理》,中国人民大学出版社1999年版,第471页。
② 参见汤维建:《民事证据立法的理论立场》,北京大学出版社2008年版,第26页。
③ 参见沈达明编著:《英美证据法》,中信出版社1996年版,第17页。

事项就需要用书面形式的合同文本予以证明。二是证据取得方法必须合法。这就要求当事人、诉讼代理人和法院在收集证据时应符合法律规定,不得以严重侵害他人合法权益、违反法律禁止性规定或是严重违背公序良俗的方法形成或获取证据。例如当事人不得私自在他人住所安装窃听器或摄像头进行偷录偷拍;又如法院工作人员调查收集证据时不得单独进行,而应当由两人以上共同调查。三是证据程序必须合法。证据材料要作为证据,必须经过法律规定的程序。例如,证据应当在法庭上出示,由当事人质证。未经质证的证据材料,不得作为法院认定案件事实的根据。

民事诉讼证据的上述三个特征,相互联系,不可分割。只有同时具备这"三性"的证据,才能对法院认定案件事实具有重要意义。

三、民事诉讼证据的证据能力与证明力

(一) 证据能力

证据能力,是指作为法院用以认定案件事实的证据所应具备的资格,又称为证据资格。具有证据能力,是作为民事诉讼证据的先决条件。对于欠缺证据能力的事实材料,不得进行证据调查;即使误为调查,法院也不得将其作为认定事实和作出裁判的根据,否则构成非法裁判。所以司法实践中,对证据材料的证据能力进行准确判断,并及时剔除不具备证据能力的事实材料就显得非常重要。为方便司法适用,证据能力的相关立法主要从证据能力的消极方面进行了规定。即明文规定无证据能力的情形,从而对相关材料予以排除适用。例如,《民诉法解释》第 107 条规定:"在诉讼中,当事人为达成调解协议或者和解协议作出妥协而认可的事实,不得在后续的诉讼中作为对其不利的根据,但法律另有规定或者当事人均同意的除外。"

(二) 证明力

证明力,指证据与待证事实的关联程度。当事人提供的各类证据,有时与待证事实无关,有时互相矛盾、完全对立。例如,原告的证人证言与被告的证人证言针锋相对,或是原被告各自提供的文书所载的内容不完全一致,那么,哪些证据能够影响法官从而使法官信服呢?这就是证据的证明力问题,也被称为证据力、证据价值或证明价值。某个证据具有证据能力,就同时具有证明力。只是在实务中,为了确定证据调查的合理顺序,通常人为地分离证据能力和证明力,即先解决证据的资格问题,再处理证据价值的大小问题。

证据证明力大小的确定,一是根据法律的规定,二是依靠法官的判断。在诉讼法理上,由法律统一规定证据证明力大小的原则,称为法定证据原则;而由法官通过内心的自由判断来确定证据证明力大小的原则,称为自由心证原则。法定证据原则源于古日耳曼法,盛行于中世纪的意大利法和德国的普通法时代,法

定证据原则不允许法官在诉讼中根据自己的判断来改变证据的证明力,导致了证据运用的教条主义。进入 19 世纪后,大陆法系国家相继抛弃了法定证据原则,而以自由心证原则取而代之,让法官凭借“良心”和“理性”自主判断证据的运用,并依据心证形成的内心确信对案件事实作出认定。

我国没有明确规定采用自由心证原则,但相关法律条文体现了自由心证的要义。《民事诉讼法》第 67 条第 3 款规定:“人民法院应当按照法定程序,全面地、客观地审查核实证据。”该款规定的“审查核实证据”就包括了对证据证明力的认定。《证据规定》第 85 条第 2 款对此进一步作了明确规定,将之细化为“审判人员应当依照法定程序,全面、客观地审核证据,依据法律的规定,遵循法官职业道德,运用逻辑推理和日常生活经验,对证据有无证明力和证明力大小独立进行判断,并公开判断的理由和结果”。这就赋予了法官根据具体情况认定案情的自由。例如,法官对限制自认是否构成自认的认定(《证据规定》第 7 条)、对“书证提出命令”申请条件的认定(《证据规定》第 45 条)、对当事人拒绝接受询问时待证事实的认定(《证据规定》第 66 条)、对瑕疵书证的认定(《证据规定》第 92 条)、对电子数据真实性的判断(《证据规定》第 93 条)等规定,都强调由人民法院根据案件情况和各种因素进行综合判断。

同时,为了防止法官认定事实的随意性,《民事诉讼法》和《证据规定》又对如何具体认定证据的证明力作了一些要求。例如《民事诉讼法》第 72 条规定:“经过法定程序公证证明的法律事实和文书,人民法院应当作为认定事实的根据,但有相反证据足以推翻公证证明的除外。”又如《证据规定》第 90 条规定了瑕疵证据的补强规则,明确列举当事人的陈述,无民事行为能力人或限制民事行为能力人的证言,与一方当事人或其代理人有利害关系的证人的证言,存有疑点的视听资料、电子数据以及无法与原件、原物核对的复制件、复制品等五类证据,不能单独作为认定案件事实的根据。还规定了电子数据推定真实的规则(《证据规定》第 94 条),等等。

第二节 民事诉讼证据的学理分类

根据不同的标准,学理上对民事诉讼证据进行了不同的分类:本证与反证、直接证据与间接证据、原始证据与传来证据。

一、本证与反证

根据证据与证明责任承担者之间的关系,可将证据分为本证与反证。其中,负有证明责任的当事人所提出的用于证明自己所主张的事实的证据称为本证;不负证明责任的当事人所提出的用来证明对方所主张事实不真实的证据称为反证。由于证明责任既可能是原告承担,也可能是分配给被告,所以原告和被告都可能提出本证。依举证责任分配的原理,负有举证责任的一方当事人,必须以本证使法院对待证事实的存在形成确信,方为举证成功。不负举证责任的一方提出的反证,如能使法院对待证事实的确信发生动摇,从而将本证的举证效果消灭,使待证事实成为真伪不明的状态,则反证就达到目的。[①] 可见,区分本证与反证的意义在于这两种证据在证明标准上存在重大区别:本证必须使法院确信其所主张的待证事实为真实,而反证只需动摇法官对待证事实的确信即可。

二、直接证据与间接证据

根据证据与待证事实之间的联系,可将证据分为直接证据与间接证据。能够直接且独立地用以证明待证事实的证据称为直接证据;能证明一定的间接事实或辅助事实,而依此项间接事实或辅助事实与待证事实之间的逻辑关系,待证事实因而获得证明,此种证据称为间接证据。间接证据既可用来印证直接证据,对案件事实起辅助性的证明作用,又可在缺乏直接证据时,将多个间接证据形成一个完整的证据链,通过推理来确认案件的主要事实。区分直接证据与间接证据的意义在于:直接证据的证明力大于间接证据,应注重收集和运用直接证据;同时,在无法获得直接证据时,不能忽视间接证据的作用,但借助间接证据认定案件事实时应当遵守有关的证据规则。

三、原始证据与传来证据

根据证据的来源,可将证据分为原始证据和传来证据。原始证据是指直接来源于案件原始出处的证据,也就是人们通常所说的“第一手材料”。如合同的原件、遗嘱的手稿、文件的原本等,都属于原始证据。传来证据又称为派生证据,是指从原始证据衍生出来的证据,即对原始证据进行复制、转述等所产生的证据,属于通常所说的“第二手材料”。如证人根据第三人的传言而在法庭上所作的证言;物证的照片、复制品,书证的抄本、影印件等。区分原始证据与传来证据的意义在于:第一,确立最佳证据规则。由于原始证据的真实性高于传来证据,即“第一手材料”要比“第二手材料”更有把握些,通常原始证据的证明力会大于派生证据,因此要优先提供和采用原始证据。例如《民事诉讼法》第 73 条第 1 款规定:“书证应当提交原件。物证应当提交原物。提交原件或者原物确有困难的,可以提交复制品、照片、副本、节录本。”第二,确立补强证据规则。若没有或无法运用原始证据时,需运用传来证据来证明事实,但传来证据须有其他证据

---

① 参见陈荣宗、林庆苗:《民事诉讼法》(中),台湾三民书局 2009 年版,第 475 页。

佐证或补强才能被采用。例如,当事人作出对自己有利的陈述时,其真实性就存疑,法院应当结合其他证据来进行事实认定。

第三节 民事诉讼证据的法定种类

证据的种类是证据的外在表现形式。我国立法机关将民事诉讼的证据种类作了明确规定,为证据的收集与运用提供了便利。根据《民事诉讼法》第 66 条第 1 款的规定,证据分为八类:(1) 当事人的陈述;(2) 书证;(3) 物证;(4) 视听资料;(5) 电子数据;(6) 证人证言;(7) 鉴定意见;(8) 勘验笔录。

一、当事人陈述

(一) 当事人陈述的概念和特征

当事人就有关案件的事实情况向法院所作的陈述,称为当事人陈述。当事人在诉讼中的陈述涉及多方面的内容,有关于诉讼请求或反驳诉讼请求的陈述,关于请求或抗辩的事实依据和法律依据的陈述,关于自己对行为或事件法律性质认识的陈述,要求法院适用某个条文及对法律条文进行理解的陈述,关于某项物证和书证的说明的陈述,等等。[1] 在上述内容中,只有当事人所作的有关案件事实的陈述才是证据意义上的当事人陈述。

当事人陈述的显著特征是:真实性与虚假性并存。当事人是民事法律关系的参与者,对所争议民事法律关系的来龙去脉比其他人知道得更为全面和清楚,如果当事人能诚实守信地进行陈述,确实能最大限度地还原案件真相。但当事人双方地位对立,基于趋利避害的特性,当事人为了获得胜诉,往往对有利于自己的事实情况说得多或加以夸大,对不利于自己的事实则掩盖、缩小,有时甚至弄虚作假,歪曲事实,虚构情节,不作真实的陈述。因此,不能只凭当事人的陈述就对案件事实加以认定。

(二) 当事人陈述的证据效力

当事人陈述是一种补充性的证据,仅有当事人陈述,不能认定案件事实,这是大陆法系民事诉讼法的通例。[2] 也就是说,当事人陈述属于需要补强的证据,要结合其他证据才能确认其真实性,而不得将当事人陈述独立作为认定案件事实的根据,以免发生案件错判。《民事诉讼法》第 78 条第 1 款规定:“人民法院对当事人的陈述,应当结合本案的其他证据,审查确定能否作为认定事实的根据。当事人拒绝陈述的,不影响人民法院根据证据认定案件事实。”《证据规定》

---

① 参见李浩:《当事人陈述:比较、借鉴与重构》,载《现代法学》2005 年第 3 期。

② 参见张卫平:《民事证据法》,法律出版社 2017 年版,第 92 页。

第 90 条明确规定当事人的陈述“不能单独作为认定案件事实的根据”。但是，如果当事人的陈述构成了自认，则另当别论。

（三）当事人陈述的保障和处理

由于当事人陈述具有一定的主观性，为提高当事人陈述的可信度，《民诉法解释》创设了当事人具结制度，首次明确了当事人的具结义务。具结是一种保证证言可信性的方式，是保证对自己的行为负责、愿意为违反保证承担责任的意思表示。但《民诉法解释》第 110 条对人民法院询问当事人的具结程序以及当事人虚假陈述的后果规定得较为原则。《证据规定》在此基础上，通过第 63 条至第 66 条四个条文，明确了当事人的真实陈述义务，并进一步细化了当事人接受询问及具结制度。当事人应当就案件事实作真实、完整的陈述。当事人的陈述与此前陈述不一致的，人民法院应当责令其说明理由，并结合当事人的诉讼能力、证据和案件具体情况进行审查认定。当事人故意作虚假陈述妨碍人民法院审理的，人民法院应当根据情节对其予以罚款或拘留。

人民法院认为有必要的，可以要求当事人本人到场，就案件的有关事实接受询问。人民法院要求当事人到场接受询问的，应当通知当事人询问的时间、地点、拒不到场的后果等内容。人民法院应当在询问前责令当事人签署保证书并宣读保证书的内容。即当事人具结的方式为同时完成书面具结和口头具结，书面具结即签署保证书，口头具结即以宣读保证书的方式进行，二者并用以对当事人内心产生威慑，强化具结的作用，确保其如实陈述案件事实。

保证书应当载明保证据实陈述，绝无隐瞒、歪曲、增减，如有虚假陈述应当接受处罚等内容。当事人应当在保证书上签名、捺印。当事人有正当理由不能宣读保证书的，由书记员宣读并进行说明。当事人无正当理由拒不到场、拒不签署或宣读保证书或者拒不接受询问的，人民法院应当综合案件情况，判断待证事实的真伪。待证事实无其他证据证明的，人民法院应当作出不利于该当事人的认定。

二、书证

（一）书证的概念和特征

凡是用文字、符号、图表等所记载的内容或表达的思想来证明案件事实的证据，称为书证。例如，各种文件、合同、票据、提单、商品图案以及公民之间的来往信件等都属于书证。但书证的物质载体并不限于纸张，非纸类的物质也可成为载体，如金属、竹木、石块、塑料等其他物品。

书证具有以下特征：(1) 书证以其记载的内容或表达的思想来证明案件的事实，而不是以其外形、质量来证明案件的事实。(2) 书证与待证事实间的关联直接、显著、易于判断，往往能够直接证明案件的主要事实。(3) 书证有较强的客观性和真实性,不论其存在的时间长短,只要该物件没有污染毁损,就能反映出某些事实或者全部事实。

(二)书证的分类

在民事诉讼理论上,可从不同角度按不同标准对书证进行分类:

(1)按制作书证主体的不同,可分为公文书和私文书。公文书是指国家机关及其公务人员在其职权范围内制作的文书。如房屋管理部门颁发的产权证书,婚姻登记机关颁发的结婚证、离婚证,公证机关制作的公证书等。在我国,事业单位、社会团体在其职权范围内制作的文书,也被称为公文书。私文书是指个人制作的文书,如个人信件、借据、单据、电报、传真等。审查公文书,主要是看该文书是否为国家机关、事业单位或社会团体在其职权范围内制作;审查私文书,主要看该文书是否由制作者本人签名或盖章。一般而言,公文书在真实性和可靠性方面比私文书更容易获得法院的认可。《民诉法解释》第114条规定:"国家机关或者其他依法具有社会管理职能的组织,在其职权范围内制作的文书所记载的事项推定为真实,但有相反证据足以推翻的除外。必要时,人民法院可以要求制作文书的机关或者组织对文书的真实性予以说明。"

(2)按书证内容的不同,可分为处分性书证和报道性书证。处分性书证,是指记载的内容是以设立、变更或终止一定民事法律关系为目的的书证,如合同文本、变更合同的协议书、授权委托书、遗嘱等。报道性书证,是指仅记载某事实,不以产生一定的民事法律关系为目的的书证,如日记、信件等。处分性书证能直接证明当事人争议的民事法律关系,报道性书证虽然也能证明案件事实,但这种证明只具有间接性,所以,处分性书证的证明力强于报道性书证。

(3)按书证形式的不同,可分为普通书证和特别书证。普通书证是指在制作方式和程序方面没有特别的要求,仅仅记载某些事实的书证,如借据、收条等。特别书证是指法律规定必须采用某种特定形式或履行某种特定手续制作的书证,如经公证机关公证收养关系成立的文书、土地使用权证、房产证等。特别书证的制作经过严格的程序,而普通书证没有形式要件上的要求,所以通常特别书证的证明力高于普通书证。

(4)按书证制作方式的不同,可分为原本、正本、副本、节录本和影印本。原本是指文件制作人最初制作的原始文本。正本是指依照原本全文制作,对外具有与原本同样效力的书证。副本也是按照原本全文制作,与正本具有同样效力的书证,只不过,正本是给主收件人保存和使用的,副本则是给主收件人以外的其他需要了解书证内容的人的。节录本是指仅摘抄原本或正本等部分内容的书证。提交节录本的,应当注明出处,并加盖制作单位或者保管单位的印章,摘录人和其他调查人员应当在摘录件上签名或盖章。影印本是指影印原本全部内容的书证。影印本的效力较低,提交复印件,应当与原件核对无误,必要时须经有关部门认证。《证据规定》第91条规定:“公文书证的制作者根据文书原件制作的载有部分或者全部内容的副本,与正本具有相同的证明力。在国家机关存档的文件,其复制件、副本、节录本经档案部门或者制作原本的机关证明其内容与原本一致的,该复制件、副本、节录本具有与原本相同的证明力。”

(三) 书证的证明力

书证要具有证明力,须满足两个条件:一是书证是真实的,二是书证所反映的内容对待证事实能够起证明的作用。据此,可将书证的证明力分为形式上的证明力和实质上的证明力。形式上的证明力涉及书证的真伪问题,是指书证中所表达的思想的确是由制作该文书的人所为。这是书证被允许进入诉讼进行质证的前提条件,要求书证必须是真实的,不得伪造。实质上的证明力是指该书证的内容有证明待证事实的作用,其要求书证记载的内容真实可靠,与待证事实有关联性。书证要有实质上的证明力,必须首先具有形式上的证明力,没有形式上的证明力就不可能有实质上的证明力。但只有形式上的证明力,未必有实质上的证明力。

三、物证

(一) 物证的概念和特征

物证是指以自身存在的外形、重量、规格、质量、损坏程度等标志和特征来证明待证事实的物品或痕迹。例如合同纠纷中质量存在争议的标的物、侵权纠纷中受到损坏的物品等。

物证具有以下特征:(1) 物证具有较强的客观性、真实性、可靠性。物证是以实体物的属性、特征或存在状况来证明案件事实,只要判明物证是真实的,不是虚假的,就能相当可靠地用来证明案件事实。(2) 物证具有独立的证明性。在某些案件中,物证能独立证明案件事实是否发生或存在,不需要其他证据加以印证即可作为认定事实的依据。(3) 物证具有不可代替的特定性。在一般情况下,它是不能用其他物品或者同类物品来代替的,否则就不能保持原物的特征,故法律规定:“物证必须提交原物。”

(二) 物证与书证的区别和联系

书证和物证既有联系又有区别,二者之间的区别表现在:第一,书证是以其记载的思想内容证明案件事实,而物证不具有思想内容;第二,特定形式的书证,法律要求必须具备一定的法定形式和完成一定的法定手续才具有效力,而法律对物证则没有这样的特定要求;第三,书证一般都有制作的主体,能反映制作人的思想或者主观动因,具有主观属性,而物证并不反映人的主观思想,具有客观属性。当然,物证与书证也有某种共性或联系。在特定情况下,根据与案件的联系和所证明的案件事实,同一物品既可以作为书证,又可以作为物证。如按其书写的内容来证明待证事实,它是书证;若按其外部特征来证明待证事实,则是物证。

四、视听资料

(一) 视听资料的概念和特征

视听资料,是指以录音、录像、电子计算机设备等方式记录储存的音像信息来证明案件事实的一种证据。它是随着科学技术的发展而进入民事诉讼证据领域的,反映的是有关客体的声音、形象特征,包括录音资料和影像资料。

视听资料具有以下特征:(1) 视听资料的载体特殊。视听资料表现为具有一定科技含量的载体,需要通过特殊的视听设备才能再现,没有物质载体就不存在视听资料证据。视听资料的载体包括录音带、录像带、胶片、磁盘、光盘、U 盘、硬盘、可录音或拍照的手机等。(2) 能够生动形象地证明案件事实。例如,录像能够动态反映行为人的周边环境和行为过程,让人身临其境,能有力地证明案件事实。(3) 视听资料易被伪造。视听资料一般都可以复制、修改和剪辑,因此很容易通过技术手段篡改或伪造,比如通过消磁、剪辑等方式改变录音录像带的内容。因此,当事人以视听资料作为证据的,应当提供存储该视听资料的原始载体。人民法院对视听资料应认真审查,辨别真伪,并结合案件的其他证据,审查确定能否作为认定事实的根据。《证据规定》第 90 条进一步规定,存有疑点的视听资料不能单独作为认定案件事实的根据。

(二) 视听资料与书证、物证的区别

视听资料虽然与书证和物证有一定的关系,但它既不同于书证又不同于物证。视听资料与书证的相同之处在于它们都以一定的思想内容来证明案件事实,但视听资料不是以文字和符号来表达思想内容,而是以音响、图像、数据等动态的方式来证明案件事实。视听资料与物证的区别显而易见,物证是以其自身存在及物理特征来证明案件事实,视听资料则是以资料中的内容发挥证明作用。

五、电子数据

(一) 电子数据的概念和特征

电子数据是 2012 年修改《民事诉讼法》时增加规定的一种证据形式。电子数据是指基于电子技术生成,以数字化形式存在于磁盘、磁带等载体,其内容可与载体分离,并可多次复制到其他载体的,能够证明案件事实的数据。电子数据是现代信息技术不断发展和应用的产物,包括电子通信证据、计算机证据、网络证据和其他电子数据。《证据规定》第 14 条对电子数据作了类型化列举,具体

包括下列信息、电子文件：(1) 网页、博客、微博客等网络平台发布的信息；(2) 手机短信、电子邮件、即时通信、通讯群组等网络应用服务的通信信息；(3) 用户注册信息、身份认证信息、电子交易记录、通信记录、登录日志等信息；(4) 文档、图片、音频、视频、数字证书、计算机程序等电子文件；(5) 其他以数字化形式存储、处理、传输的能够证明案件事实的信息。

电子数据具有以下特征：(1) 储存在一定的介质之上。电子数据在保存方式上需要借助一定的电子介质，例如储存在光盘、硬盘、U 盘上。(2) 须借助相关的电子设备和系统软件才能被识别。电子数据是以电子计算机及其他电子设备为基础的证据，没有相应的播放、检索、显示设备，电子数据只能停留在电子存储介质之中。(3) 信息量大，传播速度快。电子数据在本质上是一种电子信息，可以实现精确复制，可以在虚拟空间里无限快速传播。(4) 可恢复性。对于传统书证，一旦原件遭到毁损则无法复原，而电子数据存在于虚拟空间，“数据”形态是其重要特征，在存储、运输和使用过程中被截取、篡改、删除后，可借助计算机取证技术恢复被删除和修改的数据。

为了将电子数据与视听资料相区分，《民诉法解释》第 116 条第 3 款规定，存储在电子介质中的录音资料和影像资料，适用电子数据的规定。

(二) 电子数据的审查规则

(1) 对电子数据原件的识别。在调查收集证据的场合，电子数据的原件应当指最初生成的电子数据及首先固定在各种存储介质中的电子数据。如果某一电子数据首先固定于某块计算机硬盘上，则该硬盘或其上的电子数据就是原件；如果某一电子数据首先固定于磁带、软盘或光盘上，则该磁带、软盘、光盘或其上的电子数据就是原件。在举证、质证和审核认定证据时，应当进行适当的变通，如果固守传统的原始证据或原件的概念，把原始载体中电子数据的转化形式作为复制件对待，将使相当数量的电子数据被排除。联合国国际贸易法委员会主张依照“功能等同法”，将具有最终完整性和可用性的电子复本规定为原件。《证据规定》第 15 条第 2 款规定：“当事人以电子数据作为证据的，应当提供原件。电子数据的制作者制作的与原件一致的副本，或者直接来源于电子数据的打印件或其他可以显示、识别的输出介质，视为电子数据的原件。”

(2) 对电子数据完整性的认定。电子数据的完整性包括两层含义，即电子数据本身的完整性和电子数据所依赖的计算机系统的完整性。电子数据本身的完整性是构成电子数据原件的一个要素，它要求电子数据必须保持生成之时的原状，其内容保持完整，未遭到非必要的添加或删除。计算机系统的完整性，是指记录电子数据的系统必须处于正常的运行状态，数据电文信息、附属信息和系统环境信息三者要统一。

六、证人证言

(一) 证人证言的概念和特征

证人是指了解案件情况并向法院或当事人提供证词的人。证人就其了解的案件事实向法院所作的陈述称为证人证言。

证人证言具有以下特征:(1) 具有较强的主观性。证人证言是证人对其亲身感知的事实的一种回忆性的陈述,这种陈述是否客观将取决于证人的记忆能力、表达能力、理解能力以及他本人是否存在主观偏见。(2) 具有不可替代性。证人只能就其感知的事实内容如实陈述,感知的内容包括通过视觉、听觉、嗅觉或触觉等感官所感知的信息,也就是说证人与案件事实处于同一时空,这种联系非其他人所能替代。(3) 证人证言必须采取法定的形式。在强调证言言辞原则的国家,证人须以口头表达的方式进行作证。《民事诉讼法》第 75 条规定证人应当出庭作证。只有在《民事诉讼法》第 76 条规定的例外情形下,即因健康原因、因路途遥远交通不便、因自然灾害等不可抗力及其他正当理由不能出庭的,经人民法院许可,可以通过书面证言、视听传输技术或者视听资料等方式作证。

(二) 证人的资格

根据《民事诉讼法》第 75 条的规定,凡是知道案件情况的单位和个人,都有义务出庭作证。但不能正确表达意思的人,不能作证。据此,对证人的资格有如下要求:(1) 必须知道案件情况。只有知道案情的人才能作证。证人既不能让他人代替,也不能回避或更换。(2) 证人应当具有相应的作证能力。不能正确表达意思的人,不能作为证人。至于某些有生理缺陷的人,如聋哑人、盲人等,并非完全不能够正确表达意思,可以作为证人。对未成年人,如果他所表达的内容与其认识能够相符合,也应当允许作为证人。据此,《证据规定》第 67 条第 2 款规定:"待证事实与其年龄、智力状况或者精神健康状况相适应的无民事行为能力人和限制民事行为能力人,可以作为证人。"

在我国,除了自然人证人,还包括单位证人。[①] 单位向人民法院提出的证明材料,应当由单位负责人及制作证明材料的人员签名或者盖章,并加盖单位印章。人民法院就单位出具的证明材料,可以向单位及制作证明材料的人员进行调查核实。必要时,可以要求制作证明材料的人员出庭作证。单位及制作证明材料的人员拒绝人民法院调查核实,或者制作证明材料的人员无正当理由拒绝出庭作证的,该证明材料不得作为认定案件事实的根据。

---

① "单位证人"的说法来自《民事诉讼法》第 75 条的规定,但有学者认为证人的基本特征是就亲身感知的外部事实向法庭作证,而单位是不能感知案件事实和进行陈述的,所以证人只能是自然人,实践中的"单位证明"可归为书证。这一观点值得进一步探究。参见张卫平:《民事证据法》,法律出版社 2017 年版,第 49 页;江伟主编:《民事诉讼法》(第 8 版),中国人民大学出版社 2018 年版,第 186 页。

(三) 证人的权利义务

在英美及大陆法系国家中,一般认为证人有出庭的义务、真实陈述义务、完整陈述义务以及宣誓义务,同时证人有获得物质保障的权利、要求法律特殊保障的权利、在法定条件下拒绝作证的权利等。根据民事诉讼法的规定,我国民事诉讼中,证人应当有如下权利:(1) 有使用本民族语言文字提供证词的权利;证人如不通晓当地语言文字,有权要求法庭为其提供翻译人员。(2) 有要求宣读、查阅、补充、更正自己证言笔录的权利。(3) 有对因履行作证义务所产生的必要费用和相关经济损失请求给予适当补偿的权利,如交通费、住宿费、生活费和误工费等。证人出庭作证后,可以向人民法院申请支付证人出庭作证费用。证人有困难需要预先支取出庭作证费用的,人民法院可以根据证人的申请在出庭作证前支付(《证据规定》第 75 条)。(4) 有请求人民法院保障人身及财产安全的权利。

证人的诉讼义务是:(1) 按时出庭的义务;(2) 如实向法庭陈述并回答质询的义务。证人故意虚假陈述的,不仅影响法院查明案件事实,也是对司法权威的挑衅,应承担相应法律责任。为了防止证人作伪证,我国规定了证人具结制度,即证人以书面证言方式作证的,应当签署保证书;以视听传输技术或者视听资料方式作证的,应当签署保证书并宣读保证书的内容。证人拒绝签署保证书的,不得作证,并自行承担相关费用。(3) 遵守法庭纪律和诉讼秩序的义务。

七、鉴定意见

(一) 鉴定意见的概念和特征

鉴定意见是指鉴定人运用专门知识和科技手段,对案件中的专门性问题进行分析、判断后所作出的书面意见。民事诉讼中的鉴定通常有医疗鉴定、文书鉴定、指纹鉴定、产品质量鉴定、工程质量鉴定、会计鉴定等。

鉴定意见具有以下特点:(1) 独立性。它是鉴定人根据案件的事实材料,按科学技术要求,以自己的专门知识,独立活动的结果。(2) 结论性。对于鉴定所涉及的专门问题,鉴定人在对与错、真与假、是与非问题上应当明确表态,作出结论性的鉴别和判断。(3) 限于事实评价。鉴定人只能就应查明的案件事实本身作出鉴别和判断,而不涉及对案件的有关法律问题作出评价。

(二) 鉴定人与证人的区别

首先,是否需要专业知识不同。鉴定人必须具备某种专门知识,且能够解决案件中的专门性问题,证人则只要能够正确表达意思即可,不需要具备相应的专业知识。其次,了解案件事实的时间不同。鉴定人是案件发生后通过阅卷和访谈等途径才了解案件情况的,而证人由于耳闻目睹案件事实的发生,比鉴定人更早了解案情。再次,能否申请回避不同。如果鉴定人存在法定的事由,当事人可申请更换,而证人就必须到庭作证,不存在回避问题。

(三) 鉴定人与专家辅助人的区别

《民事诉讼法》第 82 条规定:“当事人可以申请人民法院通知有专门知识的人出庭,就鉴定人作出的鉴定意见或者专业问题提出意见。”该条正式确立了专家辅助人制度。专家辅助人是指由当事人聘请,帮助当事人向审判人员说明案件事实中的专门性问题,协助当事人对案件中的专门性问题进行质证的人。专家辅助人与鉴定人很容易混淆,原因在于两者都是利用其专门知识对诉讼中的专业性问题进行陈述,但两者的区别也很明显:(1) 鉴定人关于诉讼中专门性问题的陈述是一种结论性陈述;专家辅助人对专门性问题的陈述仅仅是一种解释和说明,促使法官对案件事实进行全面考量。(2) 鉴定人所作的鉴定意见经过质证后属于诉讼法上的证据;而专家辅助人就专门性问题的说明并非独立的证据种类,被视为当事人陈述。(3) 鉴定费用作为诉讼费用应当由败诉一方当事人承担,而专家辅助人的费用由提出该诉讼辅助人的当事人承担。

(四) 鉴定程序

1. 鉴定的启动

启动鉴定的途径有两种:一是当事人提出鉴定申请,二是法院依职权决定交付鉴定。需要注意的是,当事人提出鉴定申请并不必然启动鉴定,须由法院对当事人的申请进行审查,确实是查明案件事实所需时才可能被批准鉴定。由于当事人申请鉴定需要预缴鉴定费用,有时还会出现当事人不愿意申请鉴定的情形。《证据规定》第 30 条第 1 款对此作了规定:“人民法院在审理案件过程中认为待证事实需要通过鉴定意见证明的,应当向当事人释明,并指定提出鉴定申请的期间。”当事人申请鉴定,应当在法院指定期间内提出,并预交鉴定费用。逾期不提出申请或者不预交鉴定费用的,视为放弃申请。另外,法院依职权启动鉴定需要符合举证责任的要求,只有属于法院应当依职权查明的事实才可适用这一方式。①

2. 鉴定人的确定

确定鉴定人的方式有两种:当事人协商确定和法院指定,二者不可选择性随意适用。对于当事人申请鉴定并获得准许的,法院应当组织双方当事人协商确定具备相应资格的鉴定人;当事人协商不成的,由法院指定。对于法院依职权委托鉴定的,法院可以在询问当事人的意见后,指定具备相应资格的鉴定人。鉴定人确定后,就在法院与鉴定机构之间形成委托关系,法院应当出具委托书,载明鉴定事项、鉴定范围、鉴定目的和鉴定期限。

---

① 根据《民诉法解释》第 96 条第 1 款的规定,包括五种情形:(1) 涉及可能损害国家利益、社会公共利益的;(2) 涉及身份关系的;(3) 涉及《民事诉讼法》第 58 条规定诉讼的;(4) 当事人有恶意串通损害他人合法权益可能的;(5) 涉及依职权追加当事人、中止诉讼、终结诉讼、回避等程序性事项的。

3. 鉴定材料的提交

真实、完整、充分的鉴定材料是鉴定人进行司法鉴定的基础,法院作为委托人,必须对移送司法鉴定的相关材料进行审核,对鉴定材料的真实性、合法性负责。为此,法院应当组织当事人对鉴定材料进行质证。未经质证的材料,不得作为鉴定的根据。

4. 鉴定书的制作

鉴定人应独立进行鉴定,对鉴定意见负责并依法制作鉴定书。鉴定书应包括以下内容:(1) 委托法院的名称;(2) 委托鉴定的内容、要求;(3) 鉴定材料;(4) 鉴定所依据的原理、方法;(5) 对鉴定过程的说明;(6) 鉴定意见;(7) 承诺书。鉴定书应当由鉴定人签名或者盖章,并附鉴定人的相应资格证明。委托机构鉴定的,鉴定书应当由鉴定机构盖章,并由从事鉴定的人员签名。

5. 申请重新鉴定

重新鉴定是为了避免法院采信错误的鉴定意见而造成认定事实错误的严重后果,有利于维护司法公正。当事人申请重新鉴定,存在下列情形之一的,法院应当准许:(1) 鉴定人不具备相应资格的;(2) 鉴定程序严重违法的;(3) 鉴定意见明显依据不足的;(4) 鉴定意见不能作为证据使用的其他情形。考虑到重新鉴定的成本和周期等现实问题,对鉴定意见的瑕疵,可以通过补正、补充鉴定或者补充质证、重新质证等方法解决的,法院不予准许重新鉴定的申请。

(五) 鉴定人的权利和义务

鉴定人的权利主要有:(1) 有权了解进行鉴定所需要的案件材料。为了保障鉴定人能更为全面地收集鉴定所需相关材料和信息,《证据规定》第 34 条第 2 款规定:“经人民法院准许,鉴定人可以调取证据、勘验物证和现场、询问当事人或者证人。”(2) 有权要求补偿出庭费用。鉴定人出庭费用按照证人出庭作证费用的标准计算。

鉴定人的义务主要有:(1) 具结义务。鉴定开始之前,法院应当要求鉴定人签署承诺书。承诺书中应当载明鉴定人保证客观、公正、诚实地进行鉴定,保证出庭发表鉴定意见,如作虚假鉴定应当承担法律责任等内容。(2) 按时提交鉴定书的义务。鉴定人应当在法院确定的期限内完成鉴定,并提交鉴定书。鉴定人无正当理由未按期提交鉴定书的,当事人可以申请法院另行委托鉴定人进行鉴定。法院准许的,原鉴定人应当退还已经收取的鉴定费用。(3) 出庭作证的义务。当事人对鉴定意见有异议或者法院认为鉴定人有必要出庭的,鉴定人应当出庭作证。经法院通知,鉴定人拒不出庭作证的,鉴定意见不得作为认定事实的根据;法院应当建议有关主管部门或者组织对拒不出庭作证的鉴定人予以处罚;支付鉴定费用的当事人可以要求返还鉴定费用。

八、勘验笔录

(一) 勘验笔录的概念和特征

勘验笔录是指法院工作人员在诉讼过程中,对与案件争议有关的现场、物品或物体进行查验、拍照、测量时所作的笔录。勘验笔录的主要形式是文字记录,但也包括绘图、照相、录音、录像等,属于客观记录,一般作为间接证据。勘验笔录主要是对某些不易或不可能送交到法院的与案件有关的现场、物品所作的记录,所以,勘验笔录既是一种独立的证据,也是一种固定和保全证据的方法。

勘验笔录具有以下特征:(1) 勘验笔录只能由法院工作人员制作。这就与鉴定意见区别开来。鉴定意见是由专门聘请或指派的鉴定人制作的,法院的办案人员无权制作鉴定意见。(2) 勘验笔录是对查验情况与结果的客观记载。它是现场和物证的重新再现,是客观实际情况的原貌,使未参加勘验的人可以对现场和物证有一个正确的印象。

(二) 勘验笔录与书证的区别

勘验笔录与书证有相似之处,但不能认为它是书证。两者的主要区别是:

(1) 产生的时间不同。书证一般是在案件发生前或在案发过程中制作的;而勘验笔录则是在案件发生后,在诉讼过程中,为了查明案件事实,对物证或者现场进行检验后制作的。

(2) 制作主体不同。书证一般是由当事人或有关单位及公民制作的,不具有诉讼文书的性质;而勘验笔录则是办案人员或人民法院指定进行勘验的人,执行公务依法制作的一种诉讼文书。

(3) 反映的内容不同。书证一般是用文字、符号来表达其内容,本身能直接证明案件的事实情况,是制作人主观意志的外部表现;而勘验笔录的文字、图片记载的内容,是对物证或者现场的重新再现,其内容不能有制作人的主观意思表示,完全是一种对客观情况的如实记载。

(4) 能否重新制作不同。书证不能涂改,也不能重新制作,要保持其原意;而勘验笔录则不同,若记载有误或不明确,可以重新勘验,并作出新的勘验笔录。

(三) 勘验笔录的制作

为保证勘验的公正性和准确性, 法院应当在勘验前将勘验的时间和地点通知当事人。对现场或者物证进行勘验时,勘验人必须出示人民法院的证件,并邀请当地基层组织或者当事人所在单位派员参加。当事人不参加的,不影响勘验的进行。有关单位和个人在收到法院的通知之后,有义务按通知的要求保护现场,协助勘验工作。当事人可以就勘验事项向人民法院进行解释和说明,可以请求人民法院注意勘验中的重要事项。勘验人员应当客观、真实地将勘验情况和结果制成笔录，记录勘验的时间、地点，勘验人，在场人、勘验的经过、结果，由勘验人、在场人签名或者盖章，否则勘验笔录没有证据能力。对于绘制的现场图应当注明绘制的时间、方位，测绘人的姓名、身份等内容。

第四节　民事诉讼证据的收集、保全与质证

一、证据的收集

证据的收集是指当事人及其诉讼代理人和法院的审判人员，根据法定的程序，运用科学的方法，把能证明案件真实情况的客观事实，予以发现、提供、提取和固定的诉讼行为。

在民事诉讼中，证据的收集是一项最基础的工作。对于当事人来说，证据的收集与举证责任紧密相关，“谁主张，谁举证”是辩论式审判方式的一项基本要求。为此，《民事诉讼法》第 52 条第 1 款规定了当事人有权“收集、提供证据”，另外，《民事诉讼法》第 64 条规定了“代理诉讼的律师和其他诉讼代理人有权调查收集证据”。

按照辩论主义的要求，法院不宜主动依职权收集证据，但在我国的民事审判方式中，收集证据并未完全当事人化，法官对收集证据仍负有一定的责任。根据《民事诉讼法》第 67 条第 2 款的规定，法院应当调查收集的证据分两种情形：一是当事人及其诉讼代理人因客观原因不能自行收集的证据。具体包括以下三类：(1) 证据由国家有关部门保存，当事人及其诉讼代理人无权查阅调取的；(2) 涉及国家秘密、商业秘密或者个人隐私的；(3) 当事人及其诉讼代理人因客观原因不能自行收集的其他证据。二是法院认为审理案件需要的证据。具体包括以下五类：(1) 涉及可能损害国家利益、社会公共利益的；(2) 涉及身份关系的；(3) 涉及公益诉讼的；(4) 当事人有恶意串通损害他人合法权益可能的；(5) 涉及依职权追加当事人、中止诉讼、终结诉讼、回避等程序性事项的。

需注意的是，法院承担的是补充性收集证据的责任，只有符合上述第二种法定情形时才能主动依职权调查收集证据，其他情形下均须有当事人的申请。当事人及其诉讼代理人申请法院调查收集证据，应当在举证期限届满前提交书面申请。申请书应当载明被调查人的姓名或者单位名称、住所地等基本情况，所要调查收集的证据名称或者内容，需要由法院调查收集证据的原因及其要证明的事实以及明确的线索。当事人的申请除了要满足法定条件外，还要具有调查收集的必要性。如果当事人申请调查收集的证据，与待证事实无关联、对证明待证事实无意义或者无其他调查收集必要的，法院不予准许。

二、证明妨碍

(一) 证明妨碍的概念

证明妨碍,又称举证妨碍,是指不负证明责任的一方当事人,因故意或过失,通过作为或者不作为的方式,阻碍负有证明责任的一方当事人对其事实主张的证明。

在当事人主义模式下,一方当事人为证明其主张成立,必定尽力收集和提供证据,但这又以当事人能够收集到证据为条件。如果一方当事人用于证明其主张事实的证据可能正好在对方当事人手中,或者一些与证据相关的重要信息为对方当事人所掌握,如果恪守每一方当事人均无义务把对对方有利的证据资料告知或提供的规则,当事人收集证据就会遇到难以克服的困难,案件的真实也会由于证据收集受挫难以得到澄清。[①] 在此情形下,如果法院通过适用证明责任原则判决负有证明责任的当事人败诉,则有违诉讼的公平正义。因此,就需要对实施证明妨碍的行为进行否定性评价。

(二) 证明妨碍的法律后果

我国对证明妨碍采取推定主张成立的法律后果。根据《证据规定》第 95 条,一方当事人控制证据无正当理由拒不提交,对待证事实负有举证责任的当事人主张该证据的内容不利于控制人的,人民法院可以认定该主张成立。《民诉法解释》第 112 条确立了书证中的证明妨碍规则,即书证持有人不遵从文书提出命令时,法院可以认定申请人所主张的书证内容为真实。此外,证明妨碍还可导致公法上的制裁,《民诉法解释》第 113 条规定,持有书证的当事人以妨碍对方当事人使用为目的,毁灭有关书证或者实施其他致使书证不能使用行为的,人民法院可依法对其处以罚款、拘留。

三、证据保全

(一) 证据保全的概念和类型

证据保全是指在证据可能灭失或以后难以取得的情况下,人民法院根据申请人的申请或依职权,采取措施对证据加以固定和保护的制度。民事纠纷发生后,证据有可能灭失,如有的证人患有疾病可能死亡,有的物证容易腐烂、变质;或是证据以后难以取得,如证人可能在国外定居或留学。还有些证据持有人在利益的驱动下可能故意毁损、转移、藏匿、篡改证据。在上述情形下,如果不及时采取一定技术手段加以处理,将使证据失去证明案件事实的价值。设立证据保全制度的目的在于固定和保存证据的原有状态,使其发挥证明案件事实、发现真

① 李浩:《〈证据规定〉与民事证据规则的修订》,载《中国法学》2011 年第 3 期。

实的作用。

《民事诉讼法》第 84 条以申请保全的时间为标准,规定了诉中证据保全和诉前证据保全。诉中证据保全是指当事人在诉讼中提出的证据保全,诉前证据保全是指利害关系人在提起诉讼前申请的证据保全。除了采取保全措施的时点不同外,二者还存在以下差异:(1) 申请人的称谓不同。诉中证据保全的申请人称为当事人;而诉前证据保全尚未进入诉讼程序,故申请人此时尚不能称为当事人,只能称为利害关系人。(2) 申请条件不同。诉中证据保全是以证据可能灭失或者以后难以取得为条件;诉前证据保全除具备上述条件外,还需要满足情况紧急的条件。(3) 法院是否依职权进行不同。诉中证据保全一般以当事人申请而实施,但法院认为有必要时也可依职权主动采取保全措施;诉前证据保全只能依利害关系人的申请进行。(4) 管辖法院不同。诉中证据保全由审理本案的法院管辖;诉前证据保全的管辖法院较为广泛,包括证据所在地、被申请人住所地或者对案件有管辖权的法院。此外,对于诉前证据保全,如果利害关系人在法院采取保全措施后 30 日内既不提起诉讼又不申请仲裁,法院将依法解除已采取的保全措施。

(二) 证据保全的申请

(1) 以书面形式提出申请。当事人或者利害关系人申请证据保全的,应当提交申请书,并载明以下基本内容:第一,需要保全的证据的基本情况,包括证据的种类、形式,证据的存放地点,证据持有人的情况等。第二,申请保全的理由。第三,采取何种保全措施。

(2) 申请时限。申请证据保全被视为当事人的举证行为,因此须遵循举证时限的要求。当事人应当在举证期限届满前向法院提出证据保全的申请。

(3) 特定情形下应提供担保。证据保全可能损害证据持有人的财产利益,为防止申请人滥用权利,在特定情形下申请人应提供担保。《证据规定》第 26 条规定法院当事人或者利害关系人申请采取查封、扣押等限制保全标的物使用、流通等保全措施,或者保全可能对证据持有人造成损失的,法院应当责令申请人提供相应的担保。担保方式或者数额由法院根据保全措施对证据持有人的影响、保全标的物的价值、当事人或者利害关系人争议的诉讼标的金额等因素综合确定。

(三) 证据保全的实施及赔偿

(1) 证据保全的范围。根据《民事诉讼法》第 105 条的规定,证据保全限于申请人请求的范围,或者与本案有关的财物。

(2) 证据保全的方法。法院进行证据保全,应给予当事人充分的程序保障,可以要求当事人或者诉讼代理人到场,使其能行使在场见证、辩论的权利。根据当事人的申请和具体情况,法院可以采取查封、扣押、录音、录像、复制、鉴定、勘验等方法进行证据保全,并制作笔录。在符合证据保全目的的情况下,法院应当选择对证据持有人利益影响最小的保全措施。

(3)证据保全的赔偿责任。申请人申请证据保全时,虽然证据保全措施是由法院负责实施的,但其启动前提是申请人提出的证据保全申请。申请人可能不当行使权利,使得证据保全错误,从而给被申请人造成财产损失,如此一来在申请人和被申请人之间就形成了侵权损害赔偿关系,被申请人可以请求申请人承担赔偿责任。

四、质证

(一)质证的概念和意义

质证是指各方当事人在法庭的主持下,对在法庭上出示的各种证据材料的真实性、合法性、关联性及其证明力等问题予以说明和质辩的诉讼活动。

质证是当事人一项十分重要的诉讼权利,是各方当事人反驳和攻击对方证据的重要手段,也是帮助和影响法庭认证的重要途径。《民事诉讼法》第 71 条规定:证据应当在法庭上出示,并由当事人互相质证。《民诉法解释》第 103 条第 1 款在此基础上,明确规定未经当事人质证的证据,不得作为认定案件事实的根据。

(二)质证的主体

质证的主体是当事人。一审中包括原告、被告和第三人,二审则包括上诉人、被上诉人。至于法官是否属于质证的主体,学界有两种截然不同的观点,《民诉法解释》的规定则明确表明法官不是质证主体,本书也认为法官不是质证主体。在法庭审理过程中,法官的主要任务是“听证”,主要职责是保障质证的公正和有序。即使法庭上出示了法院依职权调查收集的证据,法官就该证据所作的必要说明也只是实施了职权行为,与当事人的质证活动有着本质区别。同理,虽然法官在法庭调查阶段也会对证据问题发问,但那是审查证据的需要,是法官行使审判权的表现,并非质证。

(三)质证的客体

质证的客体是在法庭上出示的各种证据材料,而不论是言词证据还是实物证据。对涉及国家秘密、商业秘密和个人隐私的证据应当保密,需要在法庭出示的,不得在公开开庭时出示。从证据调查主体来看,除了各方当事人自行收集并向法院提供的证据外,还有法院依照当事人申请调查收集的证据和法院依职权调查收集的证据。根据《证据规定》第 62 条的规定,人民法院根据当事人申请调查收集的证据,审判人员对调查收集证据的情况进行说明后,由提出申请的当事人与对方当事人、第三人进行质证。人民法院依职权调查收集的证据,由审判人员对调查收集证据的情况进行说明后,听取当事人的意见。另外,对于检察机关因履行法律监督职责向当事人或者案外人调查核实的情况,《民诉法解释》第419条第2款规定了人民检察院应当向法庭提交并予以说明,由双方当事人进行质证。

(四) 质证的顺序

质证一般按下列顺序进行:(1) 原告出示证据,被告、第三人与原告进行质证;(2) 被告出示证据,原告、第三人与被告进行质证;(3) 第三人出示证据,原告、被告与第三人进行质证。

(五) 质证的内容和效力

人民法院应当组织当事人围绕证据的真实性、合法性以及与待证事实的关联性进行质证,并针对证据有无证明力和证明力大小进行说明和辩论。

对书证、物证、视听资料进行质证时,当事人应当出示证据的原件或者原物。但有下列情形之一的除外:(1) 出示原件或者原物确有困难并经人民法院准许出示复制件或者复制品的;(2) 原件或者原物已不存在,但有证据证明复制件、复制品与原件或者原物一致的。

经过质证,能够反映案件真实情况、与待证事实相关联、来源和形式符合法律规定的证据,应当作为认定案件事实的根据。另外,当事人在审理前的准备阶段认可的证据,经审判人员在庭审中说明后,视为质证过的证据。

拓展阅读

1. 汤维建:《关于证据属性的若干思考和讨论——以证据的客观性为中心》,载《政法论坛》2000年第6期。

2. 刘春梅:《大陆法系民事诉讼证据排除规则及其借鉴》,载《法商研究》2005年第2期。

3. 李浩:《民事判决中的非法证据排除规则》,载《现代法学》2012年第2期。

4. 王亚新:《新〈民事诉讼法〉中的鉴定:理论定位与解释适用》,载《法律适用》2013年第10期。

5. 张建伟:《指向与功能:证据关联性及其判断标准》,载《法律适用》2014年第3期。

6. 张保生、阳平:《证据客观性批判》,载《清华法学》2019年第6期。

7. 刘品新:《电子证据法》,中国人民大学出版社2020年版。

8. 何家弘、马丽莎:《证据"属性"的学理重述——兼与张保生教授商榷》,载《清华法学》2020年第4期。

9. 郑飞:《证据属性层次论——基于证据规则结构体系的理论反思》,载《法学研究》2021年第2期。

第十六章　民事诉讼证明

本章目次

第一节　证明对象

一、证明对象的概念和特征

（一）证明对象的概念

证明对象，又称为证明客体，是指需要用证据加以证明、对解决案件具有法律意义的事实。法院作出裁判是以三段论为基本方法，即以法律为大前提，以案件事实为小前提，然后通过推论得出裁判结论。作为小前提的案件事实存在与否，对当事人和法院都具有重要意义。对于当事人来说，确定了证明对象，就可以围绕证明对象收集、提供证据，进行质证和辩论；对于法院来说，证明对象的确定意味着事实审查范围的划定和审理对象的明晰。

（二）证明对象的特征

证明对象具有以下几个法律特征：

第一，证明对象是需要用证据加以证明的事实。法院要明确当事人之间的权利义务关系，首先必须查明当事人所争执的事实真相，但这些事实并非都需要由当事人提供证据加以证明。如果一个事实已经因为法定的缘故而处于已知的状态，就无须通过证据这一中介环节使之从未知状态变为已知状态，已知的事实也就不成为证明活动所指向的客体。可见，证明对象的概念本身就包含着需用证据加以论证和探知的期待性，因而又称为待证事实，研究证明对象的意义就在于明确诉讼中应证明的范围，防止错误地确定待证事实。

第二，证明对象与当事人的主张相联系。在民事诉讼中，当事人将根据所处的诉讼地位提出各自的诉讼请求或抗辩，即提出实体法上的权利主张，而这些诉辩请求要获得成立，当事人必须分别主张相应的事实。于是，当事人的主张就成为证明的对象，接下来必须运用证据来证明所提出的事实主张。例如对于外国法律，法官无法全部知悉，当事人在主张适用外国法律时，它们就成为证明对象。民事诉讼实行辩论主义原则，法院评判证据认定事实，以及调查收集证据通常须以当事人的主张为前提，法院一般不能将当事人未提出的事实作为调查对象。但是，如果该事实是法院应当依职权主动查明的事实，则不受这一条件的限制。

第三，证明对象是具有法律意义的事实。在诉讼过程中，当事人可能提出各种事实，其中，只有能够引起某项法律权利义务或法律效果发生、妨碍、阻却或消灭的事实，才属于证明对象。这些事实主要包括实体法律事实和程序法律事实。实体法律事实是引起民事法律关系发生、变更或消灭的法律事实，这是民事诉讼证明对象的主要部分，一般分为主要事实、间接事实和辅助事实三个层次。[①] 程序法律事实一般不直接涉及实体问题，但如不加以证明，就会影响诉讼程序的顺利进行，当事人即使没有主张，法院也应主动予以查明。例如有关当事人能力、诉讼能力的事实，有关受案范围的事实，有关审判组织的事实，有关回避的事实，有关审判方式的事实，适用强制措施条件的事实，有关诉讼期间的事实，等等。

二、无须证明的事实

无须证明的事实又称为免证事实，是指法律规定不需要举证证明的事实。尽管《民事诉讼法》没有明确规定免证事实，但是《民诉法解释》第 92 条和第 93 条对此有所规定，并且在《证据规定》第 3 条至第 10 条中作了进一步的明确。

---

① 主要事实指关于法规构成要件的事实；间接事实是指用以证明主要事实的事实；辅助事实是指用以证明证据能力或证据力的事实。参见陈荣宗、林庆苗：《民事诉讼法》（中）（修订七版），台湾三民书局 2009 年版，第 477—478 页。

据此，在民事诉讼中无须证明的事实包括：

（一）诉讼上自认的事实

1. 诉讼上自认的概念

诉讼上自认是指在诉讼中一方当事人就对方当事人所主张的不利于己的事实作出明确的承认或肯定性表示，从而产生相应法律后果的诉讼行为。

诉讼上的自认不同于诉讼外的自认。诉讼上的自认，在诉讼过程中作出，产生无须举证的法律效果；诉讼外的自认，是当事人在诉讼之外对不利于自己的案件事实的承认，其可成为证据资料[①]，但不能免除对方当事人对自认事实的举证责任。

诉讼上的自认也不同于被告对原告诉讼请求的自认（即认诺）。尽管认诺也会发生作为诉讼请求根据的事实无须证明的效果，但认诺的主体仅限于被告，法院根据被告的认诺即作出被告败诉的判决[②]；而诉讼上自认的主体可以是双方当事人，其效果是免除对方对该事实的举证责任，自认者不一定败诉。

2. 诉讼上自认的构成要件

（1）须就当事人主张的事实进行陈述。这就与当事人对作为法律上的主张、法律适用所生效果的陈述区别开来。通常认为，诉讼上自认的对象限于具体事实，而法规、经验规则、法规的解释、法律问题都不能自认。能够自认的具体事实，限于主要事实，对于间接事实或辅助事实，不发生自认的效力。[③]

（2）须在本案诉讼过程中作出。这里的诉讼过程包括本案的审前准备阶段和开庭审理阶段，所以，除了可在法院庭审中自认之外，在证据交换、询问、调查过程中，或者在起诉状、答辩状、代理词等书面材料中，当事人明确承认于己不利的事实的，也构成自认。

（3）须与对方当事人的事实主张相一致。自认的事实与对方当事人主张的事实可以是全部一致，也可以是部分一致。换言之，当事人对不利于己的事实，可全部承认（完全自认），也可部分承认（部分自认）。关于“事实的一致性”的理解，是指自认人所承认的事实与对方当事人所主张的事实没有矛盾。一般情况下，总是对方当事人先提出事实主张，然后自认人对该事实主张作出承认的陈述。但有时候，自认人也可能作出“先行自认”，即自认人先陈述对己不利的事实，然后对方当事人对该陈述予以援用。

（4）须是对自己不利的事实进行陈述。所谓“不利”，并非基于当事人的主观判断，而是指该事实的证明责任由对方当事人负担。自认是承认对方当事人

---

① 参见张卫平：《诉讼构架与程式——民事诉讼的法理分析》，清华大学出版社 2000 年版，第 415 页。

② 参加邵明：《民事诉讼法理研究》，中国人民大学出版社 2004 年版，第 273—274 页。

③ 参见陈荣宗、林庆苗：《民事诉讼法》（中）（修订七版），台湾三民书局 2009 年版，第 481 页。

应负证明责任的事实，其法律效果是免除对方当事人的证明责任，并且法院直接采用自认的事实作为裁判基础，这些法律效果对自认人显然是不利的。

3. 诉讼上自认的分类

(1) 明示自认与默示自认。在诉讼中，对不利于己的事实，当事人以口头或者书面方式明确表示承认，为明示自认；当事人在诉讼中不争执的，为默示自认。[①]“不争执”可推定为当事人放弃陈述权，也可视为当事人不履行陈述义务的一种结果。我国不仅确立了明示自认，还在《证据规定》第4条增设默示自认，即“一方当事人对于另一方当事人主张的于己不利的事实既不承认也不否认，经审判人员说明并询问后，其仍然不明确表示肯定或者否定的，视为对该事实的承认”。

(2) 当事人自认与诉讼代理人自认。对己不利的事实，当事人承认其真实性，并自愿承担起后果，属于对事实的处分行为。法定代理人的自认与当事人的自认，在构成要件和法律效果等方面是相同的。委托代理人的自认，通常也视为当事人的自认，当事人在委托代理人时应预见到相应的风险，并可在约定授权事项时规避此风险。《证据规定》第5条据此规定“当事人委托诉讼代理人参加诉讼的，除授权委托书明确排除的事项外，诉讼代理人的自认视为当事人的自认”。当事人与其委托代理人一并出庭时，若两者对是否自认或自认范围等发生抵触，当事人在场对诉讼代理人的自认明确否认的，不视为自认。

(3) 完全的自认与附加限制的自认。完全的自认是指一方当事人对另一方当事人所主张的于己不利的事实全部予以自认；附加限制的自认则是一方当事人承认另一方当事人所主张的于己不利的事实时附加了一定的限制条件。附加限制的自认分为两种情形：一是部分自认，即对另一方当事人所主张的于己不利的事实，只承认其中一部分而否认其他部分；二是附条件自认，即对另一方当事人所主张的于己不利的事实予以承认，但附加独立的攻击或防御方法。司法实务中，不能简单地割裂承认事实和附加条件，法院需要综合案件情况决定附加限制的自认之法律效果。

4. 诉讼上自认的效力

第一，自认人须受自认的约束。除法定情形外，不得任意撤回自认。

第二，免除对方当事人对自认事实的证明责任。

第三，法院须受自认的约束。法院应直接以当事人自认的事实为基础作出判决，而不得作出与之相反的事实认定。

5. 共同诉讼人的自认

普通共同诉讼中，共同诉讼人相互之间具有独立性，一人或数人作出的自

---

① 参见邵明：《正当程序中的实现真实——民事诉讼证明法理之现代阐释》，法律出版社2009年版，第192页。

认,仅对作出自认的当事人发生效力;而必要共同诉讼因共同诉讼人对诉讼标的须“合一确定”,只有全体共同诉讼人共同作出的自认,才能发生自认的效力。所以,必要共同诉讼中一人或者数人作出自认而其他共同诉讼人予以否认的,不发生自认的效力。同时,为防止部分必要共同诉讼人以消极态度妨碍诉讼进行,当其他共同诉讼人既不承认也不否认,经审判人员说明并询问后仍然不明确表示意见的,视为全体共同诉讼人的自认。

6. 诉讼上自认的限制

第一,涉及可能损害国家利益、社会公共利益的事实,不适用自认。诉讼案件涉及国家利益和社会公共利益时,法院对此负有保护职责,也就保留了对相关事实依职权调查的权利,因此排除了自认的适用。

第二,涉及身份关系的事实,不适用自认。身份关系案件包括婚姻关系案件和亲子关系案件两类,这些案件中,身份关系的事实不仅涉及当事人双方的私人权益,而且涉及道德伦理,关系到社会的公共利益,故不允许当事人自认。

第三,涉及污染环境、侵害众多消费者合法权益等损害社会公共利益的行为的事实,不适用自认。《民事诉讼法》第58条规定了公益诉讼,此类诉讼事关公共利益的保护,需要法院依职权调查收集证据,所以涉及公益诉讼的事实不适用自认。

第四,当事人有恶意串通损害他人合法权益可能的事实,不适用自认。通常情况下,自认的效力只及于双方当事人,但恶意诉讼等情形下无疑会影响第三人的合法利益。所以,当事人恶意串通损害他人合法权益的,排除自认的适用。

第五,涉及依职权追加当事人、中止诉讼、终结诉讼、回避等程序性事项的事实,不适用自认。当事人是案件的亲历者,所以能对案件事实进行自认,但程序性事项并非案件事实,应由法院依职权调查,所以也不得适用自认。

7. 诉讼上自认的撤销

在通常情况下,当事人在诉讼中作出自认后,是不允许将其撤销的,这源于民事诉讼法上的禁反言原则。但是,有时候当事人是因为意思表示错误而作出自认,不准撤销错误的自认也于理不合。另外,由于法庭辩论终结后将无法再组织当事人重新举证质证,对撤销自认要进行必要的时间限制。《证据规定》第9条规定当事人应当在法庭辩论终结前撤销自认,并列举了具体的撤销事由:(1)经对方当事人同意的;(2)自认是在受胁迫或者重大误解情况下作出的。法院准许当事人撤销自认的,应当作出口头或者书面裁定。

(二)自然规律及定理、定律

自然规律及定理、定律已经为人类所认识,并经过了实践的反复验证,具有不以人的意志为转移的客观性,其客观性和真实性不会有误。例如万有引力定律、元素周期律、几何定理等,所以无须当事人证明。而且,自然规律及定理、定律免于证明的效力具有不可反驳性,所以《证据规定》第 10 条并没有允许当事人对其提出反证予以推翻。

（三）众所周知的事实

即在一定范围内为人们所知晓的事实,包括生活常识、习俗、有重大影响的事件等。例如春节、中秋等传统节日,婚约彩礼的习俗,此类事实确实客观存在,为当地的人普遍知晓,审理案件的法官作为当地社区的成员,自然也应知晓,故当事人无须加以证明。但是,众所周知的事实作为免证事实并不是绝对的,因该事实认定而可能处于不利地位的一方当事人如果有相反证据足以反驳该事实时,不能免除对方当事人对这一事实的证明责任。

（四）推定的事实

推定的事实是指根据法律规定或经验法则,从已知事实推断出的另一事实。推定分为法律推定和事实推定。法律推定是根据法律规定进行的推定,如根据我国《民法典》第 1222 条的规定,患者在诊疗活动中受到损害,医疗机构又有遗失、伪造、篡改或者违法销毁病历资料行为的,则可推定医疗机构有过错。事实推定是指根据已知的事实和日常生活经验法则所进行的推定,如一方当事人在诉讼中销毁或隐匿证据的事实,可推定该证据必定对其不利。在推定效力上,法律推定实际是一种直接推定,只要作为前提的事实成立,推定就能成立;而事实推定具有高度盖然性,因此当事人提出足够的证据证明推定的事实不能成立时,推定无效。

（五）人民法院发生法律效力的裁判确认的基本事实

已为法院生效裁判所确认的事实,被称为“预决事实”。预决事实对于其后的案件能够产生如下“预决效力”:(1) 提出此类事实的当事人,无须举证,并且无正当理由不得提出与该事实相矛盾的事实主张;(2) 法官应当直接采用预决事实,或者不得作出与预决事实相矛盾的判断,除非当事人有相反证据足以推翻此类事实。预决事实之所以具有预决效力,主要是因为:(1) 预决事实在前诉或者前案中经过正当程序已经获得证明,并且考虑到诉讼效率,所以在后诉中无须证明;(2) 在前诉或者前案中,预决事实已经过当事人的证明,那么该当事人在后诉中无正当理由不得提出与该预决事实相矛盾的事实,这也是当事人遵循诚信原则的具体体现;(3) 判决统一性的要求,即在同一事实真实性的认定方面,不同判决应当是一致的。[①]

在我国,生效裁判确认的所有事实并非都可成为预决事实,《证据规定》第 10 条将之限定为“人民法院发生法律效力的裁判所确认的基本事实”。即,在民

---

① 参见邵明:《正当程序中的实现真实——民事诉讼证明法理之现代阐释》,法律出版社 2009 年版,第 166—167 页。

事诉讼中,只有用以确定当事人主体资格、案件性质、民事权利义务等对原判决、裁定的结果有实质性影响的事实才能成为预决事实。裁判范围上,只有“人民法院”的裁判才符合要求,也就排除了域外法院裁判的预决效力。

(六)仲裁机构生效裁决确认的事实

仲裁机构生效裁决与法院的生效裁判一样,对民事纠纷同样具有终局效力,仲裁裁决对当事人产生拘束力,禁止仲裁当事人就同一事实申请后续的仲裁或提起诉讼。生效仲裁裁决所确认的事实,同样对诉讼中的事实具有“预决效力”。但仲裁更偏重效率,对当事人的程序保障和司法保障相对较弱,所以,与排除法院生效裁判的预决事实要求相比,《证据规定》第10条降低了排除仲裁裁决所确认事实的证明标准,当事人提出反证的证明力不必达到推翻该事实的程度,只是要求当事人“有相反证据足以反驳”,即只需要动摇免证事实对法官的心证基础,使其处于真伪不明状态即可。

(七)公证证明的事实

公证机关依照法定程序对有关的法律行为、法律事实和文书所作的证明,具有很强的证据效力。我国《民事诉讼法》第72条规定:“经过法定程序公证证明的法律事实和文书,人民法院应当作为认定事实的根据,但有相反证据足以推翻公证证明的除外。”据此,当事人主张的事实如经过公证证明,便成为无须证明的事实。但是,公证证明的事实无须证明不是绝对的,如对方当事人有相反的证据足以推翻公证文书证明的事实,则不能免除当事人的证明责任。

第二节 证明责任

一、证明责任的含义和特征

(一)证明责任的含义

证明责任,又称举证责任,是指当事人对自己提出的事实主张应当提供证据并予以证明,当作为裁判基础的法律要件事实在作出裁判前处于真伪不明状态时,负有举证证明义务的当事人应承担裁判上的不利后果。

通常认为,证明责任包括主观的证明责任和客观的证明责任。[①] 主观的证明责任,又称为证据提出责任,是指当事人为避免败诉,负有以自己的举证活动证明该事实的责任,即行为责任。客观的证明责任,又称为实质的举证责任,是指法律规定的要件事实最后仍然真伪不明时,当事人所受的不利益(败诉),即结果责任。主观的证明责任着眼于“何人应该举证”,不涉及诉讼结果的问题;

① 参见骆永家:《民事举证责任论》,台湾商务印书馆2009年版,第45页。

客观的举证责任着眼于“何事应该被举证”，并根据证明责任的负担确定案件的胜败结果。客观的举证责任在实体要件事实处于真伪不明状态时，便成为引导法院对案件作出正确裁判的航标，为法院判决提供了正当根据。

证明责任在民事诉讼中具有重要地位，被誉为“整个民事诉讼的颈椎”。但我国对于证明责任的认识，原先也仅限于主观证明责任这个层面，主要是考虑到国情，因为当时农民在人口构成中占绝大多数，他们的法律知识和法律意识相对较差，如果规定举不出证据就败诉，会导致相当多的农民的利益得不到很好保护，同时，也容易使法院忽视自己调查取证的职能，不利于发挥审判人员的积极性。[①] 所以，1982 年《民事诉讼法(试行)》第 56 条第 1 款和 1991 年《民事诉讼法》第 64 条第 1 款都只是从提供证据的角度理解证明责任，一致规定：“当事人对自己提出的主张，有责任提供证据。”但是，从 20 世纪 90 年代后期开始，随着社会发展和人们法治观念的增强，客观证明责任学说逐渐成为有力的观点，2001 年颁布的《证据规定》第一次较为明确地规定了证明责任的含义包括行为意义和结果意义两个方面的内容。须注意的是，尽管客观证明责任学说成为通说，也并不意味着主观证明责任的概念为客观证明责任所替代，而仅指在证明责任这个大概念下，又出现了客观举证责任这一层含义。[②] 2015 年颁布的《民诉法解释》使用“举证证明责任”这一概念，就体现了证明责任双重含义的意图，即“举证证明责任”包含着客观证明责任(结果责任)以及与客观证明责任方向一致的主观证明责任(行为责任)。

(二) 证明责任的特征

目前学者一般认为客观证明责任体现了证明责任制度的本质，因而在诉讼证明中具有特别重要的意义。从客观证明责任的角度来看，证明责任具有以下特征：

(1) 证明责任是事实真伪不明时的裁判依据。证明责任不是因为当事人没有提供证据所承担的责任，而是作为裁判基础的法律要件事实处于真伪不明状态时引起的诉讼上的风险，即法院必须将真伪不明引起的不利诉讼结果判归对该要件事实负证明责任的一方当事人。

(2) 证明责任只在主要事实真伪不明时才发挥作用。如果只是间接事实和辅助事实不明确，一般不存在证明责任的问题。因为主要事实才是裁判的基础，间接事实和辅助事实只是帮助认定主要事实的一种手段。有时候之所以表面上看也存在着因间接事实和辅助事实真伪不明，而承担证明责任的情形，实际是由于该间接事实和辅助事实的真伪不明导致了主要事实的真伪不明，从而发生了

① 参见常怡：《民事诉讼法学研究》，法律出版社 2010 年版，第 243 页。

② 参见汤维建：《民事证据立法的理论立场》，北京大学出版社 2008 年版，第 79 页。

证明责任的问题,间接事实和辅助事实未被证明并非发生证明责任的直接原因。

(3)证明责任必须由其中的一方当事人承担。证明责任是在法律要件事实真伪不明时,法官也能作出裁判的一项法律技术。因此,在对特定请求作出判断之时,有关事实的证明责任只能由一方当事人承担,而不能由双方当事人对同一事实负担证明责任,否则,将无法引导法官作出裁判。至于具体应由哪一方来承担证明责任,则是证明责任的分配所要解决的问题。

(4)法院在诉讼中不承担证明责任。尽管在有些情形下,法院也要依职权调查收集证据和运用自己所收集的证据,但是在待证事实真伪不明时,不存在由法院承担证明责任的问题。

二、证明责任的分配

(一)证明责任分配的含义及学说

证明责任的分配,是指法院按照一定标准,将事实真伪不明的负担在当事人之间进行分配。其核心问题就是按照什么标准来分配证明责任、如何分配证明责任。

证明责任分配的法则,早在罗马法中就已经有了明确规定。罗马法初期,法学家们提出了分担举证责任的两条原则:第一条原则是"原告有举证的义务"。原告应该首先举证证明其主张的权利,如因举证不充分未能尽到证明责任,就应当作出被告胜诉的判决;如果原告尽到证明责任,被告就应提出反证来推翻原告所提出的证据。如果被告提出抗辩,应对其抗辩提供证据。第二条原则是"提出主张的人有证明义务,否定的人没有证明义务"。这是罗马法学家从"一切推定为否定之人的利益"格言中引申出来的。[①] 罗马法早期的这两条原则对后世产生了深远影响。经过罗马法注释时期、德国普通法时期,逐步演变为"法规分类说""待证事实分类说""法律要件分类说"等不同的学派。

(1)法规分类说。此说认为,在实体法内有原则规定与例外规定的分别,以原则规定或例外规定来适用其证明责任分配的标准。一般来说,实体法中的本文为原则规定,但书为例外规定。因此,它主张:凡要求适用原则规定的当事人,仅应就原则要件事实的存在负证明责任,无须进一步证明例外规定要件事实的不存在,如果对方当事人主张例外规定要件事实的存在,就应由他负担证明责任。

(2)待证事实分类说。此说根据待证事实本身的性质、内容(即待证事实是否有可能得到证明以及证明时的难易程度)来分配证明责任。它认为:凡主张积极事实、外界事实的当事人,就应当负担证明责任;凡主张消极事实、内界事

① 参见骆永家:《民事举证责任论》,台湾商务印书馆2009年版,第69—70页。

实的当事人,不负担证明责任。

(3) 法律要件分类说。此说根据实体法规定的法律要件的不同类别分配举证责任。该说主张:诉讼上所要证明的事实为要件事实,而何种要件事实应由何方当事人负证明责任,应当依据该要件事实发生何种法律上的效果来确定。法律要件分类说在现代证明责任分配原则中居统治地位,其代表人物是德国的罗森贝克和莱昂哈特,而罗森贝克的学说属于通说。罗森贝克认为,民事实体法的全部法律规范可分为两大类:一类是发生一定权利的"权利发生规范",另一类为"权利对立规范",包括权利妨害规范、权利消灭规范、权利受制规范。凡于权利发生时,妨害权利的发生效果的规范为权利妨害规范;消灭既存权利的规范为权利消灭规范;权利发生后,权利人欲行使权利之际,遏制或排除权利使之不能实现者,为权利受制规范。在此分类基础上,罗森贝克认为:主张权利存在的人,应就权利发生的法律要件事实负证明责任;否认权利存在的人,应就权利妨害法律要件、权利消灭法律要件或权利受制法律要件事实负证明责任。[①]

20 世纪 60 年代以来,随着社会生活中新问题的出现,为克服罗森贝克的理论过于注重法条规定的外在形式的弊端,德国法学界又提出了一些新学说。主要有"危险领域说"(由能支配、控制危险领域的加害人就发生损害之主观及客观要件不存在的事实举证)、"盖然性说"(以待证事实发生的盖然性的高低,作为举证责任分配的依据)、"损害归属说"(以实体法上责任归属或损害归属的原理原则分配举证责任)、"利益较量说"(以利益较量取代法律要件分类作为分配举证责任的标准)等。

上述各种分配证明责任的学说,各有所长,也各有所不足。相较而言,法律要件分类说可操作性强,符合法的安定性和统一性的价值要求,尽管受到一些挑战,但仍然在德国、日本处于通说地位,此说也对我国近年来民事诉讼证明责任的立法和实践产生了较大影响。

(二) 我国民事诉讼中证明责任的分配

目前,我国《民法典》等实体法及其司法解释对某些特别法律要件事实的证明责任的分配作了明确规定,但这种情形毕竟是少数。多数情况下,仍然需要通过一定的分配标准来公平、合理地分配证明责任,这规定在我国《民事诉讼法》及有关司法解释之中。

1. 证明责任分配的一般规则

(1) "谁主张,谁举证"原则。

《民事诉讼法》第 67 条第 1 款规定:"当事人对自己提出的主张,有责任提供证据",通常称为"谁主张,谁举证",即,不管是原告、被告还是第三人,对自己

---

① 参见姜世明:《新民事证据法论》(修订 3 版),新学林出版社 2009 年版,第 186—187 页。

主张的利己事实均应承担证明责任。在相当长的时间里,这被视为我国民事证明责任分配的一般原则。[①]

但是,近年来学者认为我国《民事诉讼法》的这一规定并没有真正解决证明责任的分配问题。因为"谁主张,谁举证"着重从行为责任角度分配举证责任,严格而言,非真正意义上的举证责任(结果责任)分配。例如,在侵权诉讼中,原告主张被告有过错,被告则主张自己无过错,按照"谁主张,谁举证"的规定,原告应就被告有过错负举证责任,被告则应就自己无过错负举证责任,这就导致了对同一争议事实,双方当事人都负有举证责任。这样,一旦被告有无过错处于真伪不明状态时,法官无从依据举证责任下判决。[②]

(2)《民诉法解释》对证明责任分配的一般规则的发展。

《民诉法解释》根据我国的审判实践经验,将行为责任和结果责任作了统一规定,弥补了《民事诉讼法》只规定行为责任的不足。同时,《民诉法解释》第 91 条借鉴了法律要件分类说的基本观点,进一步明确了我国民事诉讼中证明责任分配的一般规则。根据第 91 条的规定,在无其他法律另有规定的情形下,法院应当依照下列原则确定举证证明责任的承担:主张法律关系存在的当事人,应当对产生该法律关系的基本事实承担举证证明责任;主张法律关系变更、消灭或者权利受到妨害的当事人,应当对该法律关系变更、消灭或者权利受到妨害的基本事实承担举证证明责任。此处所说的"基本事实"即为法律要件事实,即实体法律关系或者权利构成要件所依赖的事实。

2. 证明责任分配的特殊规则

确立证明责任分配规则的主要目的就是在要件事实真伪不明时,法院仍然能够尽可能作出比较公正的裁判。在一些特殊类型的案件中,如按照证明责任分配的一般原则确定双方当事人的证明责任,往往会导致负有证明责任一方难以完成其证明责任,从而失去胜诉的机会,这对诉讼结果又是不公正的。因此,就需要在证明责任分配一般规则的基础上,确立证明责任分配的特殊规则。证明责任的特殊分配是对应民事法律行为的构成要件来确定的,大多规定在实体法之中,根据我国《民法典》及相关实体法的规定,下列诉讼实行证明责任特殊规则:

(1) 因新产品制造方法引起的专利侵权诉讼。此类诉讼如由专利权人举证证明对方使用了与自己相同的产品制造方法是十分困难的,显然不利于保护专利权人的合法权益,而对于制造同样产品的单位或个人来说,由其证明该产品的制造方法不同于专利方法更为便利,故我国《专利法》第 66 条第 1 款规定:"专

① 参见柴发邦主编:《民事诉讼法学新编》,法律出版社 1992 年版,第 224 页。
② 参见张卫平:《民事诉讼:关键词展开》,中国人民大学出版社 2005 年版,第 246 页。

利侵权纠纷涉及新产品制造方法的发明专利的，制造同样产品的单位或者个人应当提供其产品制造方法不同于专利方法的证明。”据此，专利侵权纠纷的被告若要免责，就必须证明其新产品所使用的制造方法并非专利方法，否则将被推定为专利侵权并承担相应的法律责任。

（2）因缺陷产品引起的产品生产者侵权诉讼。产品责任是一种特殊的侵权，在归责原则上《民法典》对产品生产者侵权责任采用无过错责任原则，该法第 1202 条规定：“因产品存在缺陷造成他人损害的，生产者应当承担侵权责任。”关于缺陷产品与损害事实之间因果关系的证明问题，考虑到用户、消费者、生产者之间存在信息上的不对称，特别是对于高科技产品致害原因不易证明的特点，通常要求生产者就产品不存在缺陷，或者产品的缺陷与损害事实之间不存在因果关系举证。如果生产者不能举证证明，则认定产品存在缺陷及缺陷与损害事实之间存在因果关系。如果生产者要免责，则应就法律规定的免责事由承担证明责任。正如《产品质量法》第 41 条第 2 款规定的，“生产者能够证明有下列情形之一的，不承担赔偿责任：（一）未将产品投入流通的；（二）产品投入流通时，引起损害的缺陷尚不存在的；（三）将产品投入流通时的科学技术水平尚不能发现缺陷的存在的”。

（3）因医疗行为引起的侵权诉讼。医疗侵权行为是医疗机构或者其医务人员在诊疗活动中因过错而损害患者生命健康的行为。在确定医疗损害责任的归责原则时，必须充分考虑诊疗活动的特点。首先，医学是一门探索性、经验性的学科，许多疾病尚未攻克，对药品副作用的认识也非常有限；其次，患者的基因、体质、情绪、所处环境等都存在差异，其疾病表现、治疗效果也会不同；再次，疾病的治疗需要患者配合，一律实行过错推定，将助长保守医疗，不利于医学的科学进步。至于患者与医疗机构之间信息不对称的问题，应当通过信息交流和信息公开等办法来解决。因此，对诊疗活动引起的纠纷，适用一般过错原则，相应的，对于医疗机构诊疗过错赔偿责任的证明也就适用“谁主张、谁举证”的一般规则，应由患者承担证明责任。不过，考虑到患者确实存在医学专业性不足等客观障碍，《民法典》第 1222 条规定在医疗机构违反诊疗法规规范，隐匿或者拒绝提供病历资料，遗失、伪造篡改或者销毁病历资料这三种情形，推定诊疗行为有过错，从而对原告的证明责任进行了缓和。即患者能够证明医疗机构存在《民法典》第 1222 条规定的情形时，可直接认定医疗机构有过错，也就完成了对医疗过错的证明责任。

（4）因环境污染和生态破坏引起的侵权诉讼。侵权人因环境污染和生态破坏造成他人损害的，适用无过错责任归责原则，受害人起诉无须对加害人的主观过错进行证明，加害人也不得以自己没有过错进行抗辩。所以，环境侵权案件主要是围绕环境侵权行为、损害后果以及行为与损害后果之间是否存在因果关系进行审理。但环境侵权的致害物质、致害途径复杂多样,污染因子与危害后果之间的关系链条非常复杂,要对这些因果关系链条进行证明就更为复杂,不利于受害人的保护,因此需要以因果关系的推定原则代替因果关系的直接认定。即,受害人应就环境侵权行为、损害后果以及侵权行为与损害后果之间具备关联性承担举证责任,此处因果关系"关联性"的证明要求只是初步的证明责任,其判断标准有盖然性、疫学因果关系和间接反证等理论,减轻了环境侵权受害人的举证负担。与之相对,侵权行为人则应就侵权行为与损害后果之间不存在因果关系承担高度盖然性的证明责任。根据《民法典》第1230条的规定,污染环境、破坏生态的行为人应当就法律规定的不承担责任或者减轻责任的情形及其行为与损害之间不存在因果关系承担举证责任。

(5) 高度危险作业引起的侵权诉讼。"高度危险作业"既包括使用民用核设施、高速轨道运输工具和从事高空、高压、地下挖掘等高度危险活动,也包括占有、使用易燃、易爆、剧毒、高放射性、强腐蚀性、高致病性等高度危险物的行为。《民法典》第1236条规定:"从事高度危险作业造成他人损害的,应当承担侵权责任。"可见,高度危险作业侵权责任采用无过错归责原则,无须考虑加害人主观上是故意还是过失,只要有损害事实发生就应承担责任。只有法律明确规定不承担责任或者减轻责任的,作业人才可提出抗辩。例如,根据《民法典》第1237条至第1240条的规定,民用核设施的营运单位能够证明损害是因战争、武装冲突、暴乱等情形或受害人故意造成的,则不承担责任。民用航空器的经营者能够证明损害是因受害人故意造成的,不承担责任。高度危险物占有人或者使用人,从事高空、高压、地下挖掘活动或者使用高速轨道运输工具的经营者能够证明损害是因受害人故意或者不可抗力造成的,不承担责任。

(6) 饲养动物致人损害的侵权诉讼。饲养动物可分为动物园饲养动物与普通饲养动物两类,二者在动物本身的危险程度、饲养人控制或者管理饲养动物的机会和能力、被侵权人介入或干扰饲养人管理动物的机会和能力、饲养目的或用途等因素方面存在较大差异。相应的,饲养动物损害责任在归责原则上也就有区别:动物园饲养动物致人损害适用的是过错推定原则,而普通饲养动物致人损害适用的是无过错原则。根据《民法典》第1245条至第1248条的规定,动物园动物造成他人损害的,动物园只有证明尽到管理职责才不承担侵权责任;而普通饲养动物造成他人损害的,动物饲养人或者管理人能够证明损害是因被侵权人故意或者重大过失造成的,才可以不承担或者减轻责任。如果是动物饲养人或者管理人违反规定未对动物采取安全措施造成他人损害的,则须证明损害是因被侵权人故意造成的才可减轻责任。

(7) 建筑物和物件致人损害的侵权诉讼。此类案件的侵权责任规定在我国《民法典》第1252条至第1258条,归责原则适用的都是过错推定原则,也就对证明责任分配提出了相应的要求。根据建筑物和物件致人损害具体侵权形态的差异,分为以下七种情形:第一,建筑物、构筑物等倒塌、塌陷致人损害时,建设单位与施工单位为此类损害的第一责任人。建设单位与施工单位如果能够证明建筑物、构筑物等不存在质量缺陷的,则认定其没有过错,从而不承担侵权责任。第二,物件脱落、坠落致人损害时,所有人、管理人或者使用人是第一责任人。基于建筑物、构筑物或其他设施及其搁置物、悬挂物发生脱落、坠落致人损害的基础事实,推定所有人、管理人或者使用人具有过错,如其不能证明自己没有过错,则应当承担侵权责任。第三,高空抛物致人损害的,侵权人应当对其尽到相应管理、维护义务或者没有抛掷物品承担举证责任;经调查难以确定具体侵权人的,基于公平正义的理念,由可能加害的建筑物使用人对自己不是真正的加害人承担证明责任,无法完成证明时将承担补偿责任。第四,堆放物倒塌、滚落或者脱落致人损害的,堆放人应当证明其已尽到善良管理人的合理注意义务,且不存在堆放瑕疵或者管理瑕疵;如果堆放人不能证明自己没有过错的,就应承担侵权责任。第五,公共道路妨碍通行造成损害的,公共道路管理人应证明已经尽到清理、防护、警示等义务,否则即可推定其有过错,从而应承担相应的责任。第六,林木折断、倾倒或者果实坠落等造成他人损害的,推定林木所有人或管理人存在疏忽、懈怠的过失,其应举证证明已尽管理维护义务且不存在主观过错。如果林木所有人或者管理人不能证明自己没有过错,则应承担侵权责任。第七,地面施工、地下设施致人损害的,施工人不能证明已经设置明显标志和采取安全措施的,或是管理人不能证明尽到管理职责的,都应承担侵权责任。

(8)因共同危险行为致人损害的侵权诉讼。共同危险行为是指二人以上共同实施侵害他人民事权益的危险行为,对所造成的损害后果无法查明是危险行为中何人所为的情况。由于受害人受到主客观条件的限制,无法确认真正的加害人,在此情形下,只能推定所有的共同危险行为人为“共同加害人”。共同危险行为人如果能够证明自己没有实施加害行为或者自己的行为与损害结果之间没有因果关系,就能免除其责任。进行这种反证,无须证明他人为真正的加害人,也无须解决其他加害人不确定的问题。[①] 不能进行这种反证的剩余的加害人,则推定其行为与损害结果之间有因果关系,并承担连带责任。

以上八类侵权案件关于证明责任的分配涉及证据理论中的一个重要概念,即“证明责任倒置”问题。证明责任倒置,又称为证明责任转换,是指一方当事人对自己提出的利己事实,并不负担证明责任,而由对方当事人负担证伪的责任。对方当事人若未能证伪该事实,则法院认可该事实是真实的,该方当事人因此败诉。证明责任倒置包括两种情形:一是以法律要件分类说为前提,对特定

① 参见张新宝:《侵权责任法原理》,中国人民大学出版社 2005 年版,第 88 页。

法律要件事实进行特别规定所导致的有别于一般案件证明责任的分配结果;另一种情形是指导致具体举证责任承担有别于通常情形的特定情势。[①] 第一种情形下,证明责任倒置主要发生在侵权诉讼中,主要针对因果关系、过错这两个要件事实。须注意的是,不同的民事归责原则决定了"加害人过错"是否为证明责任倒置的事实。在过错责任原则下,"加害人过错"是被害人侵权损害赔偿请求权成立或者加害人侵权损害赔偿责任成立的一个构成要件,若法律将"加害人过错"倒置给加害人证伪,加害人可以受害人或第三人有过错来证明自己没有过错,从而事实上减轻了被害人的证明责任。在无过错责任原则中,不以"加害人过错"为侵权责任的构成要件,加害人可以证明受害人或第三人存在过错来免责,实际上并未减轻被害人的证明责任,并不构成证明责任倒置。[②] 第二种情形下,如方法发明专利侵权案件中,由于被控侵权人对其生产场所的控制使其成为典型的危险领域,导致专利权人对制造同样产品的可能的侵权人所使用的制造方法很难取证,在专利法鼓励创新的立法宗旨下,对新产品制造方法发明专利就规定了侵权人负担摆脱侵权嫌疑的证明责任。

3. 关于法官裁量分配证明责任的问题

证明责任的分配具有法定性,也就是说证明责任是由法律分配,原则上并不能由法官斟酌确定。法官只能根据证明责任分配的法律规定,在对民事实体法规范进行类型分析的基础上,识别权利发生规范、权利消灭规范、权利限制规范和权利妨碍规范,以此为基础确定证明责任的负担。所以,法官在证明责任分配的问题上只是适用法律,是通过对实体法规范的分析来发现法律确定的证明责任分配规则的过程,而非创造证明责任分配规则。正因如此,2019 年修正的《证据规定》删除了原先"在法律没有具体规定,依本规定及其他司法解释无法确定举证责任承担时,人民法院可以根据公平原则和诚实信用原则,综合当事人举证能力等因素确定举证责任的承担"的规定,即法官不得对证明责任分配进行自由裁量。

第三节 证明标准

一、证明标准的含义与作用

证明标准,又称为证明要求、证明度,是指在诉讼中负有证明责任的一方当事人提供证据对待证事实加以证明所应达到的程度。在诉讼中,如果该待证事

① 参见胡学军:《我国民事证明责任分配理论重述》,载《法学》2016 年第 5 期。

② 参见邵明:《正当程序中的实现真实——民事诉讼证明法理之现代阐释》,法律出版社 2009 年版,第 356 页。

实的证明没有达到证明标准,该待证事实就处于真伪不明的状态;如待证事实的证明已达到证明标准时,法院就应当以该事实作为裁判的依据。

证明标准对于诉讼证明活动具有重要意义:(1)证明标准有助于当事人正确行使诉讼权利。通过对证明标准的了解,当事人才能知道应当具备哪些证据或如何证明才能达到证明要求,从而衡量自己胜诉的概率,决定是否起诉或反诉以及是否继续进行诉讼。(2)证明标准有助于法院正确认定案件事实。审判人员只有了解了证明标准,才能正确把握认定案件事实需要具备何种程度的证据,以此衡量待证事实是否已经得到证明,进而决定是否要求当事人进一步补充证据加以证明。

二、有关证明标准的学说

(一)客观真实说

"客观真实说"认为,诉讼中证明的任务是确定案件的客观真实,裁判中认定的事实必须达到客观真实的程度,这种程度是完全可以达到的。其理论依据主要有四点:其一,马克思主义存在第一性、意识第二性的认识论为查明案件事实提供了科学的理论根据;其二,案件事实发生后必然会留下这样或那样的证据材料;其三,我国有一支忠于人民利益、忠于法律、忠于事实真相的司法队伍;其四,诉讼法规定的各项制度和措施为查明案件的客观真实提供了法律上的保证。

"客观真实说"是所有诉讼制度和程序应当追求的最高理想,但该说现已受到质疑。因为按照该说,法官应当查明与案件有关的一切事实,即使当事人根本没有主张或是毫无争议的事实也不例外;对于当事人不能举证的事实,法院应当依职权调查收集,而不是在双方穷尽所有证据手段时立即作出判决。在这样的要求下,弱化法官职权,强化当事人举证责任的目标显然很难实现。再就司法实践而言,法官据以裁判的事实因为要受到各种各样的局限,从来都不可能是纯粹意义上的"客观真实"。"客观真实说"的弊端在于,它给诉讼证明过程提供了一种不科学的理论解释,而这种解释反过来又对诉讼证明的实践提出了不切实际的要求。[①]

(二)盖然性说

"盖然性说"是在承认认识的绝对性与相对性的基础上产生的,该说并不否认在某些案件中对于一部分案情的认定可能是绝对真实的,但某一事实的绝对真实性是经过实践检验后得出的结论,当法官的认定结果未经实践反复检验前,没人能断定哪一部分案情的认定是绝对真实的,所以,绝对真实只能是一种可能而非必然。而且,人的认识能力是有限的,这是客观存在的规律,证明标准的设

① 参见江伟、吴泽勇:《证据法若干基本问题的法哲学研究》,载《中国法学》2002年第1期。

定不能违背这一规律。由于"盖然性说"符合人类认识的一般规律,体现了诉讼证明的特点,也体现了诉讼中的公正与效率的结合,因而得到了学者们的普遍认同。

大陆法系和英美法系国家的民事诉讼普遍采用"盖然性"的证明标准。在大陆法系,民事案件的证明标准采用"高度盖然性",即一项事实主张具备非常大的可能性,一个理性的人不再怀疑或者看起来其他的可能性都被排除了,这种情况足够形成法官的心证。① 在英美法系,民事案件的证明标准要求达到"证据优势"。所谓证据优势是指某一事实的证据分量和证明力比反对其存在的证据更有说服力,或者比反对其真实性的证据的可靠性更高。无论是高度盖然性标准还是优势证明标准,都体现了一种主观与客观事实无限接近但又不等于客观事实的思想,因而二者并无本质区别。

三、我国民事诉讼的证明标准

我国《民事诉讼法》一直未对证明标准作出一般规定,直至《民诉法解释》方对此予以明确,澄清了长期以来我国民事诉讼证明标准的模糊定位。该解释以民事诉讼证明标准多元化规定的方式,构建了我国民事诉讼证明标准体系,以满足实务中不同证明对象和待证事实不同程度的证明要求。

(一)"高度可能性"的证明标准

《民诉法解释》第108条确立了普通民事案件的证明标准为"高度可能性"标准。即,对负有举证证明责任的当事人提供的证据,人民法院经审查并结合相关事实,确信待证事实的存在具有高度可能性的,应当认定该事实存在。这是基于对事物发展盖然性规律的科学认识所确立的认定案件事实的证明规则。但"高度可能性"仅仅是指法官在形成内心确信时所适用的最低限度标准,其标准要高于此前我国所采用的盖然性优势标准。同时还需注意的是,"高度可能性"是适用于普通民事诉讼时所适用的证明标准,对于特殊种类的民事案件,则有可能适用更高或者更低的证明标准。

(二)"排除合理怀疑"的证明标准

《民诉法解释》第109条及《证据规定》第86条第1款对一些特殊的待证事实规定了更高的证明标准,即当事人对于欺诈、胁迫、恶意串通事实的证明,以及对于口头遗嘱或赠与事实的证明,人民法院确信该待证事实存在的可能性能够排除合理怀疑的,应当认定该事实存在。"排除合理怀疑"是指案件事实的认定不存在任何未能证明的合理怀疑,实际上是达到确信的程度。这也是刑事诉讼的证明标准,之所以对上述民事案件事实适用如此的高标准,是基于维护交易安

① 参见〔德〕汉斯·普维庭:《现代证明责任问题》,吴越译,法律出版社2000年版,第110—111页。

定性的考虑，如果适用“高度可能性”标准则容易动摇这些既定的法律关系。

（三）“疏明”的证明标准

从提高诉讼效率、节约诉讼成本的诉讼观念出发，根据待证事实等因素的差异，有必要对证明标准降低的情况进行规定，国外对于一些程序法事实允许采用疏明的证明标准。[①] 疏明是指当事人对自己所主张的事实虽然没有达到证明的程度，但提出足以使法官推测大体上确实程度的证据即可。《证据规定》第 86 条第 2 款规定：与诉讼保全、回避等程序事项有关的事实，人民法院结合当事人的说明及相关证据，认为有关事实存在的可能性较大的，可以认定该事实存在。

第四节　举证期限

一、举证期限的概念和意义

（一）举证期限的概念

举证期限是指负有举证责任的当事人，应当在法律规定或者法院指定的期限内提供证据，逾期提供证据，将承担由此产生的不利后果。

具体而言，举证期限包括两方面的内容：一是期限，即法律规定或法院指定的诉讼法上的期间，当事人应当在此期间尽最大能力提供支持其主张的证据；二是后果，当事人若在此期间内不提供或者不能提供相关的证据，又没有正当理由的，应当根据不同情节对其适用训诫、罚款直至证据失权三种不同的后果。如逾期举证使得对方增加了诉讼上的花费，则还需向其承担私法上的赔偿责任。

（二）举证期限的意义

（1）举证期限制度有助于实现程序公正。通过限定提供证据的期间，为双方当事人创设了进行诉讼行为的平等机会，能够有效防止一方当事人利用优势地位对另一方当事人进行证据突袭和拖延诉讼，从而实现诉讼过程上的平等。

（2）举证期限制度有利于提高诉讼效益。法院开庭审理案件的首要任务是对当事人争议的事实进行认定，其主要借助于证据来完成，如果证据不能预先固定，一审、二审过程中随时举证，必然导致开庭审理过程中无法认定事实，出现反复质证、反复开庭，浪费司法资源的问题。而举证期限强化了当事人的举证义务，降低了司法成本，也可防止程序的不必要迟延。

（3）举证期限制度体现了程序安定的要求。如果任由当事人随时提出证据、实施证据突袭，必然使整个诉讼程序处于无法预测和不安定状态。举证期限制度通过对当事人的举证行为进行干预，实行证据适时提出主义，维护了诉讼的

---

① 参见〔日〕兼子一、竹下守夫：《民事诉讼法》，白绿铉译，法律出版社 1995 年版，第 101 页。

安定。

二、举证期限的确定方式

根据《民事诉讼法》第 68 条第 2 款“人民法院根据当事人的主张和案件审理情况,确定当事人应当提供的证据及其期限”的规定,举证期限属于指定期间,由法院根据案件的具体情况依职权确定。《证据规定》第 51 条进一步明确了举证期限的确定由当事人协商并经人民法院准许和人民法院指定两种方式。

(一) 当事人协商并经法院准许

为充分尊重当事人的程序选择权,举证期限可以由双方当事人协商一致,但当事人就举证时限的合意还须经法院的准许。一般而言,只要不存在协商的举证期限过长或超过立法规定的最长举证期限,从而影响法院及时结案的情况,法院就应当予以认可。

(二) 法院指定

举证期限一般由法院指定,法院通过举证通知书向当事人指定举证期限。法院应当在审理前的准备阶段向当事人送达举证通知书,举证通知书应当载明举证责任的分配原则与要求、可以向法院申请调查取证的情形、法院根据案件情况指定的举证期限以及逾期提供证据的法律后果等内容。

法院指定举证期限分为以下情形:

(1) 普通程序的举证期限。举证期限的起算点为答辩期届满后的审理前准备阶段,法院指定举证期限的,适用第一审普通程序的案件不得少于 15 日。案件进入第二审程序后,由于当事人提供新证据的概率不高,数量不多,第二审案件的举证期限就稍短些,规定为不得少于 10 日。

(2) 适用简易程序和小额诉讼程序审理的案件的举证期限。简易程序和小额诉讼程序都强调低成本、高效率地解决纠纷和便利当事人诉讼,从而对程序作了简化处理,举证期限方面也作了压缩。适用简易程序审理的案件不得超过 15 日,小额诉讼案件的举证期限一般不得超过 7 日。

(3) 不受举证期限约束的除外情形

举证期限针对主要证据发挥作用,补强证据作为佐证,不受举证期限的约束。因此,《证据规定》第 51 条第 3 款规定:举证期限届满后,当事人提供反驳证据或者对已经提供的证据的来源、形式等方面的瑕疵进行补正的,人民法院可以酌情再次确定举证期限,该期限不受前款规定的期间限制。

三、特殊情形下举证期限的确定

存在下列情形的,举证期限按照如下方式确定:

(1) 当事人依照《民事诉讼法》第 127 条规定提出管辖权异议的,举证期限中止,自驳回管辖权异议的裁定生效之日起恢复计算。

(2) 追加当事人、有独立请求权的第三人参加诉讼或者无独立请求权的第三人经人民法院通知参加诉讼的,法院应当依照《证据规定》第 51 条的规定为新参加诉讼的当事人确定举证期限,该举证期限适用于其他当事人。

(3) 发回重审的案件,第一审法院可以结合案件具体情况和发回重审的原因,酌情确定举证期限。

(4) 当事人增加、变更诉讼请求或者提出反诉的,法院应当根据案件具体情况重新确定举证期限。

(5) 公告送达的,举证期限自公告期届满之次日起计算。

四、举证期限的延长

举证期限属于可变期间,当事人可以向法院申请延长期限,但必须符合法定的申请要件:(1) 实质要件,是指当事人在该举证期限内提供证据确有困难。"确有困难"应限于客观障碍,主要包括不可抗力、社会事件等原因以及当事人具有客观上不能举证或难以举证的情形。(2) 形式要件,是指当事人应当在举证期限届满前向法院提出书面申请。

举证期限的延长只能以当事人申请为准,法院不得依职权确定期限的延长。但是,是否准许当事人的申请、具体延长的期限如何、举证期限延长的次数,都应经法院审查确定。法院应根据当事人的举证能力、不能在举证期限内提供证据的原因等因素综合判断当事人在举证期限内提供证据是否存在客观障碍。必要时,法院可以听取对方当事人的意见。当事人的申请理由成立的,法院应当准许,适当延长举证期限,并通知其他当事人,延长的举证期限适用于其他当事人;如申请理由不成立的,法院不予准许,并通知申请人。

五、证据交换与举证期限的关系

证据交换是庭前会议的一项重要内容,而举证期限与证据交换密切相关,举证期限必须与证据交换的日期保持一致。答辩期届满后至开庭审理前,如果法院组织双方当事人交换证据的,证据交换之日举证期限届满。如果当事人在确定的举证期限内无法完成举证,其申请延期举证并获得法院准许的,证据交换日期也相应顺延。

六、逾期举证的后果

法律对举证期限的规定,意味着当事人负有遵守期间、在期间内完成举证的法定义务。举证期限确定后,当事人应当在该时限内举证,否则将产生相应的不利后果。根据《民事诉讼法》第 68 条的规定,当事人逾期提供证据的,法院应当责令其说明理由;拒不说明理由或者理由不成立的,法院根据不同情形可以不予采纳该证据,或者采纳该证据但予以训诫、罚款。

可见,当事人逾期提供证据的主观过错情况,决定其承担不同的责任和后果。(1) 当事人因故意或者重大过失逾期提供的证据,原则上发生证据失权的后果,法院不予采纳。若该证据与案件基本事实有关,法院则应当采纳,但要对当事人予以训诫、罚款。(2) 当事人非因故意或者重大过失逾期提供的证据,法院应当采纳,但要对当事人予以训诫。(3) 无论当事人基于何种主观过错逾期提供证据,均不能免除对方当事人要求其赔偿相应损失的责任。《民诉法解释》第 102 条第 3 款规定:当事人一方要求另一方赔偿因逾期提供证据致使其增加的交通、住宿、就餐、误工、证人出庭作证等必要费用的,人民法院可予支持。

司法实践中,法院审查当事人逾期提供证据的理由,必要时可以要求其提供相应的证据。至于当事人是否存在正当理由,法院应当结合当事人的主观因素进行判断。如果当事人逾期提供证据是基于自身所不能控制的客观原因,其主观上不存在故意和过失,应当认为其未能及时提供证据存在正当理由。另外,如果对方当事人自愿放弃诉讼利益,是行使处分权的表现,法院应当予以尊重。据此,《民诉法解释》第 101 条第 2 款规定,当事人因客观原因逾期提供证据,或者对方当事人对逾期提供证据未提出异议的,视为未逾期。

拓展阅读

1. 江伟、吴泽勇:《证据法若干基本问题的法哲学研究》,载《中国法学》2002 年第 1 期。

2. 吴杰:《英美法系民事诉讼证明标准理论基础研究》,载《法律科学》2003 年第 4 期。

3. 翁晓斌:《论我国民事诉讼证明责任分配的一般原则》,载《现代法学》2003 年第 4 期。

4. 汤维建:《民事诉讼中证据交换制度的确立和完善》,载《法律科学》2004 年第 1 期。

5. 张继成:《诉讼证明标准的科学重构》,载《中国社会科学》2005 年第 5 期。

6. 汤维建:《民事证据立法的理论立场》,北京大学出版社 2008 年版。

7. 毕玉谦:《关于创设民事诉讼证明妨碍制度的基本视野》,载《证据科学》2010 年第 5 期。

8. 胡学军:《推导作为诉讼证明的逻辑》,载《法学研究》2011 年第 6 期。

9. 吴泽勇:《中国法上的民事诉讼证明标准》,载《清华法学》2013 年第 1 期。

10. 霍海红:《提高民事诉讼证明标准的理论反思》,载《中国法学》2016 年第 2 期。

11. 张卫平:《当事人文书提出义务的制度建构》,载《法学家》2017 年第 3 期。

12. 李浩:《证明责任的概念——实务与理论的背离》,载《当代法学》2017 年第 5 期。

13. 吴泽勇:《民事诉讼证据失权制度的衰落与重建》,载《中国法学》2020 年第 3 期。

第十七章　期间与送达

本章目次

第一节　期　　间

一、期间的概念

期间，是指法院、当事人以及其他诉讼参与人各自进行并完成某项诉讼行为必须遵守的时间。

广义的期间包括期限和期日，狭义的期间仅是指期限。期限是人民法院、当事人或其他诉讼参与人单方面地独立进行或完成某种诉讼活动的时间。期日是人民法院、当事人或其他诉讼参与人会合进行某种诉讼活动的时日。[①] 一般是从狭义上理解期间的，即通常所说的期间是指期限。[②]

期间在民事诉讼中具有重要作用。对于当事人和其他诉讼参与人而言，期间为他们实施诉讼行为以保护合法权益提供了时间上的保障；同时也有督促他们及时行使诉讼权利、履行诉讼义务的功能预设。对于人民法院而言，期间的作用则在于保证并督促其及时审结和执结民事案件，防止出现不必要的迟延，提高

---

① 参见江伟主编：《民事诉讼法学》，复旦大学出版社 2005 年版，第 204 页。
② 参见谭兵主编：《民事诉讼法学》，法律出版社 1997 年版，第 314 页。

审判与执行的效率,以切实维护当事人的合法权益。[①] 期间有利于保证诉讼法律关系主体的诉讼行为的协调性,从而保证诉讼的顺利进行。

二、期间的种类

根据不同的标准,可将期间作如下分类:

(一) 不变期间和可变期间

以期间能否变动为标准,可以把期间分为不变期间和可变期间。

不变期间是指一经确定即不允许任何人改变的期间。

可变期间是指期间确定后,因情况发生了变化,在确定的期间内进行或完成某种诉讼行为有困难,人民法院可根据当事人的申请或者依职权变更原定的期间。[②]

(二) 法定期间和指定期间

《民事诉讼法》第 85 条第 1 款规定:"期间包括法定期间和人民法院指定的期间。"以期间是由法律直接规定还是由人民法院指定为标准,可以把期间分为法定期间和指定期间。

法定期间,是指法律直接规定的期间。

指定期间,是指法院依照法律规定或职权,对当事人或其他诉讼参加人进行某项诉讼行为所指定的期间。

此外,司法解释规定了商定期间。所谓商定期间,是指根据相关法律或司法解释所确立的合意机制,由各方当事人协商一致,并经人民法院认可的期间。《民诉法解释》第 99 条第 1 款规定:"人民法院应当在审理前的准备阶段确定当事人的举证期限。举证期限可以由当事人协商,并经人民法院准许。"《证据规定》第 51 条第 1 款规定:"举证期限可以由当事人协商,并经人民法院准许。"司法解释规定的这种期间就是商定期间。[③][④]

三、期间的计算

《民事诉讼法》第 85 条规定,期间以时、日、月、年计算。具体的计算规则如下:

(1) 期间开始的时和日,不计算在期间内。《民诉法解释》第 125 条规定,

---

① 参见江伟主编:《民事诉讼法》(第三版),高等教育出版社 2007 年版,第 227—228 页;江伟主编:《〈中华人民共和国民事诉讼法〉修改建议稿(第三稿)及立法理由》,人民法院出版社 2005 年版,第 143 页。

② 参见谭兵主编:《民事诉讼法学》,法律出版社 1997 年版,第 312 页。

③ 参见江伟主编:《民事诉讼法》(第三版),高等教育出版社 2007 年版,第 229 页。

④ 也有学者认为,司法解释规定的这种期间叫约定期间。参见张卫平:《民事诉讼法》(第五版),法律出版社 2019 年版,第 270 页。

民事诉讼中以时起算的期间从次时起算；以日、月、年计算的期间从次日起算。

(2) 期间届满的最后一日是法定休假日的，以法定休假日后的第一日为期间届满的日期。

(3) 期间不包括在途时间，诉讼文书在期满前交邮的，不算过期。

四、期间的耽误和顺延

(一) 期间的耽误

期间的耽误，是指当事人及其诉讼代理人在法律规定或者人民法院指定的期间内，因故没有完成应当或有权进行的诉讼行为。

期间耽误的情况有两种，一种是权利人耽误，一种是义务人耽误。实践中引起期间耽误的原因既有主观方面的原因，也有客观方面的原因。在诉讼进行中，权利人耽误期间，如果是因主观方面的过错导致期间耽误的，那么不论这种耽误是故意还是过失，权利人都失去了在该期间内实施某种诉讼行为或行使某种诉讼权利的机会。若权利人因客观上不可抗拒的事由或其他正当理由耽误期间，这并非当事人的责任，因而应当依法予以补救。在诉讼进行中，义务人耽误了诉讼期间的，无论是主观上的原因还是客观上的原因，原则上应当继续完成未完成的诉讼行为，依法履行诉讼义务。

(二) 期间耽误的顺延

《民事诉讼法》第 86 条规定："当事人因不可抗拒的事由或者其他正当理由耽误期限的，在障碍消除后的十日内，可以申请顺延期限，是否准许，由人民法院决定。"据此，耽误期间的顺延应符合以下条件：

(1) 耽误期间的原因是不可抗拒的事由或者其他正当理由。

(2) 当事人必须在障碍消除后的 10 日内提出顺延期限的申请。

(3) 顺延期限的申请是否准许，由人民法院决定。

第二节　送　　达

一、送达的概念

送达，是人民法院按照法定的程序和方式，将诉讼文书送交当事人和其他诉讼参与人的诉讼行为。

送达是人民法院的一种重要法律行为，送达的主体是人民法院，接受送达的主体是当事人和其他诉讼参与人，送达的客体是各种诉讼文书。

送达是民事诉讼中的一项重要制度，它直接关系到民事诉讼程序能否顺利进行及能否完成预定的诉讼任务。送达的意义不仅在于将诉讼文书交给受送达的当事人和其他诉讼参与人,让他们了解诉讼文书的内容,以便他们据此参加诉讼活动,行使诉讼权利,履行诉讼义务;而且更重要的是送达行为本身即包含并进一步预设了一定的法律后果:人民法院依法定方式和程序送达诉讼文书后,即产生了诉讼法上的效力;受送达人若无正当理由而耽误诉讼期间或者未按人民法院的要求为一定的诉讼行为,则须就此承担诉讼法上的相应后果。①

二、送达的方式

《民事诉讼法》根据案件的不同情况,分别规定了不同的送达方法。

(一) 直接送达

直接送达,是指人民法院派专人将诉讼文书直接交付给受送达人签收的送达方式。直接送达是最基本的送达方式,凡是能够用直接送达方式送达的,都应当尽可能用直接送达的方式。

《民事诉讼法》第 88 条规定:"送达诉讼文书,应当直接送交受送达人。受送达人是公民的,本人不在交他的同住成年家属签收;受送达人是法人或者其他组织的,应当由法人的法定代表人、其他组织的主要负责人或者该法人、组织负责收件的人签收;受送达人有诉讼代理人的,可以送交其代理人签收;受送达人已向人民法院指定代收人的,送交代收人签收。受送达人的同住成年家属,法人或者其他组织的负责收件的人,诉讼代理人或者代收人在送达回证上签收的日期为送达日期。"《民诉法解释》第 131 条规定:"人民法院直接送达诉讼文书的,可以通知当事人到人民法院领取。当事人到达人民法院,拒绝签署送达回证的,视为送达。审判人员、书记员应当在送达回证上注明送达情况并签名。人民法院可以在当事人住所地以外向当事人直接送达诉讼文书。当事人拒绝签署送达回证的,采用拍照、录像等方式记录送达过程即视为送达。审判人员、书记员应当在送达回证上注明送达情况并签名。"第 132 条规定:"受送达人有诉讼代理人的,人民法院既可以向受送达人送达,也可以向其诉讼代理人送达。受送达人指定诉讼代理人为代收人的,向诉讼代理人送达时,适用留置送达。"根据上述规定,直接送达的情况有:(1) 受送达人是公民的,根据直接送达原则,应当交给受送达人本人。(2) 受送达人是公民的,如果送达时本人不在,可以交给其同住成年家属签收。但是,同住成年家属的范围是什么,立法及司法解释均未规定。(3) 受送达人是法人或者其他组织的,应当由法人的法定代表人、其他组织的主要负责人或者该法人、组织负责收件的人签收。(4) 受送达人有诉讼代理人的,可以送交其代理人签收。(5) 如果受送达人已向人民法院指定代收人的,可以送交代收人签收。(6) 人民法院直接送达诉讼文书的,可以通知当事人到人民

---

① 参见江伟主编:《民事诉讼法》(第三版),高等教育出版社 2007 年版,第 233 页。

法院领取。(7) 人民法院可以在当事人住所地以外向当事人直接送达诉讼文书。

(二) 留置送达

留置送达,是指在受送达人拒绝签收所送诉讼文书时,人民法院负责送达的有关人员依照法定程序,将送达的诉讼文书强行留放在受送达人住所的送达方式。

《民事诉讼法》第 89 条规定:"受送达人或者他的同住成年家属拒绝接收诉讼文书的,送达人可以邀请有关基层组织或者所在单位的代表到场,说明情况,在送达回证上记明拒收事由和日期,由送达人、见证人签名或者盖章,把诉讼文书留在受送达人的住所;也可以把诉讼文书留在受送达人的住所,并采用拍照、录像等方式记录送达过程,即视为送达。"据此,留置送达的前提条件是受送达人或者其同住成年家属对送达到家的诉讼文书拒绝签收。《民诉法解释》第 130 条第 1 款规定:"向法人或者其他组织送达诉讼文书,应当由法人的法定代表人、该组织的主要负责人或者办公室、收发室、值班室等负责收件的人签收或者盖章,拒绝签收或者盖章的,适用留置送达。"即对法人和其他组织,也适用留置送达。

根据《民事诉讼法》第 89 条,留置送达的方式有两种:一是送达人可以邀请有关基层组织或者所在单位的代表到场,说明情况,在送达回证上记明拒收事由和日期,由送达人、见证人签名或者盖章,把诉讼文书留在受送达人的住所。《民诉法解释》第 130 条第 2 款规定:"民事诉讼法第八十九条规定的有关基层组织和所在单位的代表,可以是受送达人住所地的居民委员会、村民委员会的工作人员以及受送达人所在单位的工作人员。"二是送达人也可以把诉讼文书留在受送达人的住所,并采用拍照、录像等方式记录送达过程,即视为送达。第二种留置送达方式,是 2012 年修改《民事诉讼法》时新增加的,该种留置送达方式,既可以避免第一种留置送达方式中见证人制度的不足,也是现代科技在送达制度中的运用。

应当注意,并不是所有的诉讼文书都能以留置送达方式送达。调解书应当直接送达当事人本人,不适用留置送达。《民诉法解释》第 133 条规定:"调解书应当直接送达当事人本人,不适用留置送达。当事人本人因故不能签收的,可由其指定的代收人签收。"因为在调解书送达行为完成以前,当事人有权反悔。如果当事人在送达行为完成以前反悔的,表明调解不能成立,调解书不发生法律效力,人民法院应当对案件继续审理,作出判决。

(三) 电子送达

《民事诉讼法》第 90 条规定:"经受送达人同意,人民法院可以采用能够确认其收悉的电子方式送达诉讼文书。通过电子方式送达的判决书、裁定书、调解书,受送达人提出需要纸质文书的,人民法院应当提供。采用前款方式送达的,以送达信息到达受送达人特定系统的日期为送达日期。”

对于《民事诉讼法》第90条规定的送达方式,有的称之为简易送达①,有的称之为电子送达②。本书接受“电子送达”的提法。

电子送达方式,是我国2012年修改的《民事诉讼法》新增加的。《民诉法解释》第135条规定:“电子送达可以采用传真、电子邮件、移动通信等即时收悉的特定系统作为送达媒介。民事诉讼法第九十条第二款规定的到达受送达人特定系统的日期,为人民法院对应系统显示发送成功的日期,但受送达人证明到达其特定系统的日期与人民法院对应系统显示发送成功的日期不一致的,以受送达人证明到达其特定系统的日期为准。”第136条规定:“受送达人同意采用电子方式送达的,应当在送达地址确认书中予以确认。”

(四) 委托送达

委托送达,是指受诉人民法院直接送达诉讼文书有困难时,委托其他人民法院代为送达诉讼文书的方式。

《民事诉讼法》第91条规定:“直接送达诉讼文书有困难的,可以委托其他人民法院代为送达,或者邮寄送达。邮寄送达的,以回执上注明的收件日期为送达日期。”《民诉法解释》第134条规定:“依照民事诉讼法第九十一条规定,委托其他人民法院代为送达的,委托法院应当出具委托函,并附需要送达的诉讼文书和送达回证,以受送达人在送达回证上签收的日期为送达日期。委托送达的,受委托人民法院应当自收到委托函及相关诉讼文书之日起十日内代为送达。”

应当注意,委托送达的前提条件是受诉人民法院直接送达诉讼文书有困难。但何谓“直接送达诉讼文书有困难”,缺乏明确的规定。

(五) 邮寄送达

邮寄送达,是指人民法院将需要送达的诉讼文书通过邮局邮寄给受送达人的送达方式。

邮寄送达与委托送达之间是平行选择关系,它们的适用前提均为受诉法院“直接送达诉讼文书有困难”。

根据《最高人民法院关于以法院专递方式邮寄送达民事诉讼文书的若干规定》(法释〔2004〕13号),人民法院直接送达诉讼文书有困难的,可以交由国家邮政机构以法院专递方式邮寄送达,但有下列情形之一的除外:(1) 受送达人或者其诉讼代理人、受送达人指定的代收人同意在指定的期间内到人民法院接受

---

① 参见王胜明主编:《中华人民共和国民事诉讼法释义:最新修正版》,法律出版社2012年版,第201页。

② 参见最高人民法院民事诉讼法修改研究小组编著:《〈中华人民共和国民事诉讼法〉修改条文理解与适用》,人民法院出版社2012年版,第212页。

送达的；(2) 受送达人下落不明的；(3) 法律规定或者我国缔结或参加的国际条约中约定有特别送达方式的。以法院专递方式邮寄送达民事诉讼文书的，其送达与人民法院送达具有同等法律效力。

邮寄送达的，应当附有送达回证，以回执上注明的收件日期为送达日期。

(六) 转交送达

转交送达，是指法院在不宜或不便直接送达的情况下，通过受送达人所在单位将诉讼文书转交给受送达人的送达方式。

根据《民事诉讼法》第 92 条和第 93 条，转交送达的情形有：(1) 受送达人是军人的，通过其所在部队团以上单位的政治机关转交。(2) 受送达人被监禁的，通过其所在监所转交。(3) 受送达人被采取强制性教育措施的，通过其所在强制性教育机构转交。

《民事诉讼法》第 94 条规定："代为转交的机关、单位收到诉讼文书后，必须立即交受送达人签收，以在送达回证上的签收日期，为送达日期。"

(七) 公告送达

公告送达，是指人民法院以张贴公告、登报等形式，将需送达的诉讼文书的有关内容告知受送达人，经过法定期间，即视为送达的送达方法。

《民事诉讼法》第 95 条规定："受送达人下落不明，或者用本节规定的其他方式无法送达的，公告送达。自发出公告之日起，经过三十日，即视为送达。公告送达，应当在案卷中记明原因和经过。"据此，公告送达适用于以下两种情形：一是受送达人下落不明，二是不能用其他方式送达。《民事诉讼法》规定的送达方式除了公告送达，还有直接送达、留置送达、电子送达、委托送达、邮寄送达、转交送达六种。留置送达是以直接送达为前提的，而转交送达中受送达人的所在地是非常明确的。因此，适用公告送达中的"不能用其他方式送达"，其中的"其他方式送达"也只能是指直接送达、电子送达、委托送达、邮寄送达。何谓"不能用其他方式送达"，缺乏明确规定。

至于公告送达中公告的方式，《民诉法解释》第 138 条规定："公告送达可以在法院的公告栏和受送达人住所地张贴公告，也可以在报纸、信息网络等媒体上刊登公告，发出公告日期以最后张贴或者刊登的日期为准。对公告送达方式有特殊要求的，应当按要求的方式进行。公告期满，即视为送达。人民法院在受送达人住所地张贴公告的，应当采取拍照、录像等方式记录张贴过程。"

关于公告送达的内容，《民诉法解释》第 139 条规定："公告送达应当说明公告送达的原因；公告送达起诉状或者上诉状副本的，应当说明起诉或者上诉要点，受送达人答辩期限及逾期不答辩的法律后果；公告送达传票，应当说明出庭的时间和地点及逾期不出庭的法律后果；公告送达判决书、裁定书的，应当说明裁判主要内容，当事人有权上诉的，还应当说明上诉权利、上诉期限和上诉的人民法院。”

简易程序不适用公告送达。《民诉法解释》第 140 条规定:“适用简易程序的案件,不适用公告送达。”

公告送达,自发出公告之日起,经过 30 日,即视为送达。公告送达,应当在案卷中记明原因和经过。

公告送达具有强制通知的功能。由于公告送达是一种推定送达,在实际的操作过程中,人民法院并不能保证受送达人真正地知悉公告文书所刊载的内容,并及时地作出反应。这是公告送达与其他送达方式相比最为明显的缺陷。①

三、送达地址确认制度

送达地址确认制度,是指由当事人向法院提供送达诉讼文书的地址并产生一定法律效果的制度。

送达地址确认制度,是最高人民法院为了解决送达难问题通过司法解释所确立的一项制度。②

《最高人民法院关于适用简易程序审理民事案件的若干规定》(法释〔2020〕20 号)第 5 条第 1 款规定:“当事人应当在起诉或者答辩时向人民法院提供自己准确的送达地址、收件人、电话号码等其他联系方式,并签名或者按指印确认。”第 2 款规定:“送达地址应当写明受送达人住所地的邮政编码和详细地址;受送达人是有固定职业的自然人的,其从业的场所可以视为送达地址。”该司法解释规定了简易程序中的送达地址确认制度。《最高人民法院关于以法院专递方式邮寄送达民事诉讼文书的若干规定》(法释〔2004〕13 号)规定了邮寄送达中的送达地址确认制度。《民诉法解释》第 137 条规定:“当事人在提起上诉、申请再审、申请执行时未书面变更送达地址的,其在第一审程序中确认的送达地址可以作为第二审程序、审判监督程序、执行程序的送达地址。”2017 年 7 月 19 日最高人民法院印发的《〈关于进一步加强民事送达工作的若干意见〉的通知》(法发〔2017〕19 号)进一步具体规定了送达地址确认制度。

四、送达回证

送达回证是按照法定格式制作的、用以证明法院与受送达人之间发生诉讼法律关系的凭证,是用以证明送达行为已经完毕的凭证。法院向当事人或其他诉讼参与人送达诉讼文书,无论采取何种送达方式,都必须有送达回证,并由受送达人签名或盖章。《民事诉讼法》第 87 条规定:“送达诉讼文书必须有送达回

① 参见王福华:《民事送达制度正当化原理》,载《法商研究》2003 年第 4 期。

② 参见余庆、李梦瑶:《当事人送达地址确认制度的实证分析》,载《人民司法 · 应用》2019 年第 16 期。

证,由受送达人在送达回证上记明收到日期,签名或者盖章。受送达人在送达回证上的签收日期为送达日期。”

诉讼文书一经送达,便产生一定的法律后果。因此,送达回证具有重要作用,它以文字形式记载送达的准确日期,以书面形式证明人民法院与受送达人之间已经发生送达关系这一事实,避免法院与受送达人之间就是否送达发生争议。

拓展阅读

1. 王福华:《民事送达制度正当化原理》,载《法商研究》2003年第4期。

2. 张艳:《民事诉讼送达制度适用问题之探讨与完善》,载《法律适用》2013年第8期。

3. 吴逸、裴崇毅:《我国民事诉讼电子送达的法律问题研究——以杭州互联网法院诉讼规程汇编为例》,载《北京邮电大学学报(社会科学版)》2018年第5期。

4. 杨秀清:《以克服“送达难”优化民事诉讼审前准备程序》,载《山东社会科学》2018年第6期。

5. 余庆、李梦瑶:《当事人送达地址确认制度的实证研究》,载《人民司法·应用》2019年第16期。

第十八章　保全与先予执行

本章目次

第一节　保　　全

一、保全的概念

保全,是指人民法院为了确保生效法律文书得以顺利执行或者避免申请人遭受不可弥补的损害,及时、有效地保护当事人或者利害关系人的合法权益,采取限制有关财产的处分或转移,或者在判决前责令被申请人作出一定行为或禁止其作出一定行为的强制措施。[①]

保全对于保护利害关系人和当事人的合法权益,维护人民法院判决的权威性,具有重要的意义。民事保全制度是一种独立的民事程序法律制度,它具有审判制度和执行制度所不可替代的作用。需要指出的是,物权法上的异议登记制度,也属于一种临时性的保全制度,其与民事保全制度在价值目标和功能上大致相同,其基本特征亦有重合之处。[②] 民事保全制度的建立,表明民事诉讼法给予

---

① 参见王胜明主编:《中华人民共和国民事诉讼法释义:最新修订版》,法律出版社 2012 年版,第 227 页。

② 参见刘保玉:《异议登记与财产保全关系的处理模式及其选择》,载《法商研究》2007 年第 5 期。

当事人更多的法律保护。因此,现代民事诉讼法都规定了民事保全制度,只不过名称不同。大陆法系的德国、日本和我国台湾地区的保全程序分为假扣押和假处分,其中日本还有《民事保全法》。在英美法系国家,美国有扣押债务人的财产、扣押在第三人手中的债务人的财产之命令,英国有马利华禁令。

二、保全的种类

依据不同的标准,可将保全作不同的分类:

(一)诉讼保全与诉前保全

这是依据保全的时间不同作的划分。

对于在民事诉讼过程中的保全,有的称之为诉讼保全[①],有的称之为诉中保全[②]。本书接受"诉讼保全"的提法。

《民事诉讼法》第103条规定:"人民法院对于可能因当事人一方的行为或者其他原因,使判决难以执行或者造成当事人其他损害的案件,根据对方当事人的申请,可以裁定对其财产进行保全、责令其作出一定行为或者禁止其作出一定行为;当事人没有提出申请的,人民法院在必要时也可以裁定采取保全措施。人民法院采取保全措施,可以责令申请人提供担保,申请人不提供担保的,裁定驳回申请。人民法院接受申请后,对情况紧急的,必须在四十八小时内作出裁定;裁定采取保全措施的,应当立即开始执行。"此即关于诉讼保全的规定。诉讼保全,并不仅存在于一审程序,还存在于上诉期间和执行程序。对于上诉期间的保全,《民诉法解释》第161条规定:"对当事人不服一审判决提起上诉的案件,在第二审人民法院接到报送的案件之前,当事人有转移、隐匿、出卖或者毁损财产等行为,必须采取保全措施的,由第一审人民法院依当事人申请或者依职权采取。第一审人民法院的保全裁定,应当及时报送第二审人民法院。"对于执行程序中的保全,《民诉法解释》第163条规定:"法律文书生效后,进入执行程序前,债权人因对方当事人转移财产等紧急情况,不申请保全将可能导致生效法律文书不能执行或者难以执行的,可以向执行法院申请采取保全措施。债权人在法律文书指定的履行期间届满后五日内不申请执行的,人民法院应当解除保全。"

《民事诉讼法》第104条规定:"利害关系人因情况紧急,不立即申请保全将会使其合法权益受到难以弥补的损害的,可以在提起诉讼或者申请仲裁前向被保全财产所在地、被申请人住所地或者对案件有管辖权的人民法院申请采取保全措施。申请人应当提供担保,不提供担保的,裁定驳回申请。人民法院接受申

---

① 参见王胜明主编:《中华人民共和国民事诉讼法释义:最新修正版》,法律出版社2012年版,第228页。

② 参见最高人民法院民事诉讼法修改研究小组编著:《〈中华人民共和国民事诉讼法〉修改条文理解与适用》,人民法院出版社2012年版,第221页。

请后,必须在四十八小时内作出裁定;裁定采取保全措施的,应当立即开始执行。申请人在人民法院采取保全措施后三十日内不依法提起诉讼或者申请仲裁的,人民法院应当解除保全。”此即关于诉前保全的规定。

(二)财产保全与行为保全

这是依据保全对象的不同所作的划分。

财产保全,是指人民法院作出裁定,对一方当事人的财产采取查封、扣押、冻结等保全措施,防止该当事人转移、处分被保全的财产,以保证将来生效判决的执行。

行为保全,是指人民法院作出裁定,责令一方当事人作出一定行为,或者禁止其作出一定行为,防止该当事人正在实施或者将要实施的行为给申请人造成不可弥补的损害。①

需要指出的是,无论是大陆法系还是英美法系的保全制度,行为都可以成为保全的对象。大陆法系的假处分程序,其对象是非金钱请求,自然包括行为。英美法系的中间禁令,是法院阻止被告行为的命令。从理论上说,凡给付之诉,无论给付内容为财产还是行为,都可能存在保全的原因。

上述两种依据不同标准对保全作的划分,还可进一步排列组合分为:诉讼财产保全与诉讼行为保全、诉前财产保全与诉前行为保全。

三、保全的范围和措施

(一)保全的范围

《民事诉讼法》第105条规定:“保全限于请求的范围,或者与本案有关的财物。”

所谓“限于请求的范围”,是指保全的范围以申请人的请求为限。也就是说,所保全的财产或者行为,应当在对象或者价值上与当事人所提诉讼请求的内容相符或者相等。

所谓“与本案有关的财物”,是指本案的诉争标的,或者当事人在诉讼请求中没有直接涉及,但是与日后本案生效判决的强制执行相牵连的财物。②《民诉法解释》第157条规定:“人民法院对抵押物、质押物、留置物可以采取财产保全措施,但不影响抵押权人、质权人、留置权人的优先受偿权。”第158条规定:“人民法院对债务人到期应得的收益,可以采取财产保全措施,限制其支取,通知有关单位协助执行。”第159条规定:“债务人的财产不能满足保全请求,但对他人

① 参见江伟、王国征:《完善我国财产保全制度的设想》,载《中国法学》1993年第5期;王胜明主编:《中华人民共和国民事诉讼法释义:最新修正版》,法律出版社2012年版,第229页。

② 参见王胜明主编:《中华人民共和国民事诉讼法释义:最新修正版》,法律出版社2012年版,第241、242页。

有到期债权的，人民法院可以依债权人的申请裁定该他人不得对本案债务人清偿。该他人要求偿付的，由人民法院提存财物或者价款。”据此应理解为，被申请人已被抵押、质押、留置的财物，到期应得的收益，对他人到期债权都可成为财产保全的对象，属于“与本案相关的财物”。除此之外，被申请人还有哪些财物不能成为财产保全的对象，不属于“与本案相关的财物”呢？从理论上说，申请人申请财产保全的目的是为了保障判决的执行，凡是能成为执行标的的被申请人的财物，都可以成为财产保金的对象，而不管财物的具体形式如何。把财产保全的对象限定于“与本案相关的财物”是不恰当的。[①]

（二）保全的措施

1. 保全措施的种类

《民事诉讼法》第106条规定：“财产保全采取查封、扣押、冻结或者法律规定的其他方法。人民法院保全财产后，应当立即通知被保全财产的人。财产已被查封、冻结的，不得重复查封、冻结。”此即关于财产保全措施的规定。《民诉法解释》第153条规定：“人民法院对季节性商品、鲜活、易腐烂变质以及其他不宜长期保存的物品采取保全措施时，可以责令当事人及时处理，由人民法院保存价款；必要时，人民法院可予以变卖，保存价款。”

需要注意的是，重复查封、冻结不同于轮候查封、冻结。2004年10月《查封扣押冻结规定》（法释〔2020〕21号）第26条第1款规定：“对已被人民法院查封、扣押、冻结的财产，其他人民法院可以进行轮候查封、扣押、冻结。查封、扣押、冻结解除的，登记在先的轮候查封、扣押、冻结即自动生效。”《最高人民法院关于人民法院办理财产保全案件若干问题的规定》（法释〔2020〕21号）第21条第1款规定：“保全法院在首先采取查封、扣押、冻结措施后超过一年未对被保全财产进行处分的，除被保全财产系争议标的外，在先轮候查封、扣押、冻结的执行法院可以商请保全法院将被保全财产移送执行。但司法解释另有特别规定的，适用其规定。”第2款规定：“保全法院与在先轮候查封、扣押、冻结的执行法院就移送被保全财产发生争议的，可以逐级报请共同的上级法院指定该财产的执行法院。”

2. 保全财产的保管、使用和处分

（1）保全财产的保管。《民诉法解释》第154条第1款规定：“人民法院在财产保全中采取查封、扣押、冻结财产措施时，应当妥善保管被查封、扣押、冻结的财产。不宜由人民法院保管的，人民法院可以指定被保全人负责保管；不宜由被保全人保管的，可以委托他人或者申请保全人保管。”第2款规定：“查封、扣押、冻结担保物权人占有的担保财产，一般由担保物权人保管；由人民法院保管

① 江伟、王国征：《完善我国财产保全制度的设想》，载《中国法学》1993年第5期。

的,质权、留置权不因采取保全措施而消灭。”

(2) 保全财产的使用。《民诉法解释》第 155 条规定:“由人民法院指定被保全人保管的财产,如果继续使用对该财产的价值无重大影响,可以允许被保全人继续使用;由人民法院保管或者委托他人、申请保全人保管的财产,人民法院和其他保管人不得使用。”

(3) 保全财产的处分。《最高人民法院关于人民法院办理财产保全案件若干问题的规定》第 20 条规定:“财产保全期间,被保全人请求对被保全财产自行处分,人民法院经审查,认为不损害申请保全人和其他执行债权人合法权益的,可以准许,但应当监督被保全人按照合理价格在指定期限内处分,并控制相应价款。被保全人请求对作为争议标的的被保全财产自行处分的,须经申请保全人同意。人民法院准许被保全人自行处分被保全财产的,应当通知申请保全人;申请保全人不同意的,可以依照民事诉讼法第二百二十五条规定提出异议。”

3. 保全措施的实施

《民诉法解释》第 156 条规定:“人民法院采取财产保全的方法和措施,依照执行程序相关规定办理。”

关于二审程序和再审程序中保全措施的实施,《民诉法解释》第 162 条规定:“第二审人民法院裁定对第一审人民法院采取的保全措施予以续保或者采取新的保全措施的,可以自行实施,也可以委托第一审人民法院实施。再审人民法院裁定对原保全措施予以续保或者采取新的保全措施的,可以自行实施,也可以委托原审人民法院或者执行法院实施。”

诉前保全措施、诉讼保全措施、执行措施之间存在衔接机制。《民诉法解释》第 168 条规定:“保全裁定未经人民法院依法撤销或者解除,进入执行程序后,自动转为执行中的查封、扣押、冻结措施,期限连续计算,执行法院无需重新制作裁定书,但查封、扣押、冻结期限届满的除外。”《最高人民法院关于人民法院办理财产保全案件若干问题的规定》第 17 条规定:“利害关系人申请诉前财产保全,在人民法院采取保全措施后三十日内依法提起诉讼或者申请仲裁的,诉前财产保全措施自动转为诉讼或仲裁中的保全措施;进入执行程序后,保全措施自动转为执行中的查封、扣押、冻结措施。依前款规定,自动转为诉讼、仲裁中的保全措施或者执行中的查封、扣押、冻结措施的,期限连续计算,人民法院无需重新制作裁定书。”

4. 保全财产的变更

《民诉法解释》第 167 条规定:“财产保全的被保全人提供其他等值担保财产且有利于执行的,人民法院可以裁定变更保全标的物为被保全人提供的担保财产。”

四、保全措施的解除

《民诉法解释》第 165 条规定:“人民法院裁定采取保全措施后,除作出保全裁定的人民法院自行解除或者其上级人民法院决定解除外,在保全期限内,任何单位不得解除保全措施。”

保全的解除有以下几种情况:

(1) 诉前保全申请人在一定期间不提出法律救济的。依《民事诉讼法》第 104 条第 3 款,诉前保全中,“申请人在人民法院采取保全措施后三十日内不依法提起诉讼或者申请仲裁的,人民法院应当解除保全”。《最高人民法院关于人民法院办理财产保全案件若干问题的规定》第 23 条第 1 款规定:“人民法院采取财产保全措施后,有下列情形之一的,申请保全人应当及时申请解除保全:(一) 采取诉前财产保全措施后三十日内不依法提起诉讼或者申请仲裁的;(二) 仲裁机构不予受理仲裁申请、准许撤回仲裁申请或者按撤回仲裁申请处理的;(三) 仲裁申请或者请求被仲裁裁决驳回的;(四) 其他人民法院对起诉不予受理、准许撤诉或者按撤诉处理的;(五) 起诉或者诉讼请求被其他人民法院生效裁判驳回的;(六) 申请保全人应当申请解除保全的其他情形。”

(2) 财产纠纷案件中被申请人提供担保的。《民事诉讼法》第 107 条规定:“财产纠纷案件,被申请人提供担保的,人民法院应当裁定解除保全。”被申请人提供担保,既解除了申请人、人民法院执行难的后顾之忧,又能够保护自身的合法权益不受损害,人民法院应当解除财产保全。被申请人为解除保全而提供担保,并不意味着对责任的承认。《最高人民法院关于人民法院办理财产保全案件若干问题的规定》第 22 条规定:“财产纠纷案件,被保全人或第三人提供充分有效担保请求解除保全,人民法院应当裁定准许。被保全人请求对作为争议标的的财产解除保全的,须经申请保全人同意。”

(3) 当事人申请复议理由成立的。根据《民事诉讼法》第 111 条的规定,当事人对保全的裁定不服的,可以申请复议。经审查,当事人申请复议理由成立的,裁定撤销原裁定。

(4) 其他应当解除保全的情形。《民诉法解释》第 166 条规定:“裁定采取保全措施后,有下列情形之一的,人民法院应当作出解除保全裁定:(一) 保全错误的;(二) 申请人撤回保全申请的;(三) 申请人的起诉或者诉讼请求被生效裁判驳回的;(四) 人民法院认为应当解除保全的其他情形。解除以登记方式实施的保全措施的,应当向登记机关发出协助执行通知书。”

五、保全错误的救济

(1) 因申请造成的保全错误的救济。《民事诉讼法》第 108 条规定:“申请有错误的,申请人应当赔偿被申请人因保全所遭受的损失。”需要指出的是,对于保全申请错误的认定标准和赔偿程序,有关规定尚不明确。[①][②]

(2)因法院依职权主动采取保全造成的保全错误的救济。我国《国家赔偿法》第38条规定:“人民法院在民事诉讼、行政诉讼过程中,违法采取对妨害诉讼的强制措施、保全措施或者对判决、裁定及其他生效法律文书执行错误,造成损害的,赔偿请求人要求赔偿的程序,适用本法刑事赔偿程序的规定。”

第二节 先予执行

一、先予执行的概念

先予执行,是指人民法院在受理民事案件后作出终审判决前,根据当事人的申请,裁定另一方当事人给付申请人一定数额的钱财,或者裁定另一方当事人立即实施或停止某一行为的法律制度。

《民事诉讼法》规定的先予执行来源于《民事诉讼法(试行)》中的先行给付。人民法院从受理案件到作出判决,需要经过一段时间。在这段时间内,某些案件的权利人可能由于经济困难,正常生活无法维持,或者生产经营无法进行,若等到法院作出判决,再按判决确定的内容执行,难解燃眉之急。先予执行的目的在于解决权利人的生活或者生产经营急需,及时保护当事人的合法权益。

二、先予执行的适用范围和条件

(一)先予执行的适用范围

根据《民事诉讼法》第109条的规定,人民法院对下列案件,根据当事人的申请,可以裁定先予执行:

(1)追索赡养费、扶养费、抚养费、抚恤金、医疗费用的;

(2)追索劳动报酬的;

(3)因情况紧急需要先予执行的。对于何谓“情况紧急”,《民诉法解释》第170条规定:“民事诉讼法第一百零九条第三项规定的情况紧急,包括:(一)需要立即停止侵害、排除妨碍的;(二)需要立即制止某项行为的;(三)追索恢复生产、经营急需的保险理赔费的;(四)需要立即返还社会保险金、社会救助资金的;(五)不立即返还款项,将严重影响权利人生活和生产经营的。”

---

① 李喜莲:《财产保全“申请有错误”的司法考量因素》,载《法律科学》2018年第2期。

② 王国征:《民事诉讼法专题研究——以2012后〈民事诉讼法〉与2015年〈民诉解释〉为主要视角》,湘潭大学出版社2017年版,第98~101页。

（二）先予执行的适用条件

根据《民事诉讼法》第110条第1款的规定，人民法院裁定先予执行，应当符合下列条件：

（1）当事人之间权利义务关系明确，不先予执行将严重影响申请人的生活或者生产经营的。先予执行实质上是在判决确定前实现未来判决中的部分实体权利，因此先予执行必须以当事人之间权利义务关系明确为前提。权利义务关系明确，是指民事法律关系中权利、义务是清楚且肯定的。但唯有当事人之间民事法律关系明确是不够的，还必须是申请人的生活或者生产经营确实困难，迫切需要先予执行，否则就会影响其生活或生产经营的正常进行。

（2）被申请人有履行能力。先予执行要求义务人履行一定民事义务，客观上以被申请人有履行能力为基础。如果被申请人没有给付能力，即使裁定先予执行，也没有实际意义。因此，被申请人有履行能力，也是先予执行的条件之一。

三、先予执行的程序

（一）先予执行的开始

先予执行根据当事人的申请开始，因为当事人一方生活或者生产经营急需具有隐秘性，如果当事人不提出申请，法院不依职权主动采取先予执行措施。

（二）先予执行的时间和范围

《民诉法解释》第169条规定："民事诉讼法规定的先予执行，人民法院应当在受理案件后终审判决作出前采取。先予执行应当限于当事人诉讼请求的范围，并以当事人的生活、生产经营的急需为限。"

（三）责令申请人提供担保

《民事诉讼法》第110条第2款前段规定："人民法院可以责令申请人提供担保，申请人不提供担保的，驳回申请。"因为先予执行的申请人的生活或者生产经营有严重困难，提供担保不是必经程序，由人民法院视具体情况决定是否责令提供担保。

（四）先予执行的裁定

人民法院对当事人先予执行的申请，经审查符合法定条件的，应当及时作出裁定。先予执行应当限于当事人诉讼请求的范围，并以当事人的生活、生产经营的急需为标准。先予执行的裁定，一经作出立即发生法律效力。当事人不服的，可以申请复议一次，但复议期间不停止裁定的执行。

四、先予执行错误的救济

《民事诉讼法》第110条第2款后段规定："申请人败诉的，应当赔偿被申请人因先予执行遭受的财产损失。"

在先予执行裁定的内容与判决结果相一致的情况下,自然不发生补救问题,但如果申请人败诉或者虽未败诉但判决给付的数额小于先予执行的数额,那就意味着申请人通过先予执行所取得的利益已失去了法律依据,而对方当事人却因此而蒙受了损失。对此,需要通过返还与赔偿进行补救。法院应当依据发生法律效力的判决,裁定申请人返还因先予执行所取得的全部或部分利益,如申请人拒不返还,则由法院强制执行。如果返还利益尚不足以弥补被申请人的损失,申请人还应当赔偿损失。[①]

拓展阅读

1. 江伟、王国征:《完善我国财产保全制度的设想》,载《中国法学》1993年第5期。

2. 史飙:《完善我国财产保全制度初探》,载《法制与社会发展》2002年第1期。

3. 刘保玉:《异议登记与财产保全关系的处理模式及其选择》,载《法商研究》2007年第5期。

4. 蒋海英:《论财产保全制度的完善——以当事人利益的平衡为视角》,载《金陵法律评论》2007年第6期。

5. 杨春华:《对我国先予执行制度立法定位的思考》,载《河北法学》2008年第5期。

6. 汤维建、张自合:《刑民交叉案件中的财产保全》,载《法律适用》2009年第2期。

7. 洪冬英:《财产保全功能有效实现的障碍及对策》,载《法学》2009年第2期。

8. 王亚明:《财产保全申请错误再探——从司法统计的视角》,载《法治研究》2014年第6期。

9. 刘哲玮:《论财产保全制度的结构矛盾与消解途径》,载《法学论坛》2015年第5期。

10. 李喜莲:《财产保全"申请有错误"的司法考量因素》,载《法律科学》2018年第2期。

① 参见江伟主编:《民事诉讼法学原理》,中国人民大学出版社1999年版,第558页。

第十九章　对妨害民事诉讼的强制措施与诉讼费用

本章目次

第一节　对妨害民事诉讼的强制措施

一、对妨害民事诉讼的强制措施的概念、性质和特征

（一）对妨害民事诉讼的强制措施的概念、性质和意义

对妨害民事诉讼的强制措施，是指人民法院在民事诉讼过程中，为了保证审判和执行活动的顺利进行，维护正常的诉讼秩序，对实施妨害民事诉讼行为的人依法所采取的各种强制手段。

对妨害民事诉讼的强制措施是对民事诉讼程序的必要保障，突出体现了国家强制力在维护民事诉讼秩序方面的重要作用。[①] 关于对妨害民事诉讼的强制措施的性质究竟是不是一种法律制裁，学界主要有四类观点：其一，认为其性质不是法律制裁，而只是一种"排除方法""强制手段""教育手段"或"强制教育手段（方法）"；其二，明确定性为一种法律制裁；其三，认为其性质是一种具有制裁性质的强制手段或强制教育手段；其四，认为对妨害民事诉讼的强制措施首先或

① 江必新主编：《最高人民法院民事诉讼法司法解释专题讲座》，中国法制出版社 2015 年版，第 439 页。

主要是强制手段或教育手段,只是部分强制措施具有一定的制裁性质或带有某些制裁因素。① 笔者赞同第四种观点,对妨害民事诉讼的强制措施的基本属性是排除妨害的强制手段,同时也是对行为人不再实施妨害民事诉讼行为的一种教育手段。《民事诉讼法》规定的拘传、训诫、责令退出法庭等三种强制措施,仅仅是一种排除妨害的强制手段,不具有法律惩罚性质;罚款和拘留这两种强制措施既是一种强制手段,又具有处罚、制裁的性质。

对妨害民事诉讼的强制措施虽不是民事诉讼的必经程序和必用措施,但却是民事诉讼法的重要且必不可少的组成部分,是对民事诉讼程序的必要保障,其意义具体体现在以下几个方面:(1) 保证人民法院顺利完成审判和执行任务;(2) 保障当事人和其他诉讼参与人充分行使诉讼权利,促使履行诉讼义务;(3) 维护正常的诉讼秩序,维护法律的尊严和权威;(4) 教育公民自觉遵守法律。

(二) 对妨害民事诉讼的强制措施的特征

描述法律概念的特征通常有两种方法:一是运用分解方法,即解析概念的几层含义所体现出的特点;二是运用比较方法,即与最相类似的法律概念进行比较。

从对妨害民事诉讼的强制措施的概念的分解来看,它具有以下特点:(1) 对妨害民事诉讼的强制措施是人民法院依据民事诉讼法的有关规定、针对妨害民事诉讼秩序的行为而采取的强制手段。在诉讼活动中只要出现了民事诉讼法规定的妨害行为,不需要当事人申请,人民法院就可以依职权采取强制措施。同时,它又是对妨害民事诉讼行为人的一种教育手段,通过强制手段的运用教育行为人,使其认识到自己的错误并加以改正,不再继续实施妨害行为。(2) 对妨害民事诉讼的强制措施只有人民法院有权适用,适用的对象是妨害民事诉讼行为人,包括本案的当事人、诉讼参与人和案外人。(3) 对妨害民事诉讼的强制措施的目的,在于保障民事诉讼的顺利进行,维护民事诉讼秩序。

从对妨害民事诉讼的强制措施与实体法上的法律制裁的比较来看,对妨害民事诉讼的强制措施是人民法院依据民事诉讼法对妨害民事诉讼行为人采取的各种强制手段,而刑事制裁、民事制裁、行政制裁都是对违反了相应实体法的行为人所采取的追究其刑事责任、民事责任、行政责任的处罚措施。

从我国三大诉讼法的强制措施的比较来看,对妨害民事诉讼的强制措施,与《行政诉讼法》第 59 条规定的妨碍行政诉讼的强制措施相同点很多,但也有一些不同,与刑事诉讼中的强制措施差别较大,主要的区别在于:

---

① 参见最高人民检察院法律政策研究室编著:《民事诉讼法修改研究综述》,吉林人民出版社 2006 年版,第 217—218 页。

(1) 适用的主体不同。在民事诉讼和行政诉讼中,只有人民法院有权采用强制措施。在刑事诉讼中,强制措施的适用主体比较广泛,包括公安机关、国家安全机关、人民检察院和人民法院。

(2) 适用的对象不同。在民事诉讼中,强制措施的适用对象广泛,既可以是当事人、诉讼代理人、其他诉讼参与人,也可以是原本与案件无关但却对诉讼造成了实际妨害的案外人。根据《行政诉讼法》第 59 条的规定,强制措施适用于诉讼参与人或者其他人。根据《刑事诉讼法》第六章的规定,强制措施适用于犯罪嫌疑人、被告人、现行犯或者重大嫌疑分子,均是有可能被追究刑事责任的人。

(3) 适用的目的不同。在民事诉讼和行政诉讼中适用强制措施,旨在排除妨害诉讼顺利进行的障碍,维护正常的诉讼秩序。在刑事诉讼中适用强制措施,旨在防止犯罪嫌疑人、犯罪人和被告人逃跑、自杀或继续犯罪,具有预防性功能。

(4) 适用的法律依据不同。在民事诉讼和行政诉讼中适用强制措施的法律依据,分别是民事诉讼法和行政诉讼法。它们都是以行为人已经实施了某种妨害行为为前提的。在刑事诉讼中适用强制措施的法律依据是刑事诉讼法,它以行为人可能进行某种行为为前提条件。

(5) 种类不同。民事诉讼法规定的强制措施有五种,即拘传、训诫、责令退出法庭、罚款和拘留。行政诉讼法规定的行政诉讼的强制措施有四种,即训诫、责令具结悔过、罚款和拘留,没有规定对必须到庭而无正当理由拒不到庭的被告适用拘传措施。刑事诉讼法规定的强制措施则有拘传、监视居住、取保候审、拘留和逮捕。虽然刑事诉讼法和民事诉讼法、行政诉讼法强制措施都规定了拘留,但三者的性质、依据的法律不同,适用的条件和程序也有所差异。

需要指出的是,对妨害民事诉讼的强制措施尽管既适用于审判阶段,也适用于执行阶段,但不同于执行程序中的强制执行措施。强制执行措施是人民法院对不履行生效法律文书所确定的义务的行为人实施的强制其履行义务的措施。

二、妨害民事诉讼行为的构成和种类

(一) 妨害民事诉讼行为的构成

妨害民事诉讼行为,是指当事人、其他诉讼参与人或案外人在民事诉讼(包括审判和执行)过程中故意实施的扰乱民事诉讼秩序、阻碍民事诉讼进程的行为。构成妨害民事诉讼行为,必须同时具备以下三个要件:

(1) 行为必须已经实际发生并在客观上妨害了民事诉讼活动的正常进行。这是构成妨害民事诉讼行为的客观要件。妨害民事诉讼行为包括作为和不作为两种表现形态。作为是指实施了法律明文禁止的行为,如哄闹、冲击法庭,以暴力、威胁或者其他方法阻碍司法工作人员执行职务,以及伪造、毁灭重要的证据等。不作为是指拒不实施法律要求实施的行为,如必须到庭的被告经两次传票传唤无正当理由拒不到庭,被执行人拒不履行人民法院已经发生法律效力的判决、裁定等。如果行为人所实施的妨害民事诉讼行为十分严重,构成犯罪的,应当按照刑法的规定处以刑罚,而不再采取民事诉讼中的强制措施。

(2) 行为人在主观上必须是出于故意。这是构成妨害民事诉讼行为的主观要件。故意是指行为人明知自己的行为有可能造成妨害民事诉讼的后果且追求或放任这种结果的发生的主观心理状态。如果是基于过失,即使这一行为在客观上可能给民事诉讼的正常进行造成一定程度的不便,也不能将这一行为认定为妨害民事诉讼的行为。例如,行为人因大意或疏忽而丢失了重要证据,不构成妨害民事诉讼的行为。

(3) 行为是由行为人在诉讼期间实施的。这是构成妨害民事诉讼行为的时间要件。诉讼期间是指从民事诉讼开始后至执行终结前的整个期间,包括审判程序和执行程序两大阶段。如果是在诉讼开始之前或者诉讼结束后实施的类似行为,则不能被认定为妨害民事诉讼的行为;如果构成违法行为,应当由有权机关依照有关法律、法规加以处理。但《民诉法解释》第 519 条规定:"在执行终结六个月内,被执行人或者其他人对已执行的标的有妨害行为的,人民法院可以依申请排除妨害,并可以依照民事诉讼法第一百一十四条规定进行处罚。因妨害行为给执行债权人或者其他人造成损失的,受害人可以另行起诉。"由此可见,在特殊情况下,在诉讼外实施的行为,符合一定情形的,依法也可以构成妨害民事诉讼的行为。

(二) 妨害民事诉讼行为的种类

妨害民事诉讼行为的种类是指妨害行为的具体表现形式。《民事诉讼法》第 112 条至第 117 条及第 120 条根据实践中存在的妨害诉讼的情况,规定了以下妨害民事诉讼行为:

(1) 必须到庭的被告,经两次传票传唤,无正当理由拒不到庭的;

(2) 诉讼参与人和其他人违反法庭规则的行为;

(3) 诉讼参与人或者其他人伪造、毁灭重要证据,妨碍人民法院审理案件的行为;

(4) 诉讼参与人或者其他人以暴力、威胁、贿买方法阻止证人作证或者指使、贿买、胁迫他人作伪证的行为;

(5) 诉讼参与人或者其他人隐藏、转移、变卖、毁损已被查封、扣押的财产,或者已被清点并责令其保管的财产,转移已被冻结的财产的行为;

(6) 诉讼参与人或者其他人对司法工作人员、诉讼参加人、证人、翻译人员、鉴定人、勘验人、协助执行的人,进行侮辱、诽谤、诬陷、殴打或者打击报复的行为;

(7) 诉讼参与人或者其他人以暴力、威胁或者其他方法阻碍司法工作人员执行职务的行为;

(8) 被执行人或其他人拒不履行人民法院已经发生法律效力的判决、裁定的行为；

(9) 有义务协助调查、执行的单位，拒不履行协助调查、执行的行为；

(10) 当事人之间恶意串通，企图通过诉讼、调解等方式侵害他人合法权益的行为；

(11) 被执行人与他人恶意串通，通过诉讼、仲裁、调解等方式逃避履行法律文书确定的义务的行为；

(12) 非法拘禁他人或者非法私自扣押他人财产追索债务的行为。

三、对妨害民事诉讼的强制措施的种类及其适用

我国《民事诉讼法》第 112 条至第 120 条规定了五种强制措施，即拘传、训诫、责令退出法庭、罚款和拘留。

(一) 拘传及其适用

拘传是指人民法院在法定情况下，派出司法警察依法强制有关人员到庭诉讼或到场接受询问的一种强制措施。《民事诉讼法》第 112 条和《民诉法解释》第 174 条、第 175 条对拘传作出了规定。

(1) 拘传的对象是必须到庭的被告和原告。必须到庭的被告是指负有赡养、抚育、扶养义务和不到庭就无法查清案情的被告，如离婚案件的被告。人民法院对必须到庭才能查清案件基本事实的原告，经两次传票传唤，无正当理由拒不到庭的，可以拘传。

(2) 必须经过两次传票传唤。必须是用法院传票，依照法定的程序和送达的方式经过两次传唤。

(3) 无正当理由拒不到庭或到场。其包含了两个方面的内容：一是无正当理由。所谓正当理由，是指被传唤人遇有不可抗力的事由或有突发性疾病等。二是拒不到庭和拒不到场。拒不到庭，是指被告在开庭审理时不到庭。在执行阶段，如果被执行人经两次传票传唤拒不到场的，人民法院也可以拘传其到场。

上述三个条件必须同时具备，人民法院才能适用拘传措施。应当明确的是，在具备适用前提的情况下，人民法院只是“可以”拘传，而非“应当”拘传，更非“必须”拘传。

《民诉法解释》第 175 条规定：“拘传必须用拘传票，并直接送达被拘传人；在拘传前，应当向被拘传人说明拒不到庭的后果，经批评教育仍拒不到庭的，可以拘传其到庭。”适用拘传措施，首先应由本案合议庭或独任审判员提出，并报经本院院长批准。然后填写拘传票，交司法警察执行。司法警察在执行拘传时，应当向被拘传人出示拘传票，在拘传前应令其立即随票到庭或到场，并说明拒不到庭或到场的法律后果。被拘传人经批评教育后仍拒绝随票到庭或到场的，司

法警察可强制其到庭或到场,必要时可使用戒具。

(二)训诫及其适用

作为民事诉讼强制措施的训诫,是指人民法院对违反法庭规则,但情节轻微的诉讼参与人和其他人,以口头方式对其批评教育,指出其行为的违法性,并责令其改正,不得再犯的措施。训诫措施当庭适用于违反法庭规则的人。

针对违反法庭规则情节轻微的人,尚不需适用责令退出法庭、罚款、拘留等措施的,由合议庭或独任审判员作出训诫决定,并由审判长或独任审判员以口头方式当庭宣布,指出其行为的违法性以及给诉讼造成的危害后果,责令其认识和改正错误。训诫的内容应记入庭审笔录,由被训诫者签名。但适用训诫措施,目前尚无严格的程序要求。

(三)责令退出法庭及其适用

责令退出法庭,是指人民法院强行命令违反法庭规则的诉讼参与人或其他人离开法庭或交司法警察依法强制其离开法庭,以防止其继续实施妨害诉讼行为的强制措施。它与训诫的强度不同,训诫只是口头批评、教育,还允许行为人留在法庭,而责令退出法庭则是强行命令行为人退出法庭,比训诫更严厉。

在开庭中,对违反法庭规则的诉讼参与人或其他人,经批评教育后仍不悔改的,由合议庭或者独任审判员决定,并由审判长或独任审判员口头宣布,责令行为人退出法庭,否则,司法警察可以强制其退出法庭。被责令退出法庭者的违法事实应当记入庭审笔录。但适用责令退出法庭的强制措施,目前尚无严格的程序要求。

根据《民诉法解释》第176条和2016年5月1日起施行的《人民法院法庭规则》相关条款,对于在庭人员未经准许当庭录音、录像或使用移动通信设备现场直播审判活动等行为,人民法院可以暂扣其使用的器材设备,并责令删除有关内容;拒不删除的,可以采取必要手段强制删除。

(四)罚款及其适用

罚款是指人民法院对妨害民事诉讼的行为人,责令其在一定期限内交纳一定数额金钱的强制措施。罚款的适用对象,主要是实施了我国《民事诉讼法》第113条至第117条所规定的妨害民事诉讼的行为人。

2007年修改后的《民事诉讼法》大幅度提高了罚款的数额,将罚款的数额提高到1991年《民事诉讼法》原规定的10倍。这一幅度充分考虑了社会经济发展的实际情况以及对被执行人、协助执行人形成足够的威慑力这一要求。2012年《民事诉讼法》在拘留期限保持不变的情况下,再次大幅度提高了罚款的数额,加大了强制措施的力度。根据2021年修正的《民事诉讼法》第118条的规定,对个人的罚款金额,为人民币10万元以下;对单位的罚款金额,为人民币5万元以上100万元以下。应当注意的是,两次修改虽然提高了罚款的数额,但并不意味着实践中对任何妨害诉讼和执行的行为都必须处以高额罚款。《民诉法解释》第193条规定：人民法院对个人或者单位采取罚款措施时，应当根据其实施妨害民事诉讼行为的性质、情节、后果，当地的经济发展水平，以及诉讼标的额等因素，在《民事诉讼法》第118条第1款规定的限额内确定相应的罚款金额。

适用罚款的强制措施，由合议庭或独任审判员提出具体意见，报本院院长批准，制作罚款决定书，向被罚款人送达并通知其在指定期限内缴纳罚款。被罚款人不服罚款决定的，可以向上一级人民法院申请复议一次。但是，复议期间不停止决定的执行。上级人民法院应在收到复议申请后5日内作出决定，并将复议结果通知下级人民法院和被罚款人。上级人民法院经过复议，如果认为采取的罚款措施不当的，应当制作决定书，撤销或者变更下级人民法院的罚款决定。情况紧急的，可以在口头通知后3日内发出决定书。

（五）拘留及其适用

拘留是指人民法院对于妨害民事诉讼行为情节严重的人，在一定期限内限制其人身自由的强制措施。它是民事诉讼中最严厉的一种强制措施。根据《民事诉讼法》第118条第2款的规定，拘留的期限，为15日以下。

拘留的适用对象主要是实施了《民事诉讼法》第113条、第114条、第115条、第116条、第117条、第120条所规定的妨害民事诉讼行为的人。根据《民事诉讼法》第117条的规定，有义务协助调查、执行的单位拒不履行法律规定的协助义务的，人民法院对其主要负责人或者直接责任人员除可予以罚款、向监察机关或者有关机关提出予以纪律处分的司法建议外，还可以予以拘留。应当注意的是，尽管对协助调查、执行单位的主要负责人或直接责任人员可以采取拘留措施，但拘留毕竟涉及对人身自由的限制，协助调查、执行的单位又不同于被执行人，因此，在对有关单位的主要负责人或直接责任人员采取拘留措施时，应当慎重。可以先对该单位或其主要负责人、直接责任人员予以罚款；罚款后经教育、劝说、责令其履行协助义务后仍不协助人民法院调查、执行的，可以考虑对其主要负责人或直接责任人员予以拘留。[①]

适用拘留措施，由合议庭或独任审判员提出具体意见，报本院院长批准，制作拘留决定书。被拘留人对该决定不服的，可以向上一级人民法院申请复议一次。但是，复议期间不停止决定的执行。上级人民法院应在收到复议申请后5日内作出决定，并将复议结果通知下级人民法院和当事人。上级人民法院经过复议，如果认为采取的拘留措施不当的，应当制作决定书，撤销或者变更下级人民法院的拘留决定。情况紧急的，可以在口头通知后3日内发出决定书。

---

①　参见最高人民法院民事诉讼法修改研究小组编著：《〈中华人民共和国民事诉讼法〉修改的理解与适用》，人民法院出版社2007年版，第9—11页。

人民法院对被拘留人采取拘留措施后,应当在 24 小时内通知其家属;确实无法按时通知或者通知不到的,应当记录在案。因哄闹、冲击法庭,用暴力、威胁等方法抗拒执行公务等紧急情况,必须立即采取拘留措施的,可在拘留后立即报告院长补办批准手续。院长认为拘留不当的,应当解除拘留。

适用拘留,应由司法警察将被拘留人送交当地公安机关看管。《民诉法解释》第 179 条规定:"被拘留人不在本辖区的,作出拘留决定的人民法院应当派员到被拘留人所在地的人民法院,请该院协助执行,受委托的人民法院应当及时派员协助执行。被拘留人申请复议或者在拘留期间承认并改正错误,需要提前解除拘留的,受委托人民法院应向委托人民法院转达或者提出建议,由委托人民法院审查决定。"

被拘留人在拘留期间认错悔改的,可以责令其具结悔过,提前解除拘留。提前解除拘留,应报经本院院长批准,并作出提前解除拘留决定书,交负责看管的公安机关执行。

(六) 关于限制出境

《民事诉讼法》在执行程序中规定了"限制出境"这一强制措施。限制出境是指人民法院对不履行法律文书确定的义务的被执行人所采取或者通知有关单位协助采取限制其出境的强制措施。限制出境的主要内容包括:(1) 限制出境的对象。在案件当事人为自然人时,限制出境的对象是该自然人。在案件当事人为法人或其他组织时,由于限制出境涉及人身自由,宜从严掌握,但也应考虑法院采取限制出境措施的目的,可限制出境的人员应不限于其法定代表人,而是根据案件实际情况,对与财产联系密切可能影响债务履行的被执行单位的法定代表人或主要负责人或高管人员均可限制出境。(2) 限制出境的条件。条文规定是"被执行人不履行法律文书确定的义务",由于所有进入执行程序的被执行人都是没有履行执行依据这一法律文书确定的义务,因此,对所有被执行人都可限制出境。但考虑到执行难问题主要是指被执行人有能力履行而拒不履行的情形,限制出境的目的是为了债务的履行,建议今后最高人民法院制定司法解释时,作出一些除外性的规定。(3) 限制出境的决定权。条文赋予人民法院限制被执行人出境的决定权,出入境管理机关的行为定性为法律上的协助义务。作出决定的主体是人民法院,人民法院对出入境机关的通知,是一种协助执行人民法院决定的通知。如果被执行人不服,可以向执行法院或上级法院申请复议。此外,限制出境还包括限制出境的办法、限制出境的程序和协助执行的操作衔接等内容。[①]

① 参见最高人民法院民事诉讼法修改研究小组编著:《〈中华人民共和国民事诉讼法〉修改的理解与适用》,人民法院出版社 2007 年版,第 173—176 页。

上述强制措施，有的对于同一妨害民事诉讼的行为可以合并适用，也可以分别适用。根据《民诉法解释》第183条的规定，罚款、拘留可以单独适用，也可以合并适用。但有的强制措施对于同一妨害民事诉讼行为，却不能连续适用。如《民诉法解释》第184条规定："对同一妨害民事诉讼行为的罚款、拘留不得连续适用。发生新的妨害民事诉讼行为的，人民法院可以重新予以罚款、拘留。"

在民事诉讼法规定的各种强制措施中，有的强制措施具有惩罚性，即所谓程序性制裁措施。对这些惩罚性措施，民事诉讼法都规定了一定的幅度，例如罚款和拘留两种强制措施。人民法院对罚款和拘留的裁量必须具有正当性，根据行为人行为的情节轻重予以裁量，主观方面主要考量行为人的主观恶意程度，客观方面主要考量行为对民事诉讼所造成的消极后果。[①] 此外，根据我国《民事诉讼法》的规定，妨害民事诉讼的行为已经构成犯罪的，应依法追究刑事责任。

第二节　诉 讼 费 用

一、诉讼费用的概念与征收诉讼费用的意义

（一）诉讼费用的概念

诉讼费用的概念有广义和狭义之分。广义的诉讼费用，是指当事人因进行民事诉讼所支出的一切费用，包括裁判费用和当事人费用两部分。裁判费用是指当事人因进行民事诉讼向法院交纳和支付的费用，它包括：当事人因向法院提起诉讼而交纳的程序费，具有国家规费的性质；当事人向法院支付的在诉讼过程中实际支出的费用。当事人费用是指当事人因进行民事诉讼在裁判费用之外所支付的费用，如律师费。狭义的诉讼费用，是指当事人进行民事诉讼，依法应向法院交纳和支付的费用。我国民事诉讼法规定的是狭义的诉讼费用。

《民事诉讼法》第十一章仅用一个条文（第121条）对征收诉讼费用作了原则规定。2006年12月8日，国务院第159次常务会议审议通过了《诉讼费用交纳办法》（以下简称《交纳办法》），自2007年4月1日起施行。这部行政法规是人民法院征收诉讼费用的依据，也是当事人维护自己合法权益的依据。《交纳办法》共八章56条，分别是总则、诉讼费用交纳范围、诉讼费用交纳标准、诉讼费用的交纳和退还、诉讼费用的负担、司法救助、诉讼费用的管理和监督、附则。随着我国民事诉讼制度中审判模式的转变和立案登记制度的确立，诉讼费用规则迫切需要修订和革新。诉讼费用规则应当由全国人大常委会行使国家立法权，制定专门的《诉讼费用法》，最大限度地发挥诉讼费用制度在保障诉权方面

① 张卫平：《民事诉讼法》（第四版），法律出版社2016年版，第281页。

的积极作用。[①]

(二) 征收诉讼费用的意义

在民事诉讼中征收诉讼费用,是当今世界上大多数国家和地区的民事诉讼立法所普遍确立的一项法律制度。交纳诉讼费用是民事诉讼当事人的法定义务,但依法可以不交纳或者免予交纳诉讼费用的除外。在民事诉讼中,征收诉讼费用具有以下几个方面的重要意义:

(1) 有利于减少国家的财政开支。民事纠纷是平等主体之间的权利义务之争,法院为了解决这些纠纷需要付出大量的人力、物力、财力。当事人为了自己的利益而诉讼,如果要由国家承担其诉讼开支,实际上是由整个社会来承担少数人进行诉讼的费用,显然不合理。依法向当事人收取适当的诉讼费用,有利于减少国家的财政开支,减轻纳税人的负担。

(2) 有利于减少当事人滥用诉权现象。诉讼费用一般由败诉人负担,具有制裁性。因而当事人在提起诉讼时要考虑他的收益与诉讼成本之间的关系,慎重地行使诉权,尽可能地选择诉讼外调解、和解等经济而适当的纠纷解决方式,这在一定程度上可以约束当事人滥用诉权,也有利于减轻法院的审判负担。

(3) 有利于制裁民事违法行为。败诉方通常是违反法律规定或合同约定而给对方的合法权益造成一定的损害,对其予以民事制裁的具体方式是法院确定其应承担的相应的实体责任,同时由败诉方来承担诉讼费用,实质上也具有一定的制裁性质。

(4) 有利于维护国家主权和经济利益。征收诉讼费用是许多国家的通例。我国公民在外国进行民事诉讼要交纳诉讼费用,如果我国法院不收取诉讼费用,必然会对国家的主权和经济利益造成负面的影响,也不符合国际交往的平等互惠原则和对等原则。

二、诉讼费用的种类和交纳标准

诉讼费用交纳标准是民事诉讼费用制度中的核心部分,同时也是民事诉讼制度顺畅运作的重要保障。[②]《交纳办法》第 6 条阐述了我国以下三种诉讼费用的交纳范围和交纳标准:

(一) 案件受理费及其交纳标准

案件受理费是指人民法院在受理民事案件时,依法向当事人收取的费用。

---

① 汤维建、李海尧:《〈诉讼费用法〉立法研究》,载《苏州大学学报(哲学社会科学版)》2017 年第 3 期。

② 廖永安、段明:《民事诉讼费用交纳标准的设定原理与完善建议》,载《烟台大学学报(哲学社会科学版)》2017 年第 5 期。

这种费用在我国属于一种国家规费,其用途仍主要是弥补法院业务经费支出。[①]根据《交纳办法》第 7 条的规定,案件受理费包括:(1) 第一审案件受理费;(2) 第二审案件受理费;(3) 再审案件中,依照《交纳办法》规定需要交纳的案件受理费。我国采取财产案件按比例收费、其他案件按件收费的模式。《交纳办法》第 13 条对案件受理费的交纳标准作了如下规定:

1. 财产案件受理费

财产案件受理费,是指人民法院对财产权益争议案件征收的案件受理费。财产案件根据诉讼请求的金额或者价额,按照下列比例分段累计交纳案件受理费:(1) 不超过 1 万元的,每件交纳 50 元;(2) 超过 1 万元至 10 万元的部分,按照 2.5%交纳;(3) 超过 10 万元至 20 万元的部分,按照 2%交纳;(4) 超过 20 万元至 50 万元的部分,按照 1.5%交纳;(5) 超过 50 万元至 100 万元的部分,按照 1%交纳;(6) 超过 100 万元至 200 万元的部分,按照 0.9%交纳;(7) 超过 200 万元至 500 万元的部分,按照 0.8%交纳;(8) 超过 500 万元至 1000 万元的部分,按照 0.7%交纳;(9) 超过 1000 万元至 2000 万元的部分,按照 0.6%交纳;(10) 超过 2000 万元的部分,按照 0.5%交纳。有争议金额或者价额的知识产权民事案件,按照财产案件的标准交纳案件受理费。

2. 非财产案件受理费

非财产案件受理费,是指人民法院对涉及人身关系或人身非财产关系的民事案件收取的案件受理费。非财产案件按照下列标准交纳案件受理费:(1) 离婚案件每件交纳 50 元至 300 元。涉及财产分割,财产总额不超过 20 万元的,不另行交纳;超过 20 万元的部分,按照 0.5%交纳。(2) 侵害姓名权、名称权、肖像权、名誉权、荣誉权以及其他人格权的案件,每件交纳 100 元至 500 元。涉及损害赔偿,赔偿金额不超过 5 万元的,不另行交纳;超过 5 万元至 10 万元的部分,按照 1%交纳;超过 10 万元的部分,按照 0.5%交纳。(3) 其他非财产案件每件交纳 50 元至 100 元。

3. 其他案件受理费

(1) 没有争议金额或者价额的知识产权民事案件受理费,每件交纳 500 元至 1000 元。

(2) 劳动争议案件受理费,每件交纳 10 元。

(3) 当事人提出案件管辖权异议,异议不成立的,每件交纳 50 元至 100 元案件受理费。

---

① 关于诉讼费用性质的讨论,参见田平安主编:《民事诉讼法原理》(第三版),厦门大学出版社 2007 年版,第 227—228 页;廖永安等:《诉讼费用研究——以当事人诉权保护为分析视角》,中国政法大学出版社 2006 年版,第 28—30 页。

省、自治区、直辖市人民政府可以结合本地实际情况对非财产案件、知识产权民事案件和管辖权异议不成立的案件在《交纳办法》规定的幅度内制定具体交纳标准。

出于诉讼经济之考量，考虑到诉讼程序的实际运作成本，以及减轻当事人的讼费负担，《交纳办法》第15条、第16条、第18条规定，下列案件减半交纳案件受理费：(1) 以调解方式结案或者当事人申请撤诉的；(2) 适用简易程序审理的案件；(3) 被告提起反诉、有独立请求权的第三人提出与本案有关的诉讼请求，人民法院决定合并审理的，分别减半交纳案件受理费。另外，基于与上述"减半交纳"大致相同的考虑，在下列两种情况下，应按当事人的请求数额交纳案件受理费：(1) 第17条规定："对财产案件提起上诉的，按照不服一审判决部分的上诉请求数额交纳案件受理费。"(2) 第19条规定："依照本办法第九条规定需要交纳案件受理费的再审案件，按照不服原判决部分的再审请求数额交纳案件受理费。"

根据《交纳办法》第8条、第9条的规定，下列案件不交纳案件受理费：

(1) 依照民事诉讼法规定的特别程序审理的案件；

(2) 裁定不予受理、驳回起诉、驳回上诉的案件；

(3) 对不予受理、驳回起诉和管辖权异议裁定不服，提起上诉的案件；

(4) 根据民事诉讼法规定的审判监督程序审理的案件。但是，下列两种情形需要交纳案件受理费，并按照不服原判决部分的再审请求数额交纳：第一，当事人有新的证据，足以推翻原判决、裁定，向人民法院申请再审，人民法院经审查决定再审的案件；第二，当事人对人民法院第一审判决或者裁定未提出上诉，第一审判决、裁定或者调解书发生法律效力后又申请再审，人民法院经审查决定再审的案件。

(二) 申请费及其交纳标准

申请费是指当事人向人民法院申请执行生效法律文书、财产保全或者申请适用特殊程序而应交纳的费用。它也具有国家规费的性质。根据《交纳办法》第10条的规定，当事人依法向人民法院申请下列事项，应当交纳申请费：(1) 申请执行人民法院发生法律效力的判决、裁定、调解书，仲裁机构依法作出的裁决和调解书，公证机构依法赋予强制执行效力的债权文书；(2) 申请保全措施；(3) 申请支付令；(4) 申请公示催告；(5) 申请撤销仲裁裁决或者认定仲裁协议效力；(6) 申请破产；(7) 申请海事强制令、共同海损理算、设立海事赔偿责任限制基金、海事债权登记、船舶优先权催告；(8) 申请承认和执行外国法院判决、裁定和国外仲裁机构裁决。

根据《交纳办法》第14条的规定，申请费分别按照下列标准交纳：

(1) 依法向人民法院申请执行人民法院发生法律效力的判决、裁定、调解书，仲裁机构依法作出的裁决和调解书，公证机关依法赋予强制执行效力的债权文书,申请承认和执行外国法院判决、裁定以及国外仲裁机构裁决的,按照下列标准交纳:第一,没有执行金额或者价额的,每件交纳50元至500元。第二,执行金额或者价额不超过1万元的,每件交纳50元;超过1万元至50万元的部分,按照1.5%交纳;超过50万元至500万元的部分,按照1%交纳;超过500万元至1000万元的部分,按照0.5%交纳;超过1000万元的部分,按照0.1%交纳。第三,符合《民事诉讼法》第57条第4款的规定,未参加登记的权利人向人民法院提起诉讼的,按照本项规定的标准交纳申请费,不再交纳案件受理费。

(2)申请保全措施的,根据实际保全的财产数额按照下列标准交纳:财产数额不超过1000元或者不涉及财产数额的,每件交纳30元;超过1000元至10万元的部分,按照1%交纳;超过10万元的部分,按照0.5%交纳。但是,当事人申请保全措施交纳的费用最多不超过5000元。

(3)依法申请支付令的,比照财产案件受理费标准的1/3交纳。

(4)依法申请公示催告的,每件交纳100元。

(5)申请撤销仲裁裁决或者认定仲裁协议效力的,每件交纳400元。

(6)破产案件依据破产财产总额计算,按照财产案件受理费标准减半交纳,但是,最高不超过30万元。

(7)海事案件的申请费按照下列标准交纳:申请设立海事赔偿责任限制基金的,每件交纳1000元至1万元;申请海事强制令的,每件交纳1000元至5000元;申请船舶优先权催告的,每件交纳1000元至5000元;申请海事债权登记的,每件交纳1000元;申请共同海损理算的,每件交纳1000元。

(三)证人、鉴定人、翻译人员、理算人员在人民法院指定日期出庭发生的交通费、住宿费、生活费和误工补贴

《交纳办法》第11条规定:"证人、鉴定人、翻译人员、理算人员在人民法院指定日期出庭发生的交通费、住宿费、生活费和误工补贴,由人民法院按照国家规定标准代为收取。"当事人复制案件卷宗材料和法律文书应当按实际成本向人民法院交纳工本费。这种费用具有补偿的性质。

此外,《交纳办法》第12条规定:"诉讼过程中因鉴定、公告、勘验、翻译、评估、拍卖、变卖、仓储、保管、运输、船舶监管等发生的依法应当由当事人负担的费用,人民法院根据谁主张、谁负担的原则,决定由当事人直接支付给有关机构或者单位,人民法院不得代收代付。人民法院依照《民事诉讼法》第十一条第三款规定提供当地民族通用语言、文字翻译的,不收取费用。"

三、诉讼费用的交纳和退还

所谓诉讼费用的交纳,主要是指诉讼费用的预交,是指当事人一方预先垫付诉讼费用。预交诉讼费用的当事人最终并不一定实际负担诉讼费用。预先交纳

诉讼费用是为了实现前述收费目的,满足诉讼活动的实际需要,并避免因“事后”交纳而可能造成的“法院垫支”和讼费纠纷。所谓诉讼费用的退还,则指因为特定情形的发生,人民法院将已经预收的诉讼费用退还给预交该项费用的当事人。①

根据《交纳办法》第四章(即第20条至第28条)的规定,诉讼费用的交纳和退还应按以下规则办理:

(1)案件受理费的预交。案件受理费由原告、有独立请求权的第三人、上诉人预交。被告提起反诉,依照《交纳办法》的规定需要交纳案件受理费的,由被告预交。追索劳动报酬的案件可以不预交案件受理费。具体来讲:第一,原告自接到人民法院交纳诉讼费用通知次日起7日内交纳案件受理费。第二,反诉案件由提起反诉的当事人自提起反诉次日起7日内交纳案件受理费。第三,上诉案件的案件受理费由上诉人向人民法院提交上诉状时预交。双方当事人都提起上诉的,分别预交。上诉人在上诉期内未预交诉讼费用的,人民法院应当通知其在7日内预交。第四,依照《交纳办法》第9条的规定,需要交纳案件受理费的再审案件,由申请再审的当事人预交。双方当事人都申请再审的,分别预交。

(2)申请费由申请人预交。申请费由申请人在提出申请时或者在人民法院指定的期限内预交。但是,申请执行人民法院发生法律效力的判决、裁定、调解书,仲裁机构依法作出的裁决和调解书,公证机构依法赋予强制执行效力的债权文书和申请破产的申请费不由申请人预交,执行申请费执行后交纳,破产申请费清算后交纳,即确立了“先执行,后收费”制度,执行申请费由执行法院直接向被执行人收取,并由被执行人负担。

(3)证人、鉴定人、翻译人员、理算人员在人民法院指定日期出庭发生的交通费、住宿费、生活费和误工补贴的费用,待实际发生后交纳。

(4)当事人在诉讼中变更诉讼请求数额的,案件受理费依照下列规定处理:当事人增加诉讼请求数额的,按照增加后的诉讼请求数额计算补交;当事人在法庭调查终结前提出减少诉讼请求数额的,按照减少后的诉讼请求数额计算退还。

(5)当事人逾期不交纳诉讼费用又未提出司法救助申请,或者申请司法救助未获批准,在人民法院指定期限内仍未交纳诉讼费用的,由人民法院依照有关规定处理。

(6)依照我国《民事诉讼法》第37条至第39条的规定,移送、移交的案件,原受理人民法院应当将当事人预交的诉讼费用随案移交接收案件的人民法院。

(7)在下列情形下,当事人交纳的诉讼费用应按不同情况予以退还或不予退还:第一,人民法院审理民事案件过程中发现涉嫌刑事犯罪并将案件移送有关部门处理的,当事人交纳的案件受理费予以退还;移送后民事案件需要继续审理

① 参见江伟主编:《民事诉讼法》(第5版),高等教育出版社2016年版,第246页。

的，当事人已交纳的案件受理费不予退还。第二，中止诉讼、中止执行的案件，已交纳的案件受理费、申请费不予退还。中止诉讼、中止执行的原因消除，恢复诉讼、执行的，不再交纳案件受理费、申请费。第三，第二审人民法院决定将案件发回重审的，应当退还上诉人已交纳的第二审案件受理费。第四，第一审人民法院裁定不予受理或者驳回起诉的，应当退还当事人已交纳的案件受理费；当事人对第一审人民法院不予受理、驳回起诉的裁定提起上诉，第二审人民法院维持第一审人民法院作出的裁定的，第一审人民法院应当退还当事人已交纳的案件受理费。第五，依照我国《民事诉讼法》的规定终结诉讼的案件，依照《交纳办法》规定已交纳的案件受理费不予退还。

四、诉讼费用的负担

所谓诉讼费用的负担，是指在案件审判终了和执行完毕后，当事人对诉讼费用的实际承担。一方面，在原则上保证胜诉当事人收回诉讼成本，让败诉方负担诉讼费用，使胜诉方在成本最小的条件下实现正义。另一方面，要全面发挥诉讼费用制度的功能，兼顾诉讼费用的激励功能和惩罚功能，最终促进案件的繁简分流。①

《交纳办法》第五章（即第 29 条至第 43 条）对诉讼费用的负担作了详细的规定。诉讼费用由败诉方当事人负担是世界各国民事诉讼立法普遍适用的一项原则。我国诉讼费用的负担的基本原则是“败诉人负担”，同时辅之以“当事人协商负担”“法院决定负担”“自行负担”等其他诉讼费用负担规则。

（1）败诉人负担。《交纳办法》第 29 条规定了诉讼费用负担的“败诉人负担”原则。此外，有些情形也是比照当事人败诉予以确定：第一，应当交纳案件受理费的再审案件，双方当事人都申请再审的，诉讼费用依照《交纳办法》第 29 条的规定负担。原审诉讼费用的负担由人民法院根据诉讼费用负担原则重新确定。第二，债务人对督促程序未提出异议的，申请费由债务人负担。第三，申请执行人民法院发生法律效力的判决、裁定、调解书，仲裁机构依法作出的裁决和调解书，公证机构依法赋予强制执行效力的债权文书，以及申请承认和执行外国法院判决、裁定和国外仲裁机构裁决，申请费由被执行人负担。第四，申请撤销仲裁裁决或者认定仲裁协议效力的申请费，由人民法院依照第 29 条规定的“败诉人负担”原则决定申请费的负担。第五，依法向人民法院申请破产的，诉讼费用依照有关法律规定从破产财产中拨付。

（2）撤诉人负担。原告或者上诉人申请撤诉，人民法院裁定准许的，案件受理费由原告或者上诉人负担。

（3）协商负担和法院决定负担。经人民法院调解达成协议的案件，诉讼费

① 王福华：《民事诉讼法修改背景下的诉讼费用改革》，载《法学评论》2022 年第 2 期。

用的负担由双方当事人协商解决;协商不成的,由人民法院决定。离婚案件诉讼费用的负担由双方当事人协商解决;协商不成的,由人民法院决定。执行中当事人达成和解协议的,申请费的负担由双方当事人协商解决;协商不成的,由人民法院决定。第二审人民法院改变第一审人民法院作出的判决、裁定的,应当相应变更第一审人民法院对诉讼费用负担的决定。

(4) 自行负担。当事人在法庭调查终结后提出减少诉讼请求数额的,减少请求数额部分的案件受理费由变更诉讼请求的当事人负担。当事人因自身原因未能在举证期限内举证,在二审或者再审期间提出新的证据致使诉讼费用增加的,增加的诉讼费用由该当事人负担。

(5) 申请人负担。具体包括:第一,应当交纳案件受理费的再审案件,诉讼费用由申请再审的当事人负担。第二,债务人对督促程序提出异议致使督促程序终结的,申请费由申请人负担;申请人另行起诉的,可以将申请费列入诉讼请求。第三,公示催告的申请费由申请人负担。第四,依照特别程序审理案件的公告费,由起诉人或者申请人负担。第五,申请保全措施的申请费由申请人负担,申请人提起诉讼的,可以将该申请费列入诉讼请求。第六,海事案件中的有关诉讼费用依照下列规定负担:诉前申请海事请求保全、海事强制令的,申请费由申请人负担;申请人就有关海事请求提起诉讼的,可将上述费用列入诉讼请求;诉前申请海事证据保全的,申请费由申请人负担;诉讼中拍卖、变卖被扣押船舶、船载货物、船用燃油、船用物料发生的合理费用,由申请人预付,从拍卖、变卖价款中先行扣除,退还申请人;申请设立海事赔偿责任限制基金、申请债权登记与受偿、申请船舶优先权催告案件的申请费,由申请人负担;设立海事赔偿责任限制基金、船舶优先权催告程序中的公告费用由申请人负担。

此外,当事人不服人民法院关于诉讼费用负担决定的,根据《交纳办法》的规定,不得单独对人民法院关于诉讼费用的决定提起上诉。当事人单独对人民法院关于诉讼费用的决定有异议的,可以向作出决定的人民法院院长申请复核。复核决定应当自收到当事人申请之日起 15 日内作出。当事人对人民法院决定诉讼费用的计算有异议的,可以向作出决定的人民法院请求复核。计算确有错误的,作出决定的人民法院应当予以更正。

五、司法救助

(一) 司法救助的概念

司法救助就是指对经济确有困难的当事人在符合条件时实行诉讼费用的缓交、减交或者免交的诉讼费用制度。司法救助是基于人权保护的现代司法理念而确立的,即公民在法律面前人人平等,公民的权利应得到充分的保护,每个公民都有权通过司法途径来保护自己的合法权益。司法救助是为了确保经济确有困难的当事人能够行使诉讼权利、保障其合法权益的一项制度。《交纳办法》第六章(即第44—51条)对司法救助作了专门规定。司法救助措施主要针对的是自然人,特别是免交,只适用于自然人。

司法救助不同于"不交诉讼费用"的规定。司法救助包括诉讼费用的缓交、减交和免交,其中的"免交"是以"原本应交"为前提的,而"不交诉讼费用"则是以"本不应交"为基础的,其在《交纳办法》第8条中表述为"不交纳案件受理费"。

(二)司法救助的形式和适用情形

(1)免交诉讼费用。当事人申请司法救助,符合下列情形之一的,人民法院应当准予免交诉讼费用:残疾人无固定生活来源的;追索赡养费、扶养费、抚养费、抚恤金的;最低生活保障对象、农村特困定期救济对象、农村"五保"供养对象或者领取失业保险金人员,无其他收入的;因见义勇为或者为保护社会公共利益致使自身合法权益受到损害,本人或者其近亲属请求赔偿或者补偿的;确实需要免交的其他情形。

(2)减交诉讼费用。当事人申请司法救助,符合下列情形之一的,人民法院应当准予减交诉讼费用:因自然灾害等不可抗力造成生活困难,正在接受社会救济,或者家庭生产经营难以为继的;属于国家规定的优抚、安置对象的;社会福利机构和救助管理站;确实需要减交的其他情形。人民法院准予减交诉讼费用的,减交比例不得低于30%。

(3)缓交诉讼费用。当事人申请司法救助,符合下列情形之一的,人民法院应当准予缓交诉讼费用:追索社会保险金、经济补偿金的;海上事故、交通事故、医疗事故、工伤事故、产品质量事故或者其他人身伤害事故的受害人请求赔偿的;正在接受有关部门法律援助的;确实需要缓交的其他情形。

(三)司法救助的适用程序

当事人申请司法救助,应当在起诉或者上诉时提交书面申请、足以证明其确有经济困难的证明材料以及其他相关证明材料。因生活困难或者追索基本生活费用申请免交、减交诉讼费用的,还应当提供本人及其家庭经济状况符合当地民政、劳动保障等部门规定的公民经济困难标准的证明。人民法院对当事人的司法救助申请不予批准的,应当向当事人书面说明理由。当事人申请缓交诉讼费用经审查符合《交纳办法》第47条规定的,人民法院应当在决定立案之前作出准予缓交的决定。人民法院准予当事人减交、免交诉讼费用的,应当在法律文书中载明。

人民法院对一方当事人提供司法救助,对方当事人败诉的,诉讼费用由对方当事人负担;对方当事人胜诉的,可以视申请司法救助的当事人的经济状况决定其减交、免交诉讼费用。

六、诉讼费用的管理和监督

《交纳办法》第52条、第53条就诉讼费用的交纳、管理和监督制度进行了明确的规定。各级人民法院依法收取的诉讼费用,属于国家财政性资金,其收取、分配要纳入财政管理。各级人民法院应建立、健全严格的收费制度。收费要使用法定的、统一的收据。人民法院对诉讼费用的管理应严格遵循国家的财政制度,接受财政、审计部门的监督。人民法院收取诉讼费用应当向当事人开具缴费凭证,当事人持缴费凭证到指定代理银行交费。依法应当向当事人退费的,人民法院应当按照国家有关规定办理。在边远、水上、交通不便地区,基层巡回法庭当场审理案件,当事人提出向指定代理银行交纳诉讼费用确有困难的,基层巡回法庭可以当场收取诉讼费用,并向当事人出具省级人民政府财政部门印制的财政票据;不出具省级人民政府财政部门印制的财政票据的,当事人有权拒绝交纳。

《交纳办法》第53条规定:"案件审结后,人民法院应当将诉讼费用的详细清单和当事人应当负担的数额书面通知当事人,同时在判决书、裁定书或者调解书中写明当事人各方应当负担的数额。需要向当事人退还诉讼费用的,人民法院应当自法律文书生效之日起15日内退还有关当事人。"

拓展阅读

1. 李春霖、丛峰:《关于妨碍民事诉讼的强制措施》,载《中国政法大学学报》1984年第2期。

2. 田平安:《正确适用民事诉讼的强制措施》,载《现代法学》1984年第2期。

3. 蔡彦敏:《对民事诉讼中强制措施性质的一点异议》,载《法学评论》1987年第6期。

4. 吴明童:《谈谈妨害民事诉讼的强制措施的几个问题》,载《西北政法学院学报》1988年第2期。

5. 方流芳:《民事诉讼收费考》,载《中国社会科学》1999年第3期。

6. 靳建丽:《民事诉讼强制措施性质问题辩证》,载《郑州大学学报(哲学社会科学版)》2002年第4期。

7. 廖永安、刘方勇:《潜在的冲突与对立:诉讼费用制度与周边制度关系考》,载《中国法学》2006年第2期。

8. 张榕:《民事诉讼收费制度改革的理念及路径》,载《法律科学》2006年第1期。

9. 胡夏冰、陈春梅:《对妨害民事诉讼的强制措施的修法建议》,载《广西政法管理干部学院学报》2011年第4期。

10. 汤维建、李海尧:《〈诉讼费用法〉立法研究》,载《苏州大学学报(哲学社会科学版)》2017年第3期。

11. 廖永安、段明:《民事诉讼费用交纳标准的设定原理与完善建议》,载《烟台大学学报(哲学社会科学版)》2017年第5期。

12. 王福华:《民事诉讼法修改背景下的诉讼费用改革》,载《法学评论》2022年第2期。

第三编　通常诉讼程序

第二十章　第一审普通程序

本章目次

第一节 第一审普通程序概述

一、第一审普通程序的概念

第一审普通程序是诉讼主体进行民事诉讼活动,在第一审阶段通常适用的程序。

按照我国审级制度的安排,民事诉讼程序分为第一审、第二审(上诉审)两个审级程序。其中,《民事诉讼法》对第一审程序的规定称为“第一审普通程序”。普通程序是《民事诉讼法》规定的普遍适用于一般民事案件第一审的诉讼程序。“普通”是“普遍通用”之意。与它相对应的是简易程序。简易程序是对普通程序的简化,适用于部分简单的民事案件。

二、第一审普通程序的特点

普通程序具有以下特点:

(1)普通程序是规定得最完备的审判程序。从当事人起诉及人民法院受理、审理案件到作出裁判的各个程序环节都有具体规定,还包括诉讼过程中可能出现的撤诉、缺席判决、诉讼中止、诉讼终结等情形的程序规则。这些程序一般也适用于简易程序、二审程序等。比如简易程序,除了法律明确规定可以在起诉方式、传唤方式、审理期限、审判组织等方面采用简便易行的方式进行外,开庭审理、宣判、当事人撤诉、诉讼中止、诉讼终结等程序都是按照普通程序的规定进行的。即凡是简易程序没有规定的,一律使用普通程序的规定。再审程序除了启动阶段有特别规定外,民事诉讼法并没有专门规定其审理与裁判程序。再审的审理与裁判程序分别情况适用第一审或第二审程序的有关规定。

(2)普通程序是整个诉讼程序中的基础程序。简易程序的规定是以普通程序为基础的,是普通程序的简化。第二审(上诉)程序也是建立在第一审基础之上的,是第一审程序的继续,是对第一审程序结果(事实认定与法律适用)的审查评判。

(3)普通程序是一般民事案件的通用程序。表现在:其一,除法律有规定的案件适用简易程序和特殊程序审理外,人民法院审理第一审民事案件,都应适用普通程序。人民法院在适用简易程序审理过程中,如发现该案件不属于简单民事案件的,应当改用普通程序审理。其二,中级以上人民法院审理的第一审案件一律适用普通程序。二审裁定发回重审的案件一律适用普通程序,即使原一审适用的是简易程序。再审程序也是如此。

第二节　起诉与受理

一、起诉

(一) 起诉条件

起诉,是指公民、法人及其他组织在认为民事权益受到侵犯或与他人发生争议的情况下,请求人民法院作出裁判、解决纠纷的诉讼行为。

起诉是当事人行使诉权寻求司法救济的具体体现。起诉是民事诉讼程序启动的必要条件。作为解决私权利纠纷的方式之一,民事诉讼程序的启动遵循当事人处分权原则,实行"不告不理""无诉即无裁判"。没有原告的起诉行为,法院不能依职权主动介入民事纠纷的解决。当事人行使诉权提起诉讼是法院行使审判权的前提。

根据我国《民事诉讼法》第 122 条的规定,当事人起诉必须符合下列条件:

(1) 原告是与本案有直接利害关系的公民、法人和其他组织。所谓"有直接利害关系",是指原告与本案争议的诉讼标的有法律上的利害关系。绝大多数情况下,原告起诉是因为自己的民事权益受到侵犯或者与他人发生争议。原告与诉讼标的有直接的利害关系表现为:原告就是诉讼请求法院裁判的法律关系的主体。在法律有规定或当事人有约定的情况(诉讼担当)下,原告虽然不是诉讼标的主体,但是对所涉及的民事权益享有管理权、支配权的,也可以提起诉讼。

(2) 有明确的被告。所谓"明确的被告",是指原告起诉必须向法院指明对方当事人是谁。作为解决纠纷的方式之一,民事诉讼与其他纠纷解决方式一样,其机能的发挥建立在纠纷当事人互动的基础上,即诉讼双方必须具有特定性、明确性。如果原告只知道自己的权益受到损害,却不知道实施损害行为的人是谁,即被告不明确,司法就无法发挥救济作用。《民诉法解释》第 209 条对"被告明确"的解释是:原告提供的被告的姓名或者名称、住所等信息具体明确,足以使被告与他人相区别的,人民法院可以认定为有明确的被告。所谓被告明确并非指"被告的地址明确"。尽管法院要求原告在提交起诉状时注明被告地址和联系方式,但其目的主要在于识别和便于送达、传唤。实践中不乏起诉时被告地址不明,甚至下落不明的情况,民事诉讼法对此专门规定了相应的处理方式,如公告送达,不影响原告起诉。

(3) 有具体的诉讼请求和事实、理由。所谓"具体的诉讼请求",是指原告的权利主张要明确。原告应当在起诉状中写明要求人民法院裁判的具体事项,即要求获得司法保护的民事权益的范围、内容和数额等。所谓"事实、理由",是指据以支持诉讼请求的案件事实和法律理由。

(4) 属于人民法院受理民事诉讼的范围和受诉人民法院管辖。首先,原告起诉的案件应属于人民法院受理民事诉讼的范围,即原告起诉要求解决的纠纷属于法院行使民事审判权的职权范围。因为司法权是有边界的,并非所有的纠纷都适合通过民事诉讼途径解决。比如,属于单位内部自治范围的纠纷,就不适合通过诉讼解决。其次,案件属于受诉人民法院管辖,即受诉法院对原告起诉的案件依法享有管辖权。管辖权是人民法院行使审判权的前提,对没有管辖权的案件,法院不能越权审理。法院在受理当事人起诉时,发现本院对该案没有管辖权的,应告知原告向有管辖权的人民法院起诉;原告坚持起诉的,裁定不予受理;立案后发现本院没有管辖权的,应当将案件移送有管辖权的人民法院。

民事诉讼起诉条件是诉的合法性在起诉阶段的表达,民事诉讼法要求当事人起诉必须符合一定的条件,目的在于为诉讼程序的顺利进行把第一道关。通过审查起诉,法院可以排除一些明显的不符合诉的成立条件的案件,避免诉讼程序进入实质审理阶段才发现这些情况,导致当事人时间、金钱的无谓支出和司法资源的浪费。民事诉讼法规定的起诉条件是形式要件,即法院只能根据起诉者的声明,从形式上进行审查,而不是对各项条件的事实根据和法律规定进行实质审查和判断。《最高人民法院关于人民法院登记立案若干问题的规定》(法释〔2015〕8号)(以下简称《登记立案规定》)第6条规定,当事人提出起诉、自诉的时候,应当提交用以证明自己是符合法律规定的原告的材料,主要是能证明起诉人是本人的身份证明文件:是自然人的,提交身份证明复印件;是法人或者其他组织的,提交营业执照或者组织机构代码证复印件、法定代表人或者主要负责人身份证明书等。这些文件记载的是经法定管理机关登记公示的信息,法院经书面审查就可以直截了当地作出判断。至于要求当事人起诉应当有事实和理由,是指原告应当在起诉状中陈述一定的事实、理由。至于这些事实、理由能否查证属实作为认定事实的根据,是否有法律上的依据足以支持其提出的诉讼请求,则是开庭审理阶段才能完成的审查。因此,在起诉阶段,法院不应以诉讼请求不合法、事实没有证据证明、理由不充分等为由不受理当事人的起诉。

(二) 起诉方式与起诉状

当事人起诉有两种方式:其一是书面方式。即以文字材料形成的起诉状,并按被告人数提供副本,一并递交人民法院。其二是口头起诉。即由当事人向人民法院口述,由审判人员记入笔录,并告知对方当事人。起诉的方式,以书面起诉为原则,以口头起诉为例外。

起诉状是原告向受诉人民法院表述诉讼请求和事实根据的一种诉讼文书。根据《民事诉讼法》第124条的规定，以及《登记立案规定》第4条的解释，民事起诉状应记明以下事项：

（1）当事人的基本情况。当事人是公民的，分别写明原告的姓名、性别、年龄、民族、职业、工作单位、住所、联系方式，被告的姓名、性别、工作单位、住所等信息。原告如果是由法定代理人或者委托代理人代为诉讼的，亦应写明他们的基本情况。原告或者被告是法人或其他组织的，应写明法人或者其他组织的名称、住所和法定代表人或者主要负责人的姓名、职务、联系方式。如委托诉讼代理人的，亦应写明诉讼代理人的基本情况。诉讼代理人是律师的，写明律师姓名及所属律师事务所的名称。起诉状列写的被告信息不足以认定明确的被告的，人民法院可以告知原告补正。原告补正后仍不能确定明确的被告的，人民法院裁定不予受理。

（2）诉讼请求和所根据的事实与理由。即原告向人民法院应当提出的具体请求，以及原被告之间的纠纷发生的情况和起诉的根据与理由。

（3）证据和证据来源、证人姓名和住所。原告作为主动发动诉讼者，应向人民法院提供证据。如本人无法提供，应向人民法院提供证据来源，并写明情况请法院调取。如果有证人，应写明其姓名、住所、工作单位及所了解的事实，由法院调查。

此外，起诉状还应记明受诉人民法院的名称、起诉的时间（年、月、日），最后由起诉人签名或盖章。当事人提交的诉状和材料不符合要求的，人民法院应告知在指定期限内补正。在当事人补齐相关材料后，人民法院在7日内决定是否立案。当事人在指定期限内没有补正的，人民法院退回诉状并记录在册。当事人经补正仍不符合要求，经法官释明仍然坚持起诉的，人民法院裁定不予受理或者决定不予立案。

原告的起诉行为引发实体法和程序法的双重效果：在实体法上，当事人争议的民事权利的诉讼时效中断；在程序法上，根据“有诉必有裁判”的原理，原告起诉应当引发诉讼程序的启动。

二、受理

（一）受理及其程序

受理是受诉人民法院对符合法定条件的起诉立案审理的诉讼行为。

根据《民事诉讼法》第126条的规定，人民法院对符合起诉条件的起诉，必须受理。符合起诉条件的，应当在7日内立案，并通知当事人；不符合起诉条件的，应当在7日内作出裁定书，不予受理；原告对裁定不服的，可以提起上诉。按照《民事诉讼法》的规定，人民法院审查起诉后只有两种处理方式：要么受理，要么裁定不予受理。审判实践中一些法院在审查起诉时任意附加起诉条件、对起诉条件进行实质审查、自行受案范围等,在客观上造成“起诉难”的问题。为切实保护当事人的诉讼权利,2012年《民事诉讼法》修改,特别强调“人民法院应当保障当事人依照法律规定享有的起诉权利”,并删除了人民法院对当事人起诉进行审查的字样,初步建立起“登记式”立案受理程序。《登记立案规定》明确人民法院对依法应该受理的一审民事起诉、行政起诉和刑事自诉,实行立案登记制。对起诉、自诉,人民法院应当一律接收诉状,出具书面凭证并注明收到日期。对符合法律规定的起诉、自诉,人民法院应当当场予以登记立案。对当事人起诉材料不符合法律规定的起诉、自诉,人民法院应当予以释明。当事人经补正,起诉材料仍不符合要求的,裁定不予受理或者决定不予立案。人民法院在法定期间内不能判定起诉、自诉是否符合法律规定的,应当先行立案。该规定第10条明确了几种人民法院不予登记立案的起诉:(1) 违法起诉或者不符合法律规定的;(2) 涉及危害国家主权和领土完整的;(3) 危害国家安全的;(4) 破坏国家统一和民族团结的;(5) 破坏国家宗教政策的;(6) 所诉事项不属于人民法院主管的。

人民法院受理民事案件,要处理好诉前调解与立案登记制的关系。为充分发挥人民调解、行业调解和行政调解等非诉讼解纷方式解决纠纷、促进社会和谐的作用,人民法院对于适宜调解的案件,可以引导当事人选择非诉讼调解方式解决纠纷,但必须以当事人自愿为前提,不得损害当事人诉权。《民事诉讼法》第125条规定:“当事人起诉到人民法院的民事纠纷,适宜调解的,先行调解,但当事人拒绝调解的除外。”

诉讼时效不是妨碍当事人行使诉权的事由。当事人超过诉讼时效期间起诉的,人民法院应予受理。受理后对方当事人提出诉讼时效抗辩,人民法院经审理认为抗辩事由成立的,判决驳回原告的诉讼请求。

(二) 不予受理的情况

当事人的起诉不符合起诉条件的,人民法院裁定不予受理。依照《民事诉讼法》第127条的规定,下列案件人民法院不予受理:

(1) 属于行政诉讼的案件。例如,公民对公安机关依据《治安管理处罚法》所作的罚款、拘留决定不服而引发的案件是行政案件,当事人只能按照行政诉讼程序提起诉讼。如果当事人向法院提起民事诉讼的,法院将不予受理,并告知其提起行政诉讼。

(2) 当事人达成仲裁协议的案件。当事人的仲裁协议排除法院的管辖权。如果当事人双方自愿达成书面仲裁协议,将纠纷提交仲裁机构仲裁的,依照民事诉讼法的有关规定,当事人就不得再向人民法院起诉。当事人一方起诉到人民法院的,人民法院应告知当事人向仲裁机构申请仲裁,其坚持起诉的,裁定不予受理。在人民法院首次开庭前,被告以有书面仲裁协议为由对受理民事案件提出异议的,人民法院应当进行审查。经审查,仲裁条款或者仲裁协议没有不成立、无效、失效、内容不明确无法执行的情形的,应当裁定驳回起诉。如果经审查,发现仲裁协议无效,比如当事人在仲裁条款或仲裁协议中选择的仲裁机构不存在,或者仲裁裁决的事项超越仲裁机构权限等,人民法院应当向当事人释明后,驳回被告异议。

(3)依照法律规定,应当由其他机关处理的争议,告知原告向有关机关申请解决。主要是指不属于法律争议的事项。比如有的争议依法应当由行政职能部门处理。行政职能部门作为管理国家行政事务的部门,享有广泛的行政权力,其中包括处理与行政管理有关的争议以及部分民事争议的权力。前者如公务员的职务升迁、晋职、晋级、奖惩等引发的人事纠纷。后者是法律规定专属行政机关处理的民事权益争议,比如商标异议。《商标法》第 33 条规定,对于初步审定、予以公告的商标有不同意见的,当事人应当向商标局提出异议。对商标局处理决定不服的,当事人可以向商标评审委员会申请复审。有的纠纷处理程序将行政机关的处理设为前置程序,即当事人须先向有关行政机关申请处理,对行政机关的处理不服的才可以向人民法院起诉。如《商标法》第 34 条规定,当事人对商标评审委员会的复审决定不服的,可以自收到通知之日起 30 日内向人民法院起诉。再如劳动争议,按照《劳动法》的规定,这类纠纷必须先经劳动争议仲裁委员会仲裁。当事人对仲裁裁决不服的,可以在接到裁决书之日起 15 日内向人民法院起诉,等等。如果这些案件的当事人直接向人民法院起诉的,人民法院不予受理,告知其先向有关机构申请处理。

(4)不属本法院管辖的案件。起诉时法院发现,依照法律规定本法院对当事人所诉纠纷没有管辖权的,应当告知原告向有管辖权的人民法院起诉。当事人坚持起诉的,法院应裁定不应受理,

(5)判决、裁定已经发生法律效力的案件。某一案件人民法院已经作出了判决或者裁定并已发生法律效力的,就等于这一案件中的法律关系已经确定,在法律上不应再有争议。当事人不服已经发生法律效力的判决、裁定,起诉到人民法院的,人民法院应告知原告按申诉处理。人民法院准许撤诉的裁定除外。由于撤诉被视为自始未起诉,因此,当事人撤诉或人民法院按撤诉处理后,当事人以同一诉讼请求再次起诉的,人民法院应予受理。此外,赡养费、扶养费、抚养费案件,裁判发生法律效力后,因新情况、新理由,一方当事人再行起诉,要求增加或减少费用的,人民法院应作为新案受理。

(6)依法在一定时期内不得起诉的案件。依照法律规定,在一定期限内不得起诉的案件,在不得起诉的期限内起诉的,人民法院不予受理。例如,根据我国《民法典》第 1082 条的规定,女方在怀孕期间、分娩后 1 年或终止妊娠 6 个月

内,男方不得提出离婚。男方在这一法定的不得起诉的期限内提出离婚诉讼的,人民法院应当不予受理。但是,该条法律另又规定:“女方提出离婚的,或人民法院认为确有必要受理男方离婚请求的,不在此限。”另外,《民事诉讼法》第127条第7项规定,判决不准离婚和调解和好的离婚案件,判决、调解维持收养关系的案件,没有新情况、新理由,原告在6个月内又起诉的,人民法院也不予受理。由于婚姻关系、收养关系是以双方的感情为基础的,而感情一般都有个逐渐演变的过程,因此,在人民法院判决不准离婚、维持收养关系后,或在调解和好后,只要没有新情况、新理由,不应允许原告在短时间内以同一事实和理由重新起诉。当然,这条限制性规定不适用于被告。

按照《民事诉讼法》第126条的规定,人民法院对上述情形应当作出不予受理裁定书。原告对裁定不服的,可以上诉。

(三)受理的法律效果

法院对民事诉讼的受理产生的法律效果具体包括:

(1)诉讼主体之间的诉讼法律关系形成,当事人的诉讼地位确立,享有相应的诉讼权利、承担相应的诉讼义务。

(2)受诉法院获得了对该案的审判权,其他对该案有管辖权的法院不得行使管辖权。

(3)当事人不得再就同一案件向其他法院起诉,即更行起诉禁止。基于同一事实发生的纠纷,双方当事人分别向同一人民法院起诉的,人民法院可以合并审理。

第三节　审理前的准备

一、审理前准备程序的意义

审理前的准备,也称为开庭前准备程序,是指法院受理原告的起诉以后,为保证庭审的顺利进行而进行一系列准备活动的程序。

开庭前准备程序是民事诉讼必经阶段,其目的在于为开庭审理做好准备。审理前的准备既包括当事人为开庭时有效行使诉讼权利而做的准备,比如了解对方的诉讼主张、证据材料所依据的法律和观点等,也包括法院为高效率地行使审判权而做的准备,比如组成审判组织,确定开庭时间与地点,初步了解和梳理当事人提交的诉讼材料、基本主张,等等。

审理前准备对于保障当事人平等而充分地行使诉讼权利有重要意义。在审理前的准备阶段,当事人了解到承担其案件审理工作的审判组织成员,可以有效地行使申请回避权;当事人了解和掌握了对方当事人的主张、证据材料和支持其主张的事实与法律依据,可以有针对性地收集相反证据、进行抗辩、反诉;等等。审理前的准备使得当事人双方在知己知彼、准备充分的情况下进行诉讼,不仅是在当事人之间形成公平对抗机制,而且可以帮助当事人预见诉讼程序的发展趋势,客观评估自己的诉讼结果,有的时候还有助于当事人之间相互沟通、达成和解。

与此同时,审理前的准备对于法院提高诉讼效率、有效行使审判权、确保开庭审理的实效也具有重要意义。通过审理前的准备,承办法官可以及时发现是否遗漏当事人,了解当事人的争议焦点,确定当事人没有争议的事实,围绕争议焦点指导当事人收集提供证据材料,补齐必需的诉讼材料,等等。这样法官在开庭的时候就能够做到胸有成竹,指挥当事人围绕争议焦点进行调查和辩论,避免因临时需要补充诉讼材料或追加当事人等问题而耽误时间。

二、审理前准备的内容

《民事诉讼法》规定的审理前的准备工作主要有以下几项:

(1) 送达诉讼文书,保障被告的答辩权。首先是送达受理案件通知书和应诉通知书。人民法院决定立案的,应在决定立案的同时将受理案件通知书发送原告,并向被告发送应诉通知书。其次是送达起诉状、答辩状副本。人民法院应按照法律规定的期限将原告的起诉状副本发送给被告,以便被告了解起诉的内容,进行应诉的准备。根据《民事诉讼法》第 128 条的规定,人民法院应当在立案之日起 5 日内将起诉状副本发送被告,被告在收到之日起 15 日内提出答辩状。被告提出答辩状的,人民法院应在收到之日起 5 日内将答辩状副本发送原告。答辩,是指被告对原告提出的诉讼请求及其理由和事实根据,提出回应和辩解。答辩的内容既可以是实体方面的,也可以是程序方面的。民事诉讼法把答辩规定为被告的一项诉讼权利,被告可以提供答辩状也可以不提供答辩状。被告不提供答辩状的,不影响人民法院对案件的审理。

(2) 引导案件分流处理。为保证诉讼程序的高效、便利,降低当事人诉讼成本,节约司法资源,人民法院可以根据案件具体情况,为当事人提供不同的处理方案,引导案件分流处理。案件分流包括:普通程序与督促程序分流、调解与诉讼分流、繁简分流等。根据《民事诉讼法》第 136 条之规定,人民法院对受理的案件,分别情形,予以处理:第一,当事人没有争议,符合督促程序规定条件的,可以转入督促程序;第二,开庭前可以调解的,采取调解方式及时解决纠纷;第三,根据案件情况,确定适用简易程序或者普通程序;第四,需要开庭审理的,通过要求当事人交换证据等方式,明确争议焦点。

(3) 告知当事人的诉讼权利义务及合议庭组成人员。人民法院应口头或书面向当事人双方告知有关的诉讼权利义务。在开庭审理前及时告知当事人诉讼权利义务,有利于更好地保护当事人行使诉讼权利,包括申请回避、收集证据、申请法院调查取证权,等等。同时提示当事人依法履行诉讼义务,如及时举证、按时出庭参加庭审,等等。

适用普通程序审理案件,应当依法组成合议庭。开庭前的各项准备工作,应当在合议庭所有成员的参加下进行。因此,人民法院决定受理原告起诉后,即应依法组成合议庭,并在合议庭组成人员确定后3日内告知当事人,以便当事人行使申请回避权。因情事变化,必须调整合议庭组成人员的,应当于调整后3日内告知当事人。在开庭前3日内决定调整合议庭组成人员的,原定的开庭日期应当予以顺延。

(4) 确定举证时限,调查收集必要的证据。《民事诉讼法》第68条规定,当事人对自己提出的主张应当及时提供证据。人民法院根据当事人的主张和案件审理情况,确定当事人应当提供的证据及其期限。当事人在该期限内提供证据确有困难的,可以向人民法院申请延长期限,人民法院根据当事人的申请适当延长。当事人逾期提供证据的,人民法院应当责令其说明理由;拒不说明理由或者理由不成立的,人民法院根据不同情形可以不予采纳该证据,或者采纳该证据但予以训诫、罚款。

民事诉讼证据主要由当事人提供,但民事诉讼法同时规定,人民法院可以依职权收集某些法院认为审理案件需要的证据。所谓人民法院认为审理案件需要的证据主要是指以下情形:一是涉及可能有损国家利益、社会公共利益或者他人合法权益的事实;二是涉及依职权追加当事人、中止诉讼、终结诉讼、回避等与实体争议无关的程序事项。当事人及其诉讼代理人因客观原因不能收集的证据,也可以申请人民法院调查收集。

(5) 召开庭前会议,组织当事人交换证据,明确争议焦点。根据案件具体情况,庭前会议可以包括下列内容:明确原告的诉讼请求和被告的答辩意见;审查处理当事人增加、变更诉讼请求的申请和提出的反诉,以及第三人提出的与本案有关的诉讼请求;根据当事人的申请决定调查收集证据,委托鉴定,要求当事人提供证据,进行勘验,进行证据保全;组织交换证据;归纳争议焦点;进行调解。人民法院应当根据当事人的诉讼请求、答辩意见以及证据交换的情况,归纳争议焦点,并就归纳的争议焦点征求当事人的意见。当事人在庭前会议中对事实和证据表示认可的,人民法院应当加以固定,当事人在庭审中不得作相反陈述。当事人在庭审中对其在审理前的准备阶段认可的事实和证据提出不同意见的,人民法院应当责令其说明理由。必要时,可以责令其提供相应证据。人民法院应当结合当事人的诉讼能力、证据和案件的具体情况进行审查。理由成立的,可以列入争议焦点进行审理。

(6) 追加、通知当事人参加诉讼。人民法院在准备工作中,经过阅卷、调查,如发现有与本案有直接利害关系、必须共同进行诉讼的人没有参加诉讼的，或者案件处理结果可能对第三人有利害关系的，应根据案件情况追加或通知相关利害关系人参加诉讼，并通知其他当事人。原告在起诉状中直接列写第三人的，视为其申请人民法院追加该第三人参加诉讼。是否通知第三人参加诉讼，由人民法院审查决定。

(7) 其他准备工作。如处理当事人的管辖异议，纠正管辖错误，委托外地人民法院调查必要的证据，对公开审理的案件在开庭 3 日前发出公告，对于不通晓当地民族通用的语言、文字的诉讼参与人准备翻译人员，等等。

第四节　开 庭 审 理

一、开庭审理概述

开庭审理又称法庭审理，是指人民法院在当事人及其他诉讼参与人的参加下，依照法定程序对案件进行实体审理的诉讼活动。开庭审理的主要任务是，调查当事人争议的案件事实，听取当事人的主张和辩论，为准确判断案件事实和正确适用法律认定当事人的权利义务奠定基础。

开庭审理是对案件审理的中心环节和必经环节，是当事人行使陈述权、辩论权，以及举证质证的主要阶段，民事诉讼辩论原则集中体现于此。

开庭审理的基本方式是实质审理，即采用当庭对审方式，法官在听取双方当事人言词辩论、举证质证后，居中作出判断。与实质审理相对的是“形式审查”，即不经过言词辩论的对审环节，仅对表面证据进行书面审查即作出判断的方式。如前所述，法院审查起诉就是采取形式审查的方式。

人民法院对案件事实问题和法律问题的审理，主要是在开庭审理过程中完成的。法庭审理应当围绕当事人争议的事实、证据和法律适用等焦点问题进行。

二、开庭审理原则

开庭审理遵循集中审理、公开审理、直接审理和言词审理的原则。

(1) 集中审理。开庭审理应当集中进行。集中审理原则，又称不中断审理原则，是指法院开庭审理案件，应当在不更换审判人员的条件下连续进行，不得中断审理的诉讼原则。最高人民法院 2002 年 8 月 12 日颁布的《关于人民法院合议庭工作的若干规定》第 3 条规定了合议庭成员不得更换；第 9 条规定了合议庭评议案件的时限；第 14 条规定了裁判文书制作的期限。这些规定体现了集中审理原则的精神。

（2）公开审理。按照《民事诉讼法》第 137 条的规定，除涉及国家机密、个人隐私或者法律另有规定的以外，人民法院审理民事案件，应当公开进行。并非诉讼程序的任何阶段都需要公开进行，比如说合议庭评议就是秘密进行的。而公开开庭审理，接受公众旁听和媒体报道是公开审理的主要方式。

（3）直接审理。直接审理是相对于间接审理而言的。间接审理是审判人员不直接接触当事人和证据，根据听取他人汇报的信息进行审理的方式。直接审理则要求审判人员亲耳聆听当事人、证人和其他诉讼参与人的陈述辩论，审查认定原始证据，根据自己在法庭上获得的第一手信息对当事人争议事项作出判断。

（4）言词审理。言词审理是相对于书面审理而言的。言词审理是指在开庭审理中，审判人员的审理、当事人陈述、举证质证、辩论、证人鉴定人出庭作证等诉讼活动，一律以口头方式进行。书面审理是审判人员只审查书面材料，不听取当事人和其他诉讼参与人陈述的情况下作出判断的审理方式。相对于书面审理，言词审理了体现司法程序对审判人员亲历性的要求，适应司法活动个性化特征，更符合审判人员对案件事实的认知规律。

三、开庭审理程序

依照普通程序开庭审理案件，必须严格按照法定的程序进行。

1. 开庭预备

预备阶段是为开庭审理作准备的阶段。开庭审理前，由书记员查明当事人和其他诉讼参与人是否到庭，宣布法庭纪律。开庭审理时，由审判长核对当事人，宣布案由及审判人员、书记员名单，告知当事人有关的诉讼权利和义务，以及询问当事人是否提出回避申请。如果必须到庭的当事人或诉讼参与人没有到庭，审判人员可根据情况，决定延期审理或依法采取拘传措施。不是必须到庭的人员没有到庭的，人民法院应继续开庭审理。

2. 法庭调查

法庭调查的中心活动是展现证据材料，即当事人进行举证质证的活动。法庭调查按照下列步骤进行：首先是原告陈述其诉讼请求、事实和理由；其次是被告进行答辩；接着由承担举证责任的一方当事人出示证据，对方当事人就该证据的真实性、关联性、合法性等进行质证；如果不承担举证责任者也提供了证据，也应当进行质证。有第三人参加诉讼的，该第三人的陈述和举证均应在被告陈述、举证之后进行。有证人出庭作证的，法院应告知证人的权利与义务。经过法庭许可，当事人可以向证人、鉴定人、勘验人等其他诉讼参与人发问。总之，与案件有关的证据必须在法庭调查阶段经过充分的质证，才能作为法院认定事实的根据。

3. 法庭辩论

法庭辩论的中心活动是当事人论证自己的主张、反驳对方观点的诉讼行为。法庭辩论是民事诉讼辩论原则最集中、最突出的表现。当事人应当根据案件事实和法律规定,围绕争议的权利义务问题展开辩论。当事人的辩论为法官最后作出裁判打下基础。按照《民事诉讼法》的规定,法庭辩论按照下列顺序进行:首先是原告及其诉讼代理人发言,其次是被告及其诉讼代理人发表辩论意见,再次是第三人及其诉讼代理人发言或答辩。然后由双方当事人互相辩论。

第一轮辩论结束后,审判长应当询问当事人是否还有补充意见。当事人要求继续发言的,应当允许。但要提醒当事人已经说过的意见无须重复,以提高庭审效率。当事人没有补充意见的,审判长即应宣布法庭辩论终结。

法庭辩论终结前,原告增加诉讼请求、被告提出反诉、第三人提出与本案有关的诉讼请求,可以合并审理的,人民法院可以在向当事人释明后合并审理。

法庭辩论终结后,审判长按原告、被告、第三人的先后顺序征询各方最后意见。

法庭调查与法庭辩论是庭审最重要的两个阶段。但在实际运作中,当事人不一定将二者分得很清楚,常常在法庭调查时也一并发表辩论意见。对此,《民诉法解释》第 230 条规定,人民法院根据案件具体情况并征得当事人同意,可以将法庭调查和法庭辩论合并进行。如此是最大限度体现了对当事人辩论权的尊重,也有利于提高庭审效率。

第一审法庭辩论终结也是诉讼程序一个标志性的时间点。当法庭宣布法庭辩论终结时,当事人的诉讼资料(包括陈述、辩论的主张,法律理由,证据材料等)都因此固定下来,成为合议庭评议作出裁判结论的基础。

4. 合议庭评议

法庭辩论结束后,审判长宣布休庭,合议庭全体成员退庭进行评议。合议庭评议中如果发现案件事实尚未查清的,可以决定再次开庭。合议庭评议不公开进行。评议结论实行少数服从多数的原则,根据多数人的意见作出决定。对评议中的不同意见,必须如实记入笔录。评议笔录应由合议庭成员签名。

5. 宣判

宣判是人民法院向当事人宣读判决书的行为。无论是否公开审理的案件,都应该公开宣判。可以当庭宣判,也可以定期宣判。当庭宣判的,应在宣判后 10 日内发送判决书。定期宣判的,另行通知定期宣判的时间和地点,并在宣判后立即发给判决书。宣判的同时,人民法院应向当事人说明上诉权和上诉期限。宣告离婚判决时,还须告知当事人在判决书发生法律效力之前,不得另行结婚。

第五节 撤诉、缺席判决和延期审理

一、撤诉

撤诉是在人民法院受理案件之后,宣告判决之前,原告向法院表示撤回自己起诉请求的诉讼行为。撤诉分为两种:一是明示的撤诉,即申请撤诉。即当事人以口头或书面的方式,明确申请撤回起诉。二是推定的撤诉。即在原告作出某种行为的情况下,推定其撤回起诉,即按撤诉处理。

(一)申请撤诉

申请撤诉虽然是当事人的一项诉讼权利。但是否准予撤诉,则由人民法院审查后作出裁定。一般情况下,申请撤诉必须符合以下条件,才能得到人民法院的批准:

(1)申请的主体只能是原告。在被告提出反诉的情况下,当事人有双重的诉讼地位,本诉的被告同时是反诉中的原告,有权撤回反诉。有独立请求权的第三人由于参加诉讼后处于原告的诉讼地位,也可以提出撤诉申请。

(2)撤诉必须是原告基于自己真实的意思表示。即原告申请撤诉必须出于自愿,任何人不得以任何胁迫的方式迫使原告撤诉,审判人员也不得以任何借口动员原告撤诉。

(3)原告行使撤诉权应符合法律规定。即原告撤诉不得有规避法律的行为,不得有损于国家、集体和他人的利益。

(4)原告的撤诉申请必须在人民法院宣判前提出。即撤诉申请必须在人民法院受理案件后至宣告判决前这段时间内提出。在宣判以后,法院裁判就发生了程序上的效力,当事人和法院都不能随意修改或宣布作废。所以,原告此时欲撤回诉讼已经不可能。

对原告人的撤诉申请,人民法院经过审查,认为符合法律规定的,应当裁定准予撤诉。反之,则应裁定不准撤诉。人民法院准予或者不准撤诉的裁定,可以采用书面形式,也可以采用口头形式。无论是用书面裁定还是用口头裁定,人民法院都应将裁定内容告知当事人并记入笔录。

(二)按撤诉处理

按撤诉处理,是指由于原告的行为出现了法定情形,人民法院依法比照撤诉来处理案件的程序。按《民事诉讼法》和《民诉法解释》的规定,法院对下列情况可以按撤诉处理:

(1)原告经传票传唤,无正当理由拒不到庭,或者未经法庭许可中途退庭的;

(2) 原告应当预交而未预交案件受理费,经人民法院通知后仍不预交,或申请减、缓、免交诉讼费未获人民法院批准而仍不预交的;

(3) 无民事行为能力的原告的法定代理人,经传票传唤无正当理由拒不到庭的;

(4) 有独立请求权的第三人经人民法院传票传唤,无正当理由拒不到庭的,或者未经法庭许可中途退庭的。

撤诉的直接后果是导致本案诉讼程序终结。当事人申请撤诉或者人民法院按撤诉处理后,当事人的实体权利除了诉讼时效自当事人起诉时起中断以外,在程序上视为从未诉讼过。当事人以同一诉讼请求再次起诉的,人民法院应予受理。

二、缺席判决

缺席判决,是指人民法院在一方当事人在庭的情况下开庭审理作出判决的程序。

缺席判决是与对席判决相对而言的。人民法院审理民事案件以对席判决为原则,缺席判决为例外。当事人到庭参加诉讼,是当事人参与权的要求,也是保障当事人充分行使处分权、辩论权的需要。缺席判决不是对缺席一方当事人的惩罚,而是督促当事人及时行使诉讼权利、保证诉讼程序顺利进行的一项制度设计。缺席判决不能以牺牲当事人的诉讼权利为代价,只有在给予当事人充分的程序保障的前提下,才能采取缺席判决。

根据《民事诉讼法》和《民诉法解释》的规定,出现下列情况之一的,可以缺席判决:

(1) 被告经人民法院传票传唤,无正当理由拒不到庭的,或者未经法庭许可中途退庭的。

(2) 被告反诉,原告经人民法院传票传唤,无正当理由拒不到庭的,或者未经法庭许可中途退庭的。

(3) 无民事行为能力的被告的法定代理人,经法院传票传唤,无正当理由拒不到庭的。

(4) 人民法院审查裁定不准撤诉的案件,原告经法院传票传唤,无正当理由拒不到庭的。

(5) 无独立请求权的第三人经法院传票传唤,无正当理由拒不到庭,或未经法庭许可中途退庭的。

在适用缺席判决时,法院不是简单地根据原告的陈述作出裁判,而是仍然要按照法律规定,审查认定证据,在查明案件事实、分清是非的情况下作出判决。

三、延期审理

延期审理,是指在开庭审理过程中出现了特定情形,致使庭审无法继续进行,法院决定推迟开庭审理时间的程序规则。

延期审理不同于开庭审理中的休庭。休庭是庭审活动告一段落时短暂停顿,择时继续进行的行为。民事诉讼法没有就休庭的原因作出限定,通常是庭审中间休息,或者需要等待合议庭评议后当庭宣判,或者由于时间原因本次庭审未能完成,需择时继续进行,或者是由于庭审中临时出现需要立即处理的事项,等等。而延期审理是间隔较长时间不开庭审理的状态,延期审理的事由是法律有明确规定的。《民事诉讼法》第 149 条规定了可以延期审理的情形:

(1) 必须到庭的当事人和其他诉讼参与人有正当理由没有到庭。所谓必须到庭的当事人,是指不到庭就无法查清案情的当事人或诉讼参与人。主要有两种情形:一是负有赡养、抚养、扶养义务和不到庭就无法查明案件事实的被告,二是离婚案件的当事人。

(2) 当事人在开庭过程中临时提出回避申请。在开庭审理时,因当事人临时提出回避申请,法院必须处理并作出决定,被申请回避的人员依法应当暂停参与本案的工作,案件因而只能延期审理。

(3) 需要通知新的证人到庭,调取新的证据,重新鉴定、勘验,或者需要补充调查。出现了这些情况,导致庭审无法继续进行,只能延期审理。

(4) 因其他事由需要延期审理的。

受诉人民法院决定延期审理的,应及时通知当事人和其他诉讼参与人。

第六节 诉讼中止和终结

一、诉讼中止

诉讼中止,是指人民法院在审理案件的过程中,因特定事由而暂时停止诉讼活动的程序规则。

诉讼中止不同于延期审理。前者是诉讼程序的暂时停止,后者是庭审期日的改变和延后。诉讼中止的事由多属于客观原因,无法通过诉讼主体的积极行为消除。诉讼中止的期限相对较长,什么时间恢复诉讼,人民法院难以确定。而延期审理的原因可以通过法院和当事人的积极行为加以解决。因此延期审理期间诉讼活动并未停止。而且一般推延的时间较短,人民法院在决定延期审理时通常会确定下次开庭审理的时间。

《民事诉讼法》第 153 条规定了应当中止诉讼的几种情形:

(1) 一方当事人死亡,需要等待继承人表明是否参加诉讼的。当事人既是民事权利义务的主体,也是民事诉讼法律关系的主体。当事人死亡后,由于诉讼缺少了相对应的一方主体,只能中止。中止诉讼后,如果已死亡的一方当事人的继承人表示接受遗产的,可以承继当事人的诉讼权利义务参加诉讼,人民法院可以恢复诉讼。

(2) 一方当事人丧失诉讼行为能力,尚未确定法定代理人的。依照民事诉讼法的规定,无诉讼行为能力人应当由他的监护人作为法定代理人代为诉讼。在确定法定代理人之前,只能暂时中止诉讼。

(3) 作为一方当事人的法人或者其他组织终止,尚未确定权利义务承受人的。即法人或者其他组织依法解散、被宣告破产或者被撤销、合并等情形。在权利义务承受人确定前,诉讼应当暂时停止,等待承继人参加诉讼。

(4) 一方当事人因不可抗拒的事由,不能参加诉讼的。所谓不可抗拒的事由,指自然灾害和非人的能力所能解决的事件。如火灾、水灾或者地震等原因,使当事人不能参加诉讼,应中止诉讼。

(5) 本案必须以另一案的审理结果为依据,而另一案尚未审结的。这种情况是指另一案件的裁判结论对本案有预决性,而只能中止本案的诉讼程序,等待该案裁判结果。

(6) 其他应当中止诉讼的情况。

中止诉讼应由人民法院作出裁定,并送达或者通知当事人及其他诉讼参与人。此项裁定不准许上诉,亦不得申请复议。裁定中止诉讼后,人民法院和当事人在中止诉讼期间应停止与案件有关的诉讼活动,但需要依法采取的保全措施除外。当中止诉讼的障碍消除后,当事人可以申请或者人民法院依职权恢复诉讼程序,但不必撤销原裁定。从人民法院通知或准许当事人双方继续进行诉讼时起,中止诉讼的裁定即失去效力。诉讼程序恢复后,原来已经进行的一切诉讼活动依然有效,非有必要,不得重启已经经过的程序。

二、诉讼终结

诉讼终结,是指在诉讼进行中,因发生法定的原因,使诉讼无法继续或者继续进行已无必要,从而结束诉讼的程序规则。

诉讼终结和诉讼中止,虽然都是停止诉讼活动,但两者有根本不同。前者是永远停止,不再恢复诉讼程序。后者则是暂时停止,待障碍消除后,即恢复诉讼,人民法院将对案件继续审理,直至作出判决。

根据《民事诉讼法》第 154 条的规定,下列情况下人民法院应裁定终结诉讼程序:

(1) 原告死亡,没有继承人,或者继承人放弃诉讼权利的。民事诉讼实行

“不告不理”的原则,诉讼因原告起诉而提起。原告在诉讼中死亡的,如果原告没有继承人或继承人放弃诉讼权利,那么,在程序上继续诉讼已缺少相对一方当事人,在实体上司法保护已失去保护对象。因此,必须终结诉讼。

(2)被告死亡,没有遗产,也没有应当承担义务的人的。因为继续进行诉讼,不单在程序上缺少相对一方,更为重要的是在实体上已失去了承担义务的主体,故继续诉讼已不可能。

(3)离婚案件一方当事人死亡的。离婚案件是一种身份关系案件,目的在于确定人身关系。由于离婚诉讼一方当事人死亡,婚姻关系自行消灭,继续进行诉讼已经没有意义。

(4)追索赡养费、扶养费、抚养费以及解除收养关系案件的一方当事人死亡的。这类案件与离婚案件一样,同属于身份关系案件。当事人死亡后,由于双方的身份关系自然解除,因身份关系产生的权利义务不复存在,诉讼失去继续进行的意义。

诉讼终结的裁定一经作出,即发生法律效力。当事人既不得提起上诉,也不能申请复议。

第七节 审理笔录与审理期限

一、审理笔录

审理笔录,是在诉讼过程中,人民法院对审理活动所作的记录。

审理笔录是一种重要的诉讼文书。通过笔录,诉讼过程得以以文字的形式固定下来,使法院的审判行为有记录可供查询。特别是庭审笔录,可以作为法院作出裁判的重要依据。笔录还成为二审、再审法院审查第一审程序是否合法的原始凭据。

审理笔录由书记员制作。笔录的制作应当客观、全面,真实反映诉讼程序的全过程。每个阶段某个诉讼活动结束,书记员应当将笔录交由诉讼行为人阅读、签名,法官和书记员也要签名。当事人、证人等对自己所作陈述的笔录有权阅读,认为笔录有误的,有权申请补正。当事人等无正当理由拒绝在笔录上签字的,书记员应当记明附卷。

二、审理期限

审理期限,简称审限,是指人民法院审理民事案件的法定期限。《民事诉讼法》第152条规定,人民法院适用普通程序审理的案件,应当在立案之日起6个月内审结。有特殊情况需要延长的,由本院院长批准,可以延长6个月;还需要延长的，报请上级人民法院院长批准。

审限的计算从人民法院立案之日起至裁判宣告、调解书送达之日止。审限的计算应扣除公告期间，鉴定期间，审理当事人提出的回避申请、管辖权异议期间以及处理人民法院之间管辖争议的期间，诉讼中止期间等，但延期审理的期间应当计算在内。

第八节　民事判决、裁定与决定

法院行使裁判权对不同事项采取的方式是不同的。根据《民事诉讼法》的规定，法院对事实与法律问题用判决的方式作出裁判，对程序事项的判断应作出裁定，对特别事项用决定方式进行处理。

一、民事判决

人民法院对当事人争议的案件事实和民事权利义务争议作出的权威性判定，称为判决。

（一）判决书

民事判决由人民法院审判组织依法作出。民事判决必须采用书面形式作出，称为判决书。判决书是人民法院对案件行使审判权的重要表现，因而也是诉讼中的重要法律文书。判决书由首部、正文和尾部组成。首部是人民法院名称、案号和当事人自然情况、案由、案件受理与审理过程等。案由是案件内容和性质的概括，应简明确定"离婚""继承""债务""赡养"等案件性质。正文是法院对案件进行审理和作出判决结论的主体部分。根据《民事诉讼法》第155条的规定，判决书的正文内容包括：(1) 当事人诉讼请求、争议的事实和理由。(2) 判决认定的事实和理由、适用的法律和理由。(3) 判决结果和诉讼费用的负担。(4) 上诉期间和上诉的法院。在判决书的尾部，由审判人员、书记员署名，加盖人民法院印章。

（二）先行判决

先行判决，又称部分判决，是相对于全部判决而言的，是人民法院对已经审理清楚的部分事实和部分请求作出的判决。《民事诉讼法》第156条规定："人民法院审理案件，其中一部分事实已经清楚，可以就该部分先行判决。"

一般情况下，人民法院审判民事案件，无论原告有多少个诉讼请求，都是在全部案情查清之后一并作出判决。民事诉讼法设置先行判决制度的意图主要有两点：一是尽快确定当事人的权利义务关系，解决一部分争议，有助于当事人的实体权利获得及时救济，也可以避免因为诉讼周期长而扩大损害、激化矛盾。二是为诉讼程序提速，控制司法成本。先行判决主要适用于那些案情比较复杂，难以在短期内查清全部事实的情形。法院就已经查清的部分事实先行判决,先理清一部分法律关系,有助于当事人在后续诉讼程序中聚焦余部争议,增强庭审调查和法庭辩论的有效性,提高诉讼效率。对涉及赔偿请求的案件就已查清的基础法律关系事实先行判决,可以避免对赔偿数额问题的审判陷入无意义状态而浪费司法资源。

法院在判断是否需要作出先行判决时,综合考虑以下条件:(1) 当事人的诉讼请求中部分请求所指向的事实已经查明,人民法院认为可以作出判断。(2) 该部分请求是在诉讼请求中相对独立的部分,或者是合并审理的几个诉中的一个诉求。比如被告提出反诉的,法院可以先就本诉先行判决。(3) 先行判决的结果不涉及未查清的那部分案件事实,不影响其后判决的实体权利。

先行判决毕竟是在诉讼程序尚未进行完毕时的一种中间措施,属于全部判决的有机组成部分,因此必须慎重适用,控制在必要的限度内。比如,民事诉讼法规定了民事案件的审理期限。但是有的案件当事人提出的诉讼请求及事实有多重性、复杂性,一些事实的认定证据比较充分,可以及时作出判断;而另一些事实可能需要通过鉴定、审计、评估等方法来进行查明,可能导致案件审理周期拖得太长。当事人出于及时保护民事利益的需要,对先行确认侵权、合同效力等法律关系比较急切,就有必要先行判决。比如在知识产权诉讼中,原告请求确认被告的行为构成侵权,要求停止侵害、赔偿损失。其中构成侵犯知识产权的行为证据比较确凿,法院已经形成心证,而赔偿数额的计算可能比较复杂。原告也请求法院就侵权问题先行作出判决,以便制止对方继续实施侵权行为,避免损失的进一步扩大。对这类案件法院可根据情况,对已经查清的部分事实先行判决。类似的还有建筑工程施工合同纠纷,等等。但并非所有可能超出审限的案件都需要先行判决。

先行判决与将要作出的后部判决一起构成完整的判决,因此具有判决的效力。民事诉讼法没有明确规定当事人是否有权对先行判决上诉。最高人民法院指导性案例第 115 号"瓦莱奥清洗系统公司诉厦门卢卡斯汽车配件有限公司等侵害发明专利权纠纷案"中,瓦莱奥公司请求判令卢卡斯公司、富可公司和陈少强停止侵权,赔偿损失及合理开支暂计 600 万元,并请求法院先行判决被告立即停止侵害涉案专利权的行为。上海知识产权法院于 2019 年 1 月 22 日作出先行判决,判令卢卡斯公司、富可公司于判决生效之日起立即停止侵害。两被告不服上述判决,向最高人民法院提起上诉。最高人民法院于 2019 年 3 月 27 日公开开庭审理本案,判决驳回上诉,维持原判。法院默认当事人对先行判决提起上诉的权利,也有等待二审判决结论、避免后续判决与先行判决矛盾或陷于无意义状态等考虑。

二、民事裁定

民事裁定是人民法院在审理民事案件时,对程序问题所作的审判职务上的判定。

(一) 裁定适用的范围

根据《民事诉讼法》第 157 条的规定,裁定适用于下列范围:(1) 不予受理;(2) 对管辖权有异议的;(3) 驳回起诉;(4) 保全和先予执行;(5) 准许或者不准许撤诉;(6) 中止或者终结诉讼;(7) 补正判决书中的笔误;(8) 中止或者终结执行;(9) 撤销或者不予执行仲裁裁决;(10) 不予执行公证机关赋予强制执行效力的债权文书;(11) 其他需要裁定解决的事项。适用裁定解决的事项一般不涉及实体权利义务,但影响程序能否启动和继续进行的问题。比如判决书笔误,即判决书内容中出现错写、误算,正本与原本个别地方不符;判决书的文字表述明显与法院判决原意不相符合,或用语不当,导致当事人在判决的理解上出现偏差等情况,或者数字、小数点出错等,这些错误不涉及实体判断问题,都属于程序问题。人民法院应当依当事人申请或依职权用裁定形式予以补正,并将裁定书附在原判决书原本和正本后面。再比如诉讼保全和先予执行虽然涉及对当事人财产权利的限制或民事义务履行,但诉讼保全和先行给付裁定不是对权利义务关系的最后决定,故仍属诉讼程序的范畴。其他需要用裁定方式处理的程序事项还有很多,比如管辖权问题的处理、追加或更换当事人、简易程序转为普通程序、对调解协议作出司法确认、采取强制执行措施、执行异议的处理,等等。

(二) 裁定的形式与内容

民事裁定一般以书面形式作出,称为裁定书。裁定书应具备事实、理由和主文三部分。这是裁定的基本内容。此外,裁定书的首部应有人民法院的全称,裁定书的标题、编号,以及当事人的基本情况。裁定书的尾部一般由审判员、书记员署名。按照审判监督程序决定再审的裁定,由院长署名。如果法律规定可以上诉的裁定,在裁定书尾部应当记明上诉期间及上诉审法院。如果是不得上诉的裁定,应记明“本裁定不得上诉”。如果是终审裁定,应记明“本裁定为终审裁定”。裁定书的正本应由书记员签名证明正本与原本相同。裁定书应加盖人民法院印章。

裁定也可以采取口头形式,口头裁定必须由书记员记入笔录。

(三) 裁定的效力

民事裁定具有法律上的拘束力,当事人、诉讼参与人、审判人员应按裁定的内容为一定行为或不为一定行为。比如裁定中止诉讼,诉讼程序就处于暂时停止状态,当事人和审判人员都不会开展诉讼活动。部分裁定具有执行内容,人民法院有权依权利人的申请或依职权强制执行,如保全和先予执行的裁定。由于裁定是人民法院用于指挥诉讼的手段,解决程序性问题,作用于诉讼过程,因此,裁定的拘束力通常只及于当事人、诉讼参与人和审判人员,对案外人不具有拘束力。但是,有时裁定的执行涉及其他单位和个人的协助,比如财产保全的裁定,需要银行协助冻结当事人的存款,有关单位和个人应当协助执行。裁定也可以根据一定情况撤销,如诉前保全的裁定,在人民法院作出裁定后,当事人没有在法定期间提起诉讼的,人民法院应当予以撤销。当事人对于多数裁定没有上诉权,只有对不予受理、管辖权异议的和驳回起诉的裁定可以上诉。上诉期为 10 日。对于保全、先予执行的裁定不服的,当事人可以向作出裁定的法院申请复议一次。

三、民事决定

民事决定是人民法院对特定事项作出的职务判定。

(一) 决定的适用范围

决定适用于以下几个方面:(1) 处理有关审判组织的事项。比如采用合议制抑或独任制的组织形式,是否采用陪审制,审判人员的回避,等等。(2) 指挥和保障程序顺利进行需要处理的事项。如适用简易程序,确定开庭期日、举证时限,召开庭前会议,组织证据交换,对妨害民事诉讼行为采取强制措施,等等。(3) 解决诉的合法性方面的问题。如审查起诉后立案,当事人主体适格问题,追加当事人,诉的合并,等等。(4) 审判委员会讨论决定的事项,如对疑难复杂案件的审理意见,审查再审申请是否符合法律规定的再审事由的意见,等等。

(二) 决定的形式与内容

民事决定可以采取书面形式,也可以采取口头形式。人民法院用书面形式作出决定的,应制作民事决定书。民事决定书除应记明事实、理由和决定内容外,还应在开头部分写明作出决定的人民法院全称、决定书编号、案由、当事人或被决定人的基本情况,在结尾部分由作出决定的组织、人员署名,载明是否准许申请复议,作出决定的年、月、日,并加盖人民法院印章。民事决定除法律明确规定必须用书面方式的以外,人民法院可以用口头形式作出决定。口头决定由书记员记入笔录。

(三) 决定的效力

人民法院对特定事项作出决定,通常是为了及时解决问题。因此,民事决定一经作出,立即发生法律效力。根据我国《民事诉讼法》的规定,有些决定可以申请复议。如驳回申请回避的决定,对妨害民事诉讼行为人采取罚款、拘留措施的决定,都可以申请复议一次,但复议期间并不影响其效力,无论复议的结果如何,人民法院都应继续审理案件,执行决定的内容。

通常认为,民事决定适用的事项具有两个特点:一是被判定的事项具有急需解决的紧急性，如不及时解决，民事诉讼就难以进行。如关于审判人员是否回避的决定，直接关系到审判组织的合法性问题，如不迅速解决，就无法审理案件。二是被判定的事项一般不属于诉讼程序本身的问题，但与诉讼程序有联系。如妨害民事诉讼的行为，属于诉讼中的特定事项，本身不是诉讼程序的组成部分，但是如不及时采取强制措施，诉讼程序就难以继续顺利进行。因此，决定是法院行使诉讼指挥权必不可少的方式，而且在促进诉讼高效推进方面发挥着积极作用。

拓展阅读

1. 汤维建：《论构建我国民事诉讼中的自足性审前程序——审前程序和庭审程序并立的改革观》，载《政法论坛》2004 年第 4 期。

2. 张卫平：《起诉条件与实体判决要件》，载《法学研究》2004 年第 6 期。

3. 齐树洁：《论我国民事审前程序之构建》，载《法治研究》2010 年第 2 期。

4. 毕玉谦：《对我国民事诉讼审前程序与审理程序对接的功能性反思与建构——从比较法的视野看我国〈民事诉讼法〉的修改》，载《比较法研究》2012 年第 5 期。

5. 曹志勋：《论普通程序中的答辩失权》，载《中外法学》2014 年第 2 期。

6. 汤维建：《民事庭审程序优质化改革的理论与实践》，载《贵州民族大学学报（哲学社会科学版）》2016 年第 3 期。

7. 段文波：《庭审中心视域下的民事审前准备程序研究》，载《中国法学》2017 年第 6 期。

8. 林剑锋：《我国民事撤诉制度的结构性重置》，载《法律科学》2018 年第 3 期。

9. 段文波：《论民事诉讼被告之“明确”》，载《比较法研究》2020 年第 5 期。

10. 刘鹏飞：《电子诉讼庭审中心主义的程序实现——以借鉴和反思淘宝 ODR 经验为视角》，载《社会科学》2021 年第 3 期。

第二十一章　简易程序与小额诉讼程序

本章目次

第一节　简易程序概述

一、简易程序的概念和意义

（一）简易程序的概念

简易程序是指基层人民法院和它派出的法庭审理事实清楚、权利义务关系明确、争议不大的简单的民事案件适用的程序。在立法上，设立简易程序是以案件与审判程序的适应性为依据的。案件有简单与复杂之分，因而审判程序也有简易程序与普通程序之别。在内容上，简易程序是普通程序的简化，但并不是普通程序的附属性程序和分支程序,也不是普通程序的辅助性程序,简易程序有自己的特定适用范围和诉讼方式。简易程序是与普通程序并存的独立的第一审程序。其独立性还表现在:适用简易程序可以完整地审结民事案件;无论是以调解的方式结案,还是以判决的方式结案,均与适用普通程序审结的案件具有相同的法律效力;当事人对适用简易程序的一审案件的判决不服的,同样可以在法定期限内向上一级人民法院提起上诉。同时,简易程序与普通程序又有一定的联系,普通程序是简易程序的基础。在适用简易程序审理案件时,首先适用简易程序的规定,简易程序没有规定的,要适用普通程序的有关规定。

2003 年 9 月,针对适用简易程序中遇到的一些新问题,最高人民法院颁布了《关于适用简易程序审理民事案件的若干规定》(以下简称《简易程序规定》),该规定对简易程序适用范围、调解前置、一次开庭、当庭宣判、裁判文书简化、调解协议签字生效等作出了规定。该规定于 2020 年被修正。

我国 2012 年修订的《民事诉讼法》对简易程序作了以下三个方面的修改与完善:一是增加了适用简易程序的方式,规定双方当事人可以选择适用简易程序;二是增加规定简易程序可以用简便方式送达诉讼文书、审理案件,并规定适用简易程序应当保障当事人陈述意见的权利;三是增加了小额诉讼程序的规定。2021 年《民事诉讼法》修改,进一步完善了简易程序和小额诉讼程序的有关规定。

(二) 简易程序的意义

普通程序高度重视给予当事人双方充分的程序保障,适合于案情相对复杂或疑难、牵涉重大利害关系、双方当事人观点尖锐对立的争议案件。简易程序则采用更加简约且更具弹性的审理方法,用来处理解决日常生活中大量发生的简单纠纷。[①] 简易程序具有以下三个方面的意义:

(1) 有利于实现两便原则。随着社会的发展和公民、法人与其他组织的权利意识的增强,各类民事纠纷不断大幅度增加,民事案件呈现出逐年递增的态势,种类繁多,审理的难易程度不同,如果完全按照普通程序审理,不利于及时解决纠纷和保护当事人利益。由于简易程序手续简便、方式灵活,从而便利当事人进行诉讼和人民法院审理案件。

(2) 有利于迅速及时地解决民事纠纷。简易程序是国家专门为解决简单民事案件而设立的一种独立的诉讼程序,它以诉讼成本较低、审理周期较短、诉讼方式简便、适用范围较广等特点,成为化解社会矛盾、解决民事纠纷的重要方式。

(3) 有利于司法资源的合理配置。简单的民事案件适用简易程序审理,不

---

① 王亚新、陈杭平、刘君博:《中国民事诉讼法重点讲义》(第二版),高等教育出版社 2021 年版,第 303 页。

仅可以快捷、经济、方便地审结案件,而且使法院由此而节省的司法资源能够投入到以普通程序审理的重大、复杂的民事案件,从而实现司法资源的优化配置,提高法院的整体审判效率,维护社会的整体正义。

二、民事诉讼程序繁简分流

对民事案件和诉讼程序进行繁简分流,其目的在于以合乎理性的规范缓解司法资源与司法需求的剧烈冲突,从而使不同案件获得不同的程序保障,并使普通程序的正当化具有现实可能性。繁简分流的理念基础包括以下三个方面:一是诉讼成本与诉讼收益相适应。二是保障当事人诉诸司法的权利。三是保护债权和维护以诚信为基础的交易秩序。[①] 繁简分流有利于满足人民群众多元司法需求、缓解法院"案多人少"矛盾、促进法律规范体系的完备和积极提升国家治理能力。[②] 简易程序和小额诉讼程序的适用并非只是为了提高司法效率,它还有一个更为重要的目标是,实现司法大众化,使当事人便于接近司法,获得简便快捷的司法救济。

2019 年 12 月 28 日,第十三届全国人大常委会第十五次会议作出《关于授权最高人民法院在部分地区开展民事诉讼程序繁简分流改革试点工作的决定》,授权在全国 15 个省(区、市)的 20 个城市开展试点工作。2020 年 1 月 15 日,最高人民法院印发《民事诉讼程序繁简分流改革试点方案》和《民事诉讼程序繁简分流改革试点实施办法》,试点工作正式启动。试点工作取得了以下阶段性成效:一是合理拓宽司法确认程序适用范围,群众化解纠纷更加多元便捷高效。二是加大小额诉讼程序适用力度,快速便捷终局解纷优势逐步显现。健全完善独立于简易程序的小额诉讼程序规则,通过降低适用门槛、探索合意适用模式、有序简化审理方式和裁判文书,充分发挥小额诉讼程序高效、便捷、低成本、一次性解纷的制度优势。三是完善简易程序适用规则,繁简分流的程序运行机制基本形成。合理扩大简易程序适用范围,明确庭审程序和裁判文书简化方式,强化简易程序审限要求,真正发挥简易程序"简、快、灵"的制度优势,与小额诉讼程序、普通程序形成合理区分、有效衔接。四是有序扩大独任审判适用范围,审判资源配置更加科学精准。明确基层人民法院独任法官可以适用普通程序审理特定情形案件,探索对简单二审案件适用独任制审理,实现审判组织与案件类型、审理程序的灵活精准匹配。五是加强和规范在线诉讼,线上线下并行的诉讼模式初步形成。及时回应互联网时代群众司法需求,明确在线诉讼活动法律效力,完善电子化材料提交、在线庭审、电子送达等在线诉讼规则。六是充分保护

① 傅郁林:《繁简分流与程序保障》,载《法学研究》2003 年第 1 期。

② 邵新:《司法体制改革背景下繁简分流的法理论证》,载《法治现代化研究》2018 年第 4 期。

当事人诉讼权利，切实维护群众合法权益。充分尊重当事人程序选择权、利益处分权和诉讼知情权，做到"简化程序不减权利，提高效率不降标准"。[①]

从性质上看，2021年修改《民事诉讼法》是第十三届全国人大常委会第十五次会议授权最高人民法院组织开展为期两年的民事诉讼程序繁简分流改革试点工作后作出的一次专项修改。修改内容聚焦优化司法确认程序、完善简易程序及小额诉讼程序、扩大独任制适用范围、完善在线诉讼及送达规则等，着力从制度层面优化诉讼程序规则，促进司法资源合理配置，强化信息技术应用支撑，构建"繁简分流、轻重分离、快慢分道"的民事诉讼程序体系。[②] 2020年试点的民事诉讼繁简分流改革对简易程序调整幅度不大、改革成效不太明显，相应地，2021年《民事诉讼法》对其修改条款较少。这或许反映出民事简易程序规则完备、符合实际需求，无须再行改革。[③]

三、简易程序的适用范围

（一）适用简易程序的案件范围

我国《民事诉讼法》对适用简易程序的案件范围规定了一个统一的标准，即"事实清楚、权利义务关系明确、争议不大的简单的民事案件"。为了使这一标准进一步明晰化，《民诉法解释》第256条作出解释："事实清楚"，是指当事人对争议的事实陈述基本一致，并能提供相应的证据，无须人民法院调查收集证据即可查明事实；"权利义务关系明确"，是指能明确区分谁是责任的承担者，谁是权利的享有者；"争议不大"，是指当事人对案件的是非、责任承担以及诉讼标的争执无原则分歧。

为了防止不适当地扩大简易程序的适用范围，《民诉法解释》第257条明确将以下七种情形排除出简易程序的适用范围：(1) 起诉时被告下落不明的。理由是无法知道当事人双方对争议的事实陈述基本一致和对案件的是非、责任以及诉讼标的无原则分歧。(2) 发回重审的。简易程序实行独任制审判，而发回重审的案件往往在事实认定或者诉讼程序方面存在错误，为保证案件的审判质量，不能再适用简易程序审理。(3) 当事人一方人数众多的。这类案件直接涉及众多当事人的利益，社会影响大，不宜适用程序较为简化的简易程序进行审理。(4) 适用审判监督程序的。应当适用审判监督程序的民事案件，其生效裁判确有错误或者生效调解协议违反自愿原则或内容违法，从保障当事人合法权

---

① 周强：《最高人民法院关于民事诉讼程序繁简分流改革试点情况的中期报告》，载《人民法院报》2021年3月1日第001版。

② 最高人民法院民事诉讼法修改起草小组编著：《民事诉讼法修改条文对照与适用要点》，法律出版社2022年版，第1页。

③ 左卫民、靳栋：《民事简易程序改革实证研究》，载《中国法律评论》2022年第2期。

益和保证案件公正审判的角度,不得再适用简易程序进行审理。(5) 涉及国家利益、社会公共利益的。涉及国家利益、社会公共利益的案件已不属于简单的民事案件范畴,不能适用简易程序进行审理。(6) 第三人起诉请求改变或者撤销生效判决、裁定、调解书的。第三人撤销之诉案件涉及原生效判决、裁定、调解书的稳定性,人民法院在审理时应持审慎态度,不宜由法官通过简单程序独任审理。(7) 其他不宜适用简易程序进行审理的。这是一个弹性条款,一般是指新类型案件,疑难、复杂的案件以及在本地区有重大影响的案件。①

(二) 适用简易程序的法院范围

根据《民事诉讼法》第 160 条的规定,只有基层人民法院及其派出法庭可以适用简易程序。派出法庭既包括固定设立的人民法庭,也包括巡回审理就地办案而临时性派出的法庭。最高人民法院《关于人民法庭若干问题的规定》第 4 条规定:“人民法庭是基层人民法院的派出机构和组成部分,在基层人民法院的领导下进行工作。人民法庭作出的裁判,就是基层人民法院的裁判。”中级以上的人民法院均不得适用简易程序审理案件。

(三) 适用简易程序的审级范围

简易程序是第一审程序的一种,人民法院只有在审理第一审民事案件时,才能适用简易程序。依照第二审程序审理的上诉案件,以及依照再审程序审理的案件,是需要给予充分程序保障和慎重处理的案件,因而不能适用简易程序。

四、程序选择权和程序转换

(一) 当事人的程序选择权

《民事诉讼法》第 160 条第 2 款规定:“基层人民法院和它派出的法庭审理前款规定以外的民事案件,当事人双方也可以约定适用简易程序。”它有以下几层含义:(1) 当事人的程序选择权只适用于基层人民法院和它派出的法庭审理的民事案件,中级以上人民法院审理的民事案件不适用当事人的程序选择权。(2) 当事人行使程序选择权适用简易程序以当事人双方共同约定为前提。仅原告或者被告一方选择适用简易程序的,不能适用简易程序。(3) 当事人的程序选择权,限于对依据民事诉讼法的规定适用普通程序的民事案件,当事人可经权衡利弊,约定适用简易程序,而不能对依据规定适用简易程序的民事案件约定选择适用普通程序。(4) 一旦当事人双方约定适用简易程序,人民法院应当适用简易程序。②

---

① 参见最高人民法院修改后民事诉讼法贯彻实施工作领导小组编著:《最高人民法院民事诉讼法司法解释理解与适用》(上),人民法院出版社 2015 年版,第 664 页。

② 王胜明主编:《中华人民共和国民事诉讼法释义:最新修正版》,法律出版社 2012 年版,第 384 页。

当事人双方约定适用简易程序的,应当在开庭前提出。口头提出的,记入笔录,由双方当事人签名或者捺印确认。

将程序选择权引入简易程序,既符合当事人意思自治原则和处分原则的要求,又能够提高诉讼效率和节省国家的司法资源。程序选择权的理论基础是诉讼契约。诉讼契约是大陆法系民事诉讼法学者提出的概念,是指当事人之间以直接或间接发生诉讼法上的效果为目的的合意。因此,当事人合意选择适用简易程序而引起的程序转换,符合民事诉讼法理。

(二) 程序转换

人民法院将原本应当适用普通程序审理的案件适用简易程序审理,可能会削弱对当事人的程序权利的保障,因此《简易程序规定》赋予了当事人的异议权,其第 3 条规定了简易程序的程序转换,可以从简易程序转为普通程序。从简易程序转为普通程序的形式要件有两种情况,一是当事人提出异议,二是人民法院依职权进行转换。在司法实践中,如何判断当事人的异议能否成立以及法院依职权转换程序的正当性,应当根据案件的类型和具体情况进行认定。根据《民诉法解释》第 269 条的规定,当事人一方或者双方就适用简易程序提出异议后,人民法院应当进行审查,并按下列情形分别处理:(1) 异议成立的,裁定将案件转入普通程序,并将合议庭的组成人员及相关事项以书面形式通知双方当事人;(2) 异议不成立的,口头告知双方当事人,并记入笔录。转为普通程序前,双方当事人已确认的事实,可以不再进行举证、质证。转入普通程序审理的民事案件的审理期限自人民法院立案的次日起开始计算。《简易程序规定》第 26 条规定:"审判人员在审理过程中发现案情复杂需要转为普通程序的,应当在审限届满前及时作出决定,并书面通知当事人。"

第二节　简易程序的特别规定

一、简易程序的特点

简易程序的特点,是指简易程序与普通程序相比较所具有的特点。正是这些特点表明了简易程序的简便性,使简易程序区别于普通程序。

(一) 起诉与答辩方式简便

《民事诉讼法》第 161 条第 1 款规定:对简单的民事案件,原告可以口头起诉。口头起诉作为当事人行使诉权的一种例外方式,应当具备一定的条件。原告本人不能书写起诉状,委托他人代写起诉状确有困难的,可以口头起诉。《民诉法解释》第 265 条规定:"原告口头起诉的,人民法院应当将当事人的姓名、性别、工作单位、住所、联系方式等基本信息,诉讼请求,事实及理由等准确记入笔录，由原告核对无误后签名或者捺印。对当事人提交的证据材料，应当出具收据。”

答辩是被告针对原告诉讼请求以及所主张的事实、理由所作出的一种答复和辩驳。在简易程序中，被告有权选择答辩的方式。双方当事人到庭后，被告同意口头答辩的，人民法院可以当即开庭审理；被告要求书面答辩的，人民法院应当将提交答辩状的期限和开庭的具体日期告知各方当事人，并向当事人说明逾期举证以及拒不到庭的法律后果，由各方当事人在笔录和开庭传票的送达回证上签名或者捺印。

（二）受理案件的程序简化

适用简易程序受理案件的程序简便，当事人双方可以同时到基层人民法院或者它派出的法庭，请求解决纠纷。基层人民法院或者它派出的法庭可以当即审理，也可以另定日期审理。当即审理是指可以将起诉、审查起诉、受理和审理案件一并进行。

（三）审理前的准备方式简化

《民诉法解释》第 267 条规定：“适用简易程序审理案件，可以简便方式进行审理前准备。”

适用简易程序审理的民事案件，具有数额较小、主体广泛、类型多样等特征。《民诉法解释》第 266 条规定：适用简易程序案件的举证期限由人民法院确定，也可以由当事人协商一致并经人民法院准许，但不得超过 15 日。被告要求书面答辩的，人民法院可在征得其同意的基础上，合理确定答辩期间。人民法院应当将举证期限和开庭日期告知双方当事人，并向当事人说明逾期举证以及拒不到庭的法律后果，由双方当事人在笔录和开庭传票的送达回证上签名或者捺印。当事人双方均表示不需要举证期限、答辩期间的，人民法院可以立即开庭审理或者确定开庭日期。

（四）审判组织采用独任制

根据我国《民事诉讼法》第 163 条的规定，按照简易程序审理的简单的民事案件，由审判员一人独任审理，书记员担任记录。但是，不能由审判员一人自审自记。并且审判人员可以根据案件的具体情况，灵活掌握案件审理的进程，不受我国《民事诉讼法》第 139 条“开庭三日前通知当事人和其他诉讼参与人”、第 141 条“法庭调查顺序”、第 144 条“法庭辩论顺序”的限制。

（五）传唤方式灵活

传唤是指人民法院以法定方式命令当事人和证人到庭的一种通知方式，它是人民法院行使司法审判权的重要内容之一。基层人民法院和它派出的法庭审理简单的民事案件，可以用简便方式随时传唤当事人、证人。原告起诉后，人民法院可以采取捎口信、电话、传真、电子邮件等简便方式随时传唤双方当事人、证人。但是以捎口信、电话、传真、电子邮件等形式发送的开庭通知,未经当事人确认或者没有其他证据足以证明当事人已经收到的,人民法院不得将其作为按撤诉处理和缺席裁判的根据。

（六）裁判文书的简化

裁判文书是记载人民法院审理过程和裁判结果的法律文书,是当事人享有权利和负担义务的凭证。根据《民诉法解释》第 270 条的规定,适用简易程序审理的案件,有下列情形之一的,人民法院在制作判决书、裁定书、调解书时,对认定事实或者判决理由部分可以适当简化:当事人达成调解协议并需要制作民事调解书的;一方当事人明确表示承认对方全部或者部分诉讼请求的;涉及商业秘密、个人隐私的案件,当事人一方要求简化裁判文书中的相关内容,人民法院认为理由正当的;当事人双方同意简化的。

（七）审理期限较短

《民事诉讼法》第 164 条规定:“人民法院适用简易程序审理案件,应当在立案之日起三个月内审结。有特殊情况需要延长的,经本院院长批准,可以延长一个月。”审理期限简称审限,是指法律规定的人民法院审理案件必须遵守的期限。2021 年修改后的《民事诉讼法》增加了简易程序案件延长审限的规定,明确了延长审限的事由为案件审理过程中“有特殊情况”,延长审限的程序须经本院院长批准,延长审限的期限为 1 个月。对简易程序审限的修改,与普通程序的审限规定形成有序衔接和梯次化配置,有利于进一步发挥简易程序快速高效解决纠纷的作用。[①]《民诉法解释》第 258 条第 1 款规定:“适用简易程序审理的案件,审理期限到期后,双方当事人同意继续适用简易程序的,由本院院长批准,可以延长审理期限。延长后的审理期限累计不得超过 6 个月。”

二、简易程序中的送达

《民诉法解释》第 140 条规定:“适用简易程序的案件,不适用公告送达。”《简易程序规定》第 5 条至第 11 条对诉讼文书的送达作了专门规定:

(1) 送达地址的申报和确认。当事人应当在起诉或者答辩时向人民法院提供自己准确的送达地址、收件人、电话号码等其他联系方式,并签名或者捺印确认。送达地址应当写明受送达人住所地的邮政编码和详细地址;受送达人是有固定职业的自然人的,其从业的场所可以视为送达地址。

(2) 无法通知被告应诉时的处理。人民法院按照原告提供的被告的送达地址或者其他联系方式无法通知被告应诉的,应当按以下情况分别处理:其一,原

① 最高人民法院民事诉讼法修改起草小组编著:《民事诉讼法修改条文对照与适用要点》,法律出版社 2022 年版,第 58 页。

告提供了被告准确的送达地址,但人民法院无法向被告直接送达或者留置送达应诉通知书的,应当将案件转入普通程序审理;其二,原告不能提供被告准确的送达地址,人民法院经查证后仍不能确定被告送达地址的,可以被告不明确为由裁定驳回原告起诉。

(3)被告拒绝提供送达地址的处理。被告到庭后拒绝提供自己的送达地址和联系方式的,人民法院应当告知其拒不提供送达地址的后果,即不能阻止诉讼的进行和不能逃避应当承担的法律责任,如果经人民法院告知后被告仍然拒不提供的,法院将采取两种方法推定其送达地址:其一,被告是自然人的,以其户籍登记中的住所地或者经常居住地为送达地址;其二,被告是法人或者其他组织的,应当以其工商登记或者其他依法登记、备案中的住所地为送达地址。人民法院应当将上述告知的内容记入笔录。

(4)诉讼文书未能被当事人实际接收时的处理。因当事人自己提供的送达地址不准确、送达地址变更未及时告知人民法院,或者当事人拒不提供自己的送达地址而导致诉讼文书未能被当事人实际接收的,按下列方式处理:其一,邮寄送达的,以邮件回执上注明的退回之日视为送达之日;其二,直接送达的,送达人当场在送达回证上记明情况之日视为送达之日。上述内容,人民法院应当在原告起诉和被告答辩时以书面或者口头方式告知当事人。

(5)拒绝签收诉讼文书时的处理。受送达的自然人以及他的同住成年家属拒绝签收诉讼文书的,或者法人、其他组织负责收件的人拒绝签收诉讼文书的,送达人应当依据《民事诉讼法》第89条的规定邀请有关基层组织或者所在单位的代表到场见证,被邀请的人不愿到场见证的,送达人应当在送达回证上记明拒收事由、时间和地点以及被邀请人不愿到场见证的情形,将诉讼文书留在受送达人的住所或者从业场所,即视为送达。受送达人的同住成年家属或者法人、其他组织负责收件的人是同一案件中另一方当事人的,不适用此规定。

三、简易程序中的开庭审理

(1)对当事人诉讼权利义务的告知。开庭前已经书面或者口头告知当事人诉讼权利义务,或者当事人各方均委托律师代理诉讼的,审判人员除告知当事人申请回避的权利外,可以不再告知当事人其他的诉讼权利义务。

(2)法官的释明义务。《民诉法解释》第268条规定:对没有委托律师、基层法律服务工作者代理诉讼的当事人,人民法院在庭审过程中可以对回避、自认、举证证明责任等相关内容向其作必要的解释或者说明,并在庭审过程中适当提示当事人正确行使诉讼权利、履行诉讼义务。

(3)争议焦点(争点)的确定。开庭时,审判人员可以根据当事人的诉讼请求和答辩意见归纳出争议焦点,经当事人确认后,由当事人围绕争议焦点举证、质证和辩论。当事人对案件事实无争议的,审判人员可以在听取当事人就适用法律方面的辩论意见后径行判决、裁定。

(4) 一次开庭原则及其例外。适用简易程序审理的民事案件,应当一次开庭审结,但人民法院认为确有必要再次开庭的除外。

(5) 庭审小结。庭审结束时,审判人员可以根据案件的审理情况对争议焦点和当事人各方举证、质证和辩论的情况进行简要总结,并就是否同意调解征询当事人的意见。

(6) 法庭笔录的特别规定。书记员应当将适用简易程序审理民事案件的全部活动记入笔录,对于下列事项,应当详细记载:审判人员关于当事人诉讼权利义务的告知、争议焦点的概括、证据的认定和裁判的宣告等重大事项;当事人申请回避、自认、撤诉、和解等重大事项;当事人当庭陈述的与其诉讼权利直接相关的其他事项。法庭笔录既是人民法院适用简易程序审理案件活动的全部记录,又是上级法院在二审程序中全面掌握一审审判活动和维护当事人程序权利的主要依据。因此,在适用简易程序审理民事案件的过程中,程序可以简化,文书可以简化,但法庭笔录不能简化。

四、简易程序中的调解

1. 对六类民事案件实行调解前置程序

《简易程序规定》第 14 条规定:"下列民事案件,人民法院在开庭审理时应当先行调解:(1) 婚姻家庭纠纷和继承纠纷;(2) 劳务合同纠纷;(3) 交通事故和工伤事故引起的权利义务关系较为明确的损害赔偿纠纷;(4) 宅基地和相邻关系纠纷;(5) 合伙协议纠纷;(6) 诉讼标的额较小的纠纷。但是根据案件的性质和当事人的实际情况不能调解或者显然没有调解必要的除外。"

2. 调解协议和调解书的效力

调解达成协议并经审判人员审核后,双方当事人同意该调解协议经双方签名或者捺印生效的,该调解协议自双方签名或者捺印之日起发生法律效力。当事人要求摘录或者复制该调解协议的,应予准许。调解协议符合前述规定的,人民法院应当另行制作民事调解书。调解协议生效后一方拒不履行的,另一方可以持民事调解书申请强制执行。调解协议以当事人双方自愿为前提、以签名或捺印为生效条件。调解协议是当事人双方在人民法院主持下达成的协议,并不是人民法院制作的法律文书,不能成为人民法院强制执行的法律依据,因此,调解协议生效后,人民法院还应当制作民事调解书。人民法院可以当庭告知当事人到人民法院领取调解书的具体日期,也可以在当事人达成调解协议的次日起 10 日内将民事调解书发送给当事人。

3. 调解书的补正

当事人以民事调解书与调解协议的原意不一致为由提出异议,人民法院审查后认为异议成立的,应当根据调解协议裁定补正民事调解书的相关内容。判断民事调解书与调解协议的原意是否一致,主要是看民事调解书表述的内容与调解协议的内容相比是否存在足以影响当事人实体权利义务关系的变化,如果发生矛盾和冲突,应当以调解协议的内容为准。由于民事调解书是人民法院根据当事人双方达成的调解协议而制作的法律文书,因此只能用裁定形式予以补正。如果仅仅是文字表述方法上的差异,异议不能成立。

五、简易程序中的裁判与裁判文书

(一) 按撤诉处理和缺席判决

原告经传票传唤,无正当理由拒不到庭或者未经法庭许可中途退庭的,可以按撤诉处理;被告经传票传唤,无正当理由拒不到庭或者未经法庭许可中途退庭的,人民法院可以根据原告的诉讼请求及双方已经提交给法庭的证据材料缺席判决。

(二) 宣判方式

(1) 当庭宣判。适用简易程序审理的民事案件,除人民法院认为不宜当庭宣判的以外,应当当庭宣判。

(2) 定期宣判。定期宣判是人民法院在庭审结束后另定日期宣告判决的制度。定期宣判的案件,定期宣判之日即为送达之日,当事人的上诉期自定期宣判的次日起开始计算;当事人在定期宣判的日期无正当理由未到庭的,不影响该裁判上诉期间的计算。

(三) 案件卷宗

根据《民诉法解释》第263条的规定,适用简易程序审理案件,卷宗中应当具备以下材料:(1) 起诉状或者口头起诉笔录;(2) 答辩状或者口头答辩笔录;(3) 当事人身份证明材料;(4) 委托他人代理诉讼的授权委托书或者口头委托笔录;(5) 证据;(6) 询问当事人笔录;(7) 审理(包括调解)笔录;(8) 判决书、裁定书、调解书或者调解协议;(9) 送达和宣判笔录;(10) 执行情况;(11) 诉讼费收据;(12) 适用小额诉讼程序审理的,有关程序适用的书面告知。

(四) 裁判文书的送达

(1) 当庭宣判后裁判文书的两种送达方式。裁判文书的送达是制约当前民事审判效率的一大重要因素,败诉的一方当事人拒绝接收诉讼文书已经成为人民法院送达实践的一大难题。《简易程序规定》将邮寄送达和当事人领取裁判文书确定为当庭宣判后裁判文书的两种送达方式。当庭宣判的案件,除当事人当庭要求邮寄送达的以外,人民法院应当告知当事人或者诉讼代理人领取裁判文书的期间和地点以及逾期不领取的法律后果，上述情况，应当记入笔录。人民法院已经告知当事人领取裁判文书的期间和地点的，当事人在指定期间内领取裁判文书之日即为送达之日；当事人在指定期间内未领取的，指定领取裁判文书期间届满之日即为送达之日，当事人的上诉期从人民法院指定领取裁判文书期间届满之日的次日起开始计算。当事人因交通不便或者其他原因要求邮寄送达裁判文书的，人民法院可以按照当事人自己提供的送达地址邮寄送达。人民法院根据当事人自己提供的送达地址邮寄送达的，从邮件回执上注明收到或者退回之日的次日起开始计算上诉期。

（2）定期宣判的案件送达之日的确定。定期宣判的案件，定期宣判之日即为送达之日，当事人的上诉期自定期宣判的次日起开始计算。当事人确有正当理由不能到庭，并在定期宣判前已经告知人民法院的，人民法院可以按照当事人提供的送达地址将裁判文书送达给未到庭的当事人。

（3）按撤诉处理和缺席判决的送达。按撤诉处理或者缺席判决的，人民法院可以按照当事人自己提供的送达地址将裁判文书送达给未到庭的当事人。

第三节　小额诉讼程序

一、小额诉讼程序的概念和特征

（一）小额诉讼程序的概念

在许多国家和地区的第一审民事诉讼程序中，除了普通程序和简易程序以外，还设有一种小额诉讼程序。所谓小额诉讼程序，是指基层法院的小额法庭或专门的小额法院快捷审理法律规定的小额金钱诉讼的专门程序。

小额诉讼程序作为一种诉讼程序制度出现于20世纪中叶。许多国家和地区为了缓解因社会不断发展而引发的诉讼数量及诉讼类型的与日俱增和诉讼程序繁琐、诉讼迟延、诉讼成本过高之间的矛盾，一方面积极进行民事司法改革，设立简易程序和小额诉讼程序，目的是对民事案件的审判程序进行分流处理，建构小额诉讼程序、简易程序和普通程序相结合的多元纠纷解决诉讼机制，另一方面重视发挥非诉讼纠纷解决机制（Alternative Dispute Resolution，ADR）的功能和作用。

我国2012年修订的《民事诉讼法》在“简易程序”一章中增加了小额诉讼程序的规定，2021年修改《民事诉讼法》时调整了小额诉讼程序的适用案件类型、小额诉讼程序适用的标的额标准、允许当事人合意适用小额诉讼程序以及更短的审限等。

（二）小额诉讼程序的特征

各国和地区关于小额诉讼的规定有着以下共同的特征：

（1）对讼争金额都有明确规定。例如，美国多数州的规定为5000美元以下，英国的规定为5000英镑以下，德国为5000欧元以下，法国为4000欧元以下，日本为30万日元以下，韩国为100万韩元以下。我国台湾地区规定为10万元新台币以下，香港特别行政区规定为5万元港币以下，澳门特别行政区规定为5万元澳门币以下。[①]

（2）小额诉讼程序以低成本和高效率为价值取向。小额诉讼程序的基本功能是解决那些被社会或国家认为不甚重要的民事纠纷，是国家提供的一种比简易程序更为廉价、简便、快捷、灵活的司法救济途径。例如，美国的小额诉讼程序完全免费，或只收取约20美元的诉讼费。因为无须律师费和鉴定等费用，不仅原告不致因高成本而放弃自己的小额权利，被告的负担也得以减轻。纠纷可以通过一次从十几分钟到数小时的审理，一劳永逸地得到解决。[②] 法院在处理小额纠纷时，通过法官的职权指挥和职权裁量，缩短诉讼周期，尽量将诉讼成本降低到最低限度。小额诉讼程序能够快捷、低成本地解决当事人之间的小额纠纷，使当事人双方能够通过一种更为简洁、低廉的方式实现权利义务，更有利于民众接近司法，司法亲近民众，使人们能够更有效、更广泛地利用司法资源。

（3）小额诉讼程序比简易程序更加简便、灵活。主要表现在五个方面：第一，按照常识化的方式运作，程序的简便体现在诉讼过程的每一个环节。以美国的小额诉讼为例，起诉和答辩可以采用法院印制好的表格，也可以口头进行；当事人不必聘请律师；可以在休息日及晚间开庭；不进行证据开示；不设陪审团；调解与审判一体化；判决只是宣布结果，不必说明理由。即便没有法律常识的民众也能利用该机制解决纠纷。第二，原则上一次开庭审结。例如，《日本民事诉讼法》第370条第1款规定："小额诉讼，除特别的情况之外，应当在最初进行口头辩论的期日内终了审理。"第三，法官享有较大的职权。程序的简易化程度总是与法官的职权行使度成正比的。为了提高效率，法官须运用职权使程序相对灵活，更为主动地介入诉讼，以加快诉讼的进程，促进和解。第四，注重调解。小额诉讼一般采取调解与判决一体化的方式，在审理过程中法官可以通过谈话的方式，让原、被告直接对话，积极促成当事人和解。在听取了双方当事人的主张之后，往往会在他们争执不下时，直接提出赔偿建议。还有一些国家和地区采取调解前置主义，规定在起诉前应经法院调解。第五，为避免因上诉而耗费更多的时

---

① 参见齐树洁：《小额诉讼：从理念到规则》，载《人民法院报》2012年9月19日。

② 参见范愉：《小额诉讼程序研究》，载《中国社会科学》2001年第3期。

间和金钱,大多数国家采取一审终审制,限制上诉。

二、小额诉讼程序适用的条件

适用小额诉讼程序审理的案件,必须符合以下两个条件:

第一,必须是简单金钱给付民事案件。简单金钱给付民事案件,是指当事人提出以给付金钱或有价证券为诉讼请求,事实清楚、权利义务关系明确、争议不大、给付金额确定的民事案件。

第二,案件标的额必须符合规定的标准。在立法过程中,如何确定小额诉讼的标的额,争议较大。在《民事诉讼法》修正案(草案)第一次审议稿中,把标的额为人民币5000元以下的案件规定为小额案件;在第二次审议稿中,把标的额为人民币1万元以下的案件规定为小额案件;而在第三次审议稿中,不再对金额作统一规定,将小额案件的标的额规定为"各省、自治区、直辖市上年度就业人员年平均工资30%以下"。2012年修正的《民事诉讼法》最终采用了第三次审议稿的规定。按照第162条的规定,各省、自治区、直辖市的高级人民法院确定适用于本地区的数额标准,各地的标准将呈现出差异性。在制定小额之标准时,立法机关充分考虑了我国东西部差异和城乡差别,此标准之确定较为科学合理。根据《民诉法解释》第272条的规定,该标准是指已经公布的各省、自治区、直辖市上一年度就业人员年平均工资;在上一年度就业人员平均工资公布前,以已经公布的最近年度就业人员平均工资为准。2021年修正的《民事诉讼法》第165条将"标的额为各省、自治区、直辖市上年度就业人员年平均工资百分之三十以下"修改为"标的额为各省、自治区、直辖市上年度就业人员年平均工资百分之五十以下",并且增加第2款"标的额超过各省、自治区、直辖市上年度就业人员年平均工资百分之五十但在二倍以下的,当事人双方也可以约定适用小额诉讼的程序"。

《民事诉讼法》第166条规定,下列案件,不适用小额诉讼程序审理:(1)人身关系、财产确权案件;(2)涉外案件;(3)需要评估、鉴定或者对诉前评估、鉴定结果有异议的案件;(4)一方当事人下落不明的案件;(5)当事人提出反诉的案件;(6)其他不宜适用小额诉讼的程序审理的案件。小额诉讼程序排除适用规则的主要目的在于避免小额诉讼程序适用泛化,推动小额诉讼案件类型与"事实清楚、权利义务关系明确、争议不大"的适用标准有效对应,确保程序适用聚焦"简单钱债纠纷",统筹兼顾诉讼效率和权利保障。

三、小额诉讼程序的审级

小额诉讼程序快捷、简便的特点要求其有不同于普通程序和简易程序的特殊的审级制度。其他国家和地区对小额诉讼程序的审级制度都有特殊规定。有的规定一审终审可以异议,如日本;有的规定原则上一审终审,特殊条件下可申请二审,如德国;有的规定有条件的二审终审,如我国台湾地区。考虑到小额诉讼涉案标的额较小,为迅速解决民事争议,并减少案多人少的矛盾,小额诉讼没有必要再实行二审终审;同时如果小额诉讼实行二审终审,与简易程序就没有了区别,设立小额诉讼制度也就失去了意义。因此,我国民事诉讼法规定小额诉讼实行一审终审。[①]

四、小额诉讼程序适用的审判程序

《民事诉讼法》并没有单独规定小额诉讼案件独立的审判程序,法院审理小额诉讼案件适用《民事诉讼法》第十三章规定的"简易程序",即与其他一般的简单民事案件适用的审判程序是一样的,所不同的主要是小额诉讼程序实行一审终审。小额诉讼程序在第二审程序、再审程序中都不能适用。[②] 2021 年修正的《民事诉讼法》新增第 167 条规定:"人民法院适用小额诉讼的程序审理案件,可以一次开庭审结并且当庭宣判。"新增第 168 条规定:"人民法院适用小额诉讼的程序审理案件,应当在立案之日起两个月内审结。有特殊情况需要延长的,经本院院长批准,可以延长一个月。"小额诉讼程序作为民事诉讼审理程序中特别的简化程序,其审理期限相较普通程序和简易程序应当更加简短。[③] 根据《民诉法解释》第 276 条、第 277 条、第 278 条、第 279 条、第 280 条、第 282 条的规定,人民法院受理小额诉讼案件,应当向当事人告知该类案件的审判组织、一审终审、审理期限、诉讼费用交纳标准等相关事项;小额诉讼案件的举证期限由人民法院确定,也可以由当事人协商一致并经人民法院准许,但一般不超过 7 日,被告要求书面答辩的,人民法院可以在征得其同意的基础上合理确定答辩期间,但最长不得超过 15 日,当事人到庭后表示不需要举证期限和答辩期间的,人民法院可立即开庭审理;当事人对小额诉讼案件提出管辖异议的,人民法院应当作出裁定,裁定一经作出即生效;人民法院受理小额诉讼案件后,发现起诉不符合《民事诉讼法》第 122 条规定的起诉条件的,裁定驳回起诉,裁定一经作出即生效;因当事人申请增加或者变更诉讼请求、提出反诉、追加当事人等,致使案件不符合小额诉讼案件条件的,应当适用简易程序的其他规定审理;小额诉讼案件的裁判文书可以简化,主要记载当事人基本信息、诉讼请求、裁判主文等内容;人民法院审理小额诉讼案件,《民诉法解释》没有规定的,适用简易程序的其他规定。

---

① 参见王胜明主编:《中华人民共和国民事诉讼法释义:最新修正版》,法律出版社 2012 年版,第 403 页。

② 参见王琦:《修改后民事诉讼法视域下的小额诉讼程序》,载《检察日报》2012 年 9 月 25 日。

③ 包冰锋:《最新民事诉讼法条文对照与重点解读》,法律出版社 2022 年版,第 233 页。

五、小额诉讼程序的转化

基层人民法院以及它派出的法庭受理案件后，认为案件为简单的民事案件，数额又符合小额案件的标准，所以决定适用小额诉讼程序审理，但在审理过程中，却发现案件并不简单，当事人对案件的基本事实存在争议，或者当事人之间的法律关系比较复杂的，此时就有必要改变案件的程序。2012 年修正的《民事诉讼法》虽然没有规定当事人可以对人民法院决定适用小额诉讼程序提出异议，但如果当事人认为案件的金额虽然符合小额诉讼程序的标准，但其实并不简单，是有权向人民法院说明情况的，这样可以帮助人民法院作出转换程序的决定。《民事诉讼法》将小额案件作为简单民事案件的一种特殊情况规定在简易程序中，既然审理后发现并不属于简单的民事案件，就应转为普通程序。[①] 2021 年修正的《民事诉讼法》新增第 169 条规定："人民法院在审理过程中，发现案件不宜适用小额诉讼的程序的，应当适用简易程序的其他规定审理或者裁定转为普通程序。当事人认为案件适用小额诉讼的程序审理违反法律规定的，可以向人民法院提出异议。人民法院对当事人提出的异议应当审查，异议成立的，应当适用简易程序的其他规定审理或者裁定转为普通程序；异议不成立的，裁定驳回。"该条建立了小额诉讼程序转换机制、赋予当事人程序适用异议权，明确了程序转换的方式。

六、对小额诉讼的救济

小额诉讼实行一审终审，不得上诉。当事人不服小额诉讼案件判决、裁定的，可以依照民事诉讼法的规定申请再审。有学者认为，我国的小额诉讼程序长期处于法官不敢用、当事人不愿用的状态，一审终审后败诉方只能以申请再审的方式寻求救济是造成该程序被虚置的主要缘由；提出宜将申请再审的救济方式改为赋予不服裁判的当事人向原审法院提出异议的权利，在当事人提出异议后，由原审法院组成合议庭适用普通程序对案件重新审理并作出裁判。[②] 根据 2021 年修正的《民事诉讼法》第 165 条的规定，适用小额诉讼程序审理的案件实行一审终审，当事人不得提起上诉，但可以通过审判监督程序提起再审的方式寻求救济。

拓展阅读

1. 范愉：《小额诉讼程序研究》，载《中国社会科学》2001 年第 3 期。

---

① 参见张卫平、李浩：《新民事诉讼法原理与适用》，人民法院出版社 2012 年版，第 278 页。

② 李浩：《小额诉讼程序救济方式的反思与重构》，载《法学》2021 年第 12 期。

2. 何文燕、廖永安:《我国民事简易诉讼程序之重构》,载《中国法学》2002 年第 1 期。

3. 傅郁林:《繁简分流与程序保障》,载《法学研究》2003 年第 1 期。

4. 章武生:《民事简易程序改革的若干认识误区之剖析——兼论我国多元化民事简易程序体系的建构》,载《中国法学》2004 年第 6 期。

5. 张晋红:《完善民事简易程序适用范围的立法分析》,载《广东商学院学报》2005 年第 3 期。

6. 毕玉谦:《关于在民事诉讼中设立小额诉讼程序的思考》,载《法律适用》2006 年第 8 期。

7. 许少波:《论民事简易程序向普通程序之转换》,载《法学评论》2007 年第 5 期。

8. 刘敏:《论非讼法理在小额诉讼程序中的适用》,载《清华法学》2011 年第 3 期。

9. 宋朝武:《小额诉讼程序的宪法解释及程序设计》,载《河南社会科学》2011 年第 5 期。

10. 肖锋:《小额诉讼程序的价值定位与制度分析》,载《法律适用》2011 年第 7 期。

11. 廖中洪:《小额诉讼救济机制比较研究——兼评新修改的〈民事诉讼法〉有关小额诉讼一审终审制的规定》,载《现代法学》2012 年第 5 期。

12. 蔡彦敏:《以小见大:我国小额诉讼立法之透析》,载《法律科学》2013 年第 3 期。

13. 杨卫国:《论民事简易程序系统之优化》,载《法律科学》2014 年第 3 期。

14. 王琦:《小额诉讼程序立法效果评价及前景分析》,载《法学杂志》2017 年第 12 期。

15. 刘加良:《小额诉讼程序适用的改进逻辑》,载《法学论坛》2020 年第 1 期。

16. 李浩:《小额诉讼程序救济方式的反思与重构》,载《法学》2021 年第 12 期。

17. 左卫民、靳栋:《民事简易程序改革实证研究》,载《中国法律评论》2022 年第 2 期。

第二十二章　上诉审程序

本章目次

第一节　上诉审程序概述

一、上诉审程序的概念

上诉审程序,是指当事人不服第一审法院裁判,以上诉的方式请求上一级法院进行审理的程序制度。因我国实行两审终审的审级制度,上诉审程序就是指第二审程序,也是终审程序。

第一审程序和上诉审程序均是基于当事人的民事争议而发生的,最终都是为了公正解决当事人之间的民事争议。但上诉审程序在发生的基础、目的、功能等方面均与第一审程序存在明显区别。具体表现在:

(1) 程序发生的基础不同。第一审程序基于当事人的诉权而发生,起诉是当事人行使诉权的行为。上诉审程序则基于当事人的上诉权而发生。上诉权是诉讼法赋予当事人的一项程序救济权。上诉是当事人对第一审法院所作裁判表示不服的行为。

(2) 审理的对象不同。当事人提起诉讼的原因是自认为民事权利受到侵害或者与他人发生争议,发动诉讼程序的目的在于要求法院解决纠纷、保护其合法权利,因此,第一审程序的主要内容在于围绕当事人争议认定案件事实、适用法律、确认权利义务关系。而当事人提起上诉的原因则是对一审法院的裁判不服,包括认为一审裁判认定事实有误或者适用法律不正确。因此,上诉审程序的内容要围绕上诉人的上诉请求内容,审查第一审法院裁判在认定事实或适用法律方面是否存在错误。

(3) 适用的程序不同。上诉审程序在启动条件、管辖法院、审理方式、审理期限、裁判效力等方面所适用的程序规则都有不同于第一审程序的规定。

二、上诉审程序的目的与功能

上诉审程序具有三合一的功能:

其一,吸收不满。上诉是民事诉讼法赋予当事人最基本的异议权之一。当事人上诉并不一定意味着一审裁判有错,法律也不要求当事人在上诉时提出充分的证据证明一审裁判确有错误。审级制度的第一价值就在于给当事人表达不满的机会。通过对一审裁判表达不同意见,并获得上一级法院的再次斟酌,多一道对话沟通的过程,可以多吸收一些当事人的不满情绪,化解对立心理。因此,上诉审是为当事人提供多层级程序保障的制度安排。吸收不满的另一面是权利救济,包括实体权利保护与程序权利保障。即通过二审程序的审理,深化对当事人实体权利主张的事实基础与法律理由的斟酌,进一步实现当事人各种程序权利,以更为充分的理由支持最终的裁判,有助于依法保护当事人的民事权益,提高裁判的可接受性。

其二,纠错。按照多数人的经验,人对事物的正确认识往往是通过反复进行而取得的。当事人通过行使上诉权可以使其案件获得上一级法院的复查,增加发现法官在证据判断和法律解释方面的错误的机会。而且换一个审判组织审理,可以使自己的意见得到更多人的考量,增加获得支持的可能性。同时,上诉审程序的纠错功能为上级法院指导和监督下级法院的审判工作提供了有效途径。根据《人民法院组织法》,上级法院对下级法院的审判工作负有监督职责。上级法院对下级法院的监督,主要是通过审理上诉案件、纠正一审裁判错误来实现的。在上诉审程序中,上级法院发现原审法院认定事实不清或适用法律有误的,可以通过发回重审或改判的方式加以纠正,从而为第一审法院提供业务上的指导。同时,上诉审程序将一审法院法官的审判行为置于上级法院的监督之下,可以有效减少审判权的恣意。

其三,统一法律适用。上诉审程序的设立,使得案件的终审集中到上级法院。而上级法院及其合议庭数量远少于下级法院,有助于把法律问题集中到较少的合议庭中,减少了对同一法律问题在理解、解释与适用上可能出现的分歧。如果案件能上诉到最高法院,则有助于在全国范围内实现法律适用的统一。

三、上诉审程序的性质

上诉审程序的性质,是指上诉审程序与第一审程序的关系问题。不同的制度设置反映出上诉审程序性质的不同。从各国立法情况看,上诉审程序性质主要有三种类型:

一种是复审制,即将上诉审程序作为对案件的重新审理。复审制模式下,上诉审法院应当全面审查上诉案件,不以当事人的上诉请求为限。法官应当根据重新调查收集的诉讼资料作出裁判。复审制上诉审体现出较为明显的职权主义特征,强调上诉审的纠错功能。

另一种是续审制,即将上诉审作为第一审的继续和发展。当事人在第一审中的诉讼行为和提出的诉讼资料在上诉审中仍然有效。同时保留当事人在第二审中提出新的证据等攻击防御方法的权利,但要受到一定的限制。是否准许当事人提出新的攻击防御方法,由法官根据程序安定、对方当事人程序利益和诉讼效率等因素自由裁量。续审制是处分权主义和一审中心主义结合的产物。大多数国家采续审制模式,且允许当事人在第二审程序中提出新的诉讼资料,少数国家(如德国、意大利等)对此加以限制。而美国的上诉法院一般不考虑当事人提出的新证据。①

第三种是事后复审制。该制度有两个特点:一是上诉审只能以当事人在第一审中提出的诉讼资料为依据,并且限制当事人在上诉审中提出新证据等诉讼资料;二是上诉审法院只就第一审适用法律是否恰当进行审查,不再审查案件事实部分。② 第三审程序属于事后复审性质,被称为"法律审"。

上诉审程序的性质不同,决定了审理范围与所遵循原则的差异。如果采用复审制,那么上诉审法院可以不限于上诉请求范围进行审理和裁判,而且只要二审法院认定一审裁判有错误,可以超出当事人上诉事项范围进行纠正。不排除上诉者获得比第一审更为不利的裁判结果的可能性。对于续审制性质的二审程序而言,其审理范围必须严格限制在当事人上诉的事项内。对于没有提出上诉的事项,即便二审法院发现存在瑕疵,也不必须审理和主动纠正。对上诉人在上

---

① 齐树洁主编:《民事诉讼法》,高等教育出版社 2007 年版,第 285—286 页。

② 张卫平主编:《民事诉讼法》(第 5 版),法律出版社 2019 年版,第 378 页。

诉中没有提出的请求,上诉审法院不能进行审理和作出裁判。我国 1982 年颁布的《民事诉讼法(试行)》规定的第二审程序属于典型的复审制性质。该法第 149 条规定:“第二审人民法院必须全面审查第一审人民法院认定的事实和适用的法律,不受上诉范围的限制。”而现行《民事诉讼法》规定的第二审程序将上诉审范围限定在当事人上诉请求范围之内,同时还规定了举证时限制度,因此当事人在二审程序中提出新证据是受限制的。《民诉法解释》第 340 条规定:当事人在第一审程序中实施的诉讼行为,在第二审程序中对该当事人仍具有拘束力。当事人推翻其在第一审程序中实施的诉讼行为时,人民法院应当责令其说明理由。理由不成立的,不予支持。可见,我国现行民事诉讼法规定的上诉审在性质属于续审制。

第二节 上诉的提起与受理

一、上诉及其条件

上诉是当事人不服人民法院的第一审裁判,请求上一级人民法院对案件再次进行审理的诉讼行为。

当事人提起上诉需要具备以下条件:

1. 上诉人适格

根据《民事诉讼法》的规定,有权提起上诉的人是第一审案件的当事人,即原告、被告、共同诉讼人、有独立请求权的第三人、一审判决判令承担义务的无独立请求权的第三人。无民事行为能力人、限制民事行为能力人的法定代理人,可以代理当事人提起上诉。

上诉审程序中当事人的诉讼地位(称谓)是按照当事人是否提起上诉来确定的。提起上诉的当事人称为上诉人,没有提起上诉的对方当事人称为被上诉人。双方当事人和第三人都提出上诉的,均为上诉人。必要共同诉讼人中的一人或者部分人提出上诉的,按下列情况处理:(1) 上诉请求是针对与对方当事人之间权利义务的分担,不涉及其他共同诉讼人利益的,对方当事人为被上诉人,未上诉的同一方当事人依原审诉讼地位列明,称为“原审原告”“原审被告”,等等。(2) 上诉请求是针对共同诉讼人之间的权利义务分担提出不同意见,不涉及对方当事人利益的,未上诉的其他共同诉讼人为被上诉人,对方当事人依原审诉讼地位列明。(3) 上诉请求对双方当事人之间以及共同诉讼人之间的权利义务的承担均有不同意见的,未提出上诉的其他当事人均为被上诉人。由于上诉审各当事人的诉讼地位因当事人上诉请求的不同而有差异,《民事诉讼法》从行文简便角度,把所有没有提起上诉的人统称“对方当事人”,包括被上诉人和原审其他当事人。考虑到司法实践中个案的差异性,《民诉法解释》第 317 条规定,人民法院可以依职权确定第二审程序中当事人的诉讼地位。

2. 上诉的对象合法

上诉的对象合法,即提起上诉的客体必须是依法允许上诉的判决或裁定。可以提起上诉的判决包括:地方各级人民法院适用普通程序和简易程序审理民事案件作出的第一审判决,被第二审人民法院发回重审后作出的判决。可以上诉的裁定包括:一审法院作出的不予受理的裁定、驳回管辖权异议的裁定和驳回起诉的裁定。

不可以提起上诉的裁判包括:地方各级人民法院制作的其他裁定、决定;人民法院依特别程序作出的判决、裁定;人民法院依督促程序发出的支付令和以公示催告程序作出的除权判决;最高人民法院的判决、裁定;调解书。

3. 在法定期限内提出

民事诉讼法对提起上诉规定了法定期限。按照《民事诉讼法》第 171 条的规定,当事人不服地方人民法院第一审判决的,有权在判决书送达之日起 15 日内向上一级人民法院提起上诉。当事人不服地方人民法院第一审裁定的,有权在裁定书送达之日起 10 日内向上一级人民法院提起上诉。上诉期限从当事人接到第一审人民法院的判决或者裁定的次日起算。上诉期限是法定期限,不得改变,不能申请延长。

上诉期届满直接导致当事人上诉权失权和一审判决生效。一审判决书和可以上诉的裁定书不能同时送达各方当事人的,上诉期从各自收到判决书、裁定书的次日起计算。这意味着可能出现当事人上诉期届满、上诉权失权而裁判文书尚未生效的情形。比如在必要的共同诉讼中,裁判文书生效时间应以最后一个收到裁判文书的共同诉讼人的上诉期届满为准。因此,在最后一个收到判决或者裁定的共同诉讼人的上诉期届满后,没有人提起上诉的,一审裁判才生效。再比如当事人一方住所地在国外的涉外民事诉讼案件,双方当事人对判决不服的上诉期,应按各自的不同规定计算。《民事诉讼法》规定,在我国领域内没有住所的当事人,不服一审判决、裁定的上诉期限是 30 日。因此,住所地在国内的一方当事人,其上诉期是 15 日或 10 日;住所地在国外的一方当事人,上诉期是 30 日。只有双方当事人的上诉期都届满后未有人提起上诉,判决才发生法律效力。

当事人因不可抗拒的事由或者有其他正当理由耽误上诉期限的,在障碍消除后 10 日内有权申请顺延。但是否准许,由人民法院决定。

4. 上诉方式合法

民事诉讼法规定当事人上诉的方式应当是书面形式,即当事人提起上诉要向人民法院递交上诉状,不能用口头方式。一审宣判时或者判决书、裁定书送达时,当事人口头表示上诉的,人民法院应告知其必须在法定上诉期间内递交上诉状。未在法定上诉期间内递交上诉状的,视为未提起上诉。

上诉状应写明以下几项:(1) 双方当事人的姓名、法人的名称及其法定代表人的姓名或者其他组织的名称与主要负责人的姓名。(2) 原审人民法院名称、案件编号和案由。(3) 上诉的请求和理由。上诉的请求和理由是上诉状的主要内容。上诉的请求是上诉人通过上诉要达到的目的。上诉的理由则是上诉人提出上诉请求的具体根据,应表明上诉人对第一审法院在认定事实和适用法律方面的不同意见。当事人提起上诉时,应当按照对方当事人的人数提出上诉状副本,以便对方当事人进行答辩,并为进行上诉审程序做好准备。

上诉时当事人应当按照人民法院指定的期限交纳上诉费。当事人虽递交上诉状,但未在指定的期限内交纳上诉费的,按自动撤回上诉处理。

5. 上诉状的递交

当事人原则上向原审人民法院递交上诉状。尽管当事人的上诉是向上一级人民法院提出的申请,但是为简化手续,《民事诉讼法》规定,当事人提起上诉时应当向原审法院提交上诉状。此规定的意图在于方便当事人提起上诉,也便于上诉审程序启动后书状的送达与卷宗移交。由于《民事诉讼法》规定由原审人民法院送达上诉状和答辩状副本,因此让当事人向原审人民法院递交上诉状,可以让人民法院及时审查当事人的上诉是否符合法律规定的条件,对不符合条件的上诉通知进行补正,提高二审程序的效率。也方便人民法院及时向被上诉人送达上诉状及答辩状副本,保证二审程序的及时展开。同时,当事人向原审人民法院递交上诉状也可以让人民法院及时了解裁判文书是否发生效力。但是,考虑到当事人可能对原审人民法院不信任,为了更好地保障当事人的上诉权,民事诉讼法也允许当事人直接向上诉审人民法院递交上诉状。

上诉案件的管辖法院是原审人民法院的上一级法院。上诉案件的管辖法院是法定的、唯一的,不允许当事人通过协议改变,除法律另有规定者外,也不允许当事人越级向更高级别的法院上诉。除非出现二审法院全体法官应当回避等需要指定其他法院管辖的法定情形,上诉案件的管辖也不存在移送管辖或管辖权转移的问题。

二、上诉的受理

原审人民法院收到当事人提交的上诉状后,应当进行审查,认为符合民事诉讼法规定的上诉条件的,应予受理。当事人直接向上诉审人民法院上诉的,上诉审人民法院应当在5日内将上诉状移交原审人民法院。上诉被受理后,二审程序即行开始。

原审人民法院应当在收到上诉状之日起5日内将上诉状副本送达对方当

事人。对方当事人在收到之日起 15 日内提出答辩状。人民法院应当在收到答辩状之日起 5 日内将副本送达上诉人。对方当事人不提出答辩状的，不影响人民法院审理。

原审人民法院收到上诉状、答辩状，应当在 5 日内连同全部案卷和证据，报送上诉审人民法院。

第三节　上诉案件的审理

一、上诉案件的审理范围

人民法院审理上诉案件的范围，以当事人上诉请求为限。《民事诉讼法》第 175 条规定："第二审人民法院应当对上诉请求的有关事实和适用法律进行审查。" 上诉审的审理范围有两个要点：

1. 审理范围原则上以上诉请求为限。上诉请求，是指上诉人要求上诉审法院作出裁判的事项。上诉审以上诉请求为限，是民事诉讼法上处分权原则的体现。二审法院不得超出上诉请求进行审理。即使一审裁判有瑕疵，只要当事人不作为上诉请求要求更正，二审法院原则上不予审理。《民诉法解释》第 321 条规定，第二审人民法院应当围绕当事人的上诉请求进行审理。当事人没有提出请求的，不予审理，但一审判决违反法律禁止性规定，或者损害国家利益、社会公共利益、他人合法权益的除外。

2. 审理范围既包括事实认定问题，也包括法律适用问题。可见，就上诉审的性质而言，我国的上诉审既是事实审，也是法律审。首先，由于我国实行的是两审终审制，当事人只有一次上诉的机会，应当给予当事人更为全面的审级保障，这是上诉审的审理范围要涵盖事实问题和法律问题的主要原因。其次，在案件的审理中，事实认定和法律适用往往是如影随形、无法分开的，两者均对当事人合法权益的保护产生重要影响。

二、上诉案件的审理方式

1. 以合议庭审理为原则。上诉审人民法院审理上诉案件，原则上应当组成合议庭进行审理。中级人民法院对第一审适用简易程序审结或者不服裁定提起上诉的第二审民事案件，事实清楚、权利义务关系明确，经双方当事人同意的，可以由审判员一人独任审理。而且根据《民事诉讼法》第 41 条的规定，二审合议庭由审判员组成。上诉审审理事项是针对一审裁判是否有错误的问题，特别是法律适用问题，需要发挥职业法官的专业优势。民事诉讼法对二审程序审判组织的规定，从一个侧面表明我国的立法比较注重上诉审程序的纠错功能。

2. 以开庭审理为原则,径行判决为补充。按照《民事诉讼法》第176条的规定,第二审人民法院审理上诉案件,原则上应当开庭审理。因为我国的二审程序包含事实审,而事实审要求法官亲历案件审理全过程,包括亲耳聆听当事人陈述、辩论,听取证人陈述、回答交叉询问,亲自接触原始书证、物证等,这样才能保证法官对证据和事实的判断尽可能接近真相。只有在二审中当事人对事实问题没有异议,或虽然认为一审裁判认定事实有误,但没有提出新的事实,没有新的证据、新的理由,合议庭认为不需要开庭审理的,方可以径行作出判决、裁定。

径行判决不同于书面审理。书面审理是指人民法院受理上诉案件后,既不经过开庭,也不采用传唤询问当事人、证人等方式进行调查,仅是对第一审人民法院制作的案卷材料进行审查,就直接作出裁判的审理方式。《民事诉讼法》规定的径行裁判建立在合议庭的调查和询问基础之上。因此,即便决定不开庭审理,二审法院仍然要与当事人见面、听取当事人陈述,然后才能作出判决、裁定。

为防止法官滥用径行判决方式,保障当事人程序权利,《民诉法解释》将可以不开庭审理即径行裁判的情形限制为以下几种:(1) 不服不予受理、管辖权异议和驳回起诉裁定的;(2) 当事人提出的上诉请求明显不能成立的;(3) 原判决、裁定认定事实清楚,但适用法律错误的;(4) 原判决严重违反法定程序,需要发回重审的。

三、二审中诉的变更的处理

为了保障当事人的上诉权即审级利益,以及保证程序的安定性,原则上不允许当事人在二审程序中增加、变更诉讼请求或提起反诉。因为二审判决是终审判决,上诉审人民法院对这些事项不能用判决的方式处理,否则当事人对新增加的诉的裁判不服将无法提起上诉。剥夺当事人的上诉权是不符合程序保障要求的。类似的问题还有一审遗漏必须参加诉讼的共同诉讼人、遗漏当事人诉讼请求等。但如果当事人双方就诉的变更达成合意的,有助于促成纠纷的解决。因此法律没有严格禁止当事人在二审程序中变更诉。二审中处理此类问题的程序规则是发挥调解的作用。因为调解协议是建立在当事人自愿的基础上的,不存在上诉问题。调解不成的,或告知当事人另行起诉,或裁定发回重审。具体而言,在上诉审程序中出现下列情形的,二审法院需要适用调解处理:

1. 对当事人在一审中已经提出的诉讼请求,原审人民法院未作审理、判决的,上诉审人民法院可以根据当事人自愿的原则进行调解,调解不成的,裁定发回重审。

2. 在上诉审程序中,原审原告增加独立的诉讼请求或原审被告提出反诉的,上诉审人民法院可以根据当事人自愿的原则就新增加的诉讼请求或反诉进行调解,调解不成的,告知当事人另行起诉。

3. 一审判决不准离婚的案件,上诉审人民法院认为应当判决离婚的,可以根据当事人自愿的原则,对子女抚养、财产分割的问题一并调解。调解不成的,裁定发回重审。一审判决既然不准离婚,则表明一审中未审理子女抚养之诉与财产分割之诉请事项。如果二审法院直接判决准予离婚,必然要对财产和子女等诉求作出处理。如此则不符合二审终审制,损害当事人的审级利益。因此只能调解或者发回重审。

4. 必须参加诉讼的当事人在一审中未参加诉讼的,上诉审人民法院可以根据当事人自愿的原则予以调解,调解不成的,发回重审。但是,在第二审程序中,作为当事人的法人或者其他组织分立的,人民法院可以直接将分立后的法人或者其他组织列为共同诉讼人;合并的,将合并后的法人或者其他组织列为当事人,不必将案件发还原审人民法院重审。因为当事人的合并与分立仅导致诉讼权利义务的承担问题,并未影响各方当事人的程序参与权,原当事人享受的审级保障,承担诉讼的当事人必须承认。因此继续审理、作出二审裁判不违反两审终审制度。

调解作为人民法院处理民事案件的一种重要方式,既适用于第一审程序,也适用于上诉审程序。根据《民事诉讼法》第 179 条的规定,第二审人民法院审理上诉案件,可以进行调解。调解达成协议的,应当制作调解书,由审判人员、书记员署名,加盖人民法院印章,调解书送达后即发生法律效力,原审人民法院的判决即视为撤销。

四、二审中撤诉的处理

当事人提起上诉后又撤回的,是否准许,由上诉审人民法院裁定。上诉审人民法院裁定准许上诉人撤回上诉后,上诉审程序即告终结,原裁判即发生法律效力。这是基于一审程序所发生的程序效力不容否认的原理。

由于二审程序肩负的多重功能,当事人申请撤回上诉不一定能发生所预期的程序后果。人民法院应当综合案件情况对当事人的申请进行审查,经审查认为一审判决确有错误,或者当事人之间恶意串通损害国家利益、社会公共利益、他人合法权益的,不应准许。

基于民事纠纷的解决尊重当事人处分权的原则,在第二审程序中,原审原告也可以申请撤诉。但撤诉必须符合一定的条件才能发生撤诉的效果。首先,当事人申请撤回起诉,须经其他当事人同意。这是保护其他当事人的实体权利与程序利益所必需的程序条件。其次,当事人撤诉行为须不损害国家利益、社会公共利益、他人合法权益。当事人在第二审程序中达成和解协议的,人民法院可以根据当事人的请求,对和解协议进行审查并制作调解书送达当事人;因和解而申请撤诉,经审查符合撤诉条件的,人民法院应予准许。人民法院准许撤诉的,应当一并裁定撤销一审裁判。为避免当事人滥用撤诉权,保证司法资源的均衡利用,应当限制二审撤诉当事人再次提起诉讼。《民诉法解释》第336条第2款规定,原审原告在第二审程序中撤回起诉后重复起诉的,人民法院不予受理。

第四节 上诉案件的裁判

一、适用判决的情形

在下列情况下,上诉审人民法院应当适用判决方式处理上诉案件:

1. 原判决认定事实清楚,适用法律正确的,判决驳回上诉,维持原判。维持原判,是上级人民法院对下级人民法院判决的正确性与合法性的一种肯定,也是上级人民法院对下级人民法院判决确认的当事人之间的权利义务关系的一种认可。这属于对案件实体问题的确认,应当用判决的形式。

2. 原判决适用法律错误的,依法改判。这里所说的"法律",主要是指实体法。在这种情况下上诉审人民法院改判所依据的事实,仍然是原判决认定的事实,改变的是原审法院所适用的法律及其关于当事人权利义务关系的判定。上诉审人民法院的改判,既可以是完全否定原审判决,重新作出判决内容,也可以是撤销原审判决的部分内容,或者以变更判决结果的方式加以改正。

3. 原审判决认定事实错误的,可以依法改判。认定事实错误,是指在证据确定的情况下,本来应当认定事实A的,原审法院认定为事实B。按照《民事诉讼法》的规定,对于这种情况,上诉审法院可以直接改变事实认定结论,并改变判决结论。

4. 原判决认定基本事实不清的,查清事实后改判。所谓认定基本事实不清,包括原审裁判对案件事实的判断证据不足,或者可能遗漏证据,或者出现了新的证据,使得原判决认定事实的证据的证明力被置于合理怀疑的境地等,以至于案件事实究竟是什么还需要进一步查明。上诉审法院对这种情况,原则上应当裁定发回重审,以保证当事人对新的证据和新的事实判断的异议权。

二、适用裁定的情形

在下列情况下,上诉审人民法院应当适用裁定方式处理上诉案件:

1. 原判决认定基本事实不清的,裁定撤销原判决,发回原审人民法院重审。

2. 原判决严重违反法定程序的,裁定撤销原判决,发回原审人民法院重审。

所谓严重违反法定程序，一般指突破了程序保障的最低限度要求的情形。根据《民事诉讼法》第177条和《民诉法解释》第323条的规定，属于严重违反法定程序的情形主要有以下几种：(1)审判组织的组成不合法的；(2)应当回避的审判人员未回避的；(3)无诉讼行为能力人未经法定代理人代为诉讼的；(4)违法剥夺当事人辩论权利的。程序上的严重瑕疵，已经危及整个案件的司法公正。不论实体判断上有没有错误，都必须否定其程序效力，发回原审法院重新审理。

3. 上诉审人民法院对不服第一审人民法院裁定的上诉案件的处理，一律使用裁定。因为裁定所解决的问题只限于程序问题。当事人对一审裁定不服，即对一审法院所解决的程序问题不服，而不涉及对当事人之间实体权利义务关系的确认。民事诉讼法规定当事人可以上诉的裁定包括：不予受理裁定、驳回起诉裁定、管辖异议裁定等。上诉审法院审查一审法院的裁定后，应根据裁定的不同情况作出处理。原审裁定依据的事实清楚、适用法律正确的，应裁定驳回上诉，维持原裁定。原审裁定所依据的事实不清、适用法律不当的，应当裁定撤销原裁定，作出新裁定。上诉审人民法院在审理中，如果查明第一审人民法院作出的不予受理的裁定有错误的，应在撤销原裁定的同时，指令第一审人民法院立案受理；查明第一审人民法院作出的驳回起诉的裁定有错误的，应在撤销原裁定的同时，指令第一审人民法院进行审理。二审法院认为第一审人民法院受理案件违反专属管辖规定的，应当裁定撤销原裁判并移送有管辖权的人民法院。

4. 上诉审人民法院认为依法不应由人民法院受理的，即原审人民法院受理了不属于人民法院主管的事件的，可以直接裁定撤销原裁判，驳回起诉。

三、发回重审案件审理程序规则

根据《民事诉讼法》第41条第3款的规定，对于发回重审的案件，原审人民法院应当按照第一审程序另行组成合议庭进行审判。原合议庭成员不能参加新组成的合议庭。

原审人民法院对发回重审案件所作出的判决，仍属于一审判决，当事人不服的，有权提起上诉。

原审人民法院对发回重审的案件作出判决后，当事人提起上诉的，第二审人民法院不得再次发回重审。

拓展阅读

1. 刘敏：《论我国民事诉讼二审程序的完善》，载《法商研究》2001年第6期。
2. 刘学在：《民事裁定上诉审程序之检讨》，载《法学评论》2001年第6期。
3. 傅郁林：《论民事上诉程序的功能与结构——比较法视野下的二审上诉模式》，载《法学评论》2005年第4期。

4. 张卫平:《民事诉讼法律审的功能及构造》,载《法学研究》2005年第5期。

5. 邱星美、唐玉富:《民事上诉审程序中的利益变动》,载《法学研究》2006年第6期。

6. 陈刚:《我国民事上诉法院审级职能再认识》,载《中国法学》2009年第1期。

7. 陈杭平:《论"事实问题"与"法律问题"的区分》,载《中外法学》2011年第2期。

8. 李相波:《关于〈民事诉讼法〉司法解释第二审程序修改内容的理解与适用》,载《法律适用》2015年第4期。

9. 何云、及小同:《二审民商事案件独任审理的适用情形及程序转换研究》,载《法律适用》2021年第5期。

第二十三章　再 审 程 序

本章目次

第一节　再审程序原理

一、再审程序的性质与特征

再审程序,是指人民法院对已经作出生效裁判或调解书的案件再次进行审理所适用的程序。

再审程序的性质是一种非常程序,或称特殊救济程序。再审程序一旦启动,即产生废弃原生效裁判的既判力的法律效果,民事案件恢复到没有审理的原点、诉讼程序重新起步的状态。因此,从程序的安定性和既判力权威的角度看,再审程序不是诉讼程序通常需要经过的程序,也不是上诉审程序的继续,甚至是不能轻易动用的程序。

表面上看,再审程序是为了纠正已经发生法律效力的裁判的错误而设置的一种事后纠错程序,再审裁判结果也能发挥解决纠纷、权利救济的作用,但在本质属性上,再审程序不是在一般意义上解决纠纷、纠正法律适用错误,与普通程序、上诉审程序有本质上的不同。

1. 再审制度的目的是恢复司法公正。与普通程序解决个案民事纠纷、为具体当事人提供权利救济的目的不同,再审程序的目的较为宏观,是维护整体司法公正。因此,再审程序的目的具有公益性。再审程序是在不轻易否定普通程序效力的前提下设置的,最大限度地维护既判力是其制度构建的基础之一。再审程序只在发生危及整体司法公正的严重瑕疵情形才会启动,是典型的“备用”制度,理想的状态是“备而不用”。如果再审程序被频繁启动,说明司法制度在整体上陷入失序状态。正因再审程序是很少启用的程序,因此在制度设计上,不能把解决纠纷、纠正错误等目标寄希望于再审程序。

2. 再审程序的动力机制是解决普通程序无法或难以发现的严重瑕疵修补问题。在普通程序中,只要当事人对法院审判行为和裁判结论不服,就可以通过上诉或申请复议途径提起上诉审或复议程序。所以法律并不明确规定当事人上诉或申请复议的具体事由。而仅仅因为当事人对裁判行为有不同意见是不足以启动再审程序的,必须出现了法律明文规定的表明生效裁判确有错误的事由,才能启动再审程序。比如,判决生效后发现了在原审程序中无法发现的新证据,足以推翻原判决的,或者判决生效后才发现原判决据以作出的证据是伪造的,等等。但是,如果是应当在普通程序中提出的抗辩事由或证据材料,当事人没有正当理由没有提出,判决生效后以此为由请求撤销原判决的,不能启动再审程序。即再审程序排除正常程序“能为而不为”的情形进入再审程序。

3. 再审程序发动的权利(力)基础不同于普通程序。依处分权原则,普通程序遵循“有诉才有裁判”的原理,只有当事人行使诉权和上诉权才会发动,人民法院和人民检察院均不能依职权启动普通程序及其上诉程序。而再审程序通常因当事人行使申请再审权而发动。重要的是,再审程序的启动不纯粹是当事人处分权的结果,再审程序的公共目的不容许当事人处分权发挥绝对主导作用。当法院发现原生效裁判出现了严重危及司法公正的瑕疵、确需启动再审程序加以修复时,不因当事人撤回再审申请而终结再审程序。

4. 再审程序的结构不同于普通程序。再审程序在结构上有别于单纯的“两造对抗—法官居中裁判”的结构,其包含一种双层复式构造:第一层次是启动程序,即法院审查再审事由,判断是否应当再审的程序,也叫“再审审查程序”,属于单边的“申请—审查”结构。法院主要依据法律规定的再审条件与事由进行书面审查。审查的对象或范围是当事人再审申请的请求事项。审查程序结束可能产生两种结果:一是认为原生效裁判没有法律规定的应当再审的情形,因而裁定驳回申请,终结再审程序。此时不会进入第二层次的程序。二是原生效裁判确有应当再审的情形,因而裁定再审。裁定再审的后果是宣告冲破或废弃原生效裁判的既判力,中止原生效裁判的执行,本案恢复到原初的未经审理状态。接着进入第二层次的程序,即本案再审审理阶段。本案再审审理阶段的审理对象是当事人之间的争议,即原审原告提出的诉。法院适用普通程序对当事人的纠纷再一次审理,重新作出裁判。

二、再审程序的功能定位

1. 再审程序的基本功能是“补救”

根据既判力原理,裁判一旦生效,就必须维护其既判力的稳定性和权威性,当事人不得再对裁判确认的实体法律关系进行争议,法院也不得随意撤销或者变更该裁判。即程序的“作茧自缚”的效应。[①] 再审程序作为例外的救济程序,其功能定位是“补救”,即补充性救济,就是在整体上不破坏既判力的前提下,对局部出现的瑕疵进行补正。这种需要补正的瑕疵是非常规、同时又往往是非常严重的,属于破坏具体裁判的正当性基础、不加修正将危及整体司法公正的程度,以至于确有必要冲破该生效裁判的既判力,以便采取措施修正和祛除瑕疵,恢复社会正义。[②] 作为一种补充性的救济制度,再审程序的适用范围和启动程序都受到严格限制。当事人申请再审不必然导致再审程序的启动,因为启动再审程序不仅要符合法定的再审事由,而且须经过一个审查、筛选、把关“择案而审”的过程。这种例外性的修正与弥补显然不同于上诉审的纠错,充其量是一种“有限纠错”。[③] 因此,再审程序不是通常适用的程序,也不是一级审级,而是存在于审级制度之外的一种独立的程序,且是一种被严格限制动用的“备用程序”。在制度设计上必须将这种非常救济控制在“极端例外”的范围之内,不至于影响民事诉讼的主体结构。

2. 再审程序的附属功能是审判监督

再审程序的运作,实际上是审判权自律、检察权监督和诉权制约的综合作用的过程。通过上级法院和本院审判委员会决定再审、检察院监督和当事人申请再审,对裁判已生效的案件进行再一次审理,纠正生效裁判的错误,不但是对当事人权利的进一步救济,也是审判权进行的监督与制约机制发挥作用的表现。因此,再审程序具有保障当事人的诉权、监督与制约审判权的功能。通过再审程序,可以促使法官正确行使审判权,克服偏私与滥用权力,避免或者减少裁判的随意性,确保裁判的公正性。

---

① 参见季卫东:《程序比较论》,载《比较法研究》1993 年第 1 期。

② 参见汤维建等:《民事诉讼法全面修改专题研究》,北京大学出版社 2008 年版,第 382 页。

③ 张卫平:《有限纠错——再审制度的价值》,载《法律适用》2006 年第 7 期。

再审程序监督的重点放在对法官司法行为的监督上。再审程序的审理结果是修正原生效裁判的严重瑕疵,客观上能够起到监督审判权、纠正错误判决的效果。但监督和纠错只能视为制度的附属功能,而且基于监督的事后性、外部性,应当承认监督之于司法公正作用的有限性。特别是在案件事实判断和法律适用等非亲历而不能保证判断的可靠性的问题上,通过监督的途径发现错误是很不现实的。将监督的重点放在法官行为上才符合司法规律,也能凸显再审程序的制度逻辑。

三、再审程序的补充性原则

再审程序的补救功能,决定了再审程序应当遵循补充性原则。补充性原则,是指再审程序的启用以用尽普通程序规定的救济途径为前提。

补充性原则包含两层含义:其一,再审程序排斥基础异议权的行使。如果异议权属于普通程序有明确规定的,当事人在正常诉讼过程中获得了充分的程序保障,只是因为自己的原因没有行使的,不能作为申请再审的事由。典型如申请回避、申请复议、管辖权异议等异议权。当事人只能按照普通程序规定的路径、穷尽法定的可能性来行使这些异议权,否则就会发生失权的程序效果。程序保障前提下,程序经过必然对所有程序主体发生约束力,即程序效力。这意味着,任何人在享受了充分的程序保障后,必须承认程序经过所发生的后果,不能随意对经过的程序反悔要求推翻重来。如果当事人在主诉程序中尽到了必要的谨慎义务,就可以通过异议、控诉、附带控诉、上告等权利的行使而修复瑕疵,就不可以提起修复之诉。①

其二,可以通过再审程序纠正的错误是正常程序"无法为"或者"难以为"的情形,它排除正常程序"能为而不为"的情形。如果造成裁判错误的事由在普通程序中就已经出现,且当事人应当知道该事由存在,普通程序规则中也有救济途径,那么当事人可以通过上诉、申请复议、提出异议等常规方式寻求救济,而不能在程序终结、判决生效后申请再审。如果在诉讼过程中当事人应当行使的程序权利无正当理由不行使,超过法定期限即产生失权的程序效力,即事后不仅不能再主张异议权,也不允许以申请再审的方式要求法院再次审理。比如,应当在一审程序中提出的抗辩事由或证据材料,当事人没有正当理由没有提出,判决生效后再以此为由请求撤销原判决的,不能启动再审程序。但判决生效后才发现原判决据以作出的证据是伪造的,可以成为启动再审的法定事由。例如,《日本民事诉讼法》第 338 条规定,即便存在法律规定的再审事由,有下列情形之一

---

① 参见〔德〕莱奥·罗森贝克等:《德国民事诉讼法》(下),李大雪译,中国法制出版社 2007 年版,第 1211—1212 页。

的,也不得申请再审:第一,当事人已经依上诉主张过该事由的,或者知道存在该事由却没有主张的;第二,再审事由在第一审判决中就已经存在,而上诉审中对该事由已经作出过本案判决的。①

在再审制度设计上,补充性原则体现在严格限制再审程序的启动上:

1. 提高再审程序门槛。再审程序的启动需要满足严格的法定条件,包括法定的申请期限、法定的申请理由、法定的申请方式,等等。再审程序的高门槛突出表现在,当事人申请再审必须符合法律规定的事由。且当事人仅声称有法定事由还不行,还要有足够的理由和有效的证据让法院相信法定事由确实存在。

2. 严格筛选再审事由。与普通程序把事实认定错误、法律适用错误、审判程序违法作为纠正未生效裁判错误的事由不同,只有那些表明作为裁判基础的诉讼资料不存在或者诉讼程序有重大瑕疵的情形,或者在正常的诉讼程序中无法发现的严重缺陷,才会被确定为再审事由。例如判决生效后发现作为认定案件事实的主要证据是伪造的,或者主审法官事后被认定在审理该案时有受贿、枉法裁判行为的,等等。

3. 前置再审事由审查程序。法律对开启再审规定了极为严格的审查程序。完整的再审程序分为再审申请审查与本案审理程序两个阶段。当事人申请再审的,并不必然导致本案程序再次进入审理状态。法院首先必须对当事人的再审申请进行严格审查,不仅要审查当事人的申请是否以法律规定的再审事由为依据,还要审查当事人主张的再审事由是否确实存在。只有经审查,原生效裁判确实出现了法定再审事由的,法院才能决定对本案进行再审。如此严格的审查阻止了那些不符合条件的申请进入再审,保证再审程序只在极少数情况下被启动。②

四、再审事由确定原则

再审程序需在维护裁判的既判力与必要的纠错之间寻找平衡点。从人的认识能力相对性角度看,法官的判断难免会有差错。复查的次数越多,裁判中可能存在的错误被发现和纠正的几率也越大,程序给人的正当性感觉也越强。但是,纠错救济机制是一把双刃剑,过于轻易而频繁地使用会导致牺牲程序安定和削弱裁判权威的代价增大,边际效益递减。所以,纠错机制的设立必须以维护司法的终局性和裁判的权威性为前提。这两者的平衡是通过再审程序事由的设定来

---

① 〔日〕中村英郎:《新民事诉讼法讲义》,陈刚等译,法律出版社2001年版,第285页;〔日〕新堂幸司:《新民事诉讼法》,林剑锋译,法律出版社2008年版,第666页。

② 李浩:《再审的补充性原则与民事再审事由》,载《法学家》2007年第6期。

实现的。再审程序的补充性原则决定了法定事由确定的原则与范围。

其一,原则上以原审诉讼程序的程序保障存在严重瑕疵为再审事由。从既判力的程序法理看,裁判的公正性或可接受性来自充分的程序保障。再审事由的确定应当紧扣构成既判力正当性基础的程序保障问题。易言之,生效裁判的"错误"的界定以及再审程序发动的法定事由,只能从原审诉讼程序的程序保障是否存在严重瑕疵进行判断。提起再审的事由通常都是遗漏必须共同诉讼的当事人等诉讼程序严重违法,或者原审判组织组成违法,或者参与案件审理的法官有司法腐败、枉法裁判等犯罪行为,或者当事人有欺诈行为致诉讼要件缺失等客观因素。[①]

其二,既判力的遮断效决定当事人不能轻易以"新证据"申请再审。为了维护既判力,法院根据基准时所固定的诉讼材料作出的对案件事实的认定和法律评价不能被攻击。因此,在基准时前已经存在的事由(攻击防御方法),不问当事人在言词辩论中是否主张,也不问他没有主张是否存在过失,其主张权均因既判力而遮断。[②] 此后(包括第三审、再审、后诉)都不允许当事人对该事实提出新的证据、作出不同说明(包括所谓"新的科学认识"),也不允许法官作出不同的判断。[③] 判决效力的这种如同窗帘遮光的效果被形象地称为"遮断效",遮断的是当事人在事实审阶段"应当提出而未提出的攻防权利"。据此,判决的遮断效原则上排除了当事人在判决确定后以"新的证据"申请再审的权利,哪怕这个所谓新的证据具有"足以推翻原判决"的证明效果,除非是当事人在原生效裁判的基准时之前无法知道的证据,或者非因自己的原因不能提供(比如因为其他当事人的证据妨害行为而无法知道或无法提供)。如果是基于一般注意义务就可以知道的情况,就不能作为再审事由。[④]

其三,再审事由应当具有形式非理性和显著性,排除那些必须经实体审理才能形成内心确信的事由。从再审事由审查方式角度来考虑,程序瑕疵属于那些经形式审查和书面审查就可以直接判定的"显著的"事由,即无须实体审理过程,从诉讼文件记录上就能够对原生效裁判的错误作出"一目了然"、直截了当的判断。

---

① 参见赵钢、朱建敏:《略论民事抗诉程序价值取向的重构及其程序设计》,载《法学评论》2003年第6期。

② 参见骆永家:《既判力之研究》,台湾三民书局1999年版,第18页。

③ 参见〔德〕莱奥·罗森贝克等:《德国民事诉讼法》(下),李大雪译,中国法制出版社2007年版,第1170页。

④ 参见〔日〕新堂幸司:《新民事诉讼法》,林剑锋译,法律出版社2008年版,第666页。

第二节　我国的审判监督程序

一、以审判监督为功能定位

我国《民事诉讼法》把再审程序命名为“审判监督程序”。从《民事诉讼法》第十六章关于审判监督程序规定的内容来看，审判监督程序是人民法院行使审判监督权，对确有错误的生效裁判、调解书启动再审程序进行再次审理的制度。因此，我国的审判监督程序相当于大陆法系民事诉讼法律制度中的再审程序。但该规定表明，我国《民事诉讼法》将再审程序的功能定位于审判监督，即由法律规定的监督机关对审判权行使监督权，包括法院的审判监督权与检察院的法律监督权。监督的对象是法官的审判行为。监督的方式是启动再审程序。即如果审判监督机关认为已经生效的法院裁判确有错误时，有权要求法院对案件再次进行审理以纠正错误的制度。

监督的目的在于发现错误、纠正错误和追究责任。审判监督程序的设计原理基于我国司法制度关于司法公正的传统观念及其秉承的“有错必纠”指导思想。审判监督程序的重点在于监督法官依法行使审判权，注重审查法官在认定事实和适用法律方面是否具有错误。成为审判监督纠错对象的主要是认定事实确有错误，或适用法律确有错误，或者存在严重程序违法的生效裁判。可见，再审事由与二审纠错事由几乎重合，再审程序的功能与上诉审程序存在交叉。唯一的不同在于：审判监督程序是为当事人提供的、在裁判生效后的一道额外的救济途径。

为有效发挥审判监督的功能，《民事诉讼法》在再审程序的启动方面设置了三重机制：一是由法院行使审判监督权启动再审程序；二是由检察机关行使法律监督权启动再审程序；三是由当事人申请再审启动再审程序。其中以法院、检察院行使监督权启动再审为主要途径，而当事人申请再审是补充。法院、检察院行使监督权必然导致再审程序的发生，但当事人申请再审是否能够启动再审程序，取决于人民法院的审查意见。法院审查当事人的申请，认为符合法定条件的，按照审判监督程序决定再审。

二、审判监督制度的发展历程

1982年《民事诉讼法（试行）》没有采用“再审程序”，而是采用“审判监督程序”的概念，自此确立了中国特色的再审程序。其显著的特点是以监督为重心的功能定位和行政化的纠错机制。比如在当事人启动再审程序的权利上，《民事诉讼法（试行）》规定的是当事人的申诉权。由于申诉权在本质上是宪法赋予公民的一项民主政治权利,而且申诉的主体比较广泛,既可以是当事人,也可以是当事人以外的其他公民;再有申诉受理机关很多,当事人既可以向人民法院提出,也可以向人民检察院提出,还可以向其他机关提出,因此,申诉及其处理本身有较为明显的行政色彩。

1991年《民事诉讼法》没有改变审判监督程序的本质,但将申诉权改为申请再审权,明确其诉讼权利性质。在审判监督的功能定位和"有错必纠"的指导思想下,我国再审制度明显侧重纠错的目的,实践中,大多数案件当事人申请再审和检察院抗诉所依据的事由是事实认定错误和法律适用错误,客观上令审判监督程序功能发生变异,一定程度上担负起弥补审级保障不足的功能,成为事实上的"三审程序"。因此,审判监督程序的功能出现了多元化格局:既要监督审判权、纠正错误,又要吸收当事人不满、提供权利救济,还要兼顾法律适用统一。这样便使再审程序与上诉审程序的界限模糊,当事人也很自然地把申请再审当作向更高一级法院上诉的替代。如此导致申请再审数量居高不下。大量的再审案件不仅增加了人民法院审判监督的负担,而且冲击了生效判决的权威。另外,由于再审程序启动的门槛高,审查程序严格,当事人普遍感觉到再审难。"再审滥""再审难"两个问题的并存,显示我国审判监督程序内在的缺陷,也给司法公信力造成负面影响。再审程序因此成为2007年修正《民事诉讼法》的重点之一。

2007年《民事诉讼法》的修改仍然没有改变"审判监督程序"的名称,但是在启动再审程序的法定事由上有重大调整,其中吸纳了再审程序的补救功能的原理,细化了再审的法定事由,重点增加了因程序严重瑕疵导致裁判错误的事由,在一定程度上体现了维护裁判既判力,强调程序公正的理念,也是以权力监督为主的审判监督程序向以诉权保障为主的再审程序过渡的标志。2007年修正案的主要意图,是希望通过再审法定事由的细化和合理化,使得再审程序更加公开、具有可预见性,以约束审判监督权,保障当事人的申请再审权。

2012年修改《民事诉讼法》时,再次对审判监督程序作出修订,包括对再审事由作了细微修改,更加突出再审程序的补充性原则,另外调整了当事人申请再审的管辖法院、期间,补充了当事人向检察机关申请抗诉程序等。上述修改将补充性原则嵌入了审判监督程序中,在坚持纠正错误、权利救济的既有目标的同时,融入了维护既判力与恢复司法公正的公共目的,增强了当事人申请再审权的保障。总体上看,我国的审判监督程序正在朝着再审程序的方向发展、转变。

三、再审法定事由

根据《民事诉讼法》第207条的规定,当事人申请再审至少应当依据下列事由之一:

1. 有新的证据，足以推翻原判决、裁定的。即再审申请人提供的新的证据，能够证明原判决、裁定认定基本事实或者裁判结果错误的。由于当事人是在裁判生效之后才提交该证据，人民法院应当责令再审申请人说明其逾期（即超过举证时限）提供该证据的理由；拒不说明理由或者理由不成立的，人民法院视情况决定是否采纳。为了维护既判力，避免当事人随意提出相反的事实和证据来推翻原判决，《民诉法解释》根据程序保障原理，对当事人逾期举证是否属于“有正当理由”作出了限定性规定：(1) 在原审庭审结束前已经存在，因客观原因于庭审结束后才发现的；(2) 在原审庭审结束前已经发现，但因客观原因无法取得或者在规定的期限内不能提供的；(3) 在原审庭审结束后形成，无法据此另行提起诉讼的；(4) 再审申请人提交的证据在原审中已经提供，原审人民法院未组织质证且未作为裁判根据的，但原审人民法院在原审裁判中明确认定属于依法不予采纳的除外。

2. 原判决、裁定认定的基本事实缺乏证据证明的。

3. 原判决、裁定认定事实的主要证据是伪造的。

4. 原判决、裁定认定事实的主要证据未经质证的。所谓“未经质证”，是在庭审质证环节被人民法院遗漏、当事人没有机会进行质证的证据，不包括在原审中被纳入庭审调查的质证范围，但当事人拒绝发表质证意见，或者未对证据发表质证意见的情形。

5. 对审理案件需要的证据，当事人因客观原因不能自行收集，书面申请人民法院调查收集，人民法院未调查收集的。所谓“需要的证据”，指的是人民法院认定案件基本事实所必需的证据。

6. 原判决、裁定适用法律确有错误的。所谓原判决、裁定适用法律确有错误，包括下列情形：(1) 适用的法律与案件性质明显不符的；(2) 确定民事责任明显违背当事人约定或者法律规定的；(3) 适用已经失效或者尚未施行的法律的；(4) 违反法律溯及力规定的；(5) 违反法律适用规则的；(6) 明显违背立法原意的。

7. 审判组织的组成不合法或者依法应当回避的审判人员没有回避的。

8. 无诉讼行为能力人未经法定代理人代为诉讼或者应当参加诉讼的当事人，因不能归责于本人或者其诉讼代理人的事由，未参加诉讼的。

9. 违反法律规定，剥夺当事人辩论权利的。包括：原审开庭过程中审判人员不允许当事人发表辩论意见；应当开庭审理而未开庭审理的；送达起诉状副本或上诉状副本违反法律规定，致使当事人无法行使辩论权利的；违法缺席审理、径行判决等其他剥夺当事人辩论权利的情形。

10. 未经传票传唤，缺席判决的。未经合法传唤程序，当事人不知开庭期日而未能到庭的，是违反程序保障的基本要求的，属于程序严重欠缺正当性，所作出的裁判缺乏合法性基础。

11. 原判决、裁定遗漏或者超出诉讼请求的。此处的诉讼请求包括一审诉讼请求、二审上诉请求。但当事人上诉时未对一审判决、裁定遗漏或者超出诉讼请求提起上诉的除外。

12. 据以作出原判决、裁定的法律文书被撤销或者变更的。这是指原判决、裁定对基本事实和案件性质的认定系根据其他法律文书作出,而上述其他法律文书被撤销或变更的情形。此处的法律文书包括:发生法律效力的判决书、裁定书、调解书;发生法律效力的仲裁裁决书;具有强制执行效力的公证债权文书;等等。

13. 审判人员在审理该案件时有贪污受贿、徇私舞弊、枉法裁判行为的。根据《民诉法解释》第392条的规定,这里所指的"审判人员审理该案件时有贪污受贿、徇私舞弊、枉法裁判行为",是指已经由生效刑事法律文书或者纪律处分决定所确认的行为。

此外,《民事诉讼法》第208条规定,当事人对已经发生法律效力的调解书,提出证据证明调解违反自愿原则或者调解协议的内容违反法律的,可以申请再审。经人民法院审查属实的,应当再审。

第三节 再审程序的启动

一、人民法院行使审判监督权

为了保证审判权的正确行使,法律赋予人民法院对法官审判行为进行审判监督的职能。人民法院对已生效裁判的审查,发现原审裁判确有错误时,依法定程序决定启动再审程序。人民法院行使审判监督权启动再审程序包括本院审判委员会决定再审、上级人民法院和最高人民法院提审或指令再审等几种情形。

1. 本院审判委员会决定再审的程序

按照《民事诉讼法》第205条第1款的规定,各级人民法院院长对本院已经发生法律效力的判决、裁定,发现确有错误,认为需要再审的,应当提交审判委员会讨论决定。此处的"本院"是指作出生效裁判的人民法院;此处的"已经发生法律效力的判决、裁定",是指一审法院作出的依法可以上诉而当事人超过上诉期没有上诉的判决、裁定,二审法院的终审判决、裁定,最高人民法院作出的判决、裁定;所谓"确有错误",是指出现民事诉讼法规定的原审裁判认定事实、适用法律或审判程序确有错误、应当再审的情形。

审判委员会讨论认为需要再审的,作出对案件进行再审的决定。由审判监督庭作出裁定,对相关案件进行再审,同时裁定中止原裁判的执行。裁定由院长签名并加盖人民法院的印章。

按照审判监督程序决定再审的，裁定中止原判决、裁定、调解书的执行，但追索赡养费、扶养费、抚养费、抚恤金、医疗费用、劳动报酬等案件，可以不中止执行。

2. 最高人民法院和上级人民法院启动的再审程序

《民事诉讼法》第205条第2款规定：最高人民法院对地方各级人民法院已经发生法律效力的判决、裁定，上级人民法院对下级人民法院已经发生法律效力的判决、裁定，发现确有错误的，有权提审或指令再审。

最高人民法院是国家的最高审判机关，对地方各级人民法院和专门人民法院的审判工作有监督权，所以它有权对地方各级人民法院和专门人民法院的确有错误的生效判决和裁定，行使审判监督权，提起再审。上级人民法院对下级人民法院的审判工作也享有审判监督权。最高人民法院和上级人民法院提起再审的方式有两种：一是提审，即将下级人民法院审结的案件提到本院自己审判。二是指令下级人民法院再审，可以交其他人民法院再审，也可以交原审人民法院再审。

最高人民法院和上级人民法院提审或指令再审的，应当作出提审或指令再审的裁定，在裁定中同时写明中止原判决、裁定的执行；情况紧急的，可以将中止执行的裁定口头通知负责执行的人民法院，但应当在口头通知后的10日内发出裁定书。裁定应当通知案件的双方当事人。在最高人民法院和上级人民法院指令再审时，如果原裁判是第二审的，应当指令第二审人民法院再审。

最高人民法院和上级人民法院决定提审的，应当作出提审的决定，通知案件的原审人民法院；同时作出对案件再审的裁定，通知当事人。以提审方式进行再审的，人民法院按照二审程序的规定组成合议庭进行审理。

二、当事人申请再审

当事人申请再审，是指当事人认为已经发生法律效力的判决、裁定、调解书确有错误，向原审人民法院或上一级人民法院申请对案件进行再次审理的诉讼行为。

（一）申请再审权的性质

再审程序补救功能和补充性原则决定了，当事人申请再审权的性质是非常异议权。正确理解当事人申请再审权的属性，需要把握以下三个层次的含义：

1. 申请再审权属于程序性权利。尽管大陆法系再审制度理论中有“再审之诉”的说法，但当事人申请再审权不是诉权。与诉权的绝对性不同，申请再审权的行使必须符合法定条件。且当事人申请再审不一定启动再审程序，而是要经过法院审查决定才可能启动再审。同时,与诉权的抽象性不同,申请再审权必须与具体案件联系起来才具有实际意义。它的发生取决于特定案件当事人和特定的诉讼过程、特定的裁判结果,是只有本案当事人才能行使的权利。再有,是否申请再审完全取决于当事人的处分权,当事人可以行使,也可以放弃。当事人行使申请再审权后,也可以申请撤回。上列特征均将申请再审权的权利属性指向诉讼权利。

2. 申请再审权是程序异议权。就申请再审权的内容是对生效裁判的正当性基础提出质疑,要求法院再次启动诉讼程序重新审判而言,申请再审权的性质当属于诉讼权利中的程序异议权。程序异议权是指诉讼过程中,当事人对所经过的程序或法院的司法行为提出不同意见或认为有违法之处,要求法院纠正的权利。典型的程序异议权如申请复议权、上诉权、执行异议权等。如果说上诉权是当事人对尚未发生法律效力的一审判决或裁定声明不服,提请上一级人民法院重新审判的权利,那么申请再审权则是当事人对已经发生法律效力的裁判声明不服,申请法院再次审判的权利。尽管二者针对的对象不同,行使权利的条件不同,但在本质上是相同的,都属于程序异议权。

3. 申请再审权是非常异议权。申请再审权与上诉权相比最重要的区别就是,上诉权属于"基础异议权",而申请再审权属于"非常异议权"。所谓基础异议权就是普通程序规定的,当事人在诉讼程序过程中正常享有的异议权。现行民事诉讼法有明文规定的基础性程序异议权主要有:申请回避权及复议权、管辖异议权及上诉权、对财产保全或先予执行裁定的申请复议权、对排除妨害诉讼行为的罚款或拘留强制措施决定的复议权、对一审判决的上诉权、债务人对支付令的异议权、执行异议权,等等。与此相对,基于再审程序的补充性原则,申请再审权也具有补充性,是在当事人充分行使了基础异议权还不能实现救济的前提下才能动用的补充救济手段。这就是非常异议权的"非常规性"。如果当事人有机会在普通程序正常行使基础异议权表达不满,就不可以通过申请再审的方式来表达;能够通过普通程序(包括上诉程序)实现的纠错就不能要求动用再审程序获得救济。在普通程序中当事人应当行使而未行使的异议权,随着程序的终结而发生失权的效果,不得转换为申请再审权。只有在正常诉讼程序中因客观原因或因法官、对方当事人的行为而无法行使异议权的情形,才有可能通过申请再审的方式请求救济。

(二)当事人申请再审的条件

1. 申请主体原则上是本案当事人,特殊情况下案外人也可以申请再审

申请再审的主体原则上是原生效裁判的当事人。此处的当事人除裁判文书上载明的原告、被告、共同诉讼人、有独立请求权的第三人外,还包括:(1)当事人死亡或者终止的,其权利义务承继者;(2)当事人是无民事行为能力人或者是

限制民事行为能力人的，其法定代理人；(3) 原审遗漏的必须共同参加诉讼的当事人。

特殊情况下，案外人也可以成为申请再审的主体。主要有两种情况：(1) 受判决效力扩张所及的第三人。如诉讼过程中，当事人转让作为诉讼标的的债权的，该债权的受让人。再如为当事人利益占有诉讼标的物的人。(2) 按照《民诉法解释》，提起执行异议的案外人对驳回其执行异议的裁定不服，认为原判决、裁定、调解书内容错误损害其民事权益的，可以申请再审。

申请再审的主体不包括判决、调解书生效后，当事人将判决、调解书确认的债权转让的受让人。如果该债权受让人对该判决、调解书不服申请再审的，人民法院不予受理。

2. 申请再审的对象是已经发生法律效力的判决、裁定、调解书

已生效的判决一般都允许当事人申请再审，包括小额诉讼案件的判决、裁定。但有两种情况除外：(1) 对已经发生法律效力的解除婚姻关系的判决，当事人不能申请再审。当婚姻关系解除后，当事人之间的夫妻身份关系便不再存在，当事人有可能与他人另行结婚。即使人民法院认为原判决解除婚姻关系确有错误，也不能用强制的方法使已经解除婚姻关系的双方再结合在一起。如果当事人之间感情确实没有破裂，双方仍愿意和好，完全可以在婚姻登记机关登记复婚，没有必要通过诉讼途径来解决。但是，如果当事人就离婚案件中的财产分割问题申请再审的，不受此限。如涉及判决中未作处理的夫妻共同财产，应告知当事人另行起诉。(2) 对于人民法院按照特别程序、督促程序、公示催告程序、破产程序等非讼程序审理的裁判，当事人不能申请再审。

可以申请再审的裁定应是民事诉讼法规定可以提起上诉的裁定。《民诉法解释》第 379 条规定：“当事人认为发生法律效力的不予受理、驳回起诉的裁定错误的，可以申请再审。”

当事人对调解书尽管不可以提起上诉，但如果能够提供证据证明调解违反自愿原则或调解协议的内容违反法律的，可以申请再审。

3. 应当在法定期限内提出申请

《民事诉讼法》第 212 条规定，当事人申请再审，应当在判决、裁定发生法律效力后 6 个月内提出。有下列情形的，当事人应当自知道或者应当知道之日起 6 个月内提出：(1) 有新的证据，足以推翻原判决、裁定的；(2) 原判决、裁定认定事实的主要证据是伪造的；(3) 据以作出原判决、裁定的法律文书被撤销或者变更的；(4) 审判人员审理该案件时有贪污受贿、徇私舞弊、枉法裁判行为的。该期限是申请再审权的除斥期间，自判决、裁定和调解书生效之次日起计算，为不变期限。立法规定的意图主要在于促使当事人及时行使申请再审的权利，便于维护民事法律关系的稳定。

当事人申请再审期间不适用中止、中断和延长的规定。

4. 必须提出法定再审事由

当事人对已经发生法律效力的判决、裁定,认为有错误的,可以向上一级人民法院申请再审;当事人一方人数众多或者当事人双方为公民的案件,也可以向原审人民法院申请再审。当事人申请再审的,不停止判决、裁定的执行。

(三)当事人申请再审的审查程序

当事人对同一份生效裁判只能行使一次申请再审权。当事人的再审申请被人民法院审查后,认为不符合再审条件而裁定驳回的,不得再次申请再审。当事人的再审申请符合再审条件,人民法院按照审判监督程序对本案作出再审裁判的,当事人不得对该再审裁判申请再审。但上述两种情形当事人不服的,可以向人民检察院申请再审检察建议或者抗诉。

当事人向人民检察院申请抗诉,经人民检察院审查作出不予提出再审检察建议或者抗诉决定的,当事人不得向人民法院申请再审。但人民检察院提出再审检察建议或者抗诉,人民法院作出的再审判决、裁定,当事人认为有再审事由的,可以申请再审。

当事人申请再审时应当提交下列材料:(1) 再审申请书,表明具体的再审请求、申请再审所依据的法定事由及具体事实、理由。(2) 能够证明申请人主体资格的身份证明。再审申请人是自然人的,应当提交身份证明;再审申请人是法人或者其他组织的,应当提交营业执照、组织机构代码证书、法定代表人或者主要负责人身份证明书。委托他人代为申请的,应当提交授权委托书和代理人身份证明。(3) 原审判决书、裁定书、调解书。(4) 能够证明法定再审事由的证据或材料。比如,以原生效裁判认定事实确有错误为由申请再审,应当提供反映案件基本事实的主要证据及其他材料。

人民法院应当自收到再审申请书之日起 5 日内将再审申请书副本发送对方当事人。对方当事人应当自收到再审申请书副本之日起 15 日内提交书面意见;不提交书面意见的,不影响人民法院审查。

人民法院应当自收到再审申请书之日起 3 个月内进行审查并就是否再审作出裁定。审查再审期限是可变更期限。考虑到我国民事诉讼法规定的再审事由包含实体错误内容,对于案件事实比较复杂的,或者需要依职权鉴定、审计、评估等特殊情况,人民法院认为需要延长审查期限的,经报请本院院长批准可以适当延长。

人民法院受理申请再审案件后,应当依照《民事诉讼法》的规定,对当事人主张的再审事由进行审查。人民法院可以要求申请人和对方当事人补充有关材料,人民法院根据审查案件的需要决定是否询问当事人。当事人提出新的证据可能推翻原判决、裁定的,人民法院应当询问当事人。审查再审申请期间,再审申请人申请人民法院委托鉴定、勘验的,人民法院不予准许。

经审查,当事人主张的再审事由成立,且符合民事诉讼法和司法解释规定的申请再审条件的,人民法院应当裁定再审。当事人主张的再审事由不成立,或者当事人申请再审超过法定申请再审期限、超出法定再审事由范围等不符合民事诉讼法和司法解释规定的申请再审条件的,人民法院应当裁定驳回再审申请。审查再审申请期间,被申请人及原审其他当事人依法提出再审申请的,人民法院应当将其列为再审申请人,对其再审事由一并审查,审查期限重新计算。经审查,其中一方再审申请人主张的再审事由成立的,应当裁定再审。各方再审申请人主张的再审事由均不成立的,一并裁定驳回再审申请。

(四)撤回再审申请的处理

申请再审权是当事人的程序权利,当事人享有撤回再审申请权。再审申请人经传票传唤,无正当理由拒不接受询问的,可以按撤回再审申请处理。但由于再审涉及恢复司法公正的公共利益目的,当事人行使处分权要受到法律的限制。《民诉法解释》第398条第1款指出:"审查再审申请期间,再审申请人撤回再审申请的,是否准许,由人民法院裁定。"人民法院对当事人撤回再审的申请应当进行合目的审查。如果人民法院发现原生效裁判确有再审事由,不予再审有损司法公正之虞的,不应准许。

当事人撤回再审申请获人民法院准许,或者人民法院按撤回再审申请处理后,再审申请人再次申请再审的,人民法院不予受理。但有下列情形,且当事人自知道或者应当知道之日起6个月内再次提出再审申请的,人民法院应当受理:(1)有新的证据,足以推翻原判决、裁定的;(2)原判决、裁定认定事实的主要证据是伪造的;(3)据以作出原判决、裁定的法律文书被撤销或者变更的;(4)审判人员审理该案件时有贪污受贿、徇私舞弊、枉法裁判行为的。

(五)终结审查

人民法院在审查当事人的再审申请过程中,发生下列情形之一的,人民法院应当终结审查程序:(1)再审申请人死亡或者终止,无权利义务承继者或者权利义务承继者声明放弃再审申请的;(2)在给付之诉中,负有给付义务的被申请人死亡或者终止,无可供执行的财产,也没有应当承担义务的人的;(3)当事人达成和解协议且已履行完毕的;(4)他人未经授权以当事人名义申请再审的;(5)原审或者上一级人民法院已经裁定再审的;(6)经审理查明,当事人的申请属于人民法院不予受理再审申请的情形的。其中,当事人达成和解协议且履行完毕,但当事人在和解协议中声明不放弃申请再审权利的,人民法院应当继续审查。

三、人民检察院行使法律监督权

人民检察院认为生效裁判有法定再审事由的,可以采取抗诉和提出再审检察建议两种方式对审判权进行法律监督,引发再审。

(一) 抗诉

民事抗诉是指人民检察院对人民法院已经发生法律效力的裁判,发现确有错误,或者发现调解书损害国家利益、社会公共利益的,依法提请人民法院对案件进行再审的诉讼行为。

人民检察院是国家的法律监督机关,有权对民事审判活动进行法律监督。人民检察院对已经发生法律效力的判决和裁定依法提起抗诉发动再审是其行使检察监督权的具体表现。根据《民事诉讼法》的规定,最高人民检察院对地方各级人民法院已经发生法律效力的判决、裁定,上级人民检察院对下级人民法院已经发生法律效力的判决、裁定,发现确有错误的,应当按照审判监督程序提出抗诉。

民事抗诉与刑事抗诉不同。刑事诉讼抗诉有两种情形,一是提起第二审程序,二是发动再审程序。提起上诉审程序的抗诉的对象是尚未发生法律效力的一审裁判,发动再审的抗诉对象是已经发生法律效力的裁判。民事抗诉只有一种情形,即依据审判监督程序要求人民法院启动再审程序。民事抗诉的对象仅限于已生效的民事裁判或调解书。

根据《民事诉讼法》的规定,人民检察院提出民事抗诉应具备以下条件:

第一,提出抗诉的主体是最高人民检察院和上级人民检察院。最高人民检察院是国家的最高法律监督机关,它有权对任何级别法院作出的生效裁判进行法律监督,并依法提出抗诉。这就是说,最高人民检察院有权对全国各级人民法院(包括最高人民法院)和专门人民法院的具有法定抗诉情形已经发生法律效力的裁判提出抗诉,要求人民法院进行再审。上级人民检察院对下级人民法院的生效裁判发现确有错误的,有权提出抗诉。也即人民检察院不能直接向同级人民法院提出抗诉,必须提请其上一级人民检察院提出抗诉。"上提一级"抗诉的制度设计,旨在多一道审查把关,确保检察院的抗诉是符合法律规定的再审条件的。

第二,提出抗诉的对象是人民法院已经生效的裁判、调解书。未生效的判决和裁定即使有错误,检察院也不能通过抗诉的方式进行监督。

第三,提起抗诉的理由是法律规定的再审事由。提起抗诉的法定事由与当事人申请再审的法定事由是一致的。

(二) 再审检察建议

再审检察建议是人民检察院认为法院的判决、调解书出现再审法定事由,或者发现审判人员有违法行为的,用检察建议的形式建议法院启动审判监督程序的诉讼活动。

检察建议不同于抗诉的地方在于:其一,不需要上提一级,由人民检察院直接向同级人民法院提出,经本院检察委员会讨论决定,报上级人民检察院备案即可。因此,再审检察建议的程序更加便捷、高效。其二,两种方式的法律后果存在差异。按照《民事诉讼法》的规定,对于人民检察院的抗诉,人民法院必须再审;而对于再审检察建议,人民法院则不一定再审。其三,适用的范围不同。抗诉仅针对生效裁判出现法定再审事由的情形,而检察建议既包括对生效裁判的再审检察建议,也包括对审判监督程序以外的其他审判程序中审判人员的违法行为进行法律监督而提起的检察建议。

《民诉法解释》第 414 条、第 417 条规定,人民法院收到人民检察院的再审检察建议后,应当进行审查,认为检察院的再审检察建议不符合条件或资料不齐备的,可以建议检察院予以补正或者撤回;检察院不予补正或者撤回的,应当函告人民检察院不予受理。人民法院受理检察建议后,应组成合议庭,在 3 个月内进行审查,发现原判决、裁定、调解书确有错误的,裁定再审,并通知当事人;经审查,决定不予再审的,书面回复人民检察院。

(三) 当事人申请抗诉或再审检察建议

为增强当事人申请再审权,民事诉讼法赋予当事人向人民检察院申请抗诉的权利。当事人在申请检察院抗诉之前,必须先向人民法院申请再审;其再审申请被人民法院驳回,或者人民法院逾期未对再审申请作出裁定的,或者当事人认为人民法院的再审判决、裁定有明显错误的,方可申请检察院提起抗诉或检察建议。

人民检察院对当事人的申请应当在 3 个月内进行审查,作出提出或者不予提出检察建议或者抗诉的决定。人民检察院依法对有明显错误的再审判决、裁定提出抗诉或者再审检察建议的,人民法院应予受理。无论检察院作出的决定是提出还是不予提出抗诉或检察建议,当事人均不得再次向人民检察院提出抗诉申请。

(四) 抗诉与再审检察建议的程序

人民检察院在确定是否进行抗诉或提出再审检察建议前应当进行必要的调查核实。人民检察院因履行法律监督职责提出检察建议或者抗诉的需要,可以向当事人或者案外人调查核实有关情况。调查核实的目的仅限于发现是否存在提出抗诉或检察建议的法定事由。法律禁止检察院依职权调查收集证据,防止检察院滥用调查权,导致不当的法律监督行为。如果检察院角色定位不准,或成为一方当事人的代理人,或取代法官对当事人的争议作出实体判断,将改变民事诉讼当事人之间的力量对比,破坏民事诉讼法规定的当事人诉讼地位平等原则,而使抗诉与检察建议行为不符合正当程序原则,损害司法公正。

人民检察院提出抗诉,应当向人民法院递交抗诉书或检察建议书。抗诉书的内容应当包括:提出抗诉的检察院和接受抗诉的人民法院,抗诉案件当事人的基本情况，抗诉的案件及其生效的裁判，抗诉的事实和理由，提出抗诉的时间等。抗诉书由检察长签字并加盖人民检察院的印章。抗诉书应当抄送抗诉人民检察院的上一级人民检察院。上级人民检察院认为抗诉不当的，有权撤销下级人民检察院的抗诉，并通知下级人民检察院。

人民检察院向人民法院提出再审检察建议，须经本院检察委员会讨论决定，并报上一级人民检察院备案。

人民检察院依当事人申请提出抗诉的案件，接受抗诉的人民法院收到抗诉书后，应当自收到抗诉书之日起 30 日内作出再审的裁定，同时裁定中止原裁判的执行。人民法院应审查检察院的抗诉是否符合下列条件：(1) 抗诉书和原审当事人申请书及相关证据材料已经提交；(2) 抗诉对象为依照民事诉讼法和司法解释规定可以进行再审的判决、裁定；(3) 抗诉书列明该判决、裁定具有应当再审的法定事由，或者调解书有损害国家利益、社会公共利益的情形；(4) 基于当事人申请抗诉的，审查该当事人是否先行向人民法院申请了再审。检察院抗诉不符合上述条件的，人民法院可以建议人民检察院予以补正或者撤回抗诉，检察院不予补正或者撤回的，人民法院可以裁定不予受理。

对于人民检察院的再审检察建议，人民法院应当进行审查，符合法律规定的条件的，应予受理。法院审查内容包括：(1) 再审检察建议书和原审当事人申请书及相关证据材料是否齐备；(2) 建议再审的对象是否为依照民事诉讼法和司法解释规定可以进行再审的判决、裁定；(3) 再审检察建议书是否列明理由，即是否有民事诉讼法规定的可以提起再审检察建议的情形；(4) 对于依当事人申请抗诉而提出检察建议的，审查是否满足民事诉讼法规定的先向人民法院申请再审的前置程序；(5) 再审检察建议书是否经该人民检察院检察委员会讨论决定。不符合前述条件的，人民法院可以建议人民检察院予以补正或者撤回；不予补正或者撤回的，应当函告人民检察院不予受理。

人民法院收到再审检察建议后，应当组成合议庭，在 3 个月内进行审查，发现原判决、裁定、调解书确有错误，需要再审的，应裁定再审，并通知当事人；经审查，决定不予再审的，应当书面回复人民检察院。人民法院审理因人民检察院抗诉或者再审检察建议裁定再审的案件，不受此前已经作出的驳回当事人再审申请裁定的影响。

第四节 再审审理程序

人民法院作出再审的决定后，特定民事案件的生效裁判即告废止，诉讼程序回到原点重新出发。再审程序即进入本案（再次）审理程序阶段，以下简称再审审理程序。

一、审理法院

因当事人申请裁定再审的案件由中级以上的人民法院审理,但当事人一方人数众多或者当事人双方为公民的案件,也可以向原审人民法院申请再审;当事人分别向原审人民法院和上一级人民法院申请再审且不能协商一致的,由原审人民法院受理。

最高人民法院、高级人民法院裁定再审的案件,由本院再审或者交其他人民法院再审,也可以交原审人民法院再审。但是,如果原审人民法院对该案没有管辖权,或者审判人员在审理该案件时有贪污受贿、徇私舞弊、枉法裁判行为的,或者原判决、裁定系经原审人民法院审判委员会讨论作出的,以及有其他类似不宜由原审人民法院再审的情形的,不得指令原审人民法院再审。

人民检察院提出抗诉的案件,其法定事由是《民事诉讼法》第 207 条第 1 款第 1 项至第 5 项规定情形之一的,接受抗诉的人民法院可以交下一级人民法院再审。这五种情形都是涉及证据问题,具体包括:有新的证据,足以推翻原判决、裁定的;原判决、裁定认定的基本事实缺乏证据证明的;原判决、裁定认定事实的主要证据是伪造的;原判决、裁定认定事实的主要证据未经质证的;对审理案件需要的证据,当事人因客观原因不能自行收集,书面申请人民法院调查收集,人民法院未调查收集的等。为了便于调查核实证据,出现这几种情形的抗诉案件交由下一级人民法院审理是可行的。但案件曾经由该下一级人民法院再审过的除外。

二、审理程序与审判组织

再审程序是一种补救性的程序,我国《民事诉讼法》没有为它单独规定一套审理程序。具体案件的再审,应视不同的情况分别适用第一审程序或者第二审程序:

1. 原来是第一审审结的,再审时仍按照第一审程序审理,所作的裁判仍是第一审裁判,当事人对裁判不服的,可以上诉。人民法院应当按照第一审程序另行组成合议庭;原审适用简易程序的,再审时按照普通程序组成合议庭。

2. 原来是第二审审结的,再审时仍按照第二审程序审理,所作的裁判是终审裁判,当事人不得提起上诉。人民法院按照第二审程序另行组成合议庭。

所谓应当另行组成合议庭,包括两层含义:第一,再审案件不能采用独任制,而应当组成合议庭。再审程序是一个纠错程序,需要由多人组成的审判组织来对案件重新进行审理裁判,有助于从多角度发现原生效裁判存在的问题。第二,原合议庭成员不能参加新组成的合议庭。另行组成合议庭的意义在于可以防止审判人员先入为主而不利于案件的正确裁判,也可以避免因当事人对原合议庭的成员的不信任感,不利于诉讼活动的正常进行和再审裁判的可接受性。

3. 最高人民法院和上级人民法院提审的案件,无论原来是第一审还是第二审审结的,一律适用第二审程序审理,所作的裁判是终审裁判,当事人不得提起上诉。

4. 人民法院开庭审理抗诉案件,应当通知人民检察院、当事人和其他诉讼参与人。通知应该在开庭三日前送达。同级人民检察院或者提出抗诉的人民检察院应当派员出庭。人民检察院因履行法律监督职责向当事人或者案外人调查核实的情况,应当向法庭提交并予以说明,由双方当事人进行质证。

人民法院审理再审案件应当开庭审理,但按照第二审程序审理,有特殊情况或者双方当事人已经通过其他方式充分表达意见,且书面同意不开庭审理的除外。

人民法院开庭审理再审案件,因当事人申请再审的,先由再审申请人陈述再审请求及理由,后由被申请人答辩、其他原审当事人发表意见;因抗诉再审的,先由抗诉机关宣读抗诉书,再由申请抗诉的当事人陈述,后由被申请人答辩、其他原审当事人发表意见;人民法院依职权再审,有申诉人的,先由申诉人陈述再审请求及理由,后由被申诉人答辩、其他原审当事人发表意见;人民法院依职权再审,没有申诉人的,先由原审原告或者原审上诉人陈述,后由原审其他当事人发表意见。

三、审理范围及裁判

(一) 审理范围

当事人申请再审的案件,人民法院应当要求当事人明确其再审请求。《民诉法解释》第 403 条规定,人民法院审理再审案件应当围绕再审请求进行。再审审查阶段的审理对象是当事人申请再审的请求事项。有些案件具有法定的再审事由,比如原生效裁判剥夺了当事人辩论权、审判组织不合法、法官有受贿行为等,并不意味着原生效裁判在认定事实和适用法律上肯定错误。但是上述法定事由的存在致使原生效裁判丧失了正当性基础,严重损害了司法公正,必须通过再审程序加以废弃,重新审理作出裁判,以修复司法公正。因此,在法院作出再审裁定时,原生效裁判的错误就已经被认定,既判力已经被废弃,当事人的法律关系恢复到诉讼系属之前的状态。当事人超出原审范围增加、变更诉讼请求的,不属于再审审理范围。但当事人在原审诉讼中已经依法要求增加、变更诉讼请求,原审未予审理,且客观上不能另行诉讼的,人民法院应当审理。被申请人及原审其他当事人在庭审辩论结束前提出的再审请求,且没有超出《民事诉讼法》规定的再审申请期限的,人民法院应当一并审理。但是,人民法院经再审,发现已经发生法律效力的判决、裁定损害国家利益、社会公共利益、他人合法权益的,应当一并审理。

(二)再审裁判

人民法院按再审程序对案件进行再审,应根据不同情况作出处理决定:

1. 维持原判决、裁定。原判决、裁定认定事实清楚、适用法律正确,审判程序合法的,应当维持原裁判。原判决、裁定在认定事实、适用法律、阐述理由方面虽有瑕疵,但裁判结果正确的,人民法院应在再审判决、裁定中纠正上述瑕疵后予以维持。

2. 改变原判决、裁定。按照一审程序再审的案件,如果原裁判认定事实错误或适用法律不当,应当撤销原裁判,依法作出新判决,重新确定当事人之间的权利义务关系。人民法院按照第二审程序审理再审案件,发现原判决认定事实错误或者认定事实不清的,应当在查清事实后改判。但由原审人民法院审理更便于查清事实,化解纠纷的,可以裁定撤销原判决,发回重审;认为不符合民事诉讼法规定的受理条件的,应当裁定撤销原判决,裁定不予受理;原审程序遗漏必须参加诉讼的当事人且无法达成调解协议,以及有其他违反法定程序不宜在再审程序中直接作出实体处理的情形的,应当裁定撤销原判决,发回重审。

新的证据证明原判决、裁定确有错误的,人民法院应予改判。申请再审人或者申请抗诉的当事人提出新的证据致使再审改判,被申请人等当事人因申请再审人或者申请抗诉的当事人的过错未能在原审程序中及时举证,请求补偿其增加的差旅、误工等诉讼费用的,人民法院应当支持;请求赔偿其由此扩大的直接损失的,可以另行提起诉讼解决。

对案外人申请再审的案件,经审理其对原判决提出的异议成立的,应根据审理情况作出撤销原判决相关判项的判决;其异议不成立的,应作出驳回再审请求的判决。撤销原判决相关判项的,人民法院应当告知案外人以及原审当事人可以提起新的诉讼解决相关争议。

3. 调解。当事人在再审审理中经调解达成协议的,人民法院应当制作调解书。调解书经各方当事人签收后,即具有法律效力,原判决、裁定视为被撤销。

再审案件的审结期限与其适用的审理程序相适应,即适用一审程序审理的,遵循一审案件的审理期限;按照二审程序再审的,适用二审案件的审理期限,再审案件的审理期限自决定再审之日起计算。

再审案件可以由再审人民法院自行宣判,也可以委托原审人民法院或当事人所在地法院代为宣判。

四、再审程序的终结

案件再审审理期间,有下列情形之一的,人民法院可以裁定终结再审程序:

1. 再审申请人在再审期间撤回再审请求,人民法院准许的;

2. 再审申请人经传票传唤,无正当理由拒不到庭的,或者未经法庭许可中途退庭,按撤回再审请求处理的;

3. 人民检察院撤回抗诉的;

4. 再审申请人死亡或者终止,无权利义务承继者或者权利义务承继者声明放弃再审申请的;在给付之诉中,负有给付义务的被申请人死亡或者终止,无可供执行的财产,也没有应当承担义务的人的;

5. 其他应当终结再审程序的情形,如当事人达成和解协议且已履行完毕的,等等。

因人民检察院提出抗诉裁定再审的案件,申请抗诉的当事人有上述规定的情形,且不损害国家利益、社会公共利益或者他人合法权益的,人民法院应当裁定终结再审程序。

拓展阅读

1. 李浩:《民事再审程序改造论》,载《法学研究》2000年第4期。

2. 张卫平:《民事再审:基础置换与制度重建》,载《中国法学》2003年第1期。

3. 汤维建:《我国民事再审制度的模式变迁》,载《法商研究》2006年第4期。

4. 张卫平:《再审事由构成再探讨》,载《法学家》2007年第6期。

5. 李浩:《再审的补充性原则与民事再审事由》,载《法学家》2007年第6期。

6. 齐树洁:《再审程序的完善与既判力之维护》,载《法学家》2007年第6期。

7. 汤维建、季桥龙:《民事再审程序启动机制研究——以检察机关一元化审理申请再审案件模式为中心》,载《山东社会科学》2009年第5期。

8. 蔡虹:《民事再审程序立法的完善——以〈中华人民共和国民事诉讼法修正案(草案)〉为中心的考察》,载《法商研究》2012年第2期。

9. 王亚新:《民事再审:程序的发展及其解释适用》,载《北方法学》2016年第5期。

10. 吴英姿:《"再审之诉"的理论悖论与实践困境——申请再审权性质重述》,载《法学家》2018年第3期。

第二十四章　诉讼调解程序

本章目次

第一节　诉讼调解概述

一、诉讼调解的概念

诉讼调解，又称法院调解，是指在法院审判人员的主持下，民事诉讼双方当事人就争议事项进行协商，自愿达成协议，结束诉讼程序的诉讼活动。

诉讼调解是我国民事诉讼中的重要制度,是人民法院审理民事案件常用的方式之一。人民法院在民事审判工作中十分重视通过调解方式处理案件。《民事诉讼法》在总则部分专章规定了法院调解制度。一直以来,诉讼调解被当作我国民事诉讼的基本原则之一。除不适合调解的案件外,人民法院审理民事案件都尽可能进行调解。按照最高人民法院 2004 年颁布实施、2020 年第二次修正的《关于人民法院民事调解工作若干问题的规定》(以下简称《调解规定》)第 2 条的规定,对于有可能通过调解解决的民事案件,人民法院应当调解。

二、诉讼调解的特征

相对于其他诉讼制度,诉讼调解的制度特征有以下几个方面:

1. 诉讼调解适用的案件范围非常广泛。除法律规定不能调解的案件外,调解适用于所有的案件。《民诉法解释》第 143 条列举了不适用调解的案件,包括适用特别程序、督促程序、公示催告程序的案件,婚姻等身份关系确认案件以及其他根据案件性质不能进行调解的案件。除此之外的民商事纠纷案件、婚姻家庭关系案件、劳动争议案件等,均可以适用调解。

2. 诉讼调解适用的程序很广。第一审普通程序、简易程序、小额诉讼程序、上诉审程序、再审程序都可以适用调解,而且在程序发展的各个阶段都可以进行调解。

3. 诉讼调解是法院行使审判权行为的方式之一。调解协议是法定的结案方式的一种,生效调解书、调解笔录与法院生效判决书具有同等效力。诉讼调解是在法院审判人员主持下进行的,是法院行使审判权和当事人行使处分权的结合。这是调解不同于诉讼中的和解的特征。诉讼上和解是指当事人在诉讼过程中通过自行协商,达成解决纠纷的协议的活动。纯粹意义上的诉讼和解是没有法官参与的、当事人在诉讼之外的行为。当事人达成和解后,一般以原告方撤回诉讼的方式终结诉讼程序。某些情况下,诉讼上的和解可能会转化为诉讼调解,即当事人请求法院以调解书的形式确认其和解协议的,和解可以转化为调解。

三、诉讼调解与其他调解比较

作为解决争议的一种手段和方式,调解被广泛地运用于各种解决民事纠纷的制度之中。除法院用调解方式处理民事纠纷外,仲裁机构、行政机关、民间组织也运用调解处理它们主管范围内的民事纠纷。诉讼调解与其他组织的调解,如仲裁机构的调解、乡(镇)人民政府及其他行政机关的调解、人民调解委员会的调解,既有共性,又有明显区别。

诉讼调解与其他组织调解的共同之处在于:它们都是建立在当事人自愿基础上的解决纠纷的方式。调解能否开始取决于当事人是否同意接受调解,调解过程中是否作出让步取决于当事人的意愿,调解结束时是否与对方达成调解协议、达成何种内容的调解协取决于当事人的选择。另外调解的主持者都要做相同或相似的调解工作,都要引导当事人就争议进行协商,化解双方的对立情绪,劝说当事人作出必要的妥协和让步,以达成调解协议解决纠纷。

诉讼调解与其他组织调解之间的区别在于:第一,性质不同。诉讼调解是民事诉讼程序的有机组成部分,是法院行使审判权的行为,本质上属于诉讼程序的性质;其他组织的调解是非诉讼调解,不具有司法性。仲裁机构的调解属于仲裁,乡(镇)人民政府和行政机关的调解是行政行为,人民调解委员会的调解则是民间调解。第二,效力不同。诉讼调解达成的调解协议一旦生效,就具有与生效判决同等的法律效力,可以作为法院强制执行的依据,当事人不能上诉,也不能就同一事项再次提起诉讼。其他组织调解达成的协议,除仲裁调解协议外,其他调解协议均没有强制执行力,主要靠当事人自觉履行。当事人反悔的,还可以提起诉讼。

《民诉法解释》第145条第2款规定:"人民法院审理离婚案件,应当进行调解,但不应久调不决。"《最高人民法院关于适用简易程序审理民事案件的若干规定》第14条规定,下列民事案件,人民法院在开庭审理时应当先行调解:(1)婚姻家庭纠纷和继承纠纷;(2)劳务合同纠纷;(3)交通事故和工伤事故引起的权利义务关系较为明确的损害赔偿纠纷;(4)宅基地和相邻关系纠纷;(5)合伙合同纠纷;(6)诉讼标的额较小的纠纷。但是根据案件的性质和当事人的实际情况不能调解或者显然没有调解必要的除外。调解达成协议并经审判人员审核后,双方当事人同意该调解协议经双方签名或者按指印生效的,该调解协议自双方签名或者按指印之日起发生法律效力。

第二节　诉讼调解的基本原则

《民事诉讼法》第96条规定:"人民法院审理民事案件,根据当事人自愿的原则,在事实清楚的基础上,分清是非,进行调解。"《民诉法解释》第145条指出,人民法院审理民事案件,应当根据自愿、合法的原则进行调解。当事人一方或者双方坚持不愿调解的,应当及时裁判。根据上述规定,诉讼调解应当遵循以下原则:

一、自愿原则

调解的自愿原则,是指诉讼调解活动的进行和调解协议的达成,都必须以双方当事人自愿为前提。自愿与合意是诉讼调解获得正当性的基础。只要是出于当事人的自愿并经双方达成一致,即便调解协议内容超出诉讼请求的范围,人民法院也可以准许。自愿原则有以下两方面的含义：

1. 诉讼调解活动的开始要征得双方当事人的同意。对于自己的案件采用判决方式处理还是以调解方式处理,当事人有选择权。当事人提起诉讼时,是要求法院用判决方式解决争议,因而以调解协议替代判决是当事人对程序上权利的处分。因此,法院是否可以进行调解,取决于当事人的意愿。法院必须在取得双方当事人同意后才能开始调解。即使法院认为用调解方式处理案件对当事人更加有利,但如果当事人不愿意,也不得强迫其接受调解。

2. 调解协议应当反映双方当事人的真实意愿。调解的本质是通过调解人的斡旋,使当事人达成谅解、作出让步,从而解决纠纷。诉讼调解也是如此。为了达成调解协议,当事人往往需要放弃部分实体权利。因此,调解协议的内容必须是当事人的真实意思表示。当事人不能就权利义务关系达成一致的,法院应当及时判决,不能为了追求调解结案而强迫或采取久调不决等方式变相强迫当事人作出让步。

二、查清事实、分清是非原则

事实清楚、分清是非原则,是指诉讼调解应当建立在事实清楚、分清是非的基础上。该原则既是诉讼调解制度的性质所要求的,也是调解取得成功所必需的。首先,诉讼调解是诉讼中调解,是法院对民事案件行使审判权的一种方式。遵循事实清楚、是非分明原则是民事诉讼程序正当性的要求。其次,司法经验表明,审判人员要有效地进行调解,说服当事人接受调解方案,事先查清案件的基本事实,分清双方当事人的是非责任是很有帮助的。如果审判人员对当事人争议的案件事实心中无底就开始调解,不仅不能提出双方当事人都能接受的方案,而且容易变成盲目调解,强说硬劝,效果不好,事倍功半;如果审判人员不依法分清双方当事人的是非责任就急于调解,其说理不仅没有说服力,而且容易变成各打五十大板、“和稀泥”,不利于保护当事人的合法权益。

当然,以调解方式结案对案件事实的依赖程度不同于判决方式。判决是建立在法院对当事人争议的案件事实作出明确判断和适用法律认定当事人之间的权利义务基础之上的,判决书中应写明法官认定事实所依据的证据及其证明力,公开对案件事实形成内心确信的过程,详细论证所适用的法律依据及其解释,等等。因此,在判决中,案件事实的查明应当达到证据规则规定的证明要求,厘定当事人的权利义务。而在调解中,法官查明案件事实的标准相对要低。只要能够起到说服当事人达成协议的作用,法官不一定要严格按照判决的标准把争议事实彻底查清。调解书也不需要载明法官对案件事实的判断结论。不排除有些情况下,案件事实的查清反而不利于当事人达成互谅互让的合意,不利于纠纷的解决。如果案件事实是否查明对纠纷解决没有实质帮助,审判人员只要对案件事实的轮廓有大致的了解就可以了。

三、合法原则

调解的合法原则,是指调解协议的内容不得违反法律规定。民事诉讼法对调解协议合法性的要求与对判决合法性的要求是存在区别的。调解的合法是指调解协议的内容不违反法律禁止性规定,而不是指协议必须严格遵照法律的规定确定当事人的权利义务关系。首先,民事诉讼是解决当事人之间的私权利纠纷,当事人自愿达成调解协议的行为属于私权利(处分权)行为,因此调解合法与非法的界限应当是"法无禁止皆可为",凡是不违反法律禁止性规定的协议都可以视为是合法的。其次,调解协议通常是权利方作出让步的结果,因此协议内容不可能完全等同于判决内容。

根据《调解规定》第 12 条,调解协议具有下列情形之一的,人民法院不予确认:(1) 侵害国家利益、社会公共利益的;(2) 侵害案外人利益的;(3) 违背当事人真实意思的;(4) 违反法律、行政法规禁止性规定的。

第三节　诉讼调解的类型

《民事诉讼法》规定,法官可以在诉讼程序中的任何阶段进行调解。《调解规定》第 1 条规定,人民法院对受理的第一审、第二审和再审民事案件,可以在答辩期满后裁判作出前进行调解。在征得当事人各方同意后,人民法院也可以在答辩期满前进行调解。按照调解的时间,诉讼调解大致包括庭前调解、庭审调解、庭后调解。

一、庭前调解

庭审前的调解发生在诉讼的初始阶段,在被告应诉答辩后,开庭审理前进行。《民诉法解释》第 142 条规定,人民法院受理案件后,经审查,认为法律关系明确、事实清楚,在征得当事人双方同意后,可以径行调解。法官的经验表明,庭前调解的成功率较高。因为开庭审理过程是双方当事人信息交换的过程。信息越充分,当事人对诉讼结果的预期越清晰。认为自己胜诉可能性较大的一方一般不会同意调解。其次,庭审程序的公开性、对抗性以及当事人在法庭调查、法庭辩论中对自己主张和理由的不断重复,会强化当事人的对抗心理并巩固当事人对自己主张的信念。原来不确定的态度、观点会变得确定,并愿意坚持之。这时说服当事人改变态度、作出让步就很困难。

为防止因庭前调解延误诉讼,《调解规定》对庭前调解设置了期限。在答辩期满前人民法院对案件进行调解,适用普通程序的案件在当事人同意调解之日起15天内,适用简易程序的案件在当事人同意调解之日起7天内进行调解。当事人未达成调解协议的,应当及时开庭审理。但各方当事人同意继续调解的,法院可以适当延长调解期间,延长的时间不计入审限。

二、庭审调解

庭审调解是法院在开庭审理过程中进行的调解。庭审的调解,一般应当在法庭辩论结束后进行。但是,如果在法庭调查结束、法庭辩论之前当事人双方都有调解意向的,法官也可以抓住机会及时调解。经过法庭调查和法庭辩论这两个阶段后,法官和双方当事人已经掌握了案件的基本信息,是非责任也大致明确,此时进行调解尽管较为困难,但显得更加公平、正当。经过法庭调查和辩论,如果事实清楚的,审判长或审判员应当按照原告、被告和有独立请求权第三人的顺序询问当事人是否愿意调解。无独立请求权第三人需要承担义务的,在询问原、被告之后,还应询问其是否愿意调解。当事人如果愿意调解,可以当庭进行调解,也可以在休庭后进行调解。

三、庭后调解

法院在开庭结束后、裁判文书送达前进行的调解,叫庭后调解。开庭结束后,在法官制作裁判文书期间,当事人还可以申请诉讼调解。甚至在法院送达裁判文书时,当事人签收之前还希望调解的,法院也可以进行调解。如果达成调解协议,法院的裁判文书即不必送达,也不再生效,法院应另行制作调解书。

第四节 诉讼调解程序

一、调解程序的启动

调解程序的启动有两种情形:一种是因当事人提出申请而开始;另一种是人民法院依职权主动征求当事人的意见,询问当事人是否愿意调解,取得当事人同意后,开始调解。

二、调解方式

调解是在法院主持下进行的。在实行独任审理时,由审判员一人主持调解;在案件由合议庭审理时,调解可以由合议庭主持,也可以由审判长代表合议庭主持。为保障调解的公正性,人民法院应当在调解前告知当事人主持调解人员和书记员姓名以及是否申请回避等有关诉讼权利和诉讼义务。合议庭或独任审判员可以独立进行调解,也可以根据需要邀请有关单位和个人协助法院进行调解。由当事人所在单位、当事人的亲友协助法院做当事人的思想工作,有利于调解的进行,有助于化解纠纷,达成调解协议。当法院发出邀请时,受邀请的单位或个人应当协助法院进行调解。人民法院可以邀请与当事人有特定关系或者与案件有一定联系的企业事业单位、社会团体或者其他组织,和具有专门知识、特定社会经验、与当事人有特定关系并有利于促成调解的个人协助调解工作。经各方当事人同意,人民法院可以委托有关单位或者个人对案件进行调解,达成调解协议后,人民法院应当依法予以确认。

调解的地点可以根据案件的具体情况确定,一般在法院内,也可以到案件发生地、当事人所在地就地进行调解。调解原则上应当在当事人各方均在场的情况下进行,但为了促成当事人达成协议,法院根据需要也可以对当事人分别作调解工作。

诉讼调解采取不公开的方式进行。包括:(1) 调解过程不公开,但当事人同意公开的除外。(2) 调解协议内容不公开,但为保护国家利益、社会公共利益、他人合法权益,人民法院认为确有必要公开的除外。

主持调解以及参与调解的人员,对调解过程以及调解过程中获悉的国家秘密、商业秘密、个人隐私和其他不宜公开的信息,应当保守秘密,但为保护国家利益、社会公共利益、他人合法权益的除外。

三、调解过程

人民法院调解案件时,原则上由当事人亲自参加,特别是涉及身份关系案件的当事人,应当亲自参加调解。当事人不能出庭的,经其特别授权,可由其委托代理人参加调解;达成的调解协议,可由委托代理人签名。离婚案件当事人确因特殊情况无法出庭参加调解的,除本人不能表达意志的以外,应当出具书面意见。

法院主持调解时,应当引导当事人就解决争议的方案进行充分协商。调解方案应先由各方当事人提出,审判人员促成双方达成协议。在双方当事人提出的方案差距太大,难以达成一致意见的情况下,审判人员可以依据案件事实和法律规定,在分清双方的是非责任情况下,提出一个双方都有可能接受的调解方案,供当事人考虑。双方当事人在诉讼外自行协商达成协议要求法院制作调解书的,法院应对协议的内容进行审查,协议内容不违反法律的,可以根据协议内容制作调解书。当事人不能对诉讼费用如何承担达成协议的,不影响调解协议的效力。人民法院可以直接决定当事人承担诉讼费用的比例,并将决定记入调解书。

四、调解程序的终结

调解在以下两种情况下结束:一是经调解双方当事人达成了调解协议,二是当事人未能达成调解协议。在第一种情况下,调解的结束同时也是诉讼的结束。在第二种情形调解虽然结束,但诉讼却继续进行,由调解转入庭审程序或判决程序。当事人经调解不能达成协议的,人民法院应当及时作出裁判。

第五节 调解书及其效力

一、调解书

调解书是法院制作的记载当事人调解协议内容的法律文书。调解书须依据调解协议制作,反映调解协议的内容。当事人自行和解或者调解达成协议后,也可以请求人民法院按照和解协议或者调解协议的内容制作调解书。

法院对达成调解协议的案件,一般应当制作调解书,法律另有规定的除外。由于调解是当事人行使处分权的结果,与法院依法作出裁判的结论不一定相同,因此,当事人以调解协议或和解协议内容请求制作判决书的,人民法院不予准许。但是,《民诉法解释》第 148 条规定了一个例外:当事人为无民事行为能力人的离婚案件,法定代理人与对方达成协议要求发给判决书的,人民法院可根据协议内容制作判决书。

有些案件当事人达成调解协议,没有给付内容,或者后续不涉及强制执行的,也可以不制作调解书。《民事诉讼法》第 101 条规定可以不制作调解书的案件包括:(1) 调解和好的离婚案件;(2) 调解维持收养关系的案件;(3) 能够即时履行的案件;(4) 其他不需要制作调解书的案件。

调解书的格式,由首部、主文和尾部三部分组成。首部应写明制作调解书的法院,案件的编号,当事人、第三人、诉讼代理人的基本情况,案由和主持调解的合议庭组成人员或独任审判人员。主文是调解书的核心内容,它由案件事实和调解结果两部分构成。案件事实部分应写明:(1) 原告的诉讼请求及理由,被告的答辩主张和理由。有第三人参加诉讼时,还应写明第三人的主张和理由。(2) 由法院在调解中查明的有争议的案件事实。调解结果部分写明经法院主持调解,双方当事人自愿达成的调解协议的内容。这部分要写得明确、具体,否则在履行调解书时会出现争议。尾部由主持调解的审判人员、书记员署名,写明制作调解书的时间,加盖法院的公章。

二、调解书的效力

已生效的调解书、调解笔录与生效判决书具有同等法律效力,包括拘束力、既判力和执行力。

1. 拘束力。调解书的拘束力表现为双方当事人之间的民事权利义务关系依据调解书或调解笔录中记载的调解协议的内容而确定。

2. 既判力。也即调解书在诉讼法上的效力,表现在以下方面:其一,结束诉讼程序。调解书或调解笔录生效表明双方当事人之间的纠纷已通过诉讼得到解决,诉讼程序因此而结束。当事人不得以同一事实和理由、向同一被告再次提起诉讼。其二,当事人不得对调解协议提出上诉。调解协议是当事人自愿达成的,由于法律已经为调解的自愿性提供了充分的程序保障,当事人应当为自己的行为承担法律后果,不能随意推翻。因此,法律规定,当事人对已生效的调解书无权提出上诉。

3. 执行力。生效调解书具有生效判决一样的执行力,当事人应当遵照调解书内容履行义务。一方当事人拒绝履行调解书载明的义务的,对方当事人可将调解书作为执行根据向人民法院申请强制执行。

三、调解书的生效时间

诉讼调解协议的生效时间,因是否制作调解书而有所不同。

1. 调解书的生效时间。根据《民事诉讼法》第 100 条的规定,调解书经双方当事人签收后具有法律效力。即调解书需经当事人签收后才发生法律效力。在共同诉讼情形,应当以最后收到调解书的当事人签收的日期为调解书生效日期。在无独立请求权第三人参加诉讼的情形,人民法院调解民事案件,需由无独立请求权的第三人承担责任的,应当经其同意。该第三人在调解书送达前反悔的,人民法院应当及时裁判。换句话说,法院主持当事人进行调解达成协议时,该协议并不是立即生效的,在法院制作调解书和送达之前,当事人都有权反悔。调解协议虽然是当事人自愿达成的,但达成调解协议后当事人仍然可能反悔。当事人反悔有时表现为拒绝签收法院送达的调解书。对调解书送达前一方或双方当事人反悔的,调解书不再发生效力,法院应继续对案件进行审理,并及时作出判决。

法律在调解协议达成与调解书生效之间设置了一个时间差,其本意是给予当事人更多的时间和机会再次斟酌,以保证调解协议是当事人真实意思的表现,在一定程度上还可以减少法官滥用调解手段,防止在当事人信息不完全的情况下变相强迫调解。

2. 不需制作调解书的调解协议生效时间。《民事诉讼法》规定,依法不需要制作调解书的案件,当事人达成的调解协应当记入调解笔录,由双方当事人、审判人员、书记员签名或盖章,调解协议即发生法律效力。对此,法官应当向当事人释明。当事人各方同意在调解协议上签名或者盖章后即发生法律效力的,经人民法院审查确认后,应当记入笔录或者将调解协议附卷,并由当事人、审判人员、书记员签名或者盖章。如果当事人请求制作调解书的,人民法院审查确认后可以制作调解书。

拓展阅读

1. 张晋红:《法院调解的立法价值探究——兼评法院调解的两种改良观点》,载《法学研究》1998 年第 5 期。

2. 强世功主编:《调解、法制与现代性——中国调解制度研究》,中国法制出版社 2001 年版。

3. 范愉:《调解的重构——以法院调解的改革为重点》(上)(下),载《法制与社会发展》2004 年第 2 期、第 3 期。

4. 赵钢、王杏飞:《我国法院调解制度的新发展——对〈关于人民法院民事调解工作若干问题的规定〉的初步解读》,载《法学评论》2005 年第 6 期。

5. 吴英姿:《法院调解的“复兴”与未来》,载《法制与社会发展》2007 年第 3 期。

6. 李浩:《查明事实、分清是非原则重述》,载《法学研究》2011 年第 4 期。

7. 汤维建、齐天宇:《漂移的中国民事调解制度》,载《比较法研究》2012 年第 5 期。

8. 李浩:《调解归调解,审判归审判:民事审判中的调审分离》,载《中国法学》2013 年第 3 期。

9. 吴英姿:《调解优先:改革范式与法律解读　以 O 市法院改革为样本》,载《中外法学》2013 年第 3 期。

10. 李浩:《虚假诉讼与对调解书的检察监督》,载《法学家》2014 年第 6 期。

11. 汤鸣:《家事纠纷法院调解实证研究》,载《当代法学》2016 年第 1 期。

12. 陈慰星:《法院调解悖论及其化解——一种历时性大数据的分析进路》,载《法律科学》2018 年第 1 期。

13. 曾令健:《纠纷解决合作主义:法院调解社会化的解释框架》,载《法律科学》2020 年第 3 期。

第四编　特殊诉讼程序

第二十五章　人事诉讼程序

本章目次

第一节　人事诉讼程序概述

一、人事诉讼程序的概念和特征

(一) 人事诉讼程序的概念及其法律渊源

人事诉讼程序，又称家事诉讼程序，是指法院处理人事诉讼案件时所适用的程序。它与其他民事诉讼程序的不同之处主要在于它是关于“人事”,而不是关于“财产”的诉讼程序。而所谓“人事”,在民事诉讼语境中,专指与婚姻家庭中自然人的身份关系相关的特定事件,如婚姻事件、亲子事件、解除收养关系事件等,它不包括婚姻家庭领域中的财产关系和其他身份关系。

据现有资料,人事诉讼程序的称谓最早源于日本。日本早在1898年就制定了《人事诉讼程序法》,专门调整婚姻家庭领域中的身份关系。在德国,其民事诉讼法中没有“人事诉讼”这一名称,但该法第六编“家庭事件程序”的主要内容就是人事诉讼程序。近年来,德国将家事事件全面非讼化,并于2008年12月17日通过《家事程序与非讼事件改革法》,将家事事件程序与非讼事件程序进行了合并。法国也没有“人事诉讼”概念,但在其民事诉讼法“某些案件的特别规定”中,规定了“关于家庭案件的司法程序”,在其民法典中也有关于婚姻、亲子、收养等案件的程序性规定。这些都构成了实质意义上的人事诉讼法的渊源。

英美法国家虽然没有专门的人事诉讼程序,但法院早已注意到了这类案件的特殊性,并通过灵活运用有针对性的程序方法,如强调调解的应用,从客观上形成了特殊化的审理程序。

我国目前没有专门的人事诉讼法,关于人事诉讼程序的特殊性规定,主要散见于《民法典》婚姻家庭编及其司法解释、最高人民法院《关于进一步深化家事审判方式和工作机制改革的意见(试行)》(以下简称《家事审判试行意见》)等法律文件中。随着我国学界对人事诉讼理论研究的深入,随着实务界对人事诉讼程序的需求和理性认知,我国在修订民事诉讼法时一定会对“人事诉讼程序”作出更为系统、更为规范的规定。

(二)人事诉讼程序的法律特征

人事诉讼程序作为民事诉讼程序的一种子程序,有着与其他民事程序不同的法律特性:

(1)案件范围的限定性。适用人事诉讼程序的案件主要是部分身份关系的案件,如:婚姻案件、亲子案件以及收养案件等。

(2)案件管辖的专属性。因为家事纠纷的特殊性,很多国家设立了独立的家庭法院,专门处理该类案件。人事诉讼案件由家事法院专属管辖几乎成为各国管辖的通例。

(3)诉讼标的的公益性。人事诉讼的诉讼标的是部分身份关系,这一关系不仅涉及当事人之私益,更涉及国家和社会之公益,因为身份关系与婚姻家庭紧密相连,是一国社会秩序的重要组成部分。可见,身份关系具有强烈的公益性,它在性质上不容私人“自治”。

(4)适用非讼程序法理。正因为人事诉讼的诉讼标的具有强烈的公益性,所以国家必然会干预或介入到该类纠纷的解决中,表现为法院处理这类诉讼一般实行职权主义和职权探知主义。普通诉讼程序所遵循的辩论主义、处分权主义等当事人主义程序法理在此不适用或不完全适用，而非讼程序法理则占据主导地位。

（5）具体程序规定具有特殊性。人事诉讼案件在管辖、起诉、审前准备、当事人、反诉、诉之合并、诉之追加、审理方式、调解、裁判效力等方面都有特殊的规定。

二、人事诉讼的案件类别

人事诉讼的案件类别应当是以民法亲属法中涉及的身份关系为根据，但多数国家并不是将所有身份关系都作为人事诉讼的对象，而是有所选择地加以规定。如日本规定的人事诉讼案件包括婚姻案件、亲子案件、收养案件；德国的人事诉讼案件主要包括婚姻案件和亲子案件，不包括收养案件；法国的人事诉讼案件包括婚姻案件、亲子案件、收养案件以及亲权案件；澳大利亚的人事诉讼案件主要包括以离婚为核心的婚姻案件。

可见，人事诉讼的案件范围，各国并不完全相同。从我国现有立法看，我国人事诉讼的案件范围主要包括：婚姻案件、亲子案件以及收养案件。其中婚姻案件具体包括：离婚之诉、婚姻无效之诉、婚姻撤销之诉；亲子案件包括：否认婚生子女之诉、确认生父之诉；收养案件具体包括：收养无效之诉、解除收养关系之诉。

三、人事诉讼程序的特有原则

因为人事诉讼具有不同于普通民事诉讼的特点，因而，人事诉讼有着自己特殊的原则和规定。

（一）职权审理原则

这一原则与普通诉讼程序适用的处分原则、辩论原则相对立。它的基本内涵是法院在人事诉讼案件的审理过程中，可以主动调查收集证据；可以在当事人请求的范围之外考虑当事人所未提出的事实；当事人在诉讼中所为的事实自认和权利认诺均不能拘束法院；法官可依自由心证对有关事项作出判断或裁判；法院还可以视情况依职权作出保全裁定或中止诉讼。在上诉审中，上诉法院可以不受当事人上诉范围的限制。可见在程序进行方面体现的是职权进行主义，在裁判所依据的事实方面则采用了职权探知主义。

（二）强制调解或调解前置原则

强制调解，也称调解前置，是指人事诉讼案件中大部分案件（如离婚、解除收养关系等案件）在法院正式裁判前必须经过或曾经经过调解。在很多国家和地区，人事案件在进入诉讼前必须先经过调解官的调解程序，未经这一程序，法院不予受理，调解是诉讼要件之一。我国在实践中往往通过诉前委派调解等方式,实现家事案件的调解前置,如《家事审判试行意见》第7条规定,依托特邀调解做好家事案件调解工作,通过在立案前委派或者立案后委托特邀调解组织、特邀调解员依法进行调解,促使当事人在平等协商基础上达成调解协议,解决纠纷。可以设立家事调解委员会,设定入册条件,规范家事领域特邀调解程序。

(三)不公开审理原则

普通诉讼案件的审理以公开审理为原则,不公开审理为例外。人事诉讼案件的审理则恰好相反。因为离婚、解除收养关系、亲子关系等人事诉讼,系以当事人之间私生活上的重大秘密事项为审理对象,如果在公开的法庭上进行审判,当事人、证人或者其他第三者在被强制陈述时,可能因伴随着心理痛苦而难以作出真实的陈述。另外,人事诉讼追求实体真实,为了作出妥当裁判甚至采取职权探知来发现案件之客观真实,强行要求当事人等在公开的法庭上进行陈述,可能割断当事人通过诉讼维护权利的念头,使权利受侵害的状况难以通过诉讼予以排除。① 正是在这个意义上,很多国家都把追求客观真实的人事诉讼作为适用公开审判原则的例外。我国最高人民法院于2018年7月颁布实施的《关于进一步深化家事审判方式和工作机制改革的意见(试行)》第36条也规定了这一原则,该条规定:涉及个人隐私的家事案件,人民法院应当不公开审理。涉及未成年人的家事案件,如果公开审理不利于保护未成年人利益的,人民法院应当不公开审理。离婚案件,在开庭前,人民法院应当询问当事人是否申请不公开审理。当事人申请不公开的,可以不公开审理。其他家事案件,当事人申请不公开审理的,人民法院经审查认为不宜公开审理的,可以不公开审理。

(四)全面解决原则

人事诉讼的对象是身份关系纷争,为了避免身份关系长期处于不确定状态,很多国家对人事诉讼所涉纷争采取集中审理、全面解决的原则,以防止身份关系纠纷以及与身份关系纠纷相关联的纠纷分别解决可能带来的矛盾或障害。因之,对于诉之合并提起、诉之追加、反诉均作了放宽之规定,同时扩大失权效之效果,并赋予判决之对世效力,以图身份关系之全面解决。②

第二节 婚姻案件程序

一、婚姻无效之诉

(一)婚姻无效与婚姻无效之诉

婚姻无效是指形式上已缔结的婚姻具备法定的无效婚姻之条件(之一)时,

---

① 参见〔日〕梶村太市、德田和幸编:《家事事件手续法》,日本有斐阁2005年版,第164页。
② 参见陈计男:《民事诉讼法论》(下),台湾三民书局1994年版,第412页。

该婚姻不具备法定效力。根据我国《民法典》婚姻家庭编第 1051 条的规定，婚姻无效的具体情形包括：(1) 重婚；(2) 有禁止结婚的亲属关系；(3) 未到法定婚龄。

根据我国立法之规定，婚姻无效，必须经过法院的确认。在被法院宣告无效之前，任何人得尊重该婚姻，不得自行主张无效；当事人也不得通过协议或相互承认来使婚姻归于无效，即婚姻之无效必须通过提起“婚姻无效之诉”方能获得此种后果。

（二）婚姻无效之诉的当事人

我国《最高人民法院关于适用〈中华人民共和国民法典〉婚姻家庭编的解释（一）》（以下简称《民法典婚姻家庭编司法解释（一）》）第 9 条规定：有权依据《民法典》第 1051 条规定向人民法院就已办理结婚登记的婚姻请求确认婚姻无效的主体，包括婚姻当事人及利害关系人。其中，利害关系人包括：(1) 以重婚为由的，为当事人的近亲属及基层组织；(2) 以未到法定婚龄为由的，为未到法定婚龄者的近亲属；(3) 以有禁止结婚的亲属关系为由的，为当事人的近亲属。

至于被申请人，通常情况下，当事人自己起诉申请宣告婚姻无效的，另一方为被告；利害关系人依法申请的，根据《民法典婚姻家庭编司法解释（一）》第 15 条的规定，婚姻关系当事人双方为被告；夫妻一方死亡的，生存一方为被告。在一些国家如日本，为了避免婚姻事件诉讼中只有原告、没有被告的尴尬，特别规定“应该成为被告的人死亡或者没有应成为被告的人的时候，检察官成为被告”①。

（三）婚姻无效诉讼之证明责任

婚姻无效不仅涉及当事人之私益，更涉及国家、社会之公益，因此在婚姻无效之诉中，是否存在证明责任问题，是个值得探讨的问题。

原告或申请人向法院主张某一婚姻无效，必然针对法定的婚姻无效之事由，而这些事由通常具有一定的公益性，因此，法院对无效事由之有无常常应当积极进行职权调查和职权探知，以了解事实之真相。法官的职权探知活动不受当事人提出的事实限制，证据调查也不以当事人提供的证据为限，从这个层面上讲，婚姻无效之诉似乎不存在证明责任及其分配问题。

然而，如果对婚姻无效之诉中的当事人没有任何举证要求及证明负担，则不仅侵害了当事人的证明权，而且法院也可能疲于应付，没有充足的精力，因为司法资源总是有限的；即使法院有充足的调查官介入调查，但仍可能出现事实真伪不明之情况，法官在此种情况下如何作出判决？当事人凭什么信赖这个判决结果？因此，即便在婚姻无效之诉中，仍存在证明责任的分配。

---

① 参见日本《人事诉讼法》第 12 条第 3 款。

婚姻无效之诉的证明责任,总体上也是依据法律要件分配原理来进行分配的。即原告应当对婚姻无效之具体事由承担证明责任,被告应当对婚姻无效的"治愈"事由或"消灭"事由承担证明责任。如果当事人提供的证据无法使法官形成完全的心证,法官在积极探知事实的基础上也未能获得心证,则案件处于真伪不明状态,此一后果只能由承担证明责任的一方当事人承担,而不能归咎于法院。可见,婚姻无效之诉也存在依据证明责任规范作出判决的情形。

(四) 婚姻无效诉讼之判决及其效力

婚姻无效案件通常产生两种判决,一是原告主张的婚姻无效事由被确定,法院作出确认婚姻无效之判决;二是原告主张的婚姻无效事由被确定不存在,或者被告抗辩的婚姻无效的治愈事由被确定,法院作出驳回原告诉讼请求之判决。

过去,我国婚姻法司法解释对婚姻无效之诉规定了一审终审原则,《民法典婚姻家庭编司法解释(一)》删除了这一规定,因此,婚姻无效之诉仍然实行两审终审制度。婚姻无效之诉的判决一经生效即产生以下效力:

(1) 产生既判力。

按照判决效力的一般理论,上述两种判决一经确定,前者产生婚姻无效的既判力,后者产生婚姻有效之既判力,任何人都不得对特定当事人之间婚姻的效力为争执。

从主观范围上看,婚姻无效判决的既判力主体由当事人扩张到当事人以外的一切社会主体,具有对世效力。

从既判力的客观范围上看,限于其裁判主文中所涉及的当事人的诉讼主张或声明,即既判力的范围及于所有于本案言词辩论终结前和终结后发生的事实及与之相应的声明。

(2) 向婚姻登记机关为告知。

婚姻无效因涉及公益,所以判决确认婚姻无效后,法院还应当履行向有关机关告知的义务。我国《民法典婚姻家庭编司法解释(一)》第 21 条规定:人民法院根据当事人的请求,依法确认婚姻无效或者撤销婚姻的,应当收缴双方的结婚证书并将生效的判决书寄送当地婚姻登记管理机关。此项效力也可以理解为广义的执行力。

二、婚姻撤销之诉

(一) 可撤销婚姻与婚姻撤销之诉

关于可婚姻撤销,我国《民法典》婚姻家庭编规定了两种情形,分别是因胁迫而导致的撤销婚和因隐瞒疾病而导致的撤销婚。如第 1052 条规定:因胁迫结婚的,受胁迫的一方可以向人民法院请求撤销婚姻。请求撤销婚姻的,应当自胁迫行为终止之日起 1 年内提出。被非法限制人身自由的当事人请求撤销婚姻的,应当自恢复人身自由之日起 1 年内提出。第 1053 条规定,一方患有重大疾病的,应当在结婚登记前如实告知另一方;不如实告知的,另一方可以向人民法院请求撤销婚姻。请求撤销婚姻的,应当自知道或者应当知道撤销事由之日起 1 年内提出。

由此可知,可撤销婚姻是指形式上已缔结的婚姻,因一方当事人采用胁迫手段或者隐瞒重大疾病等方式而使对方违背自己意愿同己方缔结婚姻,被胁迫方或者被欺骗方可以在一定的时间内申请撤销婚姻。对于可撤销婚姻,如果当事人向法院起诉要求撤销时,就形成婚姻撤销之诉。从性质上看,婚姻撤销之诉是典型的形成诉讼。

(二) 婚姻撤销之诉的当事人

婚姻撤销之诉的适格原告只能是婚姻关系中受胁迫或者受欺骗的一方当事人本人,该方当事人的近亲属或有关基层组织不能作为原告提起撤销之诉。被告为婚姻关系中的另一方,即胁迫原告与其结婚的人,或者欺骗原告与其结婚的人。

(三) 婚姻撤销之诉的证明责任

婚姻撤销之诉的证明责任,相对于其他人事诉讼而言,并不复杂。该类诉讼原则上依然遵循证明责任的一般分配原则,即根据法律要件分类说进行分配。在撤销之诉中,原告应当对法律规定的可撤销要件事实——受胁迫,承担证明责任,被告则对婚姻撤销的消灭事由承担证明责任。当然,尽管证明责任在当事人之间进行了分配,但法院仍有义务进行职权探知或职权调查。

(四) 婚姻撤销之诉的判决及其效力

婚姻撤销之诉的判决结果也是两种:判决撤销婚姻或判决驳回诉讼请求。因我国的司法解释规定婚姻撤销诉讼适用普通程序或简易程序,因此判决可以上诉,实行两审终审。

一审未上诉判决以及上诉判决构成生效的确定判决,将产生相应的效力。

(1) 既判力。上述两类判决一经确定,首先产生既判力。前者产生婚姻撤销的既判力,后者产生婚姻有效之既判力。两种判决的既判力均具有对世效力。任何人都不得再为争执。

(2) 向婚姻登记机关为告知。此项效力也可以理解为广义的执行力,但仅限于婚姻被撤销的判决。具体内容参照婚姻无效判决的相应规定。

三、离婚之诉

(一) 离婚及离婚之诉

离婚,又指离异,是指配偶生存期间依照法律规定解除婚姻关系的行为,也称之为婚姻的解除。

依据我国《民法典》婚姻家庭编第1076条、第1079条的规定,离婚有两种方式:协议离婚和诉讼离婚。协议离婚,是指夫妻双方都愿意离婚,经双方协商一致,签署离婚协议书,到婚姻登记机关办理离婚手续,领取离婚证的一种方式。诉讼离婚,是指夫妻双方对离婚问题(是否离婚、财产分割、子女抚养等)无法达成一致意见时,一方向法院起诉,请求法院判决离婚的一种方式。

(二) 离婚诉讼之当事人

离婚之诉的提起,仅限于婚姻关系之配偶双方,第三人不能提起离婚之诉。需要探讨的问题是,如果离婚夫妻一方是限制民事行为能力人或无民事行为能力人,其适格当事人资格是否发生变化?换言之,限制民事行为能力人或无民事行为能力人能否成为离婚之诉的适格当事人?

对此,我国《民法典婚姻家庭编司法解释(一)》第62条明确规定,无民事行为能力人的配偶有《民法典》第36条第1款规定行为的,其他有监护资格的人可以要求撤销其监护资格,并依法指定新的监护人;变更后的监护人代理无民事行为能力一方提起离婚诉讼的,人民法院应予受理。

(三) 离婚诉权的限制

根据我国《民法典》婚姻家庭编的规定,在两种情况下,离婚诉权受到一定的限制:一是现役军人的配偶要求离婚,须得军人同意,但军人一方有重大过错的除外;二是女方在怀孕期间、分娩后1年内或终止妊娠后6个月内,男方不得提出离婚。女方提出离婚的,或人民法院认为确有必要受理男方离婚请求的,不在此限。

(四) 离婚诉讼之判决及其效力

我国离婚诉讼的判决有两种:判决离婚,判决不准离婚。该两种判决确定后,其效力并不完全相同。

首先,离婚判决一经确定,就产生既判力。双方当事人之间的婚姻关系解除,判决不仅对当事人产生拘束力,而且具有对世效力,任何人都必须尊重该判决,不得为相异的主张。

其次,不准离婚判决确定的,只产生暂时的效力,没有完全的效力,更没有既判力。因为,判决不准离婚只阻断原告就相同的事实在6个月内重新起诉的效力,如果原告以不准离婚判决依据的事实以外的新事实起诉离婚或者在6个月后以与原来相同的事实起诉离婚,都是允许的。

第三节 亲子关系案件程序

一、亲子关系案件程序概述

亲子关系,也称父母子女关系,是基于血亲而产生的一种法律关系。在法律上,血亲关系体现为自然血亲关系和拟制血亲关系,父母子女关系也因此种区别而有所不同。本节所述的血亲关系特指自然血亲关系。

亲子关系不仅涉及当事人之私益,更涉及国家、社会之公益,因此,在父母与子女的关系中,父母不得任意处分未成年子女的利益,在父母子女关系出现变化时,必须通过法律进行推定、确认、否认或撤销。由此形成了具有自身特点的诉讼类型——亲子关系诉讼。

从国外和我国台湾地区的立法看,亲子关系的诉讼类型并不完全相同,我国实践中的亲子关系诉讼主要包括否认亲子关系之诉和确认亲子关系之诉两种类型。

二、亲子关系否认之诉

(一)亲子关系否认之诉的含义

亲子关系否认之诉主要表现为婚生子女否认之诉。之所以会出现婚生子女否认,原因在于,各国法律均规定,婚姻关系中的子女受婚生推定,即婚姻关系存续期间所生子女推定为亲生子女。婚生推定仅仅是一种法律推定,并不一定符合客观真实,因此,在有一定证据时该法律推定可以被推翻,这便产生了亲子关系否认或婚生子女否认问题。为了维护家庭关系的稳定和未成年子女的最大利益,各国都不允许任意否认婚生子女,必须经过严格的诉讼程序才能进行否认,即对于经推定确定为婚生子女的,非经否认亲子关系之诉,不得否认其为婚生子女。

(二)亲子关系否认之诉的当事人

1. 原告

在谁有资格提起亲子关系否认之诉的问题上,各国的立法规定不尽相同,归纳起来有以下几种做法:一是只有婚姻关系中的夫为适格原告,如日本;二是子女和被推定的父亲都有诉权,如瑞士;三是被推定的生父、生母和子女都可以成为适格原告,如德国、意大利;四是子女的生母、生母的丈夫、丈夫的继承人在一定条件下,可以提起婚生子女否认之诉,如法国。

就我国立法而言,根据《民法典》婚姻家庭编第1073条第1款的规定,对亲子关系有异议且有正当理由的,父或者母可以向人民法院提起诉讼,请求确认或者否认亲子关系。可见,推定的父亲或母亲均可以成为否认亲子关系的原告,其他主体不可以作为原告起诉。

2. 被告

在我国实践中,亲子关系否认之诉的被告,通常是子女。

(三)亲子关系否认之诉中的证明责任和证明方法

作为通例,亲子关系否认之诉,实行职权探知主义,法院可以主动调查证据,可以斟酌当事人未提出的事实,但在事实真伪不明时,其不利后果仍由承担证明责任的当事人而不是法院承担。可见,当事人仍然有一定的证明责任。

作为原告的父母要想在亲子关系否认之诉中,推翻婚生的推定,使其与作为被告的子女之间的亲子关系不存在被确定,必须采用一定的证明方法。这些方法通常包括三种:

其一是间接证明方法,即原告需要对其与子女之母(父)在可能怀胎的期间没有性关系作出证明,如一方配偶长期居住在国外、一方配偶在监狱或其他监禁场所被监禁不可能有性关系发生,但单纯的分居事实不足以证明。

为了防止证人与亲子关系否认之诉中的父或母合谋提供虚伪陈述,一些国家(如日本)规定,证人证言除了在例外的场合承认外,一般予以排除,体现了证人证言在亲子关系否认之诉中的特殊性。

其二是直接证明方法,即通过现代医学中的亲子鉴定,尤其是 DNA 鉴定来证明。随着现代科学技术的发展,亲子 DNA 鉴定的准确性得到了极大的提高,准确率极高,对于消极的父性证明效果尤其显著,其准确率可以达到 100%。如果能够通过亲子鉴定获得结果,则法官可以根据科学鉴定结论,在自由心证的基础上对案件事实作出正确的评价。但亲子鉴定涉及当事人的隐私和其他人身利益,故一般不能强令当事人进行,必须在当事人自愿的基础上进行方能产生效果,所以它并不总能作为一种有效的证明方法来利用。

其三是直接推定。如我国《民法典婚姻家庭编司法解释(一)》第 39 条第 1 款规定:父或者母向人民法院起诉请求否认亲子关系,并已提供必要证据予以证明,另一方没有相反证据又拒绝做亲子鉴定的,人民法院可以认定否认亲子关系一方的主张成立。

三、亲子关系确认之诉

(一)亲子关系确认之诉的立法状况及其我国的实践

从各国立法来看,亲子关系确认之诉既包括确认生父之诉,也包括确认生母之诉,但实践中比较常见的是确认生父之诉。亲子关系的确定通常有三种方法,一是通过法律的推定而确定,如有在婚姻关系存续期间出生或怀胎的事实,法律就推定该子女的生父是婚姻关系中的男子,生母即为分娩者,这几乎是各国通例。二是由生父母自愿认领而确定。很多国家均规定,非婚生子女的生父(母)可以自愿认领该非婚生子女。我国目前立法中没有这一制度。三是诉讼确认,也称强制认领。所谓强制认领,是指非婚生子女的生父(母)对于非婚生子女不愿认领时,在法律规定的一定条件下,非婚生子女、其生母或者其他法定代理人向法院提出要求认领之诉,法院以判决强制生父(母)认领该非婚生子女。

一般而言,认领是使子女取得婚生子女身份的方法,但是在日本和意大利,认领只是确认生父母与子女之间的非婚生父母子女关系,并不导致婚生父母子女关系确立,要取得婚生子女地位,还必须经过准正。在瑞士,则恰好相反,即准正不能使子女获得婚生子女的身份,获得婚生子女身份的途径只能是生父母的自愿认领和判决确认。

在我国,不存在非婚生子女的认领和准正制度,因为我国立法规定非婚生子女与婚生子女具有平等地位,但亲子关系确认之诉是存在的。

(二) 亲子关系确认之诉的当事人

在很多国家或地区,亲子关系确认之诉是强制认领之诉的一种方式,其本质是确定非婚生子女与其生父(母)的亲子关系,因此,各国几乎一致规定,子女具有适格原告资格。除了子女,子女的母亲或其他亲权人在一定的情况下也可以提起诉讼。确认生父之诉的被告通常是父亲,但若父亲死亡的,可以由他的子女或其他近亲属承继被告资格。如《法国民法典》就规定,如果父母不进行自愿认领,子女得向所谓的父亲或其继承人提出请求确认亲子关系的诉讼。[①]

在我国,《民法典》婚姻家庭编第 1073 条第 1 款规定,对亲子关系有异议且有正当理由的,父或者母可以向人民法院提起诉讼,请求确认或者否认亲子关系。该条第 2 款进一步规定,对亲子关系有异议且有正当理由的,成年子女可以向人民法院提起诉讼,请求确认亲子关系。据此,提起亲子关系确认诉讼的原告为父亲、母亲以及成年子女;被告则根据原告的不同而不同,父或母为原告的,子女为被告,成年子女为原告的,父母为被告。

(三) 亲子关系确认之诉中的证明与推定

与其他人事诉讼一样, 亲子关系确认之诉,尽管实行职权探知原则,当事人仍然要进行必要的证明。与亲子关系否认之诉类似, 亲子关系确认之诉的具体证明方法也有三种:

其一,间接证明。间接证明方法包括:在原告的母亲可能怀胎的时期,被告与原告之母之间有性接触的事实;在原告的母亲可能怀胎的时期,被告以外的男性与原告之母间没有性接触的事实;被告与原告的血型不矛盾;从人类学的观察结果推测子与被告之间的亲子关系存在概然性;被告的言行表现出其以原告的父亲身份行事,由此可以推认其与子之间存在血缘关系。[②]

其二,直接证明。即通过各种血型鉴定和亲子鉴定来发现事实,法院可以根据多种间接证明与 DNA 分析结果来斟酌判断父子关系存在与否。随着科学技术的发展,通过 DNA 进行亲子鉴定,对于肯定性的父性证明其准确率可达到

---

① 参见陈苇主编:《外国婚姻家庭法比较研究》,群众出版社 2006 年版,第 282 页。

② 参见〔日〕松本博之:《人事诉讼法》,日本弘文堂 2006 年版,第 344 页。

99.85%[①]。如果能够通过亲子鉴定获得结果,则法官可以根据科学鉴定结论,在职权探知、自由心证的基础上对案件事实作出正确的评价。

其三,直接推定。如根据我国《民法典婚姻家庭编司法解释(一)》第39条第2款的规定,父或者母以及成年子女起诉请求确认亲子关系,并提供必要证据予以证明,另一方没有相反证据又拒绝做亲子鉴定的,人民法院可以认定确认亲子关系一方的主张成立。

第四节 收养关系案件程序

一、收养关系诉讼概述

收养关系是一种拟制血亲关系,在法律上,拟制血亲的父母子女关系与自然血亲的父母子女关系具有相同的权利和义务,但它毕竟是人为设定而由法律加以确认的,因此,它可以因收养的解除、宣告无效、撤销以及继父(母)与生(父)母离婚或其他相互扶养关系的变化而消灭。为了维护家庭良好秩序、防止因收养关系处于不确定状态而损害收养关系当事人的利益,收养关系的变化通常需要通过诉讼来进行。收养关系诉讼一般包括:收养无效之诉、收养撤销之诉、解除收养关系之诉。

从立法看,关于收养关系瑕疵的救济是采单一的无效或撤销,还是二者都允许,各国存在着较大的差异。在日本,对收养无效和收养撤销是分别加以规定的,因此形成了收养无效之诉和撤销之诉两种类型;在瑞士,仅就收养无效进行了专门立法,没有规定撤销收养制度;在法国,仅规定了撤销收养,没有收养无效制度。[②] 就我国而言,《民法典》婚姻家庭编对收养关系瑕疵的救济途径只有一种,即请求宣告收养关系无效,不包括撤销收养关系之诉。

二、收养无效之诉

(一)收养无效之诉的概念

收养无效之诉,是指因存在特定的收养无效原因,相关当事人向法院提起的旨在请求确认收养关系无效的诉讼。

(二)收养无效之诉的当事人

收养关系并不仅仅涉及收养关系当事人双方,还可能涉及双方当事人的近亲属,他们与案件也可能有诉的利益关系,因此,很多国家对收养无效之诉或撤

① 参见〔日〕松本博之:《人事诉讼法》,日本弘文堂2006年版,第347页。

② 参见陈苇主编:《外国婚姻家庭法比较研究》,群众出版社2006年版,第375页。

销收养之诉的原告作出了明确规定，如在法国这类诉讼原告包括：收养人、被收养人，被收养人是未成年人的，检察院也可以要求撤销收养。[①] 从我国的立法规定看，尚没有如此细致的规定。我们认为，关于收养关系的适格原告可以参照婚姻无效诉讼的规定来进行设置，即原告除了收养关系的当事人之外，还应当扩张到利害关系人，如当事人的近亲属以及基层组织等，以体现国家对涉及公益的身份关系案件的重视。

关于收养无效诉讼的被告，我国立法也未作出规定。我们认为，仍可以借鉴婚姻无效被告的规定，即收养关系一方当事人申请宣告收养无效的，对方当事人为被告；利害关系人申请的，收养关系的双方当事人为共同被告；收养关系一方当事人死亡的，以生存一方为被告。

（三）收养无效之诉的证明责任及判决效力

1. 证明责任

在证明责任的分配上，收养无效之诉通常按照要件分类说的标准进行，即原告应当对无效的具体事由负证明责任，被告则对无效的消灭事由负证明责任。

2. 判决效力

收养无效之诉的判决有两种：一是被法院肯定的判决，该判决一经确定将产生既判力，不论是谁都不能再主张收养关系有效。收养无效判决一般具有溯及既往的效力（但也有部分国家不承认收养无效判决的溯及力），因此，其后果是被收养人与收养人之间的收养关系消灭，其与生父母之间的父母子女关系恢复；二是被法院否定的判决，即驳回原告诉讼请求，该判决确定后也产生既判力，任何人不得再主张收养关系无效，法院也不得再受理以同一声明为对象的诉讼。

三、解除收养关系之诉

（一）解除收养关系之诉概述

因收养关系系人为建立的拟制血亲关系，故大多数国家允许解除收养关系。但不同国家对于解除收养的方式不完全相同。有的国家仅规定了判决的方式，如法国、罗马尼亚；个别国家仅规定了协议解除的方式，如奥地利；多数国家同时规定了协议和判决两种解除方式，如日本、瑞士等。[②] 我国也采取了双轨制的解除方式。

（二）解除收养关系之诉的当事人

从我国《民法典》婚姻家庭编的规定来看，解除收养关系之诉的当事人因被

---

① 参见陈苇主编：《外国婚姻家庭法比较研究》，群众出版社 2006 年版，第 339 页。

② 王竹青、魏小莉编著：《亲属法比较研究》，中国人民公安大学出版社 2004 年版，第 354 页。

收养人是否成年而有所不同。

1. 养子女已经成年

如果成年养子女与养父母之间关系恶化、无法共同生活，则在双方不能达成解除收养关系协议的情况下，双方都可以起诉要求解除，一方作为原告起诉的，对方为被告。

2. 养子女未成年

如果养子女是未成年人，在收养人不履行抚养义务，有虐待、遗弃等侵害未成年养子女合法权益行为时，送养人有权向法院起诉要求解除收养关系，被告为养父母。在此种情况下，诉权偏在性地给予了送养人，收养人则没有诉权，即养父母无权作为原告起诉要求解除收养关系。

（三）解除收养关系之诉的判决及其效力

解除收养关系之诉的判决结果有两种：一是判决解除收养关系，简称肯定性判决；二是判决驳回诉讼请求，简称否定性判决。

两种判决确定后，其效力也有所不同。对于肯定性判决，其判决确定后，产生既判力，养父母与养子女之间的收养关系即告解除，任何人都不能对此再行争执。解除收养关系判决系形成判决，故解除的效力面向未来，不溯及既往。判决生效后，任何一方当事人都不得以收养关系解除的原因事实不存在为由提起损害赔偿或返还不当得利之诉。

对于否定性判决，其判决生效后也产生既判力，但既判力的客观范围限于事实审言辞辩论终结前发生的事实，对于事实审言辞辩论终结后新发生的事实没有遮断效力，即当事人仍可以根据该新事实重新提起解除收养关系诉讼。

拓展阅读

1. 陈爱武、赵莉：《婚姻无效之诉若干问题研究》，载《江海学刊》2006年第1期。

2. 张晓茹：《我国应设立家事事件程序》，载《法律适用》2006年第4期。

3. 陈苇主编：《外国婚姻家庭法比较研究》，群众出版社2006年版。

4. 陈爱武：《家事调解：比较借鉴与制度重构》，载《法学》2007年第6期。

5. 刘敏：《论家事诉讼程序的构建》，载《南京大学法律评论》2009年第2期。

6. 郭美松：《人事诉讼判决效力的扩张与第三人程序保障》，载《现代法学》2009年第2期。

7. 傅郁林：《家事诉讼特别程序研究》，载《法律适用》2011年第8期。

8. 陈爱武：《家事诉讼程序：徘徊在制度理性与实践理性之间》，载《江海学刊》2014年第2期。

9. 来文彬：《家事调解：理论与实务》，群众出版社2017年版。

10. 李太正：《家事事件法之理论与实务》，台湾元照出版公司2014年版。

11. 任凡：《论家事诉讼中未成年人的程序保障》，载《法律科学》2018年第6期。

12. 刘敏主编：《当代中国的家事司法改革：地方实践与经验》，法律出版社2020年版。

13. 傅向宇：《家事审判中职权探知的限度》，载《中外法学》2021年第1期。

第二十六章　票据诉讼程序

本章目次

第一节　票据诉讼程序概述

一、票据诉讼的概念及其种类

票据诉讼,是指基于票据纠纷而提起的诉讼。根据最高人民法院《关于审理票据纠纷案件若干问题的规定》,票据纠纷应当包括行使票据权利或者票据法上的非票据权利而引起的纠纷。因此,一般认为,票据诉讼是指当事人基于票据关系以及票据法上的非票据关系发生纠纷而向法院提起的诉讼。它包括基于票据而提起的票据权利诉讼和票据丧失后而提起的票据权利恢复诉讼以及基于票据法上的非票据关系而提起的票据法上的非票据权利诉讼三种。

二、票据诉讼程序的概念及其特征

(一)票据诉讼程序的概念及其法律渊源

由于上述不同的票据诉讼所涉及的案件特征存在比较明显的差异,因此,各个国家针对票据权利诉讼、票据权利恢复诉讼以及票据法上的非票据权利诉讼等不同的票据诉讼类型规定了不同的程序规则。票据法上的非票据权利诉讼通常适用民事诉讼的普通程序；对票据权利恢复诉讼，大陆法系规定了公示催告程序，英美法系则按民事诉讼的普通程序进行审理，我国是兼收并蓄了大陆法系和英美法系的规定，允许当事人在公示催告程序和普通民事诉讼程序中选择适用；但是，对于票据权利纠纷，各国除规定可以适用普通民事诉讼程序或通过督促程序进行救济外，有些国家还对票据权利诉讼专门设置了票据诉讼的特别程序。因此，我们应当从广义和狭义两个方面理解票据诉讼程序。广义的票据诉讼程序，是指法院处理所有票据诉讼案件时所适用的程序。据前所述，广义的票据诉讼程序实质是一种票据诉讼程序体系，它既包括票据诉讼的特别程序，也包括民事诉讼的普通程序，还包括公示催告程序和督促程序等两种非诉讼程序。而狭义的票据诉讼则是指法院处理票据权利诉讼案件所适用的专门程序，亦即票据诉讼的特别程序。本章介绍的票据诉讼程序就是狭义的票据诉讼程序即票据诉讼特别程序。

"票据诉讼"作为一项特有的诉讼制度，最早产生于大陆法系，而以德国为代表。之后，日本也借鉴了《德国民事诉讼法》中"证书诉讼与票据诉讼"的有关规定，在 1890 年颁布的《日本民事诉讼法》中首次设置了票据诉讼程序。在我国，1921 年北洋政府颁布的《民事诉讼条例》曾规定票据诉讼程序，但该条例因为北洋政府的迅速垮台，未及施行就被废止了。1935 年国民党政府颁布的《民事诉讼法》历经数次修订，现仍施行于我国台湾地区，该法未规定票据诉讼程序。我国 1991 年《民事诉讼法》虽然第一次规定了有关票据纠纷案件的管辖问题，但并未规定专门的票据诉讼特别程序。

(二) 票据诉讼程序的基本特征

1. 适用范围的特定性

票据诉讼程序并不适用于处理所有的票据纠纷，它只适用于当事人基于票据而提起的票据权利诉讼亦即付款请求权诉讼和追索权诉讼，其请求的内容限于请求支付票据金额或票据金额及与之附带的法定利息、手续费等。

2. 具体程序的特殊性

当票据当事人就票据债权债务发生争议提请法院处理时，法官只要通过对当事人所提供的票据及相关证书的审查，就能判断当事人的是非曲直，确保案件的公正解决，而无须经过普通民事诉讼的繁琐程序。所以，在票据诉讼程序中有一些非常特殊的规则，譬如，在票据诉讼中禁止反诉；证据的形式只限于书证，且主要是票据；可以不经口头辩论直接作出判决；当事人对判决不得提出上诉，但可以提出异议，异议成立的，可以发回重审；等等。

三、票据诉讼程序的目的和意义

票据诉讼程序是为解决票据权利纠纷"量身定做"的,既能确保程序公正价值的实现,又能满足程序效益价值需要的民事诉讼特殊程序。设立票据诉讼程序的目的就是要通过简易快捷的程序,迅速及时地确保票据权利的实现,以保障票据流通和交易安全,维护票据的信用。

第二节 票据诉讼的提起

一、提起票据诉讼的要件

票据诉讼程序是处理票据权利纠纷所适用的一种特殊程序。当事人提起票据诉讼既要具备形式要件,同时,也必须具备法定特殊的实质要件。

(一)票据诉讼的形式要件

根据《德国民事诉讼法》和《日本民事诉讼法》的规定,原告提起票据诉讼应具备以下形式条件:(1)在诉状中应当标明以票据诉讼的方式起诉;(2)应向有管辖权的法院起诉。由此可见:

1. 当事人提起票据诉讼应当履行法定的特别手续

票据诉讼特别程序并不是解决票据权利纠纷的唯一程序,当事人之间如果发生了票据权利义务纠纷,他们既可以选择适用票据诉讼特别程序,也可以通过督促程序和普通诉讼程序解决。因此,为了明确原告选择票据诉讼特别程序的意思表示,原告在提起票据诉讼时,除应向法院提出诉状外,还应当向法院提出按票据诉讼程序审理和裁判的书面申请,该书面申请既可以单独提出,也可以在诉状中附带提起。

2. 当事人应当向有管辖权的法院提起票据诉讼

根据我国《民事诉讼法》第26条的规定,当事人提起的票据诉讼案件可以由票据支付地或被告住所地法院管辖。当事人有权在上述管辖法院中选择管辖法院提起票据诉讼。

(二)票据诉讼的实质要件

票据诉讼程序作为一种简易的略式程序,并不适用于所有的票据纠纷案件,根据《德国民事诉讼法》第592条规定:"以支付一定金额或支付一定数量的他种代替物或有价证券为标的的请求,如果作为请求理由的全部必要事实可以用证书证明时,可以通过证书诉讼主张之。"第602条规定:"在证书诉讼中,基于《票据法》中票据而提出请求(票据诉讼)者,适用以下的特别规定。"第605条之1规定:"在证书诉讼中,基于《支票法》中的支票而提出请求者(支票诉讼),准用第602条至第605条的规定。”《日本民事诉讼法》也与德国票据诉讼程序的规定完全相同,它明确规定,当事人提起票据诉讼必须是依票据请求支付一定金额及其附带的依法定利率请求损害赔偿的诉讼。

由此可见,当事人提起票据诉讼应具备的实质条件包括:

(1) 票据诉讼程序只适用于当事人提起的票据权利诉讼亦即付款请求权诉讼和追索权诉讼,其请求的内容限于请求支付票据金额或票据金额及与之附带的法定利息、手续费等。

(2) 票据诉讼程序只适用当事人基于票据而提出的票据权利诉讼,亦即作为当事人请求理由的全部必要事实可以用票据及附属证书(如拒绝承兑证书、拒绝付款证书等)证明。

在这里之所以强调是“基于票据”而提起的票据纠纷诉讼,主要是要区别票据丧失付款请求权诉讼。票据权利诉讼,是以原告持有票据为前提的。原告是基于自己持有票据的事实而向票据债务人主张支付票据金额及与之附带的法定利息、手续费等权利的,它与票据持票人丧失票据后为对票据权利实施救济而提出的付款请求权诉讼是存在明显区别的。该条件明确排除了对票据丧失付款请求权纠纷的适用。

二、票据诉讼中的“禁止反诉”规则

票据权利义务关系是单向的,票据权利人行使票据权利并不以向票据义务人履行义务为前提,因此,当原告以票据提出要求票据债务人支付票据金额及与之附带的法定利息、手续费等请求时,被告并无提出与之关联的反请求之可能。所以,在票据诉讼中禁止反诉,不仅反映了票据付款请求权诉讼及追索权诉讼的基本特征,也符合票据诉讼立法的目的。

因此,根据《德国民事诉讼法》第595条第1款的规定,当事人提起证书诉讼时,被告是“不许提起反诉”的,而根据该法第602条的规定,第595条关于证书诉讼禁止反诉的规定也适用于票据诉讼。由此可见,与一般的民事诉讼不同,在票据诉讼中,被告是不得提起反诉的。《日本民事诉讼法》与《德国民事诉讼法》一样,也规定“关于票据诉讼,不得提起反诉”。

第三节 票据诉讼的审理

一、不经开庭审理驳回诉讼

票据诉讼实际上是以对票据形式上的有效性审查为基础的,而对票据的形式性审查并不都需要通过开庭。如果法院在庭前审查时就发现原告提出的诉讼

请求明显不符合关于票据诉讼的规定的,法院就可不经开庭审理裁定驳回诉讼。

为了确保票据诉讼程序的高效性,法律应当禁止原告对不符合票据诉讼提起要件的驳回诉讼裁定提起上诉。但是,原告的权利如果不能通过票据诉讼程序获得保障,那么,我们就应当允许原告通过普通诉讼程序进行救济。同时,为了确保诉讼程序的连贯性和诉讼效率,在原告收到判决书后的一定期间内(《日本民事诉讼法》规定为原告收到判决书的送达之日起两周内)就相同的请求提起普通程序诉讼时,应当将前诉提起的时间视为该诉提起的时间。

二、票据诉讼中的程序转换

在票据诉讼中,如果原告认为适用票据诉讼程序不利于充分保障自己的权利,而需要申请变更诉讼程序的,法院应当予以准许。根据《德国民事诉讼法》第 596 条的规定,原告可以不经被告同意,在言辞辩论终结之前,放弃票据诉讼,而使诉讼系属于通常诉讼程序。

同时,被告也可以通过运用民事诉讼法规定的票据诉讼证据方法,证明原告提起的诉讼不符合票据诉讼的要件而申请行使程序异议权,但是,为了防止被告试图通过变更诉讼程序来拖延诉讼时间,法院可以依照职权行使程序选择的审查权和决定权。法院审查后认为被告的申请(异议)不能成立的,那么,应当裁定驳回申请(异议),继续票据诉讼程序;法院审查后认为原告的起诉不符合票据诉讼规定的适用范围的,也可以决定转入普通程序。法院决定使票据诉讼程序转入普通程序的,就应当及时通知双方当事人,以便双方做好按普通程序进行诉讼的准备工作。法院按照上述规定转入普通程序的,已通知的开庭期日即为普通程序的开庭期日。

另外,在申请人提出支付令申请进入督促程序后,如果债务人在法定的期限内提出异议的,申请人可以请求法院将督促程序转入票据诉讼程序,为防止被申请人通过提出异议来拖延债务的履行,提高诉讼的效益,应当将提出督促程序申请的时间,作为提起票据诉讼的时间。《日本民事诉讼法》第 366 条第 1 款规定:“根据本法第 395 条或第 397 条第 3 款的规定视为提起诉讼时,请求依票据诉讼审理及裁判的申请,应当在督促支付申请之际提出。”该项规定与《德国民事诉讼法》的相关规定也基本相同。

通过这样的转化,不仅可以确保诉讼程序的连贯性,还可以保障诉讼程序的公正和有序性。

三、票据诉讼中的证据

票据属于文义证券,票据所创设的权利义务内容,必须完全依据票据上所记载的文义加以确定,而不能进行任意解释,或以票据所记载的文义以外的其他任何文件加以确定。因此,在《德国民事诉讼法》中关于当事人的证据方法及《日本民事诉讼法》中对证据的调查等方面都有特别的规定,一般都将票据诉讼的证据限定在书面形式,且以票据为主要证据。

根据我国《票据法》的规定,当事人行使付款请求权的依据就是票据权利人持有的票据;作为行使追索权的依据,除票据外的其他证据也必须做成书面形式。因此,在我国,进行票据付款请求权诉讼和追索权诉讼原则上也要求采用书面证据。因为,规定复杂的证据规则确无此必要,而且,对票据诉讼设定过于复杂的证据规则也不符合迅速及时保护票据权利的立法目的。

此外,票据是一种无因证券,持票人行使票据权利只需对票据在形式上的有效性进行证明,而经过流通的票据,票据的真实性不宜也不能由权利的主张者证明。否则,票据交易的安全性将大受质疑,票据的流通功能将无法实现。

四、票据诉讼中的判决

在票据诉讼中,由于法律对允许被告提出票据诉讼所采用的证据方法进行了严格的限制,而且还明确禁止被告提出反诉,这样,被告对原告进行有效防御的手段就极其有限,其合法权益受到侵害的可能性也就大大增加了。因此,为了实现司法对原、被告的平等保护,确保被告合法权益不受不当侵害,《德国民事诉讼法》第 599 条规定了保留判决制度。

从该条规定可以看出,保留判决是被告对原告主张的请求提出异议时,由于被告不能用票据诉讼所许可的证据方法来证明其异议,或者虽然用了票据诉讼所许可的证据方法,但不能充分证明其异议,法院就作出败诉的判决。法院为避免被告的合法权益因此受到不当侵害,而在判决中保留了被告在异议中主张的权利的行使。此后,被告可依判决后程序,请求法院保护其在保留判决中被保留的权利。在票据诉讼中,如果法院在判决中未保留被告的权利,被告可以申请法院作出补充判决。保留判决在上诉和强制执行方面为终局判决。

五、票据诉讼的审理期限

由于票据诉讼程序是一种简易的略式程序,其审理票据权利纠纷期限不宜过长,我们可以将票据诉讼特别程序审理案件的期限规定为 1 个月或 30 日。

六、票据诉讼的判决后程序

《德国民事诉讼法》第 600 条对"判决后程序"有明确的规定:"(1) 对被告保留其权利之行使时,诉讼即系属于通常诉讼程序。(2) 在通常诉讼程序中查明原告的请求无理由时,适用第 302 条第 4 款第 2 句至第 4 句的规定。(3) 当事人一方在通常诉讼程序不到场时,准用有关缺席判决的规定。"由此可见,票据诉讼中的判决后程序,是指法院作出保留判决后,诉讼系属于通常诉讼程序的程序。

根据上述规定,票据诉讼的保留判决作出后,被告受到保留的权利就系属于通常诉讼程序,无须被告另行起诉。如果在通常诉讼程序中查明原告的请求无理由,法院应撤销前判决(即票据诉讼中的保留判决),驳回原告的请求,对诉讼费用另行裁判。如果被告因票据诉讼判决的执行或因防止该判决的执行而有所给付时,原告应当赔偿被告因此受到的损失。被告可以在尚系属的诉讼中请求诉讼损害赔偿;被告提出损害赔偿请求后,这种请求视为在支付时或给付时即已系属于法院。

与《德国民事诉讼法》规定"保留判决"制度不同,日本票据诉讼程序中规定有"异议申请"制度。异议申请是票据诉讼当事人享有的一项诉讼权利,它是指对于不允许提出上诉的票据诉讼的终局判决,从判决书送达之日起两周不变的期间内,当事人有权向作出该判决的法院就该判决提出异议申请。当事人的异议申请会产生如下法律后果:(1) 对不合法的异议而其欠缺又不能补正的,可以不经口头辩论以判决驳回。(2) 若异议合法,诉讼则恢复到口头辩论终结前的程序并按通常诉讼程序进行审判,按照通常诉讼程序审理后,法院可根据审理结果作出判决,该判决与票据诉讼的判决相符合的,应当认可票据诉讼的判决,但票据诉讼的判决程序违背法律的除外。通常程序的判决与票据诉讼的判决不相符合的,则应当撤销票据诉讼的判决,作出新的判决。通常诉讼程序对判决事实、理由的记载,可引用票据诉讼的判决。

拓展阅读

1. 陈小英:《论票据诉讼及其诉讼程序》,载《浙江大学学报》1997 年第 3 期。

2. 叶永禄:《票据诉讼解析》,载《法学评论》2005 年第 3 期。

3. 叶永禄:《理由与建议:关于设立票据诉讼特别程序的思考》,载《法学评论》2007 年第 3 期。

4. 叶永禄、张玉标:《论我国必要共同诉讼制度之重构——以票据诉讼为视角》,载《法律适用》2007 年第 3 期。

5. 叶永禄:《票据诉讼抗辩》,载《政法论坛》2008 年第 3 期。

6. 李青:《论票据无因性原则在票据诉讼中的适用》,载《河南省政法管理干部学院学报》2011 年第 6 期。

第二十七章　海事诉讼程序

本章目次

第一节　海事诉讼与海事诉讼法

一、海事诉讼概述

海事诉讼是指海事审判机关在海事纠纷当事人和其他诉讼参与人的参加下,依法审理和裁判海事纠纷案件的全部诉讼活动。这里的"海事纠纷"主要是指在海上或者通海水域发生的,与船舶或者船舶运输、生产、作业相关的纠纷,具体包括海事侵权纠纷、海商合同纠纷以及法律规定的其他海事纠纷。

海事诉讼并不是附属于民事诉讼而发展起来的,它有着自己相对独立的发展脉络。与民事诉讼相比较,它具有下列特点:

(1) 海事诉讼具有对物诉讼性。

海事诉讼的对物诉讼,是指在法律规定范围内,法院可以通过扣押被诉船舶或其他财产而取得管辖权,迫使物主提供担保,或在不提供担保的情况下,将船舶或者财产拍卖,以拍卖所得价金为限偿付债务。

(2) 海事诉讼具有国际性。

海事诉讼的国际性表现为两个方面:一是海事诉讼所要解决的纠纷具有很强的国际性,二是海事诉讼适用的法律具有国际性。

(3) 海事诉讼规则具有特殊性。

海事纠纷常常涉及非常专业的船舶知识、航海知识、海上贸易知识以及海上风险分担知识,这些专业性是一般民事纠纷所没有的,所以,各国都在民事诉讼制度之外设置了专门适用于海事诉讼的特别规则,并且设立了专门的海事法院或专门审理海事案件的法庭,由职业法官负责海事案件的审理,不适用陪审团制度。

二、我国的海事法院

为了妥当解决海事、海商案件,有效地行使我国的海事司法管辖权,1984 年 11 月,最高人民法院决定在广州、上海、青岛、天津、大连等五个港口城市设立海事法院。此后,随着我国沿海港口城市的开放,最高人民法院根据实际需要和审判工作的发展,又相继在武汉、海口、厦门、宁波和北海等五个沿海城市分别设立了海事法院。2019年2月,中央编办正式批复同意设立南京海事法院。至此,我国已经设立了11个海事法院。海事法院的上述设置基本覆盖了全部沿海港口和海域,形成了布局比较合理、结构比较完整的海事司法管辖体系。

海事法院与其所在城市的中级人民法院同级,不设基层法院,直接受理国内和涉外的第一审海事侵权案件、海商合同案件、其他海事海商案件和海事执行案件,不受理刑事、行政和其他民事案件。海事法院内设海事审判庭(这里的"海事"作狭义理解,仅指海上事故所致损害赔偿)、海商审判庭、执行庭等办案机构。

各海事法院的上诉审法院为其所在地的高级人民法院,该高级人民法院对海事法院的审判业务工作实行监督。

三、海事诉讼特别程序法

海事诉讼特别程序法,是民事诉讼法的特别法,具体指国家制定或者认可的,用以调整海事法院、海事案件诉讼参与人的诉讼活动和诉讼关系的法律规范的总称。它是海事法院审理海事案件所遵循的基本依据,是海事案件诉讼参与人进行海事诉讼活动的行为准则。

海事诉讼法也有实质意义和形式意义上的两种含义,前者是指调整有关海事、海商案件特别诉讼程序的法律规范的总称,后者是指我国立法机构制定的海事诉讼法典,如1999年12月通过的《海事诉讼特别程序法》(以下简称《海诉法》)。此外,2002年12月,最高人民法院通过了《关于适用〈海事诉讼特别程序法〉若干问题的解释》(以下简称《海诉法解释》)(2003年2月1日起施行),使我国海事诉讼特别程序的法律更加健全和规范。

第二节 海事诉讼管辖

一、海事诉讼管辖概述

海事诉讼管辖,是指海事法院与上级人民法院之间,以及各海事法院相互之间,受理第一审海事案件的分工和权限。海事诉讼的管辖可以概括为海事级别管辖、海事地域管辖、海事专属管辖、海事协议管辖以及海事执行管辖等内容。

二、海事诉讼级别管辖

海事诉讼级别管辖,是指海事法院与上级法院之间受理第一审海事案件的分工和权限。它解决的是法院内部受理第一审海事案件的纵向分工。

与一般民事案件的"四级两审终审制"不同,海事案件的审级则为"三级两审终审制",因为基层人民法院无权受理海事案件,因此,海事案件的一审管辖权在海事法院、海事法院所在地高级人民法院和最高人民法院之间进行分配。具体而言,海事案件由海事法院管辖,但根据海事案件的性质、标的以及社会影响程度等方面的不同,海事法院所在地的高级人民法院和最高人民法院也可以受理第一审海事案件。

三、海事诉讼地域管辖

海事诉讼地域管辖,是指各海事法院之间受理第一审海事案件的分工和权限。海事诉讼特别地域管辖主要包括以下情形:

(1) 因海事侵权行为提起的诉讼,可以由侵权行为地(事故发生地或碰撞发生地)、(碰撞)船舶最先到达地、加害船舶被扣留地、船籍港所在地和被告住所地的海事法院管辖。

(2) 因海上运输合同纠纷提起的诉讼,可以由起运港、转运港、到达港和被告住所地转运港所在地海事法院管辖。

(3) 因海船租用合同纠纷提起的诉讼,由交船港、还船港、船籍港所在地、被告住所地海事法院管辖。

(4) 因海上保赔合同纠纷提起的诉讼,由保赔标的物所在地、事故发生地、被告住所地海事法院管辖。所谓保赔标的物所在地是指保赔船舶的所在地。

(5) 因海船的船员劳务合同纠纷提起的诉讼,由原告住所地、合同签订地、船员登船港或者离船港所在地、被告住所地海事法院管辖。

(6) 因海事担保纠纷提起的诉讼,由担保物所在地、被告住所地海事法院管辖;因船舶抵押纠纷提起的诉讼,还可以由船籍港所在地海事法院管辖。

与船舶担保有关的借款合同纠纷,由被告住所地、合同履行地、船舶的船籍港、船舶所在地的海事法院管辖。

(7) 因海船的船舶所有权、占有权、使用权、优先权纠纷提起的诉讼,由船舶所在地、船籍港所在地、被告住所地的海事法院管辖。

此处的"船舶所在地"是指起诉时船舶的停泊地或者船舶被扣押地。

与船舶优先权有关的借款合同纠纷,由被告住所地、合同履行地、船舶的船籍港、船舶所在地的海事法院管辖。

(8) 因海难救助费用提起的诉讼,由救助地、被救助船舶最先到达地以及被救助船舶以外的其他获救财产所在地的海事法院管辖。

(9) 当事人申请认定海上财产无主的,向财产所在地海事法院提出;申请因海上事故宣告死亡的,向处理海事事故主管机关所在地或者受理相关海事案件的海事法院提出。

(10) 认定海事仲裁协议效力案件,由被申请人住所地、合同履行地或者约定的仲裁机构所在地的海事法院管辖。

四、海事诉讼专属管辖

海事诉讼专属管辖是指法律规定特定的海事案件只能由特定的海事法院管辖。根据我国《海诉法》的规定，海事专属管辖有以下三类：

(1) 因沿海港口作业纠纷提起的诉讼，由港口所在地海事法院管辖。

(2) 因船舶排放、泄漏、倾倒油类或者其他有害物质，海上生产、作业或者拆船、修船作业造成海域污染损害提起的诉讼，由污染发生地、损害结果地或者采取预防措施地海事法院管辖。

(3) 因在中华人民共和国领域和有管辖权的海域履行的海洋勘探开发合同纠纷提起的诉讼，由合同履行地海事法院管辖。

五、海事诉讼协议管辖

海事诉讼协议管辖是指当事人在法律规定的范围内自行约定由某一法院对其争议案件进行审判，从而达到排除其他法院管辖且方便诉讼的目的。根据我国的立法规定，海事诉讼协议管辖可分为明示协议管辖、默示协议管辖和特殊协议管辖三种。前两种协议管辖适用民事诉讼协议管辖的一般规定，特殊协议管辖适用海事诉讼特别程序法的特别规定。

海事特殊协议管辖，是指外国人、无国籍人、外国企业或组织书面协议选择我国海事法院管辖的，可以不受“实际联系地”这一要求的限制，也即即使与纠纷有实际联系的地点不在我国境内，我国海事法院对该纠纷也具有管辖权。

六、海事执行管辖

当事人申请执行海事仲裁裁决，申请承认和执行外国法院判决、裁定以及国外海事仲裁裁决的，向被执行的财产所在地或者被执行人住所地海事法院提出。被执行的财产所在地或者被执行人住所地没有海事法院的，向被执行的财产所在地或者被执行人住所地的中级人民法院提出。但是，被执行的财产为船舶的，无论该船舶是否在海事法院管辖区域范围内，均由海事法院管辖。船舶所在地没有海事法院的，由就近的海事法院管辖。

第三节 海事请求保全

一、海事请求保全概说

(一) 海事请求保全的概念和特点

海事请求保全，是指海事法院根据海事请求人的申请，为保障其海事请求的实现,对被请求人的财产所采取的强制措施。

海事请求保全与民事诉讼中的财产保全相比具有如下特点:(1) 海事请求既可以在诉讼或仲裁前采取,也可以在诉讼或仲裁中采取;(2) 海事请求保全案件原则上由海事法院管辖;(3) 海事保全只能依当事人申请启动,不能由法院依职权主动采取保全措施;(4) 海事请求保全的对象只限于船舶、船载货物、船用燃油以及船用物料,对其他财产的海事请求保全适用民事诉讼法有关财产保全的规定;(5) 海事请求保全的重要目的是促使被申请人提供担保,或者通过拍卖该财产保存价款,以保障海事请求权的行使和实现,保证法院判决的顺利执行。

(二) 海事请求保全的程序

1. 申请

海事请求人申请海事请求保全,应当向海事法院提交书面申请,并附有关证据。海事请求保全申请书并不一定要求列明被申请人。

海事请求保全的管辖具有专属管辖的性质,即海事请求保全不受当事人之间关于该海事请求的诉讼管辖协议或者仲裁协议的约束,换言之,当事人之间达成的由财产所在地海事法院之外的法院或仲裁机构管辖海事请求保全案件的约定是无效的。

2. 担保

海事法院受理海事请求保全申请,可以责令海事请求人提供担保。海事请求人不提供的,驳回其申请。

3. 裁定与执行

海事法院对海事请求保全申请采取程序性审查,不进行实质性审查。经审查,认为海事请求人的申请符合海事请求保全条件的,应当在接受申请后 48 小时内作出采取海事请求保全措施的裁定;对不符合条件的,应当在 48 小时内作出驳回其申请的裁定。采取海事请求保全措施的裁定一经作出,应当立即执行。

4. 保全措施的解除

根据我国立法的规定,海事法院在下列情形下应当解除保全:(1) 利害关系人对海事请求保全提出异议,海事法院经审查认为理由成立的;(2) 被请求人提供担保的;(3) 当事人有正当理由申请解除海事请求保全的;(4) 海事请求人在规定的期间内,未提起诉讼或者未按照仲裁协议申请仲裁的。

5. 保全错误的救济

海事请求保全错误实际上是一种侵权行为,因此,海事请求人申请海事请求保全错误的,应当赔偿被请求人或者利害关系人因此所遭受的损失。

二、船舶的扣押与强制拍卖

(一)船舶的扣押

1. 申请扣押船舶的条件

申请扣押船舶应具备相应的实质要件和形式要件。实质要件包括:(1)申请人具有海事请求。(2)被申请人对海事请求负有责任或者申请人对当事船舶享有某种物权。(3)有保全的必要。

形式要件,即为履行上文所述"海事请求保全的程序"。

2. 扣押船舶的范围

我国可以扣押的船舶有两类:一是当事船舶。是指引起海事请求的发生或者发生的海事请求与其直接有关的船舶。二是姊妹船舶。是对与当事船舶有一定联系的其他船舶的习惯称谓。船舶的姊妹关系体现为两艘船舶同属一人所有。但从事军事、政府公务的船舶不得被扣押。

3. 扣押船舶的方式

扣押船舶的方式有"死扣押"和"活扣押"两种。前者是指在扣押期间,船舶不能投入营运,更不能设置抵押权或者进行处分。后者是指仅限制被扣押船舶的处分权和设置抵押权,允许船舶继续营运。

两种方式各有利弊。"死扣押"有利于保障申请人的权利,但不利于实现船舶的使用价值。"活扣押"有利于发挥船舶的使用价值,但不利于申请人权利的保障,我国《海诉法》采用了折中的方式,该法第27条规定,海事法院裁定对船舶实施保全后,经海事请求人同意,可以采取限制船舶处分或者抵押等方式允许该船舶继续营运。但已经实施保全的船舶的继续营运,一般仅限于航行于国内航线上的船舶完成本航次。

(二)强制拍卖船舶

1. 强制拍卖船舶概述

强制拍卖船舶,是指海事法院扣船后,在实体纠纷审结之前,为避免因长期扣押造成相关费用或船舶毁损等经济损失,根据扣船申请人或者被请求人的申请,依照法定程序对被扣船舶实行强制出售,保存价款的制度。

强制拍卖船舶具有强制性、公开性、法定性和程序性的特点。

2. 强制拍卖船舶的条件

拍卖船舶具有法定性的特点。故只有具备法定的条件,才能在判决前对扣押的船舶实施拍卖。我国《海诉法》第29条规定:"船舶扣押期间届满,被请求人不提供担保,而且船舶不宜继续扣押的,海事请求人可以在提起诉讼或者申请仲裁后,向扣押船舶的海事法院申请拍卖船舶。"

三、船载货物的扣押与拍卖

(一) 扣押船载货物

1. 扣押船载货物的概念

扣押船载货物是指海事法院依据海事请求人的申请,为了保全海事请求人的海事请求,扣押船舶运载货物的强制措施。

2. 申请扣押船载货物的条件

申请扣押船载货物,必须同时具备以下三个条件:(1) 申请人具有海事请求;(2) 被申请人对海事请求负有责任;(3) 申请扣押的货物属于被申请人所有。

3. 扣押船载货物的范围

扣押货物的范围,就是对扣押货物所依据的海事请求负有责任的人所有的货物。扣押货物主要有因运费、租金、滞期费、共同海损分摊请求而申请扣押货物等类型。

我国《海诉法》第 45 条规定:"海事请求人申请扣押船载货物的价值,应当与其债权数额相当。"

4. 扣押船载货物的期限

诉前扣押船载货物的期限为 15 日。海事请求人在 15 日内提起诉讼或者申请仲裁以及在诉讼或者仲裁过程中申请扣押船载货物的,扣押船载货物不受前述期限的限制。

(二) 拍卖船载货物

1. 拍卖的条件

船载货物扣押期间届满,被请求人不提供担保,而且货物不宜继续扣押的,海事请求人可以在提起诉讼或者申请仲裁后,向扣押船载货物的海事法院申请拍卖货物。

对无法保管、不易保管或者保管费用可能超过其价值的物品,海事请求人可以申请提前拍卖。

2. 审查、裁定及复议

海事法院收到拍卖船载货物的申请后,应当在 7 日内作出准予或者不准予拍卖船载货物的裁定。

当事人对裁定不服的,可以在收到裁定书之日起 5 日内申请复议一次。海事法院应当在收到复议申请之日起 5 日内作出复议决定。复议期间停止裁定的执行。

第四节 海事强制令

一、海事强制令概述

海事强制令是指海事法院根据海事请求人的申请,为使其合法权益免受侵害,责令被请求人作为或者不作为的强制措施。海事强制令具有保全的特征。

二、申请海事强制令的管辖

(1) 当事人在起诉前申请海事强制令,应当向纠纷发生地海事法院提出。

(2) 海事强制令不受当事人之间关于该海事请求的诉讼管辖协议或者仲裁协议的约束。

(3) 外国法院已受理相关海事案件或者有关纠纷已经提交仲裁的,当事人向我国的海事法院提出海事强制令申请,并向法院提供可以执行海事强制令的相关证据的,海事法院应当受理。

三、申请海事强制令的条件

根据我国《海诉法》第 56 条的规定,作出海事强制令,应当具备下列条件:(1) 请求人有具体的海事请求;(2) 需要纠正被请求人违反法律规定或者合同约定的行为;(3) 情况紧急,不立即作出海事强制令将造成损害或者使损害扩大。

四、海事强制令的程序

(一) 申请与担保

海事请求人申请海事强制令,应当向海事法院提交书面申请。申请书应当载明申请理由,并附有关证据。

海事法院受理海事强制令申请,可以责令海事请求人提供担保。海事请求人不提供担保的,驳回其申请。

(二) 裁定与复议

海事法院接受申请后,应当在 48 小时内作出裁定。裁定作出海事强制令的,应当立即执行;对不符合海事强制令条件的,裁定驳回其申请。

当事人对裁定不服的,可以在收到裁定书之日起 5 日内复议一次。海事法院应当在收到复议申请之日起 5 日内作出复议决定。复议期间不停止裁定的执行。

(三) 异议与执行

利害关系人对海事强制令提出异议,海事法院经审查,认为理由成立的,应当裁定撤销海事强制令;认为理由不成立的,应当书面通知利害关系人。

海事强制令发布后15日内,被请求人未提出异议,也未就相关的海事纠纷提起诉讼或者申请仲裁的,海事法院可以应申请人的请求,返还其提供的担保。

海事强制令由海事法院执行。被申请人、其他相关单位或者个人不履行海事强制令的,海事法院应当依据民事诉讼法的有关规定强制执行。

(四) 申请海事强制令错误的责任

海事请求人申请海事强制令错误的,应当赔偿被请求人或者利害关系人因此所遭受的损失。被请求人要求海事请求人赔偿损失的,由发布海事强制令的海事法院受理。

第五节 海事担保

一、海事担保概述

海事担保是指在海事诉讼及其相关活动中,依照法律规定或当事人的约定,为保障当事人的海事诉讼请求得以实现而提供的担保。

与民事债权担保相比较,海事担保主要有以下特点:(1) 海事担保的设定不以被担保债权的存在为必要;(2) 海事担保具有很强的法定性;(3) 海事担保是在诉讼或与诉讼相关的活动中设立的担保,其意义主要体现在程序层面;(4) 海事担保与诉讼程序联系在一起,故法律对海事担保有特殊的要求。

二、海事担保的提供

(一) 请求人担保的提供

根据我国《海诉法》的相关规定,海事请求人是否提供担保由法院根据请求人的情况、具体案情以及保全的内容等因素自由裁量决定。据此,海事请求人申请海事请求保全、海事强制令或海事证据保全时,海事法院均可以责令请求人提供担保。

海事请求人提供担保的,其方式、数额由海事法院决定。海事请求人提供担保的数额,应当相当于因其申请可能给被请求人造成的损失。

(二) 被请求人担保的提供

被请求人的担保可以提交给海事法院,也可以提供给海事请求人。

被请求人提供的担保,其方式、数额由海事请求人和被请求人协商,协商不成的,由海事法院决定。海事请求人要求被请求人就海事请求保全提供担保的数额,应当与其债权数额相当,但不得超过被保全的财产价值。

三、减少、变更或取消担保

担保提供后,提供担保的人有正当理由的,可以向海事法院申请减少、变更或者取消该担保。这里的正当理由是指:(1) 海事请求人请求担保的数额过高;(2) 被请求人已采取其他有效的担保方式;(3) 海事请求人的请求权消灭。

四、海事担保的责任

我国《海诉法》第78条规定:“海事请求人请求担保的数额过高,造成被请求人损失的,应当承担赔偿责任。”由此可见,海事担保责任实际上就是海事担保过高责任,这一责任属于一般的侵权损害赔偿责任。

第六节 海事审判程序

一、海事审判程序概说

我国《海诉法》规定的审判程序可归纳为两类:一是特殊海事审判程序。船舶碰撞、共同海损、海上保险人行使代位求偿权案件的审判程序可以统称特殊海事审判程序。二是简易程序、督促程序和公示催告程序。本节主要涉及前一类程序。

二、船舶碰撞案件诉讼程序

相比于民事诉讼法规定的一般诉讼程序的规定,船舶碰撞案件诉讼程序的特殊规定主要有:

(一) 填写《海事事故调查表》

我国《海诉法》第82条规定:“原告在起诉时、被告在答辩时,应当如实填写《海事事故调查表》。”据此,诉讼当事人应当根据碰撞当事人的实际情况,特别是根据值班船员反映的情况客观填写该调查表。

(二) 举证规则

(1) 送状不附证。海事法院向当事人送达起诉状或答辩状时,不附送有关证据材料。

(2) 当事人完成举证的时限。我国《海诉法》第84条规定,当事人应当在开庭审理前完成举证。

(3) 完成举证说明书。当事人完成举证后应当向法院出具完成举证说明书。

(4) 查阅证据材料。一方当事人出具完成举证说明书后,可以申请查阅有关碰撞的事实证据材料。有关船舶碰撞的事实证据材料,在各方当事人完成举证后进行交换。

(5) 禁止翻供及其例外原则。当事人出具完成举证说明书后,不能继续收集新的证据材料推翻其在《海事事故调查表》中的陈述和已经完成的举证。但有新的证据,并有充分的理由说明该证据不能在举证期间内提交的除外。

(三) 关于船舶检验、估价的规定

我国《海诉法》第 86 条规定:"船舶检验、估价应当由国家授权或者其他具有专业资格的机构或者个人承担。非经国家授权或者未取得专业资格的机构或者个人所作的检验或者估价结论,海事法院不予采纳。"

(四) 关于审限的规定

海事法院审理船舶碰撞案件,应当在立案后 1 年内审结。有特殊情况需要延长的,由本院院长批准。

三、共同海损案件诉讼程序

海事诉讼特别程序法对共同海损诉讼作出了如下特殊规定:

(一) 理算和起诉

(1) 当事人就共同海损的纠纷,可以协议委托理算机构理算,也可以直接向海事法院起诉。海事法院受理未经理算的共同海损纠纷,可以委托理算机构理算。

(2) 当事人可以不受因同一海损事故提起的共同海损诉讼程序的影响,就非共同海损损失向责任人提起诉讼。

(3) 理算机构作出的共同海损理算报告,当事人没有提出异议的,可以作为分摊责任的依据;当事人提出异议的,由海事法院决定是否采纳。

(二) 合并审理

当事人就同一海损事故向受理共同海损案件的海事法院提起非共同海损的诉讼,以及对共同海损的分摊向责任人提起追偿诉讼的,海事法院可以合并审理。

(三) 审理期限

共同海损案件的审限与船舶碰撞案件的审限相同,均为 1 年,但在特殊情况下经批准可延长。

四、海上保险人行使代位求偿权程序

海上保险人行使代位求偿权程序可以分别适用于下述两种情况:第一,海上保险事故引起的海上保险人行使代位求偿权向第三人提起的索赔诉讼。第二,因船舶油污损害受害人提起的索赔诉讼。

(一) 海上保险人行使代位求偿权的方式

根据我国《海诉法》第 94 条、第 95 条的规定,海上保险人行使代位求偿权的方式包括:(1) 被保险人未向造成保险事故的第三人提起诉讼的,保险人应当以自己的名义向该第三人提起诉讼;(2) 被保险人已经向造成保险事故的第三人提起诉讼的,保险人可以向受理该案的法院提出变更当事人的请求,代位行使被保险人对第三人请求赔偿的权利;(3) 被保险人取得的保险赔偿不能弥补第三人造成的全部损失的,保险人和被保险人可以作为共同原告向第三人请求赔偿。

(二) 船舶油污损害受害人提起的索赔诉讼

根据我国《海诉法》第 97 条的规定,对船舶造成油污损害的赔偿请求,受损害人可以向造成油污损害的船舶所有人提出,也可以直接向承担船舶所有人油污损害责任的保险人或者提供财务保证的其他人提出。

油污损害责任的保险人或者提供财务保证的其他人被起诉的,有权要求造成油污损害的船舶所有人参加诉讼。

第七节 海事非诉程序

海事非诉程序包括:设立海事赔偿责任限制基金程序、债权登记与受偿程序和船舶优先权催告程序。

一、设立海事赔偿责任限制基金程序

海事赔偿责任限制是海商法中的一项特殊制度,是指船舶在营运过程中发生重大海损事故,造成重大财产损失和人身伤亡,作为责任人的船舶所有人、经营人和承租人等,可以依法将其赔偿责任限制在一定范围内的法律制度。其目的是将海上航运的风险在责任人与受害人之间进行适当的分配,在保护受害人利益的同时,适当保护责任人的利益,以鼓励航运。

(一) 申请设立基金的管辖

当事人在起诉前申请设立海事赔偿责任限制基金的,应当向事故发生地、合同履行地或者船舶扣押地海事法院提出。海事事故发生在我国领域外的,船舶发生事故后进入我国领域内的第一到达港视为前述所指的事故发生地。设立海事赔偿责任限制基金,不受当事人之间关于诉讼管辖协议或者仲裁协议的约束。

(二) 设立基金的申请

船舶所有人、承租人、经营人、救助人、保险人在发生海事事故后,依法申请责任限制的,可以向海事法院申请设立海事赔偿责任限制基金。

船舶造成油污损害的，船舶所有人及其责任保险人或者提供财务状况保证的其他人为取得法律规定的责任限制的权利，应当向海事法院提出设立油污损害的海事赔偿责任限制基金。

（三）通知、公告与异议

海事法院受理设立海事赔偿责任限制基金申请后，应当在7日内向已知的利害关系人发出通知，同时通过媒体发布公告，连续公告3日。如果涉及的船舶是可以航行于国际航线的，应当通过对外发行的有关媒体发布公告。

利害关系人对申请有异议的，应当在收到通知之日起7日内或者未收到通知的在公告之日起30日内，以书面形式向海事法院提出。海事法院收到书面异议后，应当在15日内作出裁定。当事人对裁定不服的，可以在收到裁定书之日起7日内提起上诉。

（四）基金的设立

准予申请人设立海事赔偿责任限制基金的裁定生效后，申请人应当在3日内在海事法院设立海事赔偿责任限制基金。申请人逾期未设立基金的，按自动撤回申请处理。

海事赔偿责任限制基金的数额，为海事赔偿责任限额和自事故发生之日起至基金设立之日止的利息。

（五）设立基金的法律后果

（1）设立海事赔偿责任限制基金后，向基金提出请求的任何人，不得就该项索赔对设立或以其名义设立基金的人的任何其他财产，行使任何权利；

（2）设立海事赔偿责任限制基金以后，当事人就有关海事纠纷应当向设立海事赔偿责任限制基金的海事法院提起诉讼，但当事人之间订有诉讼管辖协议或者仲裁协议的除外；

（3）申请人申请设立海事赔偿责任限制基金错误的，应当赔偿利害关系人因此所遭受的损失。

二、债权登记与受偿程序

只有经过债权登记和受偿程序，才能最终将拍卖船舶价款和责任限制基金按实体法规定的顺序清偿。

（一）债权登记

1. 可登记的债权范围

按照我国《海诉法》第111条、第112条的规定，对强制拍卖船舶所得价款，可以申请登记清偿的债权为“与被拍卖船舶有关的”海事债权；对设立的海事赔偿责任限制基金，可以申请登记清偿的债权为“与特定场合发生的海事事故有关的”债权。

2. 债权登记的申请、审查与裁定

债权人向海事法院申请登记债权的,应当提交书面申请,并提供有关债权证据。债权人必须在海事法院的公告期间申请登记债权。

海事法院对债权人的申请进行审查后,将作出准予登记或驳回申请裁定。

(二) 债权受偿程序

债权经法院裁定确认后就具有法律效力,债权人可以要求受偿,但需履行一定的受偿程序。

(1) 召开债权人会议。海事法院审理并确认债权后,应当向债权人发出债权人会议通知书,组织召开债权人会议。

(2) 确定分配方案。债权人会议可以协商提出船舶价款或者海事赔偿责任限制基金的分配方案,签订受偿协议。受偿协议经海事法院裁定认可,具有法律效力。债权人会议协商不成的,由海事法院依法裁定船舶价款或者海事赔偿责任限制基金的分配方案。

(3) 清偿债务。拍卖船舶所得价款及其利息,或者海事赔偿责任限制基金及其利息,应当一并予以分配。

三、船舶优先权催告程序

船舶优先权催告程序,是指海事法院根据船舶受让人的申请,以公示方法,催告船舶优先权人于一定期间内主张权利,逾期无人主张权利的,则根据受让人的申请依法宣告该转让船舶不附有船舶优先权的程序。

(一) 申请

船舶优先权催告程序因船舶受让人提出书面申请而启动。

(二) 审查、裁定与复议

海事法院在收到申请书以及有关文件后,应当进行审查,在 7 日内作出准予或者不准予申请的裁定。受让人对裁定不服的,可以申请复议一次。海事法院应当在 7 日内作出复议决定。

(三) 公示催告

海事法院在准予申请的裁定生效后,应当通过有关媒体连续公告 3 日,催促船舶优先权人在催告期间主张船舶优先权。优先权催告的船舶为可以航行于国际航线的,应当通过对外发行的有关媒体发布公告。船舶优先权催告期间为 60 日。

(四) 船舶优先权登记与程序终结

船舶优先权催告期间,船舶优先权人主张权利的,应当在海事法院办理登记;不主张权利的,视为放弃船舶优先权;利害关系人在船舶优先权催告期间提出优先权主张的,海事法院应当裁定优先权催告程序终结。

（五）除权判决与公告

船舶优先权催告期间届满，无人主张船舶优先权的，海事法院应当根据当事人的申请作出判决，宣告该转让船舶不附有船舶优先权。判决内容应当公告。

拓展阅读

1. 张晓茹：《论我国海事强制令制度之完善》，载《人民司法》2006 年第 4 期。

2. 周荣庆：《船舶评估、拍卖的若干法律问题》，载《人民司法》2008 年第 15 期。

3. 于耀东：《海事诉讼法登记债权的确权程序中的几个问题》，载《中国海商法年刊》2007 年总第 17 卷。

4. 胡方：《〈关于审理船舶碰撞纠纷案件若干问题的规定〉的理解与适用》，载《人民司法》2008 年第 11 期。

5. 宋伟莉：《论受害人对船舶油污责任保险人的直接请求权——兼谈〈中华人民共和国海事诉讼特别程序法〉第 97 条的立法完善》，载《中国海商法年刊》2009 年第 4 期。

6. 李国光：《海事司法公正的立法与制度保障——〈中华人民共和国海事诉讼特别程序法〉实施十周年回顾与展望》，载《中国海商法年刊》2010 年第 4 期。

7. 吴胜顺：《冲突与衔接：当海事诉讼与破产程序并行》，载《中国海商法研究》2017 年第 2 期。

8. 黄永申：《一部中世纪的海事诉讼法典——瓦伦西亚海事法庭诉讼程序法》，载《中国海商法研究》2017 年第 2 期。

9. 吴胜顺：《〈中华人民共和国海事诉讼特别程序法〉债权登记与受偿程序缺陷及制度重构》，载《中国海商法研究》2018 年第 2 期。

10. 王娜：《登记对抗主义下案外人执行异议之诉适用困境之策略研究——以〈海事诉讼特别程序法〉修改为视角》，载《中国海商法研究》2019 年第 3 期。

11. 许俊强、陈永灿：《论保险人可二审代位进入诉讼程序——兼议〈海事诉讼特别程序法〉修订》，载《中国海商法研究》2019 年第 4 期。

12. 张勇、匡浩：《论海事法院受理实现担保物权案件范围之扩张——兼议〈海事诉讼特别程序法〉修订》，载《中国海商法研究》2020 年第 4 期。

13. 赵培元、潘军锋：《船舶扣押法律问题研究——对〈海事诉讼特别程序法〉第三章船舶扣押规定的修改建议》，载《法律适用》2020 年第 11 期。

第二十八章　跨国诉讼程序

本章目次

第一节　跨国民事诉讼程序概述

一、跨国民事诉讼的概念

跨国民事诉讼，简言之，就是具有跨国因素的民事诉讼。[①] 具体来说，它是指人民法院在双方当事人和其他诉讼参与人的参加下，依法审理和解决跨国民(商)事案件的活动。跨国民事诉讼不同于国内民事诉讼的显著特征便是它具

① 在国际私法学界，学者多使用“国际民事诉讼”概念，而在民事诉讼法学界，一般均称为“涉外民事诉讼”，我国现行立法中也沿用“涉外民事诉讼”这一称谓。二者其实并没有质的差异，“涉外”强调的是以一具体国家为评判基准，而“国际”则更多地关注不同国家这一现实。广义国际民事诉讼主要就是由各国涉外民事诉讼构成的。

有跨国因素,而跨国因素一般包括以下三方面内容:

(1) 诉讼主体跨国,即诉讼当事人一方或双方是外国人、无国籍人、外国企业和组织。

(2) 诉讼法律事实跨国,即诉讼当事人之间民事诉讼法律关系的设立、变更、终止的法律事实发生在国外。

(3) 诉讼标的物跨国,即诉讼当事人争议的标的物在国外。

上述三个方面的跨国因素,只要具备其中一个跨国因素,就属于跨国民事诉讼。需要注意的是,涉及华侨以及港、澳、台同胞的民事诉讼,不属于跨国民事诉讼。但鉴于这类案件的特殊性和我国法院司法实践的惯例,对这类案件在主要适用民事诉讼法一般规定的同时,也可参照跨国民事诉讼的特别规定和其他有关规定办理。

就我国而言,跨国民事诉讼主要表现为涉外民事诉讼,根据《民诉法解释》第520条的规定,有下列情形之一,人民法院可以认定为涉外民事案件:

(1) 当事人一方或者双方是外国人、无国籍人、外国企业或者组织的;

(2) 当事人一方或者双方的经常居所地在中华人民共和国领域外的;

(3) 标的物在中华人民共和国领域外的;

(4) 产生、变更或者消灭民事关系的法律事实发生在中华人民共和国领域外的;

(5) 可以认定为涉外民事案件的其他情形。

二、跨国民事诉讼程序的立法体例

跨国民事诉讼程序,是指一国法院受理、审判和执行具有跨国因素的民事案件所适用的程序。从世界范围看,跨国民事诉讼的立法体例大致有三种形式:一是制定与《民事诉讼法》并列的单行跨国民事诉讼法,作为处理跨国民事案件的专门法律。二是不制定单行的跨国民事诉讼法,对有关跨国程序问题,在民事诉讼一般程序规定之后,设立特别条款,以体现其特殊性。三是在《民事诉讼法》中设立跨国民事诉讼程序的专门编、章,以适应处理跨国民事诉讼的特别需要。这种立法体例避免了分别立法的重复和浪费,也避免了分散规定难以查找的缺陷,既便利于法院审理跨国民事案件,又有利于当事人进行诉讼。鉴于这种体例的优点,它已经成为当今世界各国跨国民事诉讼立法的新趋势。

我国跨国民事诉讼立法,采用了第三种体例。我国《民事诉讼法》中的第四编,就是对跨国民事诉讼程序作出的特别规定。

三、跨国民事诉讼程序的国际"协调化"

随着国际交流、交往的增多,国际商业的发展,跨国民事纠纷也日益增多,而处理跨国民事纠纷的规则却没有统一的规定,各国处理纠纷的规则差异较大,这不利于跨国民事纠纷的解决,也不利于国际商事的发展。为此,有必要减少法律制度之间的差异,使纠纷主体无论在何处都可以适用相同或类似的"游戏规则",从而缓解源自法律冲突的成本和障碍。人们将这种致力于减少各国法律制度之间差异的努力,称为"协调化"或"近似化"。

在实体法领域,协调化的努力已经作出了很多,现在已经有大量的条约和公约。然而,在程序法的协调化方面,其进展要慢得多。这种进展之所以受阻,是因为存在这样的观点,即各国的程序制度相互之间差异太大了,而且它们深深根植于地方性的政治历史和文化传统之中,因而不可能减少与调和这种法律体系之间的差异。正因此,在程序法方面的国际公约,到目前为止仅涉及程序的两头,一头是属人管辖权的根据以及送达传票启动诉讼程序的机制,另一头是对判决的承认。①

自20世纪90年代开始,民事诉讼国际化的努力一直朝着乐观的方向发展。先是马歇尔·斯托姆(Marcel Storme)教授发起的《欧盟民事诉讼示范法典》项目,该项目具有某种开拓性的意义,根据该项目,在诸如提出诉讼请求、提供证据以及作出判决这样的领域,都存在协调化的可能;接着美国法学会(ALI)发起《跨国民事诉讼规则》项目,该项目既受到斯托姆教授项目的启发,也受到半个世纪前制定的《美国联邦民事诉讼程序规则》的影响②,该项目旨在制定审理跨国民商事纠纷的民事诉讼程序规则的示范法典。后来,国际统一私法学会也参与并作为共同发起人。《跨国民事诉讼规则》首次发表于1995年《康奈尔国际法杂志》第30期,修改稿1998年发表于《德克萨斯国际法杂志》第33期。③ 目前的最新版本为2004年5月向美国法学会提交的《跨国民事诉讼原则和规则讨论稿》第三草案。④

跨国民事诉讼程序的国际"协调化",并不是要消灭各国国内民事诉讼法关于跨国诉讼程序的规定,也不是要制定一部世界通行的国际民事诉讼法,而只是形成一部"示范法",供各国立法时借鉴和参考,进而达到跨国民事诉讼程序的统一化。

① 参见《跨国民事诉讼程序的原则与规则》,汤维建等译,载杨立新主编:《民商法前沿》(第2辑),法律出版社2004年版。

② 《美国联邦民事诉讼程序规则》(以下简称《联邦民诉规则》)确立了一个在48个不同的半自主权性的州法院都能够采用的单一性的程序。而每一个州都有自己的程序法、自己的程序文化以及自己的律师制度。《联邦民诉规则》完成了一件在许多深思熟虑的学者看来是不可能的事情,即为"四打不同的法律共同体制定了单一的程序制度"。《联邦民诉规则》的经验表明,在不同法系州间进行诉讼,具有建立统一诉讼程序的可能性。参见同上注。

③ 参见《国际民事诉讼规则》,徐昕译,载《仲裁与法律》2000年第2期。

④ 参见李旺:《国际民事诉讼法》,清华大学出版社2003年版,第10页。

四、跨国民事诉讼程序的基本原则

跨国民事诉讼程序的基本原则，是指在跨国民事诉讼程序中，人民法院、当事人以及诉讼参与人除遵守民事诉讼法的一般原则外，还应当遵循的有关跨国民事诉讼的特殊原则。我国跨国民事诉讼的基本原则是根据民事诉讼法的基本原则，参考国际惯例，结合跨国民事诉讼具有的某些特殊情况制定的，这些原则在跨国民事诉讼中不仅具有适用性，而且具有指导性。这些基本原则包括：

（1）适用我国民事诉讼法原则；

（2）适用我国缔结或者参加的国际条约原则；

（3）司法豁免原则；

（4）使用我国通用语言、文字原则；

（5）委托中国律师代理诉讼原则。

第二节　跨国民事诉讼的管辖

一、跨国民事诉讼管辖的概念

跨国民事诉讼管辖，是指我国法院对具有跨国因素的民事案件享有的审判权力或权限，以及各级各类人民法院受理第一审跨国民事案件的分工和权限。

跨国民事案件管辖权的确定往往同法律适用密切联系，并在很大程度上影响案件的审理结果。因此，确定跨国民事诉讼的管辖权，有利于维护国家主权和利益，有利于人民法院的审判活动的顺利进行以及判决结果在外国的承认和执行。

二、跨国民事诉讼中的协议管辖

协议管辖，是指某些案件是由双方当事人约定或协议所确定的国家的法院来行使管辖权的制度。协议管辖通常包括明示协议管辖和默示协议管辖两大类。

（一）明示协议管辖

根据我国《民事诉讼法》的规定，跨国民事诉讼明示协议管辖应当具备以下几个条件：

（1）当事人必须采用书面协议形式，不能采用口头形式。

（2）协议选择的法院只限于第一审法院，不得协议选择上诉法院。

（3）协议管辖只限于跨国合同和跨国财产权益纠纷。涉及身份关系的诉讼不允许当事人协议选择法院，只能由法律规定的法院管辖。

(4) 协议的法院应该是与该案有实际联系地点的法院,如选择被告住所地、合同履行地、合同签订地、原告住所地、标的物所在地、侵权行为地等与争议有实际联系地点的法院。

(5) 协议管辖不能违反我国法律关于级别管辖和专属管辖的规定。

(二) 默示协议管辖

《民事诉讼法》第 130 条第 2 款规定:"当事人未提出管辖异议,并应诉答辩的,视为受诉人民法院有管辖权,但违反级别管辖和专属管辖规定的除外。"也即跨国民事诉讼的被告对人民法院管辖不提出异议,并应诉答辩的,视为承认该人民法院为有管辖权的法院。该条规定确立了我国民事诉讼中的默示协议管辖制度。默示协议管辖的成立要件除了应当遵循明示合议管辖的第 2—4 项条件外,还必须具备下列条件:

(1) 当事人之间没有就法院管辖问题达成书面协议,纠纷发生后,一方当事人向我国人民法院提出诉讼;

(2) 被告对原告实际起诉的法院在规定的期限内,没有提出管辖权异议,并且无条件地应诉答辩。

三、跨国民事诉讼中的专属管辖

跨国民事诉讼中的专属管辖,指的是特定的跨国民事案件的管辖权专属于中华人民共和国特定的法院。

世界上大多数国家都有专属管辖的规定,但专属管辖的条件范围却不尽相同。在大陆法系国家,涉及位于内国境内的不动产产权、国际租赁、法人破产以及因内国登记而发生的诉讼和有关内国国民身份关系的跨国民事案件,常规定属于内国法院专属管辖范围。就我国而言,我国《民事诉讼法》第 273 条对专属管辖作出了规定,即"因在中华人民共和国履行中外合资经营企业合同、中外合作经营企业合同、中外合作勘探开发自然资源合同发生纠纷提起的诉讼,由中华人民共和国人民法院管辖"。

四、跨国民事诉讼管辖权冲突及其协调

在国与国之间,司法管辖权可能存在着积极的冲突,即在本国法院、外国法院对同一案件均有管辖权时,一方当事人在本国和外国法院都提起了诉讼,或者一方在本国提起诉讼,对方在外国提起诉讼,这时,便出现了管辖权的冲突,需要采取一定的方法加以解决。根据我国的司法实践,除协议管辖可以起到解决管辖权冲突的作用外,还采用下列原则进行协调:

其一,不方便法院原则。不方便法院原则,是指我国法院和外国法院都有权管辖的涉外纠纷,如当事人在其他国家法院起诉和受理更能获得便利和公正的

结果,那么,我国法院经自由裁量之后,可以停止审理本案或者驳回原告的起诉。如《民诉法解释》第530条规定,涉外民事案件同时符合下列情形的,人民法院可以裁定驳回原告的起诉,告知其向更方便的外国法院提起诉讼:

(1) 被告提出案件应由更方便外国法院管辖的请求,或者提出管辖异议;

(2) 当事人之间不存在选择中华人民共和国法院管辖的协议;

(3) 案件不属于中华人民共和国法院专属管辖;

(4) 案件不涉及中华人民共和国国家、公民、法人或者其他组织的利益;

(5) 案件争议的主要事实不是发生在中华人民共和国境内,且案件不适用中华人民共和国法律,人民法院审理案件在认定事实和适用法律方面存在重大困难;

(6) 外国法院对案件享有管辖权,且审理该案件更加方便。

其二,一事不二讼原则。一事不二讼原则,是指对于外国法院首先作出判决或裁定的跨国民事案件,如不违反我国的专属管辖规定,我国法院将不再予以受理,但须以该外国法院作出的判决或裁定已经得到我国法院承认为条件。

《民诉法解释》第531条对此有明确的规定:中华人民共和国法院和外国法院都有管辖权的案件,一方当事人向外国法院起诉,而另一方当事人向中华人民共和国法院起诉的,人民法院可予受理。判决后,外国法院申请或者当事人请求人民法院承认和执行外国法院对本案作出的判决、裁定的,不予准许;但双方共同缔结或者参加的国际条约另有规定的除外。外国法院判决、裁定已经被人民法院承认,当事人就同一争议向人民法院起诉的,人民法院不予受理。

第三节　送达和期间

一、送达

跨国民事诉讼中的送达,是指人民法院依照法定方式,将诉讼文书送交当事人或者其他诉讼参与人的行为。

根据《民事诉讼法》第274条的规定,人民法院对在我国领域内没有住所的当事人送达诉讼文书.可以采取以下八种方式;

(1) 依照国际条约中规定的方式送达;

(2) 通过外交途径送达;

(3) 委托我国驻受送达人所在国的使领馆代为送达;

(4) 向有权代收的诉讼代理人送达;

(5) 向受送达人在我国领域内设立的代表机构或者有权接受送达的分支机构、业务代办人送达;

(6) 邮寄送达;
(7) 用传真、电子邮件等方式送达;
(8) 公告送达。

二、期间

跨国民事诉讼的期间是指受诉法院、当事人和其他诉讼参与人单独进行跨国民事诉讼活动时所必须遵守的时间期限。

跨国民事诉讼程序中所规定的诉讼期间与国内民事诉讼期间相比有以下特点:其一,诉讼期间一般规定较长,如跨国民事诉讼中被告答辩期间是在收到起诉状副本后 30 日内,当事人的上诉期间和被上诉人的答辩期间也都是 30 天。其二,当事人可以申请延长。其三,没有审结期限要求。

第四节 跨国民事诉讼中的司法协助

一、司法协助的概念

司法协助,是指不同国家的法院之间,根据本国缔结或者参加的国际条约或者互惠关系,彼此相互协助,为对方代为一定的诉讼行为。

不同国家之间的这种司法上的协作关系,是以该国家缔结或参加的国际条约为基础,或者是以互惠关系为基础的。

我国《民事诉讼法》中对司法协助的内容作了较为全面的规定,包括送达文书、调查取证、我国法院判决在域外的承认与执行以及外国法院的判决在我国的承认与执行等。司法协助可分为两类:一般司法协助和特殊司法协助。前者指的是代为送达诉讼法律文书和询问当事人、证人等调查取证活动。后者是指国与国之间的法院在一定的前提下相互承认并执行对方生效的法律文书的制度。

二、一般司法协助

(一) 代为送达文书

代为送达文书,是指受诉国法院委托受送达人居住国法院代为递送有关诉讼文书的行为。如送达起诉状、答辩状、上诉状、传票、判决书、裁定书等。目前,在我国的民事司法协助的实践中,送达文书占了相当大的比例。

(二) 代为调查取证

代为调查取证是指在国际民事诉讼中,一国法院请求外国法院代为收集、提取与案件有关而又处于该外国境内的证据。

代为调查取证包括代为询问当事人、证人、鉴定人,代为调查取证,代为进行鉴定和司法勘验等内容。代为调查取证的执行方式,一般分为直接和间接两种途径。前者是指缔约一方可以通过本国派驻另一缔约国的外交代表或领事代表机关,直接向另一方领域内的本国国民调查取证,但必须遵守缔约另一方的法律,并且不得采取任何强制措施。后者是指由被请求一方的法院代为调查取证的方式,适用本国法律,必要时可以实施本国法律规定的适当的强制措施。

三、特殊司法协助

(一) 特殊司法协助概述

特殊司法协助,是指不同国家法院之间,根据本国缔结或参加的国际条约,或者按照互惠原则,相互接受对方法院的委托,承认并且执行对方法院的判决、裁定。

特殊司法协助包括承认和执行两个方面。承认外国法院判决是执行外国法院判决的前提条件,任何被执行的外国法院判决,都必须先由执行国法院承认其效力。但是,并非所有外国法院判决都有执行的问题,对某些判决而言,承认就已经足够。如单纯的离婚判决,承认了它就意味着允许当事人再行结婚,不涉及执行问题。一般而言,对于外国法院的确认判决和变更判决通常仅需要承认,不需要执行,而对于给付判决则不仅需要承认还需要执行。

对于一个主权国家而言,外国法院判决的承认和执行包括两种情形:一是外国法院作出的跨国民事判决在内国的承认和执行;二是内国法院的跨国民事判决在外国的承认与执行。从执行国法院的角度来看,被请求承认和执行的实际上都是外国法院的判决。

(二) 我国法院的裁判在外国的承认和执行

根据《民事诉讼法》第 287 条的规定:我国人民法院的判决、裁定请求外国法院承认和执行的,除需要具备我国与该外国缔结或者参加的国际条约对此有明确规定或者按照互惠原则进行这一前提条件外,还必须具备以下条件:

(1) 该判决和裁定是已经发生法律效力的终审裁判,且具有执行内容。

已经发生法律效力的裁判,包括民商事判决、裁定,刑事案件中有关赔偿损失和返还财产的裁判。考虑到国际上一般不承认调解书的效力,所以,我国《民诉法解释》第 528 条规定,涉外民事诉讼中,经调解双方达成协议,应当制发调解书。当事人要求发给判决书的,可以依协议的内容制作判决书送达当事人。

(2) 被执行人或其财产不在我国领域内,需要到外国去执行。

(3) 被申请人或者被要求执行的财产不在我国境内。

(4) 由当事人直接向有管辖权的外国法院提出申请;特殊情况下,当事人也可以向我国人民法院提出申请,由我国人民法院请求外国法院承认和执行。

(三)我国人民法院对外国裁判的承认与执行

根据《民事诉讼法》第289条的规定,我国人民法院接到请求承认和执行外国法院判决、裁定的申请后,必须依法进行审查。符合我国法律规定的,裁定承认其效力,需要执行的,依照我国民事诉讼法的规定予以执行。

1. 我国承认和执行外国法院判决的条件

(1)必须是已经发生法律效力的外国法院裁判。所谓发生法律效力,指该外国法院裁判是依照正当程序作出,并已经发生法律上的拘束力的终审裁判。凡正在请求国提起诉讼或正在审理的案件,我国不予承认和执行。

(2)该外国与我国缔结或者参加了有关的国际条约,或者双方有互惠关系。

(3)该国法院裁判不违反我国法律的基本原则或者国家主权、安全、社会公共利益。

2. 我国承认和执行外国法院判决的程序

(1)承认与执行请求的提出。对外国法院判决的承认与执行也有两种方式,一种是由当事人直接向中国有管辖权的中级人民法院提交承认与执行的申请书。另一种是由该外国法院向我国人民法院提出承认与执行的请求书,并附具有关文件。这种程序的前提是该国与我国缔结或共同参加了国际公约,或者按照互惠原则进行。

(2)立案和审查。我国人民法院接到申请书或请求书后,经审查,对符合条件的,裁定承认其效力,需要执行的,发出执行令,依照我国民事诉讼法规定的执行程序予以执行;对不符合条件的,则将申请书或请求书退回请求国的当事人或法院。

此外,根据《民诉法解释》第542条和第547条的规定,对于以下两种情况,另作处理:

其一,当事人向中华人民共和国有管辖权的中级人民法院申请承认和执行外国法院作出的发生法律效力的判决、裁定的,如果该法院所在国与中华人民共和国没有缔结或者共同参加国际条约,也没有互惠关系的,裁定驳回申请,但当事人向人民法院申请承认外国法院作出的发生法律效力的离婚判决的除外。承认和执行申请被裁定驳回的,当事人可以向人民法院起诉。

其二,与我国没有司法协助协定又无互惠关系国家的法院,未通过外交途径,直接请求我国法院司法协助的,我国法院应予退回,并说明理由。

3. 拒绝承认与执行外国法院判决的条件

根据我国所参加或缔结的国际条约,我国法院在一定的情形之下可以拒绝承认与执行外国法院的判决。这些情形包括:

(1)根据我国法律和条约中有关跨国民事案件管辖权的规定,该判决是由无管辖权的法院所作的;

（2）依据作出判决的国家法律规定，该判决尚未生效或者不具有执行力的；

（3）根据作出判决的国家的法律，败诉一方当事人未经合法传唤的；

（4）当事人被剥夺了答辩的可能性，或在无诉讼行为能力时未得到适当的代理的；

（5）我国人民法院对于相同当事人之间就同一诉讼标的的案件已作出了发生法律效力的判决，或正在进行审理的；

（6）判决的承认与执行有损于中国的主权、安全或公共秩序的。

拓展阅读

1. 吴明童：《跨国民事诉讼案件司法协助研究》，载《法律科学》1996 年第 2 期。

2. 徐昕：《民事诉讼法的国际协调：在努力与浪漫之间——〈跨国民事诉讼原则和规则〉评价》，载许章润主编：《清华法学》（第 2 辑），清华大学出版社 2003 年版。

3. 郭玉军、张飞凤：《〈跨国民事诉讼规则〉管辖权规定之研究》，载《武大国际法评论》2007 年第 1 期。

4. 王娟：《关于我国引入禁诉令制度的思考》，载《法学评论》2009 年第 6 期。

5. 王俊民：《内地司法机关派员在港澳地区直接取证的规范性分析》，载《法学》2009 年第 7 期。

6. 李旺：《国际民事诉讼法》（第二版），清华大学出版社 2011 年版。

7. 王春丽：《意大利跨国民事诉讼研析》，载《理论界》2012 年第 10 期。

8. 杜涛：《欧盟跨国民事诉讼制度的新发展——评欧盟〈布鲁塞尔第一条例〉之修订》，载《德国研究》2014 年第 1 期。

9. 王瀚：《国际民事诉讼管辖权的确定及其冲突解决析论》，载《法学杂志》2014 年第 8 期。

10. 李双元、谢石松、欧福永：《国际民事诉讼法概论》，武汉大学出版社 2016 年版。

11. 刘敬东：《大国司法：中国国际民事诉讼制度之重构》，载《法学》2016 年第 7 期。

12. 何其生：《大国司法理念与中国国际民事诉讼制度的发展》，载《中国社会科学》2017 年第 5 期。

13. 蔡从燕、王一斐：《大国崛起中的跨国司法对话——中国司法如何促进实施“一带一路”倡议》，载《国际法研究》2022 年第 1 期。

第五编　非讼程序

第二十九章　特别程序

本章目次

第一节　特别程序概述

一、特别程序的概念及其特点

（一）特别程序的概念及其法律渊源

特别程序，是指人民法院审理某些非民事权益争议案件和选民资格案件所适用的程序。

关于特别程序，我国《民事诉讼法》第十五章有专门规定，《民诉法解释》第十七章中也作出了具体解释。由于特别程序的特殊性质决定了在适用特别程序时，我们首先必须适用《民事诉讼法》和有关司法解释中关于特别程序的特殊规定；在没有特殊规定的情况下，在不违背特别程序特性的前提下，可适用《民事诉讼法》及相关司法解释的其他有关规定。

（二）特别程序的特点

特别程序与通常的民事诉讼程序相比较，具有以下显著的特点：

（1）程序的性质不同。除选民资格案件程序外，特别程序是一种非讼程序，依特别程序对案件进行审理，并不解决民事权利义务关系争议，而只是确认某种法律事实存在与否，确认某种权利的实际状况。

（2）程序的适用状况不同。特别程序不是一类案件的审理程序，而是几类不同案件的审理程序的总称。适用于特别程序审理的案件，每一类各自独立地适用一种特别程序，各种特别程序之间没有联系，也不能混合适用。

（3）对程序启动的要求不同。特别程序的发动，除了选民资格案件由起诉人起诉外，其他案件均由申请人提出申请而开始。申请人或者起诉人不一定与本案有直接的利害关系，而且没有对方当事人，因此，依照特别程序审理的案件没有利害关系相冲突的原告与被告。

（4）审判组织不同。特别程序的审判组织除选民资格案件或者重大、疑难的非讼案件由审判员组成合议庭审理外，均由审判员一人独任审理，选民资格案件的合议庭也不适用陪审制，只能由审判员组成。

（5）实行的审级制度不同。依照特别程序审理的案件，实行一审终审，判决书一经送达就发生法律效力,申请人或者起诉人不得对之提出上诉。

(6) 审结的期限不同。依照特别程序审理的案件,审结期限一般较短,且没有统一规定。根据《民事诉讼法》第 189 条和第 187 条的规定,选民资格案件必须在选举日前审结;非讼案件必须在立案之日起 30 日内或者公告期满后 30 日内审结,特殊情况需要延长的,由本院院长批准。

(7) 救济程序不同。按照特别程序审理的民事非诉讼案件,在判决发生法律效力后,如果出现新情况,可以经本人或者利害关系人的申请,由原审法院依照特别程序查证属实后,撤销原判决,作出新判决。

(8) 是否免交案件受理费不同。依照特别程序审理案件,申请人或者起诉人免交案件受理费,只需交纳实际支出的费用。

二、特别程序的适用范围

特别程序是相对于通常诉讼程序而言的、适用于审理某些非民事权益争议案件和选民资格案件的审判程序。根据《民事诉讼法》第十五章及有关司法解释的规定,特别程序适用于审理以下六种类型的案件:(1) 选民资格案件;(2) 宣告失踪和宣告死亡案件;(3) 认定公民无民事行为能力、限制民事行为能力案件;(4) 认定财产无主案件;(5) 确认调解协议案件;(6) 实现担保物权案件。

上述六种非民事权益争议案件,从性质上看可以分为两种类型:非讼案件和特殊类型的诉讼案件。非讼案件包括宣告失踪、宣告死亡案件,认定公民无民事行为能力、限制民事行为能力案件,认定财产无主案件,确认调解协议案件,实现担保物权案件;而选民资格案件属于特殊类型的诉讼案件。

第二节 选民资格案件的审理程序

一、选民资格案件审理程序的概念

选民资格案件,是指公民对选举委员会公布的选民资格名单有不同意见,向选举委员会申诉后,对选举委员会就其申诉所作的决定仍然不服,而向人民法院提起诉讼的案件。人民法院审理选民资格案件所适用的程序,就是选民资格案件审理程序。

选民资格案件涉及公民的选举权和被选举权这一民主权利问题,人民法院审理选民资格案件,就是为了确认选举委员会公布的选民名单有无错漏的问题,以切实保障公民对选举权的行使。

二、选民资格案件审理程序的特点

由于选民资格案件所具有的特殊性,人民法院审理选民资格案件也有其自

身的特点:

(1) 选民资格案件的提起和受理必须以经过选举委员会处理为前置条件,亦即必须是对选举委员会的申诉处理决定不服才能起诉和受理;

(2) 选民资格案件的起诉人只能是选民本人或其他公民,而不能是企业、事业单位和机关、团体,被诉人是选举委员会;

(3) 审理选民资格案件必须由审判员组成合议庭,而不能进行独任审判;

(4) 审理选民资格案件必须在选举日之前审结,并应在选举日之前将判决书送达选举委员会和起诉人,通知有关公民;

(5) 人民法院对选民资格案件既可以判决驳回起诉人的诉讼请求,维持选举委员会的决定;也可以直接以判决的方式纠正选举委员会的决定。

三、审理选民资格案件的程序规定

选民资格案件作为一种特殊类型的案件,其审理程序分为起诉与受理、审理、裁判等几个阶段,但是,在每个阶段又具有与其他类型的非讼程序、诉讼程序不同的特征。

(一) 选民资格案件的管辖

根据《民事诉讼法》第188条的规定,选民资格案件由选区所在地的基层人民法院管辖,因此,从级别管辖来看,所有的选民资格案件均由基层人民法院管辖;而从地域管辖来看,选民资格案件应当由选区所在地人民法院管辖。

(二) 选民资格案件的起诉人

根据《民事诉讼法》第188条的规定,不服选举委员会对选民资格的申诉所作的处理决定的公民,可以向人民法院提起诉讼。因此,选民资格案件的起诉人范围是非常广泛的。首先,起诉人并不一定是选民名单涉及的公民本人,除了选民名单涉及的公民本人外,其他任何公民认为选民名单有错误的,也可以对选民名单进行申诉,对申诉处理决定不服的,也可以向人民法院提起诉讼。其次,起诉人并不一定与本案有直接利害关系。凡是认为选民名单有错误的公民,无论是否与选举资格直接相关,都可以作为起诉人提起选民资格诉讼。

(三) 选民资格案件的审判组织

由于选民资格案件涉及公民重大的政治权利,因此,根据《民事诉讼法》第185条的规定,人民法院审理和裁判选民资格案件时必须由审判员组成合议庭进行,而不得由一名审判员独立审理或吸收人民陪审员参加合议庭进行审理和裁判。

(四) 选民资格案件的裁判

首先,从裁判的形式看,选民资格案件应当适用判决而不得适用裁定。经过审理,人民法院对起诉人的起诉作出的裁断,是对其请求的实质内容作出的肯定或者否定，同时它关系到有关公民是否享有选举权和被选举权，因此，人民法院应当用判决对案件作出最终的裁断。

其次，从裁判的内容看，选民资格案件的裁判既要对起诉人的起诉作出裁断，还要对选举委员会的申诉处理决定作出裁断。其中，经过审理，人民法院认为起诉人的起诉理由成立的，应当判决撤销选举委员会对申诉所作的处理决定；认为起诉人的起诉理由不成立的，应当判决驳回起诉人的起诉，肯定选举委员会对申诉所作的处理决定。

再次，从裁判的效力看，人民法院对选民资格案件所作的判决一经送达就立即发生法律效力，当事人不得提起上诉。实行一审终审有利于案件的迅速审结，也是选举活动顺利进行的必然要求。

此外，由于人民法院对选民资格案件所作的判决涉及有关公民是否能够行使选举权和被选举权的问题，所以，我国《民事诉讼法》及《民诉法解释》明确规定，人民法院的判决书，应当在选举日前送达选举委员会和起诉人，并通知有关公民。

第三节　宣告公民失踪程序与宣告公民死亡程序

一、宣告公民失踪程序

（一）宣告公民失踪程序的概念

公民离开其最后居住地不知去向、下落不明，经过法律规定的期限仍无音讯，人民法院经利害关系人的申请，判决宣告该公民失踪，并为其指定财产代管人的案件，称为宣告公民失踪案件。人民法院审理宣告公民失踪案件的程序，称为宣告公民失踪程序。

（二）宣告公民失踪案件的审理程序

1. 申请与受理

宣告公民失踪，必须由利害关系人提出申请，根据我国《民法典》和《民事诉讼法》的规定，利害关系人提起宣告公民失踪申请必须同时具备以下实质要件和形式要件：

（1）实质要件：

第一，必须存在公民失踪即公民离开最后居住地后没有音讯的法律事实。

第二，公民失踪必须达到法定的期间。根据我国《民法典》第 40 条的规定，公民下落不明满 2 年的，利害关系人可以向人民法院申请宣告其为失踪人。

第三，有利害关系人提出申请。这里的“利害关系人”是指与下落不明的公民在法律上有人身关系和财产关系的人，包括下落不明人的配偶、父母、成年子女、祖父母、外祖父母、成年的兄弟姐妹、债权人、合伙人等。

(2) 形式要件:

第一,申请采取书面形式提出。申请书应当载明失踪的事实、时间和申请人的请求,并附公安机关或者其他有关机关关于该公民下落不明的书面证明。其中,公安机关或者其他有关机关关于该公民下落不明的书面证明,是申请宣告失踪的必不可少的附件。

第二,受申请的人民法院对案件有管辖权。宣告失踪的案件,由被宣告失踪人住所地的基层人民法院管辖。住所地与居住地不一致的,由最后居住地的基层人民法院管辖。

人民法院经审查,认为申请符合法定条件的,应当受理;认为申请不合法或者不具备宣告失踪条件的,应当以裁定驳回申请。

此外,根据《民诉法解释》第 341 条的规定,受理宣告失踪案件后,人民法院可以根据申请人的请求,清理下落不明人的财产,并依据《民法典》第 42 条的规定指定审理期间的财产管理人。

人民法院受理宣告失踪案件后,作出判决前,申请人撤回申请的,人民法院应当裁定终结案件,但其他符合法律规定的利害关系人加入程序要求继续审理的除外。

2. 发出寻找下落不明人的公告

人民法院受理宣告失踪案件后,应当发出寻找下落不明人的公告,公告期间为 3 个月。利害关系人申请宣告失踪,只是其主观认为并经公安机关或其他有关机关初步证明该公民下落不明,不知去向,杳无音讯。该公民是否确实失踪,必须经过法定的调查和审理程序才能确定。通过人民法院发出公告寻找下落不明人,是确定该公民是否确实失踪的必不可少的程序。

根据《民诉法解释》第 345 条的规定,寻找下落不明人的公告应当记载下列内容:(1) 被申请人应当在规定期间内向受理法院申报其具体地址及其联系方式。否则,被申请人将被宣告失踪。(2) 凡知悉被申请人生存现状的人,应当在公告期间内将其所知道情况向受理法院报告。

3. 判决

公告期满,公民仍然下落不明的,受理案件的人民法院应当确认申请宣告失踪的事实存在,并依法作出宣告该公民失踪的判决。在公告期间,被申请宣告失踪的公民出现或者已知其下落的,受理案件的人民法院则应当作出驳回申请的判决。

4. 指定失踪人的财产代管人

受理案件的人民法院在作出宣告公民失踪的判决的同时,应当依法为失踪人指定财产代管人。根据我国《民法典》第 42 条的规定,失踪人的财产由其配偶、成年子女、父母或者其他愿意担任财产管理人的人代管。对代管有争议,没有以上规定的人或者以上规定的人无能力代管的,由人民法院指定的人代管。

根据《民诉法解释》第342条的规定,失踪人的财产代管人经人民法院指定后,代管人申请变更代管的,比照民事诉讼法特别程序的有关规定进行审理。申请理由成立的,裁定撤销申请人的代管身份,同时另行指定财产代管人;申请理由不成立的,裁定驳回申请。失踪人的其他利害关系人申请变更代管的,人民法院应当告知其以原指定的代管人为被告起诉,并按普通程序进行审理。

(三) 宣告公民失踪的法律后果

下落不明人被人民法院判决宣告失踪后,该下落不明人即成为失踪人。失踪人的财产,应当由其财产代管人代管。代管人的职责是管理和保护失踪人的财产。因此,宣告失踪后,代管人可以以失踪人的财产清偿失踪人所欠税款、债务和应付的其他费用。其中,"其他费用"包括赡养费、扶养费、抚养费和因代管财产所需的管理费等必要的费用。失踪人的财产代管人拒绝支付失踪人所欠的税款、债务和其他费用的,债权人可以以代管人为被告向人民法院提起民事诉讼。

财产代管人有权要求失踪人的债务人清偿到期债务。失踪人的债务人拒绝偿还其对失踪人的债务的,财产代管人可以作为原告向人民法院提起诉讼,要求偿还债务;失踪人的财产受到侵害时,财产代管人可以作为原告向人民法院提起诉讼,请求停止侵害,造成损失的,还可以请求赔偿损失。除了法律规定外,财产代管人不得处分失踪人的财产,不得将失踪人的财产据为己有。

被宣告为失踪人后,公民的民事权利能力并不因宣告失踪而消灭,具有民事行为能力的公民在被宣告失踪期间实施的民事法律行为有效,与失踪人人身有关的民事法律关系,如婚姻关系、收养关系等,也不发生变化。

(四) 被宣告失踪的公民重新出现的处理

人民法院判决宣告公民失踪,只是根据法律规定的条件认定该公民不知去向、杳无音讯的事实,该公民完全有可能重新回到原居住地或者与利害关系人取得联系,也就是有可能重新出现。根据《民事诉讼法》第193条的规定,被宣告失踪的公民重新出现或者确知其下落的,本人或者利害关系人有权向原审人民法院提出申请,请求撤销宣告失踪的判决,以恢复其正常的权利义务状态。原审人民法院经审查属实的,应当作出新判决,撤销原判决。

宣告失踪的判决撤销后,财产代管人的职责终止,无权再代管财产,并应负责对原代管的财产进行清理,返还原财产及其收益。为管理和保护失踪人财产所支出的必要费用,财产代管人有权要求偿付。

二、宣告公民死亡程序

(一) 宣告公民死亡程序的概念

公民离开其最后居住地或者因意外事故下落不明已满法定期限,或者因意外事故下落不明经有关机关证明该公民不可能生存,人民法院根据利害关系人的申请,依法判决宣告该公民死亡的案件,称为宣告公民死亡案件。人民法院审理宣告公民死亡案件的程序,称为宣告公民死亡程序。

(二) 宣告公民死亡案件的审理程序

1. 申请和受理

宣告公民死亡,必须由利害关系人向有管辖权的人民法院提出书面申请。根据我国《民法典》和《民事诉讼法》的规定,利害关系人申请宣告公民死亡应当同时具备以下几个方面的要件:

(1) 实质要件:

第一,必须存在公民下落不明的事实。宣告公民死亡,必须首先存在公民下落不明、生死未卜的事实。确知公民的下落或者确知公民已经死亡的,均不能宣告死亡。根据《民事诉讼法》第191条的规定,宣告公民死亡的法律事实包括三种情况:一是正常情况下公民离开其居住地下落不明;二是因意外事故下落不明;三是因意外事故下落不明,经有关机关证明该公民不可能生存。只要具备以上三种情况之一且符合其他法定条件的,利害关系人就可申请宣告死亡。需要指出的是,对于在我国台湾地区或者在国外,无法正常通讯联系的,不得以下落不明宣告死亡。

第二,公民下落不明必须达到法定期限。根据《民事诉讼法》第191条的规定,作为宣告公民死亡条件的下落不明必须达到一定的期限。该期限分为三种情况:其一,在正常情况下,公民下落不明满4年。其二,因意外事故下落不明满2年。其三,因意外事故下落不明,经有关机关证明该公民不可能生存。

第三,有利害关系人提出。宣告公民死亡,必须有利害关系人提出申请。没有利害关系人提出申请的,人民法院不得依职权宣告公民死亡;申请人不是利害关系人的,人民法院不得宣告公民死亡。根据我国《民法典》及相关规定,申请宣告死亡的利害关系人的顺序是:配偶;父母、子女;兄弟姐妹、祖父母、外祖父母、孙子女、外孙子女;其他有民事权利义务关系的人。同一顺序的利害关系人,有的申请宣告死亡,有的不同意宣告死亡的,人民法院应当宣告死亡。

(2) 形式要件:

第一,必须以书面申请。利害关系人申请宣告死亡应当采取书面形式,不得口头申请宣告死亡。申请书应当写明下落不明的事实、时间和请求,并附有公安机关或者其他有关机关关于该公民下落不明的书面证明。

第二,必须向下落不明人住所地的基层人民法院提出申请。对利害关系人的申请,人民法院应当进行审查,认为手续不完备且无法补正的,驳回申请;认为手续完备的,受理案件,进行审理。

此外,根据《民诉法解释》第341条的规定,人民法院受理申请后,可以根据申请人的请求,清理下落不明人的财产,并依据《民法典》第42条的规定指定诉讼期间的财产管理人。

2. 发出寻找下落不明人的公告

人民法院受理宣告死亡案件后,应当发出寻找下落不明人的公告。宣告死亡的公告期间为1年。因意外事故下落不明,经有关机关证明该公民不可能生存的,宣告死亡的公告期间为3个月。

3. 判决

在寻找下落不明人的公告期间,被申请宣告死亡的公民出现,或者确知其下落的,人民法院应当作出驳回申请的判决,终结案件的审理。

公告期间届满,下落不明人仍未出现,宣告死亡的事实得到确认的,人民法院应当作出宣告该公民死亡的判决。判决书除应当送达申请人外,还应当在被宣告死亡的公民的住所地和人民法院所在地公告。判决一经宣告,即发生法律效力。判决宣告的日期,就是被宣告死亡的公民的死亡日期。

(三) 宣告公民死亡的法律后果

公民被宣告死亡与其自然死亡的后果基本相同。具体来说,该公民的民事权利能力因宣告死亡而终止,其与配偶的婚姻关系自宣告死亡之日起消灭,继承因宣告死亡而开始。总之,宣告死亡结束了被宣告死亡人以自己的住所地或者经常居住地为活动中心所发生的民事法律关系,与被宣告死亡的公民的人身有关的民事权利义务关系随之终结。

但是,宣告死亡毕竟只是法律上的推定死亡,如果该公民在异地生存,其仍然享有民事权利能力,具有民事行为能力的公民在被宣告死亡期间实施的民事法律行为有效。因此,被宣告死亡和自然死亡的时间不一致的,被宣告死亡所引起的法律后果仍然有效,但自然死亡前实施的民事法律行为与被宣告死亡引起的法律后果相抵触的,则以其实施的民事法律行为为准。

(四) 被宣告死亡的公民重新出现的处理

被宣告死亡的公民重新出现或者确知其没有死亡的,经本人或者利害关系人申请,人民法院应当作出新判决,撤销原判决。

第四节　认定公民民事行为能力程序

一、认定公民民事行为能力程序的概念

认定公民民事行为能力程序,是指人民法院根据利害关系人或者有关组织的申请,对不能辨认或者不能完全辨认自己行为的精神病人、痴呆病人,按照法定程序,认定并宣告该公民为无民事行为能力人或者限制民事行为能力人的程

序。认定公民民事行为能力程序包括认定公民无民事行为能力、限制民事行为能力的程序。

通过认定公民民事行为能力程序这种非讼程序,从法律上认定和宣告那些因患精神病或者其他病症丧失了全部或者部分民事行为能力的公民为无民事行为能力人或限制民事行为能力人,并为其指定监护人,不仅有利于维护该公民的合法权益,而且有利于维护其利害关系人、民事活动对方当事人的合法权益。因此,认定公民无民事行为能力或者限制民事行为能力程序对于确保民事流转安全以及维护正常的社会、经济秩序具有十分重要的意义。

二、认定公民民事行为能力案件的审理程序

(一) 申请与受理

根据《民事诉讼法》的有关规定,申请人民法院认定公民无民事行为能力、限制民事行为能力,必须具备下列要件:

1. 实质要件

(1) 必须有精神病人不能辨认或不能完全辨认自己行为的事实存在。法院认定公民无民事行为能力、限制民事行为能力案件,必须以该公民确实患有精神疾病,不具有正常从事民事交往活动所必需的心智和神智为条件。

(2) 当事人(即有精神病的人)的利害关系人或者其他组织提出申请。根据我国《民法典》及相关规定,当事人的利害关系人包括精神病人的近亲属及有其他利害关系的人。精神病人的近亲属,是指精神病人的配偶、父母、子女、兄弟姐妹、祖父母、外祖父母、孙子女、外孙子女。精神病人的其他利害关系人,是指精神病人的近亲属以外的,与精神病人关系密切的其他亲属、朋友等。其他组织包括精神病人的所在单位或者住所地的居民委员会、村民委员会或民政部门。精神病人有近亲属的,由其近亲属行使申请权;没有近亲属的,由与精神病人关系密切的其他亲属、朋友,并经精神病人所在单位或者住所地的居委会、村委会同意的人行使申请权。没有这些人或者其所在单位或者居委会、村委会对其他申请人不同意的,由精神病人所在地的居委会、村委会或者民政部门行使申请权。

2. 形式要件

(1) 申请必须以书面形式提出。申请必须采用书面形式。申请书的内容应包括:申请人的姓名、性别、年龄、住所,与被认定为无民事行为能力、限制民事行为能力人的关系;被申请认定为无民事行为能力、限制民事行为能力人的姓名、性别、年龄、住所,该公民无民事行为能力或限制民事行为能力的事实和根据。如果有医院出具的诊断证明或鉴定结论,也应当一并提交人民法院。

(2) 申请认定公民无民事行为能力、限制民事行为能力的案件,应当由该公民住所地的基层法院管辖,以便于就近了解该公民的实际情况。

根据《民诉法解释》第347条的规定，在民事诉讼中，当事人的利害关系人或者有关组织提出该当事人不能辨认或者不能完全辨认自己的行为，要求宣告该当事人无民事行为能力或限制民事行为能力的，应由利害关系人或者有关组织向人民法院提出申请，由受诉人民法院按照特别程序立案审理，原诉讼终止。

（二）鉴定

根据《民事诉讼法》第195条的规定，人民法院受理申请后，原则上应当对被请求认定为无民事行为能力或限制民事行为能力的公民进行医学鉴定，以取得科学依据。申请人已提供鉴定意见的，应当对鉴定意见进行审查，如对鉴定意见有怀疑的，可以重新鉴定。

（三）审理

根据《民事诉讼法》第196条第1款的规定，人民法院审理认定公民无民事行为能力或者限制民事行为能力的案件，应由该公民的近亲属担任代理人，但申请人除外，因为他可能与该公民有利害冲突。如果近亲属互相推诿，由人民法院指定其中一人为代理人。

根据《民诉法解释》第350条的规定，申请认定公民无民事行为能力或者限制民事行为能力的案件，被申请人没有近亲属的，人民法院可以指定经被申请人住所地的居民委员会、村民委员会或者民政部门同意，且愿意担任代理人的个人或者组织为代理人。

没有上述规定的代理人的，由被申请人住所地的居民委员会、村民委员会或者民政部门担任代理人。

此外，该公民健康状况许可的，还应当询问本人意见，以便进一步了解该公民的患病情况、精神状态，从而作出正确的判决。

（四）判决

根据《民事诉讼法》第196条第2款的规定，人民法院经过对案件的审理，认为该公民并未丧失民事行为能力，申请没有根据的，应当作出判决，驳回申请；认为该公民完全或部分丧失民事行为能力，申请有事实根据的，应当作出判决，认定该公民为无民事行为能力或者限制民事行为能力的人，并为其指定监护人。

根据《民诉法解释》第349条的规定，被指定的监护人不服指定，应当在接到通知之日起30日内向人民法院提出异议。经审理，认为指定并无不当的，裁定驳回异议；指定不当的，判决撤销指定，同时另行指定监护人。判决书应当送达异议人、原指定单位及判决指定的监护人。

三、认定公民民事行为能力判决的撤销

公民被宣告为无民事行为能力或限制民事行为能力人后，如果经过治疗病情痊愈，造成其无民事行为能力或限制民事行为能力的原因已经消除的，根据

《民事诉讼法》第197条的规定,人民法院根据被认定为无民事行为能力人、限制民事行为能力人本人或者利害关系人或有关组织的申请,证实该公民无民事行为能力或者限制民事行为能力的原因已经消除的,应当作出新判决,撤销原判决,从法律上恢复该公民的民事行为能力,同时撤销对他的监护。判决一经宣告,立即发生法律效力。

第五节 认定财产无主程序

一、认定财产无主案件的概念

认定财产无主案件,是指人民法院根据公民、法人或者其他组织的申请,依照法定程序将某项归属不明或者失去所有权人的财产判决认定为无主财产,并将其收归国家或者集体所有的案件。人民法院审理认定财产无主案件的程序,称为认定财产无主程序。

二、认定财产无主案件的审理程序

(一)申请和受理

认定财产无主案件的审理程序,应当由公民、法人或者其他组织向财产所在地基层人民法院提出书面申请而启动。没有人提出申请的,人民法院不得依职权启动认定财产无主程序。根据《民事诉讼法》的规定,申请认定财产无主必须同时具备以下要件:

1. 实质要件

(1)申请认定的财产必须是有形财产。无形财产或者精神财富,不能成为此类案件的认定对象。

(2)财产确实失去了所有人或者所有人不明,权利归属长期无法确定。实践中常见的是以下几种类型的财产:第一,没有所有人或者所有人不明的财产;第二,所有人不明的埋藏物和隐藏物;第三,拾得的遗失物、漂流物、失散的饲养动物,经公安机关或者有关单位公告招领满1年无人认领的财产;第四,无人继承的财产。

(3)财产没有所有人或者所有人不明的持续状态已满法定期间。不满法定期间的,即使财产所有人已经消失或者一时不清,也不能认定为无主财产。

2. 形式要件

(1)必须有申请人提出书面申请。申请人既可以是公民,也可以是法人或者其他组织。申请书应当写明财产的种类、数量、目前占有状况或者存放位置、要求认定财产无主的根据等。

(2)必须向财产所在地基层人民法院提出申请。由财产所在地基层人民法院管辖申请认定财产无主案件,便于人民法院查明核实财产的所有权归属情况,并发挥认领公告的作用,维护财产所有权人的合法权益。

对于符合条件的申请,人民法院应当受理,并立案审理;对于不符合条件且不能补正的申请,人民法院应当裁定不予受理。

(二) 公告

人民法院受理认定财产无主申请后,经审查核实,应当发出财产认领公告,寻找该财产的所有权人。认领财产的公告期间为 1 年。该期间是等待财产所有权人认领财产的法定期间,人民法院不得延长或者缩短。

根据《民诉法解释》第 348 条的规定,认定财产无主案件,公告期间有人对财产提出请求的,人民法院应裁定终结特别程序,告知申请人另行起诉,适用普通程序审理。当然,对财产提出权利请求的人应当提供相应的证明材料。只有这些证明材料能够初步证明其主张有理由的,人民法院才能裁定终结认定财产无主程序。对于显然不能成立的财产请求,人民法院应当裁定予以驳回。

(三) 判决

公告期满,无人认领财产的,人民法院应当作出判决,认定该财产为无主财产,并将其收归国家或者集体所有。判决书送达后立即发生法律效力,交付执行。财产由他人非法占有的,执行机构应当责令非法占有人交出财产,拒绝交出的,强制执行。

三、认定财产无主判决的撤销

人民法院作出的认定财产无主判决,实质上仍只是对财产无主的一种推定,可能与客观情况并不相符,财产的所有权人或者所有权人的继承人可能出现。因此,根据《民事诉讼法》第 200 条的规定,认定财产无主的判决作出后,财产的原所有人或者继承人有权在诉讼时效期间内对财产提出权利主张,请求恢复所有权。人民法院查证属实后,应当作出新判决,撤销原判决。

原判决撤销后,已被国家或者集体取得的财产,应当返还给原所有权人或者原所有权人的继承人。原财产尚存在的,应当返还原财产;原财产不存在的,可以返还同类财产,或者按照原财产的实际价值折价返还。财产的原所有权人或者原所有权人的继承人超过法定的诉讼时效期间提出权利主张的,人民法院不予支持。

第六节　调解协议司法确认程序

一、调解协议司法确认程序的概念

调解协议司法确认程序,是指人民法院审查和处理当事人或者符合《民事诉讼法》第61条规定的代理人提出的调解协议司法确认案件的程序。调解协议司法确认案件,是指对于涉及当事人之间民事权利义务的纠纷,经人民调解组织和其他依法成立的具有调解职能的组织调解达成具有民事合同性质的协议后,由双方当事人共同到人民法院申请确认调解协议的法律效力的一种案件类型。

二、调解协议司法确认程序的管辖

关于调解协议司法确认程序的管辖问题,《民事诉讼法》第201条及《民诉法解释》第352条有明确规定。

《民事诉讼法》第201条规定:“经依法设立的调解组织调解达成调解协议,申请司法确认的,由双方当事人自调解协议生效之日起三十日内,共同向下列人民法院提出……”这一规定是在吸收了我国司法改革成果的基础上确立的。当然,这种规定也不排除双方当事人在不违反专属管辖和级别管辖的前提下进行协议管辖。

与此同时,《民诉法解释》352条对调解协议司法确认程序中的共同管辖也作出了明确的规定:“调解组织自行开展的调解,有两个以上调解组织参与的,符合民事诉讼法第二百零一条规定的各调解组织所在地人民法院均有管辖权。双方当事人可以共同向符合民事诉讼法第二百零一条规定的其中一个有管辖权的人民法院提出申请;双方当事人共同向两个以上有管辖权的人民法院提出申请的,由最先立案的人民法院管辖。”

三、调解协议司法确认程序中的申请与受理

(一) 司法确认申请的提起

根据《民事诉讼法》第201条及《民诉法解释》第351条、第353条的规定,提起调解协议司法确认通常应当具备以下几个条件:(1) 应当由双方当事人本人或者符合《民事诉讼法》第61条规定的代理人共同提出司法确认申请。一方当事人提出申请,另一方表示同意的,视为共同提出申请。(2) 应当在调解协议生效之日起30日内提出申请。(3) 应当向调解组织所在地基层人民法院提出申请。(4) 当事人提出确认申请,可以采用书面形式或者口头形式。当事人口头提出申请的,人民法院应当记入笔录,并由当事人签字或者盖章。

根据《民诉法解释》第354条的规定,当事人提出申请时,应当向人民法院提交调解协议、调解组织主持调解的证明、与调解协议相关的财产权利证明等材料,并提供双方当事人的身份、住所、联系方式等基本信息。当事人未提交上述材料的,人民法院应当要求当事人限期补交。

（二）调解协议司法确认案件的受理

《民诉法解释》第355条规定："当事人申请司法确认调解协议，有下列情形之一的，人民法院裁定不予受理：(一) 不属于人民法院受理范围的；(二) 不属于收到申请的人民法院管辖的；(三) 申请确认婚姻关系、亲子关系、收养关系等身份关系无效、有效或者解除的；(四) 涉及适用其他特别程序、公示催告程序、破产程序审理的；(五) 调解协议内容涉及物权、知识产权确认的。人民法院受理申请后，发现有上述不予受理情形的，应当裁定驳回当事人的申请。"这是一项排除性规定，也就是说，除涉及上述案件外都应当是人民法院司法确认程序受理的案件范围。

四、调解协议司法确认案件的审查

人民法院受理司法确认申请后，应当对调解协议进行审查。审查后，人民法院应当根据《民事诉讼法》第202条的规定作出如下两种处理：(1) 符合法律规定的，裁定调解协议有效；(2) 不符合法律规定的，裁定驳回申请。

关于人民法院对司法确认案件的审查方式和审查内容，《民事诉讼法》并没有具体的规定，为此，《民诉法解释》第356条和第358条分别对其作出了比较明确的规定。

《民诉法解释》第356条规定："人民法院审查相关情况时，应当通知双方当事人共同到场对案件进行核实。人民法院经过审查，认为当事人的陈述或者提供的证明材料不充分、不完备或者有疑义的，可以要求当事人限期补充陈述或者补充证明材料。必要时，人民法院可以向调解组织核实有关情况。"由此可见，人民法院对调解协议的审查采取的是形式审查和有限的实体审查相结合的方式，也就是书面审查和庭审结合的审查原则。

五、调解协议司法确认裁定及其效力

《民事诉讼法》第202条规定："人民法院受理申请后，经审查，符合法律规定的，裁定调解协议有效，一方当事人拒绝履行或者未全部履行的，对方当事人可以向人民法院申请执行……"该条文涉及两个问题：

（一）关于司法确认案件法律文书的形式

关于司法确认案件的法律文书形式，以往的司法实践中有四种不同做法，即决定书、确认书、调解书和裁定书。而我国现行的《民事诉讼法》已经明确规定了司法确认案件的法律文书形式为裁定书。因此，今后人民法院确认调解协议效力的案件将不再使用决定书、确认书等形式。

（二）关于司法确认调解协议有效裁定的效力

人民法院作出的确定调解协议有效的裁定书，送达双方当事人后发生法律效力。当事人收到确认有效裁定书后,不得上诉,也不得申请复议或申请再审。人民法院作出的确认调解协议有效裁定生效后,即产生被确认调解协议的强制执行力效力。如果一方当事人拒绝履行或者未全部履行的,对方当事人可以向人民法院申请执行。在这里,需要明确的是执行依据是法院作出的确认有效裁定书,而不是调解协议书。

六、驳回调解协议司法确认申请的裁定及当事人的救济

根据《民诉法解释》第358条的规定,人民法院经审查,发现调解协议有下列情形之一的,应当裁定驳回调解协议司法确认申请:(1)违反法律强制性规定的;(2)损害国家利益、社会公共利益、他人合法权益的;(3)违背公序良俗的;(4)违反自愿原则的;(5)内容不明确的;(6)其他不能进行司法确认的情形。人民法院驳回调解协议司法确认申请的裁定经送达双方当事人后即发生法律效力。当事人不得就该裁定提出上诉,也不得申请复议。

当事人的司法确认申请被驳回以后,有两种救济途径可供选择:一种是当事人可以通过调解组织重新对纠纷进行调解,在当事人自愿的基础上变更原调解协议或者就有关争议达成新的调解协议,然后再申请法院确认变更后的或者新达成的调解协议。另一种是当事人可以向人民法院提起诉讼。

第七节 实现担保物权程序

一、实现担保物权程序的概念

担保物权是以直接支配特定财产的交换价值为内容,以确保债权实现为目的而设立的物权。担保物权的实现是指在债务人不履行债务时,担保物权人经法定程序,通过将担保标的物折价、拍卖、变卖等方式,使其债权得到优先受偿的过程。

担保物权是以确保债权实现为目的而设立的物权,因此,担保物权的实现是担保物权最重要的效力,也是担保物权人最主要的权利。由于其重要性和特殊性,各国对担保物权的实现途径大多较为慎重,主要有两种立法例:一为公力救济。即担保物权的实现应采取公法上的方式,担保物权人实现担保物权之前通常需要获得法院或其他国家机关签发的裁判或决定,而不能私自实行担保物权。二为私力救济,即担保物权人可径依担保物权而自行决定担保物权的处分方式并予以实施,国家在通常情况下也不予强制干预。在我国2012年修订的《民事诉讼法》施行之前,我国担保物权主要通过民事诉讼和强制执行得到实现。由于通过民事诉讼和强制执行实现担保物权,往往需要经过漫长的过程,而且成本

极高,这样的制度设计,不仅使担保物权人不能及时受偿,担保制度不能发挥应有功能,甚至给债务人提供了转移、挥霍财产的可能,降低了担保债权的可受清偿程度。因此,为了更好地保护担保物权人的合法权益,便利担保物权的实现,节约诉讼资源,我国现行《民事诉讼法》在第十五章特别程序中增设了"实现担保物权案件"一节,对担保物权实现的相关程序性问题作出了规定。

二、实现担保物权案件的申请与受理

《民事诉讼法》第203条规定:"申请实现担保物权,由担保物权人以及其他有权请求实现担保物权的人依照民法典等法律,向担保财产所在地或者担保物权登记地基层人民法院提出。"由此可见:

实现担保物权案件的申请人应当是"担保物权人"以及"其他有权请求实现担保物权的人"。"担保物权人"包括抵押权人、质权人、留置权人。"其他有权请求实现担保物权的人"包括抵押人、出质人、财产被留置的债务人或者所有权人等。

申请人应当向有管辖权的人民法院提出申请。申请实现担保物权,通常应当向担保财产所在地或者担保物权登记地人民法院提出;实现票据、仓单、提单等有权利凭证的权利质权案件,可以由权利凭证持有人住所地人民法院管辖;无权利凭证的权利质权,由出质登记地人民法院管辖;实现担保物权案件属于海事法院等专门人民法院管辖的,由专门人民法院管辖;同一债权的担保物有多个且所在地不同,申请人分别向有管辖权的人民法院申请实现担保物权的,人民法院应当依法受理。

申请人只能就实现担保物权条件已经成就的案件提起申请。同一财产上设立多个担保物权,登记在先的担保物权尚未实现的,不影响后顺位的担保物权人向人民法院申请实现担保物权。

申请人提出申请时应当提交以下材料:(1) 申请书。申请书应当记明申请人、被申请人姓名或者名称、联系方式等基本信息,具体的请求和事实、理由。(2) 证明担保物权存在的资料,包括主合同、担保合同、抵押登记证明或者他项权利证书,权利质权的权利凭证或者质权出质的登记证明等;(3) 证明实现担保物权条件成就的材料;(4) 担保财产现状的说明;(5) 人民法院认为需要提交的其他材料。

根据《民诉法解释》及《民法典》第392条的规定,被担保的债权既有物权担保又有人的担保,当事人对实现担保物权的顺序有约定,实现担保物权的申请违反该约定的,人民法院裁定不予受理;没有约定或者约定不明的,人民法院应当受理。

人民法院受理申请后,应当在5日内向被申请人送达申请书副本、异议权利告知书等文书。

被申请人有异议的,应当在收到人民法院通知后的5日内向人民法院提出,同时说明理由并提供相应的证据材料。

三、实现担保物权案件的审查及处理

(一)实现担保物权案件的审查

根据《民事诉讼法》和《民诉法解释》的规定,人民法院受理实现担保物权案件后,应当对其进行审查。

实现担保物权案件可以由审判员一人独任审查;担保物权标的额超过基层法院管辖范围的,应当组成合议庭进行审查。

人民法院审查实现担保物权案件,可以询问申请人、被申请人、利害关系人,必要时可以依职权调查相关事实。

人民法院应当就主合同的效力、期限、履行情况,担保物权是否有效设立、担保财产的范围、被担保的债权范围、被担保的债权是否已届清偿期等担保物权实现的条件,以及是否损害他人合法权益等内容进行审查。被申请人或者利害关系人提出异议的,人民法院应当一并审查。

(二)实现担保物权案件的处理

《民事诉讼法》第204条规定:"人民法院受理申请后,经审查,符合法律规定的,裁定拍卖、变卖担保财产,当事人依据该裁定可以向人民法院申请执行;不符合法律规定的,裁定驳回申请,当事人可以向人民法院提起诉讼。"由此可见,人民法院在对实现担保物权案件进行审查后,应当按照不同的情形分别作出处理:(1)当事人对实现担保物权无实质性争议且实现担保物权条件成就的,裁定准许拍卖、变卖担保财产;(2)当事人对实现担保物权有部分实质性争议的,可以就无争议部分裁定准许拍卖、变卖担保财产;(3)当事人对实现担保物权有实质性争议的,裁定驳回申请并告知申请人向人民法院提起诉讼。

上述裁定经送达双方当事人后发生法律效力,当事人不得就该裁定提起上诉。当事人可以就人民法院作出的对抵押财产进行拍卖或变卖的裁定,向人民法院申请执行;而对于人民法院作出的驳回申请的裁定,当事人则可以就该担保物权纠纷依法提起民事诉讼。

此外,人民法院受理申请后,申请人对担保财产提出保全申请的,可以按照民事诉讼法关于诉讼保全的规定办理。

拓展阅读

1. 蔡虹:《非讼程序的理论思考与立法完善》,载《华中科技大学学报(社会科学版)》2004年第3期。

2. 刘海渤:《民事非讼审判程序初探》,载《中国法学》2004 年第 3 期。

3. 廖中洪:《制定单行〈民事非讼程序法〉的建议与思考》,载《现代法学》2007 年第 3 期。

4. 汤维建、王鸿雁:《我国非讼程序的立法问题及解决建议》,载《广东行政学院学报》2008 年第 1 期。

5. 王亚新:《民事诉讼法修改与调解协议的司法审查》,载《清华法学》2011 年第 3 期。

6. 章武生:《非讼程序的反思与重构》,载《中国法学》2011 年第 3 期。

7. 张自合:《论担保物权实现的程序》,载《法学家》2013 年第 1 期。

8. 陈浩:《论我国非讼程序的立法完善》,载《内蒙古财经大学学报》2013 年第 1 期。

9. 刘显鹏:《合意为本:人民调解协议司法确认之应然基调》,载《法学评论》2013 年第 2 期。

10. 安晨曦:《中国民事非讼程序法的构建》,载《西华大学学报(哲学社会科学版)》2014 年第 5 期。

11. 舒瑶芝:《非讼程序机理及立法发展》,载《法学杂志》2014 年第 12 期。

12. 毋爱斌:《解释论语境下担保物权实现的非讼程序——简评〈民事诉讼法〉第 196 条、第 197 条》,载《比较法研究》2015 年第 2 期。

13. 庞小菊:《司法体制改革背景下的诉讼分流——以非讼程序的诉讼分流功能为视角》,载《清华法学》2016 年第 5 期。

14. 郝振江:《非讼程序研究》,法律出版社 2017 年版。

15. 赵蕾:《中国非讼程序年度观察报告(2017)》,载《当代法学》2018 年第 6 期。

16. 孙永军:《中国非讼程序年度观察报告(2018)》,载《金陵法律评论》2020 年第 1 期。

17. 吴学军、孙亮:《系统论视角下调解协议司法确认的内在机理与制度优化》,载《江西社会科学》2021 年第 10 期。

第三十章　督促程序

本章目次

第一节　督促程序概述

一、督促程序的概念及其法律渊源

督促程序，是指人民法院根据债权人要求债务人给付一定金钱或者有价证券的请求，在不传唤被申请人，不对债权债务关系进行实质审理的情况下，即向债务人发出附条件的支付命令，催促债务人在法定期限内向债权人清偿债务的程序。由于督促程序是以支付令催促债务人履行债务，债务人若在法定期间内对支付令不提出异议又不履行其债务的，则该支付令即具有强制执行力，所以，督促程序又称为支付令程序。

我国现行《民事诉讼法》第十七章专门规定了督促程序,《海事诉讼特别程序法》第八章第四节中规定了海事督促程序,并且《民诉法解释》和《督促程序规定》(2001年)等司法解释就督促程序也作出了具体解释。由于督促案件和督促程序的特殊性质,决定了审理督促案件在程序上首先必须适用我国《民事诉讼法》《海事诉讼特别程序法》和有关司法解释中关于督促程序的特殊规定;在没有特殊规定的情况下,在不违背督促程序特性的前提下,可适用我国《民事诉讼法》《海事诉讼特别程序法》及相关司法解释中的其他有关规定。

德国、日本、奥地利、匈牙利和我国台湾地区等许多国家和地区的民事诉讼法都规定了督促程序。

二、督促程序的基本特征

根据我国《民事诉讼法》和司法解释的有关规定,作为"略式诉讼"的督促程序,它与普通程序和简易程序相比较,具有以下特征:

(1) 适用范围的有限性。督促程序仅限于基层人民法院审理债权人请求债务人给付金钱、有价证券的案件。

(2) 诉讼标的物的特定性。督促程序中的诉讼标的物只能是金钱或者有价证券,其他的物或者行为均不能成为督促程序中的诉讼标的物。

(3) 程序性质的非讼性。这主要体现在:第一,在督促案件中,仅有一方当事人即债权人,债务人并不参加审理;第二,督促程序因债权人的申请而开始,并非以起诉开始;第三,原则上不开庭审理,无须法庭辩论,即法院仅依据申请人提供的事实证据,作书面上的审查。

(4) 支付令效力的有条件性。人民法院向债务人发出的支付令是否发生执行的效力,需要根据债务人是否在法定期限内提出异议来确定,如果债务人在法定的期限内对支付令既不自觉履行,也不提出异议,则该支付命令发生执行的效力,否则不然。

(5) 程序设置的便捷性。督促程序的主要目的是简便快捷地督促债务人偿还债务以实现债权人的债权。其简捷性主要体现在:第一,实行独任制,无须法庭辩论,仅作书面审查;第二,实行一审终审,即支付令发出后,债务人若在法定期间内对支付令不提出异议又不履行其债权的,则该支付令即具有强制执行力。

第二节 申请与受理

一、支付令申请

督促程序基于债权人提出支付令申请而发生。支付令申请是债权人基于债务人的特定债权,而依法向人民法院提出催告债务人履行其支付义务的书面请求。债权人向人民法院提出支付令申请应当具备程序性和实质性要件。

(一)支付令申请的程序性要件

(1)债权人应当以书面形式即向法院提交支付令申请书的方式提起。

支付令的申请书是债权人向法院提出的借以引起督促程序发生的诉讼文书。申请书应当表明下列主要事项:债权人和债务人及诉讼代理人的基本情况;写明申请的目的是请求发出支付令;写明请求给付金钱或者有价证券的数量,说明债务履行期已到或条件已成熟,陈述自己与债务人没有其他债务纠纷,指明债务人的住所;载明支持申请的案件事实和证据。

(2)债权人应当向有管辖权的人民法院提出申请。

为了方便法院的审理和对支付令的执行,根据《民事诉讼法》第221条、《民诉法解释》第425条及《督促程序规定》第1条、第2条的规定,债权人的支付令申请书应当向债务人住所地的基层人民法院提出。基层人民法院受理债权人依法申请支付令的案件,不受争议金额的限制。共同债务人住所地、经常居住地不在同一基层人民法院辖区,各有关人民法院都有管辖权的,债权人可以向其中任何一个基层人民法院申请支付令;债权人向两个以上有管辖权的人民法院申请支付令的,由最先立案的人民法院管辖。

(3)支付令必须能送达债务人。

根据《民事诉讼法》第221条和《民诉法解释》第427条的规定,支付令能够送达债务人,是适用督促程序的条件。所谓能够送达债务人,一般是指按法律规定的直接送达和留置送达客观上能实际送达债务人。债务人即便是外国人、无国籍人、外国企业或者组织,但在中国领域内有住所、代表机构或者分支机构并且能够送达支付令的,债权人就可以向有管辖权的法院申请支付令。

(4)申请人应当向法院交纳案件受理费。

依照《民事诉讼法》第221条及国务院《诉讼费用交纳办法》第14条的规定,债权人向人民法院申请支付令应依法缴纳申请费。支付令申请案件比照财产案件受理费的1/3交纳。督促程序因债务人异议而终结的,申请费由申请人负担;债务人未提出异议的,申请费由债务人负担。

(二) 支付令申请的实质性要件

(1) 主体应当适格。

有权提出支付令申请的必须是本案的债权人，而被请求的债务人应当是对债权人负有偿还义务的直接相对人。

(2) 债权人通过支付令申请，请求债务人给付的只能是金钱或者有价证券。

这里所谓的金钱，是指作为流通手段和支付手段的货币，如我国的人民币，美国的美元等。这里所谓的"有价证券"是指标有票面金额，证明持有人有权取得收入，并可自由转让和买卖的所有权或债权凭证，包括汇票、本票、支票、股票、债券、国库券、可转让的存款单等。

(3) 债务人履行给付金钱或者有价证券义务的期限已经届满，而且数额确定。

督促程序是一种督促债务人偿还债务的简捷程序，它是专门为解决债权债务关系明确而债务人无正当理由不偿还债务的案件而设置的。如果债务人履行给付金钱或者有价证券义务的期限尚未届满，债权人当然没有要求债务人偿还债务的理由；如果债务人履行给付金钱或者有价证券义务的数额不能确定，那就有可能在当事人之间发生争议，自然也就不能适用督促程序这样的非诉讼程序了。

(4) 债权人与债务人之间不存在对待给付义务。

所谓"对待给付"，是指债权人须待自己向债务人为给付后，债务人才有给付的义务，或者债权人与债务人应同时给付的情形。如果债权人与债务人有其他债务纠纷的，那么不仅债权人与债务人之间的债权债务关系不易明确、比较复杂，并且多会发生争议，从而不适宜通过督促程序解决；而且，法院以支付令仅命令债务人向债权人为给付，而不考虑债务人对债权人也拥有债权，则背离了法律平等保护原则。所以，只有在债权人与债务人之间不存在对待给付义务，亦即债权人与债务人没有其他债务纠纷的情况下，才能适用督促程序。

二、支付令申请的受理

根据《民事诉讼法》第 222 条和《民诉法解释》第 427 条的规定，债权人向人民法院申请支付令，符合下列条件的，人民法院应予受理，并在收到申请后 5 日内通知债权人：(1) 请求给付金钱或汇票、本票、支票以及股票、债券、国库券、可转让的存款单等有价证券；(2) 请求给付的金钱或者有价证券已到期且数额确定，并写明了请求所根据的事实、证据；(3) 债权人没有对待给付义务；(4) 债务人在我国境内且未下落不明；(5) 支付令能够送达债务人；(6) 收到申请书的人民法院有管辖权；(7) 债权人未向人民法院申请诉前保全。

法院经审查认为，债权人欠缺申请要件，法律规定可以补正的，法院应酌定期间命申请人补正。申请书不符合要求的,法院可以通知债权人限期补正,债权人若无正当理由不按期补正或者补正后仍不符合要求的,法院通知债权人不予受理。不交纳受理费的,通知债权人限期如数交纳,债权人无正当理由不按期如数交纳的,法院通知债权人不予受理。不受理的通知,债权人不得声明不服,也不得上诉。

此外,在法院发出支付令前,申请人可以撤回申请,此时法院应当裁定终结督促程序。

第三节 支付令申请的审查

一、支付令申请的审查

根据《民事诉讼法》第 223 条和《民诉法解释》第 428 条的规定,人民法院受理申请后,由审判员一人进行审查。

法官在对支付令申请进行程序性审查的基础上,还应就适用督促程序或者申请支付令的特殊要件、发出支付令的要件进行审理。法官就债权人提供的事实和证据可以在不传唤当事人的情况下进行书面审查,但必要时也可以询问债权人。

虽然督促程序不需债务人参加审理和开庭审理,但是对于债权人提供的事实证据仍然需要慎重审查,以防止支付令确认的是非法债权、虚伪债权和有争议债权,从而尽量避免支付令被轻易推翻,造成程序浪费。

法院通过对案件的审理,应当区别情形作出决定:

1. 裁定驳回发出支付令的申请

根据《民事诉讼法》第 223 条、《民诉法解释》第 428 条和《督促程序规定》第 5 条的规定,人民法院受理债权人的支付令申请后,经审理,有下列情况之一,认为不符合和不具备督促程序法定的适用范围和适用条件的,应在 5 日内裁定驳回发出支付令的申请:(1) 申请人不具备当事人资格的;(2) 给付金钱或者汇票、本票、支票以及股票、债券、国库券、可转让的存款单等有价证券的证明文件没有约定逾期给付利息或者违约金、赔偿金,债权人坚持要求给付利息或者违约金、赔偿金的;(3) 债权人要求给付的金钱或者汇票、本票、支票以及股票、债券、国库券、可转让的存款单等有价证券属于违法所得的;(4) 债权人要求给付的金钱或者汇票、本票、支票以及股票、债券、国库券、可转让的存款单等有价证券尚未到期或数额不确定的;(5) 债权人申请支付令之前已向人民法院申请诉前保全,或者申请支付令同时又要求诉前保全的。

法院驳回债权人申请的裁定,应附理由,送达债权人而不必送达债务人。债权人应承担督促程序的案件受理费。驳回申请的裁定,是终局裁定,债权人不得声明不服,也不得提起上诉。原则上,这种裁定不确定债权是否存在,不具有既判力。申请人接到裁定后,可以补足申请理由再次申请支付令,也可以提起诉讼或者申请仲裁。

2. 发出支付令

法院受理发出支付令申请后,经审理,认为具备发出支付令要件的,应在15日内向债务人发出支付令。具备发出支付令的要件,即在符合和具备督促程序法定的适用范围和适用条件的前提下,债权债务关系明确和合法。债权债务关系明确是指债权人与债务人之间债权债务关系的内容清楚并且双方没有争议,债权债务关系合法是指引起债权债务关系发生的事实以及债权债务关系的内容不违反法律的规定。

二、支付令及其法律效力

支付令又称支付命令、督促决定,它是督促程序中最重要的法律文书,是指在督促程序中由人民法院发布的,旨在限令债务人履行支付义务或者提出书面异议的法律文书,若债务人在法定期间内既不履行债务又不提出异议,则发生强制执行的法律效力。

支付令应载明以下事项:(1) 债权人、债务人姓名或名称等基本情况,包括当事人及其法定代理人的姓名、性别、年龄、民族、职业、工作单位和住所,法人或其他组织的名称、住所,法定代表人或主要负责人的姓名、职务等。(2) 债务人应当给付的金钱、有价证券的种类、数量。(3) 清偿债务或者提出异议的具体期限,写明债务人应当在收到支付令之日起15日内清偿债务,或者向人民法院提出书面异议。(4) 债务人在法定期间即收到支付令之日起15日内不提出异议的法律后果。此外,支付令应由法官、书记员署名,并加盖人民法院印章。

人民法院应当将支付令及时送达债务人,债务人拒绝接收的,人民法院可以留置送达。在支付令送达债务人后,人民法院还应当通知债权人支付令送达债务人的时间,以便债权人在异议期届满后及时行使申请执行的权利。

支付令经依法送达后就产生一定的法律效力。一般说来,支付令具有羁束力、督促力、确定力和执行力等法律效力。其中,确定力和执行力的发生是附条件的,即支付令要具有确定力和强制执行力,必须满足"债务人自收到支付令之日起在15日内,既不清偿债务又不提出书面异议或异议被驳回"这一条件。这也就是理论上称支付令为附条件的支付命令的原因所在。具体地说,支付令具有如下主要法律效力:

(1) 羁束力。羁束力是指支付令一经作出,法院原则上不得任意撤销或变更该支付令。如果该支付令违法或者错误,就可以通过债务人异议或法院裁定撤销等途径使其失效。同时,支付令如果存在诸如误写、误算或类似的明显的技术上或形式上的错误,法院可以裁定的方式予以更正,但不得改变支付令的实质内容。

(2) 督促力。督促力是指支付令具有督促债务人限期清偿债务或者提出异议的效力。根据《民事诉讼法》第 223 条第 2 款的规定,债务人应当自收到支付令之日起 15 日内清偿债务,或者向人民法院提出书面异议。

(3) 确定力。支付令的确定力包括形式确定力和实质确定力。形式确定力,是指支付令一经作出,当事人就不得提起上诉。实质确定力,即既判力。债务人自收到支付令之日起在 15 日内,既不清偿债务,又不提出书面异议或异议被裁定驳回的,支付令才具有实质确定力(既判力),即债权人和债务人就支付令所确定的债权债务关系不得再提起诉讼,法院也必须遵行该支付令从而不得受理和审判就该支付令所确定的债权债务关系提起的诉讼。

(4) 执行力。支付令具有既判力,对于债务人不按支付令清偿债务的,债权人就有权向发出支付令的法院申请强制执行。

还应当注意的是:第一,债务人在收到支付令后,不在法定期间提出书面异议,而向其他人民法院起诉的,不影响支付令的效力。该受诉法院应以支付令生效为由驳回起诉。第二,对设有担保的债务案件主债务人发出的支付令,对担保人没有拘束力。债权人就担保关系单独提起诉讼的,支付令自行失效。

第四节 支付令异议

一、支付令异议的概念

支付令的异议,是指债务人在法定的期限内就支付令所记载的债务,向发出支付令的法院书面提出不同意见,旨在使支付令不发生既判力和强制执行力的行为。

支付令是基于债权人的申请、主张而由人民法院向债务人发出的,由于其根据仅是债权人一方提供的事实和证据,对这些事实和证据,并没有允许债务人进行质证和抗辩,因此,支付令失实的可能性仍然存在。为了维护债务人的合法权益,法律赋予债务人在法定期限内对支付令提出异议的权利。

二、支付令异议的成立条件

虽然我国现行的《民事诉讼法》没有要求债务人提出异议需附理由,仅需作出反对支付令的意思表示即可,但是债务人提出支付令异议应具备必要的程序要件,不具备这些要件的则异议不能成立。根据《民事诉讼法》第 223 条及《民诉法解释》第431条、第436条的规定,支付令异议的成立条件主要有:(1)异议应在法定期限内提出,即债务人应在收到支付令之日起15日内向法院提出异议;(2)异议必须以书面形式提出,因为异议关系到支付令能否生效和督促程序是否终结等问题,基于慎重起见,法律要求债务人必须以书面形式对支付令提出异议;(3)异议必须针对债权人的请求,即异议应针对债务本身,如果债务人只是提出缺乏偿还债务的能力、延缓债务清偿期限、变更债务清偿方式等异议的,则不影响支付令的效力。

法院作出终结督促程序前,债务人请求撤回异议的,应当准许。债务人对撤回异议反悔的,人民法院不予支持。

三、对支付令异议的审查

根据《民诉法解释》第435条的规定,人民法院对债务人的书面异议仅进行形式审查就可以了,不审查异议是否有理由。也就是说,人民法院无须审查支付令异议所依据的事实和证据,就应当直接裁定终结督促程序。法律之所以这样规定,主要是基于对督促程序的非讼性质考虑。由于非讼程序是以当事人没有发生纷争为前提的,如果当事人基于权利争议而发生纷争,就必须通过诉讼的途径解决。如果允许法官对支付令异议进行实质审查,就是赋予法官解决当事人之间纷争的权利,这并不适宜督促程序这样的非讼程序。

四、支付令异议的法律效力

根据《民诉法解释》第435条规定,人民法院经过形式审查,发现债务人提出的书面异议有下列情形之一的,应当认定异议成立:(1)有本解释规定的不予受理申请情形的;(2)有本解释规定的裁定驳回申请情形的;(3)有本解释规定的应当裁定终结督促程序情形的;(4)人民法院对是否符合发出支付令条件产生合理怀疑的。

支付令异议成立后,将发生《民事诉讼法》第224条和《民诉法解释》第435条规定的效力,即:(1)法院裁定终结督促程序。(2)支付令失效,即支付令丧失督促力,而且支付令的既判力和执行力也无从产生。(3)支付令失效的,转入诉讼程序,但申请支付令的一方当事人不同意提起诉讼的除外。

此外,根据《民诉法解释》第432条、第433条的规定,如果支付令向必要共同诉讼中的共同被告发出,其中一人提出合法异议的,其效力及于其他被告。但是,如果债权人基于同一债权债务关系,在同一支付令申请中向债务人提出多项支付请求,债务人仅就其中一项或几项请求提出异议的,不影响其他各项请求的效力;如果债权人基于同一债权债务关系,就可分之债向多个债务人提出支付请求,多个债务人中的一人或几人提出异议的,不影响其他请求的效力。

第五节 督促程序的终结

一、督促程序的自然终结

督促程序的自然终结就是督促程序在正常情况下的终结。根据法律规定，在下列情形发生时督促程序可以自然终结：(1) 债务人在法律规定的期间内没有对支付令提出异议，并且主动履行了支付令中确定的清偿义务；(2) 债务人在法定的期间内没有对支付令提出异议，也没有主动清偿债务，但在支付令的强制执行效力下清偿了债务。

督促程序自然终结后，债权人和债务人之间的权利义务关系消灭，它们之间的债权债务不复存在。

二、督促程序的裁定终结

督促程序的裁定终结，就是在督促程序进行过程中，因为发生了某些特殊的情况，从而由人民法院通过裁定的方式导致督促程序的非正常结束。

根据《民事诉讼法》和《督促程序规定》及《民诉法解释》的规定，能够引起督促程序裁定终结的情形主要有以下几种：(1) 债务人在法定的期限内提出对支付令的异议的；(2) 在支付令签发前，或者支付令签发后债务人异议的法定期间届满前，债权人撤回支付令申请的；(3) 法院发出支付令之日起 30 日内无法送达债务人的；(4) 法院受理支付令申请后，债权人就同一债权关系又提起诉讼的。

在督促程序中有上述情形之一的，人民法院应当裁定终结督促程序。此裁定一经作出即发生法律效力，债权人不可上诉，也不得申请复议。

支付令失效后，申请支付令的一方当事人自收到终结督促程序裁定之日起 7 日内未向受理申请的人民法院表明不同意提起诉讼的，视为向受理申请的人民法院起诉。债权人提出支付令申请的时间，即为向人民法院起诉的时间。

申请支付令的一方当事人不同意在督促程序管辖法院提起诉讼的，不影响其向其他有管辖权的人民法院提起诉讼。

拓展阅读

1. 陈桂明：《督促程序理论问题之探讨》，载《政法论坛》1992 年第 2 期。
2. 李祥琴：《论督促程序》，载《法学研究》1992 年第 3 期。
3. 常怡：《论督促程序》，载《现代法学》1992 年第 4 期。

4. 白绿铉:《督促程序比较研究——我国督促程序立法的法理评析》,载《中国法学》1995年第4期。

5. 章武生:《督促程序的改革与完善》,载《法学研究》2002年第2期。

6. 周翠:《电子督促程序:价值取向与制度设计》,载《华东政法大学学报》2011年第2期。

7. 王福华:《督促程序的现状与未来》,载《国家检察官学院学报》2014年第2期。

8. 史长青:《督促程序的设计理念:诉讼还是非讼》,载《政法论丛》2015年第5期。

9. 高星阁:《利益平衡视角下我国督促程序之保障机制研究》,载《西南政法大学学报》2016年第6期。

10. 丁启明:《台湾地区民事诉讼督促程序改革述评》,载《台湾研究集刊》2017年第3期。

11. 张海燕:《督促程序的休眠与激活》,载《清华法学》2018年第4期。

12. 吴英姿:《督促程序性质重识与规则补正——由实践与规范脱节现象入手》,载《苏州大学学报(法学版)》2021年第3期。

第三十一章　公示催告程序

本章目次

第一节　公示催告程序概述

一、公示催告程序的概念及其基本特征

（一）公示催告程序的概念及其法律渊源

公示催告既是一种法律程序，又是一种法律制度。从前一种意义上讲，公示催告，是法院根据丧失票据持票人的申请，以公示的方法，催告票据利害关系人在一定期限内向法院申报权利，如在一定期限内没有人申报权利，则产生失权法律后果的一种程序；从后一种意义上讲，公示催告则是失票人向法院提出申请，请求宣告票据无效，从而使票据权利与票据本身相分离的一种权利救济制度。

公示催告程序作为票据（及其他相关事项）丧失的司法救济程序，为大陆法系国家的《民事诉讼法》所规定，譬如，《德国民事诉讼法》第九编就专门规定了“公示催告程序”；在日本1890年的旧《民事诉讼法》中，“公示催告程序”是作为该法的第七编规定的，到1996年颁布新《民事诉讼法》时，“公示催告程序”已从《民事诉讼法》中分离出来，《关于公示催告程序和仲裁程序的法律》成为独立的

法律。在我国,现行的《民事诉讼法》第十八章专章规定了公示催告程序,此外,《民诉法解释》也在第二十章对公示催告程序进行了补充规定。

(二)公示催告程序的基本特征

作为一种法律程序,公示催告程序具有以下几个显著特征:

(1)程序的非讼性。

公示催告程序是通过确认申请人申请公示催告的票据在一定期限内无人申报权利这一事实,进而作出除权判决,使失票人的票据权利与丧失的票据相分离,从而实现对其权利保护的目的。在公示催告程序中,申请人根本无法知道有无利害关系人,更不知道利害关系人是谁,因此,公示催告案件是没有明确的被告的。如果有人申报票据权利并与申请人就票据上的权利归属发生争议,则公示催告程序必须终结,申请人就只能向人民法院提起民事诉讼,通过诉讼程序解决纠纷。公示催告既然是不经过诉讼程序而确定票据权利人的权利,该程序本质上应归属于非讼程序的范畴。

(2)适用范围的专门性。

公示催告程序是为实现丧失票据后对票据权利进行司法救济而设立的专门程序,因此,公示催告程序的适用范围具有明确的限定性。根据《民事诉讼法》第 225 条第 1 款的规定,公示催告程序仅适用于可以背书转让的票据被盗、遗失或者灭失的案件以及法律规定可以申请公示催告的其他事项。不能背书转让的票据被盗、遗失或者灭失的案件以及不属于法律规定可以申请公示催告的事项,都不能适用公示催告程序。

(3)具体程序规定的特殊性。

公示催告程序在程序的设置上具有明显不同于诉讼程序及其他非讼程序的独特性,譬如,它由公示催告和除权判决两个阶段构成,两个阶段均由申请人申请启动,两个阶段可以由两个不同的审判组织进行审理,主要适用书面审查和公告的方式进行审理以及一审终审等。

二、公示催告程序的功能

设立公示催告程序(制度)的目的就是要通过公示以及除权判决这种方式,对票据与行使票据权利进行阻隔,以使失票人不会因此受到利益的损害,进而实现对所有票据利害关系人的公平保护。因此,公示催告程序具有以下几个方面的显著功能:

第一,对失票人的合法权益进行救济。

票据是一种完全有价证券,又是一种无因证券,因此,票据权利人一旦脱离对票据的实际占有,不仅会使持票人在行使票据权利时受到阻碍,还很可能被他人恶意利用,直接损害正当持票人的合法权益。所以,当票据权利人丧失对票据的占有后，就必须通过一定的程序——公示催告程序使票据权利与票据相分离，实现对其享有票据权利的有效救济。

第二，维护利害关系人的合法权益。

通过确认申请人申请公示催告的票据在一定期限内无人申报权利这一事实，进而作出除权判决，以实现失票人对丧失票据的权利救济，这固然是设立公示催告程序的重要目的。而与此同时，通过公示催告让处于不明状况的相对人向法院申报权利，以免使善意取得票据的第三人（即利害关系人）因票据被除权而影响其正当权利的行使，这同样是设立公示催告程序的意义所在。

第三，确保票据流通的安全。

票据的流通性与票据是否能够实现快捷、安全的转让密切相关。如果票据权利人在丧失票据后不能得到有效的救济，或者善意取得票据的第三人的合法权益不能得到应有的保障，这都将严重阻碍票据实现快捷、安全的转让，进而影响票据流通功能的实现。如上所述，公示催告程序正是这样一种既能满足失票人对丧失票据的权利进行快速、有效救济的目的，又能确保利害关系人合法权益不受侵害的有效程序。

第二节 公示催告

一、公示催告的申请与受理

（一）公示催告的申请

公示催告程序是对丧失票据或其他单证的持有人进行权利救济时所适用的一种程序。它基于当事人的申请而发生，根据我国现行的《民事诉讼法》和《民诉法解释》的有关规定，当事人的公示催告申请既要具备程序性要件，同时，适用公示催告程序还必须具备法定的特殊要件。

1. 申请的程序性要件

（1）应当向人民法院提交公示催告申请书。公示催告申请书，是指票据持有人在票据被盗、遗失和灭失的情况下，为使票据上标示的权利与实际权利相分离，使自己享有的权利得以依法重新确认，申请人民法院以公告的方式限期催促利害关系人申报权利，在逾期不申报时，判决利害关系人丧失该项权利的法律文书。根据《民事诉讼法》第225条第2款的规定，公示催告申请书应当写明票面金额、发票人、持票人、背书人等票据主要内容和申请的理由、事实等内容。

（2）必须向有管辖权的人民法院提出。根据《民事诉讼法》第225条的规定，当事人可以向票据支付地的基层人民法院申请公示催告。票据支付地亦即票据的兑付地、解付地，一般以票据所记载的为准。如果票据尚未明确载明支付地,一般依照票据记载事项确定支付地。

(3) 申请人应依法缴纳案件受理费。根据国务院《诉讼费用交纳办法》第14条第4款的规定,申请公示催告的,每件缴纳申请费100元。

2. 适用公示催告程序的法定特殊要件

(1) 申请公示催告的主体应当适格。

根据《民事诉讼法》和《民诉法解释》的规定,可以背书转让的票据丧失时,有权申请公示催告的主体仅限于票据丧失前的最后持有人,其他任何人都不能提出申请。

(2) 申请公示催告应当符合法定的适用范围。

《民事诉讼法》第225条第1款规定:"按照规定可以背书转让的票据持有人,因票据被盗、遗失或者灭失,可以向票据支付地的基层人民法院申请公示催告。依照法律规定可以申请公示催告的其他事项,适用本章规定。"

(3) 申请公示催告必须具有法定的事由。

根据《民事诉讼法》第225条的规定,当发生票据或其他单证丧失的情形且相对人不明时方可申请公示催告。那么何谓"票据丧失"呢?一般认为,票据丧失就是指持票人非出于自己的本意而丧失对票据的占有情况。它分为绝对丧失和相对丧失两种。票据的绝对丧失,是指票据作为一种实物形态已经不复存在,而使持票人无法对其实施占有的情形,如因焚烧、撕毁以及严重涂损而毁灭等。票据的相对丧失,是指票据作为一种实物还可能现实存在,但持票人无放弃票据权利的意思而失去对票据占有的情形,如票据的遗失、被盗、被抢等。

在现实社会经济生活中,票据丧失往往大量地表现为票据的相对丧失。如果持票人丧失了对票据的占有,但不能确定是票据的绝对丧失还是票据的相对丧失,则应当推定为票据的相对丧失,这样才更有利于保护持票人的权益。

由此可见,票据丧失的一般构成要件除了票据的有效性这一当然性前提要件外,还应当具备以下要件:

第一,票据必须脱离持票人的占有。所谓"票据占有"应包括直接占有和间接占有两种情况:直接占有是指事实上占有票据的状态。间接占有是指原持票人出于自己的本意将票据交付他人直接占有,但依法仍享有票据权利的状态。无论是票据的直接占有人还是间接占有人,一旦发生票据丧失,他们都应当属于我们所称的失票人范围。

第二,丧失票据非出于持票人的真实意愿。如果是合法持票人自愿主动放弃或转让该票据,则该行为将对持票人产生票据权利消灭或转让的积极法律后果。受票人由此而获取的票据权利将受法律的保护,而不可能存在对原持票人的权利救济问题。

第三,失票人对票据的占有应当是合法的占有。因为,我们不可能期待一个违法的票据持有人能够运用失票救济制度来主张其本来就是非法的利益。也就是说,失票人对丧失票据的占有应当具有正当性。

只有在同时具备上述要件的情况下,才能构成可接受司法救济的票据丧失情形,否则就可能构成"伪造票据丧失行为"而受到法律的追究。

（二）公示催告申请的受理

根据《民诉法解释》第443条的规定,人民法院收到公示催告的申请后,应当立即审查,并决定是否受理。经审查认为符合受理条件的,通知予以受理,并同时通知支付人停止支付;认为不符合受理条件的,7日内裁定驳回申请。

同时,《民诉法解释》第444条进一步规定,因票据丧失申请公示催告的,人民法院应结合票据存根、丧失票据的复印件、出票人关于签发票据的证明、申请人合法取得票据的证明、银行挂失止付通知书、报案证明等证据,决定是否受理。

二、人民法院的止付通知与公告

人民法院在决定受理催告申请的同时,应当通知支付人停止支付。通知应写明下列内容:支付人应当停止支付的票据或有关单证的确切名称、必要事实,停止支付的原因和期限以及停止支付的具体数额或数量。

停止支付的通知,是人民法院作出的告知支付人停止支付的法律文书。这对支付人具有法律约束力,支付人收到停止支付通知书后,应当停止支付,在未接到人民法院终结公示催告的通知之前,不得以任何理由向票据或单证的持有人支付。如果支付人收到停止支付的通知后,仍然支付,人民法院可依民事诉讼法的有关规定采取强制措施,而且,在除权判决作出后,支付人仍负有支付义务。

同时,人民法院在决定受理申请后,还应当在3日内发出公示催告的公告,催促利害关系人向人民法院申报权利。

根据《民诉法解释》第445条的规定,公示催告公告应当写明下列内容:申请人的姓名或者名称;票据的种类、号码、票面金额、出票人、背书人、持票人、付款期限等事项以及其他可以申请公示催告的权利凭证的种类、号码、权利范围、权利人、义务人、行权日期等事项;申报权利的期间;在公示催告期间转让票据等权利凭证及利害关系人不申报权利的法律后果;最后还应加盖发布公告的人民法院的院印和公告的日期。

公示催告的期间由人民法院根据情况决定,但不得少于60日,且公示催告期间届满日不得早于票据付款日后15日。公告应当在有关报纸或者其他媒体上刊登,并于同日公布于人民法院的公告栏内。人民法院所在地有证券交易所的,还应当同日在该交易所公布。

《民事诉讼法》第227条第2款规定:"公示催告期间,转让票据权利的行为无效。"

申请人在公示催告期间要求撤回申请的,人民法院应当准许,并裁定终结公示催告程序。

三、申报权利及其处置

申报权利,是指利害关系人在公示催告期间或者作出除权判决之前,向人民法院主张公示票据及其他有关事项的权利的行为。利害关系人向人民法院申报权利应符合下列条件:(1) 必须是票据或有关单证的持有人。(2) 必须在公示催告期间,最迟得在除权判决作出之前向人民法院进行申报。如果人民法院已经作出除权判决,利害关系人就不能再提出权利申报,而应另行起诉。(3) 必须向发出公告的人民法院以书面形式提出申报,并向法院提示票据。

根据《民事诉讼法》第 228 条和《民诉法解释》第 448 条、第 449 条的规定,人民法院在接到利害关系人的权利申报后,应当按照下列程序进行处置:(1) 人民法院应通知利害关系人向法院出示票据,并通知公示催告申请人在指定的期间查看该票据;(2) 申请人申请公示催告的票据与利害关系人出示的票据不一致的,人民法院应当裁定驳回利害关系人的申报;(3) 申请人申请公示催告的票据与利害关系人出示的票据一致的,人民法院应当裁定终结公示催告程序,并通知申请人和付款人;(4) 申请人或者申报人可以向人民法院起诉。

第三节　除权判决

一、除权判决的概念

除权判决,是指人民法院依法宣告公示的票据无效的判决。这里的“除权”是指消除票据上的权利,使票据与票据权利相分离,持票人再不得以该票据向付款人行使票据权利,从而实现保护申请人合法权益的目的。因此,我们绝不能将除权判决与“无效判决”相混淆。

二、除权判决的申请与除权判决的作出

根据《民事诉讼法》第 228 条和《民诉法解释》第 450 条的规定,人民法院的除权判决应当根据申请人的申请作出。因此,如果在公告期内,无人申报权利,或者申报权利被驳回的,申请人必须申请法院作出除权判决,否则法院裁定结案,申请人无法自然取得票据权利。

申请人申请除权判决应在公示催告期满后 1 个月内提出,逾期不申请判决的,法院将终结公示催告程序。除权判决的申请应当与提出公示催告的申请人具有同一性,而且,申请人的申请必须向受理公示催告申请的人民法院提出。至

于除权判决申请的形式和内容,法律并未作明确规定,一般认为除权判决申请书应包括以下内容:(1) 除权判决申请人的姓名或名称;(2) 票据种类、金额、发票人、持票人、背书人;(3) 公示催告期届满无人申报权利或驳回的事实及有关证据等;(4) 申请法院判决票据无效。

法院在收到申请人的申请后,应当组成合议庭审理。法院作出除权判决应具备以下条件:(1) 在公示催告期间届满,无人申报权利或申报被驳回;(2) 申请人必须在法定的期间内,亦即自权利申报期间届满的次日起 1 个月内,向法院申请作出除权判决。申请人逾期不申请判决的,法院应当终结公示催告程序。

三、除权判决的公告与效力

除权判决应当进行公告。《民事诉讼法》第 229 条规定:“没有人申报的,人民法院应当根据申请人的申请,作出判决,宣告票据无效。判决应当公告,并通知支付人。自判决公告之日起,申请人有权向支付人请求支付。”《民诉法解释》第 451 条规定:“判决公告之日起,公示催告申请人有权依据判决向付款人请求付款。付款人拒绝付款,申请人向人民法院起诉,符合民事诉讼法第一百二十二条规定的起诉条件的,人民法院应予受理。”

除权判决自公告之日起就将产生如下两个效力:

(1) 消极的效力。除权判决后,票据上的票据权利就失去效力,这样就使原来结合于票据中的票据权利与票据相互分离。票据的持有人不再是当然的票据权利人,因此,即使持有票据的人也不能依据该票据行使票据权利。而且,除权判决后,由于票据债务人不知道有除权判决存在而向票据持票人付款的,则不能免去付款责任。同时,任何人受让该失效票据的时候,即便是出于善意,且支付了对价的,善意取得也不能成立。当然,除权判决之前的善意取得者应不受此限。

(2) 积极的效力。除权判决生效后,公示催告申请人有权依据判决向付款人请求付款。也就是说,取得除权判决的申请人就如同持有票据者一样,被推定为当然的票据权利人,其无须用其他的方法(例如票据的持有、票据的提示等)来证明自己是票据权利者就可行使票据权利。票据债务人根据除权判决向申请人付款的,即使该申请人不是真正的权利者,只要付款人对申请人为非权利者的事实不存在恶意或者重大过失,就可免除其付款责任。

第四节 除权判决的撤销

除权判决的作出,仅仅是根据公示催告申请人的申请和无人申报权利的事实,推定该申请人为票据权利人。但是,这种推定完全有可能与事实不符,因为,在现实生活中,利害关系人因正当事由的耽误而未能在除权判决作出之前申报权利的情况是客观存在的,因此,在这种情况下,就会产生如何恢复利害关系人的票据权利,为其提供法律救济的问题。为此,《民事诉讼法》第230条明确规定:“利害关系人因正当理由不能在判决前向人民法院申报的,自知道或者应当知道判决公告之日起一年内,可以向作出判决的人民法院起诉。”但是,由于我国《民事诉讼法》并没有明确该“起诉”的性质,因而在学理界及实践部门存在“确认之诉”“损害赔偿之诉”和“撤销之诉”等的不同解读。本书持撤销之诉说。

拓展阅读

1. 江伟:《论公示催告程序》,载《中国法学》1991年第6期。

2. 陈桂明、孙颖:《公示催告程序刍议》,载《中南政法学院学报》1992年第1期。

3. 常英、俞兆平:《论公示催告程序》,载《政法论坛》1992年第2期。

4. 刘学在:《公示催告程序的立法完善》,载《辽宁大学学报(哲学社会科学版)》2003年第4期。

5. 叶永禄:《论票据丧失司法救济制度之完善》,载《法学家》2007年第3期。

6. 杨忠孝:《论票据公示催告程序的制度完善》,载《政治与法律》2009年第6期。

7. 宋健:《论我国票据公示催告程序的现存问题及其完善》,载《金融理论与实践》2018年第8期。

第三十二章 破 产 程 序

本章目次

第一节 破产程序概述

一、破产的概念和特征

破产包括实体与程序两层意义。实体意义上的破产,是指债务人不能清偿到期债务时所处的财务状态。程序意义上的破产,是指因债务人不能清偿到期债务,债务人或债权人向法院提出申请,经法院审查受理,依法将债务人的财产公平分配给债权人的特殊的审理程序。破产具有以下法律特征:

(1) 破产是一种清偿债务、结束债权债务关系的具有强制性的特殊手段。在当事人之间所发生的债权债务关系中,当债务人不能如期清偿债务时,依照法律规定的破产还债程序,将债务人的全部资产一次性地分配给全体债权人,从而终结债权债务关系。

(2) 破产是通过法律程序使债权公平受偿的手段。在人民法院的指挥和监督下,通过破产程序向债权人分配债务人的全部资产,保护其合法权益,从法律上宣布债务人主体资格的消灭。

(3) 破产制度的主要目的是公平地清偿债务。全体债权人的债权,在破产管理人公平安排之下,公平受偿;未能受偿的债权,其损失亦公平分配给各债权人分担,从而使各债权人所得到的清偿同其债权的性质和数额相适应。

(4) 破产是一种既具有独立性又具有综合性的程序制度。破产制度是当债务人不能清偿到期债务时,法院基于当事人的申请,受理破产案件,审理并宣告债务人破产,把债务人的全部财产公平分配给全体债权人,以终结债权债务关系的一种独立的程序制度。从破产程序的开始阶段看,它具备双方当事人,类似于诉讼程序;从法院认定债务人不能清偿到期债务这一无争议的客观事实看,它类似于非讼程序;从清算和分配阶段的债务清偿和债权实现看,它又类似于强制执行程序。因此,从这些特点看,破产程序制度又具有综合性。

为了解决因被执行人达到破产界限但当事人均不申请破产而造成的久拖不结问题,同时兼顾现行法律的规定和法理,《民诉法解释》创设了执行转破产程序制度,从而实现了执行程序与破产程序的衔接。[1] 在执行程序中,将执行案件转入破产程序,对被执行人进行债务清理,必须同时具备两个条件:(1) 被执行人达到破产界限,即作为被执行人的企业法人不能清偿到期债务,并且资产不足

---

[1] 民事诉讼法学编写组编:《民事诉讼法学》(第二版),高等教育出版社 2018 年版,第 331 页。

以清偿全部债务或者明显缺乏清偿能力;(2) 经申请执行人或者被执行人同意。执行程序与破产程序衔接的方式是,执行机构裁定中止对被执行人的执行,将执行案件相关材料移送被执行人住所地的人民法院。

二、破产法的性质和功能

破产法是关于债务人不能清偿债务而适用破产程序、和解程序或重整程序处理债务关系的法律及其他规范性文件的总称。[①] 破产法兼有程序法和实体法的双重性,以程序法为主。从程序法的角度看,破产法属于民事诉讼法的特别法;从实体法的角度看,破产法属于商法。在现代各国的法律制度体系中,破产法具有重要的法律地位。现代破产法的重要地位是由破产法的功能和破产法在信用制度体系中所起的作用决定的。

破产法具有双重保护功能:(1) 保护债权人。通过在法院的指挥和监督之下实施的破产清算,集中清理债务人的财产,集中清偿对债权人的欠债,实现债权的公平受偿。(2) 保护债务人。通过破产冻结程序使债务人暂时免于追索,以利于有希望的债务人重整;通过破产分配程序和破产豁免制度使债务人免除剩余债务,以利于债务人开始新的生活,甚至东山再起。破产法在国家信用制度体系中具有重要的地位和作用,是"信用的最后守护人"。[②] 破产法所调整的破产清算程序和其他破产制度,可以尽可能地减少债务人不符合信用的行为对债权人所造成的损失,防止债务人恶意利用破产法的免责制度逃债而损害债权人的利益和损害社会的信用制度体系。

三、我国破产立法的现状

2006 年 8 月 27 日第十届全国人大常委会第二十三次会议通过了《企业破产法》[③],共十二章 136 条。该法具有三个突出特点:一是不论是对破产实体问题的规定,还是对破产程序问题的规定,都更加明确、具体。二是新增设了重整制度和管理人制度的规定。三是对破产清偿顺序作出了更符合我国国情和有利于保证职工权益的规定。最高人民法院根据《企业破产法》(以下简称《破产法》)先后制定了《关于审理企业破产案件指定管理人的规定》(法释〔2007〕8 号,共 40 条)、《关于审理企业破产案件确定管理人报酬的规定》(法释〔2007〕9 号,共 18 条)、《关于〈中华人民共和国企业破产法〉施行时尚未审结的企业破产

---

① 赵中孚主编:《商法通论》(第六版),中国人民大学出版社 2017 年版,第 440 页。

② 参见曹士兵:《〈关于审理企业破产案件若干问题的规定〉理解与适用》,载《法律适用》2003 年第 1 期。

③ 同时通过的修订的《合伙企业法》第 92 条规定:"合伙企业不能清偿到期债务的,债权人可以依法向人民法院提出破产清算申请,也可以要求普通合伙人清偿。合伙企业依法被宣告破产的,普通合伙人对合伙企业债务仍应承担无限连带责任。"

案件适用法律若干问题的规定》(法释[2007]10号,共16条)、《关于适用〈中华人民共和国企业破产法〉若干问题的规定(一)》[法释〔2011〕22号,共9条,以下简称《破产法规定(一)》]、《关于适用〈中华人民共和国企业破产法〉若干问题的规定(二)》[法释〔2013〕22号,共48条,2020年修正,以下简称《破产法规定(二)》]、《关于适用〈中华人民共和国企业破产法〉若干问题的规定(三)》[法释〔2019〕3号,共16条,2020年修正,以下简称《破产法规定(三)》]等多个司法解释。《破产法》及相应的司法解释是市场经济法律体系的重要组成部分。

个人破产制度是指自然人不能清偿到期债务时,通过法定程序宣告该自然人破产,将其剩余资产公平分配给债权人,对未得到清偿的债权,免除该自然人继续清偿责任的一种法律制度。个人破产制度缺失导致逃避债务现象严重蔓延,如债务人下落不明等,会造成社会经济秩序不稳定。2021年3月1日起实施的《深圳经济特区个人破产条例》虽然只是深圳的地方性法规,对于全国却有极大的参考意义。该条例的立法目的是规范个人破产程序,调整债务人和债权人及其他利害关系人的权利义务关系,促进诚信债务人经济再生,完善社会主义市场经济体制。建立个人破产制度的宗旨是鼓励创新,宽容失败;为"诚信而不幸"的债务人提供一种可期待、可信赖的保障;有助于进一步推动形成以信用为核心的社会行为激励约束机制。只有诚实守信的债务人,在不幸陷入债务危机时,才能获得个人破产制度的保护,并获得帮助从债务危机中解脱出来,重新参与社会经济活动,创造更多财富。而对于那些恶意逃债或者实施破产欺诈的债务人,不仅不能通过破产逃避债务,还要通过法律手段加以预防和惩治。[①] 为了避免"假破产、真逃债",我国刑法设立了欺诈破产罪和虚假破产罪,作出了相关处罚规定。

第二节　破产申请与受理

一、破产申请的要件

破产申请是破产申请人向法院请求宣告债务人破产的意思表示。根据我国《破产法》和《破产法规定(一)》的规定,破产申请应具备以下要件:

(一)须具备破产原因

破产原因,又称为破产条件或者破产界限,是指债务人的经济状况已经达到法律规定可以宣告破产的程度,是债权人或债务人申请破产和人民法院宣告破产的基本条件。

---

① 参见孙波:《个人破产法,立出崭新样板》,载《深圳商报》2021年4月14日第A01版;赵丽、秦华民:《个人破产条例深圳"破冰"》,载《法治与社会》2020年第9期。

根据《破产法》第2条第1款的规定,判断债务人是否存在破产原因有两个并列的标准,一是债务人不能清偿到期债务并且资产不足以清偿全部债务,二是债务人不能清偿到期债务并且明显缺乏清偿能力。

《破产法规定(一)》第1条规定:债务人不能清偿到期债务并且具有下列情形之一的,人民法院应当认定其具备破产原因:(1)资产不足以清偿全部债务;(2)明显缺乏清偿能力。相关当事人以对债务人的债务负有连带责任的人未丧失清偿能力为由,主张债务人不具备破产原因的,人民法院应不予支持。第2条规定:下列情形同时存在的,人民法院应当认定债务人不能清偿到期债务:(1)债权债务关系依法成立;(2)债务履行期限已经届满;(3)债务人未完全清偿债务。第3条规定:债务人的资产负债表,或者审计报告、资产评估报告等显示其全部资产不足以偿付全部负债的,人民法院应当认定债务人资产不足以清偿全部债务,但有相反证据足以证明债务人资产能够偿付全部负债的除外。第4条规定:债务人账面资产虽大于负债,但存在下列情形之一的,人民法院应当认定其明显缺乏清偿能力:(1)因资金严重不足或者财产不能变现等原因,无法清偿债务;(2)法定代表人下落不明且无其他人员负责管理财产,无法清偿债务;(3)经人民法院强制执行,无法清偿债务;(4)长期亏损且经营扭亏困难,无法清偿债务;(5)导致债务人丧失清偿能力的其他情形。

(二)须主体适格

申请破产的主体须是有权提出破产宣告申请的人。在我国,破产申请人可以是债权人或债务人,法院不得依职权启动破产程序。

(三)须符合法定申请手续

债务人申请破产,应当向人民法院提交下列材料:书面破产申请;企业主体资格证明;企业法定代表人与主要负责人名单;企业职工情况和安置预案;企业亏损情况的书面说明,并附审计报告;企业至破产申请日的资产状况明细表,包括有形资产、无形资产和企业投资情况等;企业在金融机构开设账户的详细情况,包括开户审批材料、账号、资金等;企业债权情况表,列明企业的债务人名称、住所、债务数额、发生时间和催讨偿还情况;企业债务情况表,列明企业的债权人名称、住所、债权数额、发生时间;企业涉及的担保情况;企业已发生的诉讼情况;人民法院认为应当提交的其他材料。

债权人申请债务人破产,应当向人民法院提交下列材料:第一,债权发生的事实与证据;第二,债权性质、数额、有无担保,并附证据;第三,债务人不能清偿到期债务的证据。债权人申请债务人破产,人民法院可以通知债务人核对以下情况:债权的真实性;债权在债务人不能偿还的到期债务中所占的比例;债务人是否存在不能清偿到期债务的情况。

（四）须向有管辖权的人民法院提出破产申请

《破产法》第3条规定："破产案件由债务人住所地人民法院管辖。"债务人住所地是指债务人的主要办事机构所在地。债务人无办事机构的，由其注册地人民法院管辖。

二、破产案件的受理

（一）人民法院对破产申请的审查和受理

破产申请的受理，是指法院对破产申请进行审查，认为符合法定条件而予以立案的行为。法院审查上述破产申请的要件。法院受理破产申请，是破产程序开始的标志。

根据《破产法》的规定，人民法院应当自收到破产申请之日起15日内裁定是否受理。但债权人提出破产申请的，人民法院应当自收到申请之日起5日内通知债务人，债务人对申请有异议的，应当自收到人民法院的通知之日起7日内向人民法院提出，人民法院应当自异议期满之日起10日内裁定是否受理。人民法院裁定受理破产申请的，应当自裁定作出之日起5日内送达申请人。债权人提出申请的，人民法院应当自裁定作出之日起5日内送达债务人，债务人应当自裁定送达之日起15日内向人民法院提交财产状况说明、债务清册、债权清册、有关财务会计报告以及职工工资的支付和社会保险费用的缴纳情况。人民法院裁定不受理破产申请的，应当自裁定作出之日起5日内送达申请人并说明理由。申请人对裁定不服的，可以自裁定送达之日起10日内向上一级人民法院提起上诉。人民法院受理破产申请后至破产宣告前，经审查发现债务人不符合《破产法》第2条规定情形的，可以裁定驳回申请。申请人对裁定不服的，可以在裁定送达之日起10日内向上一级人民法院提起上诉。人民法院应当自裁定受理破产申请之日起25日内通知已知债权人，并予以公告。人民法院裁定受理破产申请的，应当同时指定管理人。

（二）人民法院受理破产案件后的法律效果

（1）债务人的有关人员的义务。根据《破产法》第15条的规定，自人民法院受理破产申请的裁定送达债务人之日起至破产程序终结之日，债务人的有关人员承担下列义务：第一，妥善保管其占有和管理的财产、印章和账簿、文书等资料；第二，根据人民法院、管理人的要求进行工作，并如实回答询问；第三，列席债权人会议并如实回答债权人的询问；第四，未经人民法院许可，不得离开住所地；第五，不得新任其他企业的董事、监事、高级管理人员。前款所称有关人员，是指企业的法定代表人；经人民法院决定，可以包括企业的财务管理人员和其他经营管理人员。

（2）债务人的个别清偿债务行为无效。《破产法》第16条对此作出了规定。

(3) 债务人的债务人或者财产持有人应当向管理人清偿债务或者交付财产。《破产法》第17条对此作出了规定。

(4) 破产申请受理后对尚未履行完毕的合同的影响。根据《破产法》第18条的规定,人民法院受理破产申请后,管理人对破产申请受理前成立而债务人和对方当事人均未履行完毕的合同有权决定解除或者继续履行,并通知对方当事人。管理人自破产申请受理之日起2个月内未通知对方当事人,或者自收到对方当事人催告之日起30日内未答复的,视为解除合同。管理人决定继续履行合同的,对方当事人应当履行;但是,对方当事人有权要求管理人提供担保。管理人不提供担保的,视为解除合同。

(5) 破产申请受理后保全措施的解除和执行程序的中止。《破产法》第19条对此作出了规定。即人民法院受理破产申请后,有关债务人财产的保全措施应当解除,执行程序应当中止。

(6) 破产申请受理后已经开始的民事诉讼或者仲裁的中止。《破产法》第20条对此作出了规定。即人民法院受理破产申请后,已经开始而尚未终结的有关债权人的民事诉讼或者仲裁应当中止;在管理人接管债务人的财产后,该诉讼或者仲裁继续进行。

(7) 破产申请受理后尚未开始的民事诉讼的管辖法院。根据《破产法》第21条的规定,人民法院受理破产申请后,有关债务人的民事诉讼,只能向受理破产申请的人民法院提起。

第三节 管理人制度

一、管理人的概念

管理人制度是指在破产程序开始后,由破产管理人或临时财产管理人作为总管破产清算事务的专门机构,全面接管债务人财产并负责对其管理、处分以及从事必要的民事、辅助活动的一种制度。[①] 管理人,也称破产管理人,是指在破产程序中,根据法院的指定,依法负责破产财产的管理、处分、清算事务,以及破产方案的拟定和执行的专门机构。管理人是管理破产财产的人,由法院指定,对法院负责。

二、管理人的选任制度

(1) 管理人的选任时间。《破产法》第13条规定,人民法院裁定受理破产

① 参见李国光主编:《新企业破产法理解与适用》,人民法院出版社2006年版,第129页。

申请的,应当同时指定管理人。

(2) 管理人的选任主体。《破产法》第 22 条规定,管理人由人民法院指定。债权人会议认为管理人不能依法、公正执行职务或者有其他不能胜任职务情形的,可以申请人民法院予以更换。

(3) 管理人的选任范围和任职资格。《破产法》第 24 条规定,管理人可以由有关部门、机构的人员组成的清算组或者依法设立的律师事务所、会计师事务所、破产清算事务所等社会中介机构担任。人民法院根据债务人的实际情况,可以在征询有关社会中介机构的意见后,指定该机构具备相关专业知识并取得执业资格的人员担任管理人。有下列情形之一的,不得担任管理人:第一,因故意犯罪受过刑事处罚;第二,曾被吊销相关专业执业证书;第三,与本案有利害关系;第四,人民法院认为不宜担任管理人的其他情形。个人担任管理人的,应当参加执业责任保险。

三、管理人的职责

管理人的职责可以概括为三个方面:接管债务人企业;调查、清理债务人财产;管理、处分债务人财产。《破产法》第 25 条规定,管理人履行下列职责:(1) 接管债务人的财产、印章和账簿、文书等资料;(2) 调查债务人财产状况,制作财产状况报告;(3) 决定债务人的内部管理事务;(4) 决定债务人的日常开支和其他必要开支;(5) 在第一次债权人会议召开之前,决定继续或者停止债务人的营业;(6) 管理和处分债务人的财产;(7) 代表债务人参加诉讼、仲裁或者其他法律程序;(8) 提议召开债权人会议;(9) 人民法院认为管理人应当履行的其他职责。在第一次债权人会议召开之前,管理人决定继续或者停止债务人的营业或者有《破产法》第 69 条规定行为之一的,应当经人民法院许可。

四、管理人的权利和义务

(1) 管理人的报酬请求权。《破产法》第 28 条第 2 款规定,管理人的报酬由人民法院确定。债权人会议对管理人的报酬有异议的,有权向人民法院提出。最高人民法院《关于审理企业破产案件确定管理人报酬的规定》是对人民法院确定管理人报酬工作的规范。

(2) 经许可聘用工作人员的权利。《破产法》第 28 条第 1 款规定,管理人经人民法院许可,可以聘用必要的工作人员。

(3) 管理人的忠实、勤勉义务。《破产法》第 27 条规定,管理人应当勤勉尽责,忠实执行职务。第 130 条规定,管理人未依法勤勉尽责、忠实执行职务的,人民法院可以依法处以罚款;给债权人、债务人或者第三人造成损失的,依法承担赔偿责任。

(4) 管理人不得任意辞职的义务。《破产法》第29条规定,管理人没有正当理由不得辞去职务。管理人辞去职务应当经人民法院许可。

五、管理人的监督机制

《破产法》第23条规定,管理人依法执行职务,向人民法院报告工作,并接受债权人会议和债权人委员会的监督。管理人应当列席债权人会议,向债权人会议报告职务执行情况,并回答询问。第69条规定,管理人实施下列行为,应当及时报告债权人委员会:(1) 涉及土地、房屋等不动产权益的转让;(2) 探矿权、采矿权、知识产权等财产权的转让;(3) 全部库存或者营业的转让;(4) 借款;(5) 设定财产担保;(6) 债权和有价证券的转让;(7) 履行债务人和对方当事人均未履行完毕的合同;(8) 放弃权利;(9) 担保物的取回;(10) 对债权人利益有重大影响的其他财产处分行为。未设立债权人委员会的,管理人实施上述行为应当及时报告人民法院。

第四节 债权人会议

一、债权人会议的概念、组成和职权

债权人会议是指在破产程序中,按照人民法院的通知或公告而由全体申报债权的债权人组成的,对有关破产的重要事项进行决议的意思表示机构、自治性机构和临时性机构。债权人会议有两层含义:第一,它是一个组织,由全体登记在册的债权人组成,代表全体债权人的共同意志,讨论有关法定的事项;第二,它是破产程序的一种程序制度,债权人通过会议的形式参与破产程序,对有关重大事项作出决定和监督,维护全体债权人的共同利益。

依法申报债权的债权人为债权人会议的成员,有权参加债权人会议,享有表决权。债权尚未确定的债权人,除人民法院能够为其行使表决权而临时确定债权额的外,不得行使表决权。对债务人的特定财产享有担保权的债权人,未放弃优先受偿权利的,对于通过和解协议、通过破产财产的分配方案不享有表决权。债权人可以委托代理人出席债权人会议,行使表决权。代理人出席债权人会议,应当向人民法院或者债权人会议主席提交债权人的授权委托书。债权人会议应当有债务人的职工和工会的代表参加,对有关事项发表意见。

债权人会议设主席一人,由人民法院从有表决权的债权人中指定。债权人会议主席主持债权人会议。

第一次债权人会议由人民法院召集,自债权申报期限届满之日起15日内召开。以后的债权人会议,在人民法院认为必要时,或者管理人、债权人委员会、占

债权总额1/4以上的债权人向债权人会议主席提议时召开。召开债权人会议，管理人应当提前15日通知已知的债权人。

债权人会议行使下列职权：(1)核查债权；(2)申请人民法院更换管理人，审查管理人的费用和报酬；(3)监督管理人；(4)选任和更换债权人委员会成员；(5)决定继续或者停止债务人的营业；(6)通过重整计划；(7)通过和解协议；(8)通过债务人财产的管理方案；(9)通过破产财产的变价方案；(10)通过破产财产的分配方案；(11)人民法院认为应当由债权人会议行使的其他职权。债权人会议应当对所议事项的决议作成会议记录。

二、债权人会议决议

债权人会议行使职权通常是以作出决议的方式来实现的。债权人会议的决议，对于全体债权人均有约束力。债权人会议的决议，由出席会议的有表决权的债权人过半数通过，并且其所代表的债权额占无财产担保债权总额的1/2以上。债权人认为债权人会议的决议违反法律规定，损害其利益的，可以自债权人会议作出决议之日起15日内，请求人民法院裁定撤销该决议，责令债权人会议依法重新作出决议。

对于通过债务人财产的管理方案或者通过破产财产的变价方案，经债权人会议表决未通过的，由人民法院裁定，债权人对裁定不服的，可以自裁定宣布之日或者收到通知之日起15日内向该人民法院申请复议，复议期间不停止裁定的执行。对于通过破产财产的分配方案，经债权人会议二次表决仍未通过的，由人民法院裁定，债权额占无财产担保债权总额1/2以上的债权人对裁定不服的，可以自裁定宣布之日或者收到通知之日起15日内向该人民法院申请复议，复议期间不停止裁定的执行。上述裁定，人民法院可以在债权人会议上宣布或者另行通知债权人。

《破产法规定(三)》第11条规定了债权人会议的表决方式、表决的结果需要及时告知参与表决的债权人以及只有权益受到调整或者影响的债权人或者股东才有权参与重整计划草案的表决。债权人会议的决议除现场表决外，可以由管理人事先将相关决议事项告知债权人，采取通信、网络投票等非现场方式进行表决。采取非现场方式进行表决的，管理人应当在债权人会议召开后的3日内，以信函、电子邮件、公告等方式将表决结果告知参与表决的债权人。对重整计划草案进行分组表决时，权益因重整计划草案受到调整或者影响的债权人或者股东，有权参加表决；权益未受到调整或者影响的债权人或者股东，无权参加重整计划草案的表决。第12条规定了可以撤销债权人会议作出的决议的情形：召开或者表决违反法定的程序或者表决的内容违法，决议超出债权人会议的职权范围。第13条明确规定了债权人会议的授权问题。债权人会议在对债权人委员会进行授权时,其授权不能是概括性授权,应当明确、具体。这些具体性授权包括:申请更换管理人以及对管理人进行审查、监督;决定债务人是否继续营业等内容。第15条对管理人的重大财产处分行为进行了约束,规定其需要经过债权人会议的表决程序,表决不通过便不能对重大财产进行处分。

三、债权人委员会

基于破产程序的特殊性,多数国家的破产法都确立了便于债权公正清偿的特殊机构,即债权人会议、破产管理人以及破产监督人。在破产程序的进行当中,法院居于主导地位,对破产程序的进行实施审判上的日常监督。但是,债权人会议作为债权人团体的利益维护和意思表示机关,在破产程序中取得相对独立的自治地位,却无法对破产程序进行日常监督,尤其是在债权人会议闭会期间,仅仅由法院监督债务人或者破产管理人的活动,尚不足以保护债权人团体利益。因此,破产法有必要设立破产监督人。[①]《破产法》第67条规定的债权人委员会就是破产监督人,由其行使相关的监督职能。

债权人会议可以决定设立债权人委员会。债权人委员会由债权人会议选任的债权人代表和一名债务人的职工代表或者工会代表组成。债权人委员会成员不得超过9人。债权人委员会成员应当经人民法院书面决定认可。债权人委员会行使下列职权:(1)监督债务人财产的管理和处分;(2)监督破产财产分配;(3)提议召开债权人会议;(4)债权人会议委托的其他职权。债权人委员会执行职务时,有权要求管理人、债务人的有关人员对其职权范围内的事务作出说明或者提供有关文件。管理人、债务人的有关人员拒绝接受监督的,债权人委员会有权就监督事项请求人民法院作出决定;人民法院应当在5日内作出决定。

第五节 重整制度与破产和解

《破产法》的内容包括破产程序规范、破产实体规范和法律责任三部分。其中破产程序规范主要包括重整、和解和破产清算三种程序。破产清算程序包括三个步骤:破产债权的申报;确定破产财产的范围;法院认为债务人达到破产条件的,应当作出破产宣告,进行破产清算。破产法设立的重整、和解和破产清算三种程序之间,存在一定的可转换性,当事人有一定程度的选择自由,其具体内容包括:(1)债务人在提出破产申请时可以选择适用重整程序、和解程序或者清算程序,债权人在提出破产申请时可以选择适用重整程序或者清算程序。

① 参见李国光主编:《新企业破产法理解与适用》,人民法院出版社2006年版,第345页。

(2) 债权人申请债务人破产清算的案件,在破产宣告前,债务人可以申请和解,债务人或者其出资人可以申请重整。(3) 债务人申请适用破产清算的案件,在破产宣告前,债权人或者债务人的出资人可以申请重整,债务人也可以申请和解。(4) 债务人进入重整程序或者和解程序后,可以在具备破产法规定的特定事由时,经破产宣告转入破产清算程序。(5) 债务人一旦经破产宣告进入破产清算程序,则不得转入重整或者和解程序。

一、重整制度

所谓重整,是指不对无偿付能力债务人的财产立即进行清算,而是在法院的主持下由债务人与债权人达成协议,制订重整计划,规定在一定的期限内,债务人按一定的方式全部或部分地清偿债务,同时债务人可以继续经营其业务的制度。

重整制度的目的是使一些因各种原因面临困境但有挽救希望的企业特别是大中型企业,通过实施重整,摆脱困境,恢复生机,尽可能避免因破产清算带来的职工失业、社会财富损失等社会震荡。和解与重整虽然不是进行破产宣告的必经程序,但对于挽救濒临破产的企业,保护债权人和债务人的利益,维护社会安定等方面具有重要意义。

(一) 重整申请和重整期间

根据《破产法》第 2 条、第 70 条的规定,债务人不能清偿到期债务,并且资产不足以清偿全部债务或者明显缺乏清偿能力的,或者有明显丧失清偿能力可能的,可以依照破产法规定进行重整,重整申请人包括债务人、债权人和债务人的出资人。债务人或者债权人可以依法直接向人民法院申请对债务人进行重整。债权人申请对债务人进行破产清算的,在人民法院受理破产申请后、宣告债务人破产前,债务人或者出资额占债务人注册资本 1/10 以上的出资人,可以向人民法院申请重整。人民法院经审查认为重整申请符合我国《破产法》规定的,应当裁定债务人重整,并予以公告。

根据《破产法》第 72 条的规定,自人民法院裁定债务人重整之日起至重整程序终止,为重整期间。

1. 重整期间的债务人企业的管理权

在重整期间,经债务人申请,人民法院批准,债务人可以在管理人的监督下自行管理财产和营业事务,已接管债务人财产和营业事务的管理人应当向债务人移交财产和营业事务,管理人的职权由债务人行使。管理人负责管理财产和营业事务的,可以聘任债务人的经营管理人员负责营业事务。

2. 重整期间对担保物权和取回权的限制以及新借款问题

在重整期间,对债务人的特定财产享有的担保权暂停行使。但是,担保物有损坏或者价值明显减少的可能,足以危害担保权人权利的,担保权人可以向人民法院请求恢复行使担保权。债务人或者管理人为继续营业而借款的,可以为该借款设定担保。债务人合法占有的他人财产,该财产的权利人在重整期间要求取回的,应当符合事先约定的条件。

3. 对出资人请求投资收益分配和董事、监事、高级管理人员转让股权的限制

在重整期间,债务人的出资人不得请求投资收益分配。债务人的董事、监事、高级管理人员不得向第三人转让其持有的债务人的股权,但是,经人民法院同意的除外。

在重整期间,有下列情形之一的,经管理人或者利害关系人请求,人民法院应当裁定终止重整程序,并宣告债务人破产:(1) 债务人的经营状况和财产状况继续恶化,缺乏挽救的可能性;(2) 债务人有欺诈、恶意减少财产或者其他显著不利于债权人的行为;(3) 由于债务人的行为致使管理人无法执行职务。

(二) 重整计划的制订、表决与批准

重整计划是指由重整人及其他利害关系人拟定的,以清理债务、复兴企业为内容的、并经债权人会议表决和法院批准的程序性法律文书。①

1. 重整计划草案的制定

债务人或者管理人应当自人民法院裁定债务人重整之日起 6 个月内,同时向人民法院和债权人会议提交重整计划草案。该期限届满,经债务人或者管理人请求,有正当理由的,人民法院可以裁定延期 3 个月。债务人或者管理人未按期提出重整计划草案的,人民法院应当裁定终止重整程序,并宣告债务人破产。债务人自行管理财产和营业事务的,由债务人制作重整计划草案。管理人负责管理财产和营业事务的,由管理人制作重整计划草案。重整计划草案应当包括下列内容:(1) 债务人的经营方案;(2) 债权分类;(3) 债权调整方案;(4) 债权受偿方案;(5) 重整计划的执行期限;(6) 重整计划执行的监督期限;(7) 有利于债务人重整的其他方案。

2. 重整计划草案的表决程序

下列各类债权的债权人参加讨论重整计划草案的债权人会议,依照下列债权分类,分组对重整计划草案进行表决:(1) 对债务人的特定财产享有担保权的债权;(2) 债务人所欠职工的工资和医疗、伤残补助、抚恤费用,所欠的应当划入职工个人账户的基本养老保险、基本医疗保险费用,以及法律、行政法规规定应当支付给职工的补偿金;(3) 债务人所欠税款;(4) 普通债权。人民法院应当自收到重整计划草案之日起 30 日内召开债权人会议,对重整计划草案进行表决。

① 参见汤维建:《破产程序与破产立法研究》,人民法院出版社 2001 年版,第 437 页。

出席会议的同一表决组的债权人过半数同意重整计划草案,并且其所代表的债权额占该组债权总额的2/3以上的,即为该组通过重整计划草案。债务人或者管理人应当向债权人会议就重整计划草案作出说明,并回答询问。债务人的出资人代表可以列席讨论重整计划草案的债权人会议。

3. 重整计划草案的批准程序

(1) 债权人会议已通过的重整计划的批准。各表决组均通过重整计划草案时,重整计划即为通过。自重整计划通过之日起10日内,债务人或者管理人应当向人民法院提出批准重整计划的申请。人民法院经审查认为符合破产法规定的,应当自收到申请之日起30日内裁定批准,终止重整程序,并予以公告。

(2) 债权人会议未通过的重整计划的强行批准。首先是协商基础上的再次表决。批准部分表决组未通过重整计划草案的,债务人或者管理人可以同未通过重整计划草案的表决组协商,该表决组可以在协商后再表决一次。双方协商的结果不得损害其他表决组的利益。其次是再次表决未通过时的审查标准。未通过重整计划草案的表决组拒绝再次表决或者再次表决仍未通过,但重整计划草案符合《破产法》第87条第2款规定的条件的,债务人或者管理人可以申请人民法院批准重整计划草案,人民法院经审查认为重整计划草案符合规定的,应当自收到债务人或者管理人关于批准重整计划草案的申请之日起30日内裁定批准,终止重整程序,并予以公告。

(3) 重整计划未获批准的法律后果。重整计划草案未获得通过且未依照《破产法》第87条的规定获得批准,或者已通过的重整计划未获得批准的,人民法院应当裁定终止重整程序,并宣告债务人破产。

(三) 重整计划的执行

1. 重整计划的执行人

重整计划由债务人负责执行。人民法院裁定批准重整计划后,已接管财产和营业事务的管理人应当向债务人移交财产和营业事务。

2. 重整计划执行的监督

自人民法院裁定批准重整计划之日起,在重整计划规定的监督期内,由管理人监督重整计划的执行。在监督期内,债务人应当向管理人报告重整计划执行情况和债务人财务状况。监督期届满时,管理人应当向人民法院提交监督报告。自监督报告提交之日起,管理人的监督职责中止。管理人向人民法院提交的监督报告,重整计划的利害关系人有权查阅。

3. 重整计划批准后的效力

经人民法院裁定批准的重整计划,对债务人和全体债权人均有约束力。没有依法申报的债权不得行使权利,但债权人对债务人的保证人或者其他连带债务人的权利不受影响。按照重整计划减免的债务,自重整计划执行完毕时起,债务人不再承担清偿责任。

4. 债务人不能执行或者不执行重整计划的后果

债务人不能执行或者不执行重整计划的,人民法院经管理人或者利害关系人的请求,应当裁定终止重整计划的执行,并宣告债务人破产。人民法院裁定终止重整计划执行的,债权人在重整计划中作出的债权调整的承诺,如放弃部分种类债权、减少清偿数额、延期偿还等,均失去效力。但债权人因执行重整计划所受的清偿仍然有效,债权未受清偿的部分作为破产债权。为重整计划的执行提供的担保继续有效。

二、破产和解

(一) 破产和解的概念

破产和解,是指债务人为避免破产清算提出和解协议草案,经债权人会议表决通过并经法院认可生效后了结债权债务的程序。适用和解程序,有利于使债务人获得复苏的机会,也使债权人有可能获得比破产清算更多的债务清偿。

(二) 破产和解程序的启动

债务人不能清偿到期债务,并且资产不足以清偿全部债务或者明显缺乏清偿能力的,债务人可以直接向人民法院申请和解,也可以在人民法院受理破产申请后、宣告债务人破产前,向人民法院申请和解。债务人申请和解,应当提出和解协议草案。人民法院经审查认为和解申请符合破产法规定的,应当裁定和解,予以公告,并召集债权人会议讨论和解协议草案。对债务人的特定财产享有担保权的权利人,自人民法院裁定和解之日起可以行使权利。

(三) 和解协议的通过与认可

债权人会议通过和解协议的决议,由出席会议的有表决权的债权人过半数同意,并且其所代表的债权额占无财产担保债权总额的2/3以上。债权人会议通过和解协议的,由人民法院裁定认可,终止和解程序,并予以公告。管理人应当向债务人移交财产和营业事务,并向人民法院提交执行职务的报告。和解协议草案经债权人会议表决未获得通过,或者已经债权人会议通过的和解协议未获得人民法院认可的,人民法院应当裁定终止和解程序,并宣告债务人破产。

(四) 和解协议的效力

(1) 和解协议对债务人、债权人和连带债务人的约束力。经人民法院裁定认可的和解协议,对债务人和全体和解债权人均有约束力。和解债权人是指人民法院受理破产申请时对债务人享有无财产担保债权的人。和解债权人未依法申报债权的,在和解协议执行期间不得行使权利;在和解协议执行完毕后,可以按照和解协议规定的清偿条件行使权利。和解债权人对债务人的保证人和其他连带债务人所享有的权利,不受和解协议的影响。

(2) 和解协议的履行。债务人应当按照和解协议规定的条件清偿债务。债务人不能执行或者不执行和解协议的,人民法院经和解债权人请求,应当裁定终止和解协议的执行,并宣告债务人破产,但为和解协议的执行提供的担保继续有效。人民法院裁定终止和解协议执行的,和解债权人在和解协议中作出的债权调整的承诺失去效力。和解债权人因执行和解协议所受的清偿仍然有效,和解债权未受清偿的部分作为破产债权,但只有在其他债权人同自己所受的清偿达到同一比例时,才能继续接受分配。

(3) 债务人与债权人自行达成协议的效力。人民法院受理破产申请后,债务人与全体债权人就债权债务的处理自行达成协议的,可以请求人民法院裁定认可,并终结破产程序。按照和解协议减免的债务,自和解协议执行完毕时起,债务人不再承担清偿责任。

(4) 因欺诈或者其他违法行为成立的和解协议裁定无效。因债务人的欺诈或者其他违法行为而成立的和解协议,人民法院应当裁定无效,并宣告债务人破产,和解债权人因执行和解协议所受的清偿,在其他债权人所受清偿同等比例的范围内,不予返还。

第六节　破产债权与破产财产

《破产法》第 107 条第 2 款规定:“债务人被宣告破产后,债务人称为破产人,债务人财产称为破产财产,人民法院受理破产申请时对债务人享有的债权称为破产债权。”

一、破产债权

破产债权,是指债权人对破产企业享有的,于破产宣告前成立的,只有通过破产程序才可以从破产财产中获得公平受偿的债权。破产债权的实质仍然是基于合同、侵权行为、无因管理、不当得利或者其他法律原因而发生的债权,仅仅由于该债权的受偿以破产财产为特定化之责任财产,债权的行使以参加破产程序为必要,才被称为破产债权。

破产债权是破产程序中最重要的债权形式,破产制度也主要是为实现破产债权人的公平受偿而设立的,因此,明确破产债权的构成要件十分重要。破产债权的构成要件包括以下三个方面:第一,破产债权必须是在破产宣告前成立的债权。第二,破产债权必须是不享有优先受偿权的债权,即无财产担保或者有财产担保但放弃了优先受偿权的债权。第三,破产债权是根据破产程序行使的债权。

以上三个条件，每个破产债权必须同时具备，缺一不可。

《破产法》的制定目的之一便是保障债权人的合法权益，实现全体债权人的公平受偿。《破产法规定(三)》第6条和第10条分别对债权人的查阅权和知情权作出了规定。第6条规定了管理人在债权人债权申报过程中的权利、义务；规定了债权人、债务人和其他利害关系人对相关资料的查阅权。第10条规定了债权人的知情权和权利限制、救济方式。债权人在破产法中被赋予了查阅债务人经营信息和财产状况报告、债权人会议决议等资料的权利，当其权利无法实现时可向人民法院请求救济，但是债权人所查询资料一旦涉及商业秘密时其需按规定承担保密义务，涉及国家秘密的按照法律规定处理。《破产法规定(三)》第8条和第9条规定了债权确认诉讼，对债权人对债权登记表上记载的债权有异议时如何处理作出了规定。第8条规定何时提起债权确认诉讼以及之前约定的仲裁条款的效力。债务人或者债权人给出理由表明其对债权表记载的债权有异议，管理人予以解释或者调整，但仍然有异议的，待债权人会议核查后的15日内提起债权确认诉讼。企业破产前当事人订立的仲裁条款或仲裁协议继续有效，相关异议应向仲裁机构申请确认。第9条明确了债权确认诉讼中当事人及其诉讼地位。债务人以记载的债权有异议作为理由提起债权确认诉讼的，被异议的债权人作为被告；债权人以他人债权存在异议起诉的，被异议债权人成为被告；债权人对本人债权有异议的，债务人为被告；多个人对同一笔债权产生异议并申请参加诉讼的，成为案件的共同原告。

二、债权申报

人民法院受理破产申请后，应当确定债权人申报债权的期限。债权申报期限自人民法院发布受理破产申请公告之日起计算，最短不得少于30日，最长不得超过3个月。

债权人应当在人民法院确定的债权申报期限内向管理人申报债权。债权人申报债权时，应当书面说明债权的数额和有无财产担保，并提交有关证据。

在人民法院确定的债权申报期限内，债权人未申报债权的，可以在破产财产最后分配前补充申报；但是，此前已进行的分配，不再对其补充分配。为审查和确认补充申报债权的费用，由补充申报人承担。债权人未依照破产法规定申报债权的，不得依照破产法规定的程序行使权利。

管理人收到债权申报材料后，应当登记造册，对申报的债权进行审查，并编制债权表。编制的债权表，应当提交第一次债权人会议核查。债权表和债权申报材料由管理人保存，供利害关系人查阅。债务人、债权人对债权表记载的债权无异议的，由人民法院裁定确认。债务人、债权人对债权表记载的债权有异议的，可以向受理破产申请的人民法院提起诉讼。

三、破产财产

(一) 债务人财产的概念

根据《破产法》第30条的规定,破产申请受理时属于债务人的全部财产,以及破产申请受理后至破产程序终结前债务人取得的财产,为债务人财产。《破产法规定(二)》第1条规定:除债务人所有的货币、实物外,债务人依法享有的可以用货币估价并可以依法转让的债权、股权、知识产权、用益物权等财产和财产权益,人民法院均应认定为债务人财产。

(二) 破产财产的概念和构成要件

破产财产,是指破产宣告后,依法可以清算和分配的破产企业的全部财产。破产财产的构成要件包括以下三个方面:(1) 必须是破产企业法人可以独立支配的财产。(2) 必须是在破产程序终结前属于破产企业的财产。(3) 必须是依照破产程序可以强制清偿债务的财产。

(三) 破产财产的范围

破产财产由下列财产构成:(1) 债务人在破产宣告时所有的或者经营管理的全部财产;(2) 债务人在破产宣告后至破产程序终结前取得的财产;(3) 应当由债务人行使的其他财产权利。

《破产法规定(二)》第2条规定:下列财产不应认定为债务人财产:(1) 债务人基于仓储、保管、承揽、代销、借用、寄存、租赁等合同或者其他法律关系占有、使用的他人财产;(2) 债务人在所有权保留买卖中尚未取得所有权的财产;(3) 所有权专属于国家且不得转让的财产;(4) 其他依照法律、行政法规不属于债务人的财产。第3条规定:债务人已依法设定担保物权的特定财产,人民法院应当认定为债务人财产。对债务人的特定财产在担保物权消灭或者实现担保物权后的剩余部分,在破产程序中可用以清偿破产费用、共益债务和其他破产债权。第4条第1款规定:债务人对按份享有所有权的共有财产的相关份额,或者共同享有所有权的共有财产的相应财产权利,以及依法分割共有财产所得部分,人民法院均应认定为债务人财产。第5条规定:破产申请受理后,有关债务人财产的执行程序未依照《破产法》第19条的规定中止的,采取执行措施的相关单位应当依法予以纠正。依法执行回转的财产,人民法院应当认定为债务人财产。

(四) 破产撤销权与破产无效行为

破产撤销权是指破产财产的管理人对于破产人在受破产宣告前或破产案件受理前的法定期间内,与他人进行的欺诈行为或对全体债权人公平清偿有损害的行为,有否认其效力,并申请法院撤销的权利。《破产法》第31条至第33条对破产撤销权和破产无效行为作出了规定。根据该法第34条的规定,因第31条、第32条或者第33条规定的行为而取得的债务人的财产,管理人有权追回。

此外,债务人的董事、监事和高级管理人员利用职权从企业获取的非正常收入和侵占的企业财产,管理人应当追回。

(五)破产取回权

破产取回权是指破产管理人占有不属于破产财产的他人财产,该财产的权利人得不依破产清算程序,从破产管理人占有的财产中取回其财产的权利。《破产法》第38—39条对此作出了规定。

(六)破产抵销权

破产抵销权是指债权人在破产申请受理时,对债务人负有债务,不论给付种类是否相同,也不论其债权是否已届清偿期,按照破产法规定可以不依破产程序而用破产债权抵销债权人所负债务的权利。[①]《破产法》第40条对破产抵销权作出了规定。

第七节 破产清算

一、破产宣告

破产宣告,是指人民法院在对破产案件审理后认为债务人具有无法消除的破产原因时,裁定宣告债务人破产,并对债务人财产进行破产清算的司法活动。债权人或债务人向人民法院提出破产申请,并不必然引起破产宣告,只有人民法院经审查认为债务人已具备破产宣告条件时,才会作出破产宣告的裁定,进行破产清算。

人民法院依法宣告债务人破产的,应当自裁定作出之日起5日内送达债务人和管理人,自裁定作出之日起10日内通知已知债权人,并予以公告。

二、破产费用和共益债务

破产费用,是指在破产程序进行中,为破产程序的顺利进行以及破产财产的管理、估价、清理、变卖和分配而必须支付的,由破产财产优先拨付的费用。人民法院受理破产申请后发生的下列费用,为破产费用:(1)破产案件的诉讼费用;(2)管理、变价和分配债务人财产的费用;(3)管理人执行职务的费用、报酬和聘用工作人员的费用。

共益债务,是指在破产程序开始后,为全体债权人的共同利益而负担的债务。与之相对应的权利为共益债权。人民法院受理破产申请后发生的下列债务,为共益债务:(1)因管理人或者债务人请求对方当事人履行双方均未履行完

---

① 参见李国光主编:《新企业破产法理解与适用》,人民法院出版社2006年版,第248页。

毕的合同所产生的债务;(2) 债务人财产受无因管理所产生的债务;(3) 因债务人不当得利所产生的债务;(4) 为债务人继续营业而应支付的劳动报酬和社会保险费用以及由此产生的其他债务;(5) 管理人或者相关人员执行职务致人损害所产生的债务;(6) 债务人财产致人损害所产生的债务。

破产费用和共益债务由债务人财产随时清偿。债务人财产不足以清偿所有破产费用和共益债务的,先行清偿破产费用。债务人财产不足以清偿所有破产费用或者共益债务的,按照比例清偿。

三、破产财产的变价与分配

(一) 破产财产变价方案

管理人应当及时拟订破产财产变价方案,提交债权人会议讨论。管理人应当按照债权人会议通过的或者人民法院依法裁定的破产财产变价方案,适时变价出售破产财产。变价出售破产财产应当通过拍卖进行。但是,债权人会议另有决议的除外。破产企业可以全部或者部分变价出售。企业变价出售时,可以将其中的无形资产和其他财产单独变价出售。按照国家规定不能拍卖或者限制转让的财产,应当按照国家规定的方式处理。

(二) 破产财产的清偿顺序

破产财产在优先清偿破产费用和共益债务后,依照下列顺序清偿:(1) 破产人所欠职工的工资和医疗、伤残补助、抚恤费用,所欠的应当划入职工个人账户的基本养老保险、基本医疗保险费用,以及法律、行政法规规定应当支付给职工的补偿金。(2) 破产人欠缴的除前项规定以外的社会保险费用和税款。(3) 普通破产债权。破产财产不足以清偿同一顺序的清偿要求的,按照比例分配。破产企业的董事、监事和高级管理人员的工资按照该企业职工的平均工资计算。

(三) 破产财产的分配

破产财产的分配,是指破产管理人将变价后的破产财产,根据符合法定顺序并经合法程序确定的分配方案,对全体破产债权人进行公平清偿的程序。破产分配标志着破产清算的完成。破产分配结束是破产程序终结的原因。

破产财产的分配应当以货币分配方式进行。但是,债权人会议另有决议的除外。管理人应当及时拟订破产财产分配方案,提交债权人会议讨论。破产财产分配方案应当载明下列事项:(1) 参加破产财产分配的债权人名称或者姓名、住所;(2) 参加破产财产分配的债权额;(3) 可供分配的破产财产数额;(4) 破产财产分配的顺序、比例及数额;(5) 实施破产财产分配的方法。债权人会议通过破产财产分配方案后,由管理人将该方案提请人民法院裁定认可。破产财产分配方案经人民法院裁定认可后,由管理人执行。

对于附生效条件或者解除条件的债权,管理人应当将其分配额提存。债权人未受领的破产财产分配额,管理人应当提存,债权人自最后分配公告之日起满2个月仍不领取的,视为放弃受领分配的权利,管理人或者人民法院应当将提存的分配额分配给其他债权人。破产财产分配时,对于诉讼或者仲裁未决的债权,管理人应当将其分配额提存,自破产程序终结之日起满2年仍不能受领分配的,人民法院应当将提存的分配额分配给其他债权人。

四、破产程序的终结

(一)破产程序终结的概念

破产程序的终结,是指人民法院受理破产案件后,存在法律规定的事由时,由人民法院依法裁定终结破产程序,结束破产案件的审理。

(二)破产程序终结的情形

破产宣告前,有下列情形之一的,人民法院应当裁定终结破产程序,并予以公告:(1)第三人为债务人提供足额担保或者为债务人清偿全部到期债务的;(2)债务人已清偿全部到期债务的。

人民法院受理破产申请后,债务人与全体债权人就债权债务的处理自行达成协议的,可以请求人民法院裁定认可,并终结破产程序。

债务人财产不足以清偿破产费用的,管理人应当提请人民法院终结破产程序。破产人无财产可供分配的,管理人应当请求人民法院裁定终结破产程序。管理人在最后分配完结后,应当及时向人民法院提交破产财产分配报告,并提请人民法院裁定终结破产程序。人民法院应当自收到管理人终结破产程序的请求之日起15日内作出是否终结破产程序的裁定。裁定终结的,应当予以公告。

(三)破产程序终结的法律后果

管理人应当自破产程序终结之日起10日内,持人民法院终结破产程序的裁定,向破产人的原登记机关办理注销登记。管理人于办理注销登记完毕的次日终止执行职务。但是,存在诉讼或者仲裁未决情况的除外。

破产人的保证人和其他连带债务人,在破产程序终结后,对债权人依照破产清算程序未受清偿的债权,依法继续承担清偿责任。企业董事、监事或者高级管理人员违反忠实义务、勤勉义务,致使所在企业破产的,依法承担民事责任,并自破产程序终结之日起3年内不得担任任何企业的董事、监事、高级管理人员。

(四)破产财产的追加分配

破产财产的追加分配是指自破产程序终结之日起2年内,发现可供分配的破产财产时,债权人请求并经人民法院认可后对追回的破产财产实行再分配。《破产法》第123条对破产财产的追加分配作了规定,体现了对债权人利益充分保护的精神。

拓展阅读

1. 汤维建:《关于建立我国的个人破产程序制度的构想》,载《政法论坛》1995 年第 3、4 期。

2. 汤维建:《论国际破产》,载《比较法研究》1995 年第 3 期。

3. 李双元、张茂:《国际破产法统一化运动的回顾与展望——简评我国涉外破产的理论与实践》,载《法制与社会发展》1995 年第 3 期。

4. 汤维建:《破产程序与破产立法研究》,人民法院出版社 2001 年版。

5. 李永军:《破产法的程序结构与利益平衡机制》,载《政法论坛》2007 年第 1 期。

6. 韩长印、郑金玉:《民事诉讼程序之于破产案件适用》,载《法学研究》2007 年第 2 期。

7. 齐树洁、陈洪杰:《破产程序与执行程序的冲突及其协调》,载《厦门大学学报(哲学社会科学版)》2007 年第 3 期。

8. 王欣新:《破产撤销权研究》,载《中国法学》2007 年第 5 期。

9. 韩长印:《破产撤销权行使问题研究》,载《法商研究》2013 年第 1 期。

10. 金春:《破产法视角下的仲裁:实体与程序》,载《当代法学》2018 年第 5 期。

11. 林文学等:《〈关于推进破产案件依法高效审理的意见〉的理解与适用》,载《人民司法》2020 年第 13 期。

12. 李曙光:《宪法中的“破产观”与破产法的“宪法性”》,载《中国法律评论》2020 年第 6 期。

13. 刘静:《试论当代个人破产程序的结构性变迁》,载《西南民族大学学报(人文社会科学版)》2011 年第 2 期。

14. 许德风:《论担保物权在破产程序中的实现》,载《环球法律评论》2011 年第 3 期。

15. 王欣新:《〈民法典〉与破产法的衔接与协调》,载《山西大学学报(哲学社会科学版)》2021 年第 1 期。

16. 李曙光:《论我国〈企业破产法〉修法的理念、原则与修改重点》,载《中国法律评论》2021 年第 6 期。

17. 李曙光:《我国破产重整制度的多维解构及其改进》,载《法学评论》2022 年第 3 期。

18. 刘颖:《论我国破产法上简易程序的构建》,载《法学评论》2022 年第 3 期。

第六编　民事执行

第三十三章　民事执行概论

本章目次

第一节　民事执行导论

一、民事执行的概念和特征

民事执行,亦称民事强制执行,是指法院的执行机构依申请或职权,按照法律规定的程序,运用国家的强制力量,迫使负有履行义务的一方当事人履行义务,进而使具有给付内容的生效法律文书得以有效实现的一种专门性活动。民事执行中,有权根据生效的法律文书向法院申请执行的一方当事人被称为申请执行人,另一方当事人被称为被执行人。

民事执行具有如下特征:

(1) 执行机构的单一性。法院的执行机构是唯一有权执行具有给付内容之生效法律文书的主体,法院内部的其他机构和法院以外的其他主体都无权进行民事执行。

（2）执行措施的强制性。民事执行以强制性的执行措施为主要内容。尽管并不是所有的民事执行都伴随着强制执行措施的采取,但所有的民事执行都以强制执行措施为潜在的威慑力量。当被执行人未按执行通知履行生效法律文书确定的义务时,强制执行措施便会发生作用。

（3）执行程序的法定性。民事执行的程序由法律明确规定,具有步骤严格性、手续完备性、方式针对性等特点。不论执行何种生效的法律文书,都不得违背法定程序。

（4）执行根据的特定性。民事执行以具有确定性给付内容的生效法律文书为正当性根据。不具有确定性给付内容的生效法律文书不能成为民事执行根据,未生效的法律文书也不能成为民事执行根据。简而言之,并不是所有的法律文书都能够成为民事执行根据。

二、民事执行与民事审判的关系

（一）民事执行与民事审判的联系

（1）绝大部分的民事执行根据产生自民事审判,具有确定性给付内容的民事审判结论需要通过民事执行得以最终实现。从这个角度说,民事审判是民事执行的前提和基础,民事执行是民事审判的延伸与发展。

（2）民事执行与民事审判相互交叉,并非泾渭分明。如案外人针对执行标的的异议涉及民事审判的问题;保全裁定和先予执行裁定涉及民事执行的问题。另外,二者在许多原则和制度方面存在相似之处,如当事人处分原则、同等与对等原则、期间和送达制度、强制措施对民事执行和民事审判都适用。

（3）二者的最终目的具有同质性。民事执行和民事审判同属于广义的民事诉讼,同属于民事权利的司法救济,皆以解决纠纷、保护民事权益、维护私法秩序为最终目的。

（二）民事执行与民事审判的区别

（1）作用不同。民事执行旨在使生效法律文书所确定的权利义务关系得以实现,民事审判则主要旨在使处于争议状态的权利义务关系得以确定。

（2）基础不同。民事执行以法院的民事执行权和当事人的申请执行权为基础,民事审判则以法院的审判权和当事人的诉权为基础。

（3）内容不同。民事执行的内容是依法采取各种执行措施,民事审判的内容是认定事实和适用法律。

（4）适用范围不同。每一个民事案件都要经历民事审判,但未必都要经历民事执行。民事执行除能够实现民事性质的法律文书所确定的权利义务关系外,还能够实现刑事性质和行政性质的法律文书所确定的权利义务关系。

(5) 程序的特点不同。民事执行程序具有单一性,是以多种执行措施为主要内容的单一程序;民事审判程序则具有多样性,包括诉讼程序和非讼程序两部分,其中诉讼程序又分为通常诉讼程序和特殊诉讼程序。

(6) 权力的被动性是否突出不同。民事执行权的行使具有单向性,强调被执行人对执行措施的单方面接受与容忍,权力的被动性并不突出;民事审判权的行使则具有双向性,强调当事人双方的程序参与,权力的被动性十分突出。

(7) 权力行使者和当事人双方的关系不同。民事执行的权力行使者整体上偏向申请执行人一方;民事审判的权力行使者则保持中立,不偏向任何一方。

三、民事执行的基本原则

民事执行的基本原则,是为执行程序中的法院、当事人和协助执行的单位与个人依法实施相关行为指明方向,对民事执行具有普遍指导意义的准则。民事执行的基本原则体现民事执行的精神与实质,是民事执行立法和民事执行实践的最高准则。根据《民事诉讼法》和相关司法解释的规定以及民事执行实践的经验,笔者认为,民事执行的基本原则包括保护当事人合法权益原则、依法执行原则、强制执行与说服教育相结合原则和民事执行检察监督原则。

(一) 保护当事人合法权益原则

保护当事人合法权益原则,是指民事执行中既要最大限度地实现申请执行人的合法权益,又要对被执行人一方的利益给予应有的恰当保障。该原则只是对民事执行之申请执行人本位主义的修正,对其不构成根本性的否定,民事执行整体倾向于申请执行人的立场并没有因此发生动摇。保护当事人合法权益原则的具体要求表现在如下两个方面:

第一,最大限度地实现申请执行人的合法权益。

民事执行以有效实现生效法律文书所确定的内容为存在方式。生效法律文书得不到有效实现,不仅会彻底地、实质性地损害申请执行人的合法权益,而且会侵蚀生效法律文书的权威性和严肃性,进而对主要经由法律维系的社会秩序产生釜底抽薪式的破坏作用。所以,对于那些拒不履行义务的被执行人,法院必须坚决、有力地采取执行措施来最大限度地维护申请执行人的合法权益。此外,为最大限度地实现申请执行人的合法权益,必须恪守“执行穷竭”原则,即只有在穷尽各种执行措施、方法后仍不能满足申请执行人之权利要求的,法院才能裁定终结执行程序。

需要指出的是,最大限度地实现申请执行人的合法权益与完全实现生效法律文书所确定的内容并不等同,因为生效法律文书所确定之内容的实现程度受多种因素的影响与制约,完全实现的情形并不能总是发生。

第二，保护被执行人一方的利益。

法院采取执行措施时，应当保留被执行人及其所扶养家属的生活必需费用和生活必需品。为避免被执行人的合法权益受到损害，法院采取查封、扣押财产与强制迁出房屋或者强制退出土地等强制措施时，应当通知被执行人或者他的成年家属到场；被执行人是法人或者其他组织的，应当通知其法定代表人或者主要负责人到场。拍卖、变卖被执行人的财产时，不能贱价出售。法院对查封、扣押、冻结的财产进行变价处理时，除法律、司法解释另有规定外，应当首先采取拍卖的方式。

（二）依法执行原则

依法执行原则，是指民事执行须以具有确定性给付内容的生效法律文书为根据，并且须依照法律明定的程序和方式进行。该原则的具体要求包括：（1）民事执行须以具有确定性给付内容的生效法律文书为根据。没有法律文书，或者法律文书没有生效，或者生效的法律文书不具有确定性给付内容的，民事执行都不得启动与进行。（2）民事执行须以法律明定的程序和方式进行。如执行完毕后，执行员应当将执行情况制作笔录，由在场的有关人员签名或盖章。

（三）强制执行与说服教育相结合原则

强制执行与说服教育原则，是指民事执行既要能够保证执行措施及时、有力地得以采取，又要首先做好被执行人的说服教育工作并给其自觉履行的机会。该原则并不鼓励首先采取执行措施。强制执行与说服教育并不矛盾，没有强制执行做后盾，说服教育就很难奏效；没有说服教育，被执行人的法律意识就很难提高，对抗情绪就很难消除，法院执行的难度和成本就会增加。

新中国成立以后，“经过耐心说服教育仍然无效才能采取强制执行措施”在实践中一直被法院系统作为倡导性规范加以对待。可能是在“执行难”的巨大压力下，为了避免民事执行的强制特征和实际效果被说服教育所抵消，1991 年通过的《民事诉讼法》没有以立法的形式确认“说服教育与强制执行相结合”的基本原则地位，但其第 220 条和 1992 年《最高人民法院关于适用〈中华人民共和国民事诉讼法〉若干问题的意见》第 254 条则直截了当地创设了“执行通知制度”，对“说服教育与强制执行相结合”进行了具体制度化。最高人民法院从 2003 年开始对执行通知确定的期限内自动履行的案件占执行案件的比例进行年度统计，说明其对“说服教育与强制执行相结合”原则的认可与肯定。依 2007 年修改前的《民事诉讼法》第 220 条和 1992 年《民事诉讼法意见》第 254 条的规定，当事人拒绝履行发生法律效力的民事执行根据的，法院应向当事人发出执行通知，在执行通知指定的期间内被执行人仍不履行的，应当强制执行。为防止执行时机的错过、确保民事执行的效果，2012 年修改后的《民事诉讼法》第 240 条（现为第 247 条）删除了关于立即采取强制执行措施之前提条件的规定。民事诉讼法关于立即执行制度的规定不会对现有的执行通知制度形成颠覆性的否定,在绝大多数情形下,通知被执行人自觉履行仍将是强制执行的前置程序。要而言之,强制执行和说服教育相结合将继续作为我国民事执行的基本原则而长期存在。

(四) 民事执行检察监督原则

民事执行权违法行使的情形具有一定的长期性和成规模性,对司法公信力、司法权威和法律权威造成了极大的侵蚀,对当事人和案外人的合法权益造成了很大的损害。民事执行权运行的正当性因为缺乏外在的专门性监督而备受质疑。面对民事执行权的失范被共识性地判断为"执行乱""执行不公"和"执行难"之主要成因的状况,有关 1991 年《民事诉讼法》第 14 条中的"民事审判活动"是否包括"民事执行活动"的争议在持续很久以后才归于平息。2012 年修订的《民事诉讼法》第 235 条规定:"人民检察院有权对民事执行活动实行法律监督"(现为第 242 条),这就将民事检察监督的范围扩展到了民事执行领域,民事检察监督作为民事诉讼法的基本原则所应具有的贯穿始终性由此得到很好的体现。2016 年颁布的《最高人民法院、最高人民检察院关于民事执行活动法律监督若干问题的规定》和 2021 年颁布的《人民检察院民事诉讼监督规则》对民事执行检察监督的具体性问题作出规定,民事执行检察监督规则供给不足的状态已被消除。

四、民事执行的立法体例

关于民事执行的立法体例,从世界范围看,可作如下两种类型的概括:

(一) 单独立法型

制定单独的民事执行法,代表性国家有法国、日本。

(二) 混合立法型

采这种立法体例的国家并不制定单独的民事执行法,而是在其他法律中规定民事执行制度。混合立法型体例又可细分为如下三种:

(1) 将民事执行的内容主要规定在民事诉讼法之中,将其视为广义的民事诉讼制度的组成部分,代表性国家有德国、西班牙。

(2) 将民事执行的内容主要规定在破产法之中,代表性国家有瑞士、土耳其。

(3) 将民事执行的内容分别规定在多种法律中,代表性国家有英国、美国。

我国目前采取的是混合立法型体例,将民事执行的内容主要规定在民事诉讼法之中。我国《民事诉讼法》第三编规定"执行程序",共 35 条(第 231 条至第 265 条);第一编"总则"之第九章"保全和先予执行"、第十章"对妨碍民事诉讼的强制措施"和第二十六章"仲裁"对民事执行的相关内容也有规定。自 2015

年2月4日起施行、2022年3月修改的《民诉法解释》第十五部分“执行异议之诉”(第302条至第314条)和第二十一部分“执行程序”(第460条至第519条)、2020年12月修正的《执行规定》(共79条)和2020年12月修正的《执行程序解释》(共27条)等司法解释对民事执行进行了具体性、补充性的规定。

第二节　民事执行通则

一、执行机构

(一) 执行机构的设置

执行机构,是指代表国家行使民事执行权,依法负责民事执行的公权机构。《民事诉讼法》第235条第3款规定:“人民法院根据需要可以设立执行机构。”上级执行机构负责对下级执行机构执行工作的监督、指导与协调。随着执行体制改革的不断推进,各地普遍设立执行局,以取代原来的执行庭。执行局升格为副院级,上下级执行局之间实行业务和人事方面的垂直管理,有利于克服民事执行中的地方保护主义,也有利于提高民事执行的效率。

我国当前的执行机构设置采取的是“审执分立”模式。这种模式在外部体现为执行机构与审判机构的分离,在内部体现为执行裁决权与执行实施权分离。

(二) 执行机构的组成

执行机构一般由院长、局(庭)长、执行法官、执行员和司法警察组成。本书对院长、执行法官与执行员、司法警察进行着重介绍。

1. 院长

民事执行中,采取拘传、罚款、拘留三种对妨害民事执行的强制措施,必须经院长批准;进行搜查,必须由院长发出搜查令;强制迁出房屋或者强制退出土地,必须由院长签发公告;执行程序中重大事项的办理,应由三名以上执行员讨论,并报经院长批准;确有特殊情况需要延长执行结案期限的,由本院院长批准。

2. 执行法官与执行员

随着员额制改革的推进,法院内不具有法官身份的执行员越来越少。《民事诉讼法》和《执行规定》所涉之“执行员”与法院内办理执行案件的工作人员越来越趋于一致。执行实践中,法官负责执行裁决事项,法官助理等辅助人员主要负责执行实施事项。

3. 司法警察

各级执行机构设司法警察。司法警察接受法官的指挥,负责维持民事执行秩序,协助采取执行措施。执行机构应配备必要的交通工具、通信设备、音像设备和警械用具等,以保障及时有效地履行职责。

二、执行管辖

(一) 执行地域管辖

根据《民事诉讼法》《民诉法解释》《执行规定》的相关规定,执行地域管辖可作如下归纳:

(1) 生效的民事判决、裁定、民事调解书,以及刑事判决、裁定中的财产部分,由第一审法院或者与第一审法院同级的被执行的财产所在地法院执行。"与第一审法院同级的被执行的财产所在地法院"的出现,说明审判管辖和执行管辖可以分离,即负责审判的法院未必负责执行、负责执行的法院未必负责审判;这有助于解决被执行财产在外地时如何实现执行债权的难题,以与异地执行、委托执行形成配合。

(2) 生效的实现担保物权裁定、确认调解协议裁定、支付令,由作出裁定、支付令的法院或者与其同级的被执行财产所在地法院执行。

(3) 认定财产无主的判决,由作出判决的法院将无主财产收归国家或者集体所有。

(4) 仲裁裁决书由被执行人住所地或者被执行财产所在地中级人民法院执行。

(5) 仲裁调解书和公证债权文书由被执行人住所地法院或者被执行财产所在地法院执行。

(二) 执行级别管辖

根据《民事诉讼法》《民诉法解释》和《执行规定》的相关规定,执行级别管辖可作如下归纳:

1. 基层人民法院

基层人民法院执行的管辖范围如下:

(1) 基层人民法院作为一审法院作出生效裁判文书的案件;

(2) 在国内仲裁过程中,财产保全裁定由被申请人住所地或被申请保全财产所在地的基层人民法院作出并执行,证据保全裁定由证据所在地基层人民法院作出并执行;

(3) 上级法院依法指定基层人民法院管辖的案件;

(4) 其他案件。

2. 中级人民法院

中级人民法院执行的管辖范围如下:

(1) 中级人民法院作为一审法院作出生效法律文书的案件;

(2) 当事人申请执行仲裁裁决案件,由被执行人住所地或者被执行财产所在地的中级人民法院管辖;

(3) 在涉外仲裁过程中,财产保全裁定由被申请人住所地或被申请保全财产所在地的中级人民法院作出并执行,证据保全裁定由证据所在地中级人民法院作出并执行;

(4) 我国承认和执行的外国法院作出的生效判决、裁定;

(5) 我国承认和执行的国外仲裁机构作出的生效裁决;

(6) 经法院认可的香港、澳门、台湾地区的法院作出的生效判决、裁定;

(7) 经法院认可的香港、澳门、台湾地区的仲裁机构作出的生效裁定;

(8) 上级法院依法指定由中级法院管辖的案件。

(9) 专利管理机关依法作出的处理决定和处罚决定,由被执行人住所地或财产所在地的省、自治区、直辖市有权受理专利纠纷案件的中级人民法院执行。

3. 高级人民法院

高级人民法院作为一审法院作出生效法律文书的案件,由高级人民法院执行。

4. 最高人民法院

最高人民法院作为一审法院作出生效法律文书的案件,由最高人民法院执行。

(三) 执行管辖之特殊问题的处理

两个以上法院都有管辖权的,当事人可以向其中一个法院申请执行;当事人向两个以上法院申请执行的,由最先立案的法院管辖。法院之间因执行管辖权发生争议的,由双方协商解决;协商不成的,报请双方共同的上级法院指定管辖。基层人民法院和中级人民法院管辖的执行案件,因特殊情况需要由上级法院执行的,可以报请上级法院执行。

三、执行根据

(一) 执行根据的概念与要件

执行根据,亦称执行名义,是指执行机构依法据以采取各种民事执行措施的法律文书。执行根据是民事执行程序启动和维持的必要条件。没有执行根据,当事人无权向法院申请强制执行,法院也不得依职权启动民事执行程序。民事执行的过程中,执行根据若失去效力,将立即导致执行程序的终结。

某一法律文书要成为执行根据,须具备如下要件:(1) 必须具有明确的给付内容;(2) 必须已经生效;(3) 必须属于法院有权执行的法定范围。

(二) 执行根据的种类

(1) 法院制作的民事判决书、裁定书、调解书、支付令和决定书。保全裁定、先予执行裁定、执行回转的裁定、执行担保人财产的裁定等均为民事执行根据。

(2) 法院在刑事附带民事诉讼中作出的判决书、裁定书、调解书。

(3) 仲裁机构作出的仲裁裁决书、仲裁调解书。

(4) 公证债权文书。

(5) 经法院裁定承认其效力的外国法院作出的判决、裁定,以及国外仲裁机构作出的仲裁裁决。

(6) 法律规定由法院执行的其他法律文书。

四、执行标的

执行标的,亦称执行客体,是指可供执行机构强制执行的对象。成为执行标的的物,可以是有体物,也可以是无体物;成为执行标的的行为,可以是作为,也可以是不作为。

(一) 财物

可以作为执行标的的有体物包括:(1) 货币;(2) 土地上的房屋等建筑物及构筑物;(3) 林木;(4) 船舶;(5) 民用航空器;(6) 有价证券等。可以作为执行标的的无体物包括:(1) 存款;(2) 到期债权;(3) 工资收入;(4) 用益物权,如土地承包经营权、建设用地使用权、宅基地使用权、地役权、海域使用权等;(5) 著作权;(6) 商标权;(7) 专利权;(8) 股权;(9) 其他权利。

并不是所有的财物都可作为执行标的。下列财物不能作为执行标的:(1) 被执行人及其所扶养家属的生活必需品和生活必需费用,如必需的衣服、家具、炊具、餐具以及用于应对身体缺陷所必需的辅助工具、医疗物品等。(2) 法律规定的禁止流通物,如专属国家所有的矿藏、水流,如毒品、武器、弹药、淫秽制品等。(3) 基于公共利益而不可执行的物,如学校的教育设施、医院的医疗设施、小区的公共照明设施与健身设施等。(4) 基于公序良俗而不可执行的物,如遗体、遗物、墓碑、祭祀物等。(5) 基于财产的性质而不可执行的物,如对金融机构存在人民银行的存款准备金和备付金不得冻结和扣划、对金融机构的营业场所不得查封。(6) 外交豁免和领事豁免的财物。

(二) 行为

被执行人拒不履行生效法律文书中确定的行为的,法院可以强制其履行。对于可以替代履行的行为,可以委托有关单位或他人完成,因完成上述行为发生的费用由被执行人承担。对于只能由被执行人完成的行为,经教育,被执行人仍拒不履行的,法院应当按照妨害执行行为的有关规定处理。

(三) 人的身体与人身自由

关于人的身体与人身自由能否成为执行标的,存在否定说和肯定说两种截然对立的观点。肯定说认为人的身体能够成为执行标的,常以载明交出子女之内容的执行根据为例;同时认为人身自由能够成为执行标的,常以拘传、拘留、限制出境等对妨害民事执行的强制措施为例。①

本书认为,法院执行载明交出子女之内容的法律文书,是对交出子女之行为的执行,并非对子女之身体的执行,即此时的执行标的是交出子女的行为,而不是子女的身体。对妨害民事执行的行为采取拘传、拘留、限制出境的强制措施,虽然对相关行为人的人身自由构成限制,但其目的在于排除他们实施的妨害民事执行的行为,而不是以相关行为人的人身自由为执行标的。总之,人的身体与人身自由不能成为执行标的。

拓展阅读

1. 王亚新:《强制执行与说服教育辨析》,载《中国社会科学》2000 年第 2 期。

2. 童兆洪:《民事执行权若干问题研究》,载《法学家》2002 年第 5 期。

3. 谭秋桂:《民事执行权定位问题探析》,载《政法论坛》2003 年第 4 期。

4. 汤维建:《执行体制的统一化构建——以解决民事"执行难"为出发点》,载《现代法学》2004 年第 5 期。

5. 李浩:《目的论视域中的民事执行检察监督对象解读》,载《法商研究》2011 年第 2 期。

6. 徐洁:《论诚信原则在民事执行中的衡平意义》,载《中国法学》2012 年第 5 期。

7. 邱星美:《我国强制执行立法基本原则之选择》,载《宁夏社会科学》2013 年第 1 期。

8. 王娣:《我国强制执行立法体例与结构研究》,载《法学评论》2014 年第 6 期。

9. 高腾飞:《责令债务人报告财产应坚持比例原则》,载《人民司法(应用)》2018 年第 13 期。

10. 王琦:《强制执行智能化对立法的挑战与回应》,载《甘肃政法学院学报》2020 年第 1 期。

11. 陈杭平:《"善意执行"辨》,载《华东政法大学学报》2021 年第 2 期。

① 参见江伟主编:《民事诉讼法》(第二版),高等教育出版社、北京大学出版社 2004 年版,第 462—463 页。

第三十四章　民事执行程序

本章目次

第一节 民事执行程序的启动

根据《民事诉讼法》第243条的规定，民事执行程序的启动有申请执行与移送执行两种方式。其中，申请执行是常态的、原则性的启动方式，移送执行是例外的、补充性的启动方式。

一、申请执行

申请执行，是指执行根据确定的实体权利人或其权利承受人在义务人拒绝履行执行根据确定的义务时，请求法院运用强制力量迫使义务人履行义务的行为。

申请执行应同时具备以下条件：

(1) 申请执行的法律文书已经生效。

(2) 义务人在生效法律文书确定的期限内未履行义务。

(3) 申请执行人是生效法律文书确定的实体权利人或其权利承受人。

一般而言，执行根据确定的实体权利人为申请执行人。但当作为实体权利人的公民死亡以及法人或者非法人组织终止时，其权利承受人有权申请执行。

申请执行人可以委托代理人代为申请执行。委托代理人的，应当向法院提交经委托人签字或盖章的授权委托书，委托代理人代为放弃、变更民事权利，或代为进行执行和解，或代为收取执行款项的，应当有委托人的特别授权。

(4) 申请执行的法律文书有给付内容，且执行标的和被执行人明确。

(5) 申请执行人在法定期限内提出申请。

申请执行的期间为2年。该期间从法律文书规定履行期间的最后一日起计算；法律文书规定分期履行的，从规定的每次履行期间的最后一日起计算。法律文书未规定履行期间的，从法律文书生效之日起计算。申请执行时效的中止、中断，适用法律有关诉讼时效中止、中断的规定。在申请执行时效期间的最后6个月内，因不可抗力或者其他障碍不能行使请求权的，申请执行时效中止。从中止时效的原因消除之日起，申请执行时效期间继续计算。申请执行时效因申请执行、当事人双方达成和解协议（并非执行和解协议）、当事人一方提出履行要求或者同意履行义务而中断。从中断时起，申请执行时效期间重新计算。

(6) 属于受申请执行的法院管辖。

(7) 提交申请执行书等相关文件或者证件。

(8) 按照《诉讼费用交纳办法》的规定交纳申请执行的费用。

法院对符合条件的执行申请，应当在7日内予以立案；对不符合条件的执行申请，应当在7日内裁定不予受理。

二、移送执行

移送执行,是指审判庭依职权将特定范围的执行根据直接移交执行机构执行的行为。

可移送执行的生效法律文书主要有如下几种:(1) 具有给付赡养费、扶养费、抚养费内容的法律文书;(2) 民事制裁决定书;(3) 刑事附带民事判决、裁定、调解书;(4) 执行回转的裁定;(5) 公益诉讼案件的生效裁判文书;(6) 财产保全裁定;(7) 先予执行裁定。

第二节　民事执行程序的进行

一、执行调查

根据《民事诉讼法》第 248 条,执行调查的主要内容包括:

(1) 申请执行人应当向法院提供其所了解的被执行人的财产状况或线索。

(2) 被执行人未按执行通知履行法律文书确定的义务,应当报告当前以及收到执行通知之日前 1 年的财产情况。被执行人拒绝报告或者虚假报告的,法院可以根据情节轻重对被执行人或者其法定代理人、有关单位的主要负责人或者直接责任人员予以罚款、拘留。被执行人应当报告收到申报财产通知书时所拥有的下列财产:银行存款、现金、有价证券;土地使用权、房屋等不动产;交通运输工具、机器设备、产品、原材料等动产;债权、股权、知识产权等财产权利;其他应当申报的财产。被执行人申报财产应以申请执行人请求的范围为限。

(3) 法院在执行中有权向被执行人、有关机关、社会团体、企业事业单位或公民个人,调查了解被执行人的财产状况,对调查所需的材料可以进行复制、抄录或拍照,但应当依法保密。法院执行非诉讼生效法律文书,必要时可向制作生效法律文书的机构调取卷宗材料。

(4) 为查明被执行人的财产状况和履行义务的能力,可以传唤被执行人或被执行人的法定代表人或负责人到法院接受询问。

(5) 被执行人拒绝按法院的要求提供其有关财产状况的证据材料的,法院可以按照我国《民事诉讼法》第 255 条的规定进行搜查。法院依法搜查时,对被执行人可能存放隐匿的财物及有关证据材料的处所、箱柜等,经责令被执行人开启而拒不配合的,可以强制开启。

二、委托执行

委托执行是指已经受理执行案件的法院将在本辖区无可供执行之财产而在

异地有可供执行之财产的案件委托给异地同级的法院代为执行的活动。委托执行的案件仍然是委托法院的案件,受托法院无权就委托执行中的执行承担、针对执行行为的异议、针对执行标的的异议、执行回转、执行中止、执行终结等判断性事项作出回应。《民事诉讼法》第236条对委托执行作了比较细致的规定。委托执行的条件包括:(1)委托法院已经受理执行案件。(2)受托法院辖区内无可供执行的财产,可供执行的财产在异地。此处的"异地"是指本省、自治区、直辖市以外的区域。(3)受托法院是执行标的物所在地或执行行为实施地的同级法院。(4)委托执行案件应当由委托法院直接向受托法院办理委托手续,并层报各自所在的高级法院备案。

三、执行监督

我国当前的民事执行监督是指上级法院对下级法院民事执行工作的监督,是法院系统内部的监督,不具有外部性。根据《民事诉讼法》第233条、《执行规定》第71—78条,我国目前的民事执行监督方式主要有如下几种:

(1)责令限期执行。上一级法院发现下一级法院的执行案件(包括受委托执行的案件)在规定的期限内未能执行结案的,可以责令下一级法院在一定期限内执行。上一级法院发现下一级法院应当作出裁定、决定、通知而不制作的或应当依法实施具体执行行为而不实施的,应当督促下级法院限期执行,可以责令下一级法院及时做出有关法律文书或采取相应执行措施。

(2)提级执行、指令执行。对下一级法院自收到申请执行书之日起超过6个月未执行的案件,上一级法院可以决定由本院执行或指令其他法院执行。

(3)指令纠正。上级法院发现下级法院在执行中作出的裁定、决定、通知或具体执行行为不当或有错误的,应当及时指令下级法院纠正,并可以通知有关法院暂缓执行。下级法院收到上级法院指令后必须立即纠正。如果认为上级法院的指令有错误,可以在收到该指令后5日内请求上级法院复议。

(4)直接裁定或决定纠正。下级法院认为上级法院的纠正指令有错误,请求上级法院复议,上级法院认为请求复议的理由不成立,而下级法院仍不纠正的,上级法院可直接作出裁定或决定予以纠正,送达有关法院及当事人,并可直接向有关单位发出协助执行通知书。

(5)直接裁定不予执行。上级法院发现下级法院执行的非诉讼生效法律文书有不予执行事由,应当依法作出不予执行裁定而不制作的,可以责令下级法院在指定时限内作出裁定,必要时可直接裁定不予执行。

(6)通知按照审判监督程序处理。上级法院在监督、指导、协调下级法院执行案件中,发现据以执行的生效法律文书确有错误的,应当书面通知下级法院暂缓执行,并按照审判监督程序处理。

(7) 通知或决定暂缓执行。上级法院发现下级法院的执行措施或者执行程序违反法律规定的,可依当事人或者其他利害关系人的申请决定暂缓执行。上级法院发现据以执行的生效法律文书确有错误并正在通知下级法院按照审判监督程序进行审查的,可依职权决定暂缓执行。

(8) 追究责任。下级法院不按照上级法院的裁定、决定或通知执行,造成严重后果的,按照有关规定追究有关主管人员和直接责任人员的责任。

四、执行和解

执行和解,是指在民事执行中申请执行人和被执行人依法自愿达成协议以变更执行根据确定之内容的行为。执行和解是当事人行使处分权的重要体现,不是对执行根据的否定和颠覆。执行和解排斥法院的实质性参与,法院不得介入执行和解协议的形成过程,这点与法院调解有明显区别,值得特别注意。《民事诉讼法》第 237 条、《民诉法解释》第 464—466 条、《执行和解规定》进行了较为详细的规定,该制度有利于及时实现申请执行人的实体权利,有利于增进当事人之间的谅解以消除彼此间的对抗情绪或维持既有的交往关系,也有利于节约司法资源。

(一) 执行和解的条件

(1) 执行和解应在执行程序启动后和结束前进行。

(2) 申请执行人和被执行人必须在自愿的基础上进行和解。

(3) 执行和解协议的内容必须合法。执行和解协议的内容必须符合实体法和程序法的规定,不得损害国家、社会和第三人的合法权益。值得注意的是,申请执行人和被执行人就部分债权债务达成和解协议的,其和解的效力不具有扩展性,只及于该部分债权债务。

(4) 执行和解协议一般应当采取书面形式。无书面协议的,执行人员应将执行和解协议的内容记入笔录,并由各方当事人签名或盖章。

(二) 执行和解协议的内容

(1) 变更履行义务的主体。

(2) 变更标的物及其数额。协议变更标的物并非一定意味着申请执行人放弃部分债权,而协议变更数额则通常意味着申请执行人放弃部分债权。

(3) 变更履行期限。履行期限的变更,既包括履行期限的延长,也包括履行期限的缩短;既包括全部债务之履行期限的延长或缩短,也包括部分债务之履行期限的延长或缩短。

(4) 变更履行方式。履行方式的变更,可以是变一次性履行为分期履行,也可以是变分期履行为一次性履行;可以是变以金钱抵债为以物抵债或以劳务抵债,也可以是变以物抵债或以劳务抵债为以金钱抵债;可以是变以物抵债为以劳务抵债,也可以是变以劳务抵债为以物抵债。

(5) 变更履行地点。

(三) 执行和解的效力

(1) 执行和解具有中止或者终结执行的效力。当事人达成和解协议后,请求中止执行或者撤回执行申请的,法院可以裁定中止执行或者终结执行。

(2) 执行和解具有中断申请执行期间的效力。《民诉法解释》第 466 条规定:"申请恢复执行原生效法律文书,适用民事诉讼法第二百四十六条申请执行期间的规定。申请执行期间因达成执行中的和解协议而中断,其期间自和解协议约定履行期限的最后一日起重新计算。"执行和解具有中断申请执行期间的效力,可避免申请执行人因时间紧迫而不能很好地行使恢复执行之申请权而导致的损失,也可以一种更大的潜在力量督促和解协议所确定的义务人(未必一定是被执行人)全部履行和解协议。

(3) 执行和解协议履行完毕具有结束执行程序的效力。当事人之间达成的执行和解协议合法有效并已履行完毕的,法院作执行结案处理。执行和解协议已经履行完毕的,法院不予恢复执行。

(4) 执行和解协议的达成违反自愿原则的,恢复强制执行。执行和解协议不是为了确定权利义务达成的协议,而是为了实现权利义务达成的协议,属于不具有公权性质的程序性协议。所以,和解协议不具有强制执行的效力,不能成为执行根据。申请执行人因受欺诈、胁迫与被执行人达成和解协议,申请执行人可以申请恢复执行原生效法律文书,法院应当恢复执行,但和解协议已履行的部分应当扣除。

(5) 执行人一方不履行执行和解协议的,恢复强制执行。恢复执行后,对申请执行人就履行执行和解协议提起的诉讼,法院不予受理。

五、执行担保

执行担保,是指民事执行中被执行人履行义务确有暂时困难时,向法院提供确定的担保并经申请执行人同意,法院因而决定暂缓执行的行为。《民事诉讼法》第 238 条、《民诉法解释》第 467—469 条、《执行规定》第 54 条以及《最高人民法院关于执行担保若干问题的规定》是该制度的法律依据。该制度有利于被执行人恢复履行能力,进而可保证申请执行人的实体权利得到有效实现;若被执行人在暂缓执行期限内没有完全恢复履行能力,该制度则可保证申请执行人的实体权利通过法院执行被执行人的担保财产或担保人的财产而获得维护。

(一) 执行担保的条件

(1) 被执行人有确定的担保财产或担保人。担保人应当具有代为履行或者代为承担赔偿责任的能力。

(2) 被执行人或者他人提供执行担保的,应当向法院提交担保书,并将担保书副本送交申请执行人。担保书应当载明被执行人于暂缓执行期限届满后仍不履行时担保人自愿接受直接强制执行的承诺。

(3) 经申请执行人同意,其应当向法院出具书面同意意见,也可以由执行人员将其同意的内容记入笔录,并由其签名或盖章。

(4) 经法院准许,法院可决定暂缓执行,暂缓执行的期限应当与担保书约定一致,但最长不得超过1年。

(二) 执行担保的效力

(1) 在暂缓执行期限内,执行担保产生暂停执行程序的效力,申请执行人无正当理由不得要求被执行人履行义务,但可以接受被执行人的主动履行。

(2) 暂缓执行期限届满后被执行人仍不履行义务,或暂缓执行期间担保人有转移、隐藏、变卖、毁损担保财产等行为的,法院可以依申请执行人的申请恢复执行,并直接裁定执行担保财产或保证人的财产,不得将担保人变更、追加为被执行人。执行担保财产或保证人的财产,以担保人应当履行义务部分的财产为限。被执行人有便于执行的现金、银行存款的,应当优先执行该现金、银行存款。

(3) 担保期间自暂缓执行期限届满之日起计算。担保书中没有记载担保期间或记载不明的,担保期间为1年。担保期间届满后,申请执行人申请执行担保财产或保证人财产的,法院不予支持。

六、执行承担

执行承担,是指民事执行中特定事实出现时,法院裁定由与被执行人有特定法律关系的自然人、法人或非法人组织作为被执行人的制度。执行根据的效力通常具有相对性,其所确定的权利义务内容通常对第三人不具有约束力,但当特定事实出现时,被执行人就会发生主体变更,第三人便会依法递进成为新的被执行人。执行当事人的变更包括但不限于执行承担,执行承担只是执行当事人变更的类型之一。

执行承担制度有利于维护申请执行人的合法权益,也可防止申请执行人之权利义务承受人的合法权益因主体的缺位而遭受不应有的损失,进而有利于权利正常状态和社会秩序的尽快恢复。《民事诉讼法》第239条、《民诉法解释》第470—473条以及《最高人民法院关于民事执行中变更、追加当事人若干问题的规定》是该制度的法律依据。根据现有之法源,执行承担之发生情形及相应处理可作如下归纳:

(1) 作为被执行人的自然人死亡(含自然死亡和宣告死亡)的,法院可依申请变更、追加其遗产管理人、继承人、受遗赠人或者其他因其死亡取得遗产的主体为被执行人,变更、追加后的被执行人在遗产范围内承担责任;作为被执行人的自然人被宣告失踪,法院可依申请变更其财产代管人为被执行人,财产代管人在代管的财产范围内承担责任。

(2) 作为被执行人的法人或非法人组织因合并而终止的,法院可依申请变更合并后存续或新设的法人、非法人组织为被执行人。

(3) 作为被执行人的法人或非法人组织分立的,法院可依申请变更、追加分立后新设的法人或非法人组织为被执行人,责令其对生效法律文书确定的债务承担连带责任,但被执行人在分立前与申请执行人就债务清偿达成书面协议另有约定的除外。

(4) 作为被执行人的个人独资企业,不能清偿生效法律文书确定的债务的,法院可依申请变更、追加其出资人为被执行人。

个人独资企业出资人作为被执行人的,法院可以直接执行该个人独资企业的财产。有字号的个体工商户为被执行人的,法院可以直接执行该字号经营者的财产。

(5) 作为被执行人的合伙企业,不能清偿生效法律文书确定的债务的,法院可依申请变更、追加普通合伙人为被执行人。作为被执行人的有限合伙企业,财产不足以清偿生效法律文书确定的债务,法院可依申请执行人的申请变更、追加未按期足额缴纳出资的有限合伙人为被执行人。

(6) 作为被执行人的法人分支机构,不能清偿生效法律文书确定的债务的,法院可依申请变更、追加该法人为被执行人。法人直接管理的责任财产仍不能清偿债务的,法院可以直接执行该法人其他分支机构的财产。作为被执行人的法人,直接管理的责任财产不能清偿生效法律文书确定债务的,法院可以直接执行该法人分支机构的财产。

(7) 个人独资企业、合伙企业、法人分支机构以外的非法人组织作为被执行人,不能清偿生效法律文书确定的债务的,法院可依申请变更、追加依法对该非法人组织的债务承担责任的主体为被执行人。

(8) 作为被执行人的营利法人,财产不足以清偿生效法律文书确定的债务的,法院可依申请变更、追加未缴纳或未足额缴纳出资的股东、出资人或依公司法规定对该出资承担连带责任的发起人为被执行人。

(9) 作为被执行人的营利法人,财产不足以清偿生效法律文书确定的债务的,法院可依申请变更、追加抽逃出资的股东、出资人为被执行人。

(10) 作为被执行人的公司,财产不足以清偿生效法律文书确定的债务,其股东未依法履行出资义务即转让股权的,法院可依申请变更、追加该原股东或依公司法规定对该出资承担连带责任的发起人为被执行人。

(11) 作为被执行人的一人有限责任公司,财产不足以清偿生效法律文书确定的债务,股东不能证明公司财产独立于自己的财产的,法院可依申请变更、追加该股东为被执行人,责令其对公司债务承担连带责任。

(12) 作为被执行人的公司,未经清算即办理注销登记,导致公司无法进行清算的,法院可依申请变更、追加有限责任公司的股东、股份有限公司的董事和控股股东为被执行人,责令其对公司债务承担连带清偿责任。

(13) 作为被执行人的法人或非法人组织,被注销或出现被吊销营业执照、被撤销、被责令关闭、歇业等解散事由后,其股东、出资人或主管部门无偿接受其财产,致使该被执行人无遗留财产或遗留财产不足以清偿债务的,法院可依申请变更、追加该股东、出资人或主管部门为被执行人。

(14) 作为被执行人的法人或非法人组织,未经依法清算即办理注销登记,在登记机关办理注销登记时,第三人书面承诺对被执行人的债务承担清偿责任的,法院可依申请变更、追加该第三人为被执行人。

(15) 执行过程中第三人向执行法院书面承诺自愿代被执行人履行生效法律文书确定的债务的,法院可依申请变更、追加该第三人为被执行人。

(16) 作为被执行人的法人或非法人组织,财产依行政命令被无偿调拨、划转给第三人,致使该被执行人财产不足以清偿生效法律文书确定的债务的,法院可依申请变更、追加该第三人为被执行人。

七、参与分配

参与分配,是指执行程序开始后,申请执行人以外的已经取得执行根据或对法院查封、扣押、冻结的财产有优先权、担保物权的债权人发现作为被执行人的自然人或非法人组织的财产不足以清偿所有债权人的全部债务而申请加入已经开始的执行程序,全体债权人因而从执行标的物的变价中获得公平清偿的制度。参与分配制度的直接功能在于弥补我国当前破产立法的不足,我国当前没有适用于自然人或非法人组织的破产立法,只有适用于企业法人的《企业破产法》。参与分配制度可在一定程度上解决不属于《企业破产法》适用对象的公民或其他组织不能清偿所有债权人之全部债权而产生的全体债权人的公平受偿问题。我国《民事诉讼法》对参与分配制度未作规定,《民诉法解释》第506—510条和《执行规定》第55条、第56条对参与分配制度进行了比较细致的规定。

(一) 参与分配的条件

(1) 被执行人是自然人或非法人组织。被执行人为企业法人,其财产不足清偿全部债务的,可告知当事人依法申请被执行人破产。

(2) 各债权人的债权必须都是金钱债权。参与分配不解决针对物之交付请求权或行为请求权的执行。

(3) 多个债权人针对同一被执行人申请执行。具体包括多份生效法律文书确定金钱给付内容的多个债权人分别对同一被执行人申请执行和一份生效法律文书确定金钱给付内容的多个债权人分别对同一被执行人申请执行。

(4) 被执行人的财产不足以清偿全部债务。

(5) 申请参与分配的债权人必须已经取得执行根据或对法院查封、扣押、冻结的财产有优先权、担保物权。

(6) 参与分配申请应当在执行程序开始后,被执行人的财产被清偿前提出。

(二) 参与分配的程序

(1) 参与分配的申请。申请参与分配,申请人应提交申请书,申请书应写明参与分配和被执行人不能清偿所有债务的事实和理由,并附有执行依据。

(2) 主持参与分配的法院。对参与被执行人财产的具体分配,应当由首先查封、扣押或冻结的法院主持进行。首先查封、扣押、冻结的法院所采取的执行措施如系为执行保全裁定,具体分配应当在该院案件审理终结后进行。

(3) 参与分配方案的异议及其处理。多个债权人对执行财产申请参与分配的,执行法院应当制作财产分配方案,并送达各债权人和被执行人。债权人或被执行人对分配方案有异议的,应当自收到分配方案之日起 15 日内向执行法院提出书面异议。债权人或被执行人对分配方案提出书面异议的,执行法院应当通知未提出异议的债权人、被执行人。未提出异议的债权人、被执行人自收到通知之日起 15 日内未提出反对意见的,执行法院依异议人的意见对分配方案审查修正后进行分配;提出反对意见的,应当通知异议人。异议人可以自收到通知之日起 15 日内,以提出反对意见的债权人、被执行人为被告,向执行法院提起诉讼;异议人逾期未提起诉讼的,执行法院按照原分配方案进行分配。

(4) 参与分配的清偿顺序。参与分配执行中,执行所得价款扣除执行费用,并清偿应当优先受偿的债权后,对于普通债权,原则上按照其占全部申请参与分配债权数额的比例受偿。

(5) 债权人可以申请继续执行。被执行人的财产分配给各债权人后,被执行人对其剩余债务应当继续清偿。债权人发现被执行人有其他财产的,法院可以根据债权人的申请继续依法执行。

八、执行中止

执行中止,是指民事执行程序因特殊情形的出现而暂时停止执行,待特殊情形消失后,再继续进行执行的制度。中止执行裁定书应当写明中止执行的理由和法律依据。中止执行的裁定,送达当事人后立即生效。执行中止分整个执行程序的中止和个别执行行为的中止。中止执行的情形消失后,执行法院可以根据当事人的申请或依职权恢复执行,恢复执行应当书面通知当事人。根据《民事诉讼法》第 263 条和司法解释的规定,执行中止的适用情形主要包括:

(1) 申请执行人表示可以延期执行的;

(2) 申请执行人与被执行人达成和解协议后请求中止执行的；

(3) 第三人撤销之诉受理后,原告提供相应担保,并请求中止执行的；

(4) 案外人对执行标的提出确有理由的异议的；

(5) 作为一方当事人的自然人死亡,需要等待继承人继承权利或承担义务的；

(6) 作为一方当事人的法人或非法人组织终止,尚未确定权利义务承受人的；

(7) 法院已受理以被执行人为债务人的破产申请的；

(8) 被执行人确无财产可供执行的；

(9) 执行标的物是其他法院或仲裁机构正在审理的案件争议标的物,需要等待该案件审理完毕确定权属的；

(10) 一方当事人申请执行仲裁裁决,另一方当事人申请撤销的；

(11) 仲裁裁决的被执行人向法院提出不予执行请求,并提供适当担保的；

(12) 案件已被裁定再审的,但追索赡养费、扶养费、抚养费、医疗费用、抚恤金、劳动报酬的案件可不中止执行。

九、执行转破产程序

执行转破产程序,是指作为被执行人的企业法人符合法定的破产原因,经申请执行人之一或被执行人同意,执行法院裁定中止执行,将案件移送被执行人住所地法院,由被执行人住所地法院审查受理破产案件的程序。执行转破产程序可借助破产程序中的债权人会议机制统筹、兼顾、平衡、协调多个债权人之间的利益,有利于寻找到更多可供债务清偿的财产(如股东认缴的出资会加速到期),也有助于法院批量、快速地终结执行案件。《民诉法解释》第 511—513 条和《最高人民法院关于执行案件移送破产审查若干问题的指导意见》对执行转破产程序进行了具体规定。

执行转破产程序的适用条件包括:(1) 作为被执行人的企业法人在执行中出现不能清偿到期债务且资产不足以清偿全部债务或明显缺乏清偿能力的情形。(2) 经申请执行人之一或被执行人同意。(3) 执行法院在裁定中止执行后将执行案件相关材料移送被执行人住所地法院。(4) 被执行人住所地法院在法定期限(30 日)内作出是否受理破产案件的裁定。

第三节　民事执行程序的结束

一、执行结案

《执行规定》第 64 条和《最高人民法院关于严格执行案件审理期限制度的

若干规定》第5条、第9条对执行结案的方式和期限进行了较为详细的规定。

1. 执行结案的方式

(1) 执行完毕;

(2) 终结本次执行程序;

(3) 终结执行;

(4) 销案;

(5) 不予执行;

(6) 驳回申请。

2. 执行结案的期限

执行案件应当在立案之日起6个月内执结,非诉执行案件应当在立案之日起3个月内执结;有特殊情况需要延长的,经本院院长批准,可以延长3个月,还需延长的,层报高级法院备案。委托执行的案件,委托的法院应当在立案后1个月内办理完委托执行手续,受委托的法院应当在收到委托函件后30日内执行完毕。未执行完毕的,应当在期限届满后15日内将执行情况函告委托法院。

下列期间不计入执行结案期限:(1) 民事执行案件由有关专业机构进行审计、评估、资产清理的期间;(2) 中止执行至恢复执行的期间;(3) 当事人达成执行和解或者提供执行担保后,执行法院决定暂缓执行的期间;(4) 上级法院通知暂缓执行的期间;(5) 执行中拍卖、变卖被查封、扣押财产的期间。

二、执行终结与终结本次执行程序

(一) 执行终结

执行终结,是指由于民事执行中出现的法定特殊情形致使民事执行程序无须或无法继续进行,从而结束且以后也不得再行恢复民事执行程序的制度。终结执行裁定书应当写明终结执行的理由和法律依据。终结执行的裁定,送达当事人后立即生效。

根据《民事诉讼法》第264条和《民诉法解释》第464条的规定,执行终结的适用情形包括:

(1) 申请人撤销申请的;

(2) 据以执行的法律文书被撤销的;

(3) 申请执行人与被执行人达成和解协议后撤回执行申请的;

(4) 作为被执行人的公民死亡,无遗产可供执行,又无义务承担人的;

(5) 追索赡养费、扶养费、抚养费案件的权利人死亡的;

(6) 作为被执行人的公民因生活困难无力偿还借款,无收入来源,又丧失劳动能力的;

(7) 被执行人在民事执行中被法院裁定宣告破产的;

(8) 法院认为应当终结执行的其他情形。

(二) 终结本次执行程序

终结本次执行程序,简称终本程序,是指法院已穷尽财产调查措施,未发现被执行人有可供执行的财产或发现的财产不能处置,从而暂时终结执行程序并作结案处理,待发现可供执行财产后再予执行的制度。《民诉法解释》第 517 条和《最高人民法院关于严格规范终结本次执行程序的规定(试行)》(简称《终本规定》)对终结本次执行程序作出了明确规定,该制度有利于提高法院的执行结案率,有助于减少申请执行人因被执行人无财产可供执行对法院产生的不满情绪。

1. 终结本次执行程序应同时符合的条件

(1) 已向被执行人发出执行通知、责令被执行人报告财产;

(2) 已向被执行人发出限制消费令,并将符合条件的被执行人纳入失信被执行人名单;

(3) 已穷尽财产调查措施,未发现被执行人有可供执行的财产或发现的财产不能处置;

(4) 自执行案件立案之日起已超过 3 个月;

(5) 被执行人下落不明的,已依法予以查找;被执行人或者其他人妨害执行的,已依法采取罚款、拘留等强制措施,构成犯罪的,已依法启动刑事责任追究程序;

(6) 申请执行人签字确认或执行法院组成合议庭审查核实并经院长批准。

2. 后续处理

终结本次执行程序后,申请执行人发现被执行人有可供执行财产的,可以再次申请执行,不受申请执行期间的限制。终结本次执行程序后,申请执行人申请延长查封、扣押、冻结期限的,法院应当依法办理续行查封、扣押、冻结手续。

三、不予执行

不予执行,是指法院对仲裁裁决、公证债权文书、请求承认和执行的外国法院作出的判决、裁定依申请或依职权进行审查后,认为其不符合强制执行的法定条件,进而裁定不予执行的制度。《民事诉讼法》第 244 条、第 245 条、第 281 条、第 282 条、第 289 条和《最高人民法院关于人民法院办理仲裁裁决执行案件若干问题的规定》对不予执行制度进行了规定。

(一) 不予执行仲裁裁决

根据我国有关法律的规定,法院裁定不予执行仲裁裁决可依申请作出,也可依职权作出,但适用情形不同。

1. 当事人申请不予执行国内仲裁裁决

对依法设立的仲裁机构的裁决,一方当事人不履行的,对方当事人可以向有管辖权的法院申请执行。被申请人提出证据证明仲裁裁决有下列情形之一的,经法院组成合议庭审查核实,裁定不予执行:

(1) 当事人在合同中没有订有仲裁条款或者事后没有达成书面仲裁协议的;

(2) 裁决的事项不属于仲裁协议的范围或者仲裁机构无权仲裁的;

(3) 仲裁庭的组成或者仲裁的程序违反法定程序的;

(4) 裁决所根据的证据是伪造的;

(5) 对方当事人向仲裁机构隐瞒了足以影响公正裁决的证据的;

(6) 仲裁员在仲裁该案时有贪污受贿、徇私舞弊、枉法裁决行为的。

法院认定执行国内仲裁裁决违背社会公共利益的,可依职权裁定不予执行。

2. 当事人申请不予执行涉外仲裁裁决

对中国涉外仲裁机构作出的裁决,被申请人提出证据证明仲裁裁决有下列情形之一的,经法院组成合议庭审查核实,裁定不予执行:

(1) 当事人在合同中没有订有仲裁条款或者事后没有达成书面仲裁协议的;

(2) 被申请人没有得到指定仲裁员或者进行仲裁程序的通知,或者由于其他不属于被申请人负责的原因未能陈述意见的;

(3) 仲裁庭的组成或者仲裁的程序与仲裁规则不符的;

(4) 裁决的事项不属于仲裁协议的范围或者仲裁机构无权仲裁的。

法院认定执行涉外仲裁裁决违背社会公共利益的,可依职权裁定不予执行。

3. 案外人申请不予执行仲裁裁决或仲裁调解书

允许案外人申请不予执行仲裁裁决或仲裁调解书,主要是为了对虚假仲裁进行制度上的遏制,为因虚假仲裁而合法权益受损的案外人提供必要的救济,进而反向促进仲裁依诚信原则有序进行。案外人向法院申请不予执行仲裁裁决或仲裁调解书的,应当提交申请书以及证明其请求成立的证据材料,并符合下列条件:(1) 有证据证明仲裁案件当事人恶意申请仲裁或者虚假仲裁,损害其合法权益;(2) 案外人主张的合法权益所涉及的执行标的尚未执行终结;(3) 自知道或应当知道法院对该标的采取执行措施之日起30日内提出。

不予执行裁定书应当送达双方当事人和仲裁机构。仲裁裁决被法院裁定不予执行的,当事人可以根据双方达成的书面仲裁协议重新申请仲裁,也可以向法院起诉。

(二) 不予执行公证债权文书

公证债权文书确有错误的,法院可依职权裁定不予执行,并将裁定书送达双方当事人和公证机关。

（三）不予执行外国法院作出的判决、裁定

法院对申请或者请求承认和执行的外国法院作出的发生法律效力的判决、裁定，依照中国缔结或者参加的国际条约，或者按照互惠原则进行审查后，认为其违反中国法律的基本原则或者国家主权、安全、社会公共利益的，不予承认和执行。

第四节　民事执行救济

民事执行救济，是指因民事执行行为违反法律规定或民事执行根据错误给执行当事人或案外人的合法权益造成侵害而设定的一种程序保障或实体补救性质的权利保护制度。根据《民事诉讼法》第 232 条、第 234 条、第 240 条和《民诉法解释》第十五章以及《执行异议复议规定》《变更追加执行当事人规定》，我国目前的民事执行救济制度主要包括执行行为异议，案外人执行异议，案外人执行异议之诉，许可执行之诉，被变更、追加为被执行人的执行异议之诉，申请人提起的变更、追加被执行人的执行异议之诉，案外人申请再审和执行回转等。

一、执行行为异议

执行行为异议，是指民事执行中，执行当事人、利害关系人认为执行法院已经实施的执行行为违反法律规定侵害其合法权益而向执行法院提出的异议。

（一）提出条件

（1）提出主体是执行当事人或利害关系人。利害关系人是指其合法利益因执行法院之违法执行行为而遭受损害的执行当事人之外的人。

（2）提出理由是执行法院已经实施的违法执行行为对执行当事人或利害关系人的合法权益造成了侵害。

（3）须在执行程序启动后、终结前提出。对终结执行行为提出异议的，应当自收到终结执行法律文书之日起 60 日内提出；未收到法律文书的，应当自知道或应当知道法院终结执行之日起 60 日内提出。

（4）须向执行法院提出。

（5）应采取书面形式，不允许以口头的形式提出执行异议。

（二）处理程序

（1）执行法院审查处理针对执行行为的异议，应当在收到书面异议之日起 15 日内作出裁定。法院对执行行为异议，应当按照下列情形，分别处理：异议不成立的，裁定驳回异议；异议成立的，裁定撤销相关执行行为；异议部分成立的，裁定变更相关执行行为；异议成立或者部分成立，但执行行为无撤销、变更内容的，裁定异议成立或者相应部分异议成立。

（2）执行当事人、利害关系人对执行法院的裁定不服的，可以自裁定送达之日起 10 日内向上一级法院申请复议。上一级法院对当事人、利害关系人的复议申请,应当组成合议庭进行审查,自收到复议申请之日起30日内审查完毕,并作出裁定。有特殊情况需要延长的,经本院院长批准,可以延长,延长的期限不得超过30日。执行行为异议审查和复议期间,原则上不停止执行。

二、案外人执行异议

案外人执行异议,又称排除执行异议,或称执行标的异议,是指民事执行中执行当事人以外的人因对执行标的主张全部或部分的权利而向执行法院提出的异议。

(一) 提出条件

(1) 须在民事执行过程中提出;

(2) 提出主体只能是执行当事人之外的人;

(3) 须向执行法院提出异议;

(4) 提出异议的理由须是案外人对该执行标的主张所有权或者有其他阻止执行标的转让、交付的实体权利;

(5) 异议的提出应采取书面形式。

(二) 处理程序

(1) 执行法院审查处理针对执行标的的异议,应当在收到书面异议之日起15日内作出裁定。经审查,理由成立的,裁定撤销或者改正;理由不成立的,裁定驳回。审查期间,法院不得对异议标的物进行处分。案外人提供确实有效的担保的,可以解除对该标的物的查封、扣押或者冻结。申请执行人提供确实有效的担保的,应当继续执行。因提供担保解除查封、扣押、冻结或者继续执行有错误,给对方造成损失的,应当裁定以担保的财产予以赔偿。

(2) 案外人、当事人对执行法院的裁定不服,认为原判决、裁定错误的,依照审判监督程序办理;与原判决、裁定无关的,可以自裁定送达之日起15日内向法院提起诉讼。

三、案外人执行异议之诉

案外人执行异议之诉(案外人排除执行之诉)的起诉条件包括:(1) 案外人的执行异议申请已经被法院裁定驳回。(2) 有明确的排除对执行标的执行的诉讼请求,且诉讼请求与原判决、裁定无关。(3) 自执行异议裁定送达之日起15日内向执行法院提起。(4) 以申请执行人为被告。被执行人反对案外人异议的,被执行人为共同被告;被执行人不反对案外人异议的,可以列被执行人为第三人。

案外人执行异议之诉的裁判方案包括:(1) 案外人就执行标的享有足以排除强制执行的民事权益的,判决不得执行该执行标的。(2) 案外人就执行标的不享有足以排除强制执行的民事权益的,判决驳回诉讼请求。

四、许可执行之诉

许可执行之诉(申请执行人执行异议之诉)的起诉条件包括:(1) 依案外人

执行异议申请,法院裁定中止执行。(2) 有明确的对执行标的继续执行的诉讼请求,且诉讼请求与原判决、裁定无关。(3) 自执行异议裁定送达之日起 15 日内提起。(4) 以案外人为被告。被执行人反对申请执行人主张的,被执行人为共同被告;被执行人不反对申请执行人主张的,可以列被执行人为第三人。

许可执行之诉的裁判方案包括:(1) 案外人就执行标的不享有足以排除强制执行的民事权益的,判决准许执行该执行标的。(2) 案外人就执行标的享有足以排除强制执行的民事权益的,判决驳回诉讼请求。

五、被变更、追加为被执行人的执行异议之诉

被变更、追加为被执行人的执行异议之诉的起诉条件包括:(1) 有限合伙企业之未按期足额缴纳出资的有限合伙人,营利法人之未缴纳或未足额缴纳出资的股东、出资人或依公司法规定对该出资承担连带责任的发起人,营利法人之抽逃出资的股东、出资人,公司之未依法履行出资义务即转让股权的原股东或依公司法规定对该出资承担连带责任的发起人,一人公司之股东,未经清算即办理注销登记之有限责任公司的股东以及未经清算即办理注销登记之股份有限公司的董事和控股股东对变更、追加其为被执行人的裁定不服。(2) 自裁定书送达之日起 15 日内向执行法院提起。(3) 以申请人为被告。

被变更、追加为被执行人的执行异议之诉的裁判方案包括:(1) 理由成立的,判决不得变更、追加被申请人为被执行人或判决变更责任范围。(2) 理由不成立的,判决驳回诉讼请求。

六、申请人提起的变更、追加被执行人的执行异议之诉

申请人提起的变更、追加被执行人的执行异议之诉的条件包括:(1) 申请人对驳回变更、追加有限合伙企业之未按期足额缴纳出资的有限合伙人,营利法人之未缴纳或未足额缴纳出资的股东、出资人或依公司法规定对该出资承担连带责任的发起人,营利法人之抽逃出资的股东、出资人,公司之未依法履行出资义务即转让股权的原股东或依公司法规定对该出资承担连带责任的发起人,一人公司之股东,未经清算即办理注销登记之有限责任公司的股东以及未经清算即办理注销登记之股份有限公司的董事和控股股东为被执行人之申请的裁定不服。(2) 自裁定书送达之日起 15 日内向执行法院提起。(3) 以被申请人为被告。

申请人提起的变更、追加被执行人的执行异议之诉的裁判方案包括:(1) 理由成立的,判决变更、追加被申请人为被执行人并承担相应责任或判决变更责任范围。(2) 理由不成立的,判决驳回诉讼请求。

七、执行回转

执行回转,是指民事执行程序完毕后,因原来的执行根据被依法撤销,法院

依申请或职权,以新的执行根据为基础,运用强制措施迫使原申请执行人将执行所得之利益全部或部分地退还给原被执行人,从而使民事执行程序回到起初状态的一种制度。《民事诉讼法》第240条是该制度的法律依据。

(一)执行回转的条件

(1)原来的执行根据已经被有权主体全部或部分地撤销;

(2)有对原来的执行根据进行明确否定的、新的具有给付内容的生效法律文书;

(3)原申请执行人拒绝退还其依据原来的执行根据所获得之利益。

(二)执行回转的程序

执行回转的条件满足时,法院须依申请或职权作出执行回转的裁定,责令原申请执行人返还已取得的财产及其孳息。拒不返还的,强制执行。执行回转应重新立案,适用执行程序的有关规定。

拓展阅读

1. 崔婕:《强制执行竞合的解决——兼论我国相关强制执行制度的完善》,载《法商研究》2001年第4期。

2. 韩波:《执行和解争议的法理分析》,载《法学》2002年第9期。

3. 王娣:《论强制执行竞合及其解决》,载《北京科技大学学报》2005年第1期。

4. 刘学在、朱建敏:《案外人异议制度的废弃与执行异议之诉的构建——兼评修改后的〈民事诉讼法〉第204条》,载《法学评论》2008年第6期。

5. 雷运龙:《民事执行和解制度的理论基础》,载《政法论坛》2010年第6期。

6. 赵秀举:《论民事执行救济兼论第三人执行异议之诉的悖论与困境》,载《中外法学》2012年第4期。

7. 百晓锋:《程序变革视角下的终结本次执行程序制度——以〈民诉法解释〉第519条为中心》,载《华东政法大学学报》2015年第5期。

8. 廖丽环:《正当程序理念下的执行转破产机制:基于法理视角的反思》,载《法制与社会发展》2018年第3期。

9. 金印:《论债务人异议之诉的必要性——以防御性司法保护的特别功能为中心》,载《法学》2019年第4期。

10. 周星星:《审视与优化:终结本次执行程序的困境与出路》,载《湖南警察学院学报》2020年第5期。

11. 陈建华:《执行阶段律师调查令制度之实证研究——基于我国31个高院的文本与实践》,载《湖南工业大学学报(社会科学版)》2020年第5期。

12. 金印:《案外人对执行标的主张实体权利的程序救济》,载《法学研究》2021年第4期。

第三十五章　民事执行措施

本章目次

民事执行措施，是指法院根据执行根据所载明的实体权利类型以及保障民事执行有效进行的需要，而采取的保证生效法律文书所确定的内容得以有效实现的方法和步骤。具体而言，民事执行措施包括针对财产的执行措施、针对行为的执行措施和保障性执行措施三大类。

第一节　针对财产的执行措施

《民事诉讼法》第 249—254 条、第 256—257 条以及《查封扣押冻结规定》《拍卖变卖规定》《最高人民法院关于人民法院网络司法拍卖若干问题的规定》（以下简称《网络司法拍卖规定》）就针对财物的执行措施进行了具体的规定。

一、查询、扣押、冻结、划拨、变价被执行人的金融资产

针对被执行人的存款、债券、股票、基金份额等金融资产,法院有权向有关单位查询,并有权根据不同情形予以扣押、冻结、划拨、变价。其中,冻结是指法院采取的向有关单位发出协助执行通知书,不准被执行人在一定期限内提取或转移其金融资产的执行措施;划拨是指法院采取的向有关单位发出协助执行通知书,将被执行人的金融资产划归申请执行人账户的执行措施。

法院查询、扣押、冻结、划拨、变价的金融财产不得超出被执行人应当履行义务的范围。

法院决定扣押、冻结、划拨、变价金融财产,应当作出裁定,并发出协助执行通知书,有关单位必须办理。

二、扣留、提取被执行人的收入

针对被执行人的工资、奖金、劳务报酬、专业咨询费、存款利息、房屋租金、知识产权收益、股息红利等金钱性收入,法院有权扣留、提取。扣留,是指法院采取的向被执行人所在单位、有储蓄业务的单位(包括但不限于银行)或其他有关单位发出协助执行通知书,暂时禁止被执行人支取或转移其收入的执行措施。提取,是指法院采取的向被执行人所在单位、有储蓄业务的单位或其他有关单位发出协助执行通知书,将被执行人的收入转交给申请执行人的执行措施。需要指出的是,扣留收入不是提取收入的前置步骤,提取收入可以在扣留收入的基础上进行,也可以不经过扣留而直接进行。

扣留、提取被执行人的收入应满足如下条件:(1) 被执行人未按执行通知履行法律文书确定的义务。(2) 扣留、提取的收入应与被执行人应当履行义务部分的数额相当。(3) 扣留、提取收入时,应当保留被执行人及其所扶养家属的生活必需费用。(4) 扣留、提取收入时,法院应当作出裁定,并向有关主体发出协助执行通知书。

三、查封、扣押、冻结、拍卖、变卖被执行人的非金钱财产

(一) 查封、扣押、冻结被执行人的非金钱财产

查封,是指法院采取的通过直接控制、张贴封条、公告等足以公示的方式对被执行人的非金钱财产进行封存,从而禁止被执行人转移或处分非金钱财产的执行措施。扣押,是指法院采取的通过将被执行人的非金钱财产运送到特定场所,从而禁止被执行人占有、使用或处分的执行措施。扣押不能针对不动产进行,查封的适用范围要大于扣押的适用范围。

法院查封、扣押财产时,被执行人是自然人的,应当通知被执行人或者他的成年家属到场;被执行人是法人或非法人组织的,应当通知其法定代表人或者主要负责人到场。拒不到场的,不影响执行。被执行人是自然人的,其工作单位或财产所在地的基层组织应当派人参加。对被查封、扣押的财产,执行员必须造具清单,由在场人签名或盖章后,交被执行人一份。被执行人是自然人的,也可以交他的成年家属一份。

被查封的财产,执行员可以指定被执行人负责保管。因被执行人的过错造成的损失,由被执行人承担。

查封、扣押、冻结协助执行通知书在送达登记机关时,登记机关已经受理被执行人转让不动产、特定动产及其他财产的过户登记申请,尚未完成登记的,应当协助法院执行。法院不得对登记机关已经完成登记的被执行人已转让的财产实施查封、扣押、冻结措施。查封、扣押、冻结协助执行通知书在送达登记机关时,其他法院已向该登记机关送达了过户登记协助执行通知书的,应当优先办理过户登记。

对已被法院查封、扣押、冻结的财产,其他法院可以进行轮候查封、扣押、冻结。查封、扣押、冻结解除的,登记在先的轮候查封、扣押、冻结即自动生效。

法院对被执行人的下列财产不得查封、扣押、冻结:(1) 被执行人及其所扶养家属生活所必需的衣服、家具、炊具、餐具及其他家庭生活必需的物品;(2) 被执行人及其所扶养家属所必需的生活费用,当地有最低生活保障标准的,必需的生活费用依照该标准确定;(3) 被执行人及其所扶养家属完成义务教育所必需的物品;(4) 未公开的发明或未发表的著作;(5) 被执行人及其所扶养家属用于身体缺陷所必需的辅助工具、医疗物品;(6) 被执行人所得的勋章及其他荣誉表彰的物品;(7) 根据《中华人民共和国缔结条约程序法》,以中华人民共和国、中华人民共和国政府或者中华人民共和国政府部门名义同外国、国际组织缔结的条约、协定和其他具有条约、协定性质的文件中规定免于查封、扣押、冻结的财产;(8) 法律或者司法解释规定的其他不得查封、扣押、冻结的财产。

根据《最高人民法院关于法院强制执行股权若干问题的规定》第 4 条,法院可以冻结下列资料或信息之一载明的属于被执行人的股权:(1) 股权所在公司的章程、股东名册等资料;(2) 公司登记机关的登记、备案信息;(3) 国家企业信用信息公示系统的公示信息。

(二) 拍卖、变卖被执行人的非金钱财产

拍卖,是指法院采取的通过公开竞价的方式将非金钱财产卖给最高应价者,并将所得价款交给申请执行人的执行措施。变卖,是指法院采取的不通过拍卖的方式而以一定的价格将非金钱财产卖出,并将所得价款交给申请执行人的执行措施。

拍卖因以公开竞价的方式进行,既可最大限度地满足申请执行人的权利请求,又可防止申请执行人的合法权益受到损害,所以为各国普遍优先采用。根据《民事诉讼法》第254条和《网络司法拍卖规定》第2条,我国实行网络司法拍卖优先原则。网络司法拍卖,是指法院依法通过互联网拍卖平台,以网络电子竞价方式公开处置财产的行为。变卖以非金钱财产不适于拍卖或当事人双方同意不进行拍卖为前提条件。根据《查封扣押冻结规定》第4条,对被执行人及其所扶养家属生活所必需的居住房屋,法院可以查封,但不得拍卖、变卖或抵债。

需要注意的是,拍卖、变卖以被执行人的非金钱财产已被查封、扣押且被执行人在查封、扣押后的指定期间内仍未履行法律文书确定的义务为适用条件。

四、针对动产交付请求权的执行措施

《民事诉讼法》第256条、《民诉法解释》第492—493条、《执行规定》第41—42条是对动产交付请求权的执行措施的法律依据。

(一)以交付原物为原则

生效法律文书确定被执行人交付特定标的物的,应当执行原物。原物被隐匿或非法转移的,法院有权责令其交出。原物确已毁损或灭失的,经双方当事人同意,可以折价赔偿。双方当事人对折价赔偿不能协商一致的,法院应当终结执行程序。申请执行人可以另行起诉。

(二)被执行人占有执行标的物时的执行措施

法律文书指定交付的财物或者票证,由执行员传唤双方当事人当面交付,或者由执行员转交,并由被交付人签收。

(三)第三人占有执行标的物时的执行措施

有关单位持有法律文书指定交付的财物或者票证,在法院发出协助执行通知后,拒不转交的,强制执行。有关个人持有该项财物或者票证的,法院通知其交出。拒不交出的,强制执行。

有关组织或个人持有法律文书指定交付的财物或票证,在接到法院协助执行通知书或通知书后,协同被执行人转移财物或票证的,法院有权责令其限期追回;逾期未追回的,应当裁定其承担赔偿责任。

五、针对不动产交付请求权的执行措施

根据《民事诉讼法》第257条的规定,对不动产交付请求权的执行措施,是指法院采取的强制被执行人迁出房屋或退出土地并将房屋或土地交给申请执行人的执行措施。

强制迁出房屋或者强制退出土地,由院长签发公告,责令被执行人在指定期间履行。被执行人逾期不履行的,强制执行。需要注意的是,对不动产交付请求

权的执行措施以公告的形式给被执行人一次自动履行的机会，而其他的执行措施则是以执行通知书的形式给被执行人一次自动履行的机会。显而易见，由于公开的范围差异很大，公告的形式对债务人之信用的损害要比执行通知书的形式对债务人之信用的损害大很多。

强制执行时，被执行人是自然人的，应当通知被执行人或他的成年家属到场；被执行人是法人或非法人组织的，应当通知其法定代表人或主要负责人到场。拒不到场的，不影响执行。被执行人是自然人的，其工作单位或者房屋、土地所在地的基层组织应当派人参加。执行人员应当将强制执行情况记入笔录，由在场人签名或者盖章。

强制迁出房屋被搬出的财物，由法院派人运至指定处所，交给被执行人。被执行人是自然人的，也可以交给他的成年家属。因拒绝接收而造成的损失，由被执行人承担。

第二节　针对行为的执行措施

针对行为的执行措施，是指法院采取的确保申请执行人的作为或不作为请求权得以实现的执行措施，包括针对可替代行为的执行措施和针对不可替代行为的执行措施两类。《民事诉讼法》第 259 条和《执行规定》第 44 条是针对行为之执行措施的法律依据。

一、针对可替代行为的执行措施

对于执行根据所确定的可替代行为，被执行人拒不履行的，法院可以强制其履行；也可以委托有关单位或他人完成，因此发生的费用由被执行人承担。

二、针对不可替代行为的执行措施

对于执行根据所确定的不可替代行为，被执行人拒不履行的，经教育，被执行人仍拒不履行的，法院应当按照妨害执行行为的有关规定处理。

第三节　保障性执行措施

根据《民事诉讼法》和司法解释的相关规定，保障性执行措施包括对妨害民事执行行为的强制措施、报告财产、搜查、办理有关财产权证照的转移手续、强制支付迟延履行利息或迟延履行金、继续履行、限制出境、在征信系统记录或通过媒体公布不履行信息、限制消费、公布失信被执行人名单等。

一、报告财产

法院责令报告财产,有助于获取被执行人履行能力方面的信息,进而便于法院有针对性地采取控制性执行措施和处分性执行措施;更有助于为法院后续针对拒绝报告或虚假报告的行为采取制裁措施提供正当理由,从而迫使被执行人自动履行。根据《民事诉讼法》第 248 条,被执行人未按执行通知履行法律文书确定的义务,应当报告当前以及收到执行通知之日前 1 年的财产情况。被执行人拒绝报告或虚假报告的,法院可以根据情节轻重对被执行人或其法定代理人、有关单位的主要负责人或直接责任人员予以罚款、拘留。

法院向被执行人发出的报告财产令应当主要包括如下内容:(1) 提交财产报告的期限;(2) 报告财产的范围、期间;(3) 补充报告财产的条件及期间;(4) 强制被执行人报告财产的法律依据;(5) 违反报告财产义务应承担的法律责任。被执行人报告的财产应包括单独所有的财产以及与他人共有的财产,自己名下的财产以及由他人代持的财产,已经现实取得的财产和必将取得的财产。

二、搜查

《民事诉讼法》第 255 条和《民诉法解释》第 494—498 条对民事执行中的搜查进行了详细的规定。

(一) 采取搜查应符合的条件

(1) 生效法律文书确定的履行期限已经届满;

(2) 被执行人不履行法律文书确定的义务;

(3) 法院认为被执行人有隐匿财产或会计账簿等资料的行为。

(二) 搜查的进行

(1) 搜查可针对被执行人及其住所或财产、资料隐匿地进行。

(2) 由院长签发搜查令。搜查人员必须按规定着装并出示搜查令和工作证件。搜查妇女身体,应由女执行人员进行。

(3) 搜查对象是自然人的,应通知被执行人或他的成年家属以及基层组织派员到场;搜查对象是法人或非法人组织的,应通知法定代表人或主要负责人到场。拒不到场的,不影响搜查。搜查时,禁止无关人员进入搜查现场。

三、办理有关财产权证照的转移手续

根据《民事诉讼法》第 258 条和《民诉法解释》第 500 条的规定,在民事执行中,需要办理不动产权证、林权证、专利证书、商标证书、车船证照等有关财产权证照转移手续的,法院可以向有关单位发出协助执行通知书,有关单位必须办理。

四、强制支付迟延履行利息或迟延履行金

根据《民事诉讼法》第260条和《最高人民法院关于执行程序中计算迟延履行期间的债务利息适用法律若干问题的解释》的规定，被执行人未按判决、裁定和其他法律文书指定的期间履行给付金钱义务的，应当加倍支付迟延履行期间的债务利息。迟延履行期间的债务利息包括迟延履行期间的一般债务利息和加倍部分债务利息。一般债务利息，根据生效法律文书确定的方法计算；生效法律文书未确定给付该利息的，不予计算。加倍部分债务利息的计算方法为"加倍部分债务利息=债务人尚未清偿的生效法律文书确定的除一般债务利息之外的金钱债务×日万分之一点七五×迟延履行期间"。加倍部分债务利息自生效法律文书确定的履行期间届满之日起计算；生效法律文书确定分期履行的，自每次履行期间届满之日起计算；生效法律文书未确定履行期间的，自法律文书生效之日起计算。加倍部分债务利息计算至被执行人履行完毕之日；被执行人分次履行的，相应部分的加倍部分债务利息计算至每次履行完毕之日。

根据《民事诉讼法》第260条和《民诉法解释》第505条的规定，被执行人未按判决、裁定和其他法律文书指定的期间履行非金钱给付义务的，无论是否已给申请执行人造成损失，都应当支付迟延履行金。已经造成损失的，双倍补偿申请执行人已经受到的损失；没有造成损失的，迟延履行金可以由法院根据具体案件情况决定。

五、继续履行

根据《民事诉讼法》第261条，法院穷尽民事诉讼法规定的执行措施后，被执行人仍不能偿还债务的，应当继续履行义务。债权人发现被执行人有其他财产的，可以随时请求法院执行，且不受申请执行时效的限制。

六、限制出境、在征信系统记录或通过媒体公布不履行信息

根据《民事诉讼法》第262条的有关规定，被执行人不履行法律文书确定的义务的，法院可以对其采取或者通知有关单位协助采取限制出境、在征信系统记录（如纳入失信被执行人名单）或通过媒体公布不履行信息的措施。限制出境具有双重性质，既属于保障性执行措施，又属于对妨害民事诉讼的强制措施。

七、限制消费

限制消费，是指法院对未按执行通知书指定的期间履行生效法律文书确定之给付义务的被执行人采取的限制其高消费及非生活或经营必需的有关消费的保障性执行措施。

根据《最高人民法院关于限制被执行人高消费及有关消费的若干规定》第3条,被执行人为自然人的,被采取限制消费措施后,不得有以下高消费及非生活和工作必需的消费行为:(1) 乘坐交通工具时,选择飞机、列车软卧、轮船二等以上舱位;(2) 在星级以上宾馆、酒店、夜总会、高尔夫球场等场所进行高消费;(3) 购买不动产或者新建、扩建、高档装修房屋;(4) 租赁高档写字楼、宾馆、公寓等场所办公;(5) 购买非经营必需车辆;(6) 旅游、度假;(7) 子女就读高收费私立学校;(8) 支付高额保费购买保险理财产品;(9) 乘坐G字头动车组列车全部座位、其他动车组列车一等以上座位等其他非生活和工作必需的消费行为。被执行人为单位的,被采取限制消费措施后,被执行人及其法定代表人、主要负责人、影响债务履行的直接责任人员、实际控制人不得实施前款规定的行为。因私消费以个人财产实施前款规定行为的,可以向执行法院提出申请。执行法院审查属实的,应予准许。

拓展阅读

1. 陈桂明、侍东波:《民事执行法中拍卖制度之理论基石——强制拍卖性质之法律分析》,载《政法论坛》2002年第5期。

2. 占善刚:《略论民事强制执行中不动产查封的方法》,载《武汉理工大学学报》2005年第2期。

3. 田平安:《民事执行措施论》,载《时代法学》2007年第1期。

4. 赵泽君:《转折与展望——从人权保障的角度看民事执行措施的立法趋势》,载《前沿》2010年第7期。

5. 邓宇:《〈关于人民法院委托评估、拍卖工作的若干规定〉的理解与适用》,载《人民司法》2011年第21期。

6. 马登科:《民事间接强制执行比较研究》,载《法律科学》2012年第4期。

7. 百晓峰:《新民事诉讼法第247条与面临"十字路口"的司法拍卖改革》,载《华东政法大学学报》2013年第2期。

8. 汤维建:《论司法拍卖市场化改革及其完善》,载《中国法学》2015年第1期。

9. 朱金高:《限制出境:一种对人执行的新规》,载《政法论丛》2015年第6期。

10. 黄忠顺:《论直接执行与间接执行的关系——以金钱债权的间接执行为中心》,载《东岳论丛》2020年第4期。

11. 宋春龙:《限制高消费的制度嬗变与法理辨析》,载《交大法学》2021年第5期。

第七编　港澳台民事诉讼程序

第三十六章　香港民事诉讼程序

本章目次

第一节 香港法院的设置及其民事司法管辖权

中华人民共和国香港特别行政区的法律制度总体上属于英美法系,但又表现出香港地区固有的某些特点。香港的民事司法机关从上至下有香港终审法院、高等法院、区域法院、裁判法院以及各种专项审裁处。香港并没有统一适用的民事诉讼条例,有关民事诉讼法律程序的原则和具体制度,分别由香港《终审法院条例》《高等法院条例》《区域法院条例》和各专项审裁处条例及其附属规则等单行法例所规定,由此呈现出既相互协调又各具特色的特点。

一、香港终审法院

终审法院是香港的最高司法机关和最高上诉法院,除对涉及有关国防、外交等国家行为无司法管辖权外,对香港其他刑事、民事等案件均拥有终审权。终审法院受理的民事上诉案件并不受争议数额的限制,但所涉及的问题必须具有"重大广泛的或关乎公众的重要性",或者是因其他理由应交由终审法院裁决的案件,但是,此类案件是否受理则由上诉法庭或终审法院酌情决定。

二、香港高等法院

香港高等法院分为上诉法庭和原讼法庭。

上诉法庭的司法管辖权限为:受理来自原讼法庭对任何民事案件或事宜中作出的任何判决或命令的上诉;受理对区域法院判决的民事案件和刑事案件提起的上诉;受理对土地审裁处的裁决提起的上诉;同时也可以对其他审裁处提出的法律问题作出裁决。对上诉法庭作出的裁决不服的可以向终审法院上诉。

原讼法庭的司法管辖权包括初审和某些案件的上诉审管辖权。但是,原讼法庭初审的民事案件和刑事案件,都是比较重大的案件且没有最高金额限制。原讼法庭的民事司法管辖范围也没有限制,可审理所有民事案件,通常包括海事、破产、涉及合约的诉讼、侵权诉讼、公司清盘、婚姻法律程序、知识产权、司法复核、按揭、人身伤害、遗嘱认证及遗产管理,等等。

原讼法庭的上诉管辖权的范围包括不服裁判法院的裁判,劳资审裁处、小额钱债审裁处、淫亵物品审裁处的裁定,以及小额薪酬索偿仲裁处的裁决而提起的上诉。原讼法庭还负责外国判决和仲裁裁决的登记与执行。

对原讼法庭的裁决不服的可以向上诉法庭提起上诉,但有部分案件也可以直接向终审法院上诉。

三、香港区域法院

根据香港《区域法院条例》的规定,香港区域法院"拥有有限的民事和刑事审裁权”。在民事管辖权方面,区域法院有权审理所涉款项不超过 300 万港元的诉讼,如属涉及土地权益的诉讼,有关土地的年租金或应课差饷租值或年值不得超过 32 万港元。除一般民事案件的司法管辖权外,区域法院对以下案件也具有专有司法管辖权:根据《雇员补偿条例》提出的诉讼、根据《税务条例》追讨税款的诉讼,以及根据《业主与租客(综合)条例》为追讨欠租而提出的扣押财物程序。此外,区域法院设有家事法庭,负责审理有关婚姻诉讼及领养儿童的案件。

四、香港的专项审裁处

香港的专项审裁处包括土地审裁处、劳资审裁处、小额钱债审裁处、淫亵物品审裁处。于民事司法而言,主要是指土地审裁处、劳资审裁处和小额钱债审裁处。审裁处不是严格意义上的法院,但实际上发挥着法院的功能,具有准司法机关的性质。

(一) 土地审裁处

香港土地审裁处所审理的案件大都是涉及土地和建筑物的权益纠纷案件,标的额一般较大且社会影响比较广泛,因此,香港土地审裁处的组成人员规格比较高,且其权力也大于其他审裁处。根据香港《土地审裁处条例》的规定,在行使其司法管辖权时,土地审裁处具有与高等法院原讼法庭同等的权力,可批予法定的或衡平法上的补救和济助。但是,在审裁处提起的任何法律程序,如果属于高等法院原讼法庭或区域法院司法管辖权范围的,或者为公正起见,审裁处可在法律程序的任何阶段将其移交原讼法庭或区域法院。

(二) 劳资审裁处

香港劳资审裁处是香港专门处理涉及雇员的薪酬或福利的劳资纠纷的机构。劳资审裁处所受理的案件主要是涉及《雇佣条例》或《学徒制度条例》的规定而引起的诉讼。此外,该审裁处还处理涉及违反雇佣合约条款(不论是在香港履行还是在香港以外履行的合约)的案件,及违反学徒合约条款的诉讼。劳资审裁处受理的案件在金额和人数上有一定要求,每宗案件中必须至少有一名申请人的请求款项超过港币 15000 元,或申请人数超过 10 名,劳资审裁处才会受理。若申请人数不超过 10 名,且每人的请求款项均不超过 15000 港元,则案件会被移交至小额薪酬索偿仲裁处处理。[①]

---

① 香港小额薪酬索偿仲裁处的管辖范围是因欠薪引起的索偿案件,相当于祖国内地的劳动仲裁委委员会的部分职能。但是,其申索款额受到限制,必须是由不超过 10 人提出的申索,而且每名申索人的申索款额均不超过港币 15000 元(适用于 2021 年 9 月 17 日之后产生的申索,之前的申索上限为港币 8000 元)。在这个范围内的申索,不得在任何法庭进行诉讼。对于仲裁处的裁决,如果当事人认为涉及法律点的问题,或者仲裁处超越司法管辖权限,则可以向高等法院原讼法庭提出上诉。参见香港《小额薪酬索偿仲裁处条例》。

（三）小额钱债审裁处

根据香港《小额钱债审裁处条例》第 5 条的规定，审裁处管辖请求数额不超过 75000 港元的案件。申请人不得为了在审裁处提起法律程序而将其债权分割为多个请求分开追讨。但申请人可以放弃追讨超额的款项，并且不得在其后的任何法律程序中追讨其已放弃的款项。除金额限制外，还必须是民事债务性质的纠纷，包括根据合同、准合同或民事过失而提出的赔偿申请，以及追收欠款的申请。该条例还规定，凡属小额钱债审裁处司法管辖范围内的案件，不得在香港的其他任何法庭进行诉讼。

具体而言，香港小额钱债审裁处主要处理因债务、服务费、财物损毁、已售货物或消费者提出的各类索偿申请。至于因工资、收回土地、赡养费、诽谤等提出的索偿申请，小额钱债审裁处并不受理。

第二节　香港终审法院的诉讼程序

香港终审法院是香港特别行政区最高级别的司法机关，主要处理针对高等法院（上诉法庭及原讼法庭）的裁判（包括判决、命令或决定）而提出的上诉。

一、上诉许可

上诉许可制度在香港法院的上诉程序中具有十分重要的意义。当事人不服原审法院的裁判而需要上诉的，如果法例规定必须申请上诉许可，则当事人应当首先申请上诉许可，经过许可以后才可以提出上诉。

向香港终审法院提出民事案件的上诉，必须首先申请上诉许可。上诉许可申请一般是向高等法院上诉法庭或原讼法庭提出（根据原裁判是由哪一个法庭作出而定），如申请人认为有关案件的决定有实质及严重的不公平情况，则有权直接向终审法院申请上诉许可。

上诉许可申请得到批准之后，上诉人应当按照格式要求填写上诉通知。上诉通知必须在终审法院作出给予上诉最终许可的命令后 7 日内送交存档，由司法常务官编号并将其登记于上诉登记册内。司法常务官会向上诉人提供上诉人合理所需数量的上诉通知的盖章副本。上诉人应当在上诉通知送交存档后 7 日内将通知的副本送达原审法院的法律程序中的其他各方。

二、答辩人的应诉

香港终审法院对答辩人（被上诉人）的抗辩权的行使作了十分严格的规定。根据香港《终审法院规则》第 20 条和第 22 条的规定，答辩人如意欲对上诉提出抗辩，可在收到上诉通知后 14 日内或在司法常务官所容许的时限内呈交应诉书,并应当在呈交应诉书后随即向上诉人送达该应诉书的一份文本;如果答辩人没有在规定的时限内呈交应诉书,则无权自司法常务官处收取任何关乎上诉的通知、申请或其他文件,亦不得在上诉中呈交案由述要。也就是说,被上诉人的应诉书是其行使抗辩权的必要前提,如果被答辩人没有在限时内提交应诉书,就会实际丧失答辩权;而上诉程序可以在被上诉人不应诉的情况下继续进行。

三、上诉案件的审理

(一) 审判庭的组成

终审法院审理案件应当组成审判庭,审判庭由 5 名法官组成:首席法官或由首席法官指定代替首席法官参加审判的常任法官;3 名由首席法官委派的常任法官,及由首席法官挑选并由终审法院邀请的 1 名非常任香港法官或 1 名其他普通法适用地区法官。审判庭庭长由首席法官担任,如首席法官由于某一因由以致未能出庭聆讯上诉,则他须指定一名常任法官代替他参加审判并担任审判庭庭长。

(二) 开庭的方式

所有终审法院审判庭或上诉委员会的法律程序都必须公开进行,让公众人士列席旁听。但是,终审法院审判庭或上诉委员会如认为基于司法公正或因公安或保安理由而有必要时,可作出指示,不准旁听。

四、判决和宣判

香港终审法院审判庭的任何判决或命令,必须经过参加审判的法官过半数表决同意才能作出;如果某法官由于某一原因在上诉聆讯开始后但未作出判决前在该聆讯中缺席,则在该上诉案中各方当事人的同意下,可由余下的法官继续审判,但法官人数不得少于 4 名。如果未能由参加审判的法官作出过半数的判决或命令,则必须重新聆讯。终审法院既可确认、推翻或更改上诉所针对的法院的决定,又可附上指引意见,将有关事项发还该法院处理,或者对有关事项作出它认为适当的其他命令,包括就讼费作出命令。

判决可以当庭宣告,也可以押后宣告。宣告判决最少要有参加聆讯和裁决该宗上诉案件的 3 名法官出席,否则终审法院不得宣告其判决。另外还有一种方式:由终审法院或聆讯和裁决该等上诉的法官中最少 3 名法官在指定的日期将判决的文本直接下发给当事人,以代替宣告判决;而各方不需要由大律师代表出庭,亦不需要亲自出庭。

第三节 香港高等法院的上诉审程序

一、上诉法庭审理上诉案件的程序

(一) 提出上诉

根据香港《高等法院条例》第14条的规定,除另有规定外,向上诉法庭提出的上诉,如果是针对原讼法庭的判决或命令的上诉,乃属当然权利。但如果是针对原讼法庭作出的非正审判决或命令提出上诉,须经原讼法庭或上诉法庭许可;上诉法庭就上诉许可所作的决定是终局的,不得提出上诉。①

根据香港《高等法院规则》第55号命令,提出上诉须以重新聆讯的方式进行,并必须借原诉动议提出,动议通知书必须述明上诉理由。提出上诉一般并不具有搁置上诉所针对的判决、裁定或其他决定而进行的程序的作用,但如果被上诉的法庭有此命令则属例外。

(二) 答辩人通知书

在上诉法庭的上诉程序中,不仅上诉人应当按照规定提交和送达上诉通知书,而且被上诉人也必须提交和送达相应的答辩通知书。根据香港《高等法院规则》第59号命令第6条规则,接获上诉通知书的答辩人(被上诉人),如意欲在上诉中提出任何争议,包括以交相上诉的方式提出争议,则必须发出具此意思的通知书,以指明其争议的理由。否则,除非经上诉法庭或单一名法官许可,答辩人无权在上诉聆讯时,就答辩通知书中并未指明的理由或补救提出申请。

(三) 法庭的组成及其权力

根据香港《高等法院条例》第34B条的规定,上诉法庭通常由3名法官审理案件,但对于特定的案件也可以由2名法官组成。但是,由2名法官审理的案件有一个特殊的复审规定,即,如果当事人对由2名法官审理的案件作出的判决不服而向终审法院提出上诉,则在向终审法院提出上诉前,该宗上诉须在非偶数且不少于3名的上诉法庭法官席前重新争辩并由该等法官作出裁定。

上诉法庭具有原讼法庭的一切权力及职责。上诉法庭如认为适合,可依据当事人的请求,作出对案件重新审讯,或将下级法庭的裁决、裁断或判决作废的命令。

二、原讼法庭审理上诉案件的程序

原讼法庭的上诉司法管辖权包括源自裁判法院的上诉案件、源自审裁处的

---

① 非正审程序是相对于正审程序而言的,其功能在于为正审程序的进行做好一切必要的程序上的准备工作或者为当事人提供某些中间救济。

上诉案件和源自仲裁的上诉案件。其中民事案件主要是源自劳资审裁处、小额钱债审裁处、小额薪酬索偿仲裁处以及根据香港《仲裁条例》的规定提起的上诉案件。

（一）上诉事由

香港的劳资审裁处和小额钱债审裁处均不是完全意义上的司法审判机关，但是，根据相关的条例，它们对于特定范围的纠纷和案件拥有司法管辖权，其作出的裁判或命令也具有法律效力。在一般情况下，审裁处的裁判或命令具有最终的效力，其上诉的范围受到严格的限制，当事人对审裁处的裁判或命令提出上诉只能依据以下两个方面的事由：

（1）关乎法律论点上的错误，或者

（2）超越其司法管辖权范围。

特别值得一提的是，提出上诉并不具有搁置审裁处正在进行的法律程序的当然效力，除非审裁处或受理上诉的法庭有此命令。

（二）上诉许可

向原讼法庭提起上诉，必须首先在有关条例所列明的限期内提出上诉许可的申请。根据香港《劳资审裁处条例》《小额钱债审裁处条例》及《小额薪酬索偿仲裁处条例》的规定，上诉人应当在有关裁判或命令向其送达的日期后7天内向原讼法庭申请上诉许可。

上诉许可申请由原讼法庭法官进行聆讯。如果法庭批准了上诉许可申请，便会书面通知诉讼各方。原讼法庭对上诉许可申请的决定是“一裁终局”的，如果原讼法庭法官拒绝授予上诉许可，则该决定是最终决定，当事人不可再进行上诉。

（三）上诉通知书

上诉通知书也就是上诉人提出的上诉状，该上诉状是上诉人据以陈述上诉理由的基本书状。一般情况下，法庭仅在上诉通知书陈述的范围内进行聆讯，除非经法庭许可，上诉人不得在聆讯过程中提出上诉通知书以外的上诉理由。因此，上诉通知书中必须述明具体的上诉理由，以免在法庭聆讯时遭遇不利的局面。但是，法庭的权力仍然受到维护，法庭可以根据具体情况对上诉人述明的上诉理由进行修改或作出任何其他相关的命令，并施加其认为公正的条款，以确保裁定是根据各方之间所争议的真正问题的是非曲直而作出。

（四）法庭聆讯上诉的权力

如前所述，根据香港《劳资审裁处条例》《小额钱债审裁处条例》及《小额薪酬索偿仲裁处条例》的规定，当事人提出上诉只能依据法律论点上的错误或者超越其司法管辖权范围这两个方面的事由。但是，这并不能限制原讼法庭对上诉案件的全面审理。即，一旦上诉案件被正式受理，则原讼法庭便有权对案件进行全面的审理。

向原讼法庭提起的上诉,须以重新聆讯的方式进行,且通常由一名法官审理。

经过审理之后,法庭可以作出新的判决、决定或命令,或者将有关上诉的事宜连同法庭的意见发还有关的法庭、审裁处重新进行审理。

当事人对原讼法庭的裁决结果不服的,还可以向上诉法庭申请上诉许可。

第四节 香港高等法院的初审程序

香港高等法院的原讼法庭既可以审理有关的上诉案件,也可以审理初审案件,并且,相比较而言,原讼法庭审理初审案件的程序更具有示范性意义。香港区域法院在民事案件的管辖范围上与高等法院原讼法庭有所不同,但是,在审理民事案件的程序上与高等法院原讼法庭大同小异,特别是《区域法院规则》的具体程序性条款甚至完全参照了《高等法院规则》的体例和内容。

一、提起诉讼的方法

提起诉讼的方法也就是启动民事诉讼程序的方式,在香港《高等法院规则》中被称为开展民事法律程序的方式。香港法律原规定有传讯令状(writs of summons)、原诉传票(originating summons)、原诉动议(originating motions)和呈请书(petitions)等四种提起诉讼的方法,但于 2009 年 4 月 2 日生效的《高等法院规则》第 5 号命令已将其简化为令状和原诉传票两种方式。具体适用哪一种方式提起诉讼依照相关法律规定,但如果争议是关于依法订立的文书、契据、遗嘱、合约或其他文件的解释,或是关于一个法律问题,而不存在实质事实争议的,均适宜以原诉传票的方式提起诉讼。至于原诉动议或呈请书只有在有关法律有明确规定时才予以适用,而且,这两种方式仅用于处理诉讼中的程序性事宜。所以,有可能连同令状或原诉传票一同送达给被告。另外,根据香港《高等法院规则》第 55 号命令,向上诉法庭提出上诉则必须以原诉动议的方式提出。

二、法律程序文件的送达与认收

(一)法律程序文件的送达

法律程序文件是指传讯令状、原诉传票、原诉动议通知书和呈请书等借以启动法律程序的文件。法律程序文件的送达与认收程序表示法律程序已经启动。

1. 送达的主体。传讯令状、原诉传票、原诉动议通知书和呈请书均是由法院根据原告人的申请而发出的法律文书。这也意味着原告已经向法院提起了诉讼，而且法院受理了原告人的起诉。但是，这些法律文书的送达必须由当事人亲自完成，而不是由法院负责送达。被送达的对方就是原告起诉的被告人。

2. 送达的期限。根据香港《高等法院规则》第6号命令，令状的初步有效期为12个月，由其发出的日期开始计算，凡令状尚未送达被告人的，法院可通过命令不时将令状的有效期延展，但最长不得超逾12个月；传票的有效期一如令状的有效期；除非法庭给予相反许可，动议通知书必须在指定的动议聆讯日至少2天之前送达；而呈请书则必须在聆讯日7天之前送达，但法庭另有指示的除外。

3. 送达的方式。根据香港《高等法院规则》第10号命令的规定，法律文书一般应当由原告人或其代理人面交送达每一名被告人，如果被告人的代理律师签收并注明是代被告人签收，也同样视为已经送达给被告人。如果确实不能面交被告人，还可以以邮递方式送达。另外值得一提的是，根据香港《法院程序（电子科技）条例》的规定，符合电子送达方式规定的法律文书也可以采取电子送达的方式送达。

（二）法律程序文件的认收

法律程序文件的认收是被告人对原告送达的法律文件作出回应的方式。法律程序文件的认收和收到法律程序文件是两回事，如果被告人在收到法律程序文件之后不作认收的表示，那么他就可能丧失某些程序上的权利，而原告人则会因此而获得相应的权利。如果被告人在规定的时间内作出了认收送达的表示，那么，他就有权采取进一步的法律行动。

三、简易判决

所谓简易判决，是指原告人和被告人在完成法律程序文件的送达与认收之后，如果一方当事人认为对方当事人无法作出有效抗辩，则可以此为由向法庭申请作出对方当事人败诉的判决。

根据香港《高等法院规则》第14号命令的规定，如果原告人已经向被告人送达了申索陈述书，而被告人也已经就该项诉讼发出了拟抗辩通知书，但原告人认为被告人对原告人的申索无法抗辩，或者仅对所申索的损害赔偿款额存有争议，而对损害的事实无法抗辩，则原告人可以此为由向法庭申请判决被告人败诉。

申请作出简易判决的权利同样被赋予被告人。凡借令状开展的诉讼的被告人已向原告人送达一份反申索书，被告人也可以原告人对该反申索书中提出的申索或其中的某部分申索无法抗辩为由，向法庭申请作出原告人败诉的判决。而相关的程序一如原告人提出此种申请的程序。

简易判决并非意味着诉讼程序的终结。无论是原告或者是被告,在取得简易判决之后,对于余下部分的请求仍然拥有继续诉讼的权利。

四、状书

状书是指诉讼当事人为进行诉讼而制作的各种文书,主要包括申索陈述书、抗辩书、反申索陈述书、答复书、反申索抗辩书等。

状书的制作和提交在诉讼中具有十分重要的意义。如果任何一方当事人没有在规定的时限内提交状书,则相对一方当事人便可获得向法庭申请判决对方败诉或者本方的主张成立的权利。而法庭在必要时可以在没有一方当事人状书的情况下应另一方当事人的申请进行聆讯,并作出适当的判决。因此,状书的制作和提交过程实际上就成为民事诉讼程序中具有实质性意义的诉讼行为。

五、文件的透露

文件是香港民事诉讼中一种重要的证据形式,文件的透露也就是证据的开示,相当于内地的证据交换制度,其目的在于使当事人双方互相了解对方的诉讼理由和依据,以便尽快查明案件事实,防止证据突袭行为,提高诉讼的效率。

文件的透露是当事人的一项法定义务,如果任何一方当事人没有透露相关文件,则另一方当事人可以借传票方式向法庭提出申请,法庭可命令其透露相关文件。

不遵从规则所规定的任何条文或法庭的命令而进行文件的透露,将会带来十分严重的法律后果。如法庭可作出其认为公正的命令,包括撤销有关诉讼的命令或剔除有关抗辩并据此而登录判决的命令。法庭可以根据当事人的申请将违反命令的一方以藐视法庭罪交付羁押;甚至任何律师,如果无合理解释而没有就法庭的命令向其当事人作出通知,亦可因藐视法庭罪而被交付羁押。

六、审理与判决

经过一系列充分的准备之后,案件便可以进入正式的审理阶段。

1. 开庭的时间。具体的开庭时间是由当事人在法院规定的某一时段内作出安排的,这既是当事人的一项权利,也是一项义务;如果当事人没有恰当地履行该项义务,还可能引起严重的法律后果。但法官如认为将审讯押后对于秉行公正属于合宜,可将审讯押后至他认为适合的时间,在他认为适合的地方并按他认为适合的条款进行。

2. 开庭的地点。开庭的地点由法庭决定,但该地点须为高等法院大楼或终审法院首席法官所批准的另一地点或其他地点。

3. 法庭的组织方式。在高等法院原讼法庭开庭审讯有法官独自一人审讯、法官在有陪审团的情况下审讯、法官在裁判委员协助下审讯以及在聆案官席前审讯等四种方式。一般情况下,审讯是由一名法官进行的。

4. 判决。在香港,判决和命令都是法庭在审理案件之后所作出的最后决定,至于这两种形式的法律文书分别适用于什么样的场合,并无十分严格的区分,一般而言,判决来得更为正规。判决或命令生效的时间,一般来说,就是判决或命令作出的日期或宣告的日期。但是,法庭可以决定某项判决或命令的生效日期。

第五节　香港专项审裁处的法律程序

香港专项审裁处的基本宗旨就是高效率、低成本地解决民事纠纷,因此其法律程序较为快捷、简便。比较而言,土地审裁处的法律程序较为正式,而劳资审裁处和小额钱债审裁处的法律程序相对灵活,且劳资审裁处和小额钱债审裁处的法律程序大体相同,故此处仅就土地审裁处和劳资审裁处的法律程序作一简述。

一、土地审裁处的法律程序

(一) 申请与答辩

在土地审裁处提起法律程序一般以提交书面申请的方式进行,申请书无须采用任何特定的格式,但大致上应当符合规则附表所列出的格式。申请书应当列明所申请济助的性质及申请理由。

根据香港《土地审裁处规则》的规定,在审裁处进行法律程序的所有文件,原则上都是由当事人自己向对方当事人送达,但也有少数情况是由司法常务官负责送达。当事人提起法律程序的申请书及其所附的每份文件副本均须提交审裁处的司法常务官,并且由提交该等文件的一方向其他各方送达。

被申请人在收到申请人的申请书后如果意欲提出答辩,则应当向审裁处司法常务官提交反对通知书,并在规定的期间将反对通知书送达申请人。被申请人向申请人送达反对通知书的期限因不同性质的案件和收到申请书的时间而有所不同。一般来说,如果申请人向被申请人送达申请书的期限是在向审裁处提交申请书后的 7 天内,则被申请人向申请人送达反对通知书的期限是在收到申请书后的 21 天内;如果申请人向被申请人送达申请书的期限是在向审裁处提交申请书后的 21 天内,则被申请人向申请人送达反对通知书的期限是在收到申请书后的7天内。两者的期限正好相反。但也有极少数的情形是在14天内送达反对通知书。

如果被申请人没有在规定的期间作出答辩,则申请人可以以书面形式向司法常务官申请作出答辩人败诉的命令。

(二)聆讯与裁决

审裁处审理案件的方式比较灵活,形式化的强制规定相对较少,真正体现了“不拘形式”,力求简单、快捷的特点。

土地审裁处审理案件,可以是由一名法官或审裁处成员单独审理,也可以由多于一名审裁处成员审理。当事人可以亲自出庭,也可以由大律师、律师或任何其他获得审裁处许可代其出庭的人代为出庭。在香港,就律师而言,一般只有大律师才有出庭资格,但是,审裁处审理案件也允许事务律师出席。而当事人如果委托律师出庭,既可以在聆讯前以书面形式提出申请,也可以在聆讯时以口头方式提出申请。

土地审裁处开庭是公开的,社会公众人士均可列席(但处理非正审事宜时除外)。

土地审裁处作出任何判决、决定或命令的理由,可以口头或书面宣告,按审裁处认为合适者而定。

各方当事人可以就某一事项事先签订协议,同意审裁处就该事项根据双方的协议作出裁决,并将该协议提交审裁处,而审裁处可以在各方缺席的情况下,按照该协议作出相关的命令(但审裁处规定各方必须出席聆讯的情形除外)。

(三)裁决的复核

土地审裁处可在其作出任何裁决的日期起计1个月内应法律程序的任何一方的申请或主动决定进行复核程序,但事先须向其他各方发出通知。

如果审裁处决定对已经作出的裁决进行复核,则可在其后的任何时间进行,不论是否在该1个月期限之内。在任何复核中,审裁处可聆听并收取任何其认为合适的证据。经复核之后,审裁处可按其认为足够的理由,将该项裁决作废,或推翻、更改或维持该项裁决。

但是,审裁处的复核权也受到一定的限制。如果对某项裁决的复核涉及审裁处的另一项裁决,或者审核的结果有可能将另一项裁决作废或者推翻,或者是更改或确认审裁处另一项裁决的,则对该项裁决不得行使复核权。也就是说,对某项裁决的复核不得对其他的裁决产生任何影响,只能就本裁决进行复核。另外,如果任何一方已经就某项裁决提起上诉,除非其上诉程序已被放弃,否则审裁处不得就该项裁决行使其复核的权力。

二、劳资审裁处的法律程序

(一) 法律程序的展开

在劳资审裁处展开法律程序,须以向司法常务主任提交申请书方式进行。申请书应当按照规定的格式以书面提出,用中文或英文均可,并须由申请人签署。

司法常务主任须于申请书提交后定出审理的地点及日期,而除非各方同意其他日期,否则审理日期不得早于自申请书提交时起计 10 天,亦不得迟于自申请书提交时起计 30 天;司法常务主任还应当作出安排,将申请书的副本,连同订明审理日期及地点的通知书送达每名被告人。

(二) 调查主任进行的查讯

调查主任是劳资审裁处所设定的一种很有特色的专门人员,其职责是专门负责案件事实的调查及组织对当事人进行调解,实际上是为当事人提供必要的帮助及为审裁处审理案件进行必要的审前准备。

调查主任的工作紧随司法常务主任的工作之后展开。司法常务主任须于申请书提交后将其副本一份递交调查主任,而调查主任须拟备有关申请的事实摘要,调查主任拟备的事实摘要是审裁处审理案件的重要依据。

为拟备事实摘要,调查主任有权于任何合理时间会见任何人,包括某一方,并向其录取供词。调查主任如将该供词在审裁处席前交出,并附有录取该供词的经过的陈述,则可被审裁处接纳为该供词所载一切事项的证据。

(三) 调解证明书的提交

调解证明书是由调查主任或其他获授权人员[①]向审裁处提交的一种法律文件,该证明书的作用在于证明当事人之间的纠纷已经过调解但未能达成和解的事实。这就说明,在劳资审裁处,调解属于审讯和裁决的前置程序,没有经过调解的案件是不能进入审讯程序的。

根据香港《劳资审裁处条例》第 15 条的规定,直至有具订明格式、并经由调查主任或获授权人员签署以证明下列事项的证明书提交或交出,审裁处不得聆讯有关的申索:

(1) 一方或多于一方拒绝参与调解;

(2) 曾试图调解但未能达成和解;

(3) 相当无可能经调解而达成和解;或

(4) 调解可能对某一方的权益有所损害。

---

① “获授权人员”(authorized officer) 指由劳工处长授权协助进行调解的公职人员。参见香港《劳资审裁处条例》第 2 条释义。

(四) 审理案件的程序

凡在劳资审裁处进行的法律程序,均由一名审裁官或暂委审裁官单独开庭审理及裁定。这就说明,劳资审裁处的法庭组织形式只有审裁官独任制这样一种形式。但事实上,司法常务主任、调查主任等审裁处的工作人员须辅助审裁官进行大量的事务性工作,为审裁官全力处置案件和有关法律问题提供了有利的条件。

劳资审裁处审理案件"须不拘形式进行"。在审理过程中,审裁官可以传召证人,令其交出文件、记录、账簿或其他证物,并向任何一方或证人提出其认为适当的问题。审裁官如认为任何事宜与案件有关,则不论该事宜曾否由任何一方提出,亦须主动进行调查。

劳资审裁处在审理案件的过程中如果认为有可能就该案件达成和解,经各方当事人同意后,可以将案件押后审理,以便进行调解。如就任何争议达成和解,不论是否通过调解达成,和解条款均须以订明的表格予以书面记录,并须由达成和解的各方签署;书面记录及经达成和解的各方签署的和解书,须提交审裁处。当事人双方提交的和解书,视为审裁处作出的裁断。

(五) 裁决的复核及上诉

劳资审裁处的复核程序与土地审裁处的复核程序大致相同,但在复核的时限上规定较短。除任何一方已提交上诉许可申请书并且不同意撤回该申请外,审裁官可于其作出裁断或命令之日起 14 天内主动复核该裁断或命令;当事人各方也可以在收到审裁处的裁决后 7 天内提出要求复核的申请。

如任何一方不满审裁处的裁断、命令或裁定,可在收到该裁断、命令或裁定后 7 天内,或在高等法院司法常务官容许的延长期限内,向原讼法庭申请上诉许可。

原讼法庭审理来自劳资审裁处的上诉,可以作出事实推论以及就讼费及开支方面作出其认为适当的命令,但不可推翻或更改审裁处就事实问题作出的裁定,也不可收取其他新的证据。原讼法庭经审理后可判上诉得直、驳回上诉,或将个案连同其认为适当的指示发回审裁处,其中可包括须由审裁处予以重新聆讯的指示。

在原讼法庭作出决定后,当事人如果不满该决定,可于决定作出的日期后 7 天内向上诉法庭申请上诉许可,但上诉的理由仅限于法律问题。

拓展阅读

1. 汤维建、单国军:《香港民事诉讼法》,河南人民出版社 1997 年版。

2. 李金泽:《内地与港台民事调查取证制度比较研究》,载《社会科学研究》1998 年第 4 期。

3. 陈爱丽:《香港的民事法律诉讼费用》,载《中国律师》2001年第8期。

4. 胡宜奎:《内地与香港民事诉讼管辖权的冲突及解决办法》,载《江淮论坛》2004年第1期。

5. 苏绍聪:《香港民事诉讼中的诉讼费担保制度》,载《现代法学》2004年第4期。

6. 杨弘磊:《论涉港民事诉讼协议管辖条款效力判定中方便与非方便法院规则的运用》,载《法律适用》2004年第9期。

7. 程春华、辜恩臻:《试探内地与香港民事证据制度若干问题之比较》,载《民事程序法研究》2004年刊。

8. 于欣:《中国内地与香港地区民事管辖权法律冲突与协调初探》,载《辽宁行政学院学报》2007年第1期。

9. 齐树洁、周一颜:《香港民事诉讼制度改革之回顾与前瞻》,载《现代法学》2013年第3期。

10. 齐树洁:《香港地区民事司法改革及其启示》,载《河南政法管理干部学院学报》2010年第4期。

11. 欧丹:《香港民事上诉制度的最新发展及其启示》,载《东南司法评论》2014年第7期。

第三十七章　澳门民事诉讼程序

本章目次

第一节　澳门的民事司法机关

在我国澳门特别行政区，司法机关包括法院和检察院，法官和检察官统称为司法官。澳门的司法机关和司法官的组成、职能、权限和纪律、待遇等主要见之于《中华人民共和国澳门特别行政区基本法》（以下简称《澳门基本法》）以及澳门《司法组织纲要法》《司法官通则》《司法官薪俸制度》等法律和法令。

一、法院和法官

根据《澳门基本法》第 84 条的规定，澳门特别行政区设立初级法院、中级法院和终审法院。另外，根据《澳门基本法》第 86 条的规定，澳门特别行政区还设立行政法院，行政法院是管辖行政诉讼和税务诉讼的法院，不服行政法院裁决者，可向中级法院上诉。

澳门各级法院对案件独立进行审判，只服从法律，不受任何干涉，法律为此提供了充分的保障。例如，《司法官通则》第 3 条规定："法院司法官不得以法律无规定、条文含糊或多义为理由，或在出现应由法律解决的具争议的问题时，以该问题有不可解决的疑问为理由，拒绝审判；法院司法官亦不得以无合适的诉讼手段或缺乏证据为理由，拒绝审判。"第 4 条规定："澳门特别行政区法官依法进行审判，不听从任何命令或指示。"第 6 条规定：在一般情况下"不得使法院司法官对其以法院司法官身份所作的裁判负责"。等等。

二、检察院和检察官

澳门检察院作为独立的司法机关是在澳门回归祖国以后才设立的。根据《澳门基本法》第 90 条的规定，澳门特别行政区检察院独立行使法律赋予的检察职能，不受任何干涉。

澳门的检察官作为司法官的性质在《澳门基本法》以及《司法组织纲要法》《司法官通则》等法律法规当中都有充分的体现。例如，《司法组织纲要法》第 55 条规定："检察院为唯一行使法律赋予的检察职能的司法机关；相对于其他权力机关，检察院是自治的，独立行使其职责及权限，不受任何干涉；检察院的自治及独立性，透过检察院受合法性准则及客观准则所约束，以及检察院司法官仅须遵守法律所规定的指示予以保障。"

《司法组织纲要法》第 56 条规定了检察院的职责和权限，主要是在法庭上代表澳门特别行政区，实行刑事诉讼，维护合法性及法律所规定的利益；诉讼法律规定检察院在何种情况下行使监察《澳门基本法》实施的权限。《司法组织纲要法》第 57 条规定了检察院在各级法院的代表和组织方式：在终审法院由检察长代表，在中级法院由助理检察长代表，在第一审法院由检察官代表。《司法组织纲要法》第 60 条对于检察院参与诉讼的形式作出了更为明确具体的规定，如在法庭上，代表澳门特别行政区、澳门特别行政区公库、市政机构或临时市政机构、无行为能力人、不确定人及失踪人；代表集体利益或大众利益进行诉讼；依职权在法院代理劳工及其家属，以维护彼等在社会方面的权利；等等。

第二节 澳门民事诉讼的基本原则、类型和形式

一、澳门民事诉讼的基本原则

(一) 禁止自力救济原则

《澳门民事诉讼法典》(以下简称《澳门民诉法》)第2条规定:“以武力实现或保障权利并不合法,但在法律规定之情况及限制范围内除外。”即实现法律所保护的权利要通过法院来进行,禁止以“自力救济”的方式来实现权利。

(二) 当事人进行原则及辩论原则

《澳门民诉法》第3条对当事人进行原则及辩论原则作了明确规定。当事人进行原则是指法院对民事案件的审理应以当事人的请求为依据,除非法律有例外规定,否则法院不得在一方当事人未提出请求,并且另一方当事人未获机会申辩的情况下解决引致诉讼的利益冲突。辩论原则指在整个诉讼过程中,在当事人未有机会就法律问题或事实问题作出陈述时,法官不得对这些问题作出裁判,但明显无须当事人作出陈述的情况除外。

(三) 当事人平等原则

《澳门民诉法》第4条规定了当事人平等原则:“在整个诉讼过程中,法院应确保当事人具有实质平等之地位,尤其在行使权能、使用防御方法及适用程序上之告诫及制裁方面。”

(四) 处分原则

《澳门民诉法》第5条对处分原则作了具体表述:“组成诉因之事实及抗辩所依据之事实,系由当事人陈述”,“法官仅得以当事人陈述之事实作为裁判基础”。表明该项原则所强调的是当事人对涉及自己的诉讼利益的事实有自行处分的权利,法官一般不能超越当事人陈述的事实进行裁判。

(五) 诉讼程序之领导权及调查原则

《澳门民诉法》第6条所规定的“诉讼程序之领导权及调查原则”,又被称为法官调查原则或纠问原则。这一原则的主要精神在于两个方面:(1) 法官依职权命令或采取必要的措施,以保证诉讼程序的正常进行;(2) 法官依职权采取或命令采取一切必要措施,以查明案件事实及合理解决争议。

(六) 形式合适原则

该项原则见之于《澳门民诉法》第7条,是指如果法律规定的程序步骤并不适合案件的特殊情况,法官经听取当事人意见后,应依职权命令作出更能符合诉讼目的之行为。该项原则赋予法官变更诉讼程序的更大权力,但是,必须是遇到特殊情况,并且必须征得当事人同意,体现了对当事人进行法律关照的

原则。

(七) 合作原则

《澳门民诉法》第 8 条规定了合作原则。它是指在主导或参与诉讼程序方面,司法官、诉讼代理人及当事人应相互合作,以便迅速、有效及合理解决争议。

(八) 善意原则

善意原则在《澳门民诉法》第 9 条中作了规定。与上述的合作原则相呼应,善意原则要求当事人进行诉讼行为应出于善意的目的,不应提出违法请求,亦不应陈述与真相不符的事实、声请采取纯属拖延程序进行之措施及不给予上述规定之合作。

二、澳门民事诉讼的类型和形式

(一) 诉讼类型

《澳门民诉法》将诉讼分为两个大类,即宣告之诉和执行之诉。

所谓宣告之诉是指原告为了确定某种法律关系或者某种民事权利或义务存在或不存在以及应当以何种方式存在而进行的诉讼。根据《澳门民诉法》第 11 条的规定,宣告之诉包括确认之诉、给付之诉和形成之诉。

所谓执行之诉是指原告请求采取适当措施以确实弥补遭受侵害之权利的诉讼。执行之诉必须以一定的执行名义为依据,并以此执行名义确定执行之诉的标的和限制。如支付一定的金额,交付一定的物,或作出一定的行为或不作为。作为执行依据的凭证可以是判决书、公证文书、汇票、账单、支票等。

(二) 诉讼形式

所谓诉讼的形式,是指诉讼得以开展的样式,即进行诉讼的程序。诉讼的类型是从诉讼的性质上对诉讼进行分类,而诉讼的形式是从诉讼的进行过程对诉讼作出划分。宣告之诉或执行之诉只有通过具体的诉讼形式才能得以展开。

根据《澳门民诉法》第二卷"诉讼程序一般规定"第四编"诉讼形式"第一章"一般规定"第 369 条的规定,诉讼程序可分为普通诉讼程序和特别程序。特别程序适用于法律明文指定之情况,也就是说特别程序是法律明确规定的程序,如《澳门民诉法》第五卷所规定的特别程序。普通诉讼程序则适用于所有不采用特别程序之情况,也就是说除了特别程序之外,其他的通常意义上的诉讼程序就是普通程序。而普通诉讼程序又包括通常诉讼程序和简易诉讼程序。《澳门民诉法》为此规定了"普通宣告诉讼程序"(第三卷)、"普通执行程序"(第四卷)和"特别程序"(第五卷)。

第三节　澳门民事诉讼的管辖

一、管辖的概念

澳门法院体制的设置比较单一，只设有三级法院，即初级法院、中级法院和终审法院。而且，初级法院被明确为第一审法院，因此，澳门的法院只有纵向的审级之分，而没有横向的地域之分；同时，澳门特别行政区作为一个独立的法域，拥有司法终审权。所以，澳门的民事诉讼管辖问题主要是澳门特区的法院对哪些民事案件拥有司法管辖权的问题，而不涉及对第一审民事案件的分工和权限问题。此外，由于对审级的分工明确，各级法院的职能和权限也被纳入广义上的管辖的范畴。

二、澳门法院确定民事诉讼管辖权的原则

（一）根据牵连原则确定管辖权

根据《澳门民诉法》第 15 条的规定，当出现下列任一情况时，澳门法院具有管辖权：(1) 作为诉因之事实或任何组成诉因之事实在澳门作出；(2) 被告非为澳门居民而原告为澳门居民，只要该被告在其居住地之法院提起相同之诉讼时，该原告得在当地被起诉；(3) 如不在澳门法院提起诉讼，有关权利将无法实现，且拟提起之诉讼与澳门之间在人或物方面存有任何应予考虑之连结点。

（二）根据住所地确定管辖权

根据《澳门民诉法》第 17 条的规定，遇有下列情况，澳门法院具有管辖权：(1) 被告在澳门有住所或居所；(2) 被告无常居地、不确定谁为被告或被告下落不明，而原告在澳门有住所或居所；(3) 被告为法人，而其住所或主要行政管理机关，又或分支机构、代办处、子机构、代理处或代表处位于澳门。

（三）专属管辖

根据《澳门民诉法》第 20 条的规定，澳门法院对以下民事诉讼具有专属管辖权：(1) 与在澳门之不动产之物权有关之诉讼；(2) 旨在宣告住所在澳门之法人破产或无偿还能力之诉讼。

（四）对某些特殊情况的管辖权

除以上关于确定管辖的一般原则之外，《澳门民诉法》第 16 条还规定了“对某些诉讼具管辖权之情况”，这些特殊情况涉及债权债务、合同纠纷、财产抵押、船舶碰撞、共有物之分割、遗产继承、破产清算等诸多事宜。但其基本上仍然体现了上述确定管辖权的一般原则。

三、澳门各级法院的管辖权

澳门《司法组织纲要法》对各级法院的司法管辖权作出了明确具体的规定。

（一）初级法院的管辖权

根据澳门《司法组织纲要法》第27条的规定，第一审法院分为初级法院和行政法院，初级法院由民事法庭、刑事起诉法庭、轻微民事案件法庭、刑事法庭、劳动法庭、家庭及未成年人法庭组成。就民事案件而言，初级法院是澳门特别行政区的基层法院，凡民事案件，包括适用通常程序进行的普通宣告之诉和执行之诉的第一审案件均由初级法院管辖。

（二）中级法院的管辖权

根据澳门《司法组织纲要法》第36条的规定，中级法院的管辖范围是：审理初级法院的上诉案件；作为第一审，审理对政府官员、初级法院法官、检察官的职务行为提起的诉讼；审查及确认在澳门以外所作的裁判；行使法律赋予的其他管辖权。在民事案件管辖权方面，中级法院不受理第一审民事案件，而只是作为第二审审理针对初级法院裁判提出的上诉案件。对中级法院裁判不服的，可以在符合上诉利益限额的前提下向终审法院提出上诉。

（三）终审法院的管辖权

终审法院是澳门最高审级的法院，根据澳门《司法组织纲要法》第44条的规定，其民事诉讼管辖权是：审判对中级法院作为第二审级所作的属民事或劳动事宜的合议庭裁判。此外，终审法院还审理中级法院作为第一审的上诉案件，以及针对行政长官、立法会主席、终审法院法官、检察长、中级法院法官和助理检察长等特定人员的职务行为提起的诉讼。民事案件从初级法院的第一审，到中级法院的第二审，再到终审法院的第三审，终审法院作为最高级别的审判机关，其作出的裁判理应是终审裁判。也正是从这个意义上，可以说澳门的民事案件在审级制度上是三审终审制。

第四节　澳门民事诉讼的当事人和代理人

一、当事人的正当性

澳门民事诉讼法所谓当事人的正当性，是指原告为维护自身利益而提起诉讼的必要性与合理性。凡提起诉讼为必要且合理者，即有诉之利益，才符合正当当事人的要求。《澳门民诉法》第72条规定：“如原告需要采用司法途径为合理者，则有诉之利益。”例如，在确认之诉中，如果原告采取行动欲解决一客观上不确定及严重的情况，则有诉之利益；在形成之诉中，如果不能通过原告作出的单方行为取得所要达到的法律效果,则有诉之利益。

只有符合上述正当性与诉之利益的要求,才能成为民事诉讼当事人。但是,对于旨在维护公共卫生、环境、生活素质、文化财产及公产,以及保障财货及劳务消费的诉讼或保全程序,则任何享有公民权利及政治权利之居民,有关的社团和财团,政府以及检察院,“均有提起以及参与之正当性”,这种“维护大众利益”的公益诉讼并不受其主体具有诉之利益的要求限制。

二、共同诉讼人

根据《澳门民诉法》的规定,所谓共同诉讼是由于出现争议的实体法律关系涉及数人,使得有关的诉讼可由全部利害关系人共同提起,或者针对全部利害关系人提起,因而出现的当事人一方或者双方为 2 人以上的诉讼。在法院一同起诉或者应诉的当事人,称为共同诉讼人。共同诉讼分为普通共同诉讼和必要共同诉讼,这两种共同诉讼人的诉讼地位也有所不同。

普通共同诉讼与必要共同诉讼的共同之处在于,两者都是基于同一实体法律关系;两者的区分是,前者是由多个诉讼简单合并而构成,其中每一诉讼当事人的地位独立于其他的共同当事人;后者是只有一个诉讼而诉讼当事人有多个。

三、联合诉讼人

所谓联合诉讼,是指原告和原告的联合或者被告和被告的联合,联合诉讼的一方就是联合诉讼人。联合诉讼主要发生在两种情形下:第一,出于同一诉讼原因,或者各个请求之间在审理上存在先决或依赖关系。在这种情况下,允许数名原告联合,以各自不同的请求针对 1 名或者数名被告,也允许 1 名原告同时以不同的请求起诉数名被告。第二,诉讼原因虽然不同,但是主要的请求理由是否成立从根本上取决于对相同事实的认定,或者从根本上取决于对相同法律规则或完全类似的合同条款的解释及适用时,也可以联合。

联合诉讼与共同诉讼都产生于当事人为多数的情况,但它们是有区别的。在共同诉讼中,当事人的实体法律关系是相同的;而在联合诉讼中则不存在相同的实体法律关系。

四、第三人

澳门的第三人制度涉及主参加人、辅助参加人、对立人这三个概念:

(1) 主参加人。所谓主参加人,即第三人参加到原告人或被告人一方,成为主当事人参加诉讼。其拥有的诉讼权利和义务同于其参加的一方当事人。

(2) 辅助参加人。也称从当事人,其参加诉讼的原因是法院的裁判可能对其产生一定的后果,从而加入诉讼,辅助一方当事人进行诉讼。

(3) 对立人。是指为了本身利益而参加到诉讼中的人。其在诉讼中的地位是独立的,与双方当事人形成对抗关系。

第三方当事人参加诉讼的方式有自发参加、诱发参加及第三人异议参加三种方式。自发参加就是案外人以主动申请的方式参加诉讼;诱发参加即由一方当事人提出申请,由法院决定其是否参加诉讼;第三人异议参加仅限于案外人认为法院的某些措施或命令影响到其财产权或其他权利,而这些权利与该案的当事人无关的情形。因第三人异议而参加到诉讼当中的,其地位是对立人。

五、诉讼代理人

诉讼代理人一般分为法定诉讼代理人、指定诉讼代理人和委托诉讼代理人。

(一) 法定诉讼代理人

在澳门民事诉讼法中,法定诉讼代理人代理的事项是无诉讼行为能力人参与诉讼的行为,即代理未成年人、禁治产人、准禁治产人进行诉讼行为。如《澳门民诉法》第 44 条第 1 款规定:"无诉讼能力之人透过其代理人或在保佐人辅助下,方得进行诉讼,但可由无诉讼能力之人亲身自由作出之行为除外。"第 47 条规定:"准禁治产人得参与其为当事人之诉讼;如其为被告,应传唤之,否则,导致因未作传唤而生之无效,即使已传唤其保佐人亦然。准禁治产人之参与须在保佐人之引导下进行;如两人间有分歧,则以保佐人之意见为准。"

(二) 指定诉讼代理人

澳门的指定诉讼代理人一般发生在如下情形:(1) 无诉讼行为能力人如果没有一般代理人,应当向有管辖权的法院申请,由该法院代为指定一般代理人。(2) 如果被诉的法人、公司或合伙无代理人,或者被告与其代理人之间有利益冲突,则审理有关案件的法官须为其指定特别代理人。(3) 如果当事人在澳门未能聘得愿意在法院作为其代理人的人,可以要求代表律师机构的主持人为其指定 1 名律师。(4) 如遇有紧急情况,或者有权限作出指定的实体于 10 日内不指定律师时,由法官代为指定。

(三) 委托诉讼代理人

(1) 代理资格。在澳门民事诉讼中,只有律师才具有接受委托、担任代理人的资格,其他任何主体不能受托代理。

(2) 委托方式。澳门民事诉讼代理人的委任,可以通过书面或者口头委托。

(3) 强制委托与非强制委托。在必须委托代理人即律师的情况下,如果当事人未委托律师,法院依职权或应另一方当事人的申请,通知该当事人在指定期间内委托律师;如果不在指定期间内委托律师,则驳回对被告的起诉,或者上诉不得继续进行,又或所作的辩解不产生效力。

(四) 检察院代理

除上述三种代理形式外,检察院代理可以说是澳门民事诉讼的一个特色。检察院代理在如下情况下进行:(1) 如果失踪人或无行为能力人或其法定代理人未作出申辩,或者失踪人未及时到场作出申辩,则由检察院代为行使辩护权利。并且为了维护无行为能力人及失踪人的权利和利益,可以代理其向法院提起诉讼。(2) 如果原告因不能确定对答辩有直接利害关系的人而针对不确定人提起诉讼,则该不确定人由检察院代理。(3) 代理澳门地区。如果案件的标的为本地区的财产或权利,而其由自治实体管理或就其取得收益,则该等自治实体可以委托律师与检察院共同参与诉讼;律师与检察院间有意见分歧时,以检察院意见为准。

第五节 澳门民事诉讼的普通宣告诉讼程序

一、通常诉讼程序之初审程序

通常诉讼程序是普通宣告诉讼程序中的最具典型意义的程序。通常诉讼程序包括初审程序、简易程序和上诉程序。这里先介绍通常诉讼程序的初审程序。

(一) 起诉

根据《澳门民诉法》第 389 条的规定,原告起诉应当向法院提交起诉状。起诉状的内容包括:(1) 指出向何法院提起诉讼及有关当事人的身份资料,包括姓名、居所,如果可能,还应指明其职业及工作的地方;(2) 指明诉讼形式;(3) 载明作为诉讼依据的事实及法律理由;(4) 提出请求;(5) 声明有关案件的利益值。在起诉状的结尾部分,原告可以提出证人名单及声请采取其他证明措施。在这里,案件的利益值是一个衡量能否适用通常诉讼程序的重要标准。《澳门民诉法》第 371 条规定:“对于须按普通诉讼程序进行之宣告之诉,如其利益值不超过初级法院之法定上诉利益限额,则以简易形式进行;在其他情况下,以通常形式进行。”根据澳门《司法组织纲要法》第 18 条的规定,在民事及劳动法上的民事方面,第一审法院的法定上诉利益限额为澳门币 10 万元,只有达到这一法定上诉利益限额才能适用通常程序进行诉讼,未达到此法定上诉利益限额的则适用简易程序。

(二) 答辩

根据《澳门民诉法》第 400 条的规定,在传唤被告时,应提醒被告作出答辩,如不作出答辩,则视为其承认原告分条缕述之事实。所以,答辩是被告针对原告的控告而进行防御的必需手段,也是被告所享有的一项最重要的权利。

被告的答辩主要体现为提出答辩状,《澳门民诉法》规定:被告提交答辩状的期间为30日,在特殊情况下,可最多延长30日。在有多名被告,而各自的答辩期又各不相同的情况下,可以在其中最迟开始进行的期间终结前共同作出答辩或各自作出答辩。

(三)反驳与再答辩

在被告进行抗辩或者提出反诉后,原告有权进行答复及防御,是为原告的反驳。原告的反驳应于获知或视作获知被告的答辩之日起15日内作出;但是如有反诉,或诉讼为消极确认之诉,则该期间为30日。在原告作出反驳后,被告还可以进行再答辩。被告的再答辩应于获通知或视作获通知原告提出反驳之日起15日内提出。

(四)试行调解

《澳门民诉法》规定,在正式开庭听证之前,即诉讼程序的清理与准备阶段,可以试行调解。试行调解由法官主持,目的在于获得一衡平之解决方法。若调解不成,也可在诉讼程序中的其他时刻尝试进行,但不得纯粹为此而传召当事人多于1次。调解的前提条件是:案件涉及双方当事人可处分的权利,而双方当事人共同提出调解申请,或者法官认为适宜调解的。调解应当在提交诉辩书状阶段结束后15日内进行,必须通知当事人亲自到场或由具有和解的特别权力的诉讼代理人代表到场。

(五)听证与判决

1. 听证

听证,是指以开庭审理的方式对案件事实进行调查和辩论的过程。听证过程由法官主持,并按照下列顺序进行:

(1)开始听证。庭审始于传唤,一经召唤已被传召者,听证立即开始。但是在三种情况下,听证须押后进行:第一,必须由合议庭进行听证,而合议庭未能组成的。第二,某一已被传唤人缺席,但并未表示其不到场;或者一方当事人未能查阅某份已提交的文件,法官认为在该缺席或就该文件未答复的情况下进行听证有严重不便的。第三,律师缺席,须将缺席告知其委托人,且须立即指定听证日期。

(2)试行调解及进行辩论。如果无上述的押后理由,则进行案件的辩论。在案件涉及当事人可处分的权利的情况下,主持听证的法官须试行对各当事人进行调解。若调解不成,则依下列顺序进行:当事人进行陈述;展示复制品;鉴定人作口头解释;询问证人;就事实事宜进行辩论。每一律师在辩论时可反驳1次。

2. 审议和判决

关于案件事实的辩论终结之后,合议庭应开会以便作出裁判。案件由合议庭负责审理的,其裁判以合议庭裁判方式作出;案件由法官独任审理的,其裁判须以批示作出。合议庭的裁判以多数票决定,裁判书由主持合议庭的法官缮写,合议庭的主持法官或其他法官就裁判中任何一点有不同意见的,可就理由说明部分作出不同立场之声明。

判决书应首先对可以导致构成驳回起诉的问题给予判定。法官应当解决当事人交由其审理的所有问题,但是有关问题的裁判受其他问题的解决方法影响而无须解决者除外。法官亦只需审理当事人提出的问题,但是法律允许或者规定法官须依职权审理者除外。判决时不得判处给付高于所请求的数额,或者有别于所请求之物。

二、简易程序

简易程序适用于案件利益值不超过初级法院的法定上诉利益限额的案件。简易程序具有如下特点:

(1) 起诉状要求条件简化。在简易程序中,起诉状只要求载明如下事项:当事人的姓名及住所,如果可能,也要指出当事人的职业及工作地点;作为诉讼依据的事实、请求。而且,起诉状不必以分条缕述的方式进行陈述。

(2) 作出诉讼行为的法定期间缩短。因为诉讼方式的严格程度略有减轻,所以更为强调诉讼的快捷。被告的答辩期、原告的反驳期均比通常程序减少一半时间。

(3) 被告不答辩则直接导致原告胜诉。如果被告不提出答辩,则按照通常程序的相关规定,视为其承认原告所陈述的事实;如果该事实使诉讼理由成立,而原告陈述的依据又载于起诉状者,法官可仅通过赞同该依据,直接判处被告满足原告的有关请求。

(4) 对案件的审理与判决由法官独自进行,除非经当事人请求,诉讼程序采用通常诉讼程序方式进行。

(5) 判决口头进行。除案件复杂,法官认为应以书面方式作出判决者外,判决经口头宣告,并载于记录当中。

三、平常上诉程序

《澳门民诉法》将上诉审程序分为平常上诉与非常上诉两种类型。非常上诉包括再审上诉及基于第三人反对而提起的上诉,其余上诉则为平常上诉。

(一) 提起上诉的一般程序要求

1. 提起上诉的主体

根据《澳门民诉法》的规定,有权提起上诉者仅为案件中败诉的主当事人,如果双方当事人均有败诉时,都有权提出上诉。共同参与诉讼者如果是作为主当事人,则当然拥有上诉权,但如果是仅作为辅助的当事人,则仅在其因第一审裁判而直接遭受实际损失的情况下,方有权提起上诉。

2. 提起上诉的对象

在澳门民事诉讼程序中,以案件的利益值作为决定可否上诉的重要标准。根据其规定,只有在案件的利益值高于作出上诉所针对的裁判的法院的法定上诉利益限额时,才可以提起上诉。也就是说,如果案件利益值低于法定上诉利益限额时,则不得上诉。根据《澳门民诉法》第583条第2款的规定,如果遇有下列情况,不论案件利益值为何,均可提起上诉:(1)以违反管辖权规则或以抵触裁判已确定的案件为上诉依据;(2)裁判涉及案件、附随事项或保全程序的利益值时,以该利益值超过作出上诉所针对的裁判的法院的法定上诉利益限额为上诉依据;(3)所作的裁判违反具有强制性的司法见解。

3. 提起上诉的方式

在澳门民事诉讼程序中,上诉是以当事人申请的方式进行的,申请可以是书面的,也可以是口头的。提起上诉的期间是10天,一般自作出裁判之通知时起算。如果是书面申请,则必须在法定期间内向作出上诉所针对的裁判的法院提交;口头申请上诉发生在口头作出判决或批示的情况下,该口头申请应当载于记录中。

(二)对上诉案件的审判

在澳门民事诉讼程序中,上诉若获得接受,便会被上呈移送至上级法院进行审理。上级法院审理上诉案件一般采取书面形式。但是,如有必要,也会采取重新调查证据并听取各方当事人陈述的方式。根据《澳门民诉法》的规定,中级法院和终审法院对上诉案件的审判程序是有所不同的。

1. 中级法院对上诉案件的审判

上诉案件的卷宗材料移交给中级法院之后,由裁判书制作人(主审法官)进行审查,经审查如果没有任何妨碍审理上诉标的之情况,须将卷宗送交两名助审法官审查,每人审查的期间为15天。其后送交裁判书制作人审查,为期30天。经过以上审查之后,合议庭便可进行投票表决,裁判以多数票决定。裁判书由裁判书制作人负责制作。

如果中级法院经审理完全确认第一审的裁判及其依据,则中级法院合议庭得裁判上诉理由不成立。在下列情况下,中级法院可以变更初级法院就事实事宜所作的裁判:(1)作为涉及事实事宜内容的裁判基础的所有证据资料均载于有关的卷宗,或者已将所作的证言录制成视听资料时,根据这些证据,可得出不同于一审裁判的结论。(2)上诉人提交嗣后出现的新文件,而且单凭该文件足以推翻作为裁判基础的证据。

2. 终审法院对上诉案件的审判

向终审法院提起上诉的,可以分为两种情形:第一种,以违反或错误适用实体法或诉讼法为依据,或者以合议庭裁判无效为依据而上诉;第二种,为裁判违反强制性司法见解而上诉。终审法院对上诉案件的审理过程与中级法院相似,但终审法院有权撤销被上诉的裁判,命令中级法院对有关案件重新审理及重新作出裁判。

一般而言,终审法院对上诉所针对的法院就事实事宜所作的裁判不得变更,但如果该裁判关于某事实存在的证据明显违反法律对要求一定类别的证据方法的规定,或者违反法律订定某一证据方法的证明力之明文规定者,不受这一限制。如果终审法院认为事实事宜可以而且应当扩大,以说明在法律方面的裁判理由,或者认为在事实方面的裁判出现矛盾,以致不可能作出法律方面的裁判,则可命令中级法院重新审理有关案件。

四、非常上诉程序

非常上诉程序包括再审上诉和基于第三人反对而提起的上诉。

(一) 再审上诉

1. 再审上诉的范围

根据《澳门民诉法》第653条的规定,提起再审之诉的依据包括:(1) 已确定的判决是因法官或参与裁判的任何一名法官渎职、非法收取财物或者接受贿赂而作出的。(2) 已确定的裁判存在法院的虚假行为,或者虚假的文件、陈述、证言,或者虚假的鉴定。但是,在作出该裁判时曾经就这些事宜进行过讨论者除外。(3) 案件中存在当事人不知悉的文件或者当事人在诉讼程序中未能加以利用的文件,而单凭该文件足以改变该裁判,使该裁判对败诉的当事人较为有利的。(4) 该裁判所依据的当事人承认、放弃请求、撤诉或者和解被已确定的判决宣告为无效或者予以撤销。(5) 因无特别授权而代理当事人进行承认、放弃请求、撤诉或和解的,该代理行为无效。(6) 未作出传唤或者所作的传唤无效,致使被告未能参与审理,而在其不能到庭的情况下,进行有关程序。(7) 该裁判与先前作出的对当事人构成裁判已确定的案件的另一裁判有所抵触。

2. 再审上诉的提起

再审程序因案件的利害关系人之申请而开始,提起再审上诉的期间为60天,自再审上诉所依据之判决被确定或当事人获得作为再审上诉依据之文件或知悉作为再审上诉依据之事实之日起算。但如果所作裁判成为确定裁判超过5年,则丧失提起再审上诉的权利。

利害关系人的申请必须向作出该裁判的法院提起,再审上诉申请书应当与有关判决的证明或请求所依据的文件一同提交,并尽量证实存有所援引的依据;如果未按规定提出申请或提交有关文件,或明显无提起再审上诉之依据,则其申请可能被驳回。

3. 再审上诉的审判

再审上诉如获受理,则应通知他方当事人本人于20日内作出答复,被上诉人作出答复或答复期限届满之后,法院须采取必需的措施,并审理再审上诉的依据。如果裁定再审依据理由成立,则再审所针对的裁判应予废止,而且依不同的情形而作出不同的行为:(1)未传唤被告或者传唤无效的,应当撤销在该情况下所作的诉讼行为,而且应当命令传唤被告参与有关诉讼;(2)法官渎职或受贿,或者提交当事人未知悉的文件的,应当重新作出判决,并采取必需的措施,且给予每一当事人20日的期间以作书面陈述;(3)属于法院的虚假行为,或者虚假的文件、陈述、证言,或者虚假的鉴定,或者该裁判所依据的当事人承认、放弃请求、撤诉或者和解被已确定的判决宣告为无效或者予以撤销,或者因无特别授权而代理当事人进行承认、放弃请求、撤诉或和解的,应当对案件进行重新调查及审判。

(二)基于第三人反对而提起的上诉

根据《澳门民诉法》第664条的规定,如果争议系基于当事人之间的虚伪行为,且法院因不知悉有关的欺诈行为而没有行使法律赋予的权力,则在有关终局裁判确定后,受该裁判影响之人可以通过基于第三人反对而提起的上诉程序提出上诉。上诉的期间为自该第三人知悉该裁判之日起3个月内,但最长不能超过5年。上诉须向作出所针对的裁判的法院提出,但如果卷宗正处于另一法院,则提起上诉的申请须向此法院提交。上诉获受理后,须通知被上诉人本人于20日内作出答复;作出答复后或答复期间届满之后,受理法院须以简要方式证实当事人陈述之依据是否存在,并裁判上诉应否继续进行。如果上诉继续进行,应当按照被提起上诉的判决的诉讼所采用的程序中在提交诉辩书状阶段结束后的步骤进行审判。

拓展阅读

1. 白红平、欧海燕:《大陆与澳门在涉外民事诉讼程序法上的冲突与合作》,载《理论探索》2000年第2期。

2. 任万兴、崔巍岚:《论多法域法律体制的形成及其意义》,载《河北法学》2000年第3期。

3. 林世钰:《澳门检察院的民事诉讼角色担当》,载《人民检察》2008年第4期。

4. 谢耿亮:《法律移植、法律文化与法律发展——澳门法现状的批判》,载《比较法研究》2009年第5期。

5. 魏佳:《澳门民事诉讼法律体系研究》,载《广西警官高等专科学校学报》2010年第4期。

6. 齐树洁主编:《港澳民事诉讼法》,厦门大学出版社2014年版。

第三十八章　台湾民事诉讼程序

本章目次

第一节　台湾民事诉讼法的体例

我国台湾地区现行的“民事诉讼法”沿革于旧中国的“民事诉讼法”。其采用德国法体例,同时参照了奥地利、匈牙利、日本民事诉讼法,并间接吸收了英美法,从体系到内容,都深受两大法系的影响。台湾“民事诉讼法”初由国民政府于1930年12月26日公布,至2021年12月8日共历经25次修正。台湾现行“民事诉讼法”共分为八编:第一编为总则,设法院、当事人、诉讼标的价额之核定及诉讼费用、诉讼程序四章;第二编为第一审程序,设通常诉讼程序、调解程序、简易诉讼程序、小额诉讼程序四章;第三编为上诉审程序,设第二审程序、第三审程序两章;第四编为抗告程序;第五编为再审程序;第六编为督促程序;第七编为保全程序;第八编为公示催告程序。

台湾现行“民事诉讼法”以1968年2月1日公布的版本为准,共有条文640条,经历次修订以后,屡有增删,截至2021年12月8日第25次修订,其有效条文为556条。但由于众多条文定有次级条文,故实际条文数量远大于556条。如其小额诉讼程序虽单列一章,但系在第436条之下增添的次级条文,从第436-8条至第436-32条。其被删除的条文仍保留条文序号,以保持其体例上的连贯性与稳定性。此外,台湾奉行诉讼程序的专门化、精细化路线,其“民事诉讼法”着重于普通民事案件的审判程序,故而将“非讼事件法”“强制执行法”“家事事件法”等另行立法。

第二节　台湾的民事诉讼管辖制度

一、职务管辖

职务管辖,也称事物管辖,是指依法院职务行为之不同种类为标准而确定的管辖。由于法院的职务范围与其级别相关,故而职务管辖又可称为级别管辖或审级管辖。职务管辖是强制性的,不允许法院或当事人合意变更。职务管辖可分为通常职务管辖与特别职务管辖。

（一）通常职务管辖

通常职务管辖即审级管辖，是指各级法院审理民事案件的职权范围。台湾“法院组织法”按照审级的不同，规定了各级法院管辖的具体内容：

（1）第一审法院，即地方法院及其分院，亦称初审法院。[①] 地方法院及其分院管辖三类案件：一是第一审民事诉讼案件；二是其他法律规定的诉讼案件；三是法律规定的非讼事件。

（2）第二审法院，即高等法院及其分院，亦称第二审上诉法院或抗告法院。[②] 高等法院及其分院管辖的案件有三类：一是不服地方法院或其分院审理的第一审民事判决而上诉的案件；二是不服地方法院或其分院裁定而抗告的案件；三是其他法律规定的诉讼案件。

（3）第三审法院，即“最高法院”，亦称终审法院、再抗告法院。[③] “最高法院”的管辖范围，一是不服高等法院或其分院审判的第二审民事判决而上诉的案件；二是不服高等法院或其分院裁定而抗告的案件；三是非常上诉案件；四是其他法律规定的诉讼案件。

（二）特别职务管辖

特别职务管辖又称专属管辖，即法律规定某一类案件专属于某个审级的法院管辖。如对于涉及不动产的诉讼，台湾“民事诉讼法”第 10 条规定：“因不动产之物权或其分割或经界涉讼者，专属不动产所在地之法院管辖。其他因不动产涉讼者，得由不动产所在地之法院管辖。”又如“再审之诉”的管辖，台湾“民事诉讼法”第 499 条规定：“再审之诉，专属为判决之原法院管辖。对于审级不同之法院就同一事件所为之判决，提起再审之诉者，专属上级法院合并管辖。但对于第三审法院之判决，系本于第 496 条第 1 项第 9 款至第 13 款事由，声明不服者，专属原第二审法院管辖。”再如对“第三人撤销诉讼”的管辖，台湾“民事诉讼法”第 507-2 条规定：“第三人撤销之诉，专属为判决之原法院管辖。对于审级不同之法院就同一事件所为之判决合并提起第三人撤销之诉，或仅对上级法院所为之判决提起第三人撤销之诉者，专属原第二审法院管辖。其未经第二审法院判决者，专属原第一审法院管辖。”此外，台湾“民事诉讼法”还对“督促程序”“公示催告程序”等诉讼案件和非讼事件规定了不同的管辖法院。

---

① 依台湾地区“法院组织法”第 3 条规定，地方法院审理案件以法官一人独任或三人合议行之。

② 依台湾地区“法院组织法”第 3 条规定，高等法院审理案件以法官三人合议行之。

③ 依台湾地区“法院组织法”第 3 条规定，“最高法院”审理案件，除法律另有规定外，以法官五人合议行之。

二、土地管辖

以一定的地域关系为标准划分法院管辖区域的，称为土地管辖。即某第一审法院就某一诉讼案件享有管辖权时，该案件的被告即有受其审判的权利义务。土地管辖分为普通管辖法院和特别管辖法院。[①]

（一）普通管辖法院

普通管辖法院是以被告人与法院管辖区域之间的关系为标准确定的管辖。普通管辖法院依自然人和法人而有所不同。

（1）自然人的普通管辖法院。台湾“民事诉讼法”第 1 条规定：“诉讼，由被告住所地之法院管辖。被告住所地之法院不能行使职权者，由其居所地之法院管辖。诉之原因事实发生于被告居所地者，亦得由其居所地之法院管辖。”可见台湾对于自然人的诉讼管辖以“原告就被告”为原则，且以被告住所地为其首要管辖法院。若被告住所地之法院不能行使职权，或诉之原因事实发生于被告居所地者，也可由其居所地之法院管辖。（2）法人的普通管辖法院。台湾地区“民法”上有“公法人”与“私法人”之分，因此诉讼上也据以确定它们的普通管辖法院。台湾“民事诉讼法”第 2 条规定，对于公法人的诉讼，由其公务所所在地的法院管辖；对于私法人或其他可以作为诉讼当事人的团体的诉讼，由其主事务所或主营业所所在地的法院管辖；对于外国法人或其他可以作为诉讼当事人的团体的诉讼，由其在台湾地区的主事务所或主营业所所在地的法院管辖。

（二）特别管辖法院

特别管辖法院是指管辖特定诉讼事件的法院。台湾“民事诉讼法”第 3 条至第 22 条对特别管辖法院作了专门的规定。例如，在台湾地区现无住所或住所不明的人因财产权涉讼的，可以由被告可扣押的财产或请求标的所在地的法院管辖；被告的财产或请求标的如为债权，以债务人住所或该债权担保的标的所在地视为被告财产或请求标的的所在地。这里的“人”包括自然人、法人以及其他可以充当诉讼当事人的非法人团体；对于生徒、受雇人或其他寄寓人因财产权涉讼的，可以由寄寓地的法院管辖。此外，因业务涉讼的案件、因契约涉讼的案件、因票据涉讼的案件、因财产管理涉讼的案件、因侵权行为涉讼的案件、因继承涉讼的案件、因不动产涉讼的案件，等等，台湾“民事诉讼法”均规定了特别管辖法院。其数量众多，且规定详细。显而易见的是，其中的某些案件属于我国大陆地区《民事诉讼法》所规定的特殊地域管辖的情形，而有的案件属于专属管辖的情形。

---

① 土地管辖，台湾地区学者称之为审判籍。审判籍可分为普通审判籍和特别审判籍。

三、合意管辖

合意管辖,是指依当事人双方的合意来确定其管辖法院。合意管辖系基于双方之合意,直接发生管辖变更的诉讼法上效果的行为,故属诉讼行为中的诉讼上契约行为。但属于专属管辖之诉讼不适用合意管辖。

合意管辖分为明示的合意管辖和拟制的合意管辖。明示的合意管辖是指法律关系明确的双方当事人以书面约定第一审管辖法院。台湾“民事诉讼法”第24条第1项规定:“当事人得以合意定第一审管辖法院,但以关于由一定法律关系而生之诉讼为限。”拟制的合意管辖是指被告对于没有管辖权的法院进行管辖不提出抗辩,并作出言词辩论的,即以该法院为有管辖权的法院。被告不提出抗辩,说明他已经默认该法院的管辖权,故拟制双方有这种合意,因而又称应诉管辖或法定的合意管辖。台湾“民事诉讼法”第25条规定:“被告不抗辩法院无管辖权,而为本案之言词辩论者,以其法院为有管辖权之法院。”

四、指定管辖

指定管辖又称裁定管辖,是指有管辖权的法院因事实或法律上不能行使管辖权,或因某种情事无法辨别管辖法院,而由直接上级法院依申请或请求以裁定方式指定管辖法院。根据台湾“民事诉讼法”第23条的规定,运用指定管辖的情形有如下两项:

(1)有管辖权的法院因法律或事实的原因,不能行使审判权的。其中,法律原因是指有管辖权法院的全体法官均应回避。事实原因是指因天灾、战乱、疾病或其他原因,一时不能行使审判权。

(2)因管辖区域不明,以致不能辨别有管辖权法院的。

有上述情形之一的,直接上级法院应当依当事人的申请或受诉法院的请求,以裁定方式予以指定。直接上级法院不能行使职权的,由再上级法院指定。当事人提出申请时,应向受诉法院或直接上级法院提出,如果直接上级法院不能行使职权的,可以向再上级法院提出。

五、诉讼之移送

法院受理民事诉讼事件,首先应以职权审查其有无管辖权。法院经审查认为其无管辖权的,只能将诉讼以裁定移送于有管辖权的法院。台湾“民事诉讼法”第28条规定:“诉讼之全部或一部,法院认为无管辖权者,依原告声请或依职权以裁定移送于其管辖法院。……移送诉讼之声请被驳回者,不得声明不服。”由此可见,对于移送管辖采取原告申请与依职权裁定相结合的原则。

第三节 台湾民事诉讼中的当事人

一、当事人能力和诉讼能力

当事人,是指以自己的名义向法院要求保护私权的人及相对人。当事人能力,即诉讼权利能力,也即作为民事诉讼当事人的一般资格。台湾“民事诉讼法”第40条第1款规定:“有权利能力者,有当事人能力。”基于两者的关系,台湾地区学者把当事人能力划分为实质的当事人能力和形式的当事人能力。(1)实质的当事人能力。有民法上权利能力而有当事人能力的,称为实质当事人能力。有实质当事人能力的包括自然人、法人、外国法人、胎儿。根据台湾“民法”规定,尚存活的胎儿,视为已出生,并确认其有权利能力。因此,台湾“民事诉讼法”第40条明文规定胎儿有当事人能力。胎儿尚未出生的,诉讼时以其母为法定代理人。(2)形式的当事人能力。无权利能力而有当事人能力的,称为形式的当事人能力。这主要指非法人团体。

诉讼能力也即诉讼行为能力,指当事人能独立有效为诉讼行为或受诉讼行为之能力。台湾“民事诉讼法”第45条规定:“能独立以法律行为负义务者,有诉讼能力。”至于什么情形下为能独立以法律行为负担义务,原则上依照台湾地区实体法的规定。根据台湾“民法”的规定,满20岁为成年,有行为能力;未成年人已结婚的,有行为能力;法定代理人允许限制行为能力人(满7岁但未成年)独立营业的,限制行为能力人关于其营业,有行为能力。因此,成年人、未成年人已结婚者、经允许独立营业的限制行为能力人,有诉讼能力。

二、当事人适格

当事人适格,是指当事人就特定诉讼,能够以自己的名义为原告或被告的资格。根据台湾“民事诉讼法”第249条的规定,当事人不适格的,为诉讼“无理由”,法院应以判决驳回;但如果属于当事人能力欠缺而进行诉讼的,为诉讼“不合法”,法院应以裁定驳回。一般地说,有当事人能力和诉讼能力的,未必就是适格当事人;反之,当事人适格的,则必有当事人能力。当事人是否适格,法院必须依职权调查。根据台湾“民事诉讼法”第49条的规定,法院对于能力(包括当事人能力)、法定代理权或为诉讼所必要的允许,认为有欠缺而可以补正的,应当规定期间令其补正;如果未能补正或逾期不补正的,法院可以裁定驳回其诉讼。

三、共同诉讼人

共同诉讼,是指原告或被告为2人以上,或原被告双方均为2人以上的诉讼。共同诉讼可以依各诉讼人对诉讼标的之法律关系是否必须合一确定为标准,分为普通共同诉讼和必要共同诉讼。普通共同诉讼中各诉讼人之诉讼标的虽有共同性,但于法律关系是相互独立的,共同诉讼人中一人的诉讼行为不及于其他共同诉讼人。必要共同诉讼又可分为固有的必要共同诉讼和类似的必要共同诉讼:

(1) 固有的必要共同诉讼。是指依据法律规定,必须数人一同起诉或一同被诉,当事人始为适格,且对于数人必须合一确定的诉讼。它又称为程序上的必要共同诉讼。例如,台湾"民事诉讼法"第569条规定,第三人提起婚姻无效、撤销婚姻或确认婚姻是否成立之诉,应当以夫妻为共同被告。

(2) 类似的必要共同诉讼。是指数人就诉讼标的的法律关系虽不必一同起诉或一同被诉,但如进行共同诉讼,则其法律关系对于共同诉讼人全体必须合一确定的诉讼。由于法律关系必须合一确定,因此,虽单独提起诉讼,法院的判决仍可及于当事人以外的人。如众多股东提起撤销股东会决议之诉即属这种情形。

四、选定诉讼当事人制度

选定诉讼当事人制度,是指一方或双方为利益相同的多数当事人时,可以从其中选定一人或数人为选定人及被选定人全体起诉或被诉的一种诉讼制度。

依据台湾"民事诉讼法"第41条的规定,选定诉讼当事人应具备如下要件:(1)必须有共同利益的多数人存在。(2) 必须不属于设有代表人或管理人的非法人团体。因为非法人团体既有代表人或管理人,自然不存在选定代表人的必要。(3) 被选定人必须是从有共同利益的多数人中选定的一人或数人。为防止包揽诉讼发生,不能选定共同利益之外的人为诉讼代表人。(4) 为选定人及被选定人全体起诉或被诉。

五、诉讼参加人

诉讼参加人,是指第三人为保护自己的权利,加入他人之间已经系属的诉讼而为诉讼行为,此种第三人称为诉讼参加人。诉讼参加人又分为主参加人和从参加人。

(1) 主参加人。是指第三人就他人之间的诉讼标的的全部或一部有所请求,或主张因其诉讼结果将使自己的权益受到侵害,而于本诉讼系属中,以该诉讼的双方当事人为共同被告而参加诉讼的人。

(2) 从参加人。是指就双方当事人之诉讼有法律上利害关系之第三人,为辅助一方进行诉讼而参加到诉讼中的人。从参加人又称辅助参加人。

六、诉讼代理人

台湾“民事诉讼法”规定有法定诉讼代理人、特别诉讼代理人、准法定诉讼代理人和委托诉讼代理人。

法定诉讼代理人,是指无诉讼能力人的监护人。无诉讼能力人“不得自为诉讼行为”,而应由其监护人作为法定代理人代理进行诉讼活动。

特别诉讼代理人,是指无诉讼能力人因无法定代理人或其法定代理人不能代行代理权,而申请法院选任代行诉讼行为的人。法院的审判长必须就此项申请是否有理由作出调查,并作出裁定。

准法定诉讼代理人,是指非法人团体的代表人或管理人,以及依法令应为诉讼上行为的代理人,准用法定代理人的规定。

委托诉讼代理人,是指依当事人的委托而以当事人的名义实施诉讼行为的人。根据台湾“民事诉讼法”第 68 条的规定,律师和非律师均可被委托为诉讼代理人,但是非律师而为诉讼代理人的,法院可以以裁定加以禁止。

七、辅佐人

台湾“民事诉讼法”第 76 条规定:“当事人或诉讼代理人经法院之许可,得于期日偕同辅佐人到场。”第 77 条规定:“辅佐人所为之陈述,当事人或诉讼代理人不实时撤销或更正者,视为其所自为。”可见,所谓辅佐人,是指经法院的许可,于期日内由当事人或诉讼代理人偕同到场,辅佐当事人实施诉讼行为的人,其身份十分特殊。辅佐人虽然不是代理人,但是其所作的陈述,当事人或诉讼代理人不即时加以撤销或更正的,视为当事人或诉讼代理人自己所作的陈述,由此可见辅佐人的作用具有即时性,即在当时有效的特性,在这一点上与诉讼代理人是有区别的。

第四节　台湾民事诉讼第一审程序

一、起诉和受理

起诉是指原告依照法定方式,请求法院作出利己判决的诉讼行为。台湾“民事诉讼法”非常强调“诉之自由”原则,人们享有充分的起诉自由权,凡私权被侵害或有遭受侵害危险时均可诉诸法院,请求司法保护。所以,对于受理案件的范围并无严格限制。

在起诉的方式上,台湾“民事诉讼法”第 244 条规定:“起诉,应以诉状表明下列各款事项,提出于法院为之:(1) 当事人及法定代理人;(2) 诉讼标的及其原因事实;(3) 应受判决事项之声明。诉状内宜记载因定法院管辖及其适用程序所必要之事项。"但在第 116 条又规定了"以电信传真或其他科技设备将书状传送于法院"的方式,以及在第 122 条规定了"以笔录代书状"的方式。

法院接到原告起诉后,应依职权进行审查,以决定是否受理本案。法院经审查决定受理的,应将诉状和言词辩论期日通知书一并送达被告。

二、和解

和解的方式在台湾民事诉讼中受到鼓励,台湾"民事诉讼法"第 377 条规定:"法院不问诉讼程度如何,得随时试行和解。受命法官或受托法官亦得为之。第三人经法院之许可,得参加和解。法院认为必要时,亦得通知第三人参加。"

如当事人双方有和解意向,且和解的内容已经基本确定,可以声请法院、受命法官或受托法官在当事人表明之范围内确定和解方案。该项声请应以书状表明法院可以确定和解方案之范围及愿遵守法院所定和解方案的意思。法院、受命法官或受托法官应斟酌一切情形,依衡平法理,确定和解方案;并应将所定和解方案,于期日告知当事人,记明笔录,或将和解方案送达当事人;和解方案告知或送达时,视为和解成立。

如果当事人有和解之望,而一方到场有困难时,法院、受命法官或受托法官也可以依一方当事人之声请或依职权提出和解方案。该和解方案应送达双方当事人,并限期作出是否接受之表示,如果双方当事人于期限内表示接受时,视为和解成立。和解一旦成立,与确定判决有同一之效力。但是,如果和解有无效或得撤销之原因者,当事人也可以请求继续审判。

三、调解

(一) 调解的启动

台湾"民事诉讼法"规定的调解程序是其重要的特色之一,其调解程序的启动有两种方式:当事人申请调解和强制调解。

根据台湾"民事诉讼法"第 403 条的规定,下列事件属于强制调解事件:

(1) 不动产所有人或地上权人或其他利用不动产之人相互间因相邻关系发生争执者;(2) 因定不动产之界线或设置界标发生争执者;(3) 不动产共有人之间因共有物之管理、处分或分割发生争执者;(4) 建筑物区分所有人或利用人相互间因建筑物或其共同部分之管理发生争执者;(5) 因增加或减免不动产之租金或地租发生争执者;(6) 因定地上权之期间、范围、地租发生争执者;(7) 因道路交通事故或医疗纠纷发生争执者;(8) 雇用人与受雇人之间因雇佣契约发生争执者;(9) 合伙人之间或隐名合伙人与出名营业人之间因合伙发生争执者;

(10) 配偶、直系亲属、四亲等内之旁系血亲、三亲等内之旁系姻亲、家长或家属相互间因财产权发生争执者;(11) 其他因财产权发生争执,其标的之金额或价额在新台币 50 万元以下者。

属强制调解事件范围的案件"于起诉前,应经法院调解";强制调解事件范围以外的事件,可由当事人"申请调解"。如果当事人事先已经达成了起诉前应先经法院调解的合意,则任何一方当事人的起诉视为提出了调解之申请,法院亦应先行调解。

另根据台湾"民事诉讼法"第 420-1 条的规定,在第一审诉讼过程中,经两造合意,也可以将事件移付调解,如调解成立则诉讼终结,原告得于调解成立之日起 3 个月内申请退还 2/3 的诉讼费;调解不成立则诉讼程序继续进行。

(二) 调解的进行

对于须强制调解之事件或法院受理调解申请之后,应首先推举或选任调解人。调解程序由简易庭的法官主持,但法官一般不亲自进行调解,而是从法院调解委员名册中选任 1 至 3 人进行调解(法官认有必要时,亦得选任前项名册以外之人为调解委员),如果调解进行到一定程度,有调解成功的希望或者有其他必要情形时,再报请法官到场;但两造当事人合意或法官认为适当时,"亦得径由法官行之"。当事人对调解员人选有异议或双方合意选任其他人为调解员的,法官可以另行选任或者以当事人合意推选的人为调解员。

调解时应本着和平恳切之态度,对当事人双方为适当之劝导,就调解事件酌拟平允方案,力求双方之和谐。

调解经当事人合意而成立。关于财产权争议之调解,经双方当事人同意,可以由调解委员酌定调解条款,对于酌定调解条款,除双方另有约定外,以调解委员过半数确定之。调解委员酌定之调解条款由书记官记明于调解程序笔录,由调解委员签名后,送请法官审核,经法官核定者,视为调解成立。如果调解委员不能酌定调解条款时,法官可以在征得双方同意后,酌定调解条款,或另定调解期日,或视为调解不成立。法官酌定之调解条款,于书记官记明于调解程序笔录时,视为调解成立。

关于财产权争议之调解,当事人不能合意但已甚接近者,法官应斟酌一切情形,并应征询调解委员之意见,在不违反双方当事人之主要意思范围内,以职权提出解决方案,该方案送达当事人或参加调解的利害关系人后,可于 10 日内提出异议,未提出异议者,视为已依该方案成立调解。

(三) 调解的效力

调解成立时,即与诉讼上的和解具有同一的效力,对当事人具有法律拘束力,当事人不得以该法律关系为标的重新提起调解或诉讼。调解有无效或撤销的原因的,当事人可向原法院提起宣告调解无效或撤销调解之诉。法院宣告调解无效或撤销调解时,原调解程序立即依法进入诉讼程序,法院可就原申请调解的事件作出裁判。

调解不成立时,法院应付与当事人证明书,以作为当事人起诉的根据;法院也可以根据一方当事人之申请,按该事件应适用之诉讼程序,立即转入诉讼之辩论。但对方申请延期者,应予许可。前项情形,视为调解申请人自申请时已经起诉。

四、言词辩论

台湾民事审判实行言词审理主义,法院根据当事人的口头陈述所得的资料,作为对案件审判的基础,没有经过言词辩论的一切资料,均不得作为判决的根据。因此,台湾的法庭审理也称言词审理。

言词辩论开始时应由当事人声明应受裁判的事项。台湾"民事诉讼法"第193条规定:"当事人应就诉讼关系为事实上及法律上之陈述。当事人不得引用文件以代言词陈述。但以举文件之辞句为必要时,得朗读其必要之部分。"审判长应向当事人发问或晓谕,命令其陈述事实、声明证据或为其他必要的声明和陈述。在通常诉讼程序中,当事人还应陈述准备程序的要领,但审判长可以命令庭员或书记官宣读准备程序的笔录来替代当事人的陈述。准备程序笔录没有记载的事,当事人在言词辩论时原则上不得主张。在法庭辩论中,陪审法官在征得审判长同意后,有权向当事人发问或晓谕。当事人也可请求法官代为向对方当事人、证人、鉴定人发问或请求自行发问,只要这种请求不妨碍诉讼继续,法庭应当准允。法庭还可以在必要时依照职权令当事人互相对质,或与证人对质。

五、简易程序

简易程序仅适用于两类案件:

一是强制适用简易程序的案件。根据台湾"民事诉讼法"第427条的规定,关于财产权的诉讼,其标的金额或价额在新台币50万元以下的案件适用简易程序。下列案件,不论其标的金额或价额,一律适用简易程序:(1)因建筑物或其他工作物定期租赁或定期借贷关系所生之争执涉讼者;(2)雇用人与受雇人之间,因雇佣契约涉讼,其雇佣期间在一年以下者;(3)旅客与旅馆主人、饮食店主人或运送人之间,因食宿、运送费或因寄存行李、财物涉讼者;(4)因请求保护占有涉讼者;(5)因定不动产之界线或设置界标涉讼者;(6)本于票据有所请求而涉讼者;(7)本于合会有所请求而涉讼者;(8)因请求利息、红利、租金、退职金或其他定期给付涉讼者;(9)因动产租赁或使用借贷关系所生之争执涉讼者;(10)因第1款至第3款、第6款至第9款所定请求之保证关系涉讼者;(11)本于道路交通事故有所请求而涉讼者;(12)适用刑事简易诉讼程序案件之附带民事诉讼,经裁定移送民事庭者。

二是当事人合意适用简易程序,凡不属于上述规定的其他诉讼事件,当事人均可以合意适用简易程序,法院也应依当事人的合意适用简易程序,不得拒绝。

因诉之变更、追加或提起反诉,致使诉的标的发生变化,超出法定适用简易程序范围的,除当事人合意继续适用简易程序外,法院应裁定适用通常诉讼程序,并由原法官继续审理。当事人对诉之变更、追加或反诉不抗辩而为本案之言辞辩论者,视为已有适用简易程序之合意。

适用简易程序的案件由独任法官审理。法院通知证人或鉴定人时,可以不采用送达通知书,而以其认为便利的方式如电话、责令当事人约定等通知。但如果证人或鉴定人在指定期日到场时,仍应发出通知书。法院可以责令证人、鉴定人在法院外以书面方式陈述并具结,但以预料其陈述可信为限。法院在案件审理结束时应当作判决。判决书只要记载事实及理由的要领,即为合法。

六、小额诉讼程序

台湾“民事诉讼法”的小额诉讼程序的某些条款原来规定在简易程序一章中,1999 年修改“民事诉讼法”时增订小额诉讼程序一章,其主要内容包括:

(1) 适用的对象,仅限于请求给付金钱、其他代替物或有价证券之诉讼,其诉讼标的之金额或价额在新台币 10 万元以下。其目的在于维持小额诉讼程序的单纯化,以贯彻其简速解决纠争之目的。对于标的额在新台币 50 万元以下、当事人合意适用小额诉讼程序的,在尊重当事人程序选择权,且不妨碍简速解决纷争之前提下,亦得适用小额诉讼程序。当事人不得为适用小额程序而为一部请求,但已向法院陈明就其余额不另起诉请求者,不在此限。

(2) 排除以附合契约订立之债务履行地条款及合意管辖条款。即一方为法人或商人,利用其经济上的优势或地位,以其预定用于同类契约之债务履行地条款或合意管辖条款与他方订立契约,此种附合契约对于缔约的消费者而言无磋商变更的余地,故为保护经济上弱势当事人,明确规定对此类契约予以排除。但两造均为法人或商人者,不在此限。

(3) 准许当事人选择使用表格化诉状。

(4) 得于夜间或休息日进行程序。但当事人提出异议者,不在此限。

(5) 起诉前依法应行调解程序者,如当事人一方于调解期日 5 日前,经合法通知无正当理由而不于调解期日到场,法院得依到场当事人之申请,命即为诉讼之辩论,并得依职权由其一方辩论而为判决。

(6) 经两造同意,或法院认为调查所需费用、时间与当事人之请求显不相当的,得不调查证据,而径行审酌一切情况,认定事实,为公平之裁判。

(7) 简化判决书,得仅记载主文,事实及理由仅就当事人争执之事项,于必要范围内加记理由要领。

(8) 经原告同意,法院得为被告如按期清偿则免除部分给付之判决。法院依被告之意愿而为分期给付或缓期清偿之判决者,得于判决内定被告逾期不履行时应加给原告之金额。但其金额不得逾判决所命原给付金额或价额之1/3。

(9) 限制当事人为诉之变更、追加或提起反诉。如果当事人为诉之变更、追加或提起反诉,其诉讼标的之金额或价额仅限于新台币10万元以下。

(10) 限制上诉和抗告。对于小额程序之第一审裁判,非以其违背法令为理由,不得上诉或抗告。当事人于第二审程序不得提出新的攻击或防御方法,但因原法院违背法令致未能提出者,不在此限。对于小额程序之第二审裁判,不得上诉或抗告。

第五节 台湾民事诉讼的上诉审程序

台湾地区实行三级三审制,即对地方法院的第一审判决不服的,可向高等法院上诉,对第二审判决不服的,可向"最高法院"上诉。第二审程序和第三审程序统称为上诉审程序。此外,应当注意,台湾"民事诉讼法"规定的上诉仅适用于对判决不服提起的上诉,对裁定不服而向上级法院声明被称为抗告,规定在第四编"抗告程序"之中。

一、第二审上诉程序

根据台湾"民事诉讼法"的规定,上诉必须具备形式要件和有效要件。

上诉的形式要件主要包括以下内容:

1. 上诉的对象必须是第一审法院已确定的终局判决,当事人对第一审法院的中间判决不得上诉;如果对第一审终局判决提起上诉,则中间判决一并审理。

2. 上诉必须在第一审判决送达之日起20日不变期间内提出。

3. 提起上诉必须采用书面方式,并向原第一审法院递交上诉状。

4. 必须有合格的当事人。包括第一审判决中的当事人和在判决后因承受诉讼等事由而接替充任当事人的人以及共同诉讼人和法定代理人等。

5. 依法享有上诉权。当事人在第一审判决宣示或送达后舍弃上诉权时,依法不得上诉。

上诉的有效要件是指当事人以上诉声明不服的判决对上诉人不利,并且这种不利是由于法院判决不当所致。上诉的有效要件包括下列各项:

1. 上诉是主张原判决对上诉人不利并属不当。

2. 上诉由有上诉权的人对应为被上诉人提出。

3. 上诉人无诉讼能力时,上诉由其法定代理人合法代理。

4. 上诉人未经舍弃上诉权或撤回上诉。

第二审法院审理上诉案件仍实行言词审理原则,但小额程序的第二审经两造同意或法院认为上诉为无理由者可不经言词辩论。当事人在言词辩论前,应陈述第一审言词辩论的要项,审判长可以命令庭员或书记官朗读第一审判决笔录来替代当事人的陈述。基于审级制度的要求,当事人在第二审言词辩论中原则上不得作诉之变更、追加或提起反诉,但经对方当事人同意的除外;上诉人在第二审法院不得提出新的攻击或防御方法,但因原审法院违背法令致未能提出者除外。

第二审法院经审查,如果认为上诉无理由时,应判决驳回其上诉,维持第一审终局判决。在上诉有理由的情况下,第二审法院应根据具体情况,分别作出下列处理:(1) 判决变更原判决。(2) 废弃原判决,发回原审法院或依法自行判决。(3) 因第一审法院无管辖权而废弃原判决的,第二审法院应以判决将案件移送管辖法院。

二、第三审上诉程序

第三审程序因当事人对第二审判决不服而向上级法院提起上诉而开始。台湾"民事诉讼法"第 464 条规定:除另有规定外,当事人对第二审终局判决,得向有管辖权的第三审法院提起上诉。第三审法院有两个任务:一是审查第二审判决是否恰当,二是统一法规的解释适用。第三审法院对第二审法院的判决是否恰当的审查仅限于法律审查,其判决则应以第二审判决所确定的事实为基础,原则上不允许当事人提出新的事实和证据。

在关于财产权的诉讼中,当事人向第三审法院提起上诉还受到上诉所得利益的限制,凡上诉所得利益不超过新台币 100 万元的,当事人不得对第二审判决提起上诉。所谓上诉所得利益是指当事人在上诉声明中所定的可得利益。

第三审法院应在上诉声明的范围内进行调查,但在调查第二审判决有无违背法令时,不受上诉理由的拘束。除非法院认为必要,第三审法院得不经言词辩论作出判决,但判决应以第二审判决确定的事实为基础。第三审法院经审查认为上诉有理由时,可根据不同情况对上诉案件分别作出下列处理:(1) 判决废弃原判决,发回原第二审法院或发交其他同级法院判决。(2) 废弃原判决,自为判决。

三、附带上诉

台湾"民事诉讼法"第 460 条规定,被上诉人在言词辩论终结前,得为附带上诉。所谓附带上诉是指上诉人提起上诉后,被上诉人在已经开始的第二审程序中,也对第一审判决声明不服,请求第二审法院予以废弃或变更。附带上诉可以在言词辩论终结前附带提起,被上诉人即使上诉期间已满或曾经舍弃上诉权或撤回上诉,也可以提起附带上诉。上诉经撤回或因不合法而被驳回者,附带上诉失其效力。但附带上诉具备上诉之要件者,视为独立之上诉。附带上诉制度旨在平等地保护双方当事人的合法权益。但在第三审程序中或被第三审法院发回或发交后,被上诉人不得提起附带上诉。

第六节 台湾民事诉讼的抗告程序

民事诉讼乃当事人之辩论权与法院之审判权相互作用相互制约的过程,在这一过程中,法院固有指挥诉讼及作出判决之权力,但当事人亦有对法院所为于己不利之审判行为声明不服之权利。法院对实体事件之判定称为判决,对程序事项之判定称为裁定;当事人若不服判决,可以依法提起上诉,若不服裁定则可以依法提起抗告。故,抗告程序是指当事人对法院裁定不服而请求上级法院予以废弃或变更的程序。

一、抗告的事由

台湾“民事诉讼法”第482条规定:“对于裁定,得为抗告。但别有不许抗告之规定者,不在此限。”根据台湾“民事诉讼法”的规定,以下裁定不得抗告:

1. 诉讼程序进行中所为之裁定。为保证诉讼程序之安定,除法律另有规定外,诉讼进行中之裁定以不许抗告为原则。

2. 不得上诉于第三审法院之事件,其第二审法院所为之裁定。不得上诉于第三审法院的案件,第二审即为终审,故第二审法院所为之裁定亦为终审裁定,对此裁定亦不得抗告。

3. 受命法官或受托法官之裁定。受命法官或受托法官之裁定如果不是受法院指令而作出,而仅为其受命或受托之职务行为,则不得抗告;如果是受法院指令所为,仅得向受诉法院提出异议。

4. 法律明文规定不得抗告或不得声明不服之裁定。法院所为之裁定是否可以抗告,一般会有明文规定,若法律规定不得抗告或不得声明不服,则一律不得抗告。如台湾“民事诉讼法”第36条规定:“声请法官回避经裁定驳回者,得为抗告。其以声请为正当者,不得声明不服。”

二、对裁定的异议

对于某些裁定,法律虽然规定不得抗告,但可以向法院提出异议。根据台湾“民事诉讼法”的规定,对裁定的异议有以下几种情形:

1. 第二审法院对不得上诉于第三审法院之事件所为之裁定。根据台湾“民事诉讼法”第484条的规定,第二审法院对不得上诉于第三审法院之事件所为之裁定不得抗告,但下列裁定,得向第二审法院提出异议:(1) 命法院书记官、执达员、法定代理人、诉讼代理人负担诉讼费用之裁定。(2) 对证人、鉴定人、通译或执有文书、勘验物之第三人处以罚锾之裁定。(3) 驳回拒绝证言、拒绝鉴定、拒绝通译之裁定。(4) 强制提出文书、勘验物之裁定。第二审法院对前项异议审查之后,可以作出驳回异议或废弃、变更原裁定之裁定。对第二审法院就异议所为之裁定,不得声明不服。

2. 受命法官或受托法官之裁定。根据台湾“民事诉讼法”第485条的规定,针对受命法官或受托法官所为裁定的异议分为三种情况:第一,受命法官或受托法官之裁定,不得抗告,但其裁定如系受诉法院所为而依法得为抗告者,得向受诉法院提出异议。对受诉法院就该异议所为之裁定不服者,得提起抗告。第二,诉讼系属于第三审法院者,其受命法官或受托法官所为之裁定,得向第三审法院提出异议。第三,不得上诉于第三审法院之事件,第二审法院受命法官或受托法官所为之裁定,得向受诉法院提出异议。对第二审法院就异议所为之裁定,不得抗告。

3. 抗告法院以抗告不合法而驳回抗告之裁定。根据台湾“民事诉讼法”第486条第1项的规定,抗告,由直接上级法院裁定。对抗告法院以抗告不合法而驳回抗告的裁定,不得再为抗告,但得向抗告法院提出异议。对抗告法院驳回该异议的裁定,不得声明不服。

三、再抗告

对抗告法院所作出的裁定不服而再次提出抗告,称为再抗告。

1. 再抗告之理由。根据台湾“民事诉讼法”第486条第4项的规定,对于抗告法院之裁定再为抗告,仅得以其适用法规显有错误为理由。

2. 再抗告之程序。根据台湾“民事诉讼法”第486条第1项的规定,抗告由直接上级法院裁定。就通常诉讼程序而言,对地方法院所为裁定之抗告,抗告法院应为高等法院,再抗告法院则应为“最高法院”,故,再抗告应向“最高法院”提起。就简易程序而言,对地方法院独任法官之裁定,得抗告于该院合议庭,若对合议庭之裁定再为抗告,得径向“最高法院”提起(台湾“民事诉讼法”第436-2条)。再抗告应以再抗告状向有管辖权之法院提起,表明再抗告理由,且须委任律师或有律师资格之人为代理人。

3. 再抗告之裁判。再抗告法院如认为再抗告不合法或无理由,应以裁定驳回之;如认为再抗告理由成立,则废弃原裁定,自为裁定,或发回原法院。如果认为原裁定违背专属管辖之规定,则废弃原裁定,将该事件移送于管辖法院。对于再抗告之裁定,如有法定再审之原因,可以申请再审;但对简易程序所为之裁定,经向“最高法院”再抗告而被驳回者,则不得以同一理由申请再审。

第七节 台湾民事诉讼的再审程序

再审程序是指当事人对确定的判决表示不服,以提起再审之诉的方法,请求法院去除确定判决的效力、重新审判的诉讼救济程序。台湾“民事诉讼法”于第五编规定了再审程序,包括当事人提起再审之诉与第三人提起撤销之诉。

一、再审的事由

再审事由是决定当事人能否提起再审之诉的最重要的实质要件。根据台湾“民事诉讼法”第496条的规定,有下列各款情形之一的,得以再审之诉对确定判决表示不服,但当事人已依上诉程序主张其事由或知其事由而不为主张的,不在此限:

(1) 适用法规有明显错误的。

(2) 判决理由与判决主文有明显矛盾的。

(3) 判决的法院的组织不符合法律规定的。

(4) 依照法律或裁判应回避的法官未回避而参与裁判的。

(5) 当事人在诉讼时未经法定代理的。

(6) 当事人知道对方当事人的居住所,仅为所在不明而与涉讼的,但对方当事人已承认其诉讼程序的,不在此限。

(7) 参与裁判的法官关于该诉讼违背职务犯刑事上之罪者,或关于该诉讼违背职务受惩戒处分,足以影响原判决者。

(8) 当事人的代理人或他造或其代理人关于该诉讼上有刑事上应受惩罚的行为而影响判决的。

(9) 作为判决基础的物证是伪造或变造的。

(10) 证人、鉴定人或翻译人员就作为判决基础的证言、鉴定或翻译为虚伪陈述的。

(11) 作为判决基础的民事或刑事判决及其他裁判或行政处分,依其后的确定裁判、判决或行政处分已经变更的。

(12) 当事人发现就同一诉讼标的在前已有确定判决或和解、调解或得使用该判决或和解、调解的。

(13) 当事人发现未经斟酌的物证或得使用该物证的,但以如经斟酌可受到较有利益的裁定或判决为限。

其中,对第7款至第10款的再审理由,仅以宣告有罪的判决已经确定,或其刑事诉讼不能开始或续行非因证据不足者为限。除此之外，对于不得上诉于第三审法院的财产权诉讼，经过第二审法院确定判决之后，当事人也可以法院将足以影响判决的重要物证遗漏或未经斟酌为由提起再审之诉。同时作为充当确定判决基础的裁判也具有上述情况时，当事人也可以提出再审之诉。

二、再审的提起程序

再审程序因当事人提起再审之诉而开始。即再审是因当事人的起诉而发动的，而不是由申请并经法院同意而发动。台湾“民事诉讼法”第 500 条规定：再审之诉必须在 30 日的不变期间提出。前项期间自判决确定时起算。但再审理由倘若在判决确定后才发现的，自发现之日起算。再审理由是在判决确定后发生的，从发生时起，如已经超过 5 年的，当事人不得提起。

三、再审案件的审理程序

再审裁判的范围受再审原告的请求范围的限制。台湾“民事诉讼法”第 501 条规定：再审原告应在提起再审之诉的诉状内表明“应于如何程度废弃原判决及就本案如何判决之声明”。第 503 条规定：法院审理“本案的辩论及裁判，以声明不服的部分为限”。也就是说，再审法院不得超越再审原告的请求范围作出裁判。

法院审判再审之诉的程序是本案程序的再开或续行。当事人虽有再审原告和再审被告的区分，但在前诉讼中的原告或被告、上诉人或被上诉人的地位并不受本案程序的再开而有所变更，仍应以当事人在前诉讼中原告或被告、上诉人或被上诉人的地位继续进行诉讼。再审原告向原法院起诉的，法院应在其声明的范围内，按前诉讼程序终结时的程序再开本案的诉讼程序。如再审原告向原第一审或第二审法院起诉而依法应当进行言词辩论的，法院应按前诉讼程序言词辩论终结时的程序继续进行辩论。双方当事人在前诉讼程序所为诉讼行为的效力，不因再审之诉为形式上的新诉而受到影响。

四、第三人撤销诉讼程序

该程序为台湾“民事诉讼法”在 2003 年修改时于再审程序增加的内容。

(1) 提起的要件。台湾“民事诉讼法”第 507-1 条规定了提起第三人撤销之诉的实质要件：“有法律上利害关系之第三人，非因可归责于己之事由而未参加诉讼，致不能提出足以影响判决结果之攻击或防御方法者，得以两造为共同被告对于确定终局判决提起撤销之诉，请求撤销对其不利部分之判决。但应循其他法定程序请求救济者，不在此限。”

(2) 管辖。第三人撤销之诉，专属为判决之原法院管辖。对于审级不同之法院就同一事件所为之判决合并提起第三人撤销之诉,或仅对上级法院所为之判决提起第三人撤销之诉者,专属原第二审法院管辖。其未经第二审法院判决者,专属原第一审法院管辖。

(3) 原确定判决的效力。第三人撤销之诉无停止原确定判决执行之效力。但法院因必要情形或依声请定相当并确实之担保,得于撤销之诉声明之范围内对第三人不利部分以裁定停止原确定判决之效力。

(4) 原确定判决的变更。法院认第三人撤销之诉为有理由者,应撤销原确定终局判决对该第三人不利之部分,并依第三人之声明,于必要时,在撤销之范围内为变更原判决之判决。前项情形,原判决于原当事人之间仍不失其效力。但诉讼标的对于原判决当事人及提起撤销之诉之第三人必须合一确定者,不在此限。

拓展阅读

1. 齐树洁:《海峡两岸民事诉讼法比较》,载《中外法学》1995年第2期。

2. 常英:《海峡两岸民事诉讼法基本原则之比较》,载《中央政法管理干部学院学报》1997年第4期。

3. 齐树洁:《台湾法院调解制度的最新发展》,载《台湾研究集刊》2001年第1期。

4. 召俊武:《关于海峡两岸法院调解及其价值理论的思考》,载《汕头大学学报》2001年第3期。

5. 廖中洪、葛颂华:《选定法官与法定法官——由我国台湾地区选定法官制度谈祖国大陆民事程序改革》,载《西南政法大学学报》2004年第6期。

6. 段厚省:《海峡两岸民事管辖权冲突研究》,载《金陵法律评论》2004年第2期。

7. 张榕:《台湾诉前调解制度分析》,载《台湾研究》2006年第1期。

8. 叶永禄、曹莉:《论民事诉讼第三人制度的缺失与完善——港、澳、台、陆民事诉讼第三人制度的比较与借鉴》,载《学习与探索》2007年第1期。

9. 赵旭东、董少谋:《港澳台民事诉讼法论要》,厦门大学出版社2008年版。

10. 汪静:《台湾地区小额诉讼程序及启示》,载《江西社会科学》2013年第5期。

11. 冯亚景:《我国台湾地区证券团体诉讼制度评介及对大陆之启示》,载《上海商学院学报》2014年第1期。

12. 袁健洲、齐树洁:《论台湾地区民事上诉的限制条件及其借鉴意义》,载《海峡法学》2019年第1期。

13. 李广宇:《论我国民事诉讼中上诉请求拘束原则及适用》,载《金陵法律评论》2020年第1期。